D1724163

Religiöse Kulturen im Europa der Neuzeit

Herausgegeben von
Miloš Havelka, Friedrich Wilhelm Graf, Przemysław Matusik
und Martin Schulze Wessel

Band 18

Fabian Weber

Projektionen auf den Zionismus

Nichtjüdische Wahrnehmungen des Zionismus
im Deutschen Reich 1897–1933

Mit 9 Abbildungen

Vandenhoeck & Ruprecht

Der Druck dieses Buches wurde ermöglicht durch einen Druckkostenzuschuss aus Mitteln des von der Deutschen Forschungsgemeinschaft (DFG) finanzierten Internationalen Graduierten-kollegs »Religiöse Kulturen im Europa des 19. und 20. Jahrhunderts«.

Die Arbeit wurde 2019 als Dissertation an der Ludwig-Maximilians-Universität München eingereicht und verteidigt.

Bibliografische Information der Deutschen Nationalbibliothek:
Die Deutsche Nationalbibliothek verzeichnet diese Publikation in der
Deutschen Nationalbibliografie; detaillierte bibliografische Daten sind
im Internet über https://dnb.de abrufbar.

Umschlagabbildung: Theodor Herzl und der deutsche Kaiser Wilhelm II. am Eingang
der Landwirtschaftsschule Mikve Israel in Palästina, 1898.

Satz: textformart, Göttingen | www.text-form-art.de
Druck und Bindung: ⊕ Hubert & Co. KG BuchPartner, Göttingen
Printed in the EU

Vandenhoeck & Ruprecht Verlage | www.vandenhoeck-ruprecht-verlage.com

ISSN 2198-7238
ISBN 978-3-525-37094-0

Inhalt

I. Einleitung

Der österreichische Rechtspopulist Heinz-Christian Strache bekannte sich auf einer seiner Aufsehen erregenden Israelreisen zu Theodor Herzl, den er als »deutsche[n], national denkende[n] Mensch[en]« vereinnahmte, als »deutsche[n] Patriot[en]« gar, der »in der burschenschaftlichen Bewegung groß geworden« und sogar »ein großer Fechter« gewesen sei. Strache wusste zudem, dass der Burschenschafter Herzl aus dem deutschen Nationalgedanken heraus den politischen Zionismus erschaffen habe.[1] Durchaus waren es Erfahrungen in der deutschnationalen Burschenschaft Albia, die Herzl prägten: Antisemitismus veranlasste ihn erst dort zum Austritt und machte ihn später zum Urheber des politischen Zionismus.[2] Doch »Patrioten« in Österreich und dem heutigen Israel sollten sich nicht auf das »Trennende in der Vergangenheit« versteifen, wie Strache die Geschichte des Antisemitismus und die Shoah banalisierte, sondern sich auf gemeinsame Wurzeln besinnen. Die politische Vereinnahmung

1 Die Aussagen erfolgten im Zuge eines Treffens der European Freedom Alliance, das 2010 in Israel stattfand. FPÖ, *Vlaams Belang, Schwedendemokraten* und andere europäische Rechtspopulisten versuchten dort Unterstützung gegen Antisemitismus-Vorwürfe in ihren Ländern aus Israel zu erhalten, vgl. *Bar-On*, Tamir: The Radical Right and Nationalism. In: *Rydgren*, Jens (Hg.): The Oxford handbook of the radical right. New York 2018, 17–41, hier 30; sowie ausführlich *Shroufi*, Omran: The Gates of Jerusalem. European revisionism and the populist radical Right. In: Race & Class 57/2 (2015) 24–42. Strache vereinnahmte im Zuge dessen sowohl jüdische und zionistische Geschichte als auch israelische Gegenwart: Er besuchte mit Burschenschaftskappe die Holocaustgedenkstätte Yad Vashem und zeigte sich fasziniert vom Heimatempfinden der Siedler in Samaria, das jedem national denkenden Menschen imponieren müsse. Die oben zitierten Aussagen, vgl. 100 Stunden – Heinz Christian Strache in Israel (Teil 2), Puls4, 22.12.2010, Min 10:05–11:08, URL: https://www.youtube.com/watch?v=bW7JRQmvmJc (am 05.06.2019).
2 Der Studentenhistoriker Harald Seewann, auf den sich auch Strache zustimmend bezieht, behandelt Herzls Bindung an das Korporationswesen. Seewann nimmt gleichfalls an, Herzls Zionismus lasse sich aus den »positiven wie negativen Erfahrungen seiner Aktivzeit bei der Wiener Burschenschaft Albia« ableiten. Auch wenn Seewanns Sprache, wenn etwa vom »Kriechertum« der »Assimilanten« die Rede ist, Reflexionsvermögen vermissen lässt, ist sein Interesse primär vereinsgeschichtlicher Natur. Ausführlich behandelt er Herzls Erfahrungen mit Antisemitismus im Verbindungswesen sowie seine späteren Kontakte zu jüdisch-nationalen Korporationen, vgl. *Seewann*, Harald: Theodor Herzl. Vom Burschenschafter zum Vater des Judenstaates. In: Einst und Jetzt. Jahrbuch des Vereins für corpsstudentische Geschichtsforschung 45 (2000) 121–138, hier 134, 123. Seewann ist seit 1992 einziges nichtjüdisches Ehrenmitglied des Rings der Altherrenverbände zionistisch-akademischer Verbindungen.

Israels, wie sie von diversen rechtspopulistischen Gruppierungen in Europa aus strategischen Gründen betrieben wird, ist noch recht jung.[3] Das öffentliche Bekenntnis zu Israel soll von der antisemitischen Geschichte Deutschlands und Österreichs entlasten und zudem ablenken vom weiterhin grassierenden Antisemitismus einzelner Parteimitglieder. Um politisch integer zu erscheinen, darf einem im Hier und Jetzt nicht der Ruch des Antisemitismus anhängen. Damit dient die (scheinbare) Abkehr von Judenfeindschaft zugleich dem Feldzug gegen den gegenwärtigen Hauptfeind – den Islam und die Migration aus vorwiegend islamischen Ländern nach Europa.

Nicht erst heute, sondern bereits seit seinem Entstehen begleiten den Zionismus Zuspruch, Vereinnahmung und Ablehnung von nichtjüdischer Seite. Nichtjüdische Zionismus-Rezeptionen in der deutschen Geschichte sind Gegenstand der vorliegenden Untersuchung. Straches Vereinnahmungsversuch sagt mehr über das Selbstverständnis und die Strategien von Rechtspopulisten als über Israel aus. Ebenso geben die historischen Debatten Auskunft über die politischen Programme, Weltanschauungen, Ideologien oder theologischen Konzepte von Nichtjuden, die den Zionismus in der Vergangenheit wahrnahmen und interpretierten. Der Zionismus diente diversen nichtjüdischen Teilöffentlichkeiten als Folie für ihre Ängste, Hoffnungen und Interessen. Ich untersuche, welche Personengruppen sich nicht nur für den Zionismus interessiert, sondern sich *kontinuierlich* mit der zionistischen Bewegung beschäftigt und *öffentlich* mit ihren Zielen, Ideen und Entwicklungsschritten auseinandergesetzt haben. Es geht mir darum, ihre Motivationen offenzulegen sowie den jeweiligen Stellenwert und die Ausprägung zutage tretender ideologischer Verzerrungen zu analysieren.

1.   Antworten auf die »Judenfrage«

Als Theodor Herzl (1860–1904) im August 1897 etwa 200 Personen in Basel versammelte, um dort in Frack und mit Diplomatenhabitus den Plan zur Gründung eines jüdischen Staates in Palästina zu verkünden, hagelte es von jüdischer Seite Kritik. Auch wenn Herzl nicht der Erfinder des Zionismus war, trug seine Kongress-Initiative der Bewegung ein bislang ungekanntes Maß an Aufmerksamkeit ein. Schon Herzls im Vorjahr publizierte Programm-Schrift »Der Judenstaat« (1896) war Zielscheibe heftiger Anfeindungen geworden, als etwa der Journalist Anton Bettelheim (1851–1930) Herzls Vision als »Faschingstraum eines durch

---

3 Vgl. *Kahmann*, Bodo: ›The most ardent pro-Israel party‹. Pro-Israel attitudes and anti-antisemitism among populist radical-right parties in Europe. In: Patterns of Prejudice 51/5 (2017) 396–411; *Grimm*, Marc: Pro-Israelism and Antisemitism within Germany's Populist Radical Right AfD. In: European Journal of Current Legal Issues 25/1 (2019), URL: http://webjcli.org/article/view/658/883 (am 17.02.2020).

den Judenrausch verkaterten Feuilletonisten« vernichtend rezensiert hatte.[4] Nicht nur einzelne Autoren jüdischer Herkunft, sondern auch religiöse jüdische Instanzen hatten die Schrift als Bedrohung wahrgenommen, denn Herzl hatte darin äußerst öffentlichkeitswirksam das Judentum zu einer eigenen Nationalität, zu einem Volk erklärt. Der Zionismus werde eine »öffentlich-rechtlich gesicherte Heimstätte in Palästina« schaffen, wie es später im *Baseler Programm* heißen sollte, »für diejenigen Juden, die sich nicht anderswo assimilieren können oder wollen.«[5] Der Vorstand der Israelitischen Kultusgemeinde von München hatte im Vorfeld verhindert, dass der geplante Zionistische Kongress in München stattfinden konnte, da ein solcher »Wasser auf antisemitische Mühlen«[6] leiten würde. Und der deutsche Rabbinerverband attackierte den Zionismus aus religiösen Gründen, aber vor allem auch wegen dessen Grundprämisse, die als Widerspruch zur »Vaterlandsliebe«[7] der deutschen Juden begriffen wurde.

Allerdings ging der Zionismus nie nur Juden an. Wer bloß die jüdischen Reaktionen auf seine Entstehung betrachtet, übersieht die historische Tragweite seiner weiteren Rezeption. Der Zionismus war schon deshalb keine rein innerjüdische Angelegenheit, da sich sein Programm als Lösung der »Judenfrage« auswies. Herzl und andere gingen davon aus, dass zwischen Nichtjuden und Juden weiterhin eine »Judenfrage« stehe, weshalb beide Seiten ein Interesse an ihrer Lösung haben müssten. Gleichwohl, auch Nichtjuden, die sich mit dem Zionismus beschäftigten, hegten ähnliche Befürchtungen wie Herzls jüdische Kritiker und griffen ihn zum Teil ebenso heftig an. Der »Verein zur Abwehr des Antisemitismus« unterstellte, Antisemiten würden die zionistische Bewegung mit Jubel begrüßen, erfülle sie doch deren »kühnsten Wünsche«: »Ausschluß der Juden aus dem arischen Völkerconcert.« In dem 1890 ins Leben gerufenen Abwehrverein formierten sich prominente Nichtjuden, überwiegend politisch oder religiös liberaler Provenienz, um die formale Rechtsgleichheit der Juden zu verteidigen. Wie den liberalen jüdischen Kritikern erschien auch ihnen der Zionismus als Störfaktor, der »den ruhigen Fortgang der Anpassung an das deutsche Leben und Streben« gefährde.[8] Nicht minder beschäftigten die Konflikte,

---

4 Vgl. *Bettelheim*, Anton: Der Gründungsprospect einer jüdischen Schweiz. In: Münchener Allgemeine Nachrichten Nr. 52 vom 28.02.1896, 4–6.

5 Zitiert nach *Brenner*, Michael: Israel. Traum und Wirklichkeit des jüdischen Staates. Von Theodor Herzl bis heute. München 2016, 42.

6 Aus einem Brief an die jüdische Gemeinde von Sigmund Raff, einem ihrer führenden Mitglieder vom 24.5.1897, zitiert nach *Cahnmann*, Werner J.: Munich and the First Zionist Congress. In: Historia Judaica 3/1 (1941) 7–23, hier 19.

7 So in der zwei Monate vor dem Ersten Zionistenkongress veröffentlichten Erklärung des deutschen Rabbinerverbandes, von Herzl daraufhin abwertend als »Protestrabbiner« bezeichnet, vgl. Gegen den Zionismus. In: Allgemeine Zeitung des Judenthums 61/24 (1897) 277.

8 Die Zionisten. In: Mittheilungen aus dem Verein zur Abwehr des Antisemitismus 3/50 (1893) 453.

die sich zwischen den konkurrierenden jüdischen Fraktionen abspielten, auch nichtjüdische Kreise. Die Debatten um den Zionismus waren keine isolierten, rein innerjüdischen Identitätskonflikte, sie berührten vielmehr Fragen des Zusammenlebens von Juden und Nichtjuden.

Max Horkheimer stellte im Jahr 1960, auf die Geschichte der deutschen Juden zurückblickend, fest, dass in Herzls »Judenstaat« der »Zweifel an der Fähigkeit der europäischen Staaten, mit der Idee des Pluralismus auf die Dauer Ernst zu machen«, festgehalten sei, womit der Zionismus »die zugleich radikale und resignierte Reaktion des Judentums auf die im letzten Jahrhundert eröffneten Möglichkeiten« darstelle. Es sei daher »ein trüber Aspekt der Geschichte«, folgert Horkheimer, »ein trüber sowohl für das Judentum wie für Europa, daß der Zionismus recht behielt.«[9] Dieser Gedanke, in der Idee des Zionismus selbst zeichne sich das Scheitern der Möglichkeiten Europas und der Aufklärung ab, soll bei der Annäherung an eine Zeitspanne behilflich sein, in der das Scheitern der Judenemanzipation, der gesellschaftlichen Emanzipation insgesamt, noch keine ausgemachte Sache war und das Versprechen von kultureller Pluralität noch der gesellschaftlichen Einlösung harrte, bevor der Nationalsozialismus seiner möglichen Verwirklichung ein jähes Ende setzte.

Eine nach 1945 gewonnene Perspektive, die die Shoah und die Geschichte der Gewalt in sich aufnimmt, darf ihren Blick auf den Zionismus freilich nicht derart verengen, diesen als das Gegenteil von Pluralität zu missverstehen, als Bestrebung, die hinter die politischen Errungenschaften der Judenemanzipation zurückwollte. Der Zionismus war nicht die Ursache, dass sich zwischen Juden und Nichtjuden kein harmonisches Verhältnis einstellte, sondern eben eine jüdische Reaktion darauf. Raison d'être der zionistischen Idee war für Herzl der Antisemitismus. Er werfe die Juden unweigerlich darauf zurück, ein eigenes Volk zu sein. Zugleich war Herzl überzeugt, dass der Antisemitismus auch Nichtjuden zu der Einsicht zwinge, dass zwischen dem Selbstverständnis der liberalen europäischen Gesellschaft und den verborgenen Gefühlen der Massen, die die Entfernung einer als »Fremdkörper« empfundenen Gruppe aus ihrer Mitte ersehnten, ein gravierendes Missverhältnis herrschte.[10] Gerade von Personen,

---

9 *Horkheimer*, Max: Über die deutschen Juden. Köln 1961, 11 f.

10 Vgl. *Shapira*, Anita: Anti-Semitism and Zionism. In: Modern Judaism 15/3 (1995) 215–232, hier 216. Herzl wurde schon früh auch von anderen Zionisten kritisiert, dass er als Grundlage des Zionismus einzig die Judenfeindschaft und damit ein negatives Prinzip als Band jüdisch-nationaler Identität annahm. Tatsächlich lag die zionistische Idee tief in der jüdischen Geschichte verwurzelt, »[b]ut the transition from the state of a ›potential‹ to ›actual‹ force came about in specific response to the phenomenon of aggravated anti-Semitism«, ebd. Shapira nennt als zionistische Kritiker, die sich nach einem »positive and creative pole« als Grundlage des Zionismus sehnten Ahad Ha-Am, Nathan Birnbaum und Micah Joseph Berdyezewski, ebd. 215. Zur kulturzionistischen Kritik an Herzls diplomatischem Vorgehen, vgl. *Zipperstein*, Steven J.: Elusive Prophet. Ahad Ha'am and the Origins of Zionism.

denen Europa und sein liberaler Grundgedanke am Herzen lag, erhoffte sich Herzl Verständnis. Während des Kaiserreichs, an dessen Beginn bekanntlich die Gleichberechtigung stand, waren die öffentlichen Diskussionen nicht abgerissen, ob oder unter welchen Bedingungen Juden in rechtlicher oder kultureller Hinsicht Deutsche seien und welche Konsequenzen aus der internationalen Streuung der Juden folgten.[11] Nicht erst der Zionismus hatte diese »Judenfrage« aufgeworfen – und nicht bloß Antisemiten stellten sie.[12]

Durch die Entstehung des Zionismus parallel und in Zusammenhang mit der nicht enden wollenden Debatte über die »Judenfrage« erscheinen Zionismus und Antisemitismus als historisch miteinander verzahnte Phänomene. Die Beziehung zwischen den beiden Phänomenen ist vielschichtig: Manch einem Vertreter des rechtskonservativen Spektrums erschien der Zionismus allzu nützlich, würde er doch zu dem Ideal eines ethnisch homogenen Reichs beitragen.[13] Andere Nationalisten und Judenfeinde lehnten den Zionismus strikt und

London 1993, 105–169. Über proto-zionistische beziehungsweise nationaljüdische Elemente in der jüdischen Geschichte, vgl. *Volkov,* Shulamit: Reflexionen zum »modernen« und zum »uralten« jüdischen Nationalismus. In: *Dies.* (Hg.): Das jüdische Projekt der Moderne. Zehn Essays. München 2001, 32–48.

11 Vgl. *Pulzer,* Peter G. J.: Why was there a Jewish Question in Imperial Germany? In: *Ders.* (Hg.): Jews and the German state. The Political History of a Minority, 1848–1933. Detroit/Michigan 2003, 28–43, hier 29. Pulzer merkt dazu an, dass die »Judenfrage« und Antisemitismus keine für sich allein stehenden Phänomene darstellten und als Forschungsgegenstand, abgesehen von Aspekten des jüdischen Lebens und jüdisch-nichtjüdischer Beziehungen, auch Allgemeines über Staat, Gesellschaft und Nationalität bzw. die Selbstverständnisse von Nichtjuden verraten. Antisemitismus und »Judenfrage« hingen dabei zwar miteinander zusammen, seien aber nicht vollends deckungsgleich. Pulzer gibt zu bedenken, ob nicht die Antisemiten die »Judenfrage« lebendig hielten, sondern umgekehrt die Tatsache einer rechtlich und gesellschaftlich nicht vollständig gelösten »Judenfrage« zur Wiederbelebung des politischen Antisemitismus beigetragen habe.

12 Nur kurz nach dem scheinbar endgültigen Abschluss der Judenemanzipation wurde in den 1870er-Jahren erneut eine »Judenfrage«, jedoch nun als *postemanzipatorische* formuliert, in der die Antisemiten-Bewegung die Rücknahme der formalen Rechtsgleichheit zur Bedingung des Fortbestands von Gesellschaft und Nation machte, vgl. *Rürup,* Reinhard: Kontinuität und Diskontinuität der ›Judenfrage‹ im 19. Jahrhundert. Zur Entstehung des modernen Antisemitismus. In: *Wehler,* Hans-Ulrich (Hg.): Sozialgeschichte heute. Festschrift für Hans Rosenberg zum 70. Geburtstag. Göttingen 1974, 388–415 sowie *Rürup,* Reinhard: Die »Judenfrage« der bürgerlichen Gesellschaft und die Entstehung des modernen Antisemitismus. In: *Ders.* (Hg.): Emanzipation und Antisemitismus. Studien zur »Judenfrage« der bürgerlichen Gesellschaft. Göttingen 1975, 74–94. Jacob Toury rekapituliert die Geschichte des Begriffs »Judenfrage« seit den 1830er-Jahren und den Debatten, die sich um diesen aus nichtjüdischer, wie auch jüdischer Perspektive entspannen, vgl. *Toury,* Jacob: »The Jewish Question«. A Semantic Approach. In: The Leo Baeck Institute Year Book 11 (1966) 85–106.

13 Vgl. *Tal,* Uriel: Christians and Jews in Germany. Religion, Politics, and Ideology in the Second Reich, 1870–1914. Ithaca, London 1975, 156–159. Über das Ideal und die Entwürfe eines ethnisch homogenen deutschen Nationalstaats, vgl. die Beiträge in *Alter,* Peter/*Bärsch,*

unmittelbar ab. Kurzum, eine Unterteilung in Emanzipationsgegner, die sich für den Zionismus – und gegen gesellschaftliche Pluralität – aussprachen, und Verteidiger von Juden und ihrer Emanzipation, die infolgedessen den Zionismus ablehnten, ist angesichts der historischen Komplexität unmöglich. Das Schlagwort von der »Judenfrage« spielte eine zentrale Rolle in der Zionismus-Rezeption, jedoch nicht ausschließlich als antisemitisch verfasste Fundamentalfrage.

Denn neben Kritikern fand der Zionismus früh prominente nichtjüdische Freundinnen und Freunde, die sein Programm nicht in Widerspruch zu, sondern als Inbegriff von Pluralität und geradezu als Ergänzung von »Weltbürgerschaft« betrachteten. Herzl hatte beispielsweise die österreichische Friedensaktivistin Bertha von Suttner (1843–1914) von seiner Sache überzeugt, die daraufhin auf der Haager Friedenskonferenz 1899 das Gespräch mit hochrangigen Diplomaten auf den Zionismus lenkte. Suttner verurteilte den Krieg gleichermaßen wie den Judenhass als von fortschrittlichen Europäern zu bekämpfenden Fanatismus.[14] Der französische Staatsmann Léon Bourgeois (1851–1925), auf dessen Manifest »Solidarité« (1897) die Idee des Völkerbundes und der internationalen Schiedsgerichtsbarkeit zurückgeht, pflichtete Suttner im Gespräch bei, dass der Zionismus nicht nur ein bedeutsames Hilfswerk für Hunderttausende bedrängter Juden werden könnte, sondern dass die »humanitär-kosmopolitischen Principien« der zionistischen Führer »zum Allgemeingut« würden. Denn um zu erkennen, »dass die Interessen der Menschheit die Interessen des Vaterlandes übersteigen«, hob Suttner an, »muss man vor allem ein Vaterland haben«, schloss Bourgeois.[15] Suttner sah im Zionismus die Möglichkeit, den antisemitischen Vorwurf der »Vaterlandslosigkeit« zu entkräften, indem die Juden, dann im Besitz eines eigenen Vaterlandes, der Menschheit

---

Claus-Ekkehard/*Berghoff*, Peter (Hg.): Die Konstruktion der Nation gegen die Juden. München 1999. Diese Vorstellungen blieben dabei keine rechte Domäne, sondern sickerten auch in das liberale Bürgertum ein. Indem Antisemitismus im Bildungsbürgertum Einzug hielt, rückten die einst humanitären Ansprüche des Nationalismus als bürgerliche Emanzipationsideologie zunehmend in den Hintergrund, vgl. *Winkler*, Heinrich August: Liberalismus und Antiliberalismus. Studien zur politischen Sozialgeschichte des 19. und 20. Jahrhunderts. Göttingen 1979, 47 f.

14 Vgl. *Suttner*, Bertha von: Nach dem Haag! In: Die Welt. Zentralorgan der Zionistischen Bewegung 3/21 (1899) 1–2. Vgl. dazu auch *Levenson*, Alan T.: The German Peace Movement and the Jews: An Unexplored Nexus. In: The Leo Baeck Institute Year Book 46 (2001) 277–302, hier 279 f sowie *Ders.*: Theodor Herzl and Bertha von Suttner. Criticism, Collaboration and Utopianism. In: Journal of Israeli History 15/2 (1994) 213–222. Suttner ließ im Kampf gegen den Antisemitismus sowohl den Zionisten als auch dem Centralverein ihre Hilfe angedeihen, etwa indem sie das Vorwort zu einem Traktat beisteuerte, das für die Gründung des Centralvereins eine große Rolle spielte, vgl. *Simon*, F.: Wehrt Euch!! Ein Mahnwort an die Juden. Mit einem offenen Briefe der Frau Baronin Bertha von Suttner an den Verfasser. Berlin 1893.

15 *Suttner*, Bertha von: Gespräche über den Zionismus aus dem Haag. In: Die Welt 3/31 (1899) 1–3, hier 2.

wahre »Weltbürgerschaft« vorleben könnten. Ein jüdischer Staat eröffne ihnen die Möglichkeit, sich nicht mehr um Akzeptanz durch besonders patriotische Beiträge zum herrschenden Chauvinismus bemühen zu müssen: »Erst an dem Tage, da der Jude ein Vaterland haben wird, wird er mit Würde Kosmopolit werden können.«[16]

Neben solch idealistischen Hoffnungen drängten sich auch ganz profane, praktische Probleme auf, die nach einer Lösung verlangten. Suttners Ehemann Arthur Gundaccar von Suttner (1850–1902), seines Zeichens Gründer des Wiener Vereins zur Abwehr des Antisemitismus[17], lenkte den Blick auf das jüdische Proletariat in Osteuropa, das einerseits politisch bedroht und oft von Armut geschlagen, zugleich als Masse jedoch in Westeuropa nicht assimilierbar sei. Für Suttner war der Zionismus Ausdruck und Rettung eines aufgeklärten, nach Humanität strebenden Europas. Seit der Entstehung des modernen Zionismus war die Hilfeleistung für die bedrängten »Brüder im Osten« eines seiner zentralen Anliegen.[18] Den Pogromen und miserablen Lebensumständen der russischen Juden konnte sich auch die breite Öffentlichkeit Westeuropas nicht verschließen.[19] Zugleich war hier ein Berührungspunkt von Humanität und antijüdischer Aversion gegeben. Auch Akteure, die nicht unbedingt den humanitären Idealismus der Suttners teilten, diskutierten die praktische Lösung der Judennot in Osteuropa, da aus Armut und Verfolgung gewaltige jüdische Auswanderungswellen in den Westen erwuchsen. So äußerte sich auch jemand wie Carl Peters (1856–1918), Gründer der Kolonie Deutsch-Ostafrika und des »Alldeutschen Verbandes« (ADV), zur Sache des Zionismus. Peters, ein ausgemachter Rassist, dessen brutales Niederschlagen von Aufständen der ostafrikanischen Küstenbevölkerung zu seiner unehrenhaften Entlassung aus dem Kolonialdienst geführt hatte, attestierte dem Zionismus eine nützliche Wirkung. Der Zionismus könne hinsichtlich einer potentiellen Umlenkung von ostjü-

16 *Suttner:* Nach dem Haag 2.

17 Vgl. *Kornberg,* Jacques: Vienna, the 1890s: Jews in the Eyes of Their Defenders. (The Verein zur Abwehr des Antisemitismus). In: Central European History 28/2 (1995) 153–173.

18 Vgl. *Bilz,* Marlies: Hovevei Zion in der Ära Leo Pinsker. Hamburg, Münster 2007, 67 f. *Eloni,* Yehuda: Die umkämpfte nationaljüdische Idee. In: *Mosse,* Werner E. (Hg.): Juden im Wilhelminischen Deutschland 1890–1914. Ein Sammelband. Tübingen 1976, 633–688, hier 642 f. Eine der ersten zionistischen Publikationen im Deutschen Reich war eine Flugschrift Max Bodenheimers, dem ersten Vorsitzenden der Zionistischen Vereinigung für Deutschland (ZVfD), die sich mit der Ansiedlung russischer Juden in Palästina und Syrien beschäftigte, vgl. *Bodenheimer,* Max I.: Wohin mit den russischen Juden? Syrien ein Zufluchtsort der russischen Juden. Hamburg 1891.

19 Als 1911 der Kiewer Jude Menachem Mendel Beilis in einem Ritualmordprozess angeklagt wurde, prangerten Briefe und Protestnoten europäischer Intellektueller öffentlich den russischen Antisemitismus und seine staatliche Instrumentalisierung an. Über die »Beilis-Affäre« wurde europaweit berichtet, vgl. *Lindemann,* Albert S.: The Jew accused. Three anti-Semitic affairs (Dreyfus, Beilis, Frank) 1894–1915. Cambridge 1991, 188–193.

dischen Migrationsströmen eine bedeutende Rolle spielen, die in Westeuropa und den USA als »Völkerplage«[20] wahrgenommen wurden und alles andere als willkommen waren, wie er nicht unzutreffend feststellte. Ein Asyl in Palästina oder Uganda, der alten Wirkungsstätte Peters', hielt er daher für aussichtsreich.[21] Gleichwohl sich Peters mit antisemitischen Formulierungen zurückhielt, darf davon ausgegangen werden, dass seine Erwägung, »das jüdische Proletariat unter erträglichen Lebensbedingungen« an einem Ort anzusiedeln, »wo es nach seinen eigenen Gebräuchen und seiner eigenen Geschmacksrichtung zu leben vermag«[22], weniger idealistischen Motiven folgte, als vielmehr einem strategischen Kalkül.[23]

Obschon Peters dem Zionismus Erfolg wünschte, warf er die Frage auf, ob dieser sich tatsächlich umsetzen lasse und »diese Judenmassen überhaupt noch fähig sind, sich zu einem ackerbaulichen Gemeinwesen wieder zusammenzufinden.« Wenn sich das Zeitalter der Nationalbewegungen selbst im Judentum niederschlug, nahm es sich für Peters so aus, »als wenn ein alter, scheinbar abgestorbener Weidenbaum unter dem Einfluß der Frühlingssonne noch einmal Blätter und Blüten zu treiben beginnt.«[24] Das Judentum zeichne sich ja geradezu durch seine »Entnationalisierung« aus, da es als einziges Volk unter anderen Völkern lebe. Im antiken Israel hatte es zwar Ackerbau, Handwerk, Kriegskunst ausgeübt, heute aber betätige es sich, zumindest im westlichen Europa, überwiegend in Handel und Börse. »Solche Geschäfte aber könnten sie nicht unter sich selbst betreiben; auch könnte kein Volkshaushalt darauf aufgebaut werden. Sondern für einen Volkshaushalt bedarf es Werte schaffender Produktion.« Ein Judenstaatsversuch laufe daher Gefahr, zur »Parodie des historischen Judentums«[25] zu verkommen. Bei Peters und vielen anderen wurde die Möglichkeit eines jüdischen Staates nicht nur hinsichtlich der politischen Rahmen-

---

20 *Peters,* Carl: Der Zionismus. (1903). In: *Ders.* (Hg.): Gesammelte Schriften. Dritter Band. München, Berlin 1944, 321–325.

21 Als sich Peters zum Zionismus äußerte, wurde innerhalb der zionistischen Bewegung gerade das »Britische Uganda-Programm« diskutiert, als die britische Regierung Theodor Herzl einen Teil von Britisch-Ostafrika als jüdische Zufluchtsstätte angeboten hatte, vgl. dazu *Weisbord,* Robert G.: African Zion. The Attempt to Establish a Jewish Colony in the East Africa Protectorate 1903–1905. Philadelphia 1968 sowie eine minutiöse Dokumentation der innerzionistischen Diskussion, vgl. *Heymann,* Michael (Hg.): The Uganda Controversy. The Minutes of the Zionist General Council. Vol. 2. Jerusalem 1977, 5–93.

22 *Peters:* Der Zionismus 325.

23 Christian Davis vermutet bei Peters »tempered Antisemitism«, übersieht dabei jedoch die Bezüge zu der breiteren kolonialpolitischen Debatte über den Zionismus, die nicht primär von Antisemitismus, sondern deutschen Auslandsinteressen getragen wurde, vgl. *Davis,* Christian S.: Colonialism, Antisemitism, and Germans of Jewish Descent in Imperial Germany. Ann Arbor/Michigan 2012, 62.

24 *Peters:* Der Zionismus 321.

25 Ebd. 324.

bedingungen diskutiert, ob etwa der Zerfall des Osmanischen Reichs, über den die europäischen Zeitgenossen eifrig spekulierten, eine jüdische Besiedlung Palästinas zulasse; ebenso spielten Fragen hinein, ob die Juden für ein solches Unterfangen überhaupt die richtigen Qualitäten mitbrächten oder sich diese würden aneignen können.

Für die unterschiedlichen Rezeptionen lassen sich zwei miteinander korrelierende Perspektiven festhalten: eine nimmt Bezug auf die »Judenfrage« in Deutschland; die andere auf den Judenstaat in Palästina. Die erste Sichtweise bezieht sich auf die politische, rechtliche oder kulturelle Gleichberechtigung, Zugehörigkeit und Identität von Juden in Deutschland, die entlang der Debatten über den Zionismus berührt und verhandelt wurde. Begriffe wie »Assimilation« und »Nationalität« spielten darin eine große Rolle. Die zionistische Zurückweisung der jüdischen Assimilation war nicht deckungsgleich mit dem antisemitischen Schlagwort, sondern warf der jüdischen Mehrheit Abwendung vom oder sogar Verrat am Judentum vor, den sie zugunsten einer Verschmelzung mit der deutschen Kultur begingen.[26] Umgekehrt fürchteten viele Juden – und Nichtjuden –, dass die Kritik der Zionisten an der Assimilation und ihr Bekenntnis zu einer jüdischen Nationalität den Antisemiten neue Munition liefere. Andere begrüßten den Zionismus wiederum, da sie darin sogar ein Mittel zur Zurückdrängung des Antisemitismus sahen, indem er verfolgten Juden einen Nothafen schaffe oder als produktive Widerlegung antisemitischer Vorwürfe betrachtet wurde. Die zweite Ebene berührt das zionistische Ziel, die Schaffung eines jüdischen Gemeinwesens in Palästina. Nichtjuden knüpften daran politische

---

26 Wenn in der vorliegenden Arbeit von Assimilation die Rede ist, wird darunter meist die Mehrheit des liberalen Judentums verstanden, deren Angehörige sich als Gegenspieler der Zionisten verstanden. Häufig bedienten sich nichtjüdische historische Akteure der Bezeichnung, um eben diese Gruppe abzuwerten und jüdische Bestrebungen zur Integration und Teilhabe an einer gemeinsamen deutschen Kultur zurückzuweisen. Die Darstellung der jeweiligen Kontexte sollte das deutlich machen. Assimilation ist darüber hinaus kein zentraler Analysebegriff der vorliegenden Arbeit, die nicht primär Formen der jüdischen Akkulturation oder Integration untersucht. Der analytische Wert des Begriffs wird seit geraumer Zeit infrage gestellt, da sich darunter verschiedene Interpretationsperspektiven vermitteln können. Begriffe wie Akkulturation oder Integration hinterfragen ein Verständnis von Assimilation als einseitigen Angleichungsprozess und beziehen Aspekte des Kulturaustauschs stärker mit ein. Über den historischen Gebrauch sowie die Forschungsdebatten über den Begriff der »Assimilation«, vgl. *van Rahden*, Till: Verrat, Schicksal oder Chance. Lesarten des Assimilationsbegriffs in der Historiographie zur Geschichte der deutschen Juden. In: Historische Anthropologie 13/2 (2005) 245–264; *Morris-Reich*, Amos: Assimilation. In: *Diner*, Dan (Hg.): Enzyklopädie jüdischer Geschichte und Kultur. Band 1. Stuttgart, Weimar 2011, 171–176; *Reichwald*, Anika: Das Phantasma der Assimilation. Interpretationen des »Jüdischen« in der deutschen Phantastik 1890–1930. Göttingen 2017, 11–25. Eine systematische Auseinandersetzung mit dem Begriff erstmals bei *Sorkin*, David: Emancipation and Assimilation – Two Concepts and their Applications on German-Jewish History. In: Leo Baeck Institute Year Book 35 (1990) 17–33.

und materielle Interessen. Ferner evozierte die jüdische Besiedlung Palästinas Erwartungen anderer Natur: Ein möglicher Judenstaat in Palästina wurde vielfach zur Folie politischer, weltanschaulicher oder spiritueller Vorstellungen und Hoffnungen, aber auch Ängste. Die interessegeleiteten oder ideologisch-weltanschaulichen Erwägungen über die Bedingungen und Möglichkeiten eines jüdischen Staates waren nicht von den Debatten über die »Judenfrage« isoliert. In vielen Fällen bezogen sich beide Perspektiven aufeinander.

2.   Bilder des Jüdischen, Bilder des Judenstaates

a)   Eine Wahrnehmungsgeschichte des Zionismus

Die genannten Beispiele weisen darauf hin, dass der Zionismus spezifische Vorstellungen über das Jüdische evozierte, die sowohl bei nichtjüdischen Anhängern als auch Gegnern über den eigentlichen Gegenstand Zionismus hinauswiesen. Die Geschichte der nichtjüdischen Rezeption des Zionismus im Deutschen Reich kann so betrachtet als *Wahrnehmungsgeschichte* geschrieben werden. Nachfolgend werden einige methodologische Überlegungen skizziert, die den Zionismus als Gegenstand einer solchen betreffen. Allgemein gehen die Wahrnehmungs- und Perzeptionsforschung, die Imagologie und verwandte Forschungsansätze davon aus, dass Bilder – und als deren Extremform, Stereotype – die Funktion einer kognitiven Landkarte erfüllen, die als Raster zur Ordnung von Lebenswelten dient. Untersuchte Texte und Begriffe bilden also nicht objektive Wirklichkeiten ab, sondern stehen in einem Spannungsverhältnis zum geschilderten Sachverhalt, welches Rückschlüsse über die Person und Mentalität des Autors zulässt.[27] Bilder und Stereotypen fungieren als »Linse oder Filter«

---

27 Wichtige Stichworte zur »Wahrnehmung als Methode«, vgl. *Kühnhardt*, Ludger: Wahrnehmung als Methode. Mentalität, Kultur und Politik »des Anderen« vor neuen Herausforderungen. In: *Aschmann*, Birgit/*Salewski*, Michael (Hg.): Das Bild »des Anderen«. Politische Wahrnehmung im 19. und 20. Jahrhundert. Stuttgart 2000, 9–20; *Holsti*, Ole R.: The belief system and national images: a case study. In: Journal of Conflict Resolution 6/3 (1962) 244–252; *Niedhart*, Gottfried: Perzeption und Image als Gegenstand der Geschichte von den internationalen Beziehungen. Eine Problemskizze. In: *Wendt*, Bernd Jürgen/*Birke*, Adolf M. (Hg.): Das Britische Deutschlandbild im Wandel des 19. und 20. Jahrhunderts. Bochum 1984, 39–52; *Krakau*, Knud: Einführende Überlegungen zur Entstehung und Wirkung von Bildern, die Nationen von sich und anderen machen. In: *Adams*, Willi Paul/*Krakau*, Knud (Hg.): Deutschland und Amerika. Perzeption und historische Realität. Berlin 1985, 9–18; *Volf*, Darina: Über Riesen und Zwerge. Tschechoslowakische Amerika- und Sowjetunionbilder 1948–1989. Göttingen 2017, 24–36. Stereotypen lassen sich als gesteigerte Extremformen von Bildern verstehen, wenn man mit Hans Henning Hahn oder Adam Schaff eine nochmals stärkere »emotionale Aufgeladenheit« annimmt, vgl. *Hahn*, Hans Henning: 12 Thesen

von Wirklichkeit, durch die Ereignisse und Informationen »den vorhandenen Bildern anverwandelt« und »nicht passende‹ Teile [...] ausgeblendet, herausgefiltert, ja überhaupt nicht perzipiert« werden.[28] Die transnational orientierte Perzeptionsforschung geht nach Hans Manfred Bock Fragen nach, »welche Gruppen oder Personen aus welchen Motiven und mit welchen Strategien die Attribute der jeweils anderen Nation in der eigenen nationalen Öffentlichkeit glaubwürdig definieren und fixieren«, und untersucht damit »die Generierung und inhaltliche Fixierung eines Bildes von der anderen Nation als fremdnationale Identitätszuschreibung«[29]. Obwohl die vorliegende Arbeit keinen direkt transnationalen Gegenstand zum Thema hat, beherzigt sie den konstruktivistischen Ansatz Bocks, der die Ursprünge des eigenen Arbeitsfeldes in ontologisch operierenden Konzepten nationaler Identitäten, die bis zur Mitte des 20. Jahrhunderts noch weit verbreitet waren, kritisch reflektiert und zentrale Erkenntnisse der modernen Nationalismusforschung aufnimmt.[30] Meine Untersuchung will indes nicht zeigen, woher (jüdischer) Nationalismus rührte oder auf welchen nationalen Mythen über Ursprung und Wesen seiner selbst er fußt. Das der Arbeit zugrunde liegende methodische Konzept orientiert sich an der transnationalen Identitäts- bzw. Perzeptionsforschung, wenngleich die Konstruktion von Judenbildern nicht

zur historischen Stereotypenforschung. In: *Hahn*, Hans Henning/*Mannová*, Elena (Hg.): Nationale Wahrnehmungen und ihre Stereotypisierung. Beiträge zur historischen Stereotypenforschung. Frankfurt a. M. 2007, 15–24, hier 19; sowie *Hahn*, Hans Henning/*Hahn*, Eva: Nationale Stereotypen. Plädoyer für eine historische Stereotypenforschung. In: *Hahn*, Hans Henning (Hg.): Stereotyp, Identität und Geschichte. Die Funktion von Stereotypen in gesellschaftlichen Diskursen. Frankfurt a. M. 2002, 17–56; *Schaff*, Adam: Stereotypen und das menschliche Handeln. Wien 1980, 38–42. Im Bereich der jüdischen (Kultur-)Geschichte arbeitet Joachim Schlör mit dem Begriff der Wahrnehmungsgeschichte, vgl. *Schlör*, Joachim: Bilder Berlins als »jüdischer Stadt«. Ein Beitrag zur Wahrnehmungsgeschichte der deutschen Metropole. In: Archiv für Sozialgeschichte 37 (1997) 207–229.

28 *Krakau*: Einführende Überlegungen 10.

29 *Bock*, Hans Manfred: Nation als vorgegebene oder vorgestellte Wirklichkeit? Anmerkungen zur Analyse fremdnationaler Identitätszuschreibung. In: *Florack*, Ruth (Hg.): Nation als Stereotyp. Fremdwahrnehmung und Identität in deutscher und französischer Literatur. Tübingen 2000, 11–36, hier 12.

30 Grundlegende Merkmale dieser Forschung sind eine skeptische bis feindliche Bewertung von Nationalismus, die Überzeugung seiner Artifizialität beziehungsweise seines politisch oder kulturell konstruierten Charakters sowie der Modernität des Nationalismus, der keine überzeitliche Gültigkeit besitzt, sondern erst zum Ende des 18. Jahrhunderts entsteht, vgl. *Bock*: Nation als vorgegebene oder vorgestellte Wirklichkeit 27. Die wichtigsten Werke dieser Zunft, vgl. *Anderson*, Benedict: Imagined Communities. Reflections on the Origin and Spread of Nationalism. London 1983; *Gellner*, Ernest: Nations and Nationalism. Oxford 1983; *Hobsbawm*, Eric J./*Ranger*, T. O. (Hg.): The Invention of Tradition. Cambridge, New York 1983; *Hobsbawm*, Eric J.: Nations and Nationalism since 1780. Programme, Myth, Reality. Cambridge 1990; *Smith*, Anthony D.: Nationalism and the Historians. In: International Journal of Comparative Society 33/1/2 (1992) 58–80.

als Beziehungs- und Wahrnehmungsgeschichte *zwischen Nationen* analysiert werden soll.[31] Nachfolgend führe ich in das Konzept der Bilder des Jüdischen ein.

Bilder des Jüdischen bezeichnen Denkweisen mit langer Tradition, in denen sich nicht allein das Judentum, sondern große gesellschaftliche Zusammenhänge reflektieren. Der amerikanische Mediävist David Nirenberg begreift solche Judenbilder als Instrument zur Ordnung und zum Verständnis von Wirklichkeit. »Antijudaismus« ist so verstanden ein Denkkonzept und epistemisches Muster, das der westlichen Weltdeutung zugrunde liegt.[32] Ausgehend von der christlichen Gegenüberstellung von Geist und Fleisch oder Gesetz und Glaube wurde über Jahrhunderte eine Denktradition gefestigt, die grundlegende Konzepte und Werkzeuge der Gesellschaft und daran anknüpfend auch bestimmte Eigenschaften und Verhaltensweisen mit dem Judentum verknüpfte. In dieser Weltdeutung gehen das reale Judentum und die von ihm fabrizierten Bilder auseinander, auch wenn »Antijudaismus« immer dazu treibt, die realen Juden mit den Bildern, die Nichtjuden von ihnen entwarfen, identisch zu machen. Am jüdischen Gegenüber formulierten historische Akteure »Judenfragen«, die das eigene Weltbild und Lebensmodell konstituierten. Seit Beginn der Emanzipationsdebatten etablierten sich in der Diskussion der »Judenfrage« kulturelle Semantiken, die mit Geld und Kapital assoziierte Gesellschaftsbereiche und Arbeitsweisen als genuin jüdische Domänen begriffen. Im Umkehrschluss erschienen Tätigkeiten von körperlicher Arbeit und »Produktivität« als unjüdisch.[33] Auch »Staat« und »Judentum« wurden als entgegengesetzte oder zumindest in einem Spannungsverhältnis zueinander stehende Prinzipien begriffen. Die Wahrnehmung und Diskussion des Zionismus und eines jüdischen Staates hingen daher eng mit den Vorstellungen jüdischer »(Un-)Produktivität« zusammen, wie nachfolgendes Beispiel verdeutlichen soll.

---

31 Vgl. hierfür auch das von Klaus Holz entworfene Konzept, demzufolge sich das Jüdische nicht in die Freund- und Feind- beziehungsweise Selbst- und Fremdkonstellationen der nationalen Ordnung einfüge, sondern als ein Drittes eine Sonderposition einnehme, vgl. *Holz, Klaus:* Die antisemitische Figur des Dritten in der nationalen Ordnung der Welt. In: *Braun, Christina von/Ziege, Eva-Maria* (Hg.): Das »bewegliche« Vorurteil. Aspekte des internationalen Antisemitismus. Würzburg 2004, 43–61; *Holz, Klaus:* Der Jude. Dritter der Nationen. In: *Eßlinger, Eva/Schlechtriemen, Tobias/Schweitzer, Doris/Zons, Alexander* (Hg.): Die Figur des Dritten. Ein kulturwissenschaftliches Paradigma. Berlin 2010, 292–303.

32 *Nirenberg, David:* Anti-Judaism. The Western Tradition. New York 2013 sowie *Ders., David:* »Jüdisch« als politisches Konzept. Eine Kritik der Politischen Theologie. Göttingen 2013.

33 Vgl. *Berg, Nicolas:* »Weg vom Kaufmannsstande! Zurück zur Urproduktion!«. Produktivitätsforderungen an Juden im 19. und frühen 20. Jahrhundert. In: *Colin, Nicole/Schößler, Franziska* (Hg.): Das nennen Sie Arbeit? Der Produktivitätsdiskurs und seine Ausschlüsse. Heidelberg 2013, 29–51; *Berg, Nicolas:* Ökonomie und Kollektivität. Fragen zur Metaphorisierung von Judentum in nationalökonomischen Schriften um 1900. In: *Gross, Raphael/Weiss, Yfaat* (Hg.): Jüdische Geschichte als allgemeine Geschichte. Festschrift für Dan Diner zum 60. Geburtstag. Göttingen 2006, 49–75.

Ein literarisches Werk aus dem Jahr 1888, also noch vor dem Aufkommen des (politischen) Zionismus, hatte die Idee eines Judenstaates aufgegriffen und damit einen Stoff für intellektuelles Amüsement geschaffen. Der österreichische Schriftsteller Robert Hamerling (1830–1889) hatte einen Protagonisten namens Munkel aus der Retorte gehoben, um in diesem Homunkulus die Künstlichkeit des modernen Menschen zu verkörpern. Munkel durchlebte unter anderem das Scheitern diverser Staatsmodelle: eines Idealstaats, eines Affenstaats, in dem Affen zur Menschwerdung erzogen werden sollten, und eines Judenstaats. Der moderne Homunkulus fühlte sich zu jüdischem »Sinn« und »Wesen«, zur »jüdischen Verstandes Schärfe« und »dreist-verschlag'ne[n] Thatkraft« hingezogen, konvertierte alsdann und führte die Juden nach Palästina, allesamt »Schacherjuden«, »Wucherjuden«, »Börsejuden«, »mauschelnde Finanzbarone«, die Rothschilds, »Zeitungsjuden«, »Kunstsemiten«, »Judendirnchen« und »Judenhöferinnen«.[34] Freilich war dieses Experiment zum Scheitern verurteilt, bedürfe der »eklektisch-kritisch-prakt'sche [sic] Sinn des Judenvolks« doch der anderen Völker. Folgten die Juden also ihrem natürlichen Drang und gründeten eine Börse in Palästina, nur um ihren Spekulationsgeist zu befriedigen, zerstörte sich das gesamte Gemeinwesen selbst: »Israel / War ein Magen, welcher drohte / Bald sich selber aufzuätzen, / Weil für seine scharfen Säfte / Ihm gebrach der Stoffe Zufuhr« – wie auch umgekehrt die Christen in Europa ihren »Sauerteig im Völkerleben« vermissten.[35] Hamerlings Werk bediente sich in seiner Kapitalismus- und Zeitkritik antisemitischer Motive, die den Juden eine mit Geld und Zirkularität verwobene Lebensweise als Natur andichtete. Hamerling rief jedoch nicht zum Kampf gegen das Judentum auf, plädierte vielmehr dafür, dass die Juden Europa und Europa die Juden brauche. Im Zusammenspiel mit Kultur und Wesen der europäischen Völker erweise sich diese jüdische Eigenart für beide Seiten als produktiv. Die Phantasie eines jüdischen Staates indes, der ausschließlich von Juden bewohnt wäre, sollte beim Publikum einen skurrilen und absurden Eindruck erwecken.[36]

Unter den Fremd- und Feindbildern nimmt die Wahrnehmung der Juden eine Sonderrolle ein, wie der israelische Soziologe Zygmunt Bauman zeigt. Auf Hannah Arendt rekurrierend, die die Juden als »nicht-nationales Element inmitten einer Welt entstehender oder bereits existierender Nationen« beschrieb, zeigt Bauman, dass in der Wahrnehmung der Juden die Muster zur Unterscheidung von Freund und Feind, Gastgeber und Gast, Einheimischer und Fremder, letzt-

---

34 *Hamerling,* Robert: Homunculus. Modernes Epos in zehn Gesängen. Hamburg, Leipzig 1888, 204–243, hier 207, 213 f.

35 Ebd. 224 f.

36 In der eingangs erwähnten Rezension von Herzls »Judenstaat« hatte Anton Bettelheim ebenfalls auf Hamerlings »Homunculus« verwiesen, um Herzls Werk als kaum ernstzunehmenden Witz zu verspotten, vgl. *Bettelheim:* Der Gründungsprospect einer jüdischen Schweiz 4 f.

lich die grundlegende Differenz zwischen »uns« und »den anderen« aufgesprengt wurden. Die Juden waren demnach nicht bloß eine andere, womöglich verhasste, sondern eine nicht direkt greifbare Nationalität. Im Europa der Nationalstaaten waren sie »universale Fremde«, eine »Nation ohne Nationalität«.[37] Ähnlich leitet Dan Diner aus der »sich im 19. Jahrhundert durchsetzende[n] Norm des sich scharf abgrenzenden territorialen Nationalstaats« ab, dass die diasporische Lebensweise die Juden »in den Ruch einer bedenklichen Abweichung [rückte]«[38]. Diese Wahrnehmung wurde durch die Entstehung des Zionismus, der die Errichtung eines territorialen jüdischen Nationalstaates zum Ziel hatte, nicht kurzerhand aufgegeben. Tradierte Judenbilder wurden auch in die Wahrnehmung des Zionismus mit aufgenommen.

b)   Allosemitismus und Allozionismus

In den gezeigten Beispielen wurde das Spannungsfeld Nation – Nationalstaat sichtbar. Peters zweifelte nicht daran, dass das Judentum eine Nation darstelle, sehr wohl aber an der Möglichkeit eines jüdischen Nationalstaats – schließlich hatte es einen solchen seit Jahrtausenden nicht gegeben; auch sprach Peters den Juden Fähigkeiten ab, einen eigenen Staat aufzubauen.[39] Bertha von Suttner wiederum hielt einen jüdischen Staat sehr wohl für denkbar, doch würde seine Existenz gerade zur Überwindung des Nationalprinzips beitragen, zu der die kosmopolitische jüdische Kondition sich besonders eigne. Diese Beispiele zeigen: Die Rezeption des Zionismus evozierte Bilder des Jüdischen und Urteile über Juden, die an Traditionen anknüpften und diese fortsetzten. Manche Bilder wurden auch überwunden oder ersetzt. Judenbilder verliehen der jüdischen Nationalbewegung häufig einen außergewöhnlichen Charakter und beschrieben die Bedingungen und Möglichkeiten des Zionismus entlang besonderer Attribute. Solche Bilder konnten gleichermaßen von Akteuren ausgehen, die ein judenfreundliches oder ein judenfeindliches Selbstverständnis pflegten.[40]

Um diese Wahrnehmungen angemessen zu reflektieren, kann der Zionismus nicht statisch begriffen werden. Ein Beispiel für seine Dynamik zeigt sich schon am Verständnis der Nation: Übergreifend hatten nahezu alle zionistischen Strö-

---

37 *Bauman*, Zygmunt: Dialektik der Ordnung. Die Moderne und der Holocaust. 2. Aufl. Hamburg 1994, 66f.

38 *Diner*, Dan: Verschwörung. In: *Ders.* (Hg.): Enzyklopädie jüdischer Geschichte und Kultur. Band 6. Stuttgart 2015, 272–277, hier 275.

39 Vgl. *Peters*: Der Zionismus 321.

40 Freilich können auch scheinbar anerkennende Worte antisemitisch sein, weshalb nicht allein das Selbstverständnis, sondern der Kontext, die Intention des Sprechers und seine Position für eine Beurteilung entscheidend sind. Vgl. *Blaschke*, Olaf: Katholizismus und Antisemitismus im Deutschen Kaiserreich. 2. Aufl. Göttingen 1999, 28; *Strauss*, Herbert A./*Kampe*, Norbert: Einleitung. In: *Dies.* (Hg.): Antisemitismus. Von der Judenfeindschaft zum Holocaust. Frankfurt a. M., New York 1985, 9–28, hier 3.

mungen den Anspruch, jüdische Existenz zu transformieren respektive zu normalisieren. Einer zerstreuten Minderheit, die sich auf viele Nationen in der Welt verteilte, sollte ein territoriales Heimatland in Palästina geschaffen, zugleich aber auch ihre sozioökonomische Struktur umgestaltet und eine kulturelle Renaissance eingeleitet werden.[41] So sollte sich die Beziehung der Juden zu den anderen Nationen harmonisieren und schließlich auch der Antisemitismus an sein Ende kommen. Die Sehnsucht nach Normalität stellte zwar einen wesentlichen Antrieb in der Geschichte des Zionismus dar, stand aber in einem Wechselverhältnis zu dem Anspruch, nicht nur einen Staat wie alle anderen Nationen, sondern auch einen Muster- und Vorbildstaat zu errichten.[42] Dieses Wechselverhältnis zwischen Normalisierung und Ideal gilt es in der Untersuchung nichtjüdischer Betrachtungen des Zionismus zu berücksichtigen, die häufig von stereotypen Judenbildern und Annahmen einer jüdischen Sonderart geprägt waren. Es ist dabei nicht jede Stimme, die an den Zionismus besondere Hoffnungen knüpfte, direkt als Vereinnahmungsversuch oder Stereotypisierung zu begreifen.

Judenbildern war häufig inhärent, Deutungshoheit über das Jüdische zu erlangen und die realen Juden mit den konstruierten Bildern von ihnen identisch zu machen. Neben der Dämonisierung von Juden (und Zionisten) traten auch andere Zuschreibungen zutage. Häufig hielten auch jene, die ein wohlmeinendes, judenfreundliches Selbstverständnis pflegten, einen besonderen, eigentümlichen Kern des Jüdischen fest. Das Jüdische wurde dabei nicht primär als »das Andere« essentialisiert. Mithilfe des Begriffs *Allosemitismus* beschreibt Zygmunt Bauman nicht allein die Angst vor dem Anderen (»heterophobia«), sondern Angst vor dem Fremden, Nichtklassifizierbaren, dem Ambivalenten (»proteophobia«).[43] Bauman hält fest, dass sich die Juden einer letztgültigen Kategorisierbarkeit entzögen, da ihre Bestimmung in den herrschenden Denkkategorien des Religiösen oder Nationalen nicht vollends aufgehe. Darin liege die Ursache für die paranoide Angst vor Juden begründet. Allosemitismus personifizierte Juden zu »Trägern

---

41 Vgl. *Penslar,* Derek J.: Shylock's children. Economics and Jewish identity in modern Europe. Berkeley/California 2001, 174–185.

42 Vgl. *Brenner:* Israel 7–23; sowie die Ausführungen des israelischen Philosophen Nathan Rotenstreich (1914–1993) über Normalität als höchstes Ziel des (nicht-religiösen) Zionismus. Rotenstreich weist zudem auf zwei semantische Ebenen hin, die dem Ideal der Normalität innewohnen: erstens, jüdische Existenz durch Territorialität der Normalität anderer Nationen anzugleichen sowie zweitens, Normalisierung als Erfüllung einer Norm zu begreifen, wenn die Lebensweise anderer Völker als Maßstab dient, um den Staat Israel zu beurteilen, vgl. dazu *Katz,* Steven T.: Criteria for a Contemporary Zionist Ideology. In: *Ders.* (Hg.): Historicism, the Holocaust, and Zionism. Critical Studies in Modern Jewish History and Thought. New York 1992, 274–288, hier 283 f.

43 Zum Begriff der »Ambivalenz« im Gesamtwerk Baumans, vgl. *Junge,* Matthias: Ambivalenz: eine Schlüsselkategorie der Soziologie von Zygmunt Bauman. In: *Junge,* Matthias/ *Kron,* Thomas (Hg.): Zygmunt Bauman. Soziologie zwischen Postmoderne, Ethik und Gegenwartsdiagnose. Wiesbaden 2007, 77–94.

von Ambivalenz« (»ambivalence incarnate«[44]), die damit zu einem wesentlichen
Störfaktor der nationalstaatlichen Ordnung Europas wurden. Johannes Becke
übertrug diesen Ansatz jüngst auf postkoloniale Betrachtungsweisen des Staates Israel bzw. der israelischen Siedlerbewegung, die er anknüpfend an Bauman
als *Allozionismus* interpretiert.[45] Durch diese begriffliche Erweiterung können
Tendenzen gefasst werden, in denen Israel als Projektionsfläche (bei Becke: der
eigenen europäischen Kolonialgeschichte, die auf Israel projiziert wird) dient
und seine Wahrnehmung durch ein konstruiertes Abstraktum bestimmt wird,
das sich gegen die Wahrnehmung des realexistierenden Israels abdichtet. Wie
auch Baumans Konzept beschreibt Allozionismus ambivalente Formen der
auf Juden beziehungsweise Israel bezogenen Abstraktion oder Projektion, die
sowohl massive Überhöhungen als auch Verteufelungen bezeichnen und deren
Urheber von Hass als auch von Liebe bewegt sein können. Becke besteht in
seinem theoretischen Ansatz darauf, dass sich Allosemitismus als ideologischer
Mechanismus nach 1945 nicht auflöste, wie Bauman annimmt, sondern weiter
fortlebt, indem er sich auf Israel überträgt. Auf diese theoretischen Konzepte
aufbauend begreife ich die untersuchten Judenbilder aufgrund ihres Anspruchs
auf Deutungshoheit als Vehikel eines aggressiven Potentials, das abgerufen werden konnte, sobald der Zionismus den von ihm gemachten Bildern nicht gerecht
wurde. Damit ist (fehlende) »Ambivalenz« ein zentrales Analysewerkzeug der
vorliegenden Arbeit. Johannes Becke beschließt seine Analyse des gegenwärtigen
Allozionismus mit einem Lösungsvorschlag, einen adäquaten Umgang mit dem
Phänomen suchend: »proteophilia, the love of the ambivalent«[46], womit ein-
dimensionalen, unterkomplexen und ideologisch unterfütterten Darstellungen
Israels begegnet werden müsse. Ein Ziel dieser Arbeit ist es gleichsam, auch historische Akteure hinsichtlich ihrer Bereitschaft zu untersuchen, Ambivalenzen
auszuhalten und ihre Lesarten des Zionismus *nicht* in Ansprüche der Deutungshoheit münden zu lassen.

Fest steht: Die Zionismus-Rezeption war alles andere als einheitlich, oft war sie
überraschend, manchmal wohlwollend, zuweilen ablehnend und ungerecht. Wie
kamen die Kommentatoren zu ihren Urteilen? Wichtig sind die Erschließung
des jeweiligen historischen Kontextes und die Ergründung des spezifischen
Interesses am Zionismus. Dazu gehört vor allem herauszuarbeiten, an welchem
Zionismus, welcher Strömung oder welchem Aspekt sich dieses Interesse primär
festmachte. Um eine tieferschürfende Analyse der Zionismus-Rezeptionen zu

---

44 *Bauman,* Zygmunt: Allosemitism: Premodern, Modern, Postmodern. In: *Cheyette,*
Bryan/*Marcus,* Laura (Hg.): Modernity, Culture, and »the Jew«. Cambridge 1998, 143–157, 150.
45 Vgl. *Becke,* Johannes: Beyond Allozionism: Exceptionalizing and De-Exceptionalizing
the Zionist Project. In: Israel Studies 23/2 (2018) 168–193.
46 Ebd. 183.

leisten, untersuche ich die jeweiligen Wahrnehmungen des Jüdischen: Welche Bilder des Jüdischen blitzten in den Diskursen auf – und mit welcher politischen Konsequenz? Welche *Bilder des Zionismus* entfalteten sich und wie hingen diese mit der langen Tradition von Judenbildern zusammen? Wirkten diese hintergründig und wurden nur gelegentlich abgerufen, oder waren sie direkt handlungsleitend? Wie beständig oder wie flexibel erwiesen sich diese Judenbilder – wie weit zeigten sich Akteure bereit, auch Ambivalenzen zuzulassen? Und umgekehrt gefragt: Wann schlug eine Erwartungshaltung, wenn sie sich nicht erfüllte, in Feindschaft um? Welche Instrumentalisierungen des Zionismus lassen sich nachweisen?

3.   Kapitelaufbau und Debattenüberblick

In dieser Arbeit habe ich drei Bereiche identifiziert, in denen die Akteure ein kontinuierliches Interesse am Zionismus an den Tag legten. Erstens: Kolonial- und außenpolitische Debatten, zweitens: explizit judenfeindliche Polemik und drittens: eschatologisch ausgerichtete protestantische Perspektiven. Die verschiedenen Debatten hatten nur wenige Berührungspunkte. Sie werden daher in je eigenen Kapiteln chronologisch behandelt.

a)   *Zwischen Orient und Okzident –*
Der Zionismus in der deutschen Kolonialpublizistik

Theodor Herzl war überzeugt, eine grundsätzliche Sache von allgemeiner Bedeutung geschaffen zu haben, die daher auch das Interesse der großen Politik wecke. Von Anfang an suchte er den Kontakt zu Diplomaten und Staatsmännern, um Unterstützung von einer europäischen Großmacht zu erhalten, an deren wirtschaftliche und geopolitische Interessen sich der Zionismus anschließen ließ. Bereits unter Herzls Führung nahmen deutsche Zionisten Führungspositionen in der »Zionistischen Organisation« (ZO) ein, die dadurch eine deutsche Prägung erfuhr.[47] Die »Zionistische Vereinigung für Deutschland« (ZVfD) verfolgte bis zum Ende des Ersten Weltkriegs eine Strategie, nach der die Anerkennung und Unterstützung der deutschen Regierung erwirkt werden sollte, dadurch dass sich der Zionismus entlang der außen- und wirtschaftspolitischen Interessen des Deutschen Reichs als nützlicher Faktor beweise.

Die deutsche Orientpolitik war auf die Aufrechterhaltung und Stabilisierung des Osmanischen Reichs ausgerichtet. Nicht durch direkte Kolonisation, sondern auf dem Weg einer »*Pénétration pacifique*«, einer wirtschaftlichen

---

47 Vgl. *Lavsky*, Hagit: Before Catastrophe. The Distinctive Path of German Zionism. Detroit/Michigan 1996, 23–25.

Durchdringung sollte deutscher Einfluss bis in die Peripherie Vorderasiens getragen werden.[48] *»Kulturarbeit«*, also die kulturelle Hebung von Land und Leuten des Orients durch deutsche Bildungseinrichtungen, sollte die wirtschaftlichen Eroberungen moralisch und strategisch absichern und konstituierte damit die deutsche Form europäischer *»Zivilisierungsmissionen«*.[49] Theoretiker einer solchen »moralischen Kolonisation« wie Paul Rohrbach, Friedrich Naumann oder Hugo Grothe stellten auch eine Verbindung zu jüdischen Einrichtungen in Palästina her. Auch in den deutschen Konsulaten von Jerusalem, Haifa und Jaffa wurden die wirtschaftlichen und kulturellen Vorteile erkannt, die sich durch den Zionismus für das Deutsche Reich ergaben. Unter dem Schlagwort der Juden als »Mittler zwischen Orient und Okzident« adressierten die deutschen Zionisten ihre Nützlichkeit an das deutsche Auswärtige Amt. Der Zionismus errichte den Juden eine nationale Heimstätte in Palästina und erfülle durch sein europäisches Know-How für die produktive Entfaltung desolater orientalischer Landstriche zugleich eine Scharnierfunktion, die besonders deutschen Orientinteressen Nutzen bringe. Auf diese Weise eröffne sich eine Interessensgemeinschaft zwischen dem Deutschen Reich, dem Zionismus sowie dem Osmanischen Reich. Wenn die jüdische Kolonisation Palästinas in den Berichten deutscher Diplomaten oder den Artikeln und Reisebeschreibungen einer sich etablierenden Öffentlichkeit als produktive Kraft beschrieben wurde, die der kulturellen und ökonomischen Hebung der Region zugutekomme und zur Stärkung des deutschen Einflusses beitrage, war diesen Darstellungen zugleich eine bestimmte Wahrnehmung des Jüdischen eingeschrieben. Meine Aufmerksamkeit gilt dabei der Frage, wie weit Schilderungen von bekannten Akteuren eines »liberalen Imperialismus« wie Friedrich Naumann oder von Autoren der zweiten Reihe wie Alfons Paquet oder Otto Eberhard, Sichtweisen auf das Judentum offenbarten, die Zionisten und nicht-zionistische Juden mit einem scharfen Kontrast zeichneten. Hierfür untersuche ich die Bilder und Semantiken, die in der zionistischen Kolonisation nicht nur einen Prozess der *»Produktivierung«* des Judentums oder der *»Wiederbelebung«* und *»Verwurzelung«* in der jüdischen *»Heimaterde«* Palästinas verkörpert sahen und damit zionistische Motive aufgriffen. Oft wohnte solchen Darstellungen die Tendenz inne, zugleich dem nicht-zionistischen Judentum *»Heimatlosigkeit«*, *»Internationalität«* und *»Unproduktivität«* zuzuschreiben.

Mit dem Weltkrieg erlangte die Thematik schließlich internationale Bedeutung. Die zionistische Bewegung war während der Kriegsjahre Gegenstand

---

48 Vgl. *Grunwald,* Kurt: Pénétration Pacifique. The Financial Vehicles of Germany's Drang nach dem Osten«. In: *Wallach,* Jehuda L. (Hg.): Germany and the Middle East. 1835–1939. Tel Aviv 1975, 85–103.

49 Vgl. *Barth,* Boris/*Osterhammel,* Jürgen: Vorwort. In: *Dies.* (Hg.): Zivilisierungsmissionen. Imperiale Weltverbesserung seit dem 18. Jahrhundert. Konstanz 2005, 7–12.

der strategischen, geopolitischen und propagandistischen Erwägungen beider kriegsführenden Machtblöcke. Die Zionisten verfolgten eine Doppelstrategie, um eine Sympathieerklärung und Unterstützung von der deutschen Regierung zu erwirken: Neben den Diplomaten im Auswärtigen Amt, die man in direkten Eingaben und Gesprächen zu gewinnen suchte, sollten Journalisten, Kolonialpublizisten, Orientkenner, Politiker und einflussreiche Intellektuelle vom Zionismus – bzw. seiner Konzeptualisierung durch deutsche Zionisten – als »Frage der deutschen Orientpolitik«[50] überzeugt werden. Eine wohlgesonnene Öffentlichkeit, nichtjüdische Expertenmeinungen und Sympathiebekundungen sollten den Wert des Zionismus für die deutschen Interessen bezeugen und die Haltung im Auswärtigen Amt beeinflussen. Das Spektrum an Unterstützern reichte dabei von rechtskonservativ über sozialistisch-revisionistisch eingestellten Publizisten, liberalen Imperialisten, Weltpolitikern und Türkeifreunden, bis hin zu einzelnen diplomatischen Akteuren im Auswärtigen Amt. Die kolonialpolitische Annäherung an den Zionismus gilt es dabei ganz besonders hinsichtlich möglicher Berührungspunkte mit judenfeindlichen Vereinnahmungsversuchen zu untersuchen, die den Zionismus als nützliches Instrument darstellten, um ein als minderwertig und lästig empfundenes Judentum loszuwerden. Ich möchte offenlegen, ob sich in der Wahrnehmung der Zionisten als nützliche Gruppe für die deutsche Orientpolitik auch antisemitische Motive verbargen oder sie sich zumindest als anschlussfähig an antisemitische Strategien und Argumentationen erwies. Oder distanzierten sich Akteure, die im Zionismus eine ernsthaft förderungswürdige Bestrebung sahen, von judenfeindlichen Beweggründen, Untertönen und Vereinnahmungsversuchen?

Der Schwerpunkt dieses Kapitels liegt auf den skizzierten Weltkriegsdebatten. Doch auch zur Zeit der Weimarer Republik blieben bestimmte Interessen als auch Debattenmotive erhalten. Noch während des Weltkrieges wurde eine Einrichtung im Auswärtigen Amt geschaffen, die sich primär mit jüdischen Belangen befassen sollte. Der Orientalist Moritz Sobernheim (1872–1933) leitete das von 1918 bis zu seinem Tod im Januar 1933 bestehende »Referat für jüdisch-politische Angelegenheiten« und unterhielt in dieser Funktion freundschaftliche Beziehungen zur zionistischen Bewegung. Sobernheims Tätigkeit knüpfte an außenpolitische und wirtschaftliche Interessen des Deutschen Reichs an, gleichwohl sie sich unter dem Banner des Völkerbunds und der Verständigung mit den ehemaligen Kriegsgegnern abspielten. Allerdings erfolgten von liberalen und nationaldeutschen jüdischen Verbänden Proteste gegen die offizielle Förderung einer jüdischen »Heimstätte« in Palästina, die sie als Infragestellung ihrer Zugehörigkeit zu ihrer »Heimat« in Deutschland empfanden. Nichtjüdische Unter-

---

50 Vgl. Titel und Konzept der zentralen Agitationsbroschüre der deutschen Zionisten während des Ersten Weltkriegs, *Blumenfeld*, Kurt: Der Zionismus. Eine Frage der deutschen Orientpolitik. In: Preußische Jahrbücher 161 (1915) 82–111, auch als Separatdruck.

stützer des Zionismus wurden dadurch zu Positionierungen über die politische und kulturelle Zugehörigkeit der Juden gezwungen. Die Debatten über den Zionismus kreisten damit erneut um die »Heimat« und Staatszugehörigkeit der Juden.

b) Hinaus mit den Juden!? – Antisemitische Agitatoren und der Zionismus

Neben Debatten, in denen politische und ökonomische Interessen im Zentrum standen, weckte der Zionismus auch andere, spirituelle Hoffnungen oder Ängste und Ressentiments.

Unter Judenfeinden löste der Zionismus zunächst durchaus zustimmende und sogar euphorische Reaktionen aus. Antisemiten applaudierten der jüdischen Auswanderung, damit die Juden sich »in Palästina mit eigenen Wurzeln in eigenem Boden einsaugen«.[51] Umtriebige Agitatoren, wie der »Altmeister«[52] des Antisemitismus und der völkischen Bewegung Theodor Fritsch (1852–1933), sprachen den Juden zwar jede produktive Fähigkeit ab, forderten aber, die Juden müssten sich »irgendwo ein Colonial-Land erwerben, dasselbe urbar machen und bebauen, selbst eine Cultur schaffen und dadurch in einen ehrlichen Wettkampf mit den übrigen Nationen treten!«[53] Vor allem während des Kaiserreichs begrüßten »expulsionist Judeophobes«[54] den Zionismus als willkommene praktische Unterstützung von jüdischer Seite. Neben antisemitischen Erwägungen über eine »Lösung der Judenfrage« durch eine Emigration der Juden lassen sich Strategien vermuten, nach denen Antisemiten ihre Hochachtung vor den »aufrechten Nationaljuden« äußerten, um damit gegen die unnatürliche »Zwitter-Erscheinung« der »Assimilations-Juden« zu polemisieren. Der Verweis auf das »wohlthuende Bekenntnis zu eigenem Volksthum«[55] der Zionisten, die im Ge-

---

51 *Lienhard*, Friedrich: Der Zionismus. In: Bayreuther Blätter. Deutsche Zeitschrift im Geiste Richard Wagners 18/7–10 (1895) 330–334, hier 331.

52 Also würdigten zahllose Nachrufe den am 08.09.1933 verstorbenen Fritsch, der seit den 1880er-Jahren das antisemitische und völkische Weltbild entscheidend mitgeprägt hatte, vgl. *Puschner*, Uwe: Antisemitische Drachen. Das Theodor-Fritsch-Denkmal in Berlin-Zehlendorf. In: *Kohlstruck*, Michael/*Schüler-Springorum*, Stefanie/*Wyrwa*, Ulrich (Hg.): Bilder kollektiver Gewalt – Kollektive Gewalt im Bild. Annäherungen an eine Ikonographie der Gewalt. Für Werner Bergmann zum 65. Geburtstag. Berlin 2015, 156–164, hier 157; *Bönisch*, Michael: Die »Hammer«-Bewegung. In: *Puschner*, Uwe/*Schmitz*, Walter/*Ulbricht*, Justus H. (Hg.): Handbuch zur »Völkischen Bewegung« 1871–1918. München 1999, 341–365, hier 364.

53 *Frey*, Thomas [=*Fritsch*, Theodor]: Antisemiten-Katechismus. Eine Zusammenstellung des wichtigsten Materials zum Verständnis der Judenfrage. Leipzig 1887, zitiert nach der Ausgabe Leipzig 1892 (24. Auflage), 22 f.

54 *Niewyk*, Donald L.: Solving the »Jewish Problem«. Continuity and Change in German Antisemitism, 1871–1945. In: The Leo Baeck Institute Year Book 35 (1990) 335–370, hier 364.

55 *Lienhard*: Der Zionismus 332.

gensatz zu den übrigen Juden ihre Sonderart nicht verleugnen, sollte diese als jüdische Kronzeugen gegen die Judenemanzipation erscheinen lassen. Es ist aber notwendig, sich die Stimmen genauer anzuschauen, die den Zionismus offenbar »as a useful ally«[56] betrachteten. Auch scheinbar befürwortenden Stellungnahmen waren Misstrauen gegenüber den Absichten der Zionisten oder grundlegende Zweifel an der Realisierbarkeit eines Judenstaats eingeschrieben. Nur wenigen Antisemiten war ein jüdischer Staat überhaupt vorstellbar, den meisten von ihnen galt es als unumstößliche Gewissheit, dass den Juden die produktiven Fähigkeiten dazu abgingen. Darüber hinaus finden sich bereits im Kaiserreich antisemitische Ideologen, deren Wahnvorstellung einer internationalen jüdischen Verschwörung schon so ausgereift war, dass sie auch dem Zionismus nicht nur misstrauten, sondern ihn sogar direkt bekämpften. In ihren Augen bedeutete der Zionismus eine weitere Verschärfung der »Judenfrage«, eine neue Gefahr, die vom Judentum ausgehe.

Für die antisemitischen Zionismus-Rezeptionen ist daher die Spannung zwischen der Sehnsucht nach Entfernung der Juden einerseits und den Dogmen der modernen antisemitischen Weltanschauung andererseits signifikant. Zentrale Glaubenssätze dieser Ideologie, ein verderbter jüdischer Charakter, Gier nach Macht und Geld, wesenhafte Internationalität und ein über die Ländergrenzen hinaus bestehender jüdischer Zusammenhalt, verdichteten sich zu der Vorstellung einer in der Natur der jüdischen »Rasse« begründeten Unproduktivität und Konspiration. Diese Anschauungen wurden durch die Option eines jüdischen Gemeinwesens herausgefordert.

Der Schwerpunkt der Darstellung liegt auf dem Zeitraum der Weimarer Republik, an deren Beginn völkische Gruppierungen einen explosionsartigen Mitgliederanstieg verzeichneten. Der sich seit den 1890er-Jahren herausbildende Antisemitismus völkischer Prägung erfuhr zu diesem Zeitpunkt einen erneuten Radikalisierungsschub.[57] Nachdem 1917 mit der englische Balfour Declaration die Errichtung einer nationalen jüdischen Heimstätte garantiert und damit ein jüdischer Staat zu einer plausiblen politischen Möglichkeit geworden war, veränderte sich die antisemitische Wahrnehmung des Zionismus einschneidend. Massenhaft aufgelegte Pamphlete wie die »Protokolle der Weisen von Zion« beförderten einen Trend in der völkischen und der daran anschließenden nationalsozialistischen Publizistik, den Zionismus in die Verschwörungsphan-

---

56 *Niewyk:* Solving the »Jewish Problem« 368.

57 Vgl. dazu *Bergmann,* Werner: Völkischer Antisemitismus im Kaiserreich. In: *Puschner, Uwe/Schmitz,* Walter/*Ulbricht,* Justus H. (Hg.): Handbuch zur »Völkischen Bewegung« 1871–1918. München 1999, 449–463 sowie den systematischen Aufsatz Uwe Puschners, *Puschner,* Uwe: Völkischer Antisemitismus. In: *Baltrusch,* Ernst/*Puschner,* Uwe (Hg.): Jüdische Lebenswelten. Von der Antike bis zur Gegenwart. Frankfurt 2016, 267–283.

tasien ihres bis zur Paranoia gesteigerten Antisemitismus zu integrieren.[58] Überwog zuvor der Impuls nach Entfernung der Juden, löste nach dem Weltkrieg – im Zusammenhang mit des zusehends als Weltgefahr gedeuteten jüdischen Feindbildes – auch das mögliche Entstehen eines Judenstaates manifeste Angstvorstellungen aus. Und während sich bis dahin kaum über Schlagworte hinausgehende Ausführungen dazu finden, erwuchsen aus dieser Paranoia aggressiv-antisemitische Bilder eines jüdischen Staates. Die Bilder, die sich verschiedene Fraktionen umtriebiger Berufsantisemiten von einem jüdischen Staat machten, gilt es herauszuarbeiten und zu untersuchen. Ich verfolge dahingehend auch, ob sich von den zionismusfeindlichen Antisemiten des Kaiserreichs bis zu nationalsozialistischen Programmatikern wie Alfred Rosenberg eine zusammenhängende – wenn auch nicht zwingend kontinuierlich angelegte – Entwicklung nachvollziehen lässt.

c)   *Auf dem Weg zum Reich Gottes –*
       Der Zionismus in der heilsgeschichtlichen Perspektive
       deutscher Judenmissionare

Am Zionismus machten sich neben bedrohlichen Szenarien auch solche der Hoffnung und Heilserwartung fest. Die vor allem in Berlin, Leipzig, Köln und Basel aktive protestantische deutsche Judenmission vertrat als zentralen theologischen Standpunkt die fortdauernde heilsgeschichtliche Bedeutung des Judentums. Ihre Vertreter intervenierten sowohl gegen die traditionelle kirchliche Abwertung des Judentums wie auch gegen den modernen Antisemitismus. Doch auch die diversen zeitgenössischen Auffassungen des Judentums, wie das Reformjudentum oder die moderne Orthodoxie, lehnten sie ab. Im 19. Jahrhundert hatte sich in allen protestantischen Ländern die pietistische Erwartung erneuert, dass die Konversion des Judentums das Reich Gottes einleite. Den meisten Akteuren protestantischer Judenmission ging es dabei keineswegs um die bloße Evangelisierung von Juden. Seit sich zum Ende des 18. Jahrhunderts judenmissionarische Hoffnungen aktualisiert hatten, wähnte man sich an der Schwelle einer neuen Zeit, in der »die allmähliche Abkehr und Lossagung der Juden vom Talmud und seiner Verbindlichkeit«[59] einen Wandel innerhalb des Judentums anzeige. Die Juden waren Objekt spiritueller Projektionen, von deren Handeln und Glauben das Heil der Menschheit abhängig gemacht wurde.

Der jüdischen Nationalität wurde in diesen heilsgeschichtlichen Konstruktionen häufig ein besonderer Wert beigemessen. Sie sei deshalb über Jahrhunderte

---

58 Vgl. *Penslar,* Derek J.: Anti-Semites on Zionism. From Indifference to Obsession. In: Journal of Israeli History 25 (2006) 1, 13–31, der allerdings keine darüberhinausgehende, sich direkt mit dem Zionismus beschäftigende Auseinandersetzung von Antisemiten erkennt.
59 *Heman,* Carl Friedrich: Mission unter den Juden. In: Realenzyklopädie für protestantische Theologie und Kirche 1903, 171–192.

und Jahrtausende erhalten geblieben, weil sie einer unerfüllten Aufgabe harrte. Juden seien zwar an das (protestantische) Christentum heranzuführen, dabei jedoch nicht ihrer speziellen Nationalität zu entkleiden, auch wenn verschiedene Ansichten darüber kursierten, worin der Wert jüdischer Nationalität genau liege und auf welche Weise das Judentum seiner heilsgeschichtlichen Aufgabe zugeführt werden könne. Zugleich verschmolzen in den Diskussionen theologische Zuschreibungen mit Motiven der zeitgenössischen »Judenfrage«.[60]

Vereinzelt intervenierten Judenmissionare, die wie Franz Delitzsch (1813–1890) oder Hermann Leberecht Strack (1848–1922) große Gelehrte auf dem Gebiet der jüdischen Religionsgeschichte waren, in diese allgemeinen Debatten, indem sie mit Sachkenntnis Verleumdungen des Judentums widerlegten.[61] Trotzdem maßen Judenmissionare der »Judenfrage« eine zentrale Bedeutung für den Fortgang der menschlichen Geschichte bei. Als konservative Protestanten ließen sie ausschließlich eine »religiöse« Lösung der »Judenfrage« gelten: Mit »wahrem Christentum« sollte Materialismus, ungebremstem Liberalismus und den Herausforderungen der Moderne begegnet werden, Phänomene, die eine religiöse Weltsicht zurückgedrängt hatten. Die jüdische Assimilation versinnbildlichte in ihren Augen diesen Prozess geradezu. Die kritischen Schlagworte, mit denen Judenmissionare diese attackierten, waren der Rhetorik nicht-religiöser Antisemiten oder der des antisemitischen Hofpredigers Adolf Stoecker ähnlich, der zur Verbreitung der Vorstellung einer »jüdisch-liberalen Allianz« beigetragen hatte.[62] Auch Judenmissionare prangerten kapitalistische Erscheinungsformen als dezidiert »jüdisch« an und versuchten einer »Verjudung« der Gesellschaft Einhalt zu gebieten. Sie teilten zwar nicht zwingend die politischen Forderungen Stoeckers oder der antisemitischen Bewegung, ihre Krisendiagnose, die sich im Schlagwort »Assimilation« bündelte, waren diesen aber zumindest anverwandt.

Darüber hinaus sahen führende Vertreter der Judenmission die »Judenfrage« als Entscheidungspunkt oder gar Beschleuniger heilsgeschichtlicher Ereignisse, durch die dem zeitgenössischen Judentum seine angeblichen Verirrungen vor Augen geführt werde, damit es sich auf seine wahre Rolle als »Volk Israel« be-

---

60 Zum Judenbild der Judenmission vgl. *Heinrichs*, Wolfgang E.: Das Judenbild im Protestantismus des deutschen Kaiserreichs. Ein Beitrag zur Mentalitätsgeschichte des deutschen Bürgertums in der Krise der Moderne. Köln 2000, 484–594 sowie *Ders.*: Das Bild vom Juden in der protestantischen Judenmission des Deutschen Kaiserreichs. In Umrissen dargestellt an den Äußerungen von »Saat auf Hoffnung. Zeitschrift für die Mission der Kirche an Israel«. In: Zeitschrift für Religions- und Geistesgeschichte 44/3 (1992) 195–220.

61 Vgl. *Wiese*, Christian: Wissenschaft des Judentums und protestantische Theologie im wilhelminischen Deutschland. Ein Schrei ins Leere? Tübingen 1999, 88–130; *Levenson*, Alan T.: Between philosemitism and antisemitism. Defenses of Jews and Judaism in Germany, 1871–1932. Lincoln/Nebraska 2004, 64–90.; *Brenner*, Michael: Propheten des Vergangenen. Jüdische Geschichtsschreibung im 19. und 20. Jahrhundert. München 2006, 115–127.

62 Vgl. *Engelmann*, Hans: Kirche am Abgrund. Adolf Stoecker und seine antijüdische Bewegung. Berlin 1984.

sinne. Antisemitismus wurde in dieser Sichtweise als zwar fehlgeleitete und ungerechte, aber doch nachvollziehbare Abwehrhaltung gegen das zeitgenössische Judentum und dessen »Überhebung« relativiert.

Der Zionismus, als Gegenbewegung zur Assimilation, weckte Hoffnungen, dass mit der »Heimkehr« der Juden in »ihr Land« Palästina eine religiöse Erneuerung auf die nationale folgen würde. Die religiösen Erwartungen standen dabei in einem Spannungsverhältnis zum säkularen Charakter der zionistischen Bewegung. Manche Missionare vertrauten auf seine heilsgeschichtliche Bedeutung, die sich, auch jenseits des Wissens und Willens ihrer Führer, schon zeigen werde. Vor allem in der Anfangszeit der Bewegung erwiesen sie ihr öffentliche Unterstützung, jedoch nicht ohne das Gespräch auf das Christentum zu lenken. Andere veranlasste der säkulare Charakter der zionistischen Bewegung jedoch auch zu antisemitischen Ausfällen.

Untersucht werden in diesem Kapitel protestantische Rezeptionen, in denen der Zionismus als heilsgeschichtliche Projektionsfläche diente. Vor dem Hintergrund eschatologischer Hoffnungen pflegten die meisten behandelten Akteure ein judenfreundliches Selbstverständnis. Nichtsdestotrotz wurden auch einschlägige Motive der modernen »Judenfrage« in die jeweilige Weltanschauung integriert.

4.   Quellenlage und Forschungsstand

a)   Forschungsstand

Obwohl es umfangreiche Forschungsliteratur gibt, die für den vorliegenden Gegenstand relevante Akteure und Kontexte behandelt, liegt bislang keine Studie vor, die sich zentral und systematisch mit der nichtjüdischen Rezeption des Zionismus im Deutschen Reich befasst.

Zahlreiche Arbeiten beleuchten die deutsche Welt- beziehungsweise Orientpolitik, worin für meine Thematik vor allem die Kontexte der politischen und wirtschaftlichen Beziehungen zwischen dem Deutschen Reich und dem Osmanischen Reich[63], die Konstituierung, Ziele und Praktiken deutscher »Kultur-

---

63 Aus der reichen Literatur zur deutschen Orientpolitik, vgl. grundlegend *Schöllgen*, Gregor: Imperialismus und Gleichgewicht. Deutschland, England und die orientalische Frage 1871–1914. 3. Aufl. München 2000, *van Kampen*, Wilhelm: Studien zur deutschen Türkeipolitik in der Zeit Wilhelms II. Kiel 1968 sowie zur Rolle öffentlicher Debatten der deutschen Orientpolitik, vgl. *Schöllgen*, Gregor: »Dann müssen wir uns aber Mesopotamien sichern!«. Motive deutscher Türkenpolitik zur Zeit Wilhelms II. in zeitgenössischen Darstellungen. In: *Saeculum* 32/2 (1981) 130–145. »Weltpolitik« wird in dieser Arbeit nicht primär als Quellenbegriff, sondern als Konzept verwendet, wie es von dem Historiker Woodruff Smith zum Verständnis primär ökonomisch orientierter Spielarten des deutschen Kolonialismus eingeführt werde, vgl. *Smith*, Woodruff D.: The ideological origins of Nazi imperialism. New York, Oxford 1989, 52–81, 166–195 sowie *Ders:* »Weltpolitik« und »Lebensraum«. In: *Conrad*,

arbeit« im Ausland[64] sowie die politischen und publizistischen Diskurse um einen »liberalen Imperialismus« wichtig sind.[65] Auch jüdische Aspekte innerhalb des europäischen und deutschen Kolonialismus und Orientalismus werden von der Forschungsliteratur behandelt.[66] Darüber hinaus existieren Studien, die den

Sebastian/*Osterhammel*, Jürgen (Hg.): Das Kaiserreich transnational. Deutschland in der Welt 1871–1914. Göttingen 2004, 29–48. Zu deutschen Wirtschaftsprojekten als Wege zum Gewinn politischen Einflusses, vgl. auch *McMeekin*, Sean: The Berlin-Baghdad Express. The Ottoman Empire and Germany's Bid for World Power, 1898–1918, London 2010.

64 Nach der Pionierstudie Düwells war es vor allem Rüdiger vom Bruch, der die Bedeutung von Bestrebungen deutscher »Kulturarbeit« und Kulturpolitik erfasste, die als Ergänzung und Absicherung weltpolitischer und wirtschaftlicher Aspirationen begriffen waren, vgl. *Düwell*, Kurt: Deutschlands auswärtige Kulturpolitik. 1918–1932. Köln 1976; *Vom Bruch*, Rüdiger: Weltpolitik als Kulturmission. Auswärtige Kulturpolitik und Bildungsbürgertum in Deutschland am Vorabend des Ersten Weltkrieges. Paderborn u. a. 1982. Eine umfassende Behandlung des Komplexes schließlich bei *Kloosterhuis*, Jürgen: »Friedliche Imperialisten«. Deutsche Auslandsvereine und auswärtige Kulturpolitik 1906–1918. Frankfurt a. M. 1994. Ebenfalls aufschlussreich und dazu Entwicklungen zur Zeit der Weimarer Republik in den Blick nehmend, vgl. *Dahlhaus*, Friedrich: Möglichkeiten und Grenzen auswärtiger Kultur- und Pressepolitik. Dargestellt am Beispiel der deutsch-türkischen Beziehungen 1914–1928. Frankfurt a. M. 1990. Weitere Arbeiten leuchten europäische politische Aspirationen im Orient und in Palästina aus, die mithilfe wissenschaftlicher, humanitärer und Missions-Einrichtungen verfolgt wurden, die ebenfalls unter dem Radar der großen Politik schwebten, vgl. *Pragai*, Michael J.: Sie sollen wieder wohnen in ihrem Land. Die Rolle von Christen bei der Heimkehr der Juden ins Land Israel. Gerlingen 1990; *Kirchhoff*, Markus: Text zu Land. Palästina im wissenschaftlichen Diskurs 1865–1920. Göttingen 2005; *Fuhrmann*, Malte: »Our new and great cultural missions in the orient«. German faith-based and secular missionary activities in the late Ottoman Empire. In: *Gülalp*, Haldun/*Seufert*, Günter (Hg.): Religion, identity and politics: Germany and Turkey in interaction. London 2013, 46–59.

65 Explizit auf Akteure eines solchen »liberalen Imperialismus« und seinen Anspruch »moralischer Hebungen« im Ausland eingehend, vgl. *Mogk*, Walter: Paul Rohrbach und das »Größere Deutschland«. Ethischer Imperialismus im Wilhelminischen Zeitalter. Ein Beitrag zur Geschichte des Kulturprotestantismus. München 1972; *Bieber*, Horst: Paul Rohrbach. Ein konservativer Publizist und Kritiker der Weimarer Republik. München 1972; *Maibaum*, Werner: Das publizistische Schaffen Paul Rohrbachs vor Ausbruch des ersten Weltkrieges. Hannover 1955. *Theiner*, Peter: Sozialer Liberalismus und deutsche Weltpolitik. Friedrich Naumann im Wilhelminischen Deutschland (1860–1919). Baden-Baden 1983.

66 Grundlegend vgl. *Kalmar*, Ivan Davidson/*Penslar*, Derek Jonathan (Hg.): Orientalism and the Jews. Waltham/Massachusetts 2005; *Brunotte*, Ulrike/*Mohn*, Jürgen/*Späti*, Christina (Hg.): Internal outsiders, imagined Orientals? Antisemitism, colonialism and modern constructions of Jewish identity. Würzburg 2017; *Brunotte*, Ulrike/*Ludewig*, Anna-Dorothea/*Stähler*, Axel (Hg.): Orientalism, Gender, and the Jews. Literary and artistic transformations of European national discourses. Berlin 2015; *Rohde*, Achim: Der Innere Orient. Orientalismus, Antisemitismus und Geschlecht im Deutschland des 18. bis 20. Jahrhunderts. In: Die Welt des Islams 45 (2005) 3, 370–411; *Hess*, Jonathan M.: Johann David Michaelis and the Colonial Imaginary. Orientalism and the Emergence of Racial Antisemitism in Eighteenth-Century Germany. In: Jewish Social Studies 6 (2000) 2, 56–101; Davis, Colonialism, Antisemitism, and Germans of Jewish Descent in Imperial Germany, 2012, *Davis*, Christian S.: Colonialism and Antisemitism during the Kaiserreich. Bernhard Dernburg and the Antisemites. In: The Leo Baeck Institute Year Book 53 (2008) 31–56, *Davis*, Christian S.:

Gegenstand der vorliegenden Untersuchung berühren, wie das Zwischenspiel von Kaiser Wilhelm II. mit dem Zionismus, und Ereignisse wie diese punktuell, aber nicht systematisch in den Blick nehmen.[67] Deutlich weniger Aufmerksamkeit finden die darauf folgenden Jahrzehnte.[68] Über die Beziehungen der Zionisten zur deutschen Regierung, besonders zu deren außenpolitischen Vertretern, liegen zwei ältere, aber sehr ausführliche Studien vor, mit Fokus auf die diplomatiegeschichtliche Interaktion zwischen der zionistischen Bewegung und dem Auswärtigen Amt, vor allem während des Ersten Weltkrieges. Egmont Zechlin[69] wertet vor allem die Akten der deutschen Behörden aus, die sich gegenüber den Zionisten vorwiegend in Zurückhaltung übten und ihnen abgesehen von der interessierten Sympathie einzelner Vertreter keine allzu große Bedeutung beimaßen. Die meisten außenpolitischen Vertreter des Deutschen Reichs hätten im Zionismus nicht mehr als eine »unbedeutende Randfrage«[70] gesehen, bilanziert Zechlin, welche angesichts der zionismusfeindlichen osmanischen Haltung nicht das Risiko eines Affronts lohnte. Isaiah Friedman[71] bezieht zusätzlich die Be-

---

Colonialism and the Anti-Semitic Movement in Germany. In: *Naranch*, Bradley/*Eley*, Geoff (Hg.): German colonialism in a global age. Durham 2014, 228–245; *Stähler*, Axel: Zionism, the German Empire, and Africa. Jewish Metamorphoses and the Colors of Difference. Berlin 2018; *Suffrin*, Dana von: Pflanzen für Palästina. Otto Warburg und die Naturwissenschaften im Jischuw. Tübingen 2019.

67 Die sorgfältigsten Darstellungen dieser Episode, vgl. *Richter*, Jan Stefan: Die Orientreise Kaiser Wilhelms II. 1898. Eine Studie zur deutschen Aussenpolitik an der Wende zum 20. Jahrhundert. Hamburg 1997, 204–229; *Benner*, Thomas: Die Strahlen der Krone. Die religiöse Dimension des Kaisertums unter Wilhelm II. vor dem Hintergrund der Orientreise 1898. Marburg 2001, 205–227; Eine erste quellenbasierte Annäherung auf Grundlage vorhandener Korrespondenzen stammt bereits aus dem Jahr 1965 von dem Herzl-Biograph Alex Bein, vgl. *Bein*, Alex: Erinnerungen und Dokumente über Herzls Begegnung mit Wilhelm II. In: Zeitschrift für die Geschichte der Juden 2 (1965) 35–52; *Ders.*: Memories and Documents about Herzl's Meetings with the Kaiser. In: Herzl Year Book. Essays in Zionist History and Thought Volume 6 (1965) 55–68.

68 Eine erste Annäherung an den Bestand des Auswärtigen Amts, vgl. *Fraenkel*, Josef: German Documents on Zionism. In: Herzl Year Book. Essays in Zionist History and Thought 7 (1971) 183–197. Studien über den »Hilfsverein der deutschen Juden« stellen das kolonialpolitische Interesse des Deutschen Reichs am Technikum (heute: Technion) in Haifa dar, vgl. *Sadmon*, Zeev W.: Die Gründung des Technions in Haifa im Lichte deutscher Politik. 1907–1920. Berlin/Boston 1994, allgemeiner *Bar-Chen*, Eli: Weder Asiaten noch Orientalen. Internationale jüdische Organisationen und die Europäisierung »rückständiger« Juden. Würzburg 2005.

69 Vgl. *Zechlin*, Egmont: Die deutsche Politik und die Juden im Ersten Weltkrieg. Göttingen 1969, 285–448.

70 Ebd. 443.

71 *Friedman*, Isaiah: Germany, Turkey, and Zionism. 1897–1918. Oxford 1977 (als Dissertation bereits 1964 eingereicht); sowie *Ders.*: German intervention on behalf of the Yishuv, 1917. In: Jewish Social Studies 23/1 (1971) 23–43; *Ders.*: The Hilfsverein der deutschen Juden, the German Foreign Ministry and the Controversy with the Zionists, 1901–1918. In: The Leo Baeck Institute Year Book 24 (1979) 291–319.

stände der Central Zionist Archives ein und misst dem Handeln der deutschen Diplomatie eine wesentlich größere Bedeutung bei: »[Germany] was the first European Power to assist the Zionists and protect their enterprise in Palestine«[72]. Friedman begreift das Deutsche Reich als Schutzmacht des Jischuws, dessen Überleben es angesichts osmanischer Repressionen während des Weltkriegs gesichert habe.[73] Dieses Urteil ist jedoch ebenso übertrieben wie die Annahme, die deutsche Regierung habe im Zionismus ein direktes Instrument ihrer Orientpolitik gesehen, dessen offizielle Unterstützung allein aus Rücksichtnahme gegenüber dem osmanischen Verbündeten unterlassen wurde.[74] Trotz ausführlichen Zitierens der diplomatischen Bestände – oder vielmehr gerade dadurch –, lässt Friedmans Darstellung oftmals die kritische Distanz beziehungsweise eine quellenkritische Analyse der Dokumente vermissen.[75]

In meiner Untersuchung steht nicht die Auswertung diplomatischer Akten im Vordergrund. Eine Analyse der öffentlichen Debatten, die in die Forschungsliteratur bisher kaum Eingang fand, erlaubt es, das historische Geschehen noch aus einem anderen Blickwinkel zu betrachten: In der kolonialpolitischen Publizistik etwa spiegelte sich eine ernsthafte Auseinandersetzung mit dem Programm der deutschen Zionisten wider. Das Interesse am Zionismus, das Friedman

---

72 *Friedman:* Germany, Turkey, and Zionism 417.

73 Ohne ausreichende Belege geht Friedman durchwegs davon aus, die osmanische Militärbehörden hätten die Vernichtung des Jischuws beabsichtigt, »a *judenrein* Palestine«, was allein durch das Agieren der deutschen Konsulate abgewendet worden sei, vgl. ebd. 419. Auch Andrea Kirchner geht von einer solchen existentiellen Bedrohung der Juden Palästinas aus, ohne dabei jedoch Forschungsliteratur über den osmanischen Kontext einzubeziehen, vgl. *Kirchner,* Andrea: Ein vergessenes Kapitel jüdischer Diplomatie. Richard Lichtheim in den Botschaften Konstantinopels (1913–1917). In: Naharaim 9/1–2 (2015) 128–150. Studien über die osmanische Seite des Konflikts schließen genozidale antisemitische Absichten aus, vgl. *Kieser,* Hans-Lukas: Talaat Pasha. Father of Modern Turkey, Architect of Genocide. Princeton 2018, 295–314; *Mazza,* Roberto: »We will treat you as we did with the Armenians«: Djemal Pasha, Zionism and the evacuation of Jaffa, April 1917. In: *Cicek,* M. Talha (Hg.): Syria in World War I. Politics, economy, and society. New York 2016, 87–106; *Cicek,* M. Talha: War and State Formation in Syria. Cemal Pasha's Governorate During World War I, 1914–1917. New York 2014, 77–89.

74 Ebenso *Eiff,* Hansjörg: Die jüdische Heimstätte in Palästina in der deutschen Außenpolitik 1914–1918. In: Zeitschrift für Geschichtswissenschaft 60/3 (2012) 205–227. Die Einschätzung Eiffs, nach der sich in dem Erlass ein Verhältnis von »gegenseitigem Verständnis und Vertrauen« zwischen deutscher Regierung und Zionisten ausdrückte, ist nach dem Studium der Quellen kaum aufrechtzuhalten, zumal Eiff keine eigenständige Quellenforschung betreibt, sondern sich primär auf Friedmans Werk und die Memoiren des direkt beteiligten Richard Lichtheim bezieht, ebd. 227.

75 Friedman bilanziert zuletzt sogar eine Reihe – höchst spekulativer – »probabilities«. Das Deutsche Reich hätte sich, wäre sein politischer Einfluss in Folge des Ersten Weltkriegs nicht durch die alliierten Siegermächte beschnitten worden, für eine »large-scale Jewish immigration« sowie »a neutral or an international trusteeship« eingesetzt, *Friedman:* Germany, Turkey, and Zionism 416 f.

deutschen Regierungsvertretern unterstellt, schlug sich wesentlich stärker in einem öffentlichen Diskurs nieder. Die Wahrnehmung des Zionismus innerhalb dieses Milieus wird über die Rekonstruktion dieser Debatten untersucht, die sich zwischen außenpolitischen Interessen einerseits und Bildern des Jüdischen andererseits bewegten. Der größte Erfolg der deutschen Zionisten war die Gründung eines »Pro Palästina Komitees« (PPK), in dem sich prominente Nichtjuden aus Politik, Wirtschaft und Wissenschaft versammelten und für die offizielle Förderung des Zionismus durch die Regierung eintraten: konservative Publizisten wie Otto Hoetzsch und Georg Cleinow, Wirtschaftsexperten wie Carl Ballod und Max Blanckenhorn oder die Professoren Max und Alfred Weber und Werner Sombart. Der Entstehungskontext dieses Komitees, seine Mitglieder und die von ihm herausgegebene Schriftenreihe wurde außer in Nebensätzen noch nicht behandelt, auch in der gleichfalls recht spärlichen Literatur über seine Wiederauflage von 1926 nicht.[76] Die Neugründung erfolgte unter anderen politischen Vorzeichen, knüpfte aber auch an frühere Interessen an. Erneut schlossen sich prominente Nichtjuden zusammen, Regierungsvertreter und hochrangige Parteifunktionäre, vor allem aus dem linksliberalen Spektrum um DDP und SPD sowie dem Zentrum, aber auch der Schriftsteller Thomas Mann, nun jedoch zusammen mit bekannten jüdischen Stimmen wie Leo Baeck, Albert Einstein oder Martin Buber, um die deutsche Förderung der jüdischen Palästinasiedlung zu repräsentieren. Damit möchte ich Kontinuitäten ebenso wie einschneidende Veränderungen der Zionismus-Rezeption in den Blick nehmen, da die vormaligen Interessen und Motive der Debatte aus der Kaiserzeit teilweise weiterwirkten. Auch über das Referat für jüdisch-politische Angelegenheiten im Auswärtigen Amt, das eng in die Arbeit des zweiten PPK involviert war, existiert keine Monographie. Allerdings hat Francis Nicosia zwei grundlegende Aufsätze vorgelegt, in denen die Hintergründe, politischen Interessen und Arbeitsfelder Sobernheims aufbereitet werden.[77] Daran soll angeknüpft werden, indem die Konflikte und Debatten, die sich um das PPK rankten und in denen Sobernheim vermittelte, hinsichtlich der Wahrnehmung des Zionismus bei deutschen Regierungsvertretern und anderen involvierten Akteuren beleuchtet werden.

76 Vgl. *Walk*, Joseph: Das »Deutsche Komitee Pro Palästina« 1926–1933. In: Bulletin des Leo-Baeck-Instituts 15/52 (1976) 162–193. Den Konflikt zwischen dem Auswärtigen Amt bzw. dem Komitee und dem »Verband nationaldeutscher Juden« behandelt *Hambrock*, Matthias: Die Etablierung der Aussenseiter. Der Verband nationaldeutscher Juden 1921–1935. Köln 2003, 197–214, 263–290.

77 Vgl. *Nicosia*, Francis R.: Weimar Germany and the Palestine Question. In: Leo Baeck Institute Year Book 24 (1979) 321–345 und noch einmal spezieller *Ders.*: Jewish Affairs and German Foreign Policy during the Weimar Republic. Moritz Sobernheim and the Referat für jüdische Angelegenheiten. In: Leo Baeck Institute Year Book 33 (1988) 261–283. Markus Kirchhoff bereitet zudem eine Quellenedition des Bestands Sobernheim im Politischen Archiv des Auswärtigen Amts vor.

Für den zweiten Themenbereich – die Wahrnehmung des Zionismus durch Antisemiten – existiert bereits grundlegende Forschung, die sorgsam die Entwicklungslinien des deutschen Antisemitismus nachzeichnet.[78] Ferner existieren zahlreiche Studien, die das Phänomen Antizionismus als sekundäre, linke oder islamistische Spielart von Antisemitismus untersuchen, sich dabei aber zumeist auf den Zeitraum nach 1945 beziehen.[79] Für den hier untersuchten Zeit-

---

78 Zuvorderst seien die Standardwerke über die völkische Bewegung im Deutschen Reich genannt, vgl. *Puschner*, Uwe: Die völkische Bewegung im wilhelminischen Kaiserreich. Sprache, Rasse, Religion. Darmstadt 2001; *Breuer*, Stefan: Die Völkischen in Deutschland. Kaiserreich und Weimarer Republik. Darmstadt 2008 sowie *Ders.*: Von der antisemitischen zur völkischen Bewegung. In: Aschkenas. Zeitschrift für Geschichte und Kultur der Juden 15/2 (2006) 499–534. Sowohl Puschner wie Breuer setzen sich zudem explizit mit den Spezifika des völkischen und nationalsozialistischen Antisemitismus auseinander, vgl. *Puschner*: Völkischer Antisemitismus; *Hufenreuter*, Gregor/*Puschner*, Uwe: Antisemitismus und völkische Bewegung im wilhelminischen Kaiserreich. In: *Holz*, Klaus/*Kauffmann*, Heiko/*Paul*, Jobst (Hg.): Die Verneinung des Judentums. Antisemitismus als religiöse und säkulare Waffe. Münster 2009, 27–44; *Breuer*, Stefan: Ordnungen der Ungleichheit. Die deutsche Rechte im Widerstreit ihrer Ideen 1871–1945. Darmstadt 2001, 327–369.

79 Allgemeine Überlegungen über Antisemitismus vor und nach 1945 bzw. Antizionismus als Erscheinungsform von Antisemitismus nach '45 vgl. *Bauer*, Yehuda: Antisemitism and Anti-Zionism – New and Old. In: *Wistrich*, Robert S. (Hg.): Anti-Zionism and antisemitism in the contemporary world. New York 1990, 195–207, *Claussen*, Detlev: Die Wandlungen des »Ja, aber-Antisemitismus«. Vorbemerkungen zur Neuausgabe (2005). In: *Ders.* (Hg.): Grenzen der Aufklärung. Die gesellschaftliche Genese des modernen Antisemitismus. Frankfurt a.M. 2005, VII–XXVI; *Salzborn*, Samuel: Israelkritik oder Antisemitismus? Kriterien für eine Unterscheidung. In: *Ders.* (Hg.): Antisemitismus. Geschichte, Theorie, Empirie. Baden-Baden 2014, 103–115; Verschiedene Verhältnisbestimmungen enthalten die Sammelbände *Zuckermann*, Moshe (Hg.): Antisemitismus – Antizionismus – Israelkritik. Göttingen 2005 und *Rabinovici*, Doron/*Speck*, Ulrich/*Sznaider*, Natan (Hg.): Neuer Antisemitismus? Eine globale Debatte. Frankfurt a.M. 2004. Über Antizionismus als linken Antisemitismus, vgl. *Haury*, Thomas: Antisemitismus von Links. Kommunistische Ideologie, Nationalismus und Antizionismus in der frühen DDR. Hamburg 2002; *Herf*, Jeffrey: Undeclared Wars with Israel. East Germany and the West German Far Left, 1967–1989. Cambridge 2016; *Kraushaar*, Wolfgang: »Wann endlich beginnt bei euch der Kampf gegen die heilige Kuh Israel?«. Über die antisemitischen Wurzeln des deutschen Terrorismus. Reinbek bei Hamburg 2013; *Poliakov*, Léon: Vom Antizionismus zum Antisemitismus. Freiburg 1992; *Kistenmacher*, Olaf: Zum Zusammenhang von Antisemitismus und Antizionismus. Die Nahost-Berichterstattung der Tageszeitung der KPD, ›Die Rote Fahne‹, während der Weimarer Republik. In: *Nagel*, Michael/*Zimmermann*, Moshe (Hg.): Judenfeindschaft und Antisemitismus in der deutschen Presse über fünf Jahrhunderte. Bremen 2013, 591–608; *Kloke*, Martin: Israel und die deutsche Linke. Zur Geschichte eines schwierigen Verhältnisses. Frankfurt a.M. 1994; *Keßler*, Mario: Antisemitismus, Zionismus und Sozialismus. Arbeiterbewegung und jüdische Frage im 20. Jahrhundert. Mainz 1993; *Na'aman*, Shlomo: Marxismus und Zionismus. Gerlingen 1997. Über islamistischen Antizionismus, vgl. *Holz*, Klaus: Die Gegenwart des Antisemitismus. Islamistische, demokratische und antizionistische Judenfeindschaft. 1. Aufl. Hamburg 2005, *Holz*, Klaus/*Kiefer*, Michael: Islamistischer Antizionismus. Phänomen und Forschungsstand. In: *Stender*, Wolfram/*Follert*, Guido/*Özdogan*, Mihri (Hg.): Konstellationen des Antisemitismus. Antisemitismusforschung und sozialpädagogische Praxis.

raum gibt es sehr viel weniger Forschung: Donald Niewyk und im Anschluss daran Francis Nicosia sammeln antisemitische Stimmen, die im Zionismus ein nützliches Instrument erkannten, um Deutschland von Juden zu befreien.[80] Dabei ordnet Nicosia ideologische Kriterien – die Feindschaft zahlreicher Antisemiten gegenüber dem Zionismus – diesem praktischen Aspekt unter beziehungsweise integriert ideologische und praktische Aspekte, indem er die Gesamtheit antisemitischer Bezugnahmen mit der Formel des »nützlichen Feindes« erfasst.[81] Diese begriffliche Bestimmung ist für Nicosias Forschungsperiode, die Zeit des Nationalsozialismus, durchaus sinnvoll, wird in ihrer Verallgemeinerung auf die Gesamtheit antisemitischer Positionen jedoch problematisch. Nach 1933 lassen sich unter nationalsozialistischen Funktionären und Ideologen sowohl die praktische Indienstnahme des Zionismus bei gleichzeitiger Ablehnung eines jüdischen Staates feststellen. Nicosia läuft allerdings Gefahr, nationalsozialistische und antisemitische Äußerungen vor 1933 zur bloßen Vorgeschichte des Ha'avara-Abkommens zurechtzustutzen.[82] Meine Darstellung legt jedoch Wert auf den Befund, dass Antisemiten eben nicht ausschließlich als »begeisterte Anhänger des Zionismus«[83] (Shulamit Volkov) auftraten. Ähnlich wie Volkov konstatiert auch Shmuel Almog, »there was indeed some room for co-operation between the two camps«[84] und nennt etwa Herzls Versuche, die antisemitische zaristische Regierung zur Unterstützung zu bewegen. Almog hält

Wiesbaden 2010, 109–137 sowie aus historischer Perspektive *Herf,* Jeffrey: Nazi Propaganda for the Arab World. New Haven/Connecticut, London 2009, *Herf,* Jeffrey: Hitlers Dschihad. Nationalsozialistische Rundfunkpropaganda für Nordafrika und den Nahen Osten. In: Vierteljahrshefte für Zeitgeschichte 58/2 (2010) 259–286.

80 Vgl. *Niewyk:* Solving the »Jewish Problem«; *Nicosia,* Francis R.: Zionism and Palestine in Anti-Semitic Thought in Imperial Germany. In: Studies in Zionism. A Journal of Israel Studies 13/2 (1992) 115–131.

81 Vgl. *Nicosia,* Francis R.: Zionismus und Antisemitismus im Dritten Reich. Göttingen 2012, über Aussagen von Antisemiten über den Zionismus vor 1933, 25–48; 90–105 sowie *Ders.:* Ein nützlicher Feind. Zionismus im nationalsozialistischen Deutschland. In: Vierteljahrshefte für Zeitgeschichte 37/3 (1989) 369–400.

82 Avraham Barkai kritisiert Nicosia darin, die vermeintlich prozionistische Haltung von NS-Funktionären zu stark zu gewichten, vgl. *Barkai,* Avraham: German Interests in the Haavara-Transfer Agreement 1933–1939. In: The Leo Baeck Institute Year Book 35 (1990) 245–266, hier 249 f.

83 *Volkov,* Shulamit: Antisemitismus und Anti-Zionismus: Unterschiede und Parallelen. In: *Dies.* (Hg.): Jüdisches Leben und Antisemitismus im 19. und 20. Jahrhundert. Zehn Essays. München 1990, 76–87, hier 81. Volkov entwirft dabei ein differenziertes Bild der Schnittmengen und Unterschiede beider Phänomene, behandelt für den hier untersuchten Zeitraum aber außer dem Zitierten nur jüdischen Antizionismus.

84 *Almog,* Shmuel: Between Zionism and Antisemitism. In: Patterns of Prejudice 28/2 (1994) 49–59, hier 51, ins Deutsche übersetzt von Christian Wiese, vgl. *Almog,* Shmuel: Zwischen Zionismus und Antisemitismus. In: *Brenner,* Michael/*Kauders,* Anthony/*Reuveni,* Gideon/*Römer,* Nils (Hg.): Jüdische Geschichte lesen. Texte der jüdischen Geschichtsschreibung im 19. und 20. Jahrhundert. München 2003, 308–319.

jedoch darüber hinaus fest, dass auch antisemitische Motive, die der Zionismus scheinbar bestätigte, diesem meist bereits vorausgingen oder sich unabhängig radikalisierten. So phantasierten antisemitische Propagandisten spätestens nach dem Ersten Weltkrieg über die vermeintliche jüdische (Welt-)Machtstellung und hielten sich dabei längst nicht mehr mit dem Vorwurf nationaler jüdischer Exklusivität auf, auf deren Bestätigung von jüdischer Seite Antisemiten ohnehin nie angewiesen waren. Anita Shapira reflektiert in einem instruktiven Aufsatz die komplexe Beziehung zwischen Zionisten und Antisemiten, die sie nicht auf marginale Kontakte zwischen beiden Gruppen reduziert.[85]

Als unentbehrlich erwiesen sich Ansätze, die neben dem Aspekt der »Nützlichkeit« vor allem zionismusfeindliche Positionen von Antisemiten in historischer Perspektive skizzierten. Uwe Puschner weist die Interpretation Nicosias direkt zurück, indem er anhand zahlreicher Aussagen von völkischen Akteuren darlegt, dass der Zionismus keineswegs einheitliche Zustimmung als praktische Lösung der »Judenfrage« fand.[86] Derek Penslar warnt davor, judenfeindliche Aussagen, die vom deutschen Kaiserreich bis in die Aufklärung zurückreichen und die Ausweisung der Juden nach Palästina als Lösung der »jüdischen Frage« nahelegten, zu überhöhen, und beurteilt sie als »merely barbed quips or enraged outboursts«[87], die kaum auf eine Kontinuitätslinie, wie sie etwa Nicosia andeutet, im judenfeindlichen Denken bis zu den Nazis schließen lassen. Penslar stellt das Denken europäischer Antisemiten und die Rolle, die der Zionismus darin spielte, dem von Judenfeinden des arabischen und muslimischen Raums gegenüber: Erst unter diesen habe sich aufgrund des israelisch-arabischen Konflikts erstmals ein ausgeprägter antisemitischer Antizionismus herausgebildet. Eine vergleichbare prominente und selbstständige Bedeutung habe der Zionismus im europäischen Antisemitismus nicht innegehabt, sondern sich, ohne eine größere ideologische Auseinandersetzung auszulösen, in die Vorstellung einer jüdischen Verschwörung eingefügt. Jeffrey Herf weist auf Verbindungslinien von Antisemitismus und Antizionismus hin, die durch die Verbreitung von NS-Propaganda im arabischen Raum hergestellt wurden, gerade auch durch

---

85 Shapira stellt heraus, dass Zionisten vielfach antisemitische Ideen verwendeten, jedoch nicht um sie zu bestätigen, sondern um sie in ihre Kritik am Diaspora-Judentum zu integrieren. Darüber hinaus fand ein indirekter Diskurs »via a third agency« statt, da sich beide Bewegungen auf das Reservoir an Ideen und Bildern der europäischen Nationalbewegungen bezogen, *Shapira*: Anti-Semitism and Zionism 220.
86 Vgl. *Puschner*, Uwe: Antisemiten, Alldeutsche, Völkische und der Zionismus. Radikale Diskurse in der langen Jahrhundertwende. In: *Han*, Sara/*Middelbeck-Varwick*, Anja/*Thurau*, Markus (Hg.): Bibel – Israel – Kirche. Studien zur jüdisch-christlichen Begegnung. Münster 2018, 223–238.
87 *Penslar*, Derek J.: Antisemitism and Anti-Zionism: A Historical Approach. In: *Penslar*, Derek J./*Stein*, Janice/*Marrus*, Michael R. (Hg.): Contemporary antisemitism. Canada and the world. Toronto 2005, 80–95, hier 82.

antizionistische Texte führender Nationalsozialisten.[88] Auch die Kontakte des
Großmuftis von Jerusalem Mohammed Amin al-Husseini (1893–1974), führende
Figur der arabischen Nationalbewegung der 1920er- bis 1950er-Jahre, zu den
Nazis sind ausführlich behandelt worden.[89] Michael Berkowitz zeigt darüber
hinaus, dass sich die Propaganda der Nazis in den letzten Kriegsjahren wieder
verstärkt dem Zionismus als Feindbild zuwandte.[90] Ein weiterer Text, der sich
als instruktiv erwiesen hat, stammt von Jacob Katz, der die zahlreichen Bezüge
auf Palästina nicht als quasi-zionistische Pläne von antisemitischer Seite verstanden wissen will, diese vielmehr als rhetorisches Hilfsmittel sieht »to obstruct
the Jewish claim to be emancipated«. Die Juden, obschon eine Nation, würden
keinen Staat gründen, sondern beabsichtigten immer nur die Aushöhlung und
Zersetzung des gesellschaftlichen Lebens anderer Völker. Unter der »façade of a
Zionist oration« sei das Ausbleiben einer jüdischen Nationalstaatsbestrebung als
antisemitisches Argument gebraucht worden.[91]

Die Forschungsliteratur, die sich mit der christlichen (vorwiegend protestantischen) Rezeption des Zionismus befasst, hat sich bislang vor allem auf den anglo-
amerikanischen Kontext fokussiert. Dort war ein pietistisch inspirierter »christlicher Zionismus« stärker verbreitet als im deutschsprachigen Raum. Sowohl im
britischen Empire als auch in den USA zeigten sich sogar Regierungskreise von
diesen Ideen beeinflusst.[92] Über »christlichen Zionismus« oder protestantische

88 Vgl. *Herf,* Jeffrey: Convergence: The Classic Case Nazi Germany, Anti-Semitism and
Anti-Zionism during World War II. In: Journal of Israeli History 25/1 (2006) 63–83.

89 Vgl. *Mallmann,* Klaus-Michael/*Cüppers,* Martin: Halbmond und Hakenkreuz. Das
Dritte Reich, die Araber und Palästina. Darmstadt 2006; *Freitag,* Ulrike/*Gershoni,* Israel
(Hg.): Arab encounters with fascist propaganda 1933–1945. Göttingen 2011; *Motadel,* David:
Für Prophet und Führer. Die islamische Welt und das Dritte Reich. Stuttgart 2017; vgl. auch
den Forschungsüberblick *Gharaibeh,* Mohammad/*Al Ghouz,* Abdelkader: Islamische Welten:
Nationalsozialismus, Faschismus und die muslimische Welt. Einführung. In: sehepunkte
15/12 (2015).

90 V. a. das Kapitel »Re-presenting Zionism as the Apex of Global Conspiracy«, vgl. *Berkowitz,* Michael: The Crime of My Very Existence. Nazism and the Myth of Jewish Criminality.
Berkeley, Los Angeles 2007, 112–144.

91 *Katz,* Jacob: Zionism Versus Anti-Semitism. In: *Ders.* (Hg.): Jewish Emancipation and
Self-Emancipation. Philadelphia u. a. 1986, 141–152, hier 147.

92 Über das Zusammenspiel strategischer und machtpolitischer Motive mit gefühlsmäßi-
gen und religiösen Beweggründen in englischen Regierungskreisen, vgl. *Rose,* N. A.: The Gentile Zionists. A Study in Anglo-Zionist Diplomacy, 1929–1939. London 1973. Über »christliche
Zionisten«, vgl. klassisch *Kobler,* Franz: The Vision was there. A History of the British Movement for the Restoration of the Jews to Palestine. London 1956 und *Tuchman,* Barbara: Bibel
und Schwert. Palästina und der Westen. Vom frühen Mittelalter bis zur Balfour-Declaration
1917. 2. Aufl. Frankfurt a. M. 1983 sowie *Merkley,* Paul C.: The Politics of Christian Zionism,
1891–1948. London, Portland/Oregon 1998; *Ariel,* Yaakov: Source of Legitimacy. Evangelical
Christians and Jews. In: *Wertheim,* David J. (Hg.): The Jew as Legitimation. Jewish-Gentile
Relations Beyond Antisemitism and Philosemitism. Cham 2017, 195–221; *Adler,* Joseph: Restoring the Jews to their Homeland. Nineteen Centuries in the Quest for Zion. Northvale/New

Auseinandersetzungen mit dem Zionismus existiert bislang wenig Systematisches.[93] Die Literatur über den deutschen Kontext behandelt entweder den Zeitraum nach 1945[94] oder die württembergische »Tempelgesellschaft«[95], pietistische Christen, die zur Mitte des 19. Jahrhunderts ihre schwäbische Heimat verließen, um in Palästina landwirtschaftliche Kolonien zu errichten. Dabei kamen sie auch mit dem Zionismus verschiedentlich in Berührung und beeinflussten teilweise auch die ersten kolonisatorischen Gehversuche der Zionisten.[96] Die deutsche Judenmission wird bislang in ihrem allgemeinen religiösen und gesellschaftlichen Kontext behandelt, wie auch ihre Rolle innerhalb der Debatten zur »Judenfrage« beleuchtet wird.[97] Beiträge aus dem Umfeld der Nachfolgeorganisationen

Jersey 1997; *Hornstra*, Wilrens L.: Western Restaurationism and Christian Zionism: Germany as a Case Study. In: *Brown*, Wesley H. (Hg.): Christian Perspectives on the Israeli-Palestinian conflict. Schwarzenfeld 2008, 131–148; *Lewis*, Donald M.: The Origins of Christian Zionism. Lord Shaftesbury and Evangelical support for a Jewish homeland. Cambridge 2010; *Oren*, Michael B.: Power, faith, and fantasy. America in the Middle East, 1776 to the present. New York 2007; *Smith*, Robert O.: More Desired than Our Owne Salvation. The Roots of Christian Zionism. New York 2013.

93 Vgl. die schemenhaften Einblicke bei *Eckert*, Willehad Paul: Streiflichter auf die Geschichte des christlichen Zionismus. In: *Stöhr*, Martin (Hg.): Zionismus. Beiträge zur Diskussion. München 1980, 116–143.

94 Vgl. *Gronauer*, Gerhard: Der Staat Israel im westdeutschen Protestantismus. Wahrnehmungen in Kirche und Publizistik von 1948 bis 1972. Göttingen 2013.

95 Die deutschen »Templer« wurden vor allem von Alex Carmel erforscht, vgl. *Carmel*, Alex: Der christliche Beitrag zum Wiederaufbau Palästinas im 19. Jahrhundert. In: *Carmel*, Alex/*Eisler*, Ejal Jakob (Hg.): Der Kaiser reist ins Heilige Land. Die Palästinareise Wilhelms II. 1898. Eine illustrierte Dokumentation. Stuttgart 1999, 9–22; *Carmel*, Alex: Christliche Zionshoffnungen: Palästina im 19. Jahrhundert. In: *Haumann*, Heiko (Hg.): Der Erste Zionistenkongress von 1897 – Ursachen, Bedeutung, Aktualität. …in Basel habe ich den Judenstaat gegründet. Basel 1997, 34–41; *Carmel*, Alex: »Christlicher Zionismus« im 19. Jahrhundert – einige Bemerkungen. In: *Stegemann*, Ekkehard W. (Hg.): 100 Jahre Zionismus. Von der Verwirklichung einer Vision. Stuttgart 2000, 127–135; ebenfalls instruktiv *Leher*, Shmuel: Germans and Jews in Palestine during the later periods of Turkish rule. A study in influences and relations. Ann Arbor/Michigan 1988.

96 Vgl. *Carmel*, Alex: Die Siedlungen der württembergischen Templer in Palästina 1868–1918. Ihre lokalpolitischen und internationalen Probleme. 3. Aufl. Stuttgart u. a. 2000, 259. Es mangelte jedoch auch nicht an antisemitischen Anfeindungen vonseiten der Templer, vgl. ebd. 275.

97 Überblicksdarstellungen über die deutsche Judenmission, vgl. *Aring*, Paul Gerhard: Christliche Judenmission. Ihre Geschichte und Problematik dargestellt und untersucht am Beispiel des evangelischen Rheinlandes. Neukirchen-Vluyn 1980, *Aring*, Paul Gerhard: Christen und Juden heute – und die »Judenmission«? Geschichte und Theologie protestantischer Judenmission in Deutschland, dargestellt und untersucht am Beispiel des Protestantismus im mittleren Deutschland. Frankfurt a. M. 1987, *Clark*, Christopher: The Politics of Conversion. Missionary Protestantism and the Jews in Prussia 1728–1941. Oxford 1995 sowie *Aring*, Paul Gerhard: Judenmission. In: Theologische Realenzyklopädie. Berlin, New York 1988, 325–330; sehr erkenntnisreich, in manchen Punkten jedoch leider die kritische Distanz vermissen lassend: *Wagner*, Siegfried: Franz Delitzsch. Leben und Werk. München 1978, *Willi*, Thomas: Die

der deutschen Judenmission sind gleichfalls um die kritische Darstellung ihrer Geschichte im Umgang mit dem Judentum, ihrer Rolle im Nationalsozialismus sowie des christlichen Anteils am Antisemitismus im Allgemeinen bemüht.[98]

Geschichte des Vereins der Freunde Israels in Basel. In: Der Freund Israels 143 (1980) 10–75, *Reichrath*, Hans L.: Johann Friedrich Carl Gottlob Heman (1839–1919). In: *Harthausen*, Hartmut (Hg.): Pfälzer Lebensbilder. Fünfter Band 1996, 135–170 und *Küttler*, Thomas: Umstrittene Judenmission. Der Leipziger Zentralverein für Mission unter Israel von Franz Delitzsch bis Otto von Harling. Leipzig 2009. Historisch-kritische Darstellungen über die Judenmission im Kontext des Nationalsozialismus und Antisemitismus, vgl. *Kaiser*, Jochen-Christoph: Evangelische Judenmission im Dritten Reich. In: *Kaiser*, Jochen-Christoph/*Greschat*, Martin (Hg.): Der Holocaust und die Protestanten. Analysen einer Verstrickung. Frankfurt a.M. 1988, 186–215; *Kaiser*, Jochen-Christoph: Der deutsche Protestantismus und die »Mission unter Israel« zwischen Weltkrieg und NS-Machtergreifung. In: *Nowak*, Kurt/*Raulet*, Gérard (Hg.): Protestantismus und Antisemitismus in der Weimarer Republik. Frankfurt a.M. u.a. 1994, 199–217. Die überwiegende Mehrheit christlicher Stimmen zum Zionismus entstammte einem protestantischen Kontext. Immerhin liegt mit Thomas Brechenmachers Studie ein Werk vor, das zumindest in Schlaglichtern das Verhältnis des Vatikans zum Zionismus und Israel beleuchtet, vgl. *Brechenmacher*, Thomas: Der Vatikan und die Juden. Geschichte einer unheiligen Beziehung vom 16. Jahrhundert bis zur Gegenwart. München 2005, 235–269.

98 Diese Beiträge nahestehender oder Nachfolge-Institutionen der Judenmission stehen in Zusammenhang mit dem Anspruch, mit Juden heute in ein Verhältnis zu treten, das nicht mehr länger von triumphalistischem Überlegenheitsgestus oder direkter Judenfeindschaft bestimmt sein sollte. Das gilt vor allem für die Arbeit des 1960 gegründeten »Instituts Kirche und Judentum«, das von 1974 bis 2005 von Peter von der Osten-Sacken geleitet wurde und der eine rege Publikationstätigkeit zu der Thematik förderte und selbst betrieb, vgl. *Osten-Sacken*, Peter von der: Institut Kirche und Judentum (1960–2005). Geschichte, Ziele, Perspektiven. In: Bilanz und Perspektiven des christlich-jüdischen Dialogs 9/10 (2005) 7–16. Karl Heinrich Rengstorf (1903–1992) war 1945 an der Neugründung des »Evangelisch-lutherischen Centralvereins für Mission unter Israel« und 1952 des dann in Münster ansässigen »Institutum Judaicum Delitzschianum« sowie 1948 an der Gründung der Gesprächsplattform der wiederbelebten Judenmissionsvereine »Deutschen Evangelischen Ausschusses für Dienst an Israel« (häufig einfach: »Rengstorf-Ausschuss«) beteiligt. Unter seiner Ägide stand missionarische Praxis nicht im Vordergrund, trat vielmehr hinter dem Anspruch zur Förderung jüdisch-christlichen Dialogs zurück, unter anderem indem jüdische Referenten wie Leo Baeck mit christlichen Theologen zusammengebracht wurden, vgl. *Hermle*, Siegfried: Evangelische Kirche und Judentum – Stationen nach 1945. Göttingen 1990. Folker Siegert, von 1996 bis 2012 Direktor des Institutum Judaicum Delitzschianum, hat zahlreiche kritische Beiträge zu Theologie und Praxis der deutschen Judenmission verfasst, vgl. *Siegert*, Folker: Abschied von der Judenmission. Das Institutum Iudaicum Delitzschianum heute. In: *Witte*, Markus/*Pilger*, Tanja (Hg.): Mazel tov. Interdisziplinäre Beiträge zum Verhältnis von Christentum und Judentum. Leipzig 2012, 291–302; *Siegert*, Folker: Einleitung: Von der Judenmission zum christlich-jüdischen Gespräch. Eine Revision der Prämissen. In: *Vos*, Jacobus Cornelis de/*Siegert*, Folker (Hg.): Interesse am Judentum. Die Franz-Delitzsch-Vorlesungen 1989–2008. Berlin 2008, 1–22, *Siegert*, Folker: Zwischen Gleichgültigkeit und Judenmission: Luthertum und Judentum in ihrem klassischen Unverhältnis. In: Ders. (Hg.): Kirche und Synagoge. Ein lutherisches Votum. Göttingen, Oakville/Connecticut 2012, 41–69. Dabei sollen theologische Integrationsversuche des Staates Israel, wie sie von Günther Harder (1902–1978), dem Gründer des IKJ und Lehrer Osten-Sackens, von Osten-Sacken selbst, aber

Hilfreich erweisen sich ferner Studien, die behandeln, wie weit Christen und
Nichtjuden über die Wahrnehmung der Juden und der von ihnen gemachten
Bilder zur Bestimmung des eigenen Selbst gelangten: Uriel Tal legt vor allem für
das Kaiserreich dar, wie sich das eigene protestantische bzw. nationale Selbst am
jüdischen Gegenüber aufrichtete.[99]

Darüber hinaus muss freilich die Forschung zum Zionismus berücksichtigt
werden, besonders jene, die Zionismusgeschichte mit europäischer Kulturgeschichte verschränkt[100] oder die deutschen Zionisten[101] ins Zentrum rückt. Über

auch bei stärker von Karl Barth geprägten Theologen wie Helmut Gollwitzer (1908–1993)
und Friedrich-Wilhelm Marquardt (1928–2002) formuliert wurden, hier keine Bewertung
erfahren. Vgl. dazu *Lepp*, Claudia: Helmut Gollwitzer als Dialogpartner der sozialen Bewegungen. In: *Hermle*, Siegfried/*Lepp*, Claudia/*Oelke*, Harry (Hg.): Umbrüche. Der deutsche
Protestantismus und die sozialen Bewegungen in den 1960er und 70er Jahren. Göttingen 2007,
238–240.

99 Vgl. klassisch *Tal*: Christians and Jews in Germany sowie Tals Aufsätze, die als wichtige
Anregungen in die Arbeit eingeflossen sind: *Tal*, Uriel: Theologische Debatte um das »Wesen
des Christentums«. In: *Mosse*, Werner E. (Hg.): Juden im Wilhelminischen Deutschland
1890–1914. Ein Sammelband. Tübingen 1976, 599–632, *Tal*, Uriel: On Modern Lutheranism
and the Jews. In: The Leo Baeck Institute Year Book 30 (1985) 203–213.

100 Vgl. etwa *Stanislawski*, Michael: Zionism and the Fin de Siècle. Cosmopolitanism and
nationalism from Nordau to Jabotinsky. Berkeley/California 2001; *Berkowitz*, Michael: Zionist
Culture and West European Jewry before the First World War. Cambridge 1993.

101 Die Standardwerke zum deutschen Zionismus sind neben der organisationsgeschicht-
lichen Gesamtdarstellung von Lavsky die Publikationen von Reinharz, vgl. *Lavsky*: Before
Catastrophe, *Reinharz*, Jehuda: Fatherland or Promised Land. The Dilemma of the German
Jew, 1893–1914. Ann Arbor/Michigan 1975, *Reinharz*, Jehuda: Zur Einführung. In: *Ders.*
(Hg.): Dokumente zur Geschichte des deutschen Zionismus 1882–1933. Tübingen 1981,
XI–XIL. Einen älteren Stand der Forschung repräsentieren *Poppel*, Stephen M.: Zionism in
Germany, 1897–1933. The shaping of a Jewish identity. Philadelphia 1977, *Eloni*, Yehuda: Zio-
nismus in Deutschland. Von den Anfängen bis 1914. Gerlingen 1987. Aufsätze von Jay Ticker
und Zosa Szajkowski nehmen die enge Verschränkung ihres Zionismus mit dem Deutschtum der älteren Generation deutscher Zionisten in den Blick, vgl. *Ticker*, Jay: Max I. Bodenheimer: Advocate of Pro-German Zionism at the Beginning of World War I. In: Jewish Social
Studies 43/1 (1981) 11–30; *Szajkowski*, Zosa: The Komitee fuer den Osten and Zionism. In:
Herzl Year Book. Essays in Zionist History and Thought 7 (1971) 199–240. Letzterer ist bis
heute der Standardaufsatz zum »Komitee für den Osten«, dem Interessensverband während
des Ersten Weltkriegs, in dem vor allem die erste Generation deutscher Zionisten tätig war.
Über die generationellen Unterschiede und Konflikte im deutschen Zionismus, vgl. *Reinharz*,
Jehuda: Three Generations of German Zionism. In: The Jerusalem Quarterly 9 (1978) 95–110
sowie *Ders.*: Ideology and Structure in German Zionism, 1882–1933. In: Jewish Social Studies
42/2 (1980) 119–146. Einen neuen Weg der Annäherung an den deutschen Zionismus stellen
Biographien zionistischer Persönlichkeiten des deutschen Kontextes dar, die seit einigen
Jahren im Entstehen begriffen sind, bereits erschienen sind *Meybohm*, Ivonne: David Wolffsohn. Aufsteiger, Grenzgänger, Mediator. Eine biographische Annäherung an die Geschichte
der frühen Zionistischen Organisation (1897–1914). Göttingen 2013 und *Schlöffel*, Frank:
Heinrich Loewe. Zionistische Netzwerke und Räume. Portland 2018; noch in Vorbereitung
oder Bearbeitung befinden sich folgende Projekte: Albrecht Spranger, »Theodor Zlocisti –
Die multiplen Zugehörigkeiten eines Zionisten« (verteidigt im Nov. 2018), https://www.

viele politische Hintergründe meines Gegenstandes erfährt man aus den Werken und Autobiographien deutscher Zionisten, die aufgrund ihrer Teilnehmerperspektive nur mit Vorsicht zu rezipieren sind.[102] Eine unlängst erschienene Studie über den deutschen Zionismus als »ko-konstitutive« Kraft auf dem Feld des deutschen Nationalismus behandelt denselben Zeitabschnitt und weist thematische Überschneidungen auf: Stefan Vogt versucht sich an einer Beziehungsgeschichte von deutschem Nationalismus und Zionismus und reagiert damit darauf, dass die Zionismus-Literatur diesen oft als von seiner Umwelt getrenntes isoliertes Phänomen oder rein innerjüdischen Diskurs behandelt.[103] Vogt begreift den deutschen Zionismus als »subalternen« Nationalismus, der die Formen des hegemonialen Nationalismus reproduzierte, aus der jüdischen Minderheitenposition heraus aber zugleich auch hinterfragte und damit das Potential besaß, Nationalismus zu überwinden. Sein Augenmerk liegt hauptsächlich auf Aussagen von Zionisten, die in sein methodisches Schema passen, während er dem Anspruch

geschichte.hu-berlin.de/de/bereiche-und-lehrstuehle/euge19/europaeische-geschichte-des-19-jahrhunderts/personen/albrecht-spranger (zuletzt aufgerufen am 10.01.2019); Lisa Sophie Gebhard, Juden als Kulturvermittler in »Greater Palestine«. Davis Trietsch und die kolonialen Ambitionen früher deutscher Zionisten. Die territorialen Konzepte deutscher Zionisten, https://www.geschkult.fu-berlin.de/e/fmi/institut/arbeitsbereiche/puschner/puschner_uwe/paul_ina/Doktorand_inn_en/Gebhard.html (zuletzt aufgerufen am 10.01.2019). Ferner fand im Oktober 2018 eine Tagung über »Deutschsprachige Zionismen – Verfechter, Kritiker und Gegner, Organisationen und Medien (1890–1938)« am Selma-Stern-Zentrum in Berlin statt, auf der diverse Aspekte des deutschen Zionismus ausgeleuchtet wurden, vgl. den Tagungsbericht, https://www.hsozkult.de/conferencereport/id/tagungsberichte-7578 (zuletzt aufgerufen am 10.01.2019).
102 Vgl. *Bodenheimer*, Max I.: So wurde Israel. Aus der Geschichte der zionistischen Bewegung. Frankfurt a. M. 1958 sowie die von seiner Tochter herausgegebenen Quelleneditionen, vgl. *Bodenheimer*, Henriette Hannah (Hg.): Im Anfang der zionistischen Bewegung. Eine Dokumentation auf der Grundlage des Briefwechsels zwischen Theodor Herzl und Max Bodenheimer von 1896 bis 1905. Frankfurt a. M. 1965; *Bodenheimer*, Max/*Bodenheimer*, Henriette Hannah (Hg.): Die Zionisten und das kaiserliche Deutschland. Bensberg 1972; *Bodenheimer*, Henriette Hannah (Hg.): Der Durchbruch des politischen Zionismus in Köln 1890–1900. Eine Dokumentation. Briefe, Protokolle, Flugblätter, Reden. Köln 1978; *Blumenfeld*, Kurt: Erlebte Judenfrage. Ein Vierteljahrhundert deutscher Zionismus. Stuttgart 1962 sowie *Ders.* (Hg.): Im Kampf um den Zionismus. Briefe aus 5 Jahrzehnten. Stuttgart 1976; *Lichtheim*, Richard: Rückkehr. Lebenserinnerungen aus der Frühzeit des deutschen Zionismus. Stuttgart 1970 sowie *Ders.*: Die Geschichte des deutschen Zionismus. Jerusalem 1954; *Herlitz*, Georg: Das Jahr der Zionisten. Jerusalem, Luzern 1949; *Ders.*: Mein Weg nach Jerusalem. Erinnerungen eines zionistischen Beamten. Jerusalem 1964; *Landau*, Saul Raphael (Hg.): Sturm und Drang im Zionismus. Rückblicke eines Zionisten. Vor, mit und um – Theodor Herzl. Wien 1937; *Auerbach*, Elias: Pionier der Verwirklichung. Ein Arzt aus Deutschland erzählt vom Beginn der zionistischen Bewegung und seiner Niederlassung in Palästina kurz nach der Jahrhundertwende. Stuttgart 1969.
103 Vgl. *Vogt*, Stefan: Subalterne Positionierungen. Der deutsche Zionismus im Feld des Nationalismus in Deutschland, 1890–1933. Göttingen 2016.

einer »integrativen« Darstellung, die auch die »Reaktionen deutscher Nationalisten auf den Zionismus«[104] abbildet, nur äußerst begrenzt gerecht wird.[105]

b) Quellen

Meine Fragestellung legt einen Fokus auf Quellen nahe, in denen sich öffentliche Debatten widerspiegeln. In erster Linie werden daher publizierte Quellen herangezogen: Bücher und Broschüren, Aufsätze und Artikel, Zeitungs- und Reiseberichte, Rezensionen, gedruckte Interviews, Umfragen und Vorträge, die den Zionismus zum Gegenstand haben. Bisweilen handelte es sich dabei um Autoren, die sich außerhalb ihres Hauptbetätigungsfeldes zum Zionismus äußerten. Vor allem in der Anfangszeit der Bewegung suchten Zionisten gezielt prominente Persönlichkeiten aus Wissenschaft, Kultur und Politik zu sympathisierenden Aussagen zu bewegen. In selbst herausgegeben Sammlungen sollte der noch jungen (und häufig in ihren Zielen wenig bekannten) Bestrebung politische Bedeutung eingehaucht bzw. Glanz und Ansehen verliehen werden.[106] Um die drei großen Debatten überhaupt als solche auszumachen und dann systematisch abzudecken, musste jedoch tiefer geschürft werden. Eine sorgfältig zusammengestellte Dokumentation von Publikationen, die sich mit der politischen, kulturellen, religiösen und wirtschaftlichen Situation in Palästina befassen, wurde von dem Orientalisten Peter Thomsen (1875–1954) im Auftrag des »Deutschen Vereins zur Erforschung des heiligen Landes« zusammengestellt. Thomsens bibliographische Übersicht zur Palästina-Literatur erschien erstmals 1908 und deckte

---

104 *Vogt*: Subalterne Positionierungen 30.

105 Die nichtjüdischen Reaktionen auf den Zionismus werden entweder nur verkürzt und anhand vereinzelter, oft nicht repräsentativer Stimmen dargestellt oder über hinreichend bekannte Einsichten anderer Studien reproduziert. Besonders fällt dies für die Abschnitte über Rassediskurse auf, über deren zionistische Ausprägung John Efron und über die weitergehende jüdische Partizipation im Zuge einer Abwehrstrategie und Selbstbehauptung Veronika Lipphardt Standardwerke verfasst haben, vgl. *Efron*, John M.: Defenders of the Race. Jewish Doctors and Race Science in fin-de-siècle Europe. New Haven/Connecticut, London 1994, *Lipphardt*, Veronika: Biologie der Juden. Jüdische Wissenschaftler über »Rasse« und Vererbung 1900–1935. Göttingen 2008. Die Darstellung antisemitischer Zionismus-Rezeptionen übernimmt Vogt von Francis Nicosia. Auch die Zionismus-Bezüge von Max Hildebert Boehm wurden bereits erschöpfend behandelt, vgl. *Prehn*, Ulrich: Max Hildebert Boehm. Radikales Ordnungsdenken vom Ersten Weltkrieg bis in die Bundesrepublik. Göttingen 2013, 273–294.

106 Vgl. *Kronberger*, Emil (Hg.): Zionisten und Christen. Ein Beitrag zur Erkenntnis des Zionismus. Leipzig 1900; *Hoppe*, Hugo (Hg.): Hervorragende Nichtjuden über den Zionismus. Eine Sammlung von Urteilen hervorragender Persönlichkeiten aller Länder. Königsberg 1904; *Moses*, Julius (Hg.): Die Lösung der Judenfrage. Eine Rundfrage veranstaltet von Dr. Julius Moses. Berlin, Leipzig 1907; ähnlich auch *Sombart*, Werner/*Landsberger*, Artur (Hg.): Judentaufen. München 1912.

in fünf Bänden den Zeitraum 1895 bis 1934 ab.[107] Für die Sichtung weiterer Quellen erwies sich vor allem das Politische Archiv des Auswärtigen Amts als überaus ergiebig. In der mit dem Osmanischen Reich befassten Abteilung und dem 1918 im Auswärtigen Amt eingerichteten Referat für jüdisch-politische Angelegenheiten ist thematisch sortiertes Material gesammelt worden, das mit Palästina und der zionistischen Bewegung zu tun hat. Die gesammelten Korrespondenzen mit zionistischen Vertretern sowie die internen diplomatischen Berichte, vor allem der deutschen Konsulate in Palästina und der deutschen Botschaft von Konstantinopel, sind zwar keine vollends unerschlossenen Bestände[108], wurden aber hinsichtlich der darin aufscheinenden Judenbilder und ideologischen Einstellungen bisher nur sporadisch bearbeitet. Neben diesen diplomatischen Akten war für mein Thema vor allem das umfangreiche Sortiment an Zeitungs- und Artikelsammlungen wichtig, die einen breiten Überblick über die deutsche (und ausländische) Palästinaberichterstattung bietet. Neben den Originalclippings hat der ab 1918 zuständige Referent Moritz Sobernheim zudem eine wöchentliche Zusammenstellung an »jüdisch-politischen Nachrichten«, eine internationale Presseschau über jüdische Angelegenheiten, insbesondere das Palästinamandat und die zionistische Bewegung betreffend, für die anderen Abteilungen des Auswärtigen Amts zusammengestellt. Die Bestände Sobernheims und des Auswärtigen Amts geben damit sowohl Einsicht in die offizielle diplomatische Auseinandersetzung, den Zionismus betreffend, erwiesen sich aber zugleich auch für die Quellensichtung als äußerst hilfreich. Andere Mappen geben Einblick in die Entstehungshintergründe, Mitglieder und Aktivitäten des Pro Palästina Komitees, das in enger Abstimmung zwischen der ZVfD und dem Auswärtigen Amt gegründet wurde. Weiteres Material über das PPK war zudem im Schocken-Archiv auffindbar (Schreiben an Mitglieder, Vortragsabdrucke, Protokolle von Versammlungen). Als glücklicher Fund erwies sich dort zudem eine von der ZVfD zusammengestellte Presseschau, in der mit dem Anspruch auf Vollständigkeit Berichte und Artikel, die über Zionismus und Palästina, getrennt nach jüdischen und nichtjüdischen Zeitungen, erschienen. Im Zionistischen Zentralarchiv (CZA) finden sich interne Korrespondenzen über die Pressearbeit der deutschen Zionisten: Ansprechpartner in Presse und Wissenschaft, Zeitungen

107 Vgl. *Thomsen*, Peter: Systematische Bibliographie der Palästina-Literatur. Auf Veranlassung des Deutschen Vereins zur Erforschung Palästinas. Leipzig, New York 1908; *Ders.*: Die Palästina-Literatur. Eine internationale Bibliographie in systematischer Ordnung mit Autoren- und Sachregister. Leipzig 1911; *Ders.*: Die Palästina-Literatur. Eine internationale Bibliographie in systematischer Ordnung mit Autoren- und Sachregister. Leipzig 1916; *Ders.*: Die Palästina-Literatur. Eine internationale Bibliographie in systematischer Ordnung mit Autoren- und Sachregister. Leipzig 1927; *Ders.*: Die Palästina-Literatur. Eine internationale Bibliographie in systematischer Ordnung mit Autoren- und Sachregister. Leipzig 1938.
108 Vgl. auch die im Druck vorliegende Edition *Eliav*, Mordechai (Hg.): Die Juden Palästinas in der deutschen Politik. Dokumente aus dem Archiv des deutschen Konsulats in Jerusalem, 1842–1914. Tel Aviv 1973.

und Privatpersonen, denen Informations- und Propagandamaterial zugesandt wurde, aber auch Einblicke in Agitationsstrategien. Auch im Evangelischen Zentralarchiv (EZA) werden thematisch sortierte Mappen zur »Judenfrage«, Antisemitismus und Zionismus aufbewahrt, die rechtskonservative und judenmissionarische Artikel, Rezensionen und Berichte über zionistische Publikationen und Veranstaltungen enthalten. Vereinzelt flossen Zeitungsartikel und – notizen aus dem Tefen-Archiv und dem Münchner Stadtarchiv mit ein. Während für den christlichen Kontext vor allem die Periodika der Judenmissionsvereine sowie die Publikationsreihen der Instituta Judaica ergiebige Quellenbestände darstellen, gestaltete sich für den antisemitischen Kontext die Suche ungleich schwieriger. Zur Orientierung in der Flut an antisemitischen Publikationen seit dem ausgehenden 19. Jahrhundert[109] dienten zunächst vor allem einflussreiche antisemitische Autoren beziehungsweise einschlägige Periodika, deren Sach- und Inhaltsregister durchsucht werden mussten. Auch in den »Abwehrblättern«, der Zeitschrift des Vereins zur Abwehr des Antisemitismus finden sich, zumeist durch die liberale Brille gefiltert, antisemitische Reaktionen auf den Zionismus dokumentiert (und ebenso kritische Sichtweisen auf den Zionismus von liberaler Seite). Einblick in das antisemitische und völkische Denken gewährten zudem Sammlungen über völkische Vortrags- und Propagandatätigkeiten nach dem Ersten Weltkrieg, die im Staatsarchiv München und Bayerischen Hauptstaatsarchiv aufbewahrt werden.

---

109 Vgl. *Benz*, Wolfgang (Hg.): Die »Judenfrage«. Schriften zur Begründung des modernen Antisemitismus 1780 bis 1918. München 2003.

II. Zwischen Orient und Okzident – Der Zionismus in der deutschen Kolonialpublizistik

Die wohl bekannteste Episode der deutsch-zionistischen Beziehungen hat niemand geringeren als Kaiser Wilhelm II. zum Protagonisten:»Der Kaiser ist sehr warm für die Sache«, sagte Graf Philipp zu Eulenburg (1847–1921) zu Herzl.[1] Der deutsche Botschafter zu Wien hatte Herzl im Oktober 1898 in seinem Landschloss bei Berlin empfangen und mit ihm über den Zionismus gesprochen. Eulenburg war ein enger Vertrauter Wilhelms II. und verschaffte durch diese Beziehung Herzl Zutritt zur großen Politik. Herzl setzte ganz auf diese Verbindung: Er wähnte sich schon kurz vor Erfüllung seines Ziels – eine »Intervention« des deutschen Kaisers beim türkischen Sultan sei bereits ein »fait acquis«.[2] Tatsächlich empfing Wilhelm auch Herzl, am 19. Oktober 1898 im Sultanspalast von Konstantinopel während seiner Orientreise. Nach eineinhalbstündiger Audienz versprach er ihm, sich beim Sultan für eine »chartered Company – unter deutschem Schutz«[3] einzusetzen. Zionismus und deutsche Weltpolitik waren erst-

1 Vgl. Gesprächsprotokoll vom 7. Oktober 1898. In: *Herzl*, Theodor: Briefe und Tagebücher. Bd. 2. Zionistisches Tagebuch. 1895–1899. Berlin u. a. 1983, 629–635, hier 631. Eine Schlüsselrolle in der Vermittlung der Treffen Herzls mit Eulenburg, Friedrich I von Baden, dem Onkel des Kaisers, und schließlich Kaiser Wilhelm II. spielte der Geistliche William Hechler, der zu dem Zeitpunkt als britischer Botschaftspastor in Wien tätig war, vgl. *Meier*, Axel: Die kaiserliche Palästinareise 1898. Theodor Herzl, Großherzog Friedrich I. von Baden und das jüdische Protektorat. Konstanz 1998. Zu Hechler, vgl. auch Kap. IV.
2 *Herzl*: Briefe und Tagebücher II 633.
3 Vgl. Gesprächsprotokoll vom 19. Oktober 1898. In: *Herzl*: Briefe und Tagebücher II 661–673, hier 670. Über Herzls Auseinandersetzung mit Prinzip und Funktionsweise von Chartered Companies, vgl. *Grözinger*, Karl Erich: Zionismus und Schoah. Frankfurt a. M. 2015, 151 f. Einen Entwurf für eine Charter, die der Zionistischen Organisation gegenüber der osmanischen Regierung Rechte garantierte, setzte Herzl vermutlich zwischen Sommer 1901 und Anfang 1902 zusammen mit dem ungarischen Orientalisten und Abenteurer Hermann Vámbéry (1832–1913) auf. Vámbéry war mit dem Sultan bekannt und wurde für seine Vermittlung zwischen den Zionisten und der Pforte fürstlich entlohnt. Vámbéry selbst berichtete anlässlich des Todes von Herzl in der kulturzionistischen Zeitschrift »Ost und West« über diese wundersame Episode des frühen Zionismus, vgl. *Vambery*, Hermann: Dr. Herzl und Sultan Abdul Hamid. In: Ost und West. Illustrierte Monatsschrift für modernes Judentum 4/8/9 (1904) 505–512. Eine wissenschaftliche Darstellung bei *Vital*, David: Zionism. The formative years. Oxford 1982, 106–128 sowie *Landau*, Jacob M.: Arminius Vámbéry and Abdul Hamid II. In: Archivum Ottomanicum 31 (2014) 21–26. Ein Abdruck des Charter-Entwurfs, vgl. *Böhm*, Adolf: Die zionistische Bewegung. Bd. 1. Die zionistische Bewegung bis zum Ende

mals aufeinandergetroffen. Weltpolitische Akteure, die entweder im Auswärtigen Dienst angestellt oder publizistisch tätig waren, beschäftigten sich fortan mit dem Zionismus im Zusammenhang der deutschen Orientinteressen.

Der Kaiser hatte allerdings keinen Erfolg, Sultan Abdülhamid II. (1842–1918) für Herzls Pläne einzunehmen. Der Sultan verharrte in Misstrauen, das auch spätere zionistische Loyalitätsbekundungen nicht zerstreuen konnten.[4] Als der Kaiser am 2. November vor den Toren Jerusalems erneut auf Herzl und eine zionistische Delegation traf, schien sich seine Haltung geändert zu haben: Dieses Mal äußerte er nur mehr unverbindliche Sympathien. Der Zionismus enthalte einen »gesunden Gedanken« und verdiene als Bestrebung, die dem orientalischen Lande »Wasser und Schatten« spende, Achtung. Von Unterstützung seitens der deutschen Regierung war nicht die Rede.[5] Bernhard von Bülow (1849–1929), Staatssekretär des Äußeren, redigierte in Folge eine Pressemeldung, in der nur von »wohlwollendem Interesse« gegenüber den zionistischen Bestrebungen zu lesen war, »welche auf die Hebung der Landwirtschaft in Palästina zum Besten der Wohlfahrt des türkischen Reiches und unter voller Respektierung der Souveränität des Sultans abzielten«.[6]

Das Fazit dieser Episode ist ambivalent: Zwar war Herzl mit seiner Vision eines Judenstaates bis zu den Gestaltern der großen Politik vorgedrungen. Doch

---

des Weltkrieges. Berlin 1920, 704–709. Die kritische Lesart des Dokuments durch Walid Khalidi, der darin den Beleg sieht, »how intrinsic in Zionism is the concept of the transfer of the indigenous population«, erscheint nicht gerechtfertigt, insofern die Nichterwähnung der arabischen Bevölkerung noch keinen Beleg für ihre beabsichtigte Verdrängung darstellt, vgl. *Khalidi*, Walid: The Jewish-Ottoman Land Company. Herzl's Blueprint for the Colonization of Palestine. In: Journal of Palestine Studies 22/2 (1993) 30–47, hier 31. Eine englische Übersetzung des Dokuments, ebd. 44–47.

4 Anfangs zeigte sich der Sultan durchaus gesprächsbereit und aufgeschlossen für die Idee, den osmanischen Staatshaushalt mit zionistischer Hilfe zu sanieren. Er stimmte einem Treffen mit Herzl zu, war jedoch nicht zu politischen Zugeständnissen oder gar dazu bereit, den Zionisten eine Charter für Palästina auszustellen, vgl. *Öke*, Mim Kemal: The Ottoman Empire, Zionism, and the Question of Palestine (1880–1908). In: International Journal of Middle East Studies 14/3 (1982) 329–341, hier 330f.

5 Vgl. Gesprächsprotokoll vom 2. November 1898. In: *Herzl*: Briefe und Tagebücher II 688–691, hier 689. Auch gegenüber den deutschen Templern, einer zur Mitte des 19. Jahrhunderts nach Palästina eingewanderten pietistischen Kolonistengruppe, vermied der Kaiser auf der Reise ein klares Bekenntnis, um nicht die Beziehungen zum Sultan zu gefährden, vgl. *Honold*, Alexander: Der letzte Kreuzritter. 29./31. Oktober 1898: Kaiser Wilhelm II. zieht in Jerusalem ein. In: *Honold*, Alexander/*Scherpe*, Klaus R. (Hg.): Mit Deutschland um die Welt. Eine Kulturgeschichte des Fremden in der Kolonialzeit. Stuttgart 2004, 236–246, hier 241. Zur Geschichte der deutschen Templer-Kolonisation seit Mitte des 19. Jahrhunderts in ihrem Verhältnis zur deutschen Politik, vgl. *Carmel*, Alex: Die deutsche Palästinapolitik 1871–1914. In: Jahrbuch des Instituts für Deutsche Geschichte 4 (1975) 205–235 und *Ders.*: Siedlungen der württembergischen Templer.

6 Palästina-Fahrt. In: Neue Preußische Zeitung (Kreuzzeitung) Nr. 515 vom 03.11.1898, 1.

wurden ihm die Grenzen seiner diplomatischen Möglichkeiten sehr bald auf-
gezeigt und der zionistischen Bewegung damit ihre politische Ohnmacht vor
Augen geführt.[7]

1.   Weltpolitisches Interesse im Orient

Was hatte den Kaiser überhaupt an Herzls Plan fasziniert? Wilhelm sah im
Zionismus eine Chance zur finanziellen »Sanierung des sog. ›kranken Mannes‹« und somit eine »Frage von der allerweitgehendsten Bedeutung«, wie er
dem Großherzog von Baden Friedrich I., seinem Onkel, in einem ausführlichen
Brief darlegte.[8] Als einzige europäische Macht trat das Deutsche Reich in der
sogenannten »orientalischen Frage« für den Erhalt und die Stabilisierung des
Osmanischen Reichs ein, auf dessen Zersplitterung und Aufteilung indessen
die anderen europäischen Mächte spekulierten.[9] Die Orientreise des Kaisers
war eines der weichenstellenden Ereignisse der deutschen Weltpolitik und der

7 Die Bewegung vermochte aus den Ereignissen kein dauerhaftes politisches Kapital zu
schlagen, wie eine Episode im Vorfeld des 1909 in Hamburg stattfindenden IX. Zionistenkongresses, dem ersten auf deutschem Boden, veranschaulicht: Wolffsohn war an den Senat
der Freien Reichsstadt Hamburg mit der Bitte herangetreten, eine offizielle Delegation zum
Kongress zu schicken. Ein Beamter des Senats holte Erkundigungen über den Zionismus ein
und folgerte aus der Abkehr des Kaisers, dass diesem von offizieller Seite eben keine Anerkennung zuteilgeworden war, vgl. *Eloni:* Zionismus in Deutschland 221–226.
   8 Wilhelm II. an Friedrich I., 29.09.1898. In: *Ellern,* Hermann/*Ellern,* Bessi (Hg.): Herzl,
Hechler, the Grand Duke of Baden and the German Emperor. 1896–1904. Tel Aviv 1961, 48–53,
hier 49.
   9 Die »orientalische Frage« ist ein zentraler Begriff der europäischen Diplomatiege-
schichte des 19. Jahrhunderts und bezeichnet das europäische Ringen um Einfluss im Verfall
begriffenen Osmanischen Reich, vgl. dazu *Baumgart,* Winfried: Die »Orientalische Frage« –
redivivus? Große Mächte und kleine Nationalitäten (1820–1923). In: Tel Aviver Jahrbuch für
deutsche Geschichte 28 (1999) 33–55; *Schulz,* Oliver: Ein Sieg der zivilisierten Welt? Die Intervention der europäischen Großmächte im griechischen Unabhängigkeitskrieg (1826–1832).
Berlin 2011, 135–200. Das Standardwerk zur deutschen Orientpolitik von Schöllgen behandelt
die Phasen der deutschen Strategien in der »orientalischen Frage« bis zum Ersten Weltkrieg.
Die deutsche Außenpolitik seit der Reichsgründung 1871 war stark von Reichskanzler Otto
von Bismarck (1815–1898) geprägt und verfolgte einen defensiven Kurs, der zur Sicherung der
jungen deutschen Nation diente. Vor der Thronbesteigung Wilhelms 1888 zeigte sie lange keinerlei Ambitionen, innerhalb des europäischen Kräftemessens in der »orientalischen Frage«
eine aktive Rolle einzunehmen. Mit der Entsendung von Militärberatern, die eine Reform der
osmanischen Bürokratie und ihres Heeres bewirken sollten, erfuhr dieser Kurs aus militär-
und wirtschaftspolitischen Überlegungen eine erste Aufweichung. Unter Wilhelm wurde
schließlich eine aktive Orientpolitik geführt, vgl. *Kössler,* Armin: Aktionsfeld Osmanisches
Reich. Die Wirtschaftsinteressen des Deutschen Kaiserreiches in der Türkei 1871–1908. New
York 1981, 113 f sowie ausführlich über Motive und Entwicklungen dieser Übergangsphase
Schöllgen: Imperialismus und Gleichgewicht 15–49.

Abb. 1: Theodor Herzl und Kaiser Wilhelm II., Mikve
Israel, 1898.

deutsch-osmanischen Beziehungen.[10] Die deutschen Interessen blieben dabei
gekoppelt an die demonstrative Absage einer direkten Einmischung in die inneren Angelegenheiten der Osmanen und territoriale Expansionen innerhalb
ihres Herrschaftsbereichs.[11] Zugleich steckten wirtschaftliche Großprojekte wie

---

10 Ältere Darstellungen konzentrierten sich primär auf wirtschaftliche Aspekte, vgl.
Wolf, John B.: The diplomatic History of the Bagdad Railroad. Columbia 1936, 9 f. Schöllgen
betont neben wirtschaftlichen Interessen auch die Absicht, politischen Einfluss im Osmanischen Reich zu gewinnen, vgl. *Schöllgen:* Imperialismus und Gleichgewicht 48. Über religiöse
Hintergründe, Ansprüche sowie Verflechtungen religiöser und politischer Dimensionen, vgl.
Benner: Die Strahlen der Krone.
11 Vgl. *Fuhrmann,* Malte: Der Traum vom deutschen Orient. Zwei deutsche Kolonien
im Osmanischen Reich 1851–1918. Frankfurt a. M. 2006, 171. Eine Zusammenfassung
der wichtigsten Etappen dieser Durchdringung des Osmanischen Reichs, vgl. *Schöllgen:*
Mesopotamien.

die prestigeträchtige Bagdadbahn den Orient als deutsches Einflussgebiet ab.[12] Zudem dienten humanitäre und religiöse Einrichtungen der Verbreitung deutschen Einflusses.[13] So ist es naheliegend, dass dem Kaiser auch der Zionismus als probates Mittel einer solchen indirekten Einflussnahme im Osmanischen Reich erschien.

Unter Wilhelm entwickelte die deutsche Außenpolitik einen Anspruch auf Weltgeltung. Am erfolgreichsten war diese neuformulierte »Weltpolitik« im Orient.[14] Zwischen Jahrhundertwende und Erstem Weltkrieg formulierten führende politische Publizisten weltpolitische Konzepte, die auf der Einsicht fußten, eine moderne Großmachtpolitik bedürfe der »Absicherung oder flankierenden Ergänzung durch einen ideologisch überhöhten kulturellen Anspruch«, weshalb der vornehmlich »informellen, insbesondere außenhandelspolitischen Penetration […] eine breit gefächerte geistige Arbeit an die Seite zu stellen«[15] sei – kurzum: die kulturelle Dimension der Weltpolitik wurde wichtiger.

Herzl hatte erkannt, dass der Zionismus anschlussfähig an die Weltpolitik war: Nicht nur der Wirtschaft, auch der Verbreitung von deutscher Sprache und Kultur im Orient wurde hoher Wert beigemessen. Der Zionistenführer betonte, »daß mit den Juden ein deutsches Culturelement in den Orient käme«, da »deutsche Schriftsteller« die zionistische Bewegung anführten, »die Congress-Sprache […] die deutsche« sei und schließlich »die überwiegende Mehrheit der Juden der deutschen Cultur« angehöre.[16] Bis zum Ende des Ersten Weltkriegs stand

---

12 Vgl. *McMeekin*: Berlin-Baghdad Express 32–54; *Yilmazata*, Mehmet: Die Bagdadbahn. Schienen zur Weltmacht. Marburg 2013, 57–70; *van Laak*, Dirk: Imperiale Infrastruktur. Deutsche Planungen für eine Erschließung Afrikas 1880 bis 1960. Paderborn u. a. 2014, 156.

13 Der direkte politische Einfluss der Großmächte Europas auf das Osmanische Reich war beschränkt. Man hatte sich auf dem Berliner Kongress 1878 darauf geeinigt, die »independence and integrity« des Osmanischen Reichs zu erhalten. Europäische Mächte versuchten ihren Einfluss auf anderem Wege geltend zu machen. In Palästina spielten religiöse und wissenschaftliche Institutionen eine große Rolle, vgl. *Kirchhoff*: Text zu Land 96.

14 Vgl. *Schöllgen*: Imperialismus und Gleichgewicht 18.

15 *Vom Bruch*: Weltpolitik als Kulturmission 13.

16 Herzl zu Friedrich I. von Baden, Gesprächsprotokoll vom 3. September 1898. In: *Herzl*: Briefe und Tagebücher II 603–608, hier 606. Tatsächlich ähnelte die Vorstellung Herzls, der Zionismus trete als »Culturträger des Westens in verwahrlosten Winkel« auf, »um unser [das jüdische] Volk zu erziehen«, dem Auswanderungskonzept des Wirtschaftstheoretikers Friedrich Lists (1789–1846), Theodor Herzl an Friedrich I., 26.04.1896. In: *Ellern/Ellern*: Herzl, Hechler, the Grand Duke of Baden and the German Emperor 10–13, hier 11 f. Der Wirtschaftstheoretiker List war eine wegweisende Gestalt für spätere deutsche Kolonialprogramme. Er formulierte die koloniale Aufgabe nicht primär ökonomisch, sondern zivilisatorisch und legitimiert eine machtvolle Weltpolitik unter anderem damit, dass diese auf die zivilisierten Nationen selbst zurückstrahlen würde, vgl. *Dabag*, Mihran: National-koloniale Konstruktionen in politischen Entwürfen des Deutschen Reichs um 1900. In: *Dabag*, Mihran/*Gründer*, Horst/*Ketelsen*, Uwe-K. (Hg.): Kolonialismus. Kolonialdiskurs und Genozid. München 2004, 19–66, hier 29; *Gollwitzer*, Heinz: Geschichte des weltpolitischen Denkens. Bd. 1. Vom Zeitalter der Entdeckungen bis zum Beginn des Imperialismus. Göttingen 1972, 514–521.

die »Zionistische Organisation« (ZO) maßgeblich unter dem Einfluss deutscher Zionisten.[17]

So wurde das Interesse des Kaisers geweckt. Doch war seine Wahrnehmung der Juden uneindeutig: Er betrachtete die Zionisten nicht nur als mögliche Agenten deutscher Interessen im Ausland – schließlich handelte es sich um Juden, über die plötzlich als Träger deutscher Orientaspirationen diskutiert wurde. Wilhelm gefiel sich einerseits durchaus in der Rolle des Schutzherrn für verfolgte Juden: Es »[wäre] für Deutschland eine ungeheure Errungenschaft […], wenn die Welt der Hebräer mit Dank zu ihm aufblickt«.[18] Andererseits hegte er selbst antisemitische Gefühle und hätte gegen die Auswanderung der Juden aus Deutschland nicht viel einzuwenden gehabt.[19] Dem Kaiser fand an der Idee Gefallen, dass »die Besiedelung des Heiligen Landes durch das kapitalkräftige und fleißige Volk Israel dem ersteren bald zu ungeahnter Blüthe und Segen gereichen wird«, wodurch »die Energie, Schaffenskraft und Leistungsfähigkeit vom Stamm Sem auf würdigere Ziele als auf Aussaugung der Christen abgelenkt«[20] würde. Fürsorge und Ressentiment lagen nah beieinander.

Diese Ambivalenz stellt auch das Erkenntnisinteresse dieses Kapitels dar: Wie kann das politische Interesse am Zionismus im Kolonialkontext genau bestimmt werden? Sind antisemitische Motive erkennbar beziehungsweise von

---

17 Die deutschen Zionisten stellten lange die Führung der Bewegung: Max Bodenheimer und David Wolffsohn waren die Begründer des Zionismus in Deutschland und Herzls engste Mitarbeiter. Die wichtigsten Periodika »Die Welt« und die »Jüdische Rundschau« erschienen in deutscher Sprache, wie auch die Kongresssprache deutsch war und der Sitz der Weltorganisation bis zum Ausbruch des Weltkrieges in Berlin lag. Ab 1911 war Otto Warburg Präsident der ZO. Das Engere Actions Comite (EAC), also die auf den Zionistenkongressen gewählte Führungsriege der ZO, war lange mit Führungsfiguren der ZVfD wie Arthur Hantke, Kurt Blumenfeld, Richard Lichtheim, Julius Berger, Martin Rosenblüth besetzt, vgl. *Lavsky:* Before Catastrophe 23–25.

18 Wilhelm II. an Friedrich I., 29.09.1898. In: *Ellern/Ellern:* Herzl, Hechler, the Grand Duke of Baden and the German Emperor 52 f.

19 Den Bericht zum Ersten Zionistenkongress quittierte er mit einer Notiz am Seitenrand: »Ich bin sehr dafür, daß die Mauschels nach Palästina gehen, je eher sie dorthin abrücken, desto besser. Ich werde ihnen keine Schwierigkeiten in den Weg legen.«, Christian von Tattenbach an Reichskanzler Chlodwig Fürst zu Hohenlohe-Schillingsfürst, Bericht Nr. 63 Kaiserliche Gesandtschaft Bern, 24.09.1897. In: PAAA Türkei 195 R 14125. 07/1897–08/1907. Tatsächlich hatte Wilhelm bereits im Mai 1891, als er von den amerikanisch-russischen Verhandlungen erfuhr, in denen es um Landerwerb in Argentinien für die verfolgten Juden Rußlands ging: »Ach, wenn wir unsere doch auch dahin schicken könnten«, zitiert nach *Röhl,* John C. G.: Wilhelm II. Der Aufbau der Persönlichen Monarchie 1888–1900. München 2001, 1052. Reichskanzler Bülow beschrieb den Kaiser nach dem Treffen als regelrecht euphorisch: »Wilhelm II. war anfänglich Feuer und Flamme für die zionistische Idee, weil er auf diese Weise sein Land von vielen ihm nicht besonders sympathischen Elementen zu befreien hoffte«, zitiert nach *Meier:* Die kaiserliche Palästinareise 1898 81.

20 Wilhelm II. an Friedrich I., 29.09.1898. In: *Ellern/Ellern:* Herzl, Hechler, the Grand Duke of Baden and the German Emperor 50.

entscheidender Bedeutung? Welche Wahrnehmungen des Jüdischen lassen sich beobachten?

Die untersuchten Zionismus-Rezeptionen gliedern sich in diesem Kapitel in drei Phasen: Erstens, die Zeit zwischen der Reise des deutschen Kaisers nach Palästina im Jahr 1898 und dem Beginn des Ersten Weltkrieges, als sich unter Akteuren – politische Publizisten, Orient- und Palästinareisende sowie im Auswärtigen Amt Beschäftigte –, die sich Konzepten der deutschen Weltpolitik verpflichtet fühlten, Interesse am Zionismus ausbildete. In der zweiten Phase, während des Ersten Weltkriegs, erreichten die Thematik ein ungleich größeres Publikum. Die deutschen Zionisten waren sehr erfolgreich darin, sich einen Unterstützerkreis in der deutschen Öffentlichkeit aufzubauen, der neben Wirtschaftsexperten, Orientinteressierten und Türkeifreunden auch Vertreter der Tagespresse und der großen politischen Parteien umfasste. Das außenpolitische Bewusstsein für den Zionismus überdauerte den Untergang des Kaiserreichs. Zwar schien das Ende aller deutschen kolonial- und weltpolitischen Aspirationen besiegelt. Doch wurde 1919 mit der Einrichtung eines Referats für jüdisch-politische Angelegenheiten eine Stelle im Auswärtigen Amt eingerichtet, die mit der ZO enge Beziehungen pflegte. Die auf Palästina gerichtete Außenpolitik des Deutschen Reichs verpflichtete sich in dieser dritten Phase den Prinzipien des Völkerbunds und vertrat eine Politik der Verständigung. Kontakte mit Zionisten gehörten zugleich zu einer Strategie, deutsche Interessen wirtschafts- und kulturpolitischer Natur umzusetzen. In den untersuchten Debatten beteiligten sich sowohl Vertreter der offiziellen politischen Sphäre als auch inoffizielle Akteure, die in der Öffentlichkeit Handlungsspielräume der Politik ausloteten oder mitzugestalten suchten.[21]

Der Historiker Woodruff Smith beschreibt Weltpolitik als wirtschaftszentriertes koloniales Konzept des Deutschen Reiches, das sich von konkurrierenden Konzepten direkter Kolonisation zur Gewinnung von »Lebensraum« unterscheiden lässt. Weltpolitische Akteure sahen den Staat als Behörde, Maßnahmen erfolgreicher ökonomischer Expansion zu ergreifen und zugunsten des industriellen, finanziellen und kaufmännischen Sektors im Globalen zu agieren.[22] Das seit

---

21 Zwei diplomatiegeschichtliche Untersuchungen behandeln die politischen Beziehungen zwischen dem Auswärtigen Amt und den Zionisten, *Zechlin:* Die deutsche Politik und die Juden; *Friedman:* Germany, Turkey, and Zionism. In meiner Untersuchung haben öffentliche Debatten Vorrang, weil sie sich als weitaus ergiebiger für eine Analyse der Wahrnehmungen und Bilder des Zionismus erwiesen.

22 Wie Smith verwende ich den Begriff Weltpolitik als Konzept zur Beschreibung ideologischer Konstruktionen, die ein Kern ähnlicher Anschauungen einte. Smith führt Lebensraum-Konzepte als konkurrierende koloniale Ideologie an. Bei beiden Konzepten handelt es sich um Modernisierungsideologien, die teilweise Berührungspunkte aufweisen. Weltpolitik richtete ihren Fokus auf ökonomische Rentabilität, während Anhänger von Lebensraum-Konzepten die kolonisatorische Ausdehnung in der Welt forderten, vgl. Smith: »Weltpolitik« und »Lebensraum«; *Smith:* The ideological origins of Nazi imperialism 52–81, 166–195.

der Reichsgründung immens angestiegene Wirtschaftspotential und ein rapides Bevölkerungswachstum hatten unter wilhelminischen Intellektuellen ein Gefühl der Stärke erzeugt, das mit einem ausgeprägten Krisenbewusstsein einherging: Weltpolitik wurde als überlebenswichtig für die deutsche Nation begriffen und die Suche nach einem außenpolitischen Betätigungsfeld zur regelrechten Existenzfrage stilisiert.[23] Auch die Befürchtung, dass Deutschland seine von der Geschichte vorgesehene Führungsrolle versagt werde, stärkte den Drang zur Expansion.[24] Zunächst widmete sich die unter dem Schlagwort Weltpolitik geführte Regierungspolitik von Kanzler Bernhard von Bülow vor allem dem Ausbau der deutschen Flotte.[25] Während der Regierungszeit seines Nachfolgers Theobald von Bethmann Hollweg (1856–1921), seit 1909 im Amt, formulierten hingegen Politiker und politische Publizisten unter dem Etikett Weltpolitik Entwürfe einer auswärtigen Kulturpolitik. Der Historiker Karl Lamprecht (1856–1915), Bethmann-Hollwegs Berater und literarischer Multiplikator Kurt Riezler (1882–1955) und vor allem der politische Publizist und Praktiker Paul Rohrbach (1869–1956) nahmen kulturelle und erzieherische Aspekte in ihre weltpolitischen Programme auf, um mittels »moralischer Eroberungen« (Rohrbach) koloniale Ansprüche des Deutschen Reichs zu rechtfertigen.[26] Mit der Forderung, eine auswärtige Kulturpolitik zu etablieren und kulturellen und wissenschaftlichen Austausch zu fördern, war das klare Ziel verknüpft, deutsche Sprache und deutschen Geist als »Weltkulturfaktor«[27] nach außen zu tragen.[28]

---

23 Vgl. *Canis*, Konrad: Der Weg in den Abgrund. Deutsche Außenpolitik 1902–1914. Paderborn u.a. 2013, 13–67; *Winzen*, Peter: Zur Genesis von Weltmachtkonzept und Weltpolitik. In: *Röhl*, John C.G./*Müller-Luckner*, Elisabeth (Hg.): Der Ort Kaiser Wilhelms II. in der deutschen Geschichte. München 1991, 189–222, hier 189 f.; *Dabag*: National-koloniale Konstruktionen 37.

24 Vgl. *Dabag*: National-koloniale Konstruktionen 45.

25 Vgl. *Winzen*: Zur Genesis von Weltmachtkonzept und Weltpolitik.

26 Vgl. *Ruedorffer*, J.J. [=*Riezler*, Kurt]: Grundzüge der Weltpolitik der Gegenwart. Stuttgart, Berlin 1914; *Rohrbach*, Paul: Deutschland unter den Weltvölkern. Materialien zur auswärtigen Politik. Berlin, Schöneberg 1903; *Rohrbach*, Paul: Der deutsche Gedanke in der Welt. 51. Aufl. Königstein 1912.

27 *Rohrbach*: Der deutsche Gedanke in der Welt 209.

28 Über Zusammenhänge kulturpolitischer Initiativen und weltpolitischer Ansprüche vor dem Ersten Weltkrieg, vgl. grundlegend *Vom Bruch*: Weltpolitik als Kulturmission 11–41; sowie *Düwell*: Deutschlands auswärtige Kulturpolitik 53–69; *Kloosterhuis*: Friedliche Imperialisten 157–220; *Dahlhaus*: Möglichkeiten und Grenzen auswärtiger Kultur- und Pressepolitik 73–99. Kulturpolitik fand in diesem Stadium noch keine einheitliche begriffliche Klärung. Die publizierten Darstellungen hatten vielmehr planenden, tastenden Charakter und gingen über theoretische Ansätze zumeist noch nicht hinaus. Das Drängen der überwiegend nicht-amtlichen Entwürfe auf offizielle Institutionalisierung hatte während des Kaiserreichs nur geringen Erfolg. In der öffentlichen Debatte, vor allem während des Weltkrieges, nahmen derartige Erwägungen aber immensen Raum ein. Diese Debatten sind daher als Ausdruck eines sich abzeichnenden Bewusstseinswandels, der schließlich in der Weimarer Republik in eine offizielle Kulturpolitik mündete, zu begreifen, vgl. *Grupp*, Peter: Voraussetzungen und

So wurde Weltpolitik in den Vorjahren des Ersten Weltkrieges ein ordnungs-
politisches Gesamtkonzept, das durch geschichtliche, zivilisatorische und erzieherische Anliegen Deutschlands Rolle in der Welt definierte.[29]

Diese Art der Politik wurde durch die Beziehung zum Osmanischen Reich
determiniert: Weil die osmanische Regierung jede Einmischung in ihre inneren
Angelegenheiten vehement abwehrte, waren der deutschen Orientpolitik objektive Grenzen gesetzt. Weltpolitische Akteure akzeptierten, dass jede direkte deutsche Kolonisation unter osmanischer Souveränität ausschied und stimmten mit
dem offiziellen Kurs einer *pénétration pacifique* überein: Vor allem wirtschafts-
und handelspolitische Projekte sollten den deutschen Einfluss in Vorderasien
stärken.[30] Die infrastrukturelle und »produktive« Erschließung orientalischer
Räume zum deutschen Nutzen sollte sich dabei allerdings nicht als rücksichtslose Modernisierung vollziehen, wie sie die westlichen Konkurrenzmächte vor-
lebten, sondern orientierte sich an dem Leitbild der »ostelbischen, konservativ
abgefederten Minimalmoderne«.[31] Die Sprache weltpolitischer Orientdebatten
bediente sich vitalistischer Bilder, in denen die angeblichen Ansprüche und Bedürfnisse des Orients mit denen des Deutschen Reichs zusammengeführt wurden.[32] Weltpolitische Stichwortgeber verstanden die Wiederbelebung des Orients

Praxis deutscher amtlicher Kulturpropaganda in den neutralen Staaten während des Welt-
kriegs. In: *Michalka*, Wolfgang (Hg.): Der Erste Weltkrieg. Wirkung, Wahrnehmung, Analyse.
München 1994, 799–824; *Kröger*, Martin: Die Praxis deutscher auswärtiger Kulturpolitik in den
Niederlanden zwischen den Weltkriegen. In: *Dietz*, Burkhard/*Gabel*, Helmut/*Tiedau*, Ulrich
(Hg.): Griff nach dem Westen. Die »Westforschung« der völkisch-nationalen Wissenschaften
zum nordwesteuropäischen Raum (1919–1960). Bd. 2. Münster 2003, 887–906, hier 887 f.

29 Vgl. *Dabag*: National-koloniale Konstruktionen 27.

30 Vgl. *Fuhrmann*: Der Traum vom deutschen Orient 156 f.; *Grunwald*: Pénétration Pacifique. »Pénétration pacifique« als kaufmännische Durchdringung eines Großwirtschaftsrau-
mes konnte durchaus auch gewaltsame Züge in sich tragen, insofern sie keinen wechselseitigen
Prozess darstellte, vgl. *Freytag*, Carl: Deutschlands »Drang nach Südosten«. Der Mitteleuropäische Wirtschaftstag und der »Ergänzungsraum Südosteuropa« 1931–1945. Göttingen
2012, 58.

31 Freiherr Colmar von der Goltz (1843–1916), der 1885 als Leiter der deutschen Militärmission nach Konstantinopel entsandt wurde, prägte mit seinen vielgelesenen und -zitierten
Publikationen den deutschen Blick auf den Orient entscheidend. Er entstammte dem ostelbischen Junkertum, in dessen Geiste er ein Ideal der konservativen Modernisierung entwarf.
Eine von Deutschland angeleitete Entwicklung würde die mit den Boulevards von Paris
identifizierten Schattenseiten der Moderne umgehen und Fortschritt nur langsam, vorsichtig
dosiert und mit Rücksicht auf bestehende Hierarchien und Moralvorstellungen in den Orient
hineinleiten, vgl. *Fuhrmann*: Der Traum vom deutschen Orient 157–160, hier 159; über Goltz
Tätigkeiten im Osmanischen Reich, vgl. *Yasamee*, F. A. K.: Colmar Freiherr von der Goltz and
the rebirth of the Ottoman Empire. In: Diplomacy & Statecraft 9/2 (2007) 91–128; über die
Wahrnehmung des Orients in der deutschen Öffentlichkeit zu dieser Zeit, vgl. *Scherer*, Friedrich: Adler und Halbmond. Bismarck und der Orient 1878–1890. Paderborn 2001, 508–523.

32 Vgl. *Dabag*, Mihran/*Gründer*, Horst/*Ketelsen*, Uwe-K. (Hg.): Kolonialismus. Kolonialdiskurs und Genozid. München 2004, 42 f.

als die eines alten, lange brach gelegenen Kulturraumes, zugleich auch als Aufgabe der eigenen nationalen Identität und kulturellen Selbstverwirklichung.[33]

Nationale Identität und koloniale Ansprüche vermittelten und rechtfertigten sich auch in spezifischen Semantiken von Arbeit. Unter »deutscher Arbeit« wurde mehr als nur zu Profitzwecken verausgabte Arbeitskraft verstanden. In den jeweiligen Arbeitsauffassungen mache sich der kulturelle und sittliche Kern der Nationen fest, suggerierte der Subtext kaiserzeitlicher Debatten zur »deutschen Arbeit«. Vor allem der Bauernstand wurde darin als scheinbar konstante, naturnahe und sozial eingebundene Verkörperung harmonischen Arbeitslebens idealisiert. Im kolonialen Kontext festigte diese spezifische Arbeitssemantik die Beziehung zwischen dem Mutterland und dem Auslandsdeutschtum, dessen Arbeitsweise und Kulturtaten den hegemonialen Anspruch der Weltpolitik legitimierten.[34]

Liberale Imperialisten[35] wie Paul Rohrbach leisteten mit ihren Konzepten eine theoretische Untermauerung der deutschen Weltpolitik. Rohrbachs Orientreiseberichte »Deutschland unter den Weltvölkern« (1903) und »Der deutsche Gedanke in der Welt« (1912) zählten zu den meistgelesenen Publikationen der Vorweltkriegszeit.[36] Sie brachten den Orient, wie Theodor Heuss später berichtete, in das Bewusstsein der deutschen Öffentlichkeit und trugen dazu bei, Vorderasien zum bedeutendsten Ziel deutschen weltpolitischen Strebens zu

---

33 Vgl. *Kampen:* Studien zur deutschen Türkeipolitik, 84–99.

34 Sebastian Conrad weist auf die »expansiv-kolonisierende Dimension« hin, die dem Topos einer spezifisch »deutschen Arbeit« innewohnte. Zu Begriff und Debatte der »deutschen Arbeit«, vgl. *Conrad,* Sebastian: Globalisierung und Nation im Deutschen Kaiserreich. 2. Aufl. München 2010, 279–315, hier 283; *Schulze,* Frederik: Auswanderung als nationalistisches Projekt. »Deutschtum« und Kolonialdiskurse im südlichen Brasilien (1824–1941). Köln 2016, 168–176.

35 Liberale Imperialisten betrachteten ein deutsches Großreich als Sache der Fortschrittlichkeit, die dazu gedacht war, »nicht nur sich selbst einen Platz an der Sonne zu gewinnen, sondern auch anderen ein helleres Dasein zu sichern«, *Dehio,* Ludwig: Deutschland und die Weltpolitik im 20. Jahrhundert. München 1955, 77. Friedrich Naumann verknüpfte mit einem deutschen Imperialismus auch die Forderung nach inneren Reformen und einer Liberalisierung der wilhelminischen Gesellschaft, vgl. *Smith:* The ideological origins of Nazi imperialism 82.

36 Den Startschuss für nationalliberale und liberalimperialistische Konzepte von intellektuellen Schlüsselfiguren des Wilhelminismus wie Friedrich Naumann, Hans Delbrück oder Paul Rohrbach hatte Max Webers Freiburger Antrittsvorlesung von 1895 gegeben. Weber hatte für eine »kraftvolle Weltpolitik« plädiert und damit »eine Kettenreaktion von zustimmenden Äußerungen« ausgelöst, *Mommsen,* Wolfgang J. (Hg.): Großmachtstellung und Weltpolitik. Die Außenpolitik des Deutschen Reiches 1870 bis 1914. Frankfurt a. M., Berlin 1993, 133 f.; vgl. auch *Dabag:* National-koloniale Konstruktionen 37 f. Über die Bedeutung Rohrbachs innerhalb der diffizilen Wechselbeziehung zwischen offizieller Politik und Publizistik, vgl. *Maibaum:* Das publizistische Schaffen Paul Rohrbachs 8–15.

machen.[37] Rohrbach trat für die politische Selbstständigkeit der Türkei ein, da ihre militärische und wirtschaftliche Stärkung mit den deutschen Interessen, vor allem der Suche nach neuen Absatzmärkten, einhergehe. So legte er jede »politische oder kolonisatorische Germanisierung der Türkei« ad acta, propagierte jedoch darüber hinaus eine aktive auswärtige Kulturpolitik, durch die er die noch junge deutsche Weltmachtpolitik ethisch abzusichern gedachte.[38] Der Orient war für Rohrbach ein Raum des wirtschaftlichen Wettstreits der europäischen Nationen.[39] Rohrbach entwarf ein Konzept der »moralischen Eroberung« Vorderasiens, das deutschen Wirtschaftsinteressen »abseits von allen politisch-territorialen Nebengedanken« und »im Unterschiede von dem anglo-indischen Imperialismus, der die territoriale Kontrolle [sic] über das Bagdadgebiet anstrebt«[40], zum Durchbruch verhelfe. Die Verbreitung von »Sittlichkeit«, deutscher Sprache, Kultur und Bildung, sei diesem Zweck verpflichtet. Er folgerte, dass »diejenige Nation, die im türkischen Orient die größten praktischen sittlichen Leistungen zuwege bringt«, den größten wirtschaftlichen Erfolg haben werde. Der Bau von Schulen und Krankenhäusern und »die Zugänglichmachung der deutschen Sprache samt einer gewissen Bekanntschaft mit der deutschen Kultur [...] sind es, von denen die stärksten befruchtenden Wirkungen auch für die Kräftigung der wirtschaftlichen Beziehungen zwischen dem gebenden und dem empfangenden Teil ausgehen.«[41] Im Gegensatz zum Vorgehen der Konkurrenzmächte zeichne sich das deutsche Modell durch die Rücksichtnahme auf lokale orientalische Mentalitäten aus.[42] Während des Ersten Weltkriegs vertiefte eine Reihe

37 *Heuss*, Theodor: Friedrich Naumann. Der Mann, das Werk, die Zeit. Müchen 1937, 214; vgl. auch *Maibaum:* Das publizistische Schaffen Paul Rohrbachs 10; *Schöllgen:* Mesopotamien 132 f.

38 Vgl. *Vom Bruch:* Weltpolitik als Kulturmission 37.

39 Die Abkehr von direkter Kolonisation und die stattdessen proklamierte »moralische Eroberung« behielt stets eine *agonale* Dimension, die die Entfaltung eines wirtschaftlichen Programms innerhalb des Osmanischen Reichs *durch Deutschland* legitimierte. Friedrich Naumann etwa schwebte »eine Art freundschaftlicher Diktatur« vor, welche indes keinen Hehl aus ihren politischen Aspirationen machte: »Wir müssen das Land wirtschaftlich von uns abhängig machen, um es später politisch ›kontrollieren‹ zu können.«, *Naumann*, Friedrich: Asia. Eine Orientreise über Athen, Konstantinopel, Baalbek, Nazareth, Jerusalem, Kairo, Neapel. 7. Aufl. Berlin 1913, 162. Vgl. hierzu auch Ulrike Jureit, die den Fokus nicht auf Rohrbach, sondern auf Naumann richtet und in seiner weltpolitischen, liberalimperialistischen Konzeption von Wettstreit um Raum einen ausgeprägten Sozialdarwinismus ausmacht, vgl. *Jureit*, Ulrike: Liberaler Imperialismus? Interdependenzen zwischen Imperialität, Großraumdenken und Lebensraumideologie. München 2017.

40 *Rohrbach:* Deutschland unter den Weltvölkern 287 f.

41 Ebd. 289. Zur Entwicklung seines liberalen beziehungsweise »ethischen« Imperialismus im Zuge seiner Orientreisen, vgl. *Mogk:* Paul Rohrbach und das »Größere Deutschland«, 88–96.

42 Gerade in dieser Selbstwahrnehmung ähnelte das deutsche Modell zur Hebung des Orients dem englischen und dem französischen, die sich als »mission civilisatrice« beziehungsweise »civilizing mission« auswiesen. Jürgen Osterhammel weist darauf hin, dass sich

von Gelehrten und Publizisten diesen metapolitischen Gegensatz und stellte dem »Fortschrittsprinzip der westlichen Völker«[43], wie es auch bei Rohrbach ablehnend hieß, die deutsche Weltpolitik als eine gerechtere Weltordnung gegenüber, die von der »Achtung vor den Rechten und der Freiheit anderer« getragen werde.[44] Jenseits ihrer sittlich-idealistischen Selbstwahrnehmung haftete Rohrbachs Konzepten auswärtiger Kulturpolitik der Charakter von »Kulturpropaganda« an: »die zum Zwecke nationaler Machtexpansion betriebene, planmäßig werbende Vorstellung kultureller Güter mit einer durch den Hauptzweck eingeschränkten Bereitschaft, die Wünsche der anderen Nationen nach Möglichkeit zu berücksichtigen oder ihr kulturelle Zusammenarbeit oder kulturellen Einfluss zu gewähren.«[45]

2. Der Zionismus zwischen Europa und Asien: Die Vorkriegszeit

Die Zionisten teilten mit den Verfechtern einer deutschen Weltpolitik dieselbe »Erschließungsmentalität«: Mithilfe technischer Innovation müsse die Welt besser vernetzt werden, um effizienter zu regieren oder zu wirtschaften.[46] Deutsche Zionisten versuchten sich als Kraft zu präsentieren, die gerade vom deutschen Standpunkt aus förderungswürdig sei: Juden eigneten sich auf besondere Weise, deutsche Interessen im Orient zu verwirklichen.

In einer Rede vom 7. November 1896 vor der »Österreichisch-Israelitischen Union« erklärte Herzl, »daß in allen Staaten, die an ihre Zukunft denken [...], Kolonialpolitik getrieben« werde und angesichts der Hinwendung der europäischen Politik in Richtung Asien, »es nicht unvernünftig [ist], wenn auch wir, gedrängt durch die tägliche Wahrnehmung, die täglich ärger wird, an eine

---

im Deutschen der Begriff »Zivilisierungsmission« nicht hat durchsetzen können (»oberflächlich, materiell, undeutsch«) und zumeist der Begriff »Kulturarbeit« gebraucht wurde, vgl. *Barth/Osterhammel:* Vorwort 7. Zum französischen Kontext vgl. *Möller,* Esther: Orte der Zivilisierungsmission. Französische Schulen im Libanon 1909–1943. Göttingen 2013, 51–65; *Burrows,* Mathew: ›Mission Civilisatrice‹. French Cultural Policy in the Middle East, 1860–1914. In: The Historical Journal 29/1 (1986) 109–135.

43 *Rohrbach:* Deutschland unter den Weltvölkern 212.

44 Vgl. *Gollwitzer,* Heinz: »Für welchen Weltgedanken kämpfen wir?«. Bemerkungen zur Dialektik zwischen Identitäts- und Expansionsideologie in der deutschen Geschichte. In: *Ders.* (Hg.): Weltpolitik und deutsche Geschichte. Gesammelte Studien. Göttingen 2008, 137–160, hier 150–154.

45 *Düwell:* Deutschlands auswärtige Kulturpolitik 36.

46 Vgl. *Fuhrmann,* Malte: Die Bagdadbahn. In: *Zimmerer,* Jürgen (Hg.): Kein Platz an der Sonne. Erinnerungsorte der deutschen Kolonialgeschichte. Frankfurt a.M. 2013, 190–207, hier 186; *van Laak:* Imperiale Infrastruktur 65f.

Kolonialpolitik denken.«[47] Herzls affirmative Haltung zum Kolonialismus beruhte auf einer von ihm als alltäglich wahrgenommenen Judenfeindschaft, die er sich aus der Konkurrenzsituation zwischen Juden und Nichtjuden erklärte.[48] Das jüdische Potential, das die nichtjüdische Mehrheit erschrecke, könne, so Herzl, in die Türkei gelenkt werden und zu ihrer Stabilisierung beitragen – so wäre allen geholfen.[49]

Die deutschen Zionisten betonten in der Presse und in Eingaben an das Auswärtige Amt ihre Nützlichkeit für die deutsche Orientpolitik. Das Hauptargument lautete: Der Zionismus sei Mittler zwischen Orient und Okzident. Für Palästina breche mit der Bagdadbahn eine neue Zeit an, erklärte der Jurist und zionistische Funktionär Adolf Friedemann (1871–1932), einer von Herzls frühesten Mitarbeitern, in einem Artikel von 1899. Umgekehrt profitierten, so Friedemann, auch die Deutschen von den Zionisten. Schon jetzt habe die erst in Ansätzen vorhandene jüdische Kolonisation den Bodenwert Palästinas gehoben und den Warenaustausch steigen lassen. Aufgrund sprachlicher Nähe durch das

---

47 *Herzl*, Theodor: Rede in der Österreichisch-Israelitischen Union. In: *Ders.* (Hg.): Zionistische Schriften. Berlin 1905, 117–133, hier 124. Joachim Trezib ordnet Herzls Kolonialkonzept in zeitgenössische geopolitisch-ethnozentrische Planungsdiskurse und organischfamiliäre Gesellschaftsutopien ein, vgl. *Trezib*, Joachim: Die Theorie der zentralen Orte in Israel und Deutschland. Zur Rezeption Walter Christallers im Kontext von Sharonplan und »Generalplan Ost«. Berlin 2014, 600. Der Literaturwissenschaftler Axel Stähler will mit einem postkolonialen Ansatz gar anhand von Herzls Handschuhen eine zionistische Mimikry an den deutschen Kolonialismus nachweisen, vgl. *Stähler*, Axel: Zionism, Colonialism, and the German Empire: Herzl's Gloves and Mbwapwa's Umbrella. In: *Brunotte*, Ulrike/*Ludewig*, Anna-Dorothea/*Stähler*, Axel (Hg.): Orientalism, Gender, and the Jews. Literary and artistic transformations of European national discourses. Berlin 2015, 98–123 sowie *Stähler*: Zionism, the German Empire, and Africa.

48 Auch die nachfolgend behandelten Darstellungen Friedemanns und Bodenheimers nahmen Antisemitismus in ihre Argumentation mit auf. Friedemann schrieb, das Deutsche Reich werde durch die Unterstützung des Zionismus »eine alte Schuld des Unrechtes«, die jahrhundertlangen Judenverfolgungen durch Christen, abtragen, *Friedemann*, Adolf: Die Bahn nach Bagdad. In: Die Welt. 3/21 (1899) 3–4, hier 4. Bodenheimer appellierte gleichfalls mit Ansprüchen der Menschlichkeit, um Unterstützung zu finden, »den Angehörigen eines aus der europäischen Völkerfamilie hie und da verstossenen Volkes eine neue Heimath« zu schaffen, Max Bodenheimer an Staatssekretär Freiherr von Richthofen, Denkschrift über die gegenwärtig in der deutschen Judenheit herrschenden Zustände und die durch den Zionismus angebahnte Lösung der damit in Zusammenhang gehenden Fragen, 23.2.1902. In: PAAA Türkei 195 R 14125 sowie CZA A15/24.

49 In einer Notiz zu einem Artikel Hugo Grothes, einem einflussreichen deutschen Orient- und Balkanpublizisten, der Pläne zur Ansiedlung deutscher Ackerbauer für die kulturelle Hebung Vorderasiens entworfen hatte, merkte Herzl zustimmend an: »Vieles, was sich mit den Gedanken des politischen Zionismus geradezu deckt. Es ist im Programm der Culturausdehnung auf einen jetzt vernachlässigten Boden«, Entwurf des Artikels »Deutsche Colonialgedanken« von Herzl Bezug nehmend auf einen Artikel H. Grothes in »Münchner Neueste Nachrichten«. In: CZA H1/3204. Als Artikel veröffentlicht, vgl. Deutsche Colonialgedanken. In: Die Welt. 3/18 (1899), 4–6.

»Judendeutsch« sei dem deutschen Handel geholfen, »[d]enn der Jude ist that-sächlich stets im Orient ein Förderer des deutschen Einflusses gewesen [...].« Die Zionisten stellten eine Gruppe dar, die sich dank ihres »orientalischen Naturell[s] und der occidentalen Bildung« auf einmalige Weise in die deutsch-osmanische Partnerschaft einfüge.[50]

Ein von dem Juristen und Mitbegründer der ZVfD Max I. Bodenheimer (1865–1940)[51] aufgesetztes Memorandum von 1902 fasste dem Auswärtigen Amt alle Vorteile zusammen, die sich aus einer Unterstützung des Zionismus für das Deutsche Reich ergeben würden. Neben wirtschaftlichen Aspekten betonte auch Bodenheimer vor allem den Sprachaspekt: Die Juden Palästinas stellten eine »le-bendige Brücke zwischen der europäischen Kultur und Asien« dar und trügen dazu bei, dass »deutsche Sprache und Kultur ganz Vorderasien beherrschen«.[52] Sie stellten ein produktives Element europäischer Prägung dar, das im gemein-samen »Kampfe gegen Uncultur und Barbarei« ein natürliches Interesse an der »Sanirung des Landes« trage. Als politisch neutrale Organisation« eigne sich die zionistische Bewegung dafür besser als der »Hilfsverein der deutschen Juden«, zu-mal dieser von den osmanischen Behörden nicht als direkter Vertreter deutscher Interessen angesehen werden könne. Der Vorteil sei, dass die ZO im Gegensatz zum Hilfsverein keine deutsche, sondern eine formell neutrale Organisation war.

Auch der 1901 von Paul Nathan (1857–1927) gegründete Hilfsverein verstand sich als Vermittler von deutscher Kultur. Der Hilfsverein war eine philanth-ropische jüdische Hilfsorganisation, dessen Tätigkeitsfelder neben materieller Hilfe und politischen Interventionen für verfolgte Juden in Osteuropa auch die Organisation von Auswanderungen umfasste.[53] Für die Juden im Osmanischen Reich strebte er größere Rechtssicherheit innerhalb des Milletsystems an, wofür die Unterstützung der Konsulate besonders wichtig war.[54] Mit dem Bau von

---

50   *Friedemann:* Die Bahn nach Bagdad 3.

51   Bodenheimer gehörte über Jahrzehnte dem zionistischen Aktionskomitee an. Er war außerdem bis 1914 Präsident des »Jüdischen Nationalfonds«, der Landkäufe in Palästina vor-nahm und an dessen Gründung 1899 er bereits mitgewirkt hatte. Bodenheimer zählte zu den Begleitern Herzls, als dieser nach Konstantinopel und Palästina reiste, um den deutschen Kaiser zu treffen. Vgl. ausführlich *Bodenheimer,* Henriette Hannah: Max Isidor Bodenheimer (1865–1940). In: *Heyen,* Franz-Josef (Hg.): Rheinische Lebensbilder. Köln 1991, 233–256; sowie *Bodenheimer,* Max: Meine Palästinafahrt mit Herzl. In: *Bodenheimer,* Max/*Bodenheimer,* Henriette Hannah (Hg.): Die Zionisten und das kaiserliche Deutschland. Bensberg 1972, 9–58.

52   Bodenheimer, Denkschrift, 23.02.1902.

53   Über Nathan und den Hilfsverein, vgl. *Hamann,* David: Migration organisieren. Paul Nathan und der Hilfsverein der deutschen Juden (1881–1914/18). In: Kalonymos 19/2 (2016) 6–10; *Jahr,* Christoph: Paul Nathan. Publizist, Politiker und Philanthrop. Göttingen 2018.

54   Über die Stellung der Juden im religiös definierten Rechtssystem des Osmanischen Reichs, vgl. *Guttstadt,* Corry: Die Türkei, die Juden und der Holocaust. Berlin, Hamburg 2008, 21–26; *Friedman,* Isaiah: The system of capitulations and its effects on Turco-Jewish relations in Palestine, 1856–1897. In: *Kushner,* David (Hg.): Palestine in the late Ottoman Period. Polital, Social and Economic Transformation. Jerusalem 1986, 280–293.

Krankenhäusern, Schulen und Bildungseinrichtungen versuchte der Hilfsverein zudem eine Erziehungsreform unter den orientalischen Juden anzuleiten. Mit moderner Wissenschaft, Allgemeinbildung und sprachlicher Erziehung sollten vor allem junge Juden ihre Gemeinschaft stärken. Der Aufbau eines Schul- und Erziehungssystems sollte auch zur Verbreitung der deutschen Sprache und Kultur beitragen.[55] Der Hilfsverein war als deutsches Gegenstück zur 1860 gegründeten »Alliance Israélite Universelle« (AIU) konzipiert, organisierte mit ihr aber auch gemeinsam Hilfe für osteuropäische Juden.[56] Trotz seiner Bestrebungen in Palästina waren die Führer des Hilfsvereins antizionistisch eingestellt.[57]

Die deutschen Konsulate – es gab mit Jerusalem, Jaffa und Haifa drei an der Zahl – standen dem Selbstverständnis des Hilfsvereins »als Verbreiter deutscher Kultur und deutscher Waren speziell im Orient« sympathisch gegenüber.[58] Neben der Wahrung der Interessen deutscher Staatsbürger zählte vor allem die Förderung deutscher Wirtschaftsbeziehungen zum Aufgabenbereich der Konsuln.[59] Bereits im 19. Jahrhundert brachten die deutschen Konsulate Einrichtungen zur »Hebung jüdischer Erziehung« großes Interesse entgegen.[60]

---

55 Der Hilfsverein gründete über 50 Schulen, 28 davon – die meisten hebräischsprachig – in Palästina, vgl. *Reves,* Christiane: Das Technion – eine »Filiale Preussens am Carmel«? Internationale Netzwerke und deutsche Wissenschaftskultur. In: *Siegemund,* Anja (Hg.): Deutsche und zentraleuropäische Juden in Palästina und Israel. Kulturtransfers, Lebenswelten, Identitäten. Beispiele aus Haifa. Berlin 2016, 100–116, hier 103.

56 Vgl. *Reinke,* Andreas: Hilfsverein der deutschen Juden. In: *Diner,* Dan (Hg.): Enzyklopädie jüdischer Geschichte und Kultur. Band 3. Stuttgart, Weimar 2012, 40–43, hier 40 f.; Bar-Chen, Weder Asiaten noch Orientalen, 2005. Zur Geschichte der AIU, vgl. *Rodrigue,* Aron: French Jews, Turkish Jews. The Alliance Israélite Universelle and the Politics of Jewish Schooling in Turkey, 1860–1925. Bloomington 1990; *Bar-Chen,* Eli: Prototyp jüdischer Solidarität – Die Alliance Israélite Universelle. In: Jahrbuch des Simon-Dubnow-Instituts 1 (2002) 277–296.

57 Vgl. *Lowenstein,* Steven M.: Ideologie und Identität. In: *Lowenstein,* Steven M. / *Mendes-Flohr,* Paul R. / *Pulzer,* Peter G. J. / *Richarz,* Monika (Hg.): Deutsch-jüdische Geschichte in der Neuzeit. Bd. 3. Umstrittene Integration 1871–1918. München 1997, 278–301, hier 299.

58 Vgl. *Friedman:* The Hilfsverein der deutschen Juden, the German Foreign Ministry and the Controversy with the Zionists. Zitat im Fließtext: Deutscher Botschafter von Konstantinopel Hans von Wangenheim an Reichskanzler Theobald von Bethmann-Hollweg, 04.01.1913. In: PAAA Türkei 195 R 14127. In Jerusalem gab es bereits seit 1845 ein Preußisches Konsulat 1845. 1870 kam in Jaffa, 1877 in Haifa je ein weiteres Vizekonsulat hinzu, die beide 1914 zu vollwertigen Konsulaten erhoben wurden, vgl. *Eliav,* Mordechai: Introduction. In: *Ders.* (Hg.): Die Juden Palästinas in der deutschen Politik. Dokumente aus dem Archiv des deutschen Konsulats in Jerusalem, 1842–1914. Tel Aviv 1973, XI–XIX.

59 Vgl. *Hampe,* Karl-Alexander: Das Auswärtige Amt in Wilhelminischer Zeit. Münster 2001, 9 f., 130–132.

60 Vgl. *Eliav,* Mordechai: Das deutsche Konsulat in Jerusalem und die jüdische Bevölkerung in Erez Israel während des 19. Jahrhunderts. In: Bulletin des Leo Baeck Instituts 11/43/44 (1968) 157–192, hier 175. Eliav hebt besonders den im Juni 1874 angetretenen Jerusalemer Konsul Baron Thankmar von Münchhausen (1835–1909) hervor, der solche Einrichtungen als Medium einer »Germanisierung von Erez Israel« betrachtete, *Eliav:* Das deutsche Konsulat in Jerusalem und die jüdische Bevölkerung in Erez Israel während des 19. Jahrhunderts 158.

Und auch Kaiser Wilhelm soll während seiner Palästinareise auf dem Weg nach Jerusalem ausgerufen haben, nachdem sie ein Gebäude der AIU passiert hatten: »Das ist ja eine famose Idee, warum machen unsere Juden das nicht auch!«[61] Anders sah es mit dem Zionismus aus. Diesen bewertete man zunächst »unter dem Gesichtspunkt deutscher Interessen als negativ«, so der im Februar 1899 berufene deutsche Konsul von Jerusalem Friedrich Rosen (1856–1935).[62] Dieses Urteil ging vor allem auf die seit 1882 durchgeführte restriktive osmanische Einwanderungspolitik gegenüber Juden zurück.[63] Im Jahr 1906 befand der seit 1901 als Jerusalemer Konsul amtierende Edmund Schmidt (1855–1916)[64] den zionistischen Gedanken, »den zum Teil verödeten [...] Boden Palästinas [...] zu neuer Kultur zu erheben«, für durchaus sinnvoll und erstrebenswert. Allerdings ziehe die zionistische Bewegung immer wieder das Misstrauen der osmanischen Behörden auf sich.[65] Aus diesem Grund erfuhren ausschließlich Unternehmungen des Hilfsvereins Förderung von deutschen diplomatischen Vertretern. Allerdings arbeiteten Zionisten und der Hilfsverein in einigen Projekten eng zusammen; zum Bruch kam es erst 1913 während des sogenannten Sprachenstreits.

2.1 Gefährliche Gerüchte

Bodenheimers Hinweis auf die Neutralität der ZO, die dadurch inoffiziell dem Deutschen Reich nützlich sei, trug dem Umstand Rechnung, dass sich die osmanische Regierung gegen jede äußere Einmischung in ihrem Reich misstrauisch verhielt. Ebenso wurden die nationalen Minderheiten des Reiches des Separatismus oder der Komplizenschaft ausländischer Mächte verdächtigt.[66]

Gegenüber dem Zionismus vertrat die osmanische Regierung von Anbeginn eine restriktive Haltung: Bereits seit dem Ersten Zionistenkongress von Basel

61 *Bodenheimer,* Henriette Hannah: Der geschichtliche Hintergrund der Reise aus Dokumenten. Die Entstehung des »Hilfsvereins deutscher Juden«. In: *Bodenheimer, Max/Bodenheimer,* Henriette Hannah (Hg.): Die Zionisten und das kaiserliche Deutschland. Bensberg 1972, 110–112, hier 110.

62 Eliav, Das deutsche Konsulat in Jerusalem und die jüdische Bevölkerung in Erez Israel während des 19. Jahrhunderts 190. Rosen war ein namhafter Orientalist, der auch aufgrund seiner archäologischen Interessen der Modernisierung des Landes kritisch gegenüberstand.

63 Damit reagierten die osmanischen Behörden auf die ersten zionistischen Einwanderer, die darüber hinaus russische Staatsangehörige waren, vgl. *Mandel,* Neville J.: Ottoman Policy and Restrictions on Jewish Settlement in Palestine: 1881–1908. Part I. In: Middle Eastern Studies 10/3 (1974) 312–332, hier 315; *Ders.:* Ottoman practice as regards Jewish settlement in Palestine. 1881–1908. In: Middle Eastern Studies 11/1 (1975) 33–46; *Shaw,* Stanford J.: The Ottoman Empire in World War I. Volume 1, Prelude to War. Ankara 2006, 532.

64 Vgl. Schmidt, Edmund. In: *Isphording,* Bernd (Hg.): Biographisches Handbuch des deutschen Auswärtigen Dienstes. Bd. 4. 1871–1945. Paderborn 2012, 107–108.

65 Deutscher Konsul von Jerusalem Edmund Schmidt an Reichskanzler Bernhard von Bülow, 28.03.1906. In: *Eliav:* Die Juden Palästinas in der deutschen Politik 277–279.

66 Vgl. *Öke:* The Ottoman Empire, Zionism, and the Question of Palestine 331.

war sie der festen Überzeugung, dass die zionistischen Aktivitäten mehr als nur landwirtschaftliche Kolonien, sondern langfristig nationale Autonomie anstrebten.[67] Sowohl unter der Regentschaft Sultan Abdülhamids II., als auch nach der Machtübernahme des jungtürkischen »Komitees für Einheit und Fortschritt« (CUP) 1908, hatten die Zionisten einen schweren Stand.[68] Jüdische Einwanderung wurde mit allen Mitteln erschwert und vor allem Landkäufe von Neueinwanderern unterbunden. Eine konzentrierte jüdische Ansiedlung sollte um jeden Preis verhindert werden.[69]

Überhaupt sorgte die politische Lage nach der jungtürkischen Revolution im Sommer 1908 für Spannungen. Nach der Revolution war Deutschland selbst schweren Angriffen ausgesetzt, die die deutsch-osmanischen Beziehungen belasteten. Eine aktive deutsche Pressepolitik mit dezidiert projungtürkischer Ausrichtung setzte ein. Das betraf einerseits die Ausrichtung der Reichspresse; andererseits führte sie zu Zeitungsgründungen in Konstantinopel, die als deutsche Propagandainstrumente fungierten.[70] In dieser angespannten Situation war für das Deutsche Reich nicht an eine Förderung des Zionismus zu denken.

Die Situation wurde umso heikler, als dass die als antiislamisch empfundene Modernisierungspolitik der Jungtürken unter muslimischen Reformgegnern zur Verbreitung von Antisemitismus beigetragen hatte.[71] Sie lösten 1911 eine anti-

---

67 Der osmanische Botschafter in Berlin Ali Tewfik Pasha warnte am 17. Juli 1900 die Pforte eindringlich davor, sich über den Zionismus Illusionen zu machen: die Zionisten strebten einen Staat in Palästina an, der sich auch auf die Nachbarländer ausbreiten würde, vgl. *Öke*, Mim Kemal: Zionists and the Ottoman Foreign Ministry during the Reign of Abdulhamid II (1876–1909). In: *Arab Studies Quarterly* 2/4 (1980) 364–374, hier 366; *Ders.*: The Ottoman Empire, Zionism, and the Question of Palestine 331–333.

68 Kurzzeitig hatten einige Jungtürken-Führer Sympathien für den Zionismus als moderne Nationalbewegung geäußert. Außerdem erhofften sie sich finanzielle Unterstützung von europäischen Juden. Die restriktive Einwanderungspolitik wurde jedoch zu keinem Zeitpunkt aufgehoben, vgl. *Benbassa*, Esther: Zionism in the Ottoman Empire at the End of the 19th and the Beginning of the 20th Century. In: *Studies in Zionism* 11/2 (1990) 127–140, hier 129f.

69 Vgl. *Mandel*: Ottoman Policy and Restrictions on Jewish Settlement in Palestine 324; Öke: The Ottoman Empire, Zionism, and the Question of Palestine 333f.

70 Vgl. *Dahlhaus*: Möglichkeiten und Grenzen auswärtiger Kultur- und Pressepolitik 102f.; *Wroblewski*, Martin: Moralische Eroberungen als Instrumente der Diplomatie. Die Informations- und Pressepolitik des Auswärtigen Amts 1902–1914. 1. Aufl. Göttingen 2016, 231f.

71 Vgl. *Kiefer*, Michael: Islamisierter Antisemitismus. In: *Benz*, Wolfgang (Hg.): Handbuch des Antisemitismus. Judenfeindschaft in Geschichte und Gegenwart. Berlin 2010, 133–136, hier 135. Selbst in England, befeuert durch Gerald Fitzmaurice (1865–1939), Chief Dragoman an der englischen Botschaft, wurde die Revolution als jüdisch-freimaurerisches Produkt begriffen, was Konsequenzen hatte, bis hinein in den Weltkrieg, als Fitzmaurice anregte, sich die Unterstützung dieser in seinen Augen so mächtigen jüdisch-freimaurerischen Gruppe zu sichern, vgl. *Fromkin*, David: A peace to end all peace. Creating the modern Middle East, 1914–1922. London 1989, 39–43.

semitische Pressekampagne aus, in der neben »Dönmes« – jüdischstämmigen Muslimen – und »Freimaurern« besonders »Zionisten« als Projektionsfläche einer Verschwörung gegen das Reich dienten. Diese Kampagne mündete sogar in eine Parlamentsdebatte, die zwar ergebnislos versandete, aber das wachsende Misstrauen der türkisch-islamischen Elite gegen Juden und ihre Loyalität zum Staat bezeugte.[72] Angeheizt wurde diese Stimmung durch englische und französische Blätter, die gezielt Gerüchte streuten, »der Zionismus und die Machtstellung der Juden« seien das Werk der Deutschen.[73] Verleumdungen dieser Art führten unter den deutschen diplomatischen Vertretern dazu, umso entschiedener jede Verbindung mit dem Zionismus zurückzuweisen.[74] Der deutsche Botschaftsrat in Konstaninopel Hans von Miquel (1871–1917)[75] stellte ein Dossier über die antisemitischen Ausbrüche in der Türkei zusammen. Er berichtete, dass antisemitische Stimmen den jüdischstämmigen Finanzminister Djavid Bey (1875–1926) beschuldigten, einträgliche Stellen ausschließlich an Juden zu vergeben und den Zionismus zu fördern. Zugleich werde der Zionismus als angebliches deutsches Instrument dargestellt, was, so »lächerlich« der Vorwurf auch sei, so Miquel, eine überaus gefährliche »Stimmungsmache gegen uns« bedeute.[76]

Abgesehen von diesen propagandistischen Kämpfen hegten deutsche auswärtige Gesandte selbst auch Zweifel am praktischen Nutzen des Zionismus. Der Jerusalemer Konsul Schmidt berichtete 1910, dass es aufgrund der kulturellen Affinität vieler Zionisten zum Deutschtum zwar nicht erstaunlich sei, wenn der Eindruck einer »deutschen Colonisation sioniste« entstehe, doch dürfe nicht

---

72 Vgl. *Öke*, Mim Kemal: Young Turks, Freemasons, Jews and the Question of Zionism in the Ottoman Empire (1908–1913). In: Studies in Zionism 7/2 (2008) 199–218; *Fishman*, Louis: Understanding the 1911 Ottoman Parliament Debate on Zionism in light of the emergence of a »Jewish Question«. In: *Ginio*, Eyal/*Ben-Bassat*, Yuval (Hg.): Late Ottoman Palestine. The period of Young Turk rule. London 2011, 103–123. Fishman weist darauf hin, dass infolge westlicher Proteste ein Wandel in der offiziellen osmanischen Rhetorik feststellbar ist: Obwohl man die Einwanderung weiterer Juden stoppen wollte, war dies nicht ohne weiteres möglich und man beteuerte fortan die eigene Vorurteilslosigkeit gegen Juden. Die erwähnte Projektion erstreckt sich bis in die gegenwärtige islamisierend-revisionistische Historiographie arabischer und türkischer Autoren, vgl. *Reinkowski*, Maurus: Late Ottoman rule over Palestine. Its evaluation in Arab, Turkish and Israeli histories, 1970–90. In: Middle Eastern Studies 35/1 (1999) 66–97, hier 72–75.

73 Vgl. Botschaftsrat Hans von Miquel an Reichskanzler Bethmann-Hollweg, 26.07.1911. In: PAAA Türkei 195 R 14126 sowie *Terwey*, Susanne: Moderner Antisemitismus in Grossbritannien, 1899–1919. Würzburg 2006, 193 f.

74 Zionistische Versuche, bei den deutschen Behörden Gefallen zu finden, als Bodenheimer etwa beantragte, in Palästina angepflanzte Ölbaumhaine »mit dem Namen ihrer Kaiserlichen und Königlichen Majestäten« zu versehen, stießen in den Konsulaten auf großes Missfallen, vgl. Konsul von Jerusalem Edmund Schmidt an Reichskanzler Bethmann-Hollweg, 21.02.1910. In: *Eliav*: Die Juden Palästinas in der deutschen Politik 308–310.

75 Vgl. Miquel, Hans von. In: *Keiper*, Gerhard/*Keipert*, Maria (Hg.): Biographisches Handbuch des deutschen Auswärtigen Dienstes. Bd. 3. 1871–1945. Paderborn 2008, 259–260.

76 Miquel an Bethmann-Hollweg, 26.07.1911.

übersehen werden, dass die Zionisten in Wirklichkeit weit mehr mit England sympathisierten. Und in der Tat »widerstreben die Zionisten dem einzigen etwa in Betracht kommenden Interesse Deutschlands an der jüdisch-orientalischen Bewegung«, indem sie auf die allgemeine Zurückdrängung des »deutschen Jargons« einwandernder Juden mittels der hebräischen Sprache hinwirkten.[77] Zudem schienen einzelne jüdische Kolonien, die eigene Briefmarken gedruckt und Münzen geprägt hatten, den Separatismusverdacht der Osmanen zu bestätigen und eine feindselige Haltung der Regierung geradezu herauszufordern, wie Miquel 1911 berichtete.[78]

Die deutschen Zionisten waren also in den Jahren vor dem Ersten Weltkrieg weit von ihrem Ziel entfernt, sich bei den außenpolitischen Vertretern des Deutschen Reichs erfolgreich als Agenten des Deutschtums zu präsentieren. Letztere hatten zwar ein großes Interesse daran, deutsche Sprache und Kultur zu verbreiten. Die unpolitischen Einrichtungen des Hilfsvereins schienen hierfür jedoch besser geeignet zu sein. Ab 1912 allerdings war unter den deutschen Konsuln in Palästina die gestiegene wirtschaftliche Bedeutung der Zionisten augenfällig geworden. Diese gab Anlass, sich mit dem Zionismus eingehender zu beschäftigen und sich seinen Absichten gegenüber aufgeschlossener zu verhalten. Diese Annäherung wurde jedoch kurz darauf, als sich 1913 in Haifa ein heftiger Sprachenstreit entzündete, bereits wieder auf die Probe gestellt. Zionistische Gruppen, die auf die Verbreitung und Durchsetzung der hebräischen Sprache in Palästina drängten, hatten Lehranstalten des deutschen Hilfsvereins angegriffen, in denen Deutsch zur Unterrichtssprache bestimmt worden war. Diese Auseinandersetzung machte auch die Argumentation der deutschen Zionisten brüchig, den Zionismus als für Deutschland nützliche Bestrebung in Palästina darzustellen.

2.2 Ein »nationales Existenzminimum«: Der Sprachenstreit

Seit 1907 plante der Hilfsverein eine höhere technische Ausbildungsstätte in Palästina, die gleichermaßen den Interessen und Bedürfnissen der jüdischen Jugend wie der Verbreitung deutscher Sprache und deutschen Kulturgeistes zugutekommen sollte.[79] Als Standort des »Technikums« wurde Haifa ausgewählt, eine Hafen- und Handelsstadt, die auch an das Hedschas-Bahnprojekt angeschlossen und mit Damaskus und Bagdad verbunden werden sollte.[80] Das

---

77 Schmidt an Bethmann-Hollweg, 21.02.1910.
78 Miquel an Bethmann-Hollweg, 26.07.1911.
79 Vgl. *Ben-Artzi*, Yossi: Technion. In: *Diner*, Dan (Hg.): Enzyklopädie jüdischer Geschichte und Kultur. Band 6. Stuttgart 2015, 48–51, hier 48 f sowie *Bar-Chen*: Weder Asiaten noch Orientalen 126–128.
80 Vgl. *Reves*: Technion 103 f.; *Alpert*, Carl: Technion. The Story of Israel's Institute of Technology. Haifa 1982, 15–17. Da die Osmanen ein Erstarken der jüdischen Bevölkerung ablehnten, betonte der deutsche Botschafter in Konstantinopel Adolf Marschall von Bieberstein

Technikum (später Technion) sollte nach dem Vorbild deutscher Hochschulen in technischen Berufen aus den Fachbereichen Hoch- und Tiefbau und Maschinentechnik ausbilden, und so auch den Ausbau der Infrastruktur im Osmanischen Reich unterstützen.[81] Neben jüdischen Philanthropen zählten auch einflussreiche Zionisten zum Kuratorium.[82] An der Unterrichtssprache entzündete sich im Oktober 1913 jedoch eine hitzige Debatte: der Sprachenstreit. Ein Beschluss des Technikum-Gremiums hatte »nicht offiziell, so doch tatsächlich die deutsche Sprache als Unterrichtssprache im Technikum«[83] bestimmt und damit die Opposition der in den Hilfsverein-Einrichtungen beschäftigten Lehrer auf den Plan gerufen. Sie fassten die Sprachpolitik des Hilfsvereins als Angriff auf das zionistische Bestreben auf, Hebräisch als Alltagssprache in Palästina zu festigen.[84] Arbeitsniederlegungen, Demonstrationen und erregte Debatten in der internationalen zionistischen Presse waren die Folge. Viele junge, zumeist russischstämmige Zionisten, attackierten vermeintlich koloniale Ambitionen des Hilfsvereins, den sie als verlängerten außenpolitischen Arm des Deutschen Reichs ausmachten.[85]

Der Sprachenstreit hätte direkt als Angriff auf eine deutsche Einrichtung und den den deutschen Interessen näherstehenden Hilfsverein interpretiert werden können; die Auseinandersetzung führte unter den deutschen Konsuln jedoch keineswegs zu einer strikt ablehnenden Haltung gegen den Zionismus.[86] Sie zeigten sich zwar durchaus nicht als Freunde des »radikalen Geist des Jung-

---

(1842–1912), der einige Jahre zuvor deutschen Firmen die Konzession für den Bau der Bagdadbahn gesichert hatte, dass das Projekt keinerlei politischen Charakter und zudem großen Nutzen für das Osmanische Reich selbst besitze. »Bauen Sie ruhig, ich werde Sie schützen«, äußerte er gegenüber James Simon und Paul Nathan vom Hilfsverein, vgl. *Sadmon: Technion* 155.

81　Vgl. *Reves: Technion* 109 f.

82　Dazu zählten die Kulturzionisten Achad Ha'am und Shmarya Levin sowie der Präsident der ZO Otto Warburg. Die ZO war zudem mit einem Darlehen an dem Projekt beteiligt. Vor Ort hatte der Arzt Elias Auerbach, einer der wenigen deutschen Zionisten, die vor dem Ersten Weltkrieg tatsächlich den Schritt der Auswanderung nach Palästina gewagt hatte, beim Bau beraten, vgl. *Reves: Technion* 106.

83　Deutscher Konsul Jaffa Julius Löytved-Hardegg an Reichskanzler Bethman-Hollweg, 10.11.1913. In: PAAA Türkei 195 R14126.

84　Zur Debatte über die hebräische Sprache innerhalb der zionistischen Bewegung, vgl. *Berkowitz*, Michael: The Debate about Hebrew, in: German. The Kulturfrage in the Zionist Congresses, 1897–1914. In: *Lorenz*, Dagmar C.G./*Weinberger*, Gabriele (Hg.): Insiders and Outsiders. Jewish and Gentile Culture in Germany and Austria. Detroit/Michigan 1994, 109–115; *Kremer*, Arndt: Deutsche Juden, deutsche Sprache. Jüdische und judenfeindliche Sprachkonzepte und -konflikte 1893–1933. Berlin 2007, 288–400.

85　Vgl. *Müller*, Marcel/*Quaasdorf*, Friedrich: Sprachenstreit. In: *Diner*, Dan (Hg.): Enzyklopädie jüdischer Geschichte und Kultur. Band 5. Stuttgart 2014, 555–557.

86　Beteiligte Zionisten wie Richard Lichtheim befürchteten im Vorfeld des Ersten Weltkriegs allerdings, dass die Haltung der deutschen Behörden durch den Sprachenstreit einen negativen Wandel von »Indifferenz [...] in eine ausgesprochene Gegnerschaft gegen den Zionismus« vollzogen habe, zitiert nach *Lichtheim: Rückkehr* 371.

judentums«[87], verhielten sich aber zurückhaltend, um weitere Eskalationen zu vermeiden.[88] Der damalige deutsche Vizekonsul von Jaffa, Wilhelm Brode (1874–1936)[89], hielt es aus strategischen Gründen für ratsam, »der nationalistischen Strömung klugerweise wohl mehr Konzessionen« zu machen, »ohne unser wirtschaftliches Interesse an dem Unternehmen zu gefährden.« Brode zeigte sich pragmatisch und riet davon ab, aus einem borniertem Nationalismus heraus, die Beziehungen zu den Zionisten einzustellen und damit das wirtschaftliche Potential Palästinas ungenutzt zu lassen.

Das deutsche wirtschaftliche Interesse erstreckte sich inzwischen nicht mehr nur auf das Technikum und die Einrichtungen des Hilfsvereins. Der Jerusalemer Konsul Schmidt hatte nur wenige Monate vor der Auseinandersetzung auf die gewachsene wirtschaftliche Bedeutung der zionistischen Kolonisation hingewiesen, »welche noch vor 10 Jahren nicht vorausgesehen werden konnte«. War man in den Vorjahren vor allem darauf bedacht gewesen, auf Abstand zu den von den Osmanen des Separatismus verdächtigten Zionisten zu gehen, setzte man sich in den deutschen Konsulaten seit der Grundsteinlegung des Technikums im April 1912 eingehender mit der »zielbewusste[n] Kolonisation Palästinas durch die Zionisten« auseinander, »die es als beinahe sicher erscheinen lässt, dass das jüdische Element den grössten Einfluss auf die zukünftige Entwicklung des Landes haben wird«[90]. Brode, der enge Beziehungen zu Arthur Ruppin (1876–1943), dem Leiter des 1908 gegründeten zionistischen »Palästinaamtes«, unterhielt, hatte einen Wirtschaftsbericht verfasst, der ein überaus günstiges Urteil über die ökonomischen Leistungen der Zionisten in Palästina enthielt. Er empfahl Palästina als wachsenden Absatzmarkt für deutsche Firmen und riet sogar zu hebräischen Werbemitteln, um der »jüdischen Nationaleitelkeit [zu schmeicheln]«.[91]

---

87 Konsul Brode (Jaffa) an Bethmann-Hollweg, 24.11.1913. In: *Eliav:* Die Juden Palästinas in der deutschen Politik 340–345.

88 Die genauen Abläufe des Sprachstreits, die Forderungskataloge der Zionisten, die Positionierungen des Hilfsvereins und die Haltung der deutschen Konsulate, finden sich geschildert bei, vgl. *Sadmon:* Technion 165–202.

89 Vgl. Brode, Heinrich. In: *Hürter,* Johannes/*Keipert,* Maria (Hg.): Biographisches Handbuch des deutschen Auswärtigen Dienstes. Bd. 1. 1871–1945. Paderborn 2000, 292–293.

90 Edmund Schmidt an Kaiserlich Deutsche Botschaft Konstantinopel, 12.08.1913. In: PAAA Türkei 195 R 14127.

91 *Brode,* Heinrich: Jaffa. Handelsbericht des Kaiserlichen Vizekonsulats für das Jahr 1912. In: Deutsches Handels-Archiv. Zeitschrift für Handel und Gewerbe 36 (1913) 798–806, hier 806; auch in der »Deutschen Levante-Zeitung« erschienen zeitgleich günstige Wirtschaftsberichte, vgl. Autoverkehrsmöglichkeiten in Palästina. In: Deutsche Levante-Zeitung 3/1 vom (1913) 19–20; Palästinas Außenhandel. In: Deutsche Levante-Zeitung 3/4 (1913) 149–151; Eine landwirtschaftliche Ausstellung in Palästina. In: Deutsche Levante-Zeitung 3/11 (1913) 425–426. Brodes Formulierung löste erregte Proteste im Reichstag aus, ausgehend von dem antisemitischen Abgeordneten der »Christlich-sozialen Partei« Reinhard Mumm (1873–1932), der die vom Auswärtigen Amt ausgehende Unterstützung der »Herren des Großkapitals« beklagte, trotz der wirtschaftlichen Interessen des Deutschen Reichs, doch nicht von Amts-

Brode befand die Entscheidung des Hilfsvereins, Deutsch als Unterrichtssprache gegen das Hebräische durchzusetzen, für äußerst unklug. Die hebräische Sprache stelle einen nicht mehr zu ignorierenden Faktor dar. Da die Mehrheit der in Palästina ansässigen Zionisten nicht deutscher Abstammung sei, müsse alles dafür getan werden, dass die deutschen Zionisten »bei ihren Stammesgenossen« nicht als »Handlanger einer fremden Macht« verdächtigt würden. Es sei wichtig, dass sich die Juden Palästinas nicht »als Vorspann für deutsche Sonderinteressen« missbraucht fühlten. Seine Überlegungen waren nicht ganz altruistisch: Der Vizekonsul vertrat den Standpunkt, »dass man die nationalen Aspirationen der Juden schonen müsse, um mit Hilfe der jüdischen Kolonisation deutsche wirtschaftliche Vorteile zu schaffen.« Die »Pflege und Wiederbelebung der alten Volkssprache« sei für Zionisten nun einmal »das höchste Ideal und wird von ihnen mit Recht als Grundbedingung ihrer völkischen Renaissance angesehen.« Brode unterschied jedoch zwischen einem vernünftigen Zionismus vorwiegend deutscher Juden und einem zionistischen »Terrorismus«, der sich aus »anarchischen und revolutionären Tendenzen« speise und von »russischen Proletariermassen« getragen werde.[92] Falls letztere eine langfristige Bedrohung deutscher Interessen darstellten, würde man ihnen das Handwerk legen, indem man die Aufmerksamkeit der türkischen Regierung auf diesen sich allmählich in Palästina bildenden Sonderstaat, »dessen Angehörige sich zwar in ihren Reden gern als getreue ottomanische Bürger hinstellen, in Wahrheit aber sich als unabhängige Herren des Landes zu fühlen beginnen«, lenke.[93]

Der Konsul von Haifa Julius Löytved-Hardegg (1874–1917)[94] schätzte die Rolle des Zionismus für die zukünftige Gestaltung des Landes ähnlich ein. Immerhin habe der Sprachenstreit dazu geführt, Zionisten von Vertretern des

wegen Geschäfte abzuschließen, die »dem moralischen Niveau widersprechen«. Dr. Johannes, Legationsrat im Auswärtigen Amt, wies daraufhin auf die Notwendigkeit hin, deutsche Waren abzusetzen und die Aufgabe der Konsuln, diesem Interesse »weder im antisemitischen, noch im prosemitischen Sinne« zu dienen, Protokolle der Reichstagssitzung vom Donnerstag dem 14. Mai 1914. In: CZA Z3/25.

92 Deutscher Vizekonsul von Jaffa Wilhelm Brode an Konsul Schmidt und Botschafter Wangenheim, 20.06.1914. In: PAAA Türkei 195 R 14128. Die Wahrnehmung der protestierenden zionistischen Fraktion als »umstürzlerische Terroristen« speiste sich vorwiegend aus einer antirussischen und antisozialistischen Haltung, nicht aus einer generellen Reserviertheit gegen Juden oder den Zionismus. Brode hatte in einem früheren Bericht bereits davon gesprochen, dass die russischen Einwanderer, »teilweise schon in ihrer alten Heimat die Träger umstürzlerischer Ideen gewesen sind und die ehemalige Rolle des Unterdrückten jetzt in dem neuen Lande mit der Rolle des Unterdrückers vertauschen zu können glauben.«

93 Brode an Reichskanzler Bethmann-Hollweg, 24.11.1913. In: PAAA Türkei 195 R 14127.

94 Vgl. Löytved, Julius. In: *Keiper*, Gerhard/*Keipert*, Maria (Hg.): Biographisches Handbuch des deutschen Auswärtigen Dienstes. Bd. 3. 1871–1945. Paderborn 2008, 117–118; *Yoltar-Yildirim*, Aysin: Julius Harry Löytved-Hardegg: A German consul in Konya in the early 20th century. In: *David*, Géza/*Gerelyes*, Ibolya (Hg.): Thirteenth International Congress of Turkish Art. Budapest 2010.

Hilfsvereins zu trennen, wodurch der Verdacht, der Zionismus sei ein deutsches Instrument, weitgehend zerstreut worden sei.

Löytved-Hardegg hegte darüber hinaus Sympathien für den Zionismus als jüdische Nationalbewegung. In die Zeit des Sprachenstreits fiel ein Bericht von ihm über die »erste Lenzfahrt von deutschen zionistischen Akademikern« nach Palästina.[95] Es handelte sich um eine Gruppe von »42 reichsdeutschen Juden«, der Persönlichkeiten wie Theodor Zlocisti, Kurt Blumenfeld und Nahum Goldmann angehörten.[96] Dem Konsul imponierten die zionistischen Studenten, die »als stolze Kundschafter und hoffnungsfreudige Herolde des jüdischen Volkes, getrieben von einem nationalen Sehnsuchtsgefühl nach dem Lande ihrer Väter aus dem ›Westen‹ kamen«. Ihr Ziel – die »Schaffung einer öffentlich gesicherten Heimstätte für die 6 Millionen ›Ostjuden‹ und die 5 Millionen ›Westjuden‹ in Palästina« – und ihr Organisationsgrad machten die Bewegung zu einem interessanten Faktor. Der Konsul sprach sich für eine Förderung des Zionismus aus, auch deshalb, weil er darin eine verwandte geistige Idee identifizierte. Viele seien der Ansicht, gab der Konsul zustimmend wieder, »dass der Zionismus [...] nur auf deutschem Boden durch Befruchtung jüdischen Geistes vom deutschen Idealismus entstehen konnte«.[97]

Die zunehmende Verankerung des Hebräischen als lebendige Volkssprache der Juden Palästinas sei jedoch deutschen Interessen abträglich. Es sei begreiflich, dass die Zionisten in der hebräischen Sprache ihr »nationales Existenzminimum«« und ein wichtiges »Einigungsmittel des noch durch Vielsprachigkeit getrennten jüdischen Volkes« sehen.[98] Das sei umso bedauerlicher, »als die Juden die geeignetsten Vermittler zwischen Abendland und Morgenland sind und immer mehr dazu berufen erscheinen, der ihnen verwandten Welt des Orients die ihm erforderlichen Errungenschaften der occidentalischen Kultur zu bringen.«[99] Man müsse daher dafür sorgen, dass die deutsche Sprache parallel oder möglichst lange als Umgangsform in Palästina erhalten bleibe.[100] Damit hatte

95 Julius Löytved-Hardegg an Bethman-Hollweg, 10.11.1913.

96 Organisiert wurde diese Palästinafahrt vom »Bund Jüdischer Corporationen« (BJC), jungjüdischen Turnvereinen und dem »Kartell Zionistischer Verbindungen«, vgl. Eine Palästina-Reisegesellschaft. In: Palästina. Monatsschrift für die Erschließung Palästinas 8 (1911) 6, 164–165; *Comité für Palästinawanderfahrten jüdischer Turner und Studenten*: Bericht der ersten Palästinawanderfahrt zur Orientierung für die nächsten Fahrten. Berlin 1913.

97 Julius Löytved-Hardegg an Bethman-Hollweg, 10.11.1913.

98 Deutscher Konsul Jaffa Julius Löytved-Hardegg an Reichskanzler Bethman-Hollweg, 29.12.1913. In: PAAA Türkei 195 R14126.

99 Julius Löytved-Hardegg an Bethman-Hollweg, 10.11.1913.

100 Deutschland könne – unter Berücksichtigung des nachvollziehbaren jüdischen Bedürfnisses nach dem Hebräischen – das Deutsche als obligatorische Sprache in den jüdischen Schulen erwirken. Solange Einrichtungen des Schul- und Bildungswesens auf deutschen Schutz angewiesen seien, müssten formelle Verpflichtungen zur dauernden Erhaltung des Deutschen getroffen werden. Löytved-Hardegg an Bethman-Hollweg, 10.11.1913.

erstmals ein diplomatischer Vertreter des Deutschen Reichs die Argumentation der deutschen Zionisten aufgegriffen. Löytved-Hardegg gestand der jüdischen Nationalbewegung, »deren geschichtliche Notwendigkeit und Zusammenhang mit den bestimmenden geistigen Mächten des vergangenen und dieses Jahrhunderts nicht zu verkennen sind«, Berechtigung zu:

> Ist es nicht natürlich, dass die Juden unter dem Einfluss der nationalen Bewegung aller Völker und bei dem überall erwachenden Bildungs- und Kolonisationstrieb ihrer durch Jahrhunderte erhaltenen Rassen- und Religionsgemeinschaft und ihrer gemeinsamen bedeutenden Vergangenheit und Messiashoffnung tiefer bewusst geworden sind?[101]

Für den Konsul stellte der Zionismus einen erfreulichen Trend innerhalb des Judentums dar, erfreulich auch für die nichtjüdische Umwelt. Jenseits der Anerkennung seiner praktischen Leistungen sprach Löytved-Hardegg dem Zionismus auch das Potenzial zu, eines Tages die »moralische Wiedergeburt des gesamten jüdischen Volkes« und damit die »Lösung der Judenfrage« zu bewerkstelligen. Die Zionisten als »Arterhaltungsjuden« verdienten in seinen Augen mehr Achtung als die »Artzerstörung-Assimilationsjuden«.[102]

Die Äußerungen des Konsuls verrieten eine dichotome Sichtweise, in der Zionismus und nicht-zionistisches Judentum einander gegenübergestellt waren. Er begrüßte das zionistische Bekenntnis zur Nationalität, auch das zionistische Produktivitätsideal verband Konsul und Zionisten. Zugleich veranlasste ihn die positive Betrachtung der Zionisten zu einer abschätzigen Bewertung von »Assimilationsjuden«. Diese Gegenüberstellung findet sich in zahlreichen Zionismus-Rezeptionen. Während des Weltkrieges wurde diese Dichotomie anschlussfähig für antisemitische Bilder von Juden, die diese als unproduktiv und volksfremd zeichneten. Für eine differenzierte Betrachtung ist es allerdings notwendig, zunächst publizistische Darstellungen des Palästinawerks aus der Vorweltkriegszeit zu betrachten. Auch hier wurde der Zionismus in erster Linie durch seine »produktiven« Leistungen wahrgenommen.

2.3   Hebung des Landes – Hebung der Juden

Nicht nur in den Konsulaten vor Ort, sondern auch in der öffentlichen Debatte des Deutschen Reichs erwachte in den Vorweltkriegsjahren das Interesse am Zionismus. Zahlreiche, teils programmatische Publikationen und Vereinsgründungen spiegelten die zunehmende Anteilnahme an auswärtiger Kulturarbeit wider. Ziel war die »Inangriffnahme und Unterstützung deutscher kultureller

---

101 Löytved-Hardegg an Bethman-Hollweg, 18.04.1912. In: PAAA Türkei 195 R 14126.
102 Ebd.

Arbeit« im Orient, wie es etwa in der Satzung des 1908 gegründeten »Deutschen Vorderasien-Komitees« hieß. Dieses Komitee hatte sich die Verbreitung von deutschem »Ansehen« und deutscher Kultur auf die Fahnen geschrieben, um damit auch »zur Hebung der geistigen und wirtschaftlichen Kräfte der Türkei« beizutragen.[103] Ziel einer »weitausschauenden Kulturpolitik«[104] war es – im Sinne der Weltpolitik –, die Interessen der deutschen Industrie und des deutschen Handels zu flankieren. Ein Mitbegründer des Komitees, der Geograph und Publizist Hugo Grothe (1869–1954), der mit dem Zionisten Davis Trietsch (1870–1935) befreundet war, hatte 1913 die »nicht unwichtige[n] Berührungen und Beeinflussungen für deutschen Handel und deutsche Sprache« durch die Juden Palästinas unterstrichen.[105]

Damit war Grothe nicht allein: Eine ganze Reihe politischer Publizisten und Orientkenner trug diesen Gedanken in die deutsche Öffentlichkeit. Der in Konstantinopel erscheinende »Osmanische Lloyd« appellierte seit 1911 wiederholt an die deutsche Öffentlichkeit, dem Zionismus eine größere Beachtung zu schenken.[106] Ein Kollege des stellvertretenden Chefredakteurs, dem prominenten sozialdemokratischen Islamwissenschaftler Friedrich Schrader (1865–1922) war der Gelehrte und Arabist Martin Hartmann (1851–1918). Hartmann verfasste viel beachtete »Reisebriefe aus Syrien« (1910).[107] In den Reisebriefen erörterte er die Möglichkeit, mithilfe der »jüdisch-nationalen Bestrebungen« sowie den Einrichtungen des Hilfsvereins, eine deutsche Brücke »von Belgrad bis Bagdad« zu bauen,[108] denn die »große jüdische Bewegung, die auf Palästina gerichtet ist«, trage erkennbar »deutschen Charakter«.[109]

---

103 Vgl. *Kloosterhuis: Friedliche Imperialisten* 572–579.

104 Vgl. »Aufruf des Deutschen Vorderasien-Komitees«, im Klappentext von *Grothe*, Hugo: Die asiatische Türkei und die deutschen Interessen. Gedanken zur inneren Umgestaltung des osmanischen Reiches und zu den Zielen der deutschen Kulturpolitik. Halle a. d. Saale 1913.

105 *Grothe: Die asiatische Türkei und die deutschen Interessen* 36.

106 Vgl. *Böhm: Die zionistische Bewegung I* 404. Zur Geschichte des »Osmanischen Lloyds« (1908–1918), der vom Auswärtigen Amt als Teil der deutschen Orientpolitik initiiert wurde und die türkische Zeitungsöffentlichkeit deutschfreundlich beeinflussen sollte, vgl. *Farah*, Irmgard: Die deutsche Pressepolitik und Propagandatätigkeit im Osmanischen Reich von 1908–1919 unter besonderer Berücksichtigung des »Osmanischen Lloyd«. Beirut, Wiesbaden 1993 sowie *Wroblewski: Moralische Eroberungen* 231 f.

107 *Hartmann*, Martin: Reisebriefe aus Syrien. Berlin 1913.

108 Als Hartmann nach seiner Rückkehr von Nahum Sokolow aufgesucht wurde, der ihm die Konfliktlinien zwischen Zionisten und Antizionisten darlegte, zeigte sich Hartmann indifferent, vgl. *Kramer*, Martin: Arab Awakening and Islamic Revival. The Politics of Ideas in the Middle East 2011, 77, 85. Die Veröffentlichung der »Reisebriefe« war in die Zeit des Sprachenstreits gefallen, ohne dass die Schrift selbst Bezug darauf genommen hätte. Konsul Brode zeigte sich über die Rezeption der Schrift verärgert, da sie offen heraus von den jüdischen Einrichtungen als deutsche Propagandainstitute sprach.

109 *Hartmann: Reisebriefe aus Syrien* 6 f.

Hartmann wurde nicht müde, die Bedeutung von Schulen, Technik- und Sprachinstituten zu betonen, die das orientalische Leben von außen beleben würden und »[z]urückgebliebene Menschen und Völker […] durch Weckung zu eigener Betätigung«[110] hinführen würden: Die AIU und der Hilfsverein deutscher Juden stünden exemplarisch für den Wandel des Orients. Das Schul- und Aufbauwerk in Palästina habe bereits Erstaunliches geleistet und stelle eine erstrebenswerte Alternative zum »Halukah-Unfug«[111] des alten Jischuws dar. Während die Zionisten »bei ihrem ersten Bekanntwerden in breiter Öffentlichkeit vor etwa zwanzig Jahren bei den meisten ein ungläubiges Lächeln hervorriefen, bei nicht wenigen auf schroffen Widerstand stießen«, müsse heute jeder neutrale Beobachter zugeben, »daß der Grundgedanke, die Schaffung eines neuen Israel im Heiligen Lande, in einer Richtung eine erstaunliche Verwirklichung gefunden hat: in der Schaffung größerer jüdischer Gemeinwesen mit selbstständiger Verwaltung und in der Durchsetzung des Hebräischen als Verkehrssprache, namentlich als Schulsprache unter den Juden in Palästina.«[112]

Die Zeitspanne von 1898 bis 1914 war besonders reich an Publikationen, welche das Osmanische Reich und die deutsche Orientpolitik zum Thema hatten. Aus diesen ragt der von Friedrich Naumann (1860–1919)[113] verfasste Reisebericht »Asia« (1899) heraus, benannt nach dem Luxusdampfer, der Naumann als Teil einer Reisegesellschaft im Kielwasser des deutschen Kaisers in den Orient geführt hatte. Die Schrift erschien unmittelbar nach der kaiserlichen Expedition

---

110 Ebd. XXVI.

111 Ebd. 4.

112 Ebd. 6.

113 Der facettenreiche Politiker und Autor Naumann lässt sich nur schwer in die herkömmlichen Raster von liberal, nationalistisch, imperialistisch oder christlich einordnen – in seinem politischen Wirken verschmolzen diese Aspekte zu einem spezifischen Konzept. Für den vorliegenden Kontext ist wichtig, dass Naumann zu dem Kreis liberaler Imperialisten zählte, in deren Vorstellung eine großzügige Sozialpolitik als Fundament einer ausgreifenden Weltpolitik dienen sollte. Reformerische und imperialistische Ansprüche gingen demnach Hand in Hand. Dabei verstand man Imperialismus auch als integrative Kraft mit dem Ziel einer Klassenversöhnung mit der Arbeiterklasse. Naumann und Gleichgesinnte hatten weniger auf die offizielle Politik, aber dafür erheblichen Einfluss auf die bildungsbürgerliche Öffentlichkeit im Deutschen Reich, vgl. *Wehler*, Hans-Ulrich: Deutsche Gesellschaftsgeschichte. Bd. 3. Von der »Deutschen Doppelrevolution« bis zum Beginn des Ersten Weltkriegs, 1849–1914. München 1995, 1138–1141; *Zimmermann*, Moshe: A Road not Taken – Friedrich Naumann's Attempt at a Modern German Nationalism. In: Journal of Contemporary History 17/4 (1982) 689–708; *Vom Bruch*, Rüdiger: Einführung. In: *Ders.* (Hg.): Friedrich Naumann in seiner Zeit. Berlin 2000, 1–8. Auch der von Naumann dominierte »Nationalsoziale Verein« trat für eine Synthese von imperialistischer Machtpolitik nach außen und bürgerlicher Sozialreform nach innen ein, vgl. *Fricke*, Dieter: Nationalsozialer Verein (NsV), 1896–1903. In: *Ders.* (Hg.): Lexikon zur Parteiengeschichte. Die bürgerlichen und kleinbürgerlichen Parteien und Verbände in Deutschland (1789–1945). Bd. 2. Leipzig 1984, 441–453.

und war nach acht Tagen vergriffen.[114] Naumann sah die Zukunft der Türkei in ihrer Reorganisation durch Deutschland: Wirtschaftliche Großprojekte würden das Reich aus seinem Zustand orientalischer Brache befreien und politisch stabilisieren. Auch Zionisten fanden in »Asia« bereits Erwähnung. Naumann stellte allerdings noch keinen Zusammenhang zwischen dem von Deutschland angeleiteten Modernisierungsprozess des Osmanischen Reichs und dem Zionismus her, wie Hartmann das einige Jahre später tat. Wie dieser fand auch Naumann aber bereits anerkennende Worte für den Zionismus als Bestrebung zur Erneuerung des jüdischen Lebens. Er gab ein ausführliches Gespräch wieder, das er an Bord der Asia mit einem jungen Zionisten geführt hatte. Dieser hatte ihm nicht nur die Unmöglichkeit der jüdischen Assimilation aus seiner Sicht dargelegt, sondern auch das Erwachen der national-jüdischen Kultur als bereits angebrochenen Prozesses geschildert: »durch Wohlfahrtsübung an ärmeren Volksgenossen, Stärkung des jüdisch geschichtlichen Denkens und insbesondere Hebung der palästinensischen Tradition.« Die Notwendigkeit zur Hebung des jüdischen Lebens im alten Jischuw, wie sie der Zionist beschrieben hatte, wird in Naumanns Buch mit der Hebung des Orients parallelisiert. Naumann gibt den ungenannten Zionisten wieder:

Was jetzt in Palästina an Judentum vorhanden ist, ist schwach und leidend. Die landwirtschaftlichen Kolonien sind Anfänge, die Masse der palästinensischen Juden aber sitzt in Jerusalem in erschreckender Armut. Diese ärmsten Juden müssen zu Landbewohnern gemacht werden.[115]

Dass Naumann das jüdische Volk an dieser Stelle als »schwach und leidend« bezeichnet, muss nicht zwingend die Haltung des Autors widerspiegeln – an dieser Stelle wird lediglich eine exemplarische zionistische Darstellung paraphrasiert. Dennoch: Naumann dachte offensichtlich ähnlich. An einer anderen Stelle beschrieb er den Zionismus als positives Gegenbild zu den jüdischen »Luftmenschen«, den in Jerusalem lebenden Empfängern von Chalukah-Almosen, »dieses blasse, durchsichtige Menschengeschlecht«. Diese Gruppe stellte Naumann seinen Lesern als ungebildete, untätige Gruppe von Nutznießern vor, deren Lebenswelt ein »Chaos von schreiendem Elend und entsittlichender Bettelwirtschaft« sei. Sein Fazit: »In diesem Chaos Ordnung zu machen, ist eine der Aufgaben des Zionismus.«[116]

Ähnlich nahm Naumann auch das osteuropäische Judentum wahr. Andernorts sprach Naumann davon, dass durch den Zionismus auch die osteuropäischen

114 Zwischen 1899 und 1913 erlebte das Buch bereits 9 Auflagen, vgl. *Gustrau*, Maibritt: Orientalen oder Christen? Orientalisches Christentum in Reiseberichten deutscher Theologen. Göttingen 2016, 323.
115 *Naumann*: Asia 77.
116 Ebd. 77 f.

Juden dem »entsittlichenden und zerstörenden Einfluß ihrer heutigen Atmosphäre entzogen und der uralten Beschäftigung auf eigener Scholle zugeführt werden.«[117] Bereits 1902 hatte Naumann dann eine Verbindung zwischen dem Zionismus und deutschen Kolonialinteressen gesehen: Naumann identifizierte in den jüdischen Siedlern, »die durch Jahrhunderte hindurch eine deutsche Mundart als Umgangssprache beibehalten haben« eine »kompakte Masse dem Deutschtum verwandter Elemente«.[118] Sie stellten damit ein potenzielles Bindeglied zu den »unter den orientalischen Völkern« isolierten Templern dar. Wie die Templer knüpften die Zionisten durch wirtschaftliche Erschließung Palästinas »das Band zwischen Deutschland und dem Orient noch fester«.[119]

Produktivität war das entscheidende Stichwort. Man begrüßte die im Zionismus identifizierte »produktive« Entwicklung aber nicht ausschließlich aufgrund ihres wirtschaftspolitischen Nutzens für das Deutsche Reich. Naumann und anderen politischen Reiseschriftstellern ging es auch um den praktischen Wert und die humanitäre Rolle des Zionismus für das Judentum selbst. Zwei weitere Palästinareisende können in diesem Zusammenhang herangezogen werden: der Pastor und Pädagoge Otto Eberhard (1875–1966)[120], der im Anschluss an eine Palästinareise bereits seit 1908 als Redner auf zionistischen Veranstaltungen

---

117 *Naumann*, Friedrich: Pastor Friedrich Naumann, der Führer der National-Sozialen. [zuerst: *Zeit*, 1902]. In: *Hoppe*, Hugo (Hg.): Hervorragende Nichtjuden über den Zionismus. Eine Sammlung von Urteilen hervorragender Persönlichkeiten aller Länder. Königsberg 1904, 27–33, hier 29, 33. Naumanns »Nationalsozialer Verein« vertrat in der »Judenfrage« den Standpunkt der Assimilation und der nationalen Integration der Juden. Innenpolitisch richteten sich Naumann und der Verein gegen den Zionismus, um keine »Staatsfeinde« heranzuzüchten, vgl. *Naumann*, Friedrich: National-sozialer Katechismus. Erklärung der Grundlinien des National-Sozialen Vereins. Berlin 1897, 18–19. Der Zionismus stelle innenpolitisch eine Gefahr dar, da er wie der Antisemitismus »das Judentum zur staatsfeindlichen politischen Einheit« mache, gleichwohl »[j]eder, der selbst national-deutsch denkt, [...] vor dem national-jüdisch Denkenden Achtung haben [wird].« Daher sah Naumann im Zionismus vor allem einen praktischen Ausweg für die Not der Juden Osteuropas, denen die meisten Erwerbsquellen durch Gesetze blockiert und sie zu »elende[m] Trödlertum« gezwungen seien. Ohne Aussicht auf rechtliche Emanzipation biete ihnen der Zionismus den Ausweg einer nationalen Heimstätte. *Naumann*, Friedrich: Zionismus und Antisemitismus. In: Die Hilfe. Gotteshilfe, Selbsthilfe, Staatshilfe, Brüderhilfe 5/33 (1899) 1–2, hier 1.

118 Ebd. 32.

119 Bereits in »Asia« hatte Naumann die jüdischen Siedlungsbestrebungen in Palästina mit denen der deutschen Templer verglichen: »In gewissem Sinn sind die jüdischen Kolonien in Palästina den Templerkolonien verwandt. Auch sie arbeiten in Getreide und Wein, und die Schwierigkeiten des Rechtszustandes und der Kapitalzufuhr sind ähnliche.«, *Naumann*: Asia 77.

120 Eberhard gelangte über die Beschäftigung mit der Archäologie in Palästina zum Zionismus. Auch wenn Eberhard eher gebildeter Laie denn Wissenschaftler der ersten Riege war, entsprach seine Darstellung von Land und Leuten durchaus den gängigen Bildern der Palästinawissenschaft um 1900, die in Palästina eine Art biblisches Freiluftmuseum sah. Einige seiner Betrachtungen veröffentliche er auch in der von Otto Warburg redigierten zionistischen Zeitschrift »Palästina«. Zur Biographie Eberhards, vgl. *Weiße*, Wolfram: Religionspädagogik

aufgetreten war[121] und dessen Reisebericht »Erlebtes und Erlauschtes« (1913) »das lebendig pulsierende Volksleben in der Gegenwart und Vergangenheit« zum Gegenstand hatte;[122] dazu der Journalist Alfons Paquet (1881–1944), der 1915 das erste Palästinabuch eines deutschen Nichtjuden publizierte, das den Zionismus zentral behandelte.[123]

Beide Autoren betonten die Interessensüberschneidungen zwischen Zionismus und deutschen Orientaspirationen. Beide stellten die jüdische Kolonisation als Teil der allgemeinen Modernisierung und Hebung des Orients dar. In den Vordergrund rückten sie jeweils die Herausbildung eines jüdischen Bauernstandes, den sie als »einen neuen Typus des Judentums«, »der auf der eigenen Scholle heranwächst«[124] euphorisch begrüßten. Eberhard und Paquet bedienten sich einer vitalistischen Sprache, die die landwirtschaftliche Kolonisation Palästinas als Prozess der jüdischen Selbstfindung idealisierte – ganz wie die Zionisten selbst.[125] Die Besiedlung Palästinas verknüpfe das uralte Heimatgefühl der Juden mit dem Lande, gebe ihnen Bodenständigkeit und ein Gefühl der Selbstständigkeit, wie es das »Volk des Ahasverus seit den 2000 Jahren der Verbannung nicht gekannt hat«[126], schrieb Eberhard. Er begriff die produktive Wiederaneignung

in der Weimarer Republik. In: *Bolle,* Rainer/*Knauth,* Thorsten/*Weiße,* Wolfram (Hg.): Hauptströmungen evangelischer Religionspädagogik im 20. Jahrhundert. Ein Quellen- und Arbeitsbuch. Münster 2002, 55–59.

121 Eberhards hielt im November 1908 auf Einladung der zionistischen Ortsgruppe Hamburg-Altona einen Vortrag über das »Volksleben in Palästina«, vgl. CZA A78.

122 *Eberhard,* Otto: Palästina. Erlebtes und Erlauschtes vom heiligen Lande 1913, Vorwort. Vorgängerbücher Eberhards hatte sich mit Palästina aus der Perspektive der Bibelkunde und Palästinawissenschaft zugewandt, vgl. *Ders.:* Einst und Jetzt im heiligen Lande. Streiflichter zur biblischen Geschichte aus der Gegenwart des heiligen Landes. Gütersloh 1909; *Ders.:* Palästina. Erlebtes und Erlerntes im heiligen Lande. Eisleben 1910. Ursprünglich war Eberhard nach Palästina gekommen, um durch die Anschauung des Landes anschaulich predigen und unterrichten zu können, vgl. *Gustrau:* Orientalen oder Christen 275.

123 Vgl. *Kaiser,* Wolf: Palästina – Erez Israel. Deutschsprachige Reisebeschreibungen jüdischer Autoren von der Jahrhundertwende bis zum Zweiten Weltkrieg. Hildesheim 1992, 374. Der Bericht wurde 1913 verfasst, erschien jedoch erst 1915. Paquet war über seinen Protestantismus zu der intensiven Befassung mit Judentum und Zionismus gekommen. Er war stark beeinflusst von Martin Bubers Vision der jüdischen Renaissance und war auch mit ihm befreundet. Neben dem Reisebericht schrieb er zahlreiche Aufsätze in jüdischen und nichtjüdischen Zeitungen, in denen er den Zionismus in seine Heils- und Reichsideen einzubetten versuchte, vgl. *Osten-Sacken,* Thomas von der: Auf dem Weg nach Zion. Paquets Palästina. In: *Piecha,* Oliver M./*Brenner,* Sabine (Hg.): »In der ganzen Welt zu Hause«. Tagungsband Alfons Paquet. Düsseldorf 2003, 70–80; vgl. auch die Biographie *Piecha,* Oliver M.: Der Weltdeutsche. Eine Biographie Alfons Paquets. Wiesbaden 2016, *Brenner,* Sabine/*Cepl-Kaufmann,* Gertrude/*Thöne,* Martina: Ich liebe nichts so sehr wie die Städte. Alfons Paquet als Schriftsteller, Europäer, Weltreisender. Frankfurt a. M. 2001.

124 *Paquet,* Alfons: In Palästina. Jena 1915, 67.

125 Vgl. *Hotam,* Yotam: Moderne Gnosis und Zionismus. Kulturkrise, Lebensphilosophie und nationaljüdisches Denken. Göttingen 2010, 155–185.

126 *Eberhard:* Palästina 78.

Palästinas durch jüdische Landwirte als einen Prozess der nationalen Selbst-
befreiung, der »die Grundlage zu einer gesunden, von Bevormundung freien,
lediglich auf eigene Arbeit gestellten Kolonisation« schaffe.[127] Hier helfe sich ein
Volk selbst, dem andere nicht halfen, so Eberhard.[128]

Diese jüdische Kolonisation führe der Welt vor Augen, dass sich Juden nicht
nur zum Handel, sondern ebenso zur Landwirtschaft eigneten. Eberhard schilderte diesen sich in Palästina vollziehenden Prozess, »einen erheblichen Teil des
Handelsvolks der Juden wieder in freie Bauern umzuwandeln«, als Vorgang,
der die »fortschreitende Entwicklung und Gesundung« des jüdischen Volkes
einläute. Unter dem Himmel Palästinas wachse endlich ein Menschenschlag
heran, »so kraftvoll an Körper und Seele wie die Pflanze, die aus dem Keller ins
helle Licht und in guten Boden gebracht ist.«[129] Der »tiefinnerliche Idealismus«
des Zionismus, seine »zielbewußte, praktische Arbeit« bereiteten einer öffent-
lich-rechtlichen Heimstätte den Boden, »wie das gehetzte jüdische Volk, das
bisher wohl manchen Wohnort, aber keine Heimat gefunden hat, sie nur finden
kann in ›Eretz Israel‹, dem Lande der Väter.«[130]

Ähnliches wollte Paquet erkannt haben, der zwei jüdische Knaben dabei
beobachtet hatte, wie sie eines Nachts hebräische Lieder anstimmten: »[U]nd
mancher sei unter ihnen, der einmal schon mit den Heimlichkeiten des Glücks
den Boden dieses Landes geküßt hätte, der nun nach langen bösen Träumen der
Väter die Enkel als freie Männer wieder trug.«[131] Palästina, Quell der Erneuerung, und Polen, wo »das Schiff des heutigen Ostjudentums sich im Schlamme
festfuhr«, erschienen Paquet als die beiden kulturellen Pole, die entweder Leben
oder Siechen des Judentums symbolisierten.

Beide Autoren standen jahrelang in freundschaftlichem Kontakt zur zionistischen Bewegung und unterstützten sie vor allem während des Weltkrieges
tatkräftig mit weiteren Publikationen, öffentlichen Auftritten oder privaten
Interventionen. Beide gehörten auch dem Unterstützerkreis an, der sich im April 1918 zu einem »Pro Palästina Komitee« (PPK) zusammenschloss. Während
dieser Tätigkeit zeigte sich allerdings, dass vor allem Eberhards Verständnis des
Zionismus auch problematische Züge trug.

Angesichts der Kriegssituation wurde Eberhards Parteinahme für das Palästinawerk energischer. Eberhard kritisierte es als Fehler des deutschen Staates, die
Juden als Konfession einzustufen und nicht als Volk. Die anglo-amerikanische
Weltmacht, so Eberhard 1918, habe die internationale Tragweite des Zionismus
längst erkannt und für seine Interessen eingespannt. Eberhards Darstellung

127 Ebd. 70.
128 Vgl. Ebd. 111.
129 Ebd. 80.
130 Ebda. 181.
131 *Paquet:* In Palästina 79 f.

war ein Plädoyer an die deutsche Regierung, den Zionismus endlich als »realen Weg für die Verwirklichung unseres Orientprogramms« zu begreifen.[132] Sein Rat an die deutsche Politik war: Solange Deutschland die Bedeutung des Zionismus verkenne, gehe ihm entscheidender Einfluss auf öffentliche Meinung und Politik verloren. Darüber hinaus verhindere der Zionismus, so Eberhard, eine ostjüdische Masseneinwanderung nach Deutschland und sei daher ein geeignetes Instrument, um unliebsame jüdische Migranten fernzuhalten. Damit war Eberhards Position anschlussfähig an die während des Weltkriegs aufflammende antisemitische »Ostjuden-Debatte« – eine Episode, auf die nachfolgend noch eingegangen werden muss. Es zeigte sich, dass Eberhards Deutung der zionistischen Landwirtschaft, die er bereits 1913 als Verwurzelung auf »eigene[r] Scholle«[133] vitalistisch verklärt hatte, eine Ambivalenz innewohnte. Seine Wahrnehmung des Zionismus beruhte auf einer dichotomen Sichtweise auf das Judentum. Der Überhöhung jüdischer Landwirte war teilweise die moralisierende und judenfeindliche Abwertung nicht-zionistischer Juden eingeschrieben: Eberhard wähnte sich 1918 in Einklang mit Herzl, der einst dazu aufgerufen habe, den »Schacher- und Mauschelgeist«[134] des Judentums zu überwinden. Der Zionismus war für Eberhard auch ein innerjüdischer Prozess der Läuterung, um angeblich charakteristische jüdische Wesenszüge wie das »Wägen des Realismus oder gar das Feilschen des Mammonismus«[135] abzulegen.

2.4   Kritische Blicke: Die Zionisten in der Öffentlichkeit

Die öffentliche Stimmung schlug in der Vorweltkriegszeit keineswegs einhellig zugunsten des Zionismus aus. Nur gelegentlich erschienen überhaupt von Nichtjuden verfasste Artikel in Tageszeitungen, die interessiert oder wohlwollend das Thema Zionismus aufgriffen.[136] Abgesehen davon hatte der Sprachenstreit seine Spuren hinterlassen. Manche Autoren vermuteten in den Zionisten gar Erfüllungsgehilfen für die außenpolitischen Ziele anderer Mächte. Dies hatte auch mit dem innerjüdischen Konflikt um den Zionismus in den Vorkriegsjahren zu

132 *Eberhard,* Otto: Der Zionsgedanke als Weltidee und als praktische Gegenwartsfrage. Berlin 1918, 34.
133 *Eberhard:* Palästina 67.
134 *Ders.:* Der Zionsgedanke als Weltidee 36 f.
135 Ebd. 9.
136 Noch im Jahr 1909 berichtete Otto Warburg David Wolffsohn von dem Artikel eines nichtjüdischen Wissenschaftlers »in der sonst antizionistischen« Vossischen Zeitung, »in dem der verehrte Verfasser unter Anderem seiner Sympathie für die zionistischen Bestrebungen Ausdruck verleiht«, Otto Warburg an David Wolffsohn, 23.09.1909. In: Z3/630. Es handelte sich hierbei um Prof. Georg Schweinfurth (1836–1925), der seinen zionistischen Sympathien anlässlich der Entdeckung des Urweizens durch Aaron Aaronsohn Ausdruck verlieh. Für den Hinweis danke ich Dana von Suffrin.

tun: Der Sprachenstreit beförderte unter zuvor indifferenten Juden häufig eine antizionistische Haltung. Teile der antizionistischen Juden waren nicht willens, ihre Meinung nur für sich zu behalten, sondern traten mit dieser offensiv in die Öffentlichkeit. Sie ließen 1914 großflächige Erklärungen in deutschen Tageszeitungen abdrucken, um gegen den Zionismus als »national-jüdischen« Chauvinismus« zu polemisieren, der die deutschen Juden »in schroffen Gegensatz zu unseren christlichen deutschen Mitbürgern« bringe.[137] Führungspersönlichkeiten des Hilfsvereins wie Paul Nathan und James Simon hatten diese Erklärungen mitunterzeichnet. Der Sprachenstreit war nicht ohne Folgen geblieben und hatte dem Image des Zionismus in der deutschen Öffentlichkeit geschadet. In der »Kölnischen Zeitung« wurden die Zionisten im Januar 1914 als Vorhut russischer Interessen dargestellt.[138] Die Zionisten reagierten ihrerseits mit öffentlichen Stellungnahmen.[139] Aber auch Auslandskorrespondenten deutscher Tageszeitungen, depeschierten unter dem Eindruck des Sprachenstreits nach Deutschland und berichteten feindselig über den Zionismus.[140]

---

137 Die Erklärung erschien am 5. Februar 1914 in der Vossischen Zeitung und der »Handels-Zeitung des Berliner Tageblatts«, enthalten in: CZA Z3/34. Vgl. dazu auch *Grill*, Tobias: Antizionistische jüdische Bewegungen, 10. In: Europäische Geschichte Online (EGO), Mainz 16.11.2011, URL: http://www.ieg-ego.eu/grillt-2011-de (zuletzt aufgerufen am 24.02.2020) sowie *Barkai*, Avraham: »Wehr dich!«. Der Centralverein deutscher Staatsbuerger jüdischen Glaubens (C. V.) 1893–1938. München 2002, 53. Im Weltkrieg verschwand der Konflikt einstweilen aus der Öffentlichkeit, da sich die ZVfD wie die anderen jüdischen Verbände dem Konsens des »Burgfriedens« anschlossen, der nur noch ein deutsches nationales Interesse kannte, vgl. dazu *Pulzer*, Peter G. J.: Der Erste Weltkrieg. In: *Lowenstein*, Steven M./*Mendes-Flohr*, Paul R./*Pulzer*, Peter G. J./*Richarz*, Monika (Hg.): Umstrittene Integration 1871–1918. München 1997, 356–380, hier 358–362.

138 Vgl. Der Kampf um die hebräische Sprache in Palästina. In: Kölnische Zeitung vom 05.01.1914.

139 Die Erklärungen des Hilfsvereins, vgl. Die jüdischen Unruhen in Palästina. In: Kölnische Zeitung vom 13.12.1913, *Nathan*, Paul: Der Schulkampf in Palästina. In: Frankfurter Zeitung vom 04.02.1913. Otto Warburg versuchte indes als einziges zionistisches Kuratoriumsmitglied des Hilfsvereins die Gemüter zu beruhigen, damit die Wahrnehmung Deutschlands keinen Schaden trage, vgl. *Warburg*, Otto: Ein Sprachenstreit in Palästina. In: Bayerische Staatszeitung 1/304 (1913) 4–5. In der Vossischen Zeitung vom 15. Februar 1914 erschien die zionistische Gegenerklärung, die zu öffentlichen Diskussionsveranstaltung in ganz Deutschland einlud, vgl. CZA Z3/34 sowie CZA A15/140.

140 Julius Becker, Zionist und Mitarbeiter der Vossischen Zeitung berichtete Victor Jacobson, Mitglied des Zionistischen Aktionskomitees und inoffizieller Vertreter der Zionisten Weltorganisation in Konstantinopel, über die Depeschen von E. M. Grunwald, gleichfalls Korrespondent der Vossischen Zeitung in Konstantinopel, die im Mai 1914 und den Wochen zuvor an die Berliner Redaktion eingingen. Grunwald ging von einem bevorstehenden türkisch-russischen Bündnis aus, das sich unter anderem darin auskündige, dass die Türken die Einbürgerung und Niederlassung in Palästina von »Russenjuden« begünstigten und die Verbreitung des Hebräischen unter ihnen förderten. Becker konnte gegen eine Veröffentlichung dieser Behauptungen intervenieren, doch Grunwald setzte derartige Eingaben an die Redak-

Der politische Publizist Georg Cleinow (1873–1936), Herausgeber der ursprünglich nationalliberalen, im Vorfeld des Weltkriegs jedoch rechtskonservativ ausschwenkenden Zeitschrift »Die Grenzboten«, diskreditierte die Zionisten als verlängerten Arm der westlichen oder russischen Regierungen. Die »russische Gefahr«, also die Angst vor einem slawischen Machtblock, der das Deutschtum existentiell bedrohe, zählte zu den zentralen Themen der Öffentlichkeit in der Vorweltkriegszeit.[141] Der Sprachenstreit sei geradezu ein »Treppenwitz der Geschichte«, so Cleinow, da die Juden in Russland schwersten Repressionen ausgesetzt seien, jedoch in Gestalt der Zionisten »die Geschäfte dieser Regierung in der asiatischen Türkei« besorgten. Der Sprachenstreit, konstatierte Cleinow, drehe sich nur äußerlich um die Unterrichtssprachen in den jüdischen Schulen Palästinas und gehe »weit über die Bedeutung einer jüdischen Angelegenheit hinaus«: Er sei »praktisch genommen nichts anderes, als ein Vorstoß von Franzosen und Russen [...] gegen den deutschen Einfluß im Orient.«[142] Da Russland wie auch Frankreich und die USA die Aufteilung des Osmanischen Reichs anstrebten, müsse begriffen werden, welch gefährliches Instrument die Juden des Orients darstellten. Der Zionismus bedeute für Russland einen »ungeheuren Zuwachs an weltwirtschaftlicher Aktionskraft« und gebe ihm die Möglichkeit, »auf die Gestaltung der Geschicke der Türkei« Einfluss zu nehmen.

Cleinow sah die Einwanderung osteuropäischer Juden nach Palästina also nicht als potenzielle Unterstützung des Deutschtums. Die zionistische Bewegung habe sich in der Sprachenfrage »in scharfe[n] Gegensatz zu den deutschen Interessen im Orient« begeben, »und die Versammlungen der Zionisten, die in diesen Tagen überall im Deutschen Reich stattfinden, bedeuten offenes Eintreten

tion fort. Grunwalds Annahme einer jüdisch-russischen, sich mittels der hebräischen Sprache materialisierenden Frontstellung gegen Deutschland in Palästina war zweifelsohne eine Folge des Sprachenstreits, vgl. Julius Becker an Victor Jacobson, 6.5.1914. In: CZA Z3/2. Selbst im ansonsten zionismusfreundlichen »Osmanischen Lloyd« wurden die Zionisten kritisiert, vgl. *Sadmon:* Technion 192.

141 Vgl. *Bormann,* Patrick: Furcht und Angst als Faktoren deutscher Weltpolitik 1897–1914. In: *Bormann,* Patrick/*Freiberger,* Thomas/*Michel,* Judith (Hg.): Angst in den Internationalen Beziehungen. Internationale Beziehungen. Theorie und Geschichte, Band 7. Göttingen 2010, 71–90, 75–79; *Mommsen,* Wolfgang J.: Außenpolitik und öffentliche Meinung im Wilhelminischen Deutschland 1897–1914. In: *Mommsen,* Wolfgang J. (Hg.): Großmachtstellung und Weltpolitik. Die Außenpolitik des Deutschen Reiches 1870 bis 1914. Frankfurt a. M., Berlin 1993, 358–379, hier 378.

142 *Cleinow,* Georg: Reichsspiegel (vom 2. Bis zum 16. Februar). In: Die Grenzboten. Zeitschrift für Politik, Literatur und Kunst 73/1 (1914), 328–333, hier 331 f. Cleinow verwies auf einen Vortrag, den er zehn Jahre zuvor in der »Deutsch-Asiatischen Gesellschaft« (DAG) gehalten hatte und darin bereits dieselbe These präsentiert hatte. Anwesende Zionisten hätten damals bereits gegen seine Ausführungen »in ihrer temperamentvollen Art« protestiert. Zur DAG, einem der intellektuellen Mittelpunkte aller an deutscher Orientpolitik interessierten Kreise, vgl. *Kampen:* Studien zur deutschen Türkeipolitik 212–214.

für die Interessen Rußlands.«[143] Cleinow war einer der prominentesten Autoren, die zu außenpolitischen Themen publizierten. Und er stand mit seiner feindseligen Haltung keineswegs alleine da. Noch im Weltkrieg erschienen Artikel, in denen Nichtjuden aufgrund des Sprachenstreits den Zionismus attackierten. Im Sprachenstreit habe der Zionismus sein wahres Gesicht gezeigt, wie ein im November 1915 im »Hamburger Fremdenblatt« erschienener Aufsatz des Mediziners Hans Much (1880–1932) behauptete: eine gegen das Deutschtum gerichtete »haßerfüllte Fratze«. Vertreter des »verwahrlosten (Rasse)Zweigs des Judentums« – russische Juden – hätten einen Angriff auf ihre deutschen Stammesgenossen unternommen und stellten eine Bedrohung für das Deutschtum im Ausland dar.[144]

Die Zionisten hatten also einen Kampf an zwei Fronten zu führen: Nicht nur mussten sie die offiziellen Repräsentanten und politischen Entscheidungsträger des Deutschen Reichs vom Wert ihrer Bestrebung überzeugen; sie hatten auch auf

143 *Cleinow:* Reichsspiegel 333. Wesentlich sachkundiger und faktenlastiger präsentierte sich die Darstellung von Fritz Lorch, einem Autor, der dem Templer-Kontext Palästinas entstammte und die zionistische Kolonisation als konkurrierende Bestrebung wahrnahm. Das Deutschtum solle sich in Palästina allein durch die Templer, nicht die Juden, ausbreiten. Lorch streute ebenfalls Gerüchte, weniger über russische Machenschaften, vielmehr über den Zionismus als praktischen Bundesgenossen Englands, vgl. *Lorch,* Fritz: England und der Zionismus in Palästina. Berlin 1913 Otto Eberhard äußerte sich in einer Rezension kritisch über die Schlüsse, die Lorch über die angebliche politische Nähe des Zionismus zu England gezogen hatte, vgl. *Eberhard,* Otto: [Rezension] Lorch, Fritz, England und der Zionismus in Palästina. In: Zeitschrift des Deutschen Palästina-Vereins 37/3 (1914) 292. Die empfundene Konkurrenz zur jüdischen Kolonisation und der Versuch, die Wahrnehmung auf die Templer zu lenken, zeigte Lorch auch in der Berliner Zeitung »Der Tag« vom 06.01.1914, vgl. *Sadmon:* Technion 193. In der Templer-Zeitung »Warte« hatte er bereits 1908 Ängste geäußert, dass die jüdische die deutsche Kolonisation aus Palästina verdrängen könnte, vgl. *Carmel:* Siedlungen der württembergischen Templer 281–285.

144 Vgl. *Much,* Hans: Eindrücke vom Zionismus. In Palästina 1914. In: Hamburger Fremdenblatt Nr. 313 vom 11.11.1915, 3, enthalten in: CZA A78/1 und CZA Z3/17. Der Mediziner Much, eine Tuberkuloseforschungsreise nach Palästina unternehmend, weilte während des Sprachenstreits in Jerusalem an der deutschen Abteilung des Gesundheitsamtes, vgl. *Much,* Hans: Eine Tuberkuloseforschungsreise nach Jerusalem. Würzburg 1913. Much verriet in einer separaten Publikation seiner palästinensischen Reiseimpressionen eine prinzipielle Gegnerschaft zu der zionistischen Modernisierung Palästinas, da ihre »öden Kasernenbauten« und Kolonien, die Bebauung und Beackerung »verletzen das Auge aufs empfindlichste«, wohingegen er in orientalischer Verklärung zugleich die Schönheit des arabischen Dorfes festhielt. Seine Darstellung des Zionismus erfolgte dabei durchaus vorurteilsbehaftet: »Der sonst so fest am Lande seiner Väter hängende Jude sollte bedenken, daß die Prägung, die die bauende Menschenhand der Landschaft gibt, die Heimatliebe veredelt«. Die zionistische Verunstaltung der Landschaft drücke sich zugleich im zionistischen Verhalten aus, »und so sieht man dann leider schon jetzt eine Erscheinung, die uns vom Alten Testamente her genugsam bekannt ist, die gegenseitige Zersetzung.« So nimmt er Bezug auf den Sprachenstreit und hebräische Blätter »mit russischer Richtung«, die gegen fromme und vornehme Juden Palästinas [meint: Hilfsverein] ehrabschneidend vorgingen, *Much,* Hans: Rings um Jerusalem. Dachau 1915, 70 f.

eine teilweise gegen sie stehende Öffentlichkeit einzuwirken. Die Kriegssituation war den Argumenten der Zionisten jedoch nicht abträglich. Sie schafften es, ein vorher nicht gekanntes Maß an Aufmerksamkeit und öffentlicher Sympathie zu generieren. Auch mancher Kritiker ließ sich überzeugen: Cleinow etwa sollte seine Ängste ablegen und wurde schließlich sogar als Unterstützer des Zionismus aktiv.

3. Palästina im Weltkrieg

3.1 Zionistische Öffentlichkeitsarbeit: Von einer politischen Sternschnuppe zum Agent der deutschen Orientpolitik

Der von Paquet bereits 1913 verfasste Reisebericht wurde 1915 erst veröffentlicht, was mit den historischen Umständen zu tun haben dürfte. Der Krieg hatte dem Buch jedoch unmittelbare politische Relevanz verliehen. So bewarb Paquets Verleger, Eugen Diederichs (1867–1930), das Buch im »Börsenblatt« mit den Worten, es sei »der erste zuverlässige Bericht eines Unbeteiligten über das jüdisch-zionistische Kolonisationswerk des letzten Jahrzehnts in Palästina.« Er fügte in Bezugnahme auf die neue Situation, in der im zukünftigen Osmanischen Reich die Karten offensichtlich neu gemischt werden sollten, hinzu: »Wahrscheinlich haben nach dem Weltkrieg die Juden die Aufgabe, als Vermittler zwischen Orient und deutschem Wesen zu dienen.« Diederichs Fazit: Das Buch war »von höchstem Interesse für die Interessenten unserer zukünftigen weltpolitischen Aufgaben.«[145] Zugleich schrieb er an Paquet, »die grosse Menge« habe noch nicht die geringste Ahnung von dem »Zukunftsinteresse des Morgenlandes«.[146] Der Werbetext und der Kommentar von Diederichs waren ein erstes Indiz darauf, wie der Zionismus nun gelesen werden sollte: als mitgestaltende Kraft in einem Orient, in dem das Deutsche Reich die Rolle einer Ordnungsmacht einnehme. Paquet hatte prophezeit: »[D]ie Zukunft in Palästina, sowohl die wirtschaftliche, als in gewissem Sinn auch die der Verwaltung, gehört den Juden.«[147] Paquets Buch war mehr als nur ein Reisebericht. Er hatte darin die Unterstützung des Zionismus vonseiten der Regierung gefordert, gerade auch, um englische und russische Aspirationen in der Region zu durchkreuzen. Es sei überaus nützlich, dass die »Mehrzahl der zionistischen Juden, ja der Juden überhaupt, ein Rußland

---

145 Börsenblatt Nr. 157 vom 10.07.1918, 4113, zitiert nach *Heidler,* Irmgard: Der Verleger Eugen Diederichs und seine Welt (1896–1930). Wiesbaden 1998, 788. Über Paquets Palästina-Buch im Kontext seiner Kriegsschriften, vgl. *Koenen,* Gerd: Der Russland-Komplex. Die Deutschen und der Osten 1900–1945. München 2005, 66–71.
146 Zitiert nach *Piecha:* Der Weltdeutsche 380.
147 *Paquet:* In Palästina 90.

feindliches Element darstellt«.[148] Das Buch stand am Anfang einer öffentlichen Auseinandersetzung, in der über Wert und Nutzen des Zionismus im Zusammenhang mit den deutschen Kriegsinteressen und darüber hinaus diskutiert wurde.

Die Zionisten verfolgten gezielt eine Strategie, mithilfe der Publikationen, Statements, Vorträge und privater Fürsprache von Sympathisanten weite Kreise der politischen und kolonialen Öffentlichkeit für sich einzunehmen. Im Jahr 1915 schrieb Leo Herrmann (1888–1951), seit 1913 verantwortlicher Redakteur der »Jüdischen Rundschau«, an Eberhard[149] und Paquet[150] und bat um Unterstützung. Herrmann wusste ganz genau, wie nützlich diese Art der PR war sein konnte, »da das Interesse für unsere Arbeit an den massgebenden deutschen Stellen in wachsendem Masse erfreulich zunimmt.«[151]

1913 waren die deutsch-osmanischen Beziehungen weiter vertieft worden: Es wurde eine Militärmission, bestehend aus mehreren hundert deutschen Offizieren, ins Osmanische Reich gesandt, die direkt in die osmanische Armee und deren Generalstab integriert wurde.[152] Außerdem wurde der kulturelle Austausch zwischen den beiden Reichen gefördert: Mehrere tausend junge Osmanen hielten sich zur Ausbildung und zum Studium während des Krieges in Deutschland auf.[153] Zur Festigung der Beziehung war im April 1914 die »Deutsch-Türkische Vereinigung« (DTV) gegründet worden, die sich unter anderem mit der Planung« deutscher Schulen im Osmanischen Reich befasste. In ihr waren Akteure wie Ernst Jäckh, Paul Rohrbach, Martin Hartmann oder der Orientalist C. H. Becker tätig.[154]

---

148 Ebd. 97.

149 Vgl. Leo Herrmann an Otto Eberhard, 18.11.1915. In: Z3/19. Eberhard teilte die zionistische Strategie, »wenn die deutsche Presse durch Originalartikel angesehener Verfasser – ich denke z.B. auch an Alfons Paquet – eines Besseren belehrt würde«, Otto Eberhard an Leo Herrmann, 29.11.1915. In: CZA Z3/19.

150 Vgl. Herrmann an Paquet, 18.11.1915.

151 Herrmann an Paquet, 18.11.1915. Neben dem Text von Much wies Herrmann auf Darstellungen der Palästinawissenschaftler Fritz Lorch und Hermann Guthe hin, die, wie Herrmann betonte, aus Unwissenheit, eine politische Wirkung des Zionismus zugunsten Englands und Frankreichs herausstellten, vgl. *Lorch*: England und der Zionismus in Palästina. 1913; *Guthe*, Hermann: Französische und englische Pläne im vorderen Orient. In: Deutsche Revue 15/9 (1915) 1–10. Solchen negativen Darstellungen sollten aufklärende Intervention, am besten durch prominente Nichtjuden, entgegengesetzt werden.

152 Vgl. *Wallach*, Jehuda L.: Anatomie einer Militärhilfe. Die preussisch-deutschen Militärmissionen in der Türkei 1835–1919. Düsseldorf 1976, 121–135.

153 Vgl. *Guttstadt*: Die Türkei, die Juden und der Holocaust 60f.; *Gencer*, Mustafa: Bildungspolitik, Modernisierung und kulturelle Interaktion. Deutsch-türkische Beziehungen (1908–1918). Münster 2002.

154 Vgl. *Özçalık*, Sevil: Promoting an alliance, furthering nationalism. Ernst Jäckh and Ahmed Emin in the time of the First World War. Berlin 2018, 64f. Für kurze Zeit war die DTV der einflussreichste deutsche Auslandsverein, vgl. *Kloosterhuis*: Friedliche Imperialisten 596.

Trotz dieser Initiativen beklagte Paul Rohrbach, der seit 1903 zu den wichtigen Programmatikern einer deutschen Weltpolitik im Orient gehörte, dass das Verständnis für den Wert auswärtiger Kulturarbeit und der ideellen Beeinflussung des Auslandes weiterhin nur mangelhaft ausgebildet sei.[155] Tatsächlich war die gesamte deutsche Weltkriegs-Propaganda und -Öffentlichkeitsarbeit weitgehend improvisiert und chaotisch organisiert. In dem permanenten Neben-, Durch- und Gegeneinander amtlicher, halbamtlicher und privater Institutionen und Initiativen mit unklaren und sich überschneidenden Kompetenzen, nahm das Auswärtige Amt allerdings eine Schlüsselposition ein.[156]

Für die Zionisten war das Chaos ein Segen: Innerhalb dieses komplizierten Gefüges schafften sie es, breite Kreise der deutschen Öffentlichkeit für sich zu gewinnen – ihr Antichambrieren zeigte schnell erste Erfolge. Jäckh, Rohrbach, Delbrück und andere liberale Imperialisten, die auswärtiger Kulturarbeit zentrale Bedeutung für eine langfristig erfolgreiche Außenpolitik beimaßen, erkannten im Zionismus ein Vehikel für ihrer Konzepte. Die Zionisten hofften ihrerseits, mithilfe einer tatkräftigen Öffentlichkeitsarbeit, die von teilweise äußerst prominenten welt- und kolonialpolitischen Publizisten und Praktikern mitgetragen wurde, die politischen Entscheidungsträger zu beeinflussen und auf eine Förderung des Zionismus von offizieller Seite hinzuwirken.

Die erste große öffentliche Debatte nahm ihren Anfang zunächst als Fortsetzung des Konflikts zwischen zionistischen und nicht-zionistischen Juden, der schon in den Vorkriegsjahren teilweise vor den Augen der allgemeinen Öffentlichkeit ausgetragen worden war. Der Chefredakteur der »Preußischen Jahrbücher«, Emil Daniels (1863–1934), ein nationalkonservativer Historiker und politischer Journalist jüdischer Herkunft, hatte in einer Besprechung von Paquets Reisebericht zu einer Polemik gegen den Zionismus ausgeholt.[157] Daniels attestierte Theodor Herzl eine »Mischung von krankhafter Romantik und hausbackener Rührseligkeit«[158], die eine Doktrin geschaffen habe, die nur mittels seiner charismatischen Persönlichkeit für einige Jahre die Aufmerksamkeit selbst bedeutender Personen hatte gewinnen konnte. Vor allem aber widersprach Daniels den optimistischen Einschätzungen Paquets entschieden: Palästina

---

155 Vgl. *Vom Bruch*: Weltpolitik als Kulturmission 81.
156 Vgl. *Grupp*: Voraussetzungen und Praxis deutscher amtlicher Kulturpropaganda 804.
157 *Daniels*, Emil: Die Juden des Ostens. In: Preußische Jahrbücher 160/2 (1915) 321–331. Die nationalliberale Monatsschrift besaß enorme kulturpolitische Bedeutung. Sie vertrat eine konsequente Position in außenpolitischen Fragen: Deutschlands Rolle in der Welt zu festigen, das sich sein Ansehen jedoch als friedensstiftende Macht verdiene. Zu ihrer intellektuellen Charakterisierung, vgl. *Grunewald*, Michel: Krise und Umbruch im wilhelminischen Deutschland aus der Sicht der Preußischen Jahrbücher (1890–1914). In: *Grunewald*, Michel/*Puschner*, Uwe (Hg.): Krisenwahrnehmungen in Deutschland um 1900. Zeitschriften als Foren der Umbruchzeit im wilhelminischen Reich. Bern 2011, 215–240.
158 *Daniels*: Die Juden des Ostens 321.

würde schwerlich wieder zu einem jüdischen Land; der Zionismus sei nichts weiter als eine »politische Sternschnuppe«.[159]

Der Herausgeber der Jahrbücher, Hans Delbrück (1848–1929), hegte ebenfalls Zweifel an der Verwirklichung des Zionismus, wollte aber der Diskussion über das Potential des Zionismus eine Plattform bieten.[160] Delbrück war ein scharfer Kritiker der Alldeutschen und ein prominenter Vertreter eines liberalen Imperialismus.[161] Im Privaten hatte er schon geäußert, der Zionismus sei »ein ganz annehmbarer Gedanke«.[162] So forderte er Kurt Blumenfeld (1884–1963), den jungen Parteisekretär der ZVfD, zu einer Replik auf Daniels auf. Blumenfeld verfasste daraufhin einen Aufsatz über den Zionismus als Faktor der deutschen Orientpolitik, der in den Jahrbüchern abgedruckt und als Sonderdruck an Persönlichkeiten der deutschen Presse und Politik versandt wurde. Dieser Aufsatz stellte das zentrale Agitationsmedium der deutschen Zionisten während des Weltkriegs dar.

Blumenfeld wollte den »in der nichtjüdischen Welt […] wenig bekannten [Zionismus]« erläutern und dessen Image als »politischer Sternschnuppe« entgegenwirken, um »einen richtigen Begriff von dem Wesen, dem Umfang und der politischen Bedeutung […] für die zukünftige Entwicklung des türkischen Orients«[163] zu vermitteln. Der Zionismus sei, so Blumenfeld, ein Faktor, den weder die deutsche Weltpolitik noch das Osmanische Reich ignorieren dürfe.

Die Argumente waren altbewährt: Ein jüdisches Palästina füge sich symbiotisch in die Interessen der deutschen Orientpolitik und die Bedürfnisse des Osmanischen Reichs ein. Blumenfeld war in der unmittelbaren Vorweltkriegszeit zum Wortführer einer neuen Generation unter den deutschen Zionisten aufgestiegen. Diese Generation hatte einen neuen Blick auf den jüdischen Nationalismus, aber auch auf den deutschen Kolonialismus. Diese Entwicklung schlug sich in Blumenfelds Aufsatz nieder, der das bereits bekannte zionistische Mittlermotiv aufgriff und reformulierte. Wo Bodenheimer, eine der Führungsfiguren der älteren Generation, 1902 deutschen und jüdischen Nationalismus als deckungsgleich begriffen hatte und den Zionismus als Feldzug deutscher und jüdische Kolonisten gegen »Uncultur und Barbarei« beschrieben hatte, erklärte

---

159 Ebd. 331.
160 Delbrück vertrat in der »Judenfrage« zunächst eine »assimilierte Haltung«, wie aus einem Gespräch mit Nahum Goldmann hervorgeht. Goldmann vermochte bei Delbrück ein Bewusstsein für die außenpolitische Bedeutung des Zionismus zu wecken, vgl. Nahum Goldmann an Kurt Blumenfeld, 09.11.1915. In: CZA Z3/19.
161 Vgl. *Schwabe*, Klaus: Ursprung und Verbreitung des alldeutschen Annexionismus in der deutschen Professorenschaft während des Weltkriegs. In: Vierteljahrshefte für Zeitgeschichte 14/2 (1966) 105–138, hier 105; *Lüdtke*, Christian: Hans Delbrück und Weimar. Für eine konservative Republik – gegen Kriegsschuldlüge und Dolchstoßlegende. Göttingen 2018, 56; *Kampen*: Studien zur deutschen Türkeipolitik 110–115.
162 Goldmann an Blumenfeld, 09.11.1915.
163 *Blumenfeld*: Zionismus 82.

Blumenfeld das Judentum zu einem organischen Bestandteil des Orients.[164] Die Juden stellten für Blumenfeld »ihrer Natur nach« »die Mittler zwischen Orient und Okzident«[165] dar. Blumenfeld plädierte für eine vorsichtige Besiedlung, die Rücksicht »auf die Eigenart des orientalischen Lebens« nehmen würde.[166] Ganz anders als Emil Daniels es darzustellen versuche, sei das zionistische Projekt bereits jetzt ein großer Erfolg. Blumenfeld verwies auf nichtjüdische Fachmänner, die allesamt bestätigten, dass »in Palästina [...] der Beweis erbracht worden [ist], daß der Jude ein Bauer werden kann.«[167] Blumenfeld war sich mit Orientpublizisten wie Rohrbach darin einig, dass die deutsche Politik ein tieferes Verständnis des »orientalischen Charakters« entwickeln müsse. Deshalb sei die bisherige deutsche Haltung, den Hilfsverein der deutschen Juden zu unterstützen, den Zionismus jedoch nicht, auch kontraproduktiv gewesen: Während das deutsch ausgerichtete Schulsystem des Hilfsvereins keine Juden produziere, sondern lediglich »gesinnungslose Levantiner jüdischer Abstammung«[168], sei es gerade die jüdisch-nationale Bevölkerungsgruppe in Palästina, die eine wertvolle Basis für die deutsche Kultur und den deutschen Handel schaffe. Einerseits sei ein Großteil der Juden durch das Jüdisch-Deutsche als Muttersprache ohnehin Deutschland zugetan. Andererseits sei das Nationaljudentum im Begriff, sich erneut in der orientalischen Welt zu verwurzeln. Blumenfeld stellte heraus, dass deutsche Interessen nicht dem Orient übergestülpt werden konnten. Diesen sei am besten durch freundschaftliche Beziehungen mit organisch verwachsenen Kräften des Orients gedient.

Blumenfelds Aufsatz war Teil der zionistischen Öffentlichkeitsarbeit, um die Unterstützung prominenter Nichtjuden zu gewinnen, »die entweder Orientpolitiker sind oder sonst in der Oeffentlichkeit eine gewichtige Stimme haben«, wie Blumenfeld im selben Jahr an Richard Lichtheim schrieb. Er gedachte

---

164 Einerseits ist hier der innerzionistische, generationell bedingte Wandel ablesbar, nach dem Blumenfelds Doktrin des »postassimilatorischen Zionismus« Palästina zum Fixpunkt im Leben eines jeden Zionisten bestimmt hatte. Auf dem 13. Delegiertentag der ZVfD 1912 hatten Blumenfeld und seine Anhänger erklärt, dass ein Zionist letztlich die Auswanderung nach Palästina anstreben müsse. Diese »Posener Erklärung« wurde angenommen und leitete eine Wachablöse in der Führung des deutschen Zionismus ein. Abdruck der Erklärung, vgl. *Reinharz*, Jehuda (Hg.): Dokumente zur Geschichte des deutschen Zionismus 1882–1933. Tübingen 1981, 106–108. Andererseits trug Blumenfeld den freundschaftlichen deutsch-osmanischen Beziehungen Rechnung: Unterstützung lasse sich von Orientpolitikern nicht gewinnen, wenn das Palästinawerk als koloniales Eroberungswerkzeug dargestellt würde. Über Bodenheimers Identifikation mit Deutschtum und Nationaljudentum auf der anderen Seite, vgl. *Ticker*: Bodenheimer.

165 *Blumenfeld*: Zionismus 84.

166 Ebd. 89.

167 Ebd. 98. Er nannte unter anderem den Agronom Hubert Auhagen, den Reisebericht Paquets sowie den Wirtschaftsbericht von Konsul Brode. Zu Auhagen vgl. auch Kap. IV.

168 Ebd. 100.

die grossen Zeitschriften für uns zu interessieren und ein Milieu zu schaffen, das uns bei den direkten Verhandlungen mit dem Auswärtigen Amt zustatten kommt [...]. Wenn der verantwortliche Leiter der deutschen Orientpolitik nicht zu der Ansicht kommt, dass der Zionismus als organisierte Bewegung nützlicher ist als die Hilfsvereinsidee, werden wir niemals eine ernsthafte Unterstützung unserer Politik erreichen.[169]

Die Unterstützung liberaler Imperialisten war für diesen Plan essentiell: Führende Zionisten publizierten nicht nur in den einschlägigen Organen dieses politischen Lagers, sie referierten auch im privaten Rahmen vor Presse- und Wirtschaftsvertretern, die an der Hebung des Orients Interesse zeigten.[170] Besonders die Berliner Privatwohnung von Ernst Jäckh (1875–1959) war ein beliebter Treffpunkt für Minister und Staatssekretäre, liberale und konservative Abgeordnete, demokratische Führer und kaiserliche Beamte, Wirtschaftsvertreter, Intellektuelle und Kulturschaffende.[171] Jäckh selbst wirkte an der Schnittstelle von Publizistik und politischer Praxis und versuchte vor allem während des Weltkriegs Initiativen des wissenschaftlichen und kulturellen Austauschs zwischen Deutschland und der Türkei zu verankern. Neben engen Beziehungen zum Auswärtigen Amt verfügte »Türken-Jäckh« über ausgezeichnete jungtürkische Kontakte.[172] Paul Rohrbach bot Blumenfeld und Victor Jacobson (1869–1934), Mitglied des Engeren Actionscomitees (EAC) der ZO, am 5. März 1915 die Möglichkeit, privat vor einem ausgesuchten Kreis an »Orientpolitikern« die Motive und Ziele des Zionismus darzulegen. Neben Jäckh, Rohrbach und Delbrück waren etwa der Diplomat und Publizist Ludwig Raschdau (1849–1943), der ab 1916 den Vorsitz der »Deutsch-Asiatischen Gesellschaft« innehatte, der Hauptvertreter des Kulturkonservatismus Adolf Grabowsky (1880–1969), der die frei-

169 Kurt Blumenfeld an Lux [=Richard Lichtheim], 24.03.1915. In: CZA Z3/19. Tatsächlich stand Arthur Zimmermann, Unterstaatssekretär im Auswärtigen Amt, noch unter dem Eindruck des Sprachenstreits und war auch darüber hinaus nur wenig vom Nutzen des Zionismus überzeugt. Die Haltung Zimmermanns kam in einer Besprechung am 20.2.1915 mit Ernst Jäckh zutage, während etwa der deutsche Botschafter von Konstantinopel Kühlmann zeitgleich bereits die Wichtigkeit des Zionismus erkannt habe, vgl. Besprechung zwischen Dr. Jaeckh, Blumenfeld und Dr. Jacobson am Sonnabend, 20.02.1915. In: CZA Z3/11; sowie Kurt Blumenfeld an Paul Rohrbach, 01.02.1915. In: CZA Z3/1039.

170 Zu einem anonym veröffentlichten, von Blumenfeld verfassten Aufsatz in der zusammen mit Ernst Jäckh redigierten Zeitschrift »Das Grössere Deutschland« erklärte sich Rohrbach »in jeder Beziehung einverstanden«, vgl. Blumenfeld an Lichtheim, 24.03.1915; [*Blumenfeld*, Kurt]: Die politische Bedeutung des Zionismus. In: Das Größere Deutschland. Wochenschrift für deutsche Welt- und Kolonial-Politik 2/9 (1916) 290–298.

171 Dazu der autobiographische Bericht Jäckhs über die sich über Jahrzehnte erstreckenden Round-Table-Abende in seinem Hause, vgl. *Jäckh*, Ernst: Der goldene Pflug. Lebensernte eines Weltbürgers. Stuttgart 1954, 184–195.

172 Vgl. *Gencer*: Bildungspolitik 131 sowie ausführlich *Özçalık*: Promoting an alliance.

konservative Zeitschrift »Das neue Deutschland« herausgab sowie Banken- und Wirtschaftsvertreter und Abgeordnete und Orientwissenschaftler anwesend.[173] Bereits ein paar Tage zuvor, am 3. März, hatte Paul Rohrbach einen Vortrag über »Die Zukunft des Orients« gehalten und die Stiftung einer »Interessengemeinschaft«[174] zwischen deutscher Orientpolitik und zionistischer Bewegung eingefordert. Der Vortrag war Teil eines Vortragszyklus', der vom »Kartell Jüdischer Verbindungen« (KJV) ausgerichtet wurde, einer zionistischen Studentenkorporation. Die Vorträge fanden allesamt im Preußischen Abgeordnetenhaus statt und dienten dem Sammeln von Spenden für den »Roten Halbmond«, dem osmanischen Pendant zum »Roten Kreuz«.[175] Die Veranstaltungsreihe umfasste zudem ein Referat Martin Bubers, der am 10. März über »Die Juden als Volk des Orients« sprach und eine Rede von Ernst Jäckh, der am 17. März den Zusammenhang »Deutsche Weltpolitik und Türkische Entwicklung« ausleuchtete. Den Schlusspunkt setzte Alfons Paquets, der am 24. März über seine »Erlebnisse in Jüdischen Kolonien« berichtete.

Alle Vorträge stellten den »Zusammenhang der Kulturarbeit im Orient mit der deutschen Weltpolitik und jüdischen Kolonisationsbestrebungen«[176] her, wie die Organisatoren interessierten Redaktionen mitteilten.[177] An das »Berliner Tageblatt«, die »Frankfurter Zeitung« und die »Vossischen Zeitung« wurden Einladungen und Berichte mit der Bitte um Veröffentlichung versandt. Hatten sich die großen deutschen Tageszeitungen vor dem Krieg entweder indifferent oder ablehnend gegen den Zionismus verhalten, zeigten sie nun Bereitschaft, sich mit Zionisten zu treffen und über ihre Ziele wohlwollend zu berichten. Im

---

173 Vgl. Blumenfeld an Lichtheim, 24.03.1915.

174 Die Zukunft des Orients. In: Jüdische Rundschau 20/11 (1915) 86–87, hier 87. Vgl. auch Dr. Paul Rohrbach über die Zukunft des Orients. In: Die jüdische Presse. Konservative Wochenschrift 46/11 (1915) 124–125.

175 Vgl. Kurt Blumenfeld an Paul Rohrbach, 01.02.1915. In: CZA Z3/1039.

176 KJV an Redaktion Die Hilfe, 08.03.1915. In: CZA Z3/1039. Paquets Vortrag wurde zudem in Jäckhs Reihe »Deutsche Orient-Bücherei« aufgenommen, zu deren Autoren auch Nahum Goldmann und Friedrich Schrader zählten, vgl. *Paquet*, Alfons: Die jüdischen Kolonien in Palästina. Weimar 1915.

177 Über den Zyklus, vgl. auch *Vogt*, Stefan: The First World War, German Nationalism, and the Transformation of German Zionism. In: The Leo Baeck Institute Year Book 57 (2012) 267–291, hier 281 f. Vogt sieht in den Vorträgen und diversen Artikeln, die von den Zionisten Blumenfeld, Trietsch und Goldmann während des Weltkriegs veröffentlicht wurden, eine »zionistische Kriegsideologie« (»Zionist war ideology«), die sich im Anschluss an den allgemeinen nationalistischen Kriegsdiskurs entwickelt habe und nach der deutsche Zionisten, nationalistische und kolonialistische Ideologie-Diskurse affirmiert und aktiv mitgestaltet hätten. Freilich suchten die deutschen Zionisten den Anschluss an die deutsche Politik und versuchten ihre Ziele über koloniale Argumentationen zu verfolgen. Wenn man jedoch den Blick für die diversen Konzeptionen des deutschen Kolonialismus weitet, sieht man vor allem liberale Imperialisten, die sich mit dem Zionismus auseinandersetzten, wie auch umgekehrt die deutschen Zionisten den Anschluss an diese Strömung suchten. Diesen ging es vor allem um einen wirtschaftlichen und kulturellen Nutzen, den sie sich vom Zionismus versprachen.

September 1915 trafen sich Blumenfeld und andere Zionisten mit Redakteuren der Frankfurter Zeitung. Nachdem sie diesen die Verhältnisse in Palästina und die Bedeutung des Zionismus innerhalb der größeren politischen Sachverhalte auseinandergesetzt hatten, erklärten sie, dass sie »nichts Positives wünschen«, außer dass die Redaktion nichts gegen die zionistische Arbeit unternehme, da man eine Zusammenarbeit mit der deutschen Regierung anstrebe: »Wir hoffen, dass die deutsche Regierung sich für uns einsetzt, und es ist in unserem Interesse, dass diese Zusammenarbeit nicht von publizistischer Seite gestört wird.«[178] Offene Propaganda wünschten sie jedoch nicht.[179] Sie erhofften sich allerdings von der größeren medialen Aufmerksamkeit auch wachsendes Interesse von offizieller Seite.

3.2   Erste Erfolge: Zugeständnisse der deutschen Diplomatie

Die Argumentation deutscher Zionisten während des Weltkriegs betonte zwar eine allseitige Interessensgemeinschaft, die zwischen ihnen, Deutschland und dem Osmanischen Reich bestehe. Die osmanische Haltung war jedoch unverändert feindselig geblieben. Seit dem Beginn des Krieges hatten die deutschen Zionisten, parallel zu ihrem Werben um öffentliche Sympathien, Eingaben an das Auswärtige Amt gesandt und auf ihre kriegswichtige Bedeutung hingewiesen. Victor Jacobson argumentierte gegenüber Arthur Zimmermann (1864–1940), Unterstaatssekretär im Auswärtigen Amt, ein deutsches Eintreten für die Zionisten würde »die Juden aller Länder veranlassen, sich Deutschland besonders verbunden zu fühlen und gegen jede antideutsche Stellungnahme in kommenden wirtschaftlichen Kämpfen aufzutreten.«[180] Besonders der von der ZO nach Konstantinopel beorderte Richard Lichtheim war bemüht, der hiesigen deutschen Botschaft die Bedeutung der zionistischen Bewegung zu vermitteln. Eine

---

178 Leo Hermann, Protokoll über die Sitzung vom 18. September 1915 im Café Josty, 18.9.1915. In: CZA Z3/19.

179 Eine solche wäre womöglich mit anderen propagandistischen Initiativen kollidiert. Die »Nachrichtenstelle für den Orient« (NO) etwa versuchte ein Programm zu entwickeln, das die muslimische Bevölkerung der Kolonialgebiete Frankreichs und Großbritanniens gegen ihre Kolonialherren zu mobilisieren suchte. Die NO hatte sich beim Auswärtigen Amt über einen Bericht der Vossischen Zeitung vom 25.3.15 beschwert, in dem der Vortrag Alfons Paquets mit folgenden Worten kommentiert worden war: »Bei einem Verlauf des Krieges, wie wir ihn erhoffen, wird Deutschland einen herrschenden Einfluss in der asiatischen Türkei gewinnen.« Die NO warnte davor, das »Selbstgefühl unserer türkischen Verbündeten« zu verletzen und bat darum, derartige Aussagen zu unterdrücken, Karl Emil Schabinger von Schowingen an Auswärtiges Amt, 29.3.1915. In: PAAA Türkei 195 R 14129. Über die Tätigkeiten der NO, vgl. *Kröger*, Martin: Revolution als Programm. Ziele und Realität deutscher Orientpolitik im Ersten Weltkrieg. In: *Michalka*, Wolfgang (Hg.): Der Erste Weltkrieg. Wirkung, Wahrnehmung, Analyse. München 1994, 366–391.

180 Victor Jacobson an Arthur Zimmermann, 30.07.1915. In: PAAA Türkei 195 R 14131.

»grundsätzliche Stellungnahme der deutschen Regierung«, hoffte Lichtheim, würde dabei helfen, die zionistischen Ziele unbeschränkter jüdischer Einwanderung nach Palästina und die Möglichkeit freien Landerwerbs bei der Pforte durchzusetzen.[181]

Tatsächlich unterrichtete der deutsche Botschafter von Konstantinopel, Paul Metternich (1853–1934) am 22. November 1915, alle deutschen Konsulate im Osmanischen Reich, dass die deutsche Regierung den

Bestrebungen des Judentums, welche auf die Hebung des geistigen und wirtschaftlichen Niveaus der in der Türkei lebenden Juden oder auf die Förderung der Einwanderung und Ansiedlung ausländischer Juden gerichtet sind und welche auf die Gewährung des deutschen Schutzes keinen Rechtsanspruch besitzen, [...] freundlich gegenübersteht

– »sofern«, betonte das Schreiben ausdrücklich die politische Priorität, »dem nicht als gerechtfertigt zu betrachtende türkisch-staatliche Interessen [...] entgegenstehen.«[182] Ein an den Kanzler adressiertes Begleitschreiben des Botschafters sprach offen davon, dass mit diesen Bestrebungen der Zionismus gemeint war und die »Zusicherung einer freundlichen Haltung« auf die Aktionen Lichtheims zurückgingen. Warum erschien dem Botschafter eine solche Haltung »aus politischen Gründen angezeigt«, wie er sagte?[183]

Bestehende Forschung wertet diese Anweisung an die Konsulate als Beleg dafür, dass die deutsche Regierung als Schutzmacht des Jischuws aufgetreten sei: Allein das Agieren der deutschen Konsulate habe die Gefahr eines »*judenrein* Palestine« abgewendet.[184] Eine solche Bedrohungslage durch die osmanische Regierung ist allerdings nicht nachgewiesen. Osmanische Repressionen gegen Juden in Palästina entsprangen weder antisemitischen Motiven, noch folgten sie einer Vernichtungslogik. Die meisten der Zwangsmaßnahmen hatten kriegsbedingte Ursachen und richteten sich nicht gezielt gegen Juden, sondern Angehörige einer fremden Nationalität: Einige Hundert Juden russischer Staatsbürgerschaft wurden zum Kriegsbeginn aus Palästina ausgewiesen und nach

---

181 Hans von Wangenheim an Bethmann-Hollweg, 14.08.1915. In: PA AA Türkei 195 R 14131.

182 Botschafter Metternich an Theobald Bethmann-Hollweg, 22.11.1915. In: PA AA Türkei 195 R 14131.

183 Metternich an Bethmann-Hollweg, 22.11.1915.

184 *Friedman:* Germany, Turkey, and Zionism 417. Egmont Zechlin vertritt die gegenteilige Ansicht. Zechlin betont, dass Deutschland gewiss die Ausrottung der Armenier im Hinterkopf hatte und die Juden vor einem ähnlichen Schicksal bewahren wollte. Wären die Türken aber ernsthaft zu einer Vernichtung auch der Juden entschlossen gewesen, hätten die Deutschen dahingehend kaum wirksam intervenieren können, vgl. *Zechlin:* Die deutsche Politik und die Juden 346.

Ägypten verschifft.[185] Die jüdische Bevölkerung litt wie die restliche Bevölkerung Palästinas darunter, dass Djemal Pascha (1872–1922), einer der Köpfe des CUP-Triumvirats und während des Kriegs faktischer Alleinherrscher über Palästina, das Lager der Vierten Armee im Zuge des osmanischen Angriffs auf den Suez-Kanal in Palästina aufgeschlagen hatte. Auch die 1917 erfolgten Evakuierungen von Jaffa und Gaza waren keineswegs der Beginn einer Deportation der jüdischen Bevölkerung in Vernichtungsabsicht, sondern betrafen ebenso die christlichen und muslimischen Einwohner. Sie hatten ebenfalls militärstrategische Hintergründe. Das ändert freilich nichts an der Tatsache, dass die Evakuierungen zu katastrophalen humanitären Zuständen unter den Juden Palästinas, Mangelernährung und Krankheit zu vielen Todesopfern geführt hatten.[186]

Djemal Pascha unterdrückte nicht die jüdische Bevölkerung, jedoch die jüdische und noch viel rigoroser die arabische Nationalbewegung. In diesem Kontext sind auch die Ausweisungen hochrangiger zionistischer Führer wie Jizchak Ben Zwi (1884–1963), David Ben Gurion (1886–1973) und Arthur Ruppin zu betrachten. Djemal Pascha neigte durchaus dazu, Zionisten generell der englischen Spionage zu verdächtigen. Dennoch lässt sich für ihn keine direkt antisemitische Haltung nachweisen, ebenso wenig für die anderen Mitglieder des CUP. Die osmanischen Herrscher bekämpften die Zionisten als potenziell separatistische Fraktion und verdächtigten sie der Illoyalität. Außerhalb Palästinas gab es jedoch keine diskriminierenden Maßnahmen gegen Juden. Allerdings herrschten im Jischuw spätestens seit 1915, als sich Berichte über den Genozid an den Armeniern in Palästina verbreiteten, Ängste vor einem ähnlichen Schicksal.[187]

---

185 Benny Morris spricht von etwa 700 Betroffenen. Nachdem Wangenheim und der amerikanische Botschafter Henry Morgenthau sen. (1856–1946) bei den Osmanen intervenierten, wurde die Aktion ausgesetzt. Angehörigen einer fremden Nationalität wurde im Anschluss die Möglichkeit erleichtert, osmanische Staatsbürger zu werden. Insgesamt waren während des Krieges 3000–4000 Juden nach Ägypten ausgewiesen worden oder hatten sich freiwillig dorthin begeben. Die meisten kehrten nach dem Krieg wieder nach Palästina zurück, vgl. Morris *Morris*, Benny: Righteous victims. A history of the Zionist – Arab conflict, 1881–2001. New York 2001, 85 f.; sowie *McCarthy*, Justin: The population of Palestine. Population history and statistics of the late Ottoman period and the Mandate. New York 1990, 21–23.

186 Vgl. *Abramson*, Glenda: Haunted by jackals. The expulsions of 1917. In: Israel Affairs 24/2 (2018) 201–220, hier 205 f.

187 Für eine sehr differenzierte Darstellung der jüdischen Ängste vor einem Genozid und der realen Bedrohungslage, vgl. *Auron*, Yair: The Banality of Indifference. Zionism and the Armenian genocide. New Brunswick/New Jersey 2000, 59–99. Auch wenn der Autor keine vergleichbare Bedrohungslage als erwiesen ansieht, zeigt er, welche Rolle die Ängste unter Juden und Zionisten spielten und einen wesentlichen Beweggrund für die Gründung des mit England zusammenarbeitenden NILI-Spionagenetzwerks ausmachten. Zu NILI, vgl. *Srodes*, James: Spies in Palestine. Love, betrayal, and the Heroic Life of Sarah Aaronsohn. Berkeley/California 2016. Zur Rekonstruktion und Kritik des Gerüchts, vgl. *Mazza:* »We will treat you as we did with the Armenians«. Eine in diesem Punkt leider unausgegorene Darstel-

Der Historiker Hans-Lukas Kieser weist darauf hin, dass die Juden Palästinas zwar einer restriktiven Minderheitenpolitik ausgesetzt waren, dass ein Vorgehen gegen sie aber keine politische Priorität genoss. Der Kopf des CUP, Talaat Pascha (1874–1921), wusste die öffentliche Aufmerksamkeit auf Palästina vielmehr zu benutzen, um von den Armeniermorden abzulenken.[188]

Gerüchte über osmanische Judenmassaker schadeten allerdings dem Deutschlandbild im Ausland. Im Oktober 1914 hatte der ehemalige Sekretär des Reichskolonialamts Bernhard Dernburg (1865–1937) gemeldet, dass für die angeblichen Judenmassaker im Osmanischen Reich, »wir indirekt verantwortlich gemacht werden«.[189] Dernburg hatte in New York ein Pressebüro eröffnet, das in engem Kontakt mit dem Auswärtigen Amt stand. Das Büro suchte antirussische Sentiments unter amerikanischen Juden ausnutzen, die oft selbst aufgrund des Antisemitismus im zaristischen Russland nach Übersee emigriert waren, und zugunsten einer deutschfreundlichen Haltung zu beeinflussen. Gleichzeitig bedienten sich die Zionisten der Strategie, die Juden als gewichtigen Faktor des internationalen politischen Geschehens darzustellen. Das Judentum habe entscheidenden Einfluss auf die öffentliche Meinung, so Lichtheim, und würde durch eine prozionistische Positionierung der deutschen Regierung auf dessen Seite gezogen werden. Lichtheim hatte im Frühjahr 1915 versucht, Hans von Wangenheim (1859–1915), den Amtsvorgänger Metternichs auf dem Botschafterposten in Konstantinopel, davon zu überzeugen, die zionistische Politik ließe sich durch »[e]ine grosszügige und energische Förderung des jüdischen Elements im Orient, speziell in Palästina« für die Mittelmächte gewinnen, was Deutschland »die Sympathien des gesamten Judentums zuführen« werde.[190]

Die wenig später von Metternich erlassene Anweisung zog einen möglichen propagandistischen Nutzen zwar in Erwägung, ging aber längst nicht von einem so weitreichenden Einfluss der ZO aus. Die deutsche Regierung war nicht willens, eine offizielle und öffentliche Sympathieerklärung zugunsten des Zionismus abzugeben. In Metternichs Schreiben an den Kanzler, in dem er über die konsularische Anweisung berichtete, ist zwar davon die Rede, den »Wünschen und Anliegen« besagter jüdischer Kreise, gemeint waren die Zionisten, »freundliches Gehör zu schenken« und »nach Möglichkeit auch durch tätiges Eingreifen zur Erfüllung zu verhelfen«. Dabei wurde jedoch unmissverständlich klar ge-

lung, die nicht weiter thematisiert, inwieweit die »vehement antizionistische Politik« Djemal Paschas »den Jischuw wiederholt in existenzielle Gefahr brachte« und unbedachterweise einen Vergleich mit dem Armenier-Schicksal anstellt, vgl. *Kirchner:* Ein vergessenes Kapitel jüdischer Diplomatie 130.

188 Vgl. *Kieser:* Talaat Pasha 309. Zur Unterscheidung des jüdischen vom armenischen Schicksals, ebd. 295–314.

189 Johann Heinrich von Bernstorff an Auswärtiges Amt, 31.10.1914. In: PA AA Türkei 195 R 14128.

190 Wangenheim an Bethmann-Hollweg, 14.08.1915.

macht,»dass der türkischen Behörde gegenüber der rein freundschaftliche, nicht-amtliche Charakter der Verwendung stets nachdrücklich zu betonten ist.«[191] Es erscheint demnach stark übertrieben, das Dokument, so wie Hansjörg Eiff, als Ausdruck einer politischen Übereinkunft auf Augenhöhe zu interpretieren, in der sich »die Vertreter beider Seiten [...] als Angehörige einer gemeinsamen Kultur mit gegenseitigem Verständnis und Vertrauen begegneten«.[192] Metternich war auf ein Minimalzugeständnis eingegangen, das alle involvierten Parteien versöhnen sollte: Den Zionisten wurden Sympathien signalisiert, ohne dass durch eine öffentliche Erklärung das Osmanische Reich brüskiert worden wäre. Ein großes politisches Risiko war für Metternich damit jedenfalls nicht verbunden. Er bezweifelte von vornherein, »[o]b die dem Zionismus hierdurch in Aussicht gestellte deutsche Förderung bei der bekannten ablehnenden Haltung der Türkischen Regierung« zu einem Gesinnungswechsel führen werde.[193]

Trotzdem dachte Metternich, wie er an den Reichskanzler schrieb, »den Wünschen des Aktionskomitees der zionistischen Organisation im Wesentlichen nachgekommen zu sein, ohne dass deshalb berechtigte deutsche Interessen eine Schädigung zu befürchten hätten.«[194] Zu weiteren Schritten wäre er aber nicht bereit, signalisierte der Botschafter.

Mit der Bekundung von Interesse und einer inoffiziellen Sympathieerklärung wollten sich die Zionisten indes nicht zufriedengeben. Otto Warburg und das EAC versuchten weiterhin, das Auswärtige Amt zu einer öffentlichen Erklärung zu bewegen.[195] Doch alle von den Zionisten vorgetragenen Argumente waren nicht bedeutend genug, um die deutschen Diplomaten die Beziehung zu den osmanischen Verbündeten gefährden zu lassen. Es kann festgehalten werden: Die politische Wirkung der zionistischen Interventionen blieb auch während der Weltkriegsjahre äußerst begrenzt.

Eines war den Zionisten jedoch gelungen: Es hatte sich endlich eine breitere Debatte entsponnen. Es lassen sich dabei zwei Lager differenzieren: Vertreter des rechtsnationalistischen und völkischen Spektrums versuchten den Zionismus aus antisemitischen Motivation zu instrumentalisierten oder offenbarten zumindest antisemitische Ansichten, die in ihre strategischen Erwägungen miteinflossen; Nationalliberale, konservative und sozialdemokratische Politiker

191 Metternich an Bethmann-Hollweg, 22.11.1915.
192 *Eiff*: Die jüdische Heimstätte in Palästina in der deutschen Außenpolitik 1914–1918 227. Abgesehen davon zieht Eiff unhistorische Verbindungslinien, indem er die Protektionspraxis der deutschen Außenpolitik explizit der antisemitischen Judenpolitik des Nationalsozialismus gegenüberstellt, da »wenige Jahre vor dem Machtantritt der Nationalsozialisten deutsche Regierungsstellen faktische Schutzmacht der jüdischen Ansiedlung in Palästina waren«, ebd.
193 Metternich an Bethmann-Hollweg, 22.11.1915.
194 Metternich an Bethmann-Hollweg, 22.11.1915.
195 Vgl. Otto Warburg, Victor Jacobson an Richard von Kühlmann (Staatssekretär im Auswärtigen Amt), 12.11.1917. In: PAAA Türkei 195 R 14141.

und Autoren, die von der weltpolitischen Bedeutung des Zionismus überzeugt waren und mit den Zionisten auf Augenhöhe agierten. Sie stellten sich in den meisten Fällen gegen die bloße Instrumentalisierung und vor allem antisemitische Motive. Diese gegensätzlichen Rezeptionen sollen anhand zweier thematischer Blöcke ausgeleuchtet werden: die während des Weltkriegs ideologisch überhöhte Konkurrenzsituation zu Großbritannien; sowie die öffentliche Debatte über »Ostjuden«.

3.3 Kultur gegen Zivilisation, Weltpolitik gegen Imperialismus

Im Werben um jüdische Sympathien während des Weltkriegs waren Deutschland und Großbritannien Konkurrenten.[196] Doch: London bemühte sich stärker um den Zionismus als Berlin; allerdings hatte man sich auch öffentlich mit dem Zionismus auseinandergesetzt, worüber man sich jenseits des Ärmelkanals beunruhigt zeigte. Britische Regierungskreise befürchteten das, was sich einige weltpolitische Publizisten ausmalten: dass Deutschland durch ein Bündnis mit den Zionisten seinen Einfluss im Nahen Osten ausbauen würde.[197] Bereits im Mai 1914 war in der »Egyptian Gazette« ein Artikel über den wachsenden Einfluss des Deutschen Reichs in der Region erschienen, der auf die machtpolitische Indienstnahme des Zionismus durch die feindliche deutsche Großmacht zurückgehe: »the Zionists were lulled into an agreement with Germany«.[198] Solche Ängste sollten wenig später zum Zustandekommen der Balfour Declaration im November 1917 beitragen, in der die britische Regierung die Idee einer nationalen Heimstätte für das jüdische Volk in Palästina billigte und zu ihrem Aufbau Unterstützung zusagte.[199]

Auf der Gegenseite wurden die britischen Pläne wiederum mit Argwohn verfolgt. Berichte über angebliche »englische Drahtzieher«, die den Zionismus den Zielen des Empires dienstbar zu machen versuchten, beschäftigten jedoch

---

196 Für den engen Austausch des Foreign Office mit den englischen Zionisten um Chaim Weizmann spielten neben Propagandaeffekten auf die öffentliche Meinung auch imperiale Überlegungen eine große Rolle, vgl. *Renton*, James: The Zionist Masquerade. The Birth of the Anglo-Zionist Alliance, 1914–18. Basingstoke 2007, 58–72.

197 Vgl. *Fromkin*: A peace to end all peace 197 f.

198 Zionists and Germany. More than a language question. In: Egyptian Gazette vom 16.05.1914.

199 Vgl. *Fromkin*: A peace to end all peace 296; *Reinharz*, Jehuda: The Balfour Declaration and Its Maker: A Reassessment. In: The Journal of Modern History 64/3 (1992) 455–499, hier 478, 483, 494; *Stein*, Leonard: The Balfour Declaration. New York 1961, 516 f. Saadia Weltmann bestreitet diese Theorie, argumentiert aber nicht logisch: tatsächlich lässt sich aufgrund der reservierten Haltung der deutschen und osmanischen Regierungen nicht ausschließen, dass die englische Erklärung in Erwägung einer potentiellen deutschen erfolgte, vgl. *Weltmann*, Saadia E.: Germany, Turkey, and the Zionist Movement, 1914–1918. In: The Review of Politics 23/2 (1961) 246–269.

mehr die öffentliche Debatte, als dass sie die Vertreter des deutschen Diploma-
tenkorps zu einer engagierteren Unterstützung des Zionismus bewegten.[200] Die
deutsche Öffentlichkeit reagierte allerdings durchaus auf das vermutete zionis-
tisch-britische Bündnis: In der deutschen Presse wurde vielfach und aus diversen
politischen Spektren die deutsche Unterstützung der Bewegung gefordert. Erstmals im Februar 1915 berichteten die großen deutschen Tageszeitungen geballt
über die strategische Indienstnahme des Zionismus vonseiten Englands.[201] Während Englands judenfreundliche Propaganda der Kaschierung seiner imperialen
Machtpolitik diene, habe sowohl die deutsche wie osmanische Regierung den
Juden stets aufrichtiges Verständnis und Sympathie entgegengebracht, so der
überwiegende Tenor der deutschen Presse.

Dass, was man der Gegenseite unterstellte, galt auch für die Deutschen: Es
gaben vorwiegend geopolitische Erwägungen den Ausschlag. Der rechtskonservative Publizist Gustav von Dobbeler (1874–1945) wies im Mai 1917 auf die
Wichtigkeit Palästinas hin, als »heißbegehrte[r] Brücke zwischen Ägypten und
Indien«, und drängte auf die »Schaffung eines in strengster Abhängigkeit von
der türkischen Oberhoheit befindlichen jüdischen Staatswesens«.[202] Man müsse
»Englands neuestem imperialistischen Vorhaben begegnen, indem wir ihm
vorwegnehmen. was es zu tun beabsichtigt.« Der Kampf um Palästina sei reine
»Notwehr«, »wie der U-Bootkrieg die einzig mögliche Antwort auf die engli-
sche Blockade ist.« Der Zionismus sei darüber hinaus noch aus einem weiteren
Grund nützlich. Trotz Taufe oder Patriotismus, bleibe der Jude, so Dobbeler,
doch immer ein Fremder. Und so würde eine »jüdische Abwanderung [...] uns
von einem Druck, unter dem unsere Politik, unsere Kunst, unser Zeitungswesen,
Handel und Wandel stehen, befreien!« Auch andere konservative Autoren, wie
der Münchner Publizist Josef Hofmiller (1872–1933) meinten die »weltpolitische
Bedeutung« des Zionismus zu erkennen.[203] Hofmiller sah in der Einwanderung

200 Friedrich Rosen (Gesandter in Den Haag) an Auswärtiges Amt, Jüdische Bewegung
und der Zionismus, 10.05.1917. In: PAAA Türkei 195 R 14137.
201 Vgl. Der Krieg im Orient. Durchsichtiges Spiel. In: Kölnische Zeitung vom 03.02.1915;
Verhetzungsversuche gegen die Türkei. In: Vossische Zeitung vom 01.02.1915. Auch die deutsche Berichterstattung über die osmanischen Evakuierungsmaßnahmen der jüdischen Bevölkerung Palästinas war stark von diesem Tenor geprägt, vgl. Die Wahrheit über Palästina. In:
Vossische Zeitung vom 07.06.1917; Ein jüdisches Armeekorps gegen Palästina. In: Kölnische
Zeitung vom 17.08.1917.
202 Dobbeler, Gustav von: Eine jüdische Republik in Palästina? In: Der Reichsbote vom
02.05.1917. Zur Ausrichtung des Reichsboten, einem Schwesterblatt der »Kreuzzeitung«, vgl.
Bussiek, Dagmar: Das Gute gut und das Böse böse nennen. Der Reichsbote 1873–1879. In:
Grunewald, Michel/Puschner, Uwe (Hg.): Krisenwahrnehmungen in Deutschland um 1900.
Zeitschriften als Foren der Umbruchszeit im wilhelminischen Reich. Bern 2011, 97–119.
203 Hofmiller war Herausgeber der »Süddeutschen Monatshefte«, einer der großen kaiserlichen Kulturzeitschriften, die im Zuge des Weltkrieges immer weiter nach rechts ausscherte.
Nach der Kriegsniederlage trug sie wesentlich zur Verbreitung der »Dolchstoßlegende« bei,
vgl. Flemming, Jens: Gegen die intellektualistische Zersetzung der alten moralischen Werte.

Abb. 2: Franz Carl Endres (1878–1954), 1915.

zionistischer Juden nach Palästina und ihrer »Ansiedlung als Ackerbauer und Handwerker« eine »hocheinzuschätzende Hemmung gegen großbritannische Einnistungsversuche« im Nahen Osten.[204] Konservative bis rechtslastige Autoren wie Hofmiller, der im Herbst 1917 den Gründungsaufruf der völkisch-antisemitischen und expansionistischen Deutschen Vaterlandspartei mitunterzeichnete, erkannten strategischen und politischen Nutzen im Zionismus. Abgesehen

Die Süddeutschen Monatshefte zwischen Krieg und Nationalsozialismus. In: *Grunewald, Michel/Puschner,* Uwe (Hg.): Le milieu intellectuel conservateur en Allemagne, sa presse et ses réseaux (1890–1960). Das konservative Intellektuellenmilieu in Deutschland, seine Presse und seine Netzwerke (1890–1960). Bern 2003, 165–201.

204 *Hofmiller,* Josef: Rußlands Westgrenze. In: Süddeutsche Monatshefte 12/2 (1915) 651–658, hier 657.

von dieser instrumentellen Bezugnahme interessierten sie sich wenig für jüdische Belange.

Es gab jedoch auch Stimmen, die sich für eine deutsche Unterstützung des Zionismus aussprachen und den Zionisten dabei auf Augenhöhe begegneten. Eine wichtige Figur dieses Kontextes war Franz Carl Endres (1878–1954), Major a. D. und als Mitglied des Generalstabs um den zur Reorganisation des osmanischen Militärs abgesandten Colmar von der Goltz lange in der Türkei stationiert.[205] Endres stand den Weltkrieg über in engem Kontakt mit den Zionisten. Er trat als Redner auf und warb in enger inhaltlicher Abstimmung mit den Zionisten für ihre Sache. Regelmäßig verfasste er als Militärkorrespondent der »Münchener Neuesten Nachrichten« Artikel, unter anderem über zionistische Angelegenheiten.[206] Der britische Historiker Leonard Stein nennt Endres rückblickend den »German Sidebotham«[207], in Anlehnung an den Militärkorrespondenten des »Guardian« und britischen Zionismusenthusiasten Herbert Sidebotham (1872–1940). Endres war ein entschiedener Verfechter einer prozionistischen deutschen Weltpolitik – die er als unvereinbar mit Antisemitismus ansah.

Endres intervenierte in einem unmittelbar vor der Balfour Declaration erschienenem Artikel gegen antisemitische Entstellungen, die den »Grundlagen deutscher Weltpolitik« schaden würden.[208] Es gelte »innenpolitische« Fragen gänzlich auszublenden und den Zionismus hinsichtlich seiner Kolonisationserfolge und seiner Relevanz für die deutsche Außen- und Weltpolitik zu beurteilen. Antisemitische Gefühle und das Bewusstsein für Weltpolitik waren für

---

205 Endres war Lehrer für Taktik und Kriegsgeschichte und erhielt 1912 einen Ruf an die Generalstabsschule in Konstantinopel. Er nahm auf osmanischer Seite an den Balkankriegen 1912/13 teil. 1914 war er zum Generalstabschef der 5. Armee des Osmanischen Reichs ernannt worden. Nachdem er 1915 an Malaria erkrankt war, betätigte er sich vorwiegend journalistisch und schriftstellerisch. Nach dem Krieg war er Mitglied in der Deutschen Friedensgesellschaft. Zu seiner Biographie, vgl. *Wehberg*, Hans: Franz Carl Endres wird 70 Jahre alt. In: Die Friedens-Warte 48/6 (1948) 319–321; *Schaerer*, Simon: Franz Carl Endres (1878–1954). Kaiserlich-osmanischer Major, Pazifist, Journalist, Schriftsteller. In: *Wette*, Wolfram (Hg.): Pazifistische Offiziere in Deutschland 1871–1933. Bremen 1999, 230–245.

206 Aufbauend auf dieser Tätigkeit publizierte er seine Gedanken und Forderungen zu dem Thema im Februar 1918 in der Broschüre »Zionismus und Weltpolitik«, worin er für Reformen und einen anderen Umgang mit den nicht-türkischen Minderheiten im Osmanischen Reich plädierte. Sowohl das osmanische Regierungssystem als auch die ansässigen Fellachen würden von der jüdischen Kolonisation immens profitieren, vgl. *Endres*, Franz Carl: Zionismus und Weltpolitik. München 1918 sowie *Endres*, Franz Carl: Die Ziele des Zionismus und die Türkei. In: Europäische Staats- und Wirtschaftszeitung 1 (1917).

207 *Stein:* The Balfour Declaration 534. Herbert Sidebotham gründete zusammen mit dem britischen Zionistenführer Harry Sacher die »British Palestine Society« in Manchester, deren Ziel es war, eine »community of ideals and interests between Zionism and British policy« zu bilden. Vgl. dazu *Schneer*, Jonathan: The Balfour Declaration. The Origins of the Arab-Israeli Conflict. London 2011, 203–206.

208 *Endres*, Franz Carl: Zionismus und deutsche Politik. In: Jüdische Rundschau 22/37 (1917) 303, Nachdruck aus *Münchener Neueste Nachrichten* vom 28.08.1917.

Endres zwei gegensätzliche Prinzipien; Judenfeindschaft habe als Privatmeinung und »hochgradig[e] politisch[e] Dummheit« in der großen Politik nichts zu suchen. Das Vorurteil schwäche die Erkenntnis und »allein das Verständnis für das uns Wesensfremde [vermag] uns mit der Welt zu versöhnen.«[209]

Kurz nach der Balfour Declaration referierte Endres in München vor 500 Menschen über das Thema »Zionismus und Weltpolitik«.[210] Endres plädierte für ein deutsches Protektorat über Palästina. Unter osmanisch-deutschem Schutze würden die Zionisten, anders als unter englischer Protektion, nicht zu einem Werkzeug imperialistischer Politik werden. Endres' Verständnis zufolge waren die Juden ein organischer Bestandteil des osmanischen Vielvölkerstaates, wo sie als deutschnahe Kolonistengruppe zu einem wichtigen Bündnispartner für das Deutsche Reich würden. Endres ging es um Annäherung und Integration. Der Jude stellte für ihn den »geschaffene[n] Besiedler Palästinas« dar, der seine alte jüdische Heimat zu einer Musterprovinz des Osmanischen Reichs ausbaue. Er bringe »all die Imponderabilien mit, die nun einmal der Begriff ›Heimat‹ im Herzen des Menschen auslöst.«[211] Endres' Verständnis von Palästina als jüdischem Heimatland war keineswegs mit dem Ausschluss der deutschen Juden oder anderen antisemitischen Beweggründen verknüpft. So vertrat Endres eine synthetische Position, in der deutsche, osmanische und jüdische Interessen gleichermaßen zu ihrem Recht kommen sollten.

Diese Sichtweise teilten auch Autoren mit nationalliberalem oder sozialdemokratischem Hintergrund. Ein Schlüsselwerk des liberalen Imperialismus stellte Friedrich Naumanns »Mitteleuropa« (1915) dar, das zu einem Bestseller wurde und im ersten Jahr bereits vier Neuauflagen erlebte.[212] Naumann ent-

---

209 *Endres:* Zionismus und Weltpolitik 4. Indem er das Jüdische als »wesensfremd« charakterisierte, bediente sich auch Endres einer ethnisierenden Sprache. Auch hielt er die »Überflutung« Deutschlands durch osteuropäische Juden ebenfalls nicht für wünschenswert, da ein solcher Migrationsstrom den Antisemitismus erst schüren würde. Diese Einschätzung war insofern naiv, als dass sie Ursache und Wirkung des Antisemitismus verkehrte. Endres war jedoch bemüht, die feindselige Stimmung gegen »Ostjuden« nicht weiter anzufachen, sondern vielmehr deren Wert für die deutsche Politik herauszustellen.
210 *Endres,* Franz Carl: Der Zionismus und die Großmächte. In: Münchener Neueste Nachrichten vom 17.01.1918, vgl. auch Zionismus und Palästinaproblem. In: Jüdische Rundschau 22/47 (1917) 378–379, hier 379. Die Veranstaltung fand auf Einladung der Zionistischen Ortsgruppe München statt. Kurz darauf referierte er in Frankfurt über den Zionismus im Rahmen des Weltkriegs, vgl. Franz Carl Endres an Leo Hermann, 12.11.1917. In: CZA Z3/26.
211 *Endres:* Zionismus und Weltpolitik 98 f.
212 *Naumann,* Friedrich: Mitteleuropa. Berlin 1915. Im Erscheinungsjahr soll das Werk in 40.000–100.000 Exemplaren verkauft worden sein, vgl. *Frölich,* Jürgen: Friedrich Naumanns »Mitteleuropa«. In: *Vom Bruch,* Rüdiger (Hg.): Friedrich Naumann in seiner Zeit. Berlin 2000, 245–268, hier 259. Vgl. außerdem *Peschel,* Andreas: Friedrich Naumanns und Max Webers »Mitteleuropa«. Eine Betrachtung ihrer Konzeptionen im Kontext mit den »Ideen von 1914« und dem Alldeutschen Verband. Dresden 2005; *Theiner,* Peter: »Mitteleuropa«: Pläne im Wilhelminischen Deutschland. In: Geschichte und Gesellschaft 10 (1984) Sonderheft, 128–148.

warf darin die Vision eines von Deutschland dominierten mitteleuropäischen Imperiums. Ein föderal organisiertes Mitteleuropa stellte eine klare Absage an den Alldeutschen Verband dar, dessen während des Kriegs formulierte völkische Großraumkonzepte massive ethnische Bereinigungen und Bevölkerungstransfers vorsahen. In der Debatte um das Buch erweiterten Naumann nahestehende Autoren wie Jäckh den Radius zu einem »größeren Mitteleuropa«, das die Türkei in diesen fulminanten Machtblock integrierte.[213] Naumann plädierte für die Einbeziehung der osteuropäischen Juden, auch, weil er von ihrer wirtschaftlichen Bedeutung überzeugt war. So verwundert es wenig, dass in Naumanns Zeitschrift »Die Hilfe« auch der Zionismus als Faktor begriffen wurde, der »vom Standpunkte der deutschen und türkischen Interessen«, wie ein Autor 1915 festhielt, »im Anschluß an das Deutschtum, [...] wahrhaft Großes für die Menschheit leisten [könnte]«[214]. Berthold Bürger, der Verfasser des Textes, stellte die in Palästina von jüdischen Bauern verrichtete körperliche Arbeit als einzigartige Kulturleistung dar. Diese Bauern widerlegten den Vorwurf, der Zionismus sei eine bloße Utopie, und lieferten den Beweis, dass »das Volk der Juden noch Schöpferisches zu leisten imstande ist.«[215] Durch die Verlängerung deutscher Wirtschaftsbeziehungen in den Orient hinein, erschien das Palästinawerk als ein Ausdruck informeller deutscher Kolonisation.

Karl Jünger, ein Autor, der sich während des Weltkrieges für eine stärkere Integration des Auslandsdeutschtums, deutschstämmige Aussiedler und Kolonisten, in die nationale Gemeinschaft engagierte, wies in der Wochenschrift »Die Umschau« auf die überwiegend deutschen Ursprünge des Zionismus hin. Dieser Umstand mache ihn zu einem außenpolitischen Faktor des Deutschen Reichs, so würde »mit jüdischer Hilfe Palästina zu einem starken Hort seiner Kultur und einem sichern Gebiet seines Weltwirtschaftsreiches«. Jünger unterstrich besonders die Deutschnähe der Zionisten hinsichtlich ihrer Sprache, politischen Gesinnung sowie ihrer Arbeitsauffassung.[216]

---

213   Vgl. *Jäckh*, Ernst: Das Grössere Mitteleuropa. Weimar 1916.
214   *Bürger*, Berthold: Die Zukunft Palästinas und die Judenfrage. In: Die Hilfe. Gotteshilfe, Selbsthilfe, Staatshilfe, Brüderhilfe 21/15 (1915) 236–238, hier 238.
215   Ebd. 237.
216   Vgl. ebd. Alle entscheidenden Institutionen der zionistischen Bewegung seien mit »Reichsdeutschen« besetzt, so Bürger. Die Zionisten stünden auch politisch auf Seiten des Deutschtums, wie sich in den Feldpostbriefen deutscher Zionisten zeige. Bürger zitiert hier aus dem Feldpostbriefen des deutschen Zionisten Paul Michaelis, der sich darin mit der Vereinbarkeit von Deutschtum und Zionismus befasste: »Der deutsche Zionist, als Angehöriger eines der ersten Kulturstaaten der Erde, wird, wenn er als Kulturpionier nach Palästina geht, deutsche Errungenschaften des Geistes und der Technik mitnehmen, um sie im Lande Israels nutzbar zu verwerten. Er wird als Jude ins Land der Väter gehen, sein deutsches Land wird er aber dort nie vergessen.«, vgl. *Michaelis*, Paul: Eine Kriegs- und Chanukahbetrachtung. In: Jüdische Rundschau 19/50 (1914) 451.

Ähnliche Anschauungen waren in sozialdemokratischen Kreisen verbreitet. Vor allem der revisionistische Flügel der Partei hatte sich bereits in den Vorjahren des Krieges dem Kolonialgedanken geöffnet.[217] Um Eduard Bernstein (1850–1932) hatte sich eine Gruppe gebildet, um Ansätze einer sozialistischen Kolonialpolitik zu formulieren.[218] Zahlreiche Beiträge von Reichstagsabgeordneten wie Ludwig Quessel (1872–1931), Hermann Kranold (1888–1942)[219] und anderen Autoren des revisionistischen Hauptorgans der »Sozialistischen Monatshefte« waren maßgeblich daran beteiligt, einer deutschen Kolonialpolitik progressives Potential abzuringen.[220] In diesem Kontext fand auch eine Auseinandersetzung mit dem Zionismus statt.[221]

Quessel war von Rohrbach beeinflusst, dessen bereits erwähnten, vom zionistischen KJV organisierten Vortrag über die »Zukunft des Orients« er besucht hatte.[222] Er war sich mit den liberalen Imperialisten einig, dass der Zionismus für eine »produktive« Orientpolitik von großem Wert sein könne. Doch noch mehr als das: Der Blick des SPD-Politikers auf den Zionismus war mit der zeitgleich entwickelten Position des jungen Zionisten Nahum Goldmann (1895–1982) nahezu deckungsgleich: Beide Autoren vermuteten eine tiefe Beziehung zwischen Deutschland und dem Zionismus, das deutsche und das jüdische Volk sei durch eine Wesens- und Schicksalsgemeinschaft aneinandergeschweißt.[223]

217 Vgl. *Diner*, Dan: Sozialdemokratie und koloniale Frage – dargestellt am Beispiel des Zionismus. In: Die Dritte Welt 3/112 (1974) 58–87.

218 Vgl. *Hyrkkänen*, Markku: Sozialistische Kolonialpolitik. Eduard Bernsteins Stellung zur Kolonialpolitik und zum Imperialismus 1882–1914. Helsinki 1986; *Heid*, Ludger: »... schreiben mir, dem Juden und Sozialisten, als eine doppelte Pflicht vor...«. Eine Einführung. In: *Bernstein*, Eduard (Hg.): »Ich bin der Letzte, der dazu schweigt«. Texte in jüdischen Angelegenheiten. Potsdam 2004, 13–57.

219 Kranold war leitender Redakteur der von Gustav Noske herausgegebenen sozialistischen »Chemnitzer Volksstimme« und für die Monatshefte als ständiger Autor hauptsächlich mit Erziehungs- und Wirtschaftsfragen befasst.

220 Die bereits von Morgenstern vertretene These vertieft Christian Dietrich mit einer noch ausführlicheren Quellenanalyse, vgl. *Dietrich*, Christian: Positions on Zionism in the Wake of the Colonial Policy Debate: Perspectives on Labour Zionism in the »Sozialistische Monatshefte«. In: *Parfitt*, Steven/*Costaguta*, Lorenzo/*Kidd*, Matthew/*Tiplady*, John (Hg.): Working-Class Nationalism and Internationalism until 1945. Essays in Global Labour History. Cambridge 2018, 63–86.

221 Die Monatshefte interessierten sich zunächst für den osteuropäischen Arbeiterzionismus. Quessel war dann der erste Nichtjude, der sich in den Monatsheften für den Zionismus ausgesprochen hatte. Vgl. *Keßler*, Mario: Sozialismus und Zionismus in Deutschland 1897–1933. In: *Heid*, Ludger/*Paucker*, Arnold (Hg.): Juden und deutsche Arbeiterbewegung bis 1933. Soziale Utopien und religiös-kulturelle Traditionen 1992, 91–102, hier 91–96; *Morgenstern*, Andreas: Die »Sozialistischen Monatshefte« im Kaiserreich. Sprachrohr eines Arbeiterzionismus? In: Jahrbuch für Forschungen zur Geschichte der Arbeiterbewegung 11/3 (2012) 5–25, hier 7–16.

222 Vgl. *Morgenstern*: Die »Sozialistischen Monatshefte« im Kaiserreich 16.

223 Der gerade erst 23 Jahre alte Zionist Goldmann, späterer Gründer und langjähriger Präsident des Jüdischen Weltkongresses, erinnert sich in seiner Autobiographie seiner glei-

Quessel nahm an, dass beide Völker das gleiche Schicksal teilten, fast überall »unbeliebt, ja sogar verhaßt zu sein«.[224]

Die Weltkriegs-Gegnerschaft zum britischen Empire entfachte kulturelle Semantiken über einen grundsätzlichen metaphysischen Kampf zweier Prinzipien um eine gerechtere Weltordnung: Kultur gegen Zivilisation. Die deutschen Prinzipien Ordnung, Innerlichkeit und Gemeinschaft stünden der als künstlich wahrgenommenen Gesellschaft, Oberflächlichkeit und Zügellosigkeit der Westmächte gegenüber.[225] Diese Semantik war auch in den Zionismus-Rezeptionen spürbar: Großbritannien wurde beschuldigt, den Zionismus für imperialistische Pläne einzuspannen. Englischer Imperialismus verfolge nur schnöde Machtinteressen, während der Zionismus sich angeblich in die deutsch-osmanische Gemeinschaft organisch einfüge. Nur im Rahmen der deutschen Weltpolitik und innerhalb des Gefüges der osmanischen Souveränität sei an die Realisierung des zionistischen Projekts zu denken; als Schachfigur englischer Machtpolitik hingegen habe es keine Zukunft.[226] Damit wurde der britischen Kolonialpolitik

---

chermaßen von deutschnationalistischer Euphorie und jüdischem Bewusstsein geprägten Gesinnung zu Beginn des Krieges. Er lernte Ernst Jäckh kennen, der Goldmann als Propaganda-Autor anwarb. Goldmanns Kriegspamphlete wurden in zehntausenden Exemplaren verbreitet. Jäckh und Rohrbach boten Goldmann ebenfalls an, in ihren Blättern zum Zionismus zu publizieren, vgl. *Goldmann*, Nahum: Staatsmann ohne Staat. Autobiographie. Köln 1970, 73–75.

224 *Quessel*, Ludwig: Deutsche und jüdische Orientinteressen, in: Sozialistische Monatshefte. In: Sozialistische Monatshefte 19/8 (1915) 398–40, hier 399. Ein Jahr später, 1916, verfasste Goldmann ein Pamphlet über die »Weltkulturelle Bedeutung und Aufgabe des Judentums« (1916) und führte diesen Gedanken darin aus. Er sah eine metaphysische Verwandtschaft zwischen Deutschtum und Judentum, die zu einem gemeinschaftlichen Werk im Orient von welthistorischem Ausmaß führen würde. Die deutsche Unterstützung des Zionismus schaffe nicht nur Voraussetzungen zur »Neubelebung Vorderasiens«, sondern beende zugleich das »Ahasverdasein Israels«. Damit sichere sich das Deutsche Reich »im jüdischen Volke für alle Zeiten einen dankbaren Mitarbeiter an dem großen Werke der künftigen sozialen Weltkultur«. *Goldmann*, Nahum: Von der weltkulturellen Bedeutung und Aufgabe des Judentums. München 1916, 48, 52. Die unter deutscher Ägide verfolgte »Wiederherstellung Palästinas« schaffe eine »Verbindungsbrücke nach Europa«, griff auch Goldmann das bekannte Mittler-Motiv auf, *Goldmann*, Nahum: Deutschland und Palästina. In: Das Größere Deutschland. Wochenschrift für deutsche Welt- und Kolonial-Politik 2/30 (1915) 989–995, hier 995.

225 Zum breiteren Kontext der »Ideen von 1914«, dem Schlagwort, in dem sich diese Semantiken bündelten, vgl. *Gollwitzer*: Weltgedanken 149–154; *Maier*, Hans: Ideen von 1914 – Ideen von 1939? Zweierlei Kriegsanfänge. In: Vierteljahrshefte für Zeitgeschichte 38/4 (1990) 525–542; *Mommsen*, Wolfgang J.: Der Geist von 1914. Das Programm eines politischen Sonderweges der Deutschen. In: *Mommsen*, Wolfgang J. (Hg.): Der autoritäre Nationalstaat. Verfassung, Gesellschaft und Kultur des deutschen Kaiserreiches. Frankfurt a.M. 1992, 407–421.

226 »England braucht einen Aegypten vorgelagerten Pufferstaat, den es unter dauernder Kontrolle haben will«, Die Mittelmächte und das Palästinaproblem. In: Solinger Anzeiger vom 27.08.1917 sowie *Georg*, Manfred: Um den jüdischen Staat. In: Deutsche Montags-Zeitung vom 26.11.1917.

ein grundsätzlich destruktives Potential unterstellt, deren Expansionismus keine Rücksicht auf menschliche Bedürfnisse nehme – deutsche Weltpolitik stelle das Gegenteil davon dar.

Diese Art der Rhetorik nutzten Publizisten unterschiedlicher politischer Prägung. Rechtskonservative Autoren wie Dobbeler machten keinen Hehl aus ihren rein instrumentellen Absichten. Sie wurden jedoch von anderen Publizisten kritisiert, die in den Zionisten einen durchaus ernstzunehmenden weltpolitischen Partner sahen. Neben Endres findet sich in dem Publizisten Carl Adolf Bratter (geb. 1861) eine Stimme, die dem Zionismus weltpolitische Relevanz attestierte und zugleich aktiv Antisemitismus bekämpfte.

Nachdem sich 1917 US-Präsident Woodrow Wilson mit amerikanischen Zionisten getroffen hatte, konstatierte Bratter in der Vossischen Zeitung, wie viel mehr sich amerikanische und britische Regierungskreise um »jüdische Wünsche« bemüht zeigten.[227] Bratter griff die unlängst von Dobbeler im »Reichsboten« ausgesprochene Forderung auf, »Deutschland solle sich selbst an die Spitze dieser Bewegung stellen«, um den englischen Bestrebungen zuvorzukommen. Bratter meinte zwar, den »weltpolitisch richtigen Kern« dieses Postulats zu erkennen, gleichzeitig sah er aber auch die antisemitische Motivation. Es gelte sich, so Bratter, jeder »innenpolitischen« Bezugnahme auf den Zionismus zu enthalten; nichtjüdische Unterstützer des Zionismus dürften sich nicht dem Verdacht des Antisemitismus aussetzen. Beide Artikel, der von Dobbeler und der von Bratter, stimmten darin überein, dass ausschließlich die Mittelmächte ein ernsthaftes Interesse am Gelingen des Zionismus hätten, seine »englische Umdeutung« hingegen einem »gegen das türkische Reich gerichteten Zerstörungsprogramm« folge. Der wahre Zionismus bezwecke »selbstredend keine Losreissung Palästinas vom türkischen Reich, sondern wolle sich im Rahmen dieses Reiches und auf Grund einer starken Interessengemeinschaft mit ihm entwickeln.«[228]

Bratters Artikel erfuhr Resonanz von jüdischer Seite. Die Jüdische Rundschau wertete Bratters Artikel als »erfreuliches Zeichen für das allmählich wachsende Verständnis, welches der Zionismus in Deutschland findet«, stellte ein Leitartikel im August 1917 fest. Die »Leiter der deutschen Orientpolitik« sollten, so der Autor, der Aufforderung Bratters folgen, »sich ihrerseits des Zionismus anzunehmen.«[229]

Die Zionisten setzten sich in dieser Zeit auch kritisch mit der deutschen Presse auseinander. Kritisiert wurden etwa Artikel aus der katholisch-konservativen

---

227 *Bratter*, C. A.: Der Kampf um Palästina. In: Vossische Zeitung vom 01.08.1917. Über die Gespräche zwischen Zionisten und Regierungskreisen in den USA und in Großbritannien für das Zustandekommen der Balfour Declaration, vgl. *Lebow*, Richard Ned: Woodrow Wilson and the Balfour Declaration. In: The Journal of Modern History 40/4 (1968) 501–523.
228 *Bratter*: Der Kampf um Palästina.
229 Der Zionismus und die Zentralmächte. In: Jüdische Rundschau 22/31 (1917) 253–254, hier 254.

»Germania«, deren Vorurteile und Ignoranz einem richtigen Verständnis für die »friedliche Durchdringung« Palästinas im Weg stünden. Das eigentliche Problem war jedoch, dass solche negativen Artikel den Zionisten vor Augen führten, dass ihr Einfluss begrenzt war. Resigniert stellten die Redakteure der Jüdischen Rundschau fest, dass »die amtlichen deutschen Kreise, [...] die deutsche Oeffentlichkeit, [...] Parlament und Presse Deutschlands schlecht über den Zionismus informiert sind.« Die Zionisten hätten schließlich »alle ihr erreichbaren Stellen über die wahre Bedeutung der Bewegung aufzuklären versucht.« Nun sei es

Sache des deutschen Volkes, insbesondere aller politisch interessierten deutschen Kreise, den Zionismus so zu werten, wie er es verdient, sich aus dem Banne überlebter Vorurteile zu befreien und bei der Neubildung der Welt, die sich vor unseren Augen vollzieht der Stimme des jüdischen Volkes Gehör zu schenken.[230]

In der nichtjüdischen Presse blieb der Germania-Artikel ebenfalls nicht unwidersprochen, wie die Jüdische Rundschau kurze Zeit später erfreut feststellte. Mehrere Artikel der von Hermann Kranold redigierten sozialistischen »Chemnitzer Volksstimme« hatten den Zionismus verteidigt und die deutsche Politik aufgefordert, »die nationale Eigenart und die nationalen Kulturforderungen des Judentums anzuerkennen«, denn nur damit könne man dem Werben der Entente, sich die Sympathien des nationalen Judentums zu sichern, entgegentreten.[231]
    Der Reichsbote reagierte auf die zionistische Kritik und wehrte sich gegen den Vorwurf des Antisemitismus. Dobbeler betonte, ebenso wie Bratter »in erster, zweiter und dritter Linie im Rahmen der national- und weltpolitischen Nützlichkeit und Notwendigkeit« zu argumentieren. Trotzdem forderte er in seiner Replik, jüdische Interessen müssten deutschen Orientinteressen hintan gestellt werden:

Wir müssen in Palästina [...] der englisch-amerikanischen Politik den Rang abzulaufen und das Wasser abzugraben suchen, und zwar um unser und unserer Verbündeten willen. Wenn dabei auch etwas Gutes für den Zionismus und die Juden herausspringt, um so besser.[232]

Dobbeler bekräftigte erneut, dass sich »die jetzigen Wirtsvölker« allesamt darüber freuen würden, nicht nur, »wenn es den Juden in Palästina gut geht«, sondern vor allem darüber, dass »sie immer vollzähliger nach Palästina übersiedeln«. Es lasse sich nun einmal nicht leugnen, dass »die jüdischen Gäste ihnen

---

230 Der Zionismus und die Zentralmächte 253. Die JR berief sich auf eine jüngst vom Papst empfangene zionistische Delegation und dessen wohlwollenden Äußerungen.
    231 Vgl. Die internationale Nation. In: Chemnitzer Volksstimme vom 18.08.1917, zitiert nach: Deutsche Pressestimmen über den Zionismus. In: Jüdische Rundschau 22/34 (1917) 279–280, hier 279.
    232 Palästina und der Zionismus. In: Der Reichsbote 45/410 (1917).

nicht nur Gutes gebracht, sondern vielfach und mehr noch eine zersetzende, das Leben des Wirtsvolkes gefährdende Wirkung ausgeübt haben.«[233]

An dieser offenherzigen Sentenz ist bemerkenswert, dass ihr Verfasser sich vom Antisemitismus distanzierte, um zugleich unverhohlen antisemitische Positionen zu rechtfertigen. Während die deutschen Zionisten und nichtjüdische Journalisten wie Bratter, Kranold und andere deutsche, türkische und zionistische Ansprüche im Kontext einer synthetischen Interessensgemeinschaft verwirklicht sehen wollten, fand sich dieses Prinzip im Reichsboten verzerrt und entstellt wieder: Weit mehr als für ihre »jüdischen Gäste« liege der Zionismus im Interesse der Nichtjuden, der sie von angeblichen jüdischen Zersetzungskräften befreie.

In der Jüdischen Rundschau begrüßte man zwar, dass man selbst im Reichsboten dem Zionismus eine »tatsächliche Nützlichkeit« attestierte, überging aber keineswegs, dass es dem Verfasser nicht gelungen war, »seine antisemitischen Empfindungen [...] ganz [zu] unterdrücken«.[234] In einer kurzen Presseschau bilanzierte die Jüdische Rundschau, dass die sichtbaren Bestrebungen der Westalliierten nun auch in Deutschland ein Bewusstsein für die Bedeutung der zionistischen Bewegung geschaffen haben.[235]

Dobbeler reagierte auf den erneuten Antisemitismus-Vorwurf wiederum rechtfertigend, der Reichsbote habe niemals zum »Radauantisemitismus« beigetragen.[236] Er bezog sich nun auf eine weitere Debatte, die während des Weltkriegs hochkochte: die sogenannte »Ostjudenfrage«. Antisemiten beschworen während der Weltkriegsjahre eine Bedrohungslage durch angebliche massive Einwanderungsströme von osteuropäischen Juden.[237] Laut Dobbeler verstehe es sich von selbst, dass »nicht nur altruistische, allein auf das Wohl des jüdischen Volkes gerichtete Gesichtspunkte« zur Unterstützung des Zionismus veranlassten. Er sei vor allem der »Ueberflutung Deutschlands mit östlichen Juden« Gewahr, die er nur zu gerne nach Palästina »lenken« würde. Damit sei Deutschen wie Juden gleichermaßen gedient, behauptete Dobbeler.[238] »Ostjuden« zählten zu den beliebtesten antisemitischen Feindbildern im Deutschen Reich während des Weltkriegs, umso mehr, da die Kriegszensur offen antisemitischer Propaganda einen Riegel vorgeschoben hatte.[239] Hinter der Rede über »Ostjuden« verbarg

---

233 Ebd.
234 Deutsche Pressestimmen über den Zionismus 279.
235 Weitere erwähnte Artikel im *Düsseldorfer Generalanzeiger* vom 08.08.1917 sowie Auch Israel? In: Deutsche Warte vom 08.08.1917.
236 Judentum und Zionismus. In: Der Reichsbote vom 6.9.1917.
237 Vgl. *Oltmer,* Jochen: »Verbotswidrige Einwanderung nach Deutschland«. Osteuropäische Juden im Kaiserreich und in der Weimarer Republik. In: Aschkenas. Zeitschrift für Geschichte und Kultur der Juden 17/1 (2007) 91–121, hier 103 f.
238 Judentum und Zionismus.
239 Vgl. *Sieg,* Ulrich: Jüdische Intellektuelle im Ersten Weltkrieg. Kriegserfahrungen, weltanschauliche Debatten und kulturelle Neuentwürfe. 2. Aufl. Berlin 2008, 175.

sich daher zumeist ein Angriff auf das Judentum im Allgemeinen.[240] Gerade bei Dobbeler ist diese Absicht deutlich erkennbar. Er hatte zuvor bereits ungeniert vom angeblich zersetzenden jüdischen Einfluss auf die deutsche Gesellschaft gesprochen. Und auch an dieser Stelle wiederholte der Autor seine Ressentiments früherer Artikel: Er charakterisierte die Juden als unproduktives »Händler- und Maklervolk«[241], das den Wirtsvölkern viel Unsegen gebracht habe. Durch die explizite Bezugnahme auf den Zionismus, von dem er sich »eine Umwandlung und ökonomische Umschichtung der jüdischen Masse« erwarte, die man »auf diese Weise wieder mehr der produktiven Berufstätigkeit des Landbaus und Handwerks« zuführe, bediente sich Dobbeler allerdings auch Argumente, die von den Zionisten selbst angeführt wurden. Dieser Berührungspunkt soll nachfolgend ausführlicher diskutiert werden.

Ein vorläufiges Fazit zeigt: Nichtjuden näherten sich dem Zionismus als weltpolitischem Faktor aus zwei Richtungen. Sowohl liberale Imperialisten als auch rechtskonservative Autoren beschrieben den Zionismus als nützlichen Faktor. Während nationalliberale und sozialdemokratische Publizisten und Politiker mit dem Zionismus dieselben politischen Anschauungen teilten, waren rechtskonservative und völkische Stimmen nicht gewillt, den Zionisten auf Augenhöhe zu begegnen. Sie sahen ihn ihnen nicht mehr als ein zeitweilig nützliches Instrument. Diese rein instrumentelle Bezugnahme war alles andere als von Sympathien getragen, konnte sogar judenfeindliche Impulse beinhalten. Neben Dobbeler instrumentalisierte eine ganze Reihe Autoren den Zionismus aus antisemitischen Beweggründen.

3.4   Zwischen Antisemitismus und Weltpolitik: »Ostjuden«-Debatten

Sowohl liberale, orthodoxe und zionistische deutsche Juden waren 1914 von der nationalen Euphorie ergriffen worden, die auch die Juden anderer Nationalität für ihre jeweiligen Länder erfasste. Was viele Juden einte, waren Solidaritätsgefühle gegenüber ihren Glaubensgenossen in Osteuropa, die unter den russischen Besatzungstruppen massiv zu leiden hatten.[242] In verschiedenen Ländern sympathisierten viele Juden mit dem deutschen Waffengang gegen das antisemitische Russland.[243] Nach militärischen Erfolgen und Annexionen kamen große

---

240 Vgl. *Aschheim*, Steven E.: Caftan and Cravat: The Ostjude as a Cultural Symbol in the Development of German Anti-Semitism. In: *Drescher*, Seymour/*Sabean*, David/*Sharlin*, Allan (Hg.): Political Symbolism in Modern Europe. Essays in Honor of George L. Mosse. New Brunswick/New Jersey 1982, 81–99, hier 96.

241 Judentum und Zionismus.

242 Vgl. *Oltmer*: »Verbotswidrige Einwanderung nach Deutschland« 102 f.

243 Vgl. *Panter*, Sarah: Jüdische Erfahrungen und Loyalitätskonflikte im Ersten Weltkrieg. Göttingen 2014, 39–53. Speziell über die zionistische Kriegseuphorie, vgl. *Zimmermann*, Moshe: Die Kriegsbegeisterung der deutschen Zionisten. In: *Brittnacher*, Hans Richard/*Lühe*,

Massen von Juden unter deutsche Herrschaft. Für manche deutsche Zionisten schien diese Situation opportun, um neue Pläne zu schmieden: Sie versuchten, nicht nur im Orient, sondern auch in Osteuropa, deutsch- und jüdischnationale Interessen miteinander zu verknüpfen.

Bereits wenige Tage nach Kriegsausbruch wandten sich Otto Warburg und Nahum Sokolow, beide führende Vertreter der Zionistischen Organisation, an das Auswärtige Amt, um den Zionismus als deutsche Geheimwaffe darzustellen. Der Zionismus, der »völlig in deutschen Händen ist und das feindliche Land völlig durchsetzt«, begreife Russland als seinen größten Feind. Er könne Spionage- und Demoralisierungdienste im Feindesland anbieten.[244] Das Auswärtige Amt ließ Pläne, mithilfe der Zionisten die osteuropäische jüdische Bevölkerung aufzuwiegeln und auf diese Weise das Zarenreich zu destabilisieren, jedoch schnell wieder fallen.[245]

Im August 1914 formierte sich unter maßgeblicher Beteiligung von Max Bodenheimer und anderen Zionisten wie Adolf Friedemann, Franz Oppenheimer (1864–1943), Arthur Hantke (1874–1955) vom EAC, Alfred Klee (1875–1943) und dem Künstler Hermann Struck (1876–1944), zusammen mit Vertretern des Hilfsvereins ein »Deutsches Comité für die Befreiung der russischen Juden«, das sich kurz darauf den neutraleren Namen »Komitee für den Osten« (KfdO) gab.[246] Seinem Selbstverständnis nach verfolgte das Komitee eine gemäßigte zionistische Politik, die unter keinen Umständen die Interessen des Deutschen Reichs oder seiner Verbündeten zu gefährden suchte. Die Führung der ZVfD verhielt sich allerdings skeptisch gegen die Ziele des Komitees, da es durch seine unzweifelhaft prodeutsche Ausrichtung die zionistische Arbeit in den alliierten und neutralen Ländern zu gefährden drohte.[247]

Auch für das KfdO war die deutsch-jüdische Sprachverwandtschaft ein wichtiges Argument. Auf Grundlage einer vom Deutschen Reich angeführten Nach-

Irmela von der (Hg.): Kriegstaumel und Pazifismus. Jüdische Intellektuelle im Ersten Weltkrieg. Frankfurt a. M. u. a. 2016, 333–349 sowie im breiteren Kontext *Aberbach*, David: Zionist Patriotism in Europe, 1897–1942: Ambiguities in Jewish Nationalism. In: The International History Review 31/2 (2009) 268–298.

244 Vgl. *Grill*, Tobias: »Pioneers Of Germanness In The East«? Jewish-German, German, And Slavic Perceptions Of East European Jewry During The First World War. In: *Ders.* (Hg.): Jews and Germans in Eastern Europe. Shared and Comparative Histories. Berlin, Boston 2018, 125–159, hier 126 f.

245 Vgl. *McMeekin*, Sean: Jihad-cum-Zionism-Leninism. Overthrowing the World, German-Style. In: Historically Speaking 12/3 (2011) 2–5; *Aschheim*, Steven E.: Islamic Jihad, Zionism, and Espionage in the Great War. In: *Ders.* (Hg.): Fragile Spaces. Forays into Jewish Memory, European History and Complex Identities. Berlin/Boston 2018, 263–272.

246 Grundlegend zur Genese und Arbeit des Komitees, vgl. *Szajkowski*: The Komitee fuer den Osten and Zionism sowie *Grill*: Pioneers Of Germanness In The East 126–138 und *Zechlin*: Die deutsche Politik und die Juden 126–154.

247 Vgl. *Szajkowski*: The Komitee fuer den Osten and Zionism 211, 216; *Reinharz*: Dokumente zur Geschichte des deutschen Zionismus 171 f.

kriegsordnung in Osteuropa sollte ein nationaljüdisches Autonomiegebiet als »Pufferstaat« für deutsche Interessen im Osten fungieren.[248] Es versuchte während des Krieges die jüdischen Massen vor der befürchteten »Polonisierung« – also der politischen und nationalen Assimilation in Polen – zu bewahren und ihnen rechtlichen Schutz als nationale Minderheit zu sichern. Das Komitee verstand sich als Vermittlungsinstanz zwischen den deutschen Militär-Behörden und der osteuropäischen Judenheit, unter der es massiv prodeutsche Propaganda verbreitete.[249] Die deutschen Behörden äußerten anfänglich zwar Interesse an zionistischen Tätigkeiten in Osteuropa, erkannten 1916 die polnischen Juden dann aber lediglich als religiöse Gemeinschaft an und nicht als autonome nationale Einheit. Die deutsche Okkupationsverwaltung richtete als Vermittlungsstelle mit der jüdischen Bevölkerung ein jüdisches Referat in der Warschauer Verwaltungszentrale ein, als dessen Leiter der jüdische Reichstagsabgeordnete Ludwig Haas (1875–1930) berufen wurde, dem alle zionistischen Absichten fremd waren.[250] Immerhin erreichte das Komitee die Einrichtung einer zweiten Stelle, die im Oktober 1917 mit Hermann Struck als Referent für jüdische Angelegenheiten im Gebiet »Ober Ost« im heutigen Lettland besetzt wurde.[251] Im Großen und Ganzen zeigten die deutschen Behörden jedoch kein nachhaltiges Interesse an diesen Bestrebungen. Im November 1916 sprach sich das Deutsche Reich für einen polnischen Staat aus, dem auch die Entscheidung über den Status der jüdischen Bevölkerung überlassen wurde.[252] Die Bemühungen des KfdO waren damit erfolglos geblieben.

248 Die Idee war, dass die Juden zusammen mit den ansässigen Deutschen eine nichtpolnische Mehrheit bildeten, vgl. Richtlinien des Deutschen Komitees zur Befreiung der russischen Juden, CZA Z3/206. Dazu auch *Aschheim*, Steven E.: Eastern Jews, German Jews and Germany's Ostpolitik in the First World War. In: The Leo Baeck Institute Year Book 28 (1983) 351–365, hier 355f.

249 Vgl. *Szajkowski*: The Komitee fuer den Osten and Zionism 208 sowie *Ders.*: The German Appeal to the Jews of Poland, August 1914. In: The Jewish Quarterly Review 59/4 (1969) 311–320. Die offizielle zionistische Führung des Engeren Aktionskomitees sah die Darstellung der Ostjuden als ideale Verbündete und Repräsentanten deutscher Interessen im Osten, wie sie die älteren Zionisten des KfdO propagierten, durchaus kritisch, vgl. *Aschheim*: Eastern Jews, German Jews and Germany's Ostpolitik in the First World War 360.

250 Vgl. *Aschheim*: Eastern Jews, German Jews and Germany's Ostpolitik in the First World War 361.

251 Vgl. *Grill*: Pioneers Of Germanness In The East, 131; *Zechlin*: Die deutsche Politik und die Juden 227f.; Struck war es, der im einzigen deutsch verwalteten Gebiet die russischen Judengesetze aufgehoben hatte und die Juden als eigene Nationalität behandelte, vgl. *Strazas*, Aba: Die Tätigkeit des Dezernats für jüdische Angelegenheiten in der »Deutschen Militärverwaltung Ober Ost«. In: *Ezergailis*, Andrew (Hg.): Die baltischen Provinzen Rußlands zwischen den Revolutionen von 1905 und 1917. Köln 1982, 315–330.

252 Vgl. *Vogt*: Subalterne Positionierungen 230, basierend auf Zechlins Bilanz der deutschen Politik gegen die Juden in Osteuropa, vgl. *Zechlin*: Die deutsche Politik und die Juden 278–284. Die polnischen Nationaldemokraten um Roman Dmonski verfolgten einen antise-

Während das Komitee weiter bei den deutschen Behörden antichambrierte, eskalierte die Situation im Reich. Mehr und mehr osteuropäische Juden kamen in das deutsche Kerngebiet. Diese waren von der Deutschen Arbeiterzentrale entweder als Arbeitskräfte angeworben oder zwangsverpflichtet worden.[253] In Deutschland wurden vielerorts Maßnahmen gefordert, um ostjüdische Migration ins Reichsinnere zu unterbinden. Die jüdische Einwanderung hatte mitunter heftige antisemitische Proteste zur Folge. Alldeutsche und völkische Aktivisten forderten eine Grenzsperre für jüdische Migranten.[254] Die auf der Paranoia vor einer »Ostjuden«-Flut beruhende Debatte während des Krieges konnte auf einen reichen Fundus weit verbreiteter Stereotype gegen »Ostjuden« zurückgreifen. Diese charakterisierten »Ostjuden« nicht nur als ärmlich und unproduktiv, als lästige »Schnorrer« und Kleinhändler, sondern sogar als gesundheitliche Gefahr und »Krankheitsträger«.[255]

Wohl das erste nationalistische und völkische Pamphlet über die angebliche »Ostjuden-Gefahr« veröffentlichte der Alldeutsche und vormalige Kolonialbeamte Georg Fritz (1865–1944).[256] In »Die Ostjudenfrage. Zionismus und Grenzschluss« (1915) wurde davor gewarnt, dass der deutsche Arbeitsmarkt durch die Immigration von »Millionen nicht nur armer, leiblich und sittlich verkümmerter Menschen, sondern rassefremder, verjudeter Mongolen« überschwemmt werde.[257] Fritz' Forderung, der Staat müsse minderwertige Rassen und Völker ausschließen und vom volksdeutschen Bevölkerungskern fernhalten, speiste sich aus sozioökonomischer Paranoia vor der Entwertung deutscher Arbeitsleistung. Fritz begriff den Antisemitismus als natürlichen Abwehrreflex der Deutschen, als »Fiebererscheinung« und »Gesundungsvorgang« eines Volkskörpers, der sich instinkthaft gegen Rassenmischung und Fremdherrschaft richte.[258] Trotz unübersehbarer rassistischer Invektiven versuchte Fritz, seine Position als Folge neutraler Überlegungen und objektiver Sachzwänge darzustellen.

mitischen Kurs, vgl. *Panter:* Jüdische Erfahrungen und Loyalitätskonflikte im Ersten Weltkrieg 308 f.
253 Vgl. *Maurer,* Trude: Medizinalpolizei und Antisemitismus. Die deutsche Politik der Grenzsperre gegen Ostjuden im Ersten Weltkrieg. In: Jahrbücher für Geschichte Osteuropas 33/2 (1985) 205–230, hier 207.
254 Vgl. *Oltmer:* »Verbotswidrige Einwanderung nach Deutschland« 106.
255 Über diese Diskurse einschließlich der staatlichen Maßnahmen, die sie bewirkten, vgl. *Maurer:* Medizinalpolizei und Antisemitismus sowie *Dies.:* Die Wahrnehmung der Ostjuden in Deutschland 1910–1933. In: LBI Information 7 (1997) 67–85; *Aschheim:* Caftan and Cravat.
256 Vgl. *Maurer:* Medizinalpolizei und Antisemitismus 209 f.; *Lohalm,* Uwe: Völkisch Origins of Early Nazism. Anti-Semitism in Culture and Politics. In: *Strauss,* Herbert A. (Hg.): Hostages of modernization. Studies on Modern Antisemitism 1870–1933/1939. Vol. 1: Germany – Great Britain – France. Berlin, New York 1993, 174–195, hier 175.
257 Zitiert nach *Bergmann,* Werner: Geschichte des Antisemitismus. 4. Aufl. München 2010, 68.
258 *Fritz,* Georg: Die Ostjudenfrage. Zionismus & Grenzschluß. München 1915, 14.

Für den Zionismus hatte Fritz dagegen Lob übrig: Er sah in ihm einen Ausdruck jüdischer »Eigenart« und eine natürliche Gegenbewegung zu den notwendig scheiternden Assimilationsbestrebungen des Reformjudentums. Zudem habe
der Zionismus, so Fritz, erfreulicherweise die »Heimführung der Juden in das
Land ihrer Väter« zur Folge. Dort könne der Zionismus, sofern sich in Palästina
nicht ebenfalls Händler- und Maklertum als jüdische Züge durchsetzen, durch
die landwirtschaftliche und geschäftliche Gütererzeugung zur Neubelebung und
Wiedergeburt der alten jüdischen Kultur, Bodenständigkeit und Vaterlandsliebe
führen, und sich selbst unter den osmanischen Völkern »die innere Daseinsberechtigung und das Ansehen unter den übrigen Kulturvölkern« sichern.
Natürlich bejahte Fritz den Zionismus nur aus strategischen Gründen – wenig
später sollte er im Zionismus »Machenschaften und feindlich[e] Verschwörungen
gegen unsere welt- und handelspolitischen Interessen«[259] erkennen.

Neben Fritz rückte eine ganze Reihe rechtskonservativer und völkischer
Autoren ihre antisemitische Agenda in den Kontext deutscher oder osmanischer
Interessen.[260] Sie fokussierten jedoch allesamt auf eine angebliche ostjüdische
Bedrohung. Die Ideen des KfdO fanden nur vereinzelt Widerhall.[261]

Wie reagierten die Zionisten auf diese Debatte? Sie verwahrten sich gegen
die unverkennbar antisemitische Instrumentalisierung ihrer Bewegung und die
Diffamierung der »Ostjuden«. Zugleich versuchten sie die Situation zu nutzen,
um dem Zionismus durch die Debatte öffentliche Aufmerksamkeit zukommen
zu lassen. Sie sahen zumindest mit manchen Vertretern des rechtskonservativen
Lagers eine Schnittmenge, solange diese zu offen völkischen und antisemitischen
Positionen, wenn auch nicht immer ganz konsequent, auf Abstand gingen. Der
unter Pseudonym schreibende Autor Paphnutius etwa hatte sich 1915 in den
Grenzboten in die »Ostjudenfrage« eingemischt; diese gelte es, wie er voraus-

---

259 Zitiert nach *Bergmann,* Werner: Fritz, Georg. In: *Benz,* Wolfgang (Hg.): Handbuch des
Antisemitismus. Judenfeindschaft in Geschichte und Gegenwart. Berlin 2009, 262–264, hier
263. Vgl. dazu auch Kap. III.
260 Vgl. *Siebert,* Friedrich: Der völkische Gedanke und die Verwirklichung des Zionismus.
Eine Betrachtung zur Versöhnung und zur Scheidung der Völker. München 1916; *Heinze,*
Wolfgang: Ostjüdische Einwanderung. In: Preußische Jahrbücher 162 (1915) 98–177; *Fritsch,*
Theodor: Die fremde Rassenflut. In: Hammer 14/319 (1915) 481–486; *Klaus,* Heinz: Judenfrage
und Deutschtum im Kriege. Berlin 1915.
261 Nur wenige aber aus diesem Spektrum, etwa der Volkskundler und Orientalist Erich
Bischoff (1865–1936), setzten sich ernsthaft mit Plänen für eine national-jüdische Autonomie
im Osten auseinander. Die unter deutsche Herrschaft gefallenen Ostjuden sollten unter Ent-
richtung einer besonderen »Ostjudensteuer« zu deutschen Reichsbürgern gemacht werden,
um ein Bollwerk gegen Russland zu bilden, so Bischoff, vgl. *Bischoff,* Erich: Klarheit in der Ostjudenfrage. Tatsachen, Gedanken und Grundsätze. Dresden 1916. Im völkischen »Hammer«
wurde die Schrift positiv besprochen, vgl. Eine Charakteristik der Ostjuden. In: Hammer.
Blätter für deutschen Sinn 16/349 (1917) 11–12.

schickte, ohne »Gehässigkeit« zu diskutieren.[262] Das innenpolitische Interesse der »Ablenkung der jüdischen Auswanderung von unseren Grenzen« verknüpfte der Autor mit deutschen außenpolitischen Zielen im Orient. Das osteuropäische jüdische Proletariat stelle zudem die Bevölkerungs- und Kolonistengruppe dar, die den Zionisten für ihre Vision bislang gefehlt habe.

Die Zionisten begrüßten Paphnutius' Text, der von »Verständnis für ihre [zionistische] Bewegung« zeuge, als Ausdruck einer »wohlwollenden und ehrlichen« deutschen Judenpolitik. Sein Text wurde in der Jüdischen Rundschau in ausdrücklicher Abgrenzung zu Fritz und anderen völkischen Erzeugnissen besprochen.[263] Paphnutius gab sich in Folge dessen brieflich als der Autor Gregor Huch zu erkennen. Er wollte seinen Standpunkt in der »Ostjudenfrage« zum »Versuch zur Verständigung« aufgefasst wissen, »gerichtet an die gebildeten, grösstenteils ein wenig vom Antisemitismus angekränkelten Nichtjuden«. Der Zionismus, fand Huch, stelle sowohl zur Assimilation wie auch zu diskriminierenden antijüdischen Gesetzen eine verheißungsvolle Alternative dar.[264]

Huchs Darstellung war zwar nicht dezidiert judenfeindlich, doch ebenfalls nicht frei von antisemitischen Denkmustern. Er unterstellte exorbitanten jüdischen Einfluss auf das deutsche Geistesleben und die öffentliche Meinung. Er diagnostizierte gar eine prinzipielle jüdische Sonderart, die auf eine abweichende, kapitalistische Wirtschaftsethik, distinkte biologische Anlagen und ein eigenes kulturelles Erbe zurückgehe. Mit dem Zionismus habe das Judentum die Lösung der »Judenfrage« selbst gefunden.[265] Man dürfe nicht, wandte sich Huch explizit an seine nichtjüdischen Leser, aufgrund der Erfahrungen mit dem deutschen Judentum den Fehler begehen, »die Kraft dieser ebenso praktischen und idealen Bewegung zu unterschätzen«. Huch kam auf außenpolitische Perspektiven zu sprechen: Die jüdische Kolonisation gelte es von Palästina auf ganz Mesopotamien auszuweiten, als kolonisatorische Absicherung der deut-

262 Paphnutius: Die Judenfrage nach dem Kriege. In: Die Grenzboten. Zeitschrift für Politik, Literatur und Kunst 74/39 (1915) 392–408.

263 Vgl. *Herrmann*, Leo: Die chinesische Mauer. In: Jüdische Rundschau 20/42 (1915) 335–336. Eine wesentlich schärfere zionistische Besprechung der Ostjuden-Schriften, die den Paphnutius-Text erneut etwas von den anderen Schriften abgrenzt, vgl. *Landauer*, Gustav: Ostjuden und Deutsches Reich. In: Der Jude. Eine Monatsschrift 1/7 (1916) 433–439.

264 In der Korrespondenz zwischen Leo Herrmann und Huch ging es unter anderem darum, einen Aufsatz Huchs in der Jüdischen Rundschau über dessen konkrete Haltung zum Zionismus zu redigieren. Huch gedachte darin zu behandeln, »welche Bedeutung hat die Schaffung eines rein jüdischen Kolonistenlandes für die Erhaltung der jüdischen Rasse und Kultur? Welche Bedeutung hat die zionistenfreundliche Stimmung sonst wenig judenfreundlicher Kreise im gegenwärtigen Augenblicke für die Erreichung der zionistischen Ziele? Genügt Palästina zur Erreichung der zionistischen Ziele?«, Gregor Huch an Leo Hermann, 29.11.1915. In: CZA Z3/19. Aus welchen Gründen der Aufsatz nicht zustande kam, konnte nicht ermitteln werden.

265 Damit vertrat Huch eine Position, die der Werner Sombarts sehr ähnlich war, vgl. dazu Kap. III.

schen Bagdadbahn. In den kaum besiedelten Regionen Mesopotamiens könne sich jüdisches Volkstum und Geistesleben schließlich frei nach seiner Eigenart entfalten und »sich selbst das zu Unrecht verachtete Mauscheldeutsch« – also des Jiddischen – »zur Kultursprache entwickeln«.[266] Ebenso müsse die Türkei ein großes Interesse daran nehmen, »daß ihr hier ohne eigene Aufwendung an Kapital und Menschen eine neue steuerkräftige Provinz geschenkt wird.«[267] Die verschiedenen Interessen, die aus der Gemengelage von »Idealismus und Realpolitik, Humanität und nationale[m] Egoismus« folgerten, verlangten für Huch »nach einer raschen und tatkräftigen Durchführung der zionistischen Ideen.«[268]

Trotz dieser Forderung stießen die antisemitischen Untertöne Huchs auf zionistische Kritik: Huchs Erwägungen seien weniger in einem ernsthaften außenpolitischen, als vielmehr, genau wie Fritz', in judenfeindlichen Absichten begründet, wie es in »Ost und West«, einer von Leo Winz (1876–1952) redigierten kulturzionistischen Zeitschrift, hieß.[269] In diesem Sinne instrumentelle Bezugnahmen auf den Zionismus finden sich in der »Ostjuden«-Debatte zur Zeit des Weltkrieges gehäuft. Im Juni 1918 hatte etwa die katholisch geprägte »Kölnische Volkszeitung«, eine der größten deutschen Tageszeitungen, die »Rückkehr der Juden in ihr Land« gefordert, denn: »Wir können nicht wünschen, daß Deutschland […] von den Massen von Juden überflutet wird, die nach dem Kriege aus dem ehemaligen Westrußland und Galizien abziehen werden, und es kann uns nur lieb sein, wenn dieser Strom nach Palästina abgelenkt wird.«[270] Tatsächlich hatte die deutsche Regierung im Frühjahr 1918 die weitere Anwerbung polnisch-jüdischer Arbeiter untersagt und die Ostgrenze gegen weiteren Zuzug sperren lassen.[271] Doch wie verhielt sich die Regierung inzwischen gegenüber dem Zionismus?

3.5   Eine offizielle deutsche Sympathiebekundung

Die mediale Aufmerksamkeit, die dem Zionismus während des Weltkrieges zuteil geworden war, machte auf die Regierung keinen ausreichend starken Eindruck, als dass sie dadurch zur Unterstützung bewegt worden wäre. Eine offizielle Stellungnahme erfolgte erst, als es im Grunde bereits zu spät war: Im

266 *Paphnutius:* Die Judenfrage nach dem Kriege 403.
267 Ebd. 405.
268 Ebd. 408.
269 Vgl. Die Ostjudenfrage. In: Ost und West 16/2/3 (1916) 73–112; Die Ostjudenfrage. 2. Teil. In: Ost und West 16/4/5 (1916) 145–176. Mangelnde Kenntnisse, sowohl über den Zionismus wie das osteuropäische Judentum, offenbarten die ideologische Tendenz von Paphnutius und anderer »deutscher Judäologen«, wie Fritz Mordechai Kaufmann kritisierte, vgl. *Kaufmann,* Fritz Mordechai: Grenzsperre. Ein Kapitel vom Versagen der deutschen Judäologie. In: Der Jude 1/1 (1916) 13–22, hier 15.
270 Deutschland und der Zionismus. In: Kölnische Volkszeitung vom 23.06.1918.
271 Vgl. *Maurer:* Medizinalpolizei und Antisemitismus 210.

November 1917 hatte sich die britische Regierung für eine nationale Heimstätte des jüdischen Volkes ausgesprochen; kurz darauf fielen zudem Jerusalem und der größte Teil Palästinas an die Briten. Die Osmanen und damit auch die Deutschen verloren die Möglichkeit, auf die Region und die Gestaltung ihrer politischen Zukunft Einfluss zu nehmen. Der propagandistische Erfolg der Balfour Declaration und erneut verbreitete Gerüchte über osmanische Massaker an den Juden Palästinas hatten dazu geführt, dass sich der osmanische Großwesir Talaat Pascha zu Wort meldete. In einem Interview, das er am 12. Dezember 1917 mit dem Zionisten und Korrespondenten der Vossischen Zeitung Julius Becker (1882–1945) geführt hatte, bezeichnete er die englische Balfour Declaration als »blague«.[272] Um die öffentliche Wirkung der britischen Erklärung einzudämmen, behauptete der Großwesir, das Osmanische Reich habe »dem jüdischen Ansiedlungsunternehmen in Palästina immer sympathisch gegenübergestanden« und kenne als einziges Land der Welt keinen Antisemitismus.[273] Er sagte zudem erleichterte Einwanderungsbestimmungen für Juden zu. Talaat Pascha stand dem Zionismus jedoch weiterhin reserviert gegenüber und bestand darauf, dass Juden keinerlei nationale Sonderrechte zu gewähren seien. Becker berichtete der ZO vom Verlauf des Gesprächs. Er warnte davor in Euphorie auszubrechen. Die Osmanen würden – wie bisher – jede größere jüdische Einwanderung nach Palästina zwar nicht rechtlich verbieten, sie aber praktisch unter allen Umständen zu verhindern oder zu erschweren versuchen.[274]

272 Die Türkei und der Zionismus. Erklärungen des Grosswesirs Talaat Pascha. In: Jüdische Rundschau 23/1 (1918) 1–2.

273 Ebd. 1.

274 Jehuda Reinharz nimmt an, dass Talaat Paschas Mitteilung eines neuen Gesetzesvorschlags, ein größeres Maß von Autonomie für die jüdische Bevölkerung Palästinas bedeutet hätte. Das sei als »Änderung in der offiziellen Stellungnahme der Türkei gegenüber der jüdischen Ansiedlung in Palästina, wenn auch nicht gegenüber dem Zionismus« zu werten, vgl. *Reinharz*: Dokumente zur Geschichte des deutschen Zionismus 211. Becker glaubte jedoch nicht an, dass die osmanische Politik gewillt sei, den von Deutschland mit großgezogenen Pantürkismus zugunsten einer liberaleren Nationalitätenpolitik aufzugeben. Wer das annehme, schätze sowohl die türkischen als auch die deutschen Fähigkeiten völlig falsch ein. Auch das neue »Villajetgesetz« weite nur dem äußeren Anschein nach die Befugnisse aller Gemeinden und Villajets aus, praktisch laufe es auf das Gegenteil hinaus und bedeute eine Stärkung der Konstantinopler Zentralregierung. Talaat sei nur überaus zögerlich und ängstlich zu irgendeinem Entgegenkommen bereit gewesen und habe dabei »ja jedes Wort […], das als irgend eine besondere Konzession an die Juden gedeutet werden könnte«, vermieden. Über nationale Autonomie habe gar nicht gesprochen werden können und bereits die Erwähnung lokaler Autonomie habe ihn nervös gemacht. Falls nun nach dem Krieg der politische Status Quo aufrecht bliebe, so sei es möglich, dass die Osmanen aufgrund der durch die Balfour Declaration dementsprechend beeinflussten öffentlichen Meinung, »bei freundlicher Nachhilfe ihrer Bundesgenossen« gewisse Zugeständnisse mache; dann seien jedoch »um so stärkere heimliche Widerstände und Chikanen« zu befürchten. Falls die Türkei nach dem Friedensschluss jedoch in der Position sei, den Zionisten keinerlei Zugeständnisse machen zu müssen, »so werden wir nach dem Kriege […] viel schlechter dastehen als vorher«, vgl. Julius *Becker*: Unterredung mit

Im Anschluss an das Interview erfolgte im Januar 1918 eine deutsche Erklärung.[275] Der Unterstaatssekretär des Auswärtigen Amts, Hilmar von der Bussche-Haddenhausen (1867–1939), empfing Otto Warburg und Arthur Hantke als Repräsentanten des Zionistischen Actionscomitees, Vertreter des Komitees für den Osten sowie Redakteure diverser Tageszeitungen und übergab ihnen eine Erklärung mit folgendem Wortlaut:

Wir würdigen die auf Entwicklung ihrer Kultur und Eigenart gerichteten Wünsche der jüdischen Minderheit in den Ländern, in denen sie ein stark entwickeltes Eigenleben haben, bringen ihnen volles Verständnis entgegen und sind zu einer wohlwollenden Unterstützung bereit. – Hinsichtlich der von der Judenheit, insbesondere von den Zionisten verfolgten Bestrebungen in Palästina, begrüßen wir daher die Erklärungen, die der Großwesir Talaat Pascha kürzlich abgegeben hat, insbesondere die Absicht der kaiserlich osmanischen Regierung, gemäß ihrer den Juden stets bewiesenen freundlichen Haltung die aufblühende jüdische Siedelung in Palästina durch Gewährung von freier Einwanderung und Niederlassung in den Grenzen der Aufnahmefähigkeit des Landes, von örtlicher Selbstverwaltung entsprechend den Landesgesetzen, und von freier Entwicklung ihrer kulturellen Eigenart zu fördern.[276]

Die deutsche Erklärung orientierte sich primär an den im Interview mit Becker getätigten Aussagen Talaat Paschas und machte keine darüber hinausgehenden Versprechungen. Im Gegensatz zur Balfour Declaration war auch nicht von einer nationalen Heimstätte die Rede, sondern lediglich von kultureller Autonomie im Rahmen der osmanischen Souveränität. Die Jüdische Rundschau begrüßte die Erklärung, die sie als »Bekundung des Willens« auffasste, »vor der gesamten Oeffentlichkeit die Zustimmung der deutschen Regierung zu den zionistischen Bestrebungen festzustellen.«[277] Die Zionisten forcierten im April 1918 die Gründung eines Vereins, der sich auf die offizielle Regierungserklärung beziehen konnte, darüber hinaus aber die Regierung zur aktiven Unterstützung des Zionismus bewegen wollte, damit die Erklärung nicht nur ein Lippenbekenntnis bleibe.

dem Grossvezier Talaat Pascha am 12. Dezember 1917 Nachmittags 2 ½ Uhr in der Hohen Pforte in Stambul. (12.12.1917). Becker führte auch mit Djemal Pascha eine Unterredung, der vom Zionismus ungeniert als »ein der Türkei feindliches Element« sprach, vgl. Julius *Becker:* Unterredung mit dem Grossvezier Djemal Pascha am 1. Januar 1918 Nachmittags 2 ½ Uhr im Marineministerium in Pera. (1.1.1918). Trotz der negativen Einschätzung Beckers, begrüßten die deutschen Zionisten die türkische Erklärung öffentlich als »hoffnungsvoll« und »ersten entscheidenden Schritt der türkischen Regierung zur Anerkennung und Verwirklichung des zionistischen Programms«, Die Bedeutung der türkischen Erklärung. In: Jüdische Rundschau 23/1 (1918) 2.

275 Vgl. *Zechlin:* Die deutsche Politik und die Juden 425.
276 Eine Erklärung der deutschen Regierung. In: Jüdische Rundschau 23/2 (1918) 9.
277 Ebd.

3.6   Ein Komitee Pro Palästina, 1918–1919

Am 25. April 1918 schloss sich ein prozionistischer, ausschließlich aus Nichtjuden bestehender Unterstützerkreis zu dem Verein »Pro Palästina, Deutsches Komitee zur Förderung der jüdischen Palästinasiedlung« zusammen. Zionismus-Unterstützer wie Endres, Quessel oder Kranold kritisierten öffentlich die deutsche Erklärung, die sie als halbherzige Reaktion auf die Balfour Declaration empfanden. Daraus schlossen sie, dass sich die Regierung weiterhin der Bedeutung des Zionismus verschließe.[278]

Auch wenn der Verein nur Nichtjuden umfasste, ging er auf die Initiative der deutschen Zionisten zurück. Sie versuchten damit dem 1916 ins Leben gerufenen »British Palestine Committee« eine vergleichbare deutsche Institution entgegenzustellen.[279] Die Prominenz seiner Mitglieder übertraf schon bald das englische Pendant. Namhafte Persönlichkeiten aus Politik, Publizistik und Wissenschaft traten der Vereinigung bei, »die es als ihre Aufgabe betrachtet, den Zionismus im Rahmen der deutschen Orientpolitik zu fördern«.[280] Neben Quessel gehörten auch die SPD-Reichstagsabgeordneten Philipp Scheidemann (1865–1939), Gustav Noske (1868–1946) und Max Cohen(-Reuß) (1876–1963) dem Komitee an, das Zentrum stellte Matthias Erzberger (1875–1921) und Constantin Fehrenbach (1852–1926). Auch Kuno von Westarp (1864–1945)[281] und Otto Hoetzsch (1876–1946), Mitglieder der Deutschkonservativen Partei, traten dem Komitee bei. Ferner zählten die Publizisten Georg Cleinow, Hans Delbrück, Adolf Grabowsky und Ernst Jäckh, die Professoren Max (1864–1920) und Alfred Weber (1868–1958) sowie Werner Sombart (1863–1941) zu den Mitgliedern.[282]

278 So die von Kranold redigierte »Chemnitzer Volksstimme«, zitiert bei: Nach der deutschen Erklärung. In: Jüdische Rundschau 23/3 (1918) 9 sowie *Quessel, Ludwig:* Die Judenfrage als nationales Problem. In: Neue jüdische Monatshefte. Zeitschrift für Politik, Wirtschaft und Literatur in Ost und West 2/13 (1917/1918) 299–306; vgl. dazu *Morgenstern:* Die »Sozialistischen Monatshefte« im Kaiserreich 16–19; *Endres:* Der Zionismus und die Großmächte.

279 Gegründet von Herbert Sidebotham, hat das Committee viel dazu beigetragen, die öffentliche Meinung in Großbritannien zugunsten des Zionismus zu bewegen. Sein Anspruch war es, Nichtjuden für das zionistische Programm zu interessieren. Das Committee gab das Magazin *Palestine* heraus, das behandelte, wie das Empire und seine Interessen im Nahen Osten von einem jüdischen Palästina profizieren würde, vgl. *Lewis, Geoffrey:* Balfour and Weizmann. The Zionist, the Zealot and the Emergence of Israel. London 2009, 113 f.

280 Pro Palästina. In: Die Post vom 24.08.1918.

281 Westarp war seit den 1890er-Jahren Mitglied des antisemitischen »Bundes der Landwirte«. Seine Mitgliedschaft hielt offenkundig potentiell Interessierte vom Eintritt ab. Nachdem Westarp aus nicht näher bekannten Gründen nach kurzer Zeit wieder ausgetreten war, konnte der als ehrenamtlicher Sekretär fungierende Zionist, nach dem Weltkrieg Vorsitzender der ZVfD, Felix Rosenblüth (1887–1978), das PPK als »einwandfrei prozionistisch und nicht antisemitisch« deklarieren, Felix Rosenblüth an Walter Stein, 21.01.1919. In: CZA Z3/28.

282 Vgl. Mitgliederliste. In: CZA Z3/28; Victor Jacobson (ZO) an Gottfried Aschmann (Deutscher Generalkonsul Genf), Denkschrift betreffend Gründung eines »Deutschen Comités Pro Palästina«, 19.10.1926. In: PA AA R78327 Pro Palästina Komitee. 10/1926–12/1929.

Der Plan, mit dem Zionismus sympathisierende Persönlichkeiten in einem Komitee zu vereinigen, hatte eine längere Vorlaufzeit. Schon 1916 standen Victor Jacobson, Otto Warburg und andere Zionisten mit den Nationalökonomen Max Sering (1857–1939) und Carl Ballod (1864–1931) in Verbindung, um die Gründung eines »Komitees zum Studium der landwirtschaftlichen Verhältnisse und Reformen in der Türkei«[283] in die Wege zu leiten.[284] Damit sollte die Aufmerksamkeit agrarökonomischer Experten und interessierter Laien auf die landwirtschaftliche Kolonisation Palästinas gelenkt werden. Die Zionisten beabsichtigten, »die Arbeit in Deutschland zu organisieren, die darauf hinzielt, die in der Türkei notwendigen Reformen auf dem Gebiete der Landwirtschaft vorzubereiten, um so einer vernünftigen und notwendigen Einwirkung Deutschlands auf die Gestaltung der Verhältnisse im Orient den Weg zu ebnen.«[285] Der Verein sollte seinem Namen gemäß zum Studium der allgemeinen landwirtschaftlichen Verhältnisse und Reformen in der Türkei »Material zusammentragen [...] und die massgebenden Kreise Deutschlands in ruhiger und positiver Arbeit für ein solches Programm interessieren.« Otto Warburg gedachte damit das zionistische Programm auch für Kreise interessant zu machen, die die »zukünftige positive Arbeit in der Türkei an sich aus allgemeinem deutschen Interesse für notwendig halten.«[286] Die Grundzüge des späteren Pro Palästina Komitees sind bereits erkennbar. Einige der bereits 1916 involvierten Personen, etwa Sering und Ballod, waren später auch im PPK vertreten, Ballod sogar als sein Vorsitzender.

Das Pro Palästina Komitee war formell sowohl vom Auswärtigen Amt als auch der Zionistischen Organisation unabhängig. Dass dem Komitee nur Nichtjuden angehörten, sollte für den objektiven Wert des Palästinawerks bürgen, den es für die deutsche Orientpolitik besitze.[287] Auch in den öffentlichen Erklärungen wurde vermieden, die Vereinsziele direkt unter zionistischer Fahne zu postu-

---

283 Victor Jacobson an Max Sering, 16.01.1916. In: CZA Z3/19.

284 Ein wichtiger Ansprechpartner war mit Prof. Max Sering, Nationalökonom und Mitglied des deutschen Landwirtschaftsrates. Sering hatte 1912 die »Gesellschaft zur Förderung der inneren Kolonisation« ins Leben gerufen, die sich mit der Besiedlung der deutschen Ostgebiete beschäftigte. Er stand in dieser Tätigkeit mit dem später im Komitee für den Osten tätigen Zionisten und Kolonisationsexperten Franz Oppenheimer in Verbindung, vgl. *Lichtblau*, Klaus: Zum Leben und Werk Franz Oppenheimers (1864–1943). Chronik. URL: http://www.fb03.uni-frankfurt.de/54043985/Oppenheimer_Chronik_06_02_2015.pdf (zuletzt aufgerufen: 29.5.2019). Neben Sering war in die Planungsarbeiten Prof. Carl Ballod eingeweiht, gleichfalls Nationalökonom und später Vorsitzender des Pro Palästina-Komitees. Als potenzielle Mitglieder waren neben Sering und Ballod Alfons Paquet, der ebenfalls seit Jahren in die zionistische Arbeit integrierte Agronom Hubert Auhagen, Prof. Lothar Meyer, Generalkonsul Wilhelm Padel (Smyrna), und die Zionisten Kurt Nawratzki und Otto Warburg in die Planungen einbezogen.

285 Victor Jacobson an Alfons Paquet, 17.01.1916. In: CZA Z3/19.

286 Otto Warburg an Carl Ballod, 20.01.1916. In: CZA Z3/19.

287 Die Zionisten warben neben nichtjüdischen Persönlichkeiten, die sich zuvor bereits als »Philozionisten« hervorgetan hatten, um Mitglieder der »Deutsch-Türkischen Vereinigung«, der

lieren. Auf der Gründungsveranstaltung erklärte das Vorstandsmitglied Georg Gothein (1857–1940), freisinniger Abgeordneter des Reichstags, dass er und die anderen Mitglieder »nicht etwa daran dächten, den Zionismus zu fördern, sie träten für die Besiedlung Palästinas mit Juden ein, weil sie für die Türkei und damit auch für Deutschland wirtschaftspolitisch nützlich sei.«[288] In den Korrespondenzen führender Komitee-Mitglieder war hingegen ganz offen vom Zionismus die Rede, der Palästina »als ein loyaler Sachverwalter türkischer Staatsinteressen besiedeln« werde. Der Vereinsvorsitzende Carl Ballod[289] erklärte im Werben um Mitglieder, die eine Beteiligung aufgrund der angeblich »ententistischen Gesinnung des Zionismus« abgelehnt hatten, dass die »Förderung des Zionismus im Interesse des Deutschen Reiches«[290] liege. Auch die vom Komitee herausgegebene Schriftenreihe bezog sich direkt auf den Zionismus.

Die thematischen Schwerpunkte der Publikationen behandelten das Palästinawerk aus vor allem wirtschaftspolitischer, aber auch humanitärer Perspektive – als Refugium für osteuropäische Juden. Damit reagierten die Unterstützer des Komitees zugleich auf die während des Weltkriegs immer wieder laut gewordenen Vereinnahmungsversuche des Zionismus von antisemitischer Seite. Ludwig Raschdau, der Vorsitzende des Deutschen Vorderasien-Komitees, betonte in seinem Bericht über die Gründungsveranstaltung des PPK, dass der Zionismus seine Bedeutung gerade auch darin finde, den Schutz der Ostjuden vor antisemitischen Ausschreitungen zu gewährleisten.[291] Im Zentrum der Publikationen stand jedoch die These, die jüdische Kolonisation bringe Kapital und Bildung in das Land Palästina; die jüdischen Kolonien trügen damit zum Fortschritt in der gesamten Region bei.[292] Sämtlichen Publikationen war im Klappentext das Selbstverständnis des Komitees vorangestellt, die Interessen des Osmanischen

»Vorderasiatischen Gesellschaft«, der »Gesellschaft für Islamkunde«, dem »Deutschen Kulturbund«, Vertretern des Diplomatenstabs, des Militärs und der Universitäten, vgl. CZA Z3/26.

288 Das deutsche Palästina-Komitee. In: Frankfurter Zeitung vom 29.04.1918.

289 Ballod selbst war Nationalökonom und steuerte eine Schrift für das PPK bei, vgl. *Ballod*, Carl: Palästina als jüdisches Ansiedlungsgebiet. Berlin 1918, ähnlich auch *Ballod*, Carl: Das Ostjudenproblem und die Frage seiner Lösung durch den Zionismus. In: Europäische Staats- und Wirtschaftszeitung 1/16 (1916) 874–880.

290 Carl Ballod an Prof. Walther Penck, 01.05.1918. In: CZA Z3/27.

291 *Raschdau*, Ludwig: Palästina und der Zionismus. In: Der Tag Nr. 106 vom 07.05.1918.

292 Vgl. *Gothein*, Georg: Pro Palaestina. In: Berliner Tageblatt vom 16.05.1918. Ähnlich auch der Kulturzionist Leo Rosenberg (1879–1963) aus dem Kreis der Sozialistischen Monatshefte: Rosenberg rückte die »Ostjudenfrage« als fortschreitenden Verelendungsprozess der ostjüdischen Massen in den Blick. Er forderte Anteilnahme an diesem »Volksschicksal« ein, indem ihre Ansiedlung und Produktivierung in Palästina gefördert werde, vgl. *Rosenberg*, Leo: Das Ostjudenproblem und Palästina. Berlin 1919; ebenso argumentierten Ballod, Endres und der sozialdemokratischen Reichstagsabgeordnete Max Cohen(-Reuß), vgl. *Ballod*: Das Ostjudenproblem; *Endres*, Franz Carl: Die wirtschaftliche Bedeutung Palästinas als Teiles der Türkei. Berlin 1918, *Cohen-Reuß*, Max: Die politische Bedeutung des Zionismus. Berlin 1918.

Reichs, der deutschen Orientpolitik und des Zionismus miteinander in Einklang zu bringen:

Das im Zionismus verkörperte Streben nach unbehinderter und organischer Entfaltung nationaler jüdischer Kultur und Wirtschaft in der alten Heimat des jüdischen Volkes ist geeignet, aus dem durch Mangel an Bevölkerung und durch wirtschaftliche Vernachlässigung verarmten Palästina ein blühendes Wirtschaftsgebiet zu machen. Das Aufblühen Palästinas dient in gleichem Maße dem Interesse der mit Deutschland verbündeten Türkei wie der Ausbreitung deutscher Kultur- und Wirtschafts-Beziehungen im vorderen Orient. Es muss daher von Deutschland gefördert werden. Das Komitee »Pro Palästina« will die deutsche Öffentlichkeit über die Bedeutung dieser Zusammenhänge aufklären.[293]

Damit waren Themen und Motive, welche die Zionisten seit geraumer Zeit in der Öffentlichkeit zu verankern suchten, zum zentralen Anliegen einer Initiative geworden, die auf den offiziellen Kurs der Regierung Einfluss zu nehmen suchte. Auch wenn die Selbstdarstellung des Komitees von der Förderung des Palästinawerks im Rahmen des Osmanischen Reichs sprach, lag sein Hauptzweck doch darin, die Regierung zur aktiven Unterstützung des Zionismus zu bewegen – und dabei notfalls Druck auf die Türkei auszuüben. Das Auswärtige Amt sollte auf die bereits zugesagte Sympathie politische Taten folgen lassen.

In einer ausführlichen an das Auswärtige Amt gerichteten Denkschrift über die »Richtlinien für den Aufbau des jüdischen Siedlungswerkes in Palästina« stellte das Komitee den großen politischen und wirtschaftlichen Nutzen des Palästinawerks in den Vordergrund. Damit es diesen Nutzen allerdings entfalten könne, »müssen alle Hindernisse aus dem Weg geräumt werden, die seine Entwicklung bisher hemmten.« Das Komitee drängte darauf, dass die Reichsregierung bei den Osmanen intervenierte und umfassende Reformen durchsetzte. Es stehe außer Frage, dass die jüdische Palästinasiedlung »fest und unlöslich im ottomanischen Staatsverbande verankert« bleibe. Unter »Reformen« wurde jedoch die Anerkennung souveräner jüdischer Rechte verstanden: Palästina werde fortan von der osmanischen Regierung als »für jüdische Einwanderung und jüdische Siedlung ausdrücklich bestimmte Provinz« betrachtet. Sie müsse folglich »die jüdische Bevölkerung als eine besondere Nationalität in Palästina [...] behandeln und ihr eine entsprechende Organisation [...] garantieren.« Ein jüdischer Provinzialverband verfüge dann über ein eigenes Unterrichtswesen, eigene bewaffnete Wächter, Selbstbesteuerung sowie eine eigene Sprache und Presse. Vor allem aber müssten die bisherigen Restriktionen aufgehoben und die Möglichkeit jüdischer Masseneinwanderung und großangelegter Kolonisation gewährleistet sein. Die Forderung nach dem Recht auf freien Landerwerb schloss sogar Enteignungen von Großgrund- oder Staatsbesitz mit

---

293 Abgedruckt im Klappentext jeder Veröffentlichung der Schriftenreihe.

ein.[294] Verschließe sich die osmanische Regierung weiterhin der Einsicht von der großen Bedeutung, die das jüdische Palästina für das Osmanische Reich besitze, müsse man eben den Druck auf sie erhöhen, suggerierte das Schreiben.

Als sich auch nach der Balfour Declaration bei der osmanischen Regierung kein grundsätzlicher Gesinnungswandel abzeichnete, wurde in Deutschland teilweise auch öffentliche Kritik laut. Ballods für das PPK verfasste Schrift etwa wandte sich zwar vorwiegend praktischen Fragen zu, ergänzte technische Ausführungen aber um eine Kritik, derzufolge das Osmanische Reich als Weltmacht zugrunde gegangen sei, da es versäumt habe, sich wirtschaftlich neu zu organisieren und die Juden als potentielle Kulturpioniere anzuerkennen.[295] Der konservative Publizist und Politiker Otto Hoetzsch, der ebenfalls dem Komitee beigetreten war, sprach in der rechtskonservativen »Kreuzeitung« das in der gegenwärtigen Situation so wichtige geopolitische Interesse an, »die englisch-amerikanischen Pläne zu durchkreuzen und das zionistische Streben nach dem Land der Verheißung zu befördern«. War die »Souveränität der Türkei« einerseits die Bedingung hierfür, müsse umgekehrt doch auch gefragt werden, »wie die Türkei Palästina anders als durch den Zionismus erhalten und fördern soll.«[296] Das Pro Palästina Komitees stellte 1919 seine Arbeit ein, ohne sich formal aufzulösen. Es entfaltete keine unmittelbare politische Wirkung mehr.

Die Auseinandersetzung der deutschen Regierung mit dem Zionismus war jedoch noch nicht zu Ende. Der deutsche Diplomat Johann Heinrich Graf von Bernstorff (1862–1939) nahm in den letzten Monaten des deutschen Kaiserreichs eine zentrale Position im Auswärtigen Amt ein.[297] Mit dem Zionismus und seinem möglichen Nutzen für das Deutsche Reich war Bernstorff seit Jahren vertraut. Bis 1915 war er Botschafter in Washington und hatte über die Haltung amerikanischer Juden zu Deutschland berichtet. Um ihre Stimmung zu beeinflussen hatte er Dernburgs Propaganda-Pressebüro in New York unterstützt. Mit dem Kriegseintritt der USA wurde er in die Botschaft in Konstantinopel versetzt. Dort war er unter anderem maßgeblich daran beteiligt gewesen, das Gespräch zwischen dem Zionisten Becker und Großwesir Talaat Pascha zu vermitteln. Becker berichtete der ZO im Anschluss an das Gespräch, dass das Auswärtige

294 Arbeitsausschuss des PPK an Staatssekretär des Äußeren Kühlmann, 16.06.1918, Denkschrift. Richtlinien für den Aufbau des jüdischen Siedlungswerkes in Palästina (Anlage). In: CZA Z3/27.

295 Vgl. *Ballod:* Palästina als jüdisches Ansiedlungsgebiet 3.

296 *Hoetzsch,* Otto: Der Krieg und die große Politik. In: Neue Preußische Zeitung (Kreuzzeitung) vom 20.03.1918, 144. Der stets auf breite Resonanz stoßende Mittwochsartikel aus der Feder Hoetzschs in der konservativen *Kreuzzeitung* war das Ergebnis von Gesprächen mit führenden deutschen Zionisten, vgl. Leo Herrmann an Anton Lewin, 22.03.1918. In: CZA Z3/15.

297 Vgl. Bernstorff, Johann Heinrich Graf von. In: *Hürter,* Johannes/*Keipert,* Maria (Hg.): Biographisches Handbuch des deutschen Auswärtigen Dienstes. Bd. 1. 1871–1945. Paderborn 2000, 131–132.

Amt »zwar dem Ausland gern judenfreundlich erscheinen, sich aber im Inland nicht mit seinen judenfreundlichen Taten in Palästina ›kompromittieren‹ und auch den türkischen Bundesgenossen zu nahe treten [möchte]«. In Bernstorff hingegen sah Becker »einen aufrichtigen und überzeugten Freund unserer Bestrebungen«.[298] Zumindest glaubte Bernstorff an den propagandistischen Wert des Zionismus. Auch nachdem der Krieg bereits verloren war, versuchte er mithilfe jüdischer Themen und des Zionismus die öffentliche Wahrnehmung zu beeinflussen. Er fungierte 1919 als Vorsitzender der »Geschäftsstelle für die Friedensverhandlungen«, in der die deutsche Position für die erwarteten Verhandlungen mit den Alliierten – in die das Deutsche Reich letztlich nicht eingebunden war – ausgearbeitet wurde. In jüdischer Thematik sah Bernstorff eine taktische Waffe, um den siegreichen Westalliierten mit einem »positiven Programm« zu begegnen, um »weltweite Sympathien zurückzugewinnen« und den »neuen Geist in Deutschland« zu bezeugen.[299] Der Forderungskatalog umfasste unter anderem ein autonomes jüdisches Gemeinwesen in Palästina, das unter osmanischer Herrschaft geschaffen werden sollte. Zu einer gestaltenden deutschen Beteiligung an der Friedenskonferenz kam es schließlich nicht und die letzte Möglichkeit, deutschen Einfluss in der Region zu bewahren, scheiterte.

Ein »neuer Geist« war allerdings tatsächlich geboren: Deutsche Diplomaten waren sich schließlich der Bedeutung »jüdischer Angelegenheiten«, wie es fortan heißen sollte, bewusstgeworden. Dieses Bewusstsein mündete in personelle und organisatorische Maßnahmen innerhalb des Auswärtigen Amts. Im November 1918 wurde der jüdische Orientalist Moritz Sobernheim (1872–1933) zunächst als »Hilfsarbeiter für jüdische Angelegenheiten« angestellt, dessen Posten im April 1919 zu dem selbstständigen Referat A 6 ausgebaut wurde.[300] Unter Sobernheims Ägide wurde 1926 auch das Pro Palästina Komitee wiederbelebt. Die deutsche Kriegsniederlage bedeutete das Ende einer ausgreifenden deutschen Orient-

---

298 Reisebericht von Dr. Becker (Januar 1918). In: CZA Z3/11.

299 An der »Besprechung über Judenfragen« nahmen neben dem zukünftigen Außenminister Walter Simons, Moritz Sobernheim, laut Protokoll als Vertreter des Reichswirtschaftsministeriums, und Hermann Struck, der vormalige Dezernent für jüdische Angelegenheiten unter dem Stab des Oberbefehlshabers Ost und späterer Berater der deutschen Friedensdelegation in Versailles, teil. Ferner waren Eugen Fuchs vom Centralverein, Richard Lichtheim für die ZVfD und einige jüdische Politiker, die mehr für sich selbst als für eine Partei sprachen, anwesend: Eduard Bernstein, James Simon und Walther Rathenau. Dem programmatischen Entwurf schlossen sich alle Anwesenden an. Abdruck als englische Übersetzung des Dokuments, vgl. *Matthäus*, Jürgen: Tagesordnung: Judenfrage. A German Debate in the Early Stages of the Weimar Republic. In: Leo Baeck Institute Year Book 49 (2003) 87–110, hier 91–110. Ein Abdruck der insgesamt sechs Forderungen in deutscher Sprache, vgl. *Eiff*, Hansjörg: Die jüdische Heimstätte in Palästina in der Außenpolitik der Weimarer Republik. In: Zeitschrift für Geschichtswissenschaft 61/12 (2013) 1005–1028, hier 1007.

300 Vgl. Sobernheim, Moritz. In: *Isphording*, Bernd (Hg.): Biographisches Handbuch des deutschen Auswärtigen Dienstes. Bd. 4. 1871–1945. Paderborn 2012, 280–281.

politik, doch das Interesse an Palästina und der zionistischen Bewegung blieb unter veränderten Rahmenbedingungen erhalten. Sobernheim spielte eine zentrale Rolle in den guten Beziehungen zu den Zionisten während der Weimarer Jahre.

4. Balfour und die Folgen: Zionismus-Rezeption nach dem Weltkrieg

Der Erste Weltkrieg und die Balfour Declaration hatten für die zionistische Bewegung eine neue Phase eingeleitet. War der Zionismus vorher in erster Linie eine Idee, deren Ziele in einer nicht näher bestimmten Zukunft umgesetzt werden sollten, war die Bewegung 1918 mit einer neuen Situation konfrontiert, in der sie Wege für den praktischen Aufbau der nationalen jüdischen Heimstätte in Palästina finden musste. Das Palästinamandat sah die Schaffung einer »Jewish Agency« vor, die als öffentliche Körperschaft mit der britischen Verwaltung zusammenarbeiten sollte. Die Zionistische Organisation wurde als eine solche Jewish Agency anerkannt. Die Integration von nicht-zionistischen jüdischen Kreisen in die Jewish Agency und zur Unterstützung des Palästinawerks zählte zu den zentralen Aufgaben während der 1920er-Jahre.[301] Neben dieser Mobilisierung nicht-zionistischer Kräfte bestand weiterhin auch ein großes Bedürfnis nach nichtjüdischer Unterstützung.

Das allgemeine Interesse an Palästina, am politischen Geschehen wie an Land und Leuten, war seit der Balfour Declaration rapide angestiegen. Die großen Blätter, wie die Frankfurter Zeitung, das Berliner Tageblatt oder die Vossische Zeitung beschäftigten feste Palästina-Korrespondenten, die über politische Ereignisse und ökonomische Entwicklungen Bericht erstatteten. Bekannte Intellektuelle, Journalisten, Autoren und Wissenschaftler reisten nach Palästina und schilderten dem deutschen Publikum ihre Eindrücke vom Aufbau einer jüdischen Heimstätte.[302] Darstellungen des »neuen Palästinas« und der Ausbau eines »Zionist-sponsored Tourism« stellten ein wichtiges Medium des Zionismus der Zwischenkriegsjahre dar, das amerikanische und westeuropäische Judentum an Palästina zu binden.[303] Dabei spielten gerade auch von Nichtjuden verfasste Reiseberichte eine besondere Rolle: Ihre Beurteilung des Palästinawerks schien

---

301 Vgl. *Reinharz*: Ideology and Structure in German Zionism, 139; *Lavsky*: Before Catastrophe 61 sowie ausführlich *Parzen*, Herbert: The Enlargement of the Jewish Agency for Palestine. 1923–1929. In: Jewish Social Studies 39/1/2 (1977) 129–158.
302 Vgl. *Lavsky*: Before Catastrophe 100.
303 Vgl. *Berkowitz*, Michael: The Origins of Zionist Tourism in Mandate Palestine. Impressions (and Pointed Advice) from the West. In: Public Archaeology 11/4 (2013) 217–234, hier 222–231; *Ders*.: Zionist Culture and West European Jewry before the First World War 125–146.

stets einen unparteiischen und objektiven Standpunkt abzubilden.[304] Dadurch
erhielten solche Darstellungen einen besonderen Wert als Werbemittel.

Fritz Löwenstein (1892–1964), Leiter des 1925 eingerichteten »Informations-
büros für Touristen in Palästina«, adressierte seinen Reiseführer, der Palästinareisende über die moderne jüdische Praxis im Lande informierte, explizit auch
an nichtjüdische Leser, denn:

> die Rueckkehr des juedischen Volkes nach Palaestina, der Versuch einem seit 2000 Jah-
> ren von der Heimat und der Scholle entfernten Volke wieder festen Boden unter die
> Fuesse zu geben, die Wiederbelebung einer seit langem tot geglaubten Sprache, die
> die Versuche, neue Formen menschlichen Zusammenlebens zu finden, duerfen der
> Beachtung jedes Menschen wert sein, der ueberhaupt in Palaestina nicht nur Zeugen
> der Vergangenheit, sondern auch Leben der Gegenwart zu sehen wuenscht.[305]

Darüber hinaus wurden auch gezielt nichtjüdische Intellektuelle nach Palästina
eingeladen und durch das Aufbauwerk geführt, wie der Sozialist und ehemalige
belgische Minister Émile Vandervelde (1866–1938). Vanderveldes Reisebericht
»Schaffendes Palästina« (1930) schilderte die zionistische Arbeit als sozial gerechtes, produktives und zivilisatorisch bedeutsames Werk, das aus universalistischen und humanistischen Gründen Unterstützung verdiene.[306] Solche
Schilderungen waren umso wichtiger, als im Jahr 1929 arabische Unruhen nicht
nur Palästina, sondern auch die europäische Öffentlichkeit erschüttert hatten.[307]

Was für den internationalen Kontext galt, fand auch in Deutschland Anwendung. Die ZVfD vertiefte nach dem Weltkrieg ihre Doktrin des »Palästi-
nozentrismus«: Jeder Zionist solle sein Leben und seine Identität auf Palästina
ausrichten und sich daher auch nicht in jüdischen Gemeindebelangen oder der

---

304 Vgl. *Flemming*, Jens: Geschaute Zukunft. Italien und Palästina als Reiseziele deutscher Intellektueller nach dem Ersten Weltkrieg. In: *Helmes*, Günter/*Martin*, Ariane/*Nübel*,
Birgit/*Schulz*, Georg-Michael (Hg.): Literatur und Leben. Anthropologische Aspekte in der
Kultur der Moderne. Tübingen 2002, 199–212, hier 199 f. Tatsächlich lassen sich Reiseberichte
als Vexierbilder begreifen, die keine objektiv vorfindbare Welt beschreiben, sondern Einblicke
in die Ideen und Emotionen der Autoren geben. Sie erhalten ihre Bedeutung darin, dass sie
Bewusstseinssegmente, Deutungsmuster und darin verankerte Diskurse verraten. Da man
untersuchen kann, was Teil der Wahrnehmung war und was nicht, lassen sich Filter erkennen, die sich zwischen die Wahrnehmung geschoben haben, womit sich die Entstehung und
Entfaltung oder die Reproduktion von Stereotypen und Mythen, Abgrenzungs- und Iden-
tifikationsbedürfnisse studieren lassen.
305 *Löwenstein*, Fritz: Das jüdische Palästina. Hrsg. v. d. Direktorien des Keren Kajemeth
Lejisrael und des Keren Hajessod. Jerusalem 1927, 12. Zu Löwensteins Büro sowie dem breiteren Kontext des Palästinatourismus, vgl. *Reuveni*, Gideon: Consumer Culture and the Making of Modern Jewish Identity. Cambridge 2017, 162 f.; *Cohen-Hattab*, Kobi/*Shoval*, Noam:
Tourism, Religion and Pilgrimage in Jerusalem. New York 2015, 41–90.
306 Vgl. *Vandervelde*, Emil: Schaffendes Palästina. Der jüdische Aufbau heute und morgen.
Von einem Sozialisten. Dresden 1930.
307 Vgl. *Morris*: Righteous victims 111–120.

deutschen Politik engagieren. Der Kampf um jüdische Identität sollte nicht in erster Linie in den Gemeinden ausgetragen werden.[308] Es ging Blumenfeld und der ZVfD während der ersten Jahre der Weimarer Republik vor allem darum, die Unterstützung des Palästinawerks auf ein breiteres Fundament zu stellen und nicht-zionistische Juden zur Mitarbeit zu gewinnen. Positive Zionismus-Darstellungen von prominenten Nichtjuden wurden als äußerst hilfreich eingeschätzt, um unter deutschen Juden Ängste zu zerstreuen, die Mitarbeit am Palästinawerk bringe sie in Konflikt mit ihrer nichtjüdischen Umwelt. Die Zionismus-Unterstützer rekrutierten sich erneut aus Kreisen, die sich in den Vorjahren bereits für die Bewegung interessiert hatten. Sie riefen nun allerdings jüdische Kritiker auf den Plan, die ihnen judenfeindliche Tendenzen unterstellten. Diese Debatten und vor allem die Reaktionen der Zionismus-Unterstützer sollen in diesem Abschnitt genauer untersucht werden.

4.1   Ein Referat für jüdisch-politische Angelegenheiten

Alle Fäden der politischen Unterstützung des Zionismus liefen nach dem Ersten Weltkrieg im Auswärtigen Amt zusammen. Vermochte der Zionismus deutschen Diplomaten vor 1918 meist nicht mehr als interessierte Kenntnisnahme abzutrotzen, markierte die Gründung eines ausschließlich mit »jüdisch-politischer« Thematik befassten Referats im Auswärtigen Amt ein Umdenken.[309] Erst zum Kriegsende war in Deutschland ein Bewusstsein für »jüdische Angelegenheiten« und ihre ideelle Bedeutung im politischen Geschehen erwacht.

Als Referent wurde Moritz Sobernheim berufen, der während des Krieges im Komitee für den Osten tätig gewesen war. Die Berichterstattung über »jüdische Vorgänge« in der Welt, die durch ministeriell zirkulierende »Politische Jüdische

308 Vgl. *Lavsky*: Before Catastrophe 42–45. Eine Ausnahme stellte die zionistische »Jüdische Volkspartei« (JVP) dar, die den liberalen Gemeindeführungen den Kampf angesagt hatte und in den Gemeinden ein Bewusstsein als »Volksgemeinden« zu verankern versuchte. Mit Hermann Badt (1887–1946) als Ministerialdirektor im preußischen Ministerium des Inneren oder Hans Goslar (1889–1945) als Pressechef des preußischen Staatsministeriums gelang es einzelnen Zionisten dieser Partei, in der preußischen Politik weit aufzusteigen. Es waren jedoch vor allem ältere Zionisten, die in der Verbreitung von zionistischem Bewusstsein in dieser Form von Diaspora-Politik tätig waren. In der ZVfD fand die JVP nur geringfügig Rückhalt, vgl. *Maurer*, Trude: Auch ein Weg als Deutscher und Jude: Hans Goslar 1889–1945. In: *Schoeps*, Julius H. (Hg.): Juden als Träger bürgerlicher Kultur in Deutschland. Stuttgart 1989, 193–239; *Ilsar*, Yehiel: Hermann Badt. Von der Vertretung Preußens im Reichsrat zum Siedlungsprojekt am Genezareth-See. In: Tel Aviver Jahrbuch für deutsche Geschichte 20 (1991) 339–362; *Pulzer*, Peter G. J.: Jews in German Politics. In: *Ders.* (Hg.): Jews and the German state. The Political History of a Minority, 1848–1933. Detroit/Michigan 2003, 69–323, hier 273, 285. Zur JVP, vgl. *Brenner*, Michael: The Jüdische Volkspartei. National-Jewish Communal Politics during the Weimar Republic. In: The Leo Baeck Institute Year Book 35 (1990) 219–243.
309 Vgl. *Nicosia*: Jewish Affairs and German Foreign Policy 266.

Nachrichten« erfolgte, zählte zu Sobernheims zentralen Aufgaben. Sobernheims Arbeit zielte auf »die Sympathien der anderen Länder, vor allem aber der internationalen Judenheit«. Besonders dem Zionismus wurde große Bedeutung beigemessen. Zeit seines Bestehens pflegte das Referat gute Beziehungen zur ZO.[310] Sobernheim sah die wachsende jüdische Präsenz in Palästina als Vehikel »for the promotion of German interests in Palestine and the Middle East«.[311] Zu diesen Interessen zählten neben der Förderung wirtschaftlicher Beziehungen auch ideelle Erwägungen.

Das Referat Sobernheims wurde 1919 im Zuge der Umstrukturierung des Auswärtigen Amts eingerichtet, die auf eine Aufwertung außenwirtschaftlicher und kulturpolitischer Gesichtspunkte zurückging.[312] Erst in der Weimarer Republik wurde eine ernsthafte auswärtige Kulturpolitik verfolgt, die Deutschlands kulturelle Bedeutung im Ausland repräsentieren und damit auch seine politische Stellung festigen sollte.[313] Sie war an die Ideen der weltpolitischen Vordenker Paul Rohrbach, Kurt Riezler oder Karl Lamprecht angelehnt und trug stark propagandistische Züge. Auswärtige Kulturpolitik war vor allem Imagepolitik, um das Bild Deutschlands im Ausland aufzubessern.[314] Zu Beginn wurde sie in den Dienst der Revisionspolitik gegen den Versailler Vertrag gestellt.[315] Der spätere preußische Kultusminister C. H. Becker (1876–1933) hielt in einer einflussreichen Denkschrift über »Kulturpolitische Aufgaben des Reiches« (1919) fest, das deutsche Volk habe nach »seiner politischen und wirtschaftlichen Ausschaltung [...] nur noch seinen Ideengehalt als Einsatz«.[316] Der berufsmäßige Orientalist Becker definierte Kulturpolitik als eine »bewusste Einsetzung geistiger Werte im Dienste des Volkes und des Staates zur Festigung im Innern

---

310 Vgl. Moritz Sobernheim, Aufzeichnung über das Jüdische Referat im Auswärtigen Amt. In: PAAA Personalia Nr. 651 Sobernheim.

311 *Nicosia:* Jewish Affairs and German Foreign Policy 266.

312 Vgl. *Düwell:* Deutschlands auswärtige Kulturpolitik 78 f sowie *Ders.*: Die Gründung der Kulturpolitischen Abteilung im Auswärtigen Amt als Neuansatz. Inhaltliche und organisatorische Strukturen der Reform auswärtiger Kulturpolitik nach dem Ersten Weltkrieg. In: *Düwell,* Kurt/*Dexheimer,* Wolfgang (Hg.): Deutsche auswärtige Kulturpolitik seit 1871. Geschichte und Struktur. Köln 1981, 46–61.

313 Vgl. *Düwell:* Die Gründung der Kulturpolitischen Abteilung im Auswärtigen Amt; *Bode,* Matthias: Die auswärtige Kulturverwaltung der frühen Bundesrepublik. Eine Untersuchung ihrer Etablierung zwischen Norminterpretation und Normgenese. Tübingen 2014, 175–230.

314 Vgl. *Düwell,* Kurt: Zwischen Propaganda und Friedenspolitik – Geschichte der Auswärtigen Kulturpolitik im 20. Jahrhundert. In: *Maaß,* Kurt-Jürgen (Hg.): Kultur und Außenpolitik. Handbuch für Studium und Praxis. Baden-Baden 2005, 53–83, hier 59 f.

315 Vgl. *Kröger:* Die Praxis deutscher auswärtiger Kulturpolitik 887 f.; *Eversdijk,* Nicole P.: Kultur als politisches Werbemittel. Ein Beitrag zur deutschen kultur- und pressepolitischen Arbeit in den Niederlanden während des Ersten Weltkrieges. Münster 2010, 37 f.

316 *Becker,* Carl Heinrich: Kulturpolitische Aufgaben des Reiches. Leipzig 1919, 15 f.

und zur Auseinandersetzung mit anderen Völkern nach außen«[317] Kulturdialog sollte, nach Becker, zu einem integralen Bestandteil der deutschen Außenpolitik erhoben werden. Zur Mitte der 1920er-Jahre vertrat man in der auswärtigen Kulturpolitik das Ideal der Völkerverständigung und den Anspruch, Brücken zwischen den Nationen zu bauen.[318]

Sobernheims Tätigkeiten standen unter dem Zeichen einer solchen Kulturpolitik. Er sah die Juden als deutschen kulturellen Faktor im Ausland an, mit deren Hilfe sich politische Interessen des Deutschen Reichs verfolgen ließen. In dieser Herangehensweise offenbarte sich eine Perspektive, wie sie bereits für Sobernheims früheres Betätigungsfeld, das Komitee für den Osten, typisch war: Ihre Sprachverwandtschaft mache osteuropäische Juden zu einer kulturell deutschnahen Gruppe, die zu einer Stütze der deutschen Politik werden könne. Sobernheim versuchte vor allem, die jüdische Minderheit in der neu entstandenen Polnischen Republik als Bezugspunkt einer deutschen Revisionspolitik zu benutzen.[319]

Auch Sobernheims Annäherung an den Zionismus war von kulturpolitischen Ideen beeinflusst. Sobernheim versuchte, die deutsche Vertretung innerhalb der ZO zu stärken, um Einfluss auf die Gesamtbewegung des Zionismus und letztlich das politische Geschehen im Nahen Osten zu erlangen.[320] Vor dem Hintergrund, deutsche Sprache und Kultur zu verbreiten, unterstützte Sobernheim auch den Aufbau der Jerusalemer Universitätsbibliothek und war 1925 bei der Eröffnung der Hebräischen Universität zu Gast.[321] Kulturelles Prestige und Ansehen waren dabei nicht sich selbst, sondern der politischen und ökonomischen Sanierung des Deutschen Reiches verpflichtet.[322] Der weltpolitische Kolonialismus hatte die Strategie verfolgt, mittels Ausbreitung von Kultur und Sprache den Einfluss des konkurrierenden britischen Empires zurückzudrängen. Sobernheims Pläne hingegen folgten einem anderen Prinzip: Die deutsche Politik näherte sich zwischen 1922 und 1925 dem Westen an, um die deutsche diplomatische Isolation aufzubrechen. Deutschland konnte dank der Mitgliedschaft im Völkerbund ab 1926 wieder den Status einer Großmacht beanspruchen.[323] Sobernheims Arbeit

---

317 Ebd. 13, 53.
318 Vgl. *Kröger*: Die Praxis deutscher auswärtiger Kulturpolitik 888.
319 Vgl. Sobernheim, Tätigkeit des Referats für jüdisch-politische Angelegenheiten. In: PAAA R 78712 Sobernheim Allgemeines.
320 Vgl. Moritz Sobernheim, Bericht über den Zionistenkongress in Karlsbad, 25.08.1923. In: PAAA R78660.
321 Vgl. Moritz Sobernheim, Bericht über meine Reise nach Palästina im März und April 1925. In: PAAA R 78714 Prof. Sobernheim Berichte. 1920–1925.
322 Vgl. Moritz Sobernheim, Die Bedeutung von Palästina für die deutsche Wirtschaft. In: PAAA R 78714 Prof. Sobernheim Berichte. 1920–1925; Moritz Sobernheim Aufzeichnung. In: PAAA R 78702 Prof. Sobernheim Verschiedener Schriftwechsel. 1921–1928.
323 Vgl. *Wintzer*, Joachim: Deutschland und der Völkerbund 1918–1926. Paderborn 2006, 55.

und die Unterstützung der englischen Palästinapolitik stand unter dem Zeichen dieser deutschen Annäherung an die Westmächte.[324] Im Rahmen einer neuen Strategie war Deutschland wieder in der Lage an frühere außenpolitische Interessen im Orient anzuknüpfen.[325]

4.2   Ein neues Pro Palästina Komitee, 1926

Einen wesentlichen Teil von Sobernheims Tätigkeit machte Öffentlichkeitsarbeit aus, die der positiven Darstellung des Zionismus galt.[326] Als im Februar 1921 der »Keren Hayessod« (KH) dem Auswärtigen Amt von zionismusfeindlichen Artikeln in der deutschen Presse berichtete, nahm sich Sobernheim umgehend der Sache an.[327] Der KH war eine große, kurz vorher ins Leben gerufene Spendenorganisation für das Palästinawerk, deren Konzept deutsche Zionisten wesentlich mitgestaltet hatten.[328] Auch Sobernheim war an der Planung des deutschen Ablegers des KH beteiligt, der als nicht-zionistische Organisation gegründet wurde und die Mitarbeit nicht-zionistischer jüdischer Verbände und Persönlichkeiten am Palästinawerk ermöglichen sollte.[329] Der KH suchte die »geistigen

---

324   Vgl. *Nicosia:* Weimar Germany and the Palestine Question 326–328.

325   Über die Kontinuitäten und Diskontinuitäten deutscher Großmachtpolitik, vgl. *Niedhart,* Gottfried: Die Außenpolitik der Weimarer Republik. München 2010, 46–69.

326   Er bediente sich dabei der »Jewish Telegraphic Agency« (JTA), die er zugunsten deutscher Interessen bzw. einer positiven Darstellung Deutschlands zu beeinflussen suchte, vgl. *Dohrn,* Verena: Diplomacy in the Diaspora. The Jewish Telegraphic Agency in Berlin (1922–1933). In: The Leo Baeck Institute Year Book 54 (2009) 219–241.

327   Der KH bat Sobernheim gegen Artikel zu intervenieren, die mit einer »unklugen Politik die deutschen Exportaussichten« schädigten. Die Kölnische Zeitung etwa nehme eine pro-arabische Haltung ein. Von einem arabischen Palästina werde das Deutsche Reich jedoch nur schwerlich profitieren, Erich Marx (Keren Hayessod) an Moritz Sobernheim, 27.01.1921; ähnlich auch Erich Marx (ZVfD) an Moritz Sobernheim, 30.01.1921. In: PAAA R 78670 Jüdisch-politische Angelegenheiten. Presse. 24.03.1920–1922

328   Vgl. *Lavsky:* Before Catastrophe 88.

329   Bei den Verhandlungen, die im Vorfeld stattfanden, trafen die Zionisten Kurt Blumenfeld und Arthur Hantke auf prominente jüdische Persönlichkeiten aus Wirtschaft und öffentlichem Leben: der Direktor der Deutschen Bank Oskar Wassermann, der Hamburger Bankier Max Warburg, der Industrielle Siegmund Hirsch sowie führende Repräsentanten des Hilfsvereins wie Paul Nathan sowie der Bankier und Philanthrop Eugen Landau, Leo Baeck, der Kopf des »Allgemeinen Rabbiner-Verbandes« in Deutschland, und selbst Mitgliedern des CV; auch Moritz Sobernheim war an den Gesprächen beteiligt. Diese Verhandlungen hatten dazu geführt, zwei voneinander getrennte Fonds zu gründen, einen zionistischen Verein »Palästina Grundfonds, Keren Hajessod E. V.«, der mit der ZO verknüpft war, und eine neutrale Körperschaft, der als »Keren Hajessod (Jüdisches Palästinawerk) E. V.« zum 1. Januar 1922 als deutsche Firma ins Leben gerufen wurde. Neben den Zionisten waren deutsche jüdische Organisationen wie der »Verband jüdischer Jugendvereine Deutschlands«, der Allgemeine Rabbiner-Verband in Deutschland und die B'nai B'rith Loge im Vorstand vertreten; auf Distanz blieb die »Vereinigung für das liberale Judentum«, die orthodoxe »Agudat Israel« und der CV, vgl. *Lavsky:* Before Catastrophe 88–105.

und materiellen Kräfte der Judenheit der ganzen Welt zur einheitlichen Mitarbeit am Aufbau des jüdischen Palästina« zu bewegen und als »Werk und [...] Aufgabe der gesamten Judenheit, nicht einer einzelnen jüdischen Partei«[330] zu festigen.

Schlechte Presse über das Palästinawerk erachtete Sobernheim als hochgradig schädigend für deutsche Interessen. Neben Interventionen bei deutschen Pressevertretern sorgte er mit dem Verfassen zahlreicher Dossiers auch für eine positive Berichterstattung während der Deutschland-Besuche von Chaim Weizmann: Der nach dem Weltkrieg zum Präsident der ZO aufgestiegene Weizmann hatte während der 1920er-Jahre mehrmals Deutschland besucht und wurde stets von Regierungsvertretern empfangen.[331]

Im Zuge seiner Bemühungen, die offiziellen deutschen Beziehungen zur zionistischen Bewegung zu festigen, war Sobernheim 1926 federführend an der Neugründung des Pro Palästina Komitees beteiligt. Hatte das erste PPK noch versucht, das Auswärtige Amt zu einer tatkräftigeren Unterstützung des Palästinawerks zu bewegen, war die Neuauflage ein Aushängeschild der offiziellen außenpolitischen Linie des Deutschen Reichs. Es machte für die deutschen Interessen im Zusammenhang des Palästinamandats Werbung in der deutschen Öffentlichkeit.[332] Zugleich waren die Veranstaltungen, die im Namen des Komitees fortan ausgerichtet wurden, auch Werbeveranstaltungen für den KH.[333]

Die treibende zionistische Kraft hinter dem neuen PPK war Victor Jacobson, seit 1913 Mitglied des Zionistischen Actionscomitees und ab 1925 in Genf als

---

330 *Fodor*, A.: Der Keren Hajessod und die jüdische Universität in Palästina. Berlin 1922, 2. Als offizielle Zwecke wurden genannt: die Anschaffung von Fabrikaten und Waren nach Maßgabe des Aufbauplans des jüdischen Palästinas, die Beschaffung von Kleidung und Werkzeugen für Einwanderer, Beförderungskosten von Einwanderern sowie die Förderung wissenschaftlicher, landwirtschaftlicher und handwerklicher Ausbildung für Palästina.

331 Vgl. *Eiff*: Die jüdische Heimstätte in Palästina in der Außenpolitik der Weimarer Republik 1012–1015. Während seines Besuchs 1925 hielt Weizmann Pressekonferenzen ab und gab Zeitungsinterviews, die nicht zuletzt die Werbetrommel für den KH rühren und der Spendensammlung für den Palästinaaufbau unter deutschen Juden dienen sollten. Über den Ablauf des Besuchs verfasste Sobernheim ausführliche Dossiers, vgl. Moritz Sobernheim an Carl von Schubert (Staatssekretär des Äusseren), 29.12.1924; Moritz Sobernheim an Gustav Stresemann, 29.12.1924. In: PA AA R 78661. Die Berichterstattung in den großen Tageszeitungen wie der Frankfurter Zeitung, im Berliner Tageblatt, der Kölnischen Zeitung und der Vossischen Zeitung fiel sehr positiv aus, vgl. Weizmann in Berlin. Der Empfang in Wien und Prag. In: Jüdische Rundschau 30/3 (1925) 21; Die Weizmann-Woche. In: Jüdische Rundschau 30/4 (1925) 31–32; Presse-Empfang im Adlon. In: Jüdische Rundschau 30/5 (1925) 39; Das Aufbauwerk in Palästina. Das Weizmann-Interview im »Berliner Tageblatt«. In: Jüdische Rundschau 30/8 (1925) 74 sowie *Lavsky*: Before Catastrophe 98 f.

332 Vgl. *Nicosia*: Weimar Germany and the Palestine Question 330–335 sowie den Überblicksaufsatz von Joseph Walk, der die Entstehung und personelle Zusammensetzung des Komitees beschreibt, *Walk*: Das »Deutsche Komitee Pro Palästina«.

333 Vgl. Walk, Das »Deutsche Komitee Pro Palästina« 188 f.

Vertreter der ZO beim Völkerbund tätig.[334] Jacobson war mit Sobernheim über dessen Tätigkeiten für das Komitee für den Osten seit dem Weltkrieg bekannt. Jacobson wollte in der deutschen Öffentlichkeit Sympathien für den Aufbau einer jüdischen Heimstätte in Palästina gewinnen. Er bediente sich der universalistischen Rhetorik des Völkerbunds: Das jüdische Siedlungswerk sei ein fundamentales Werk der Völkerverständigung, dessen Unterstützer zur »Verbesserung der Beziehungen zwischen Nichtjuden und Juden in allen Ländern der Welt« beitragen würden.[335]

Wie der deutsche KH war auch das im Dezember 1926 neugegründete Pro Palästina Komitee nominell kein zionistischer Verein, gleichwohl zionistische Führer seine Gründung entscheidend vorantrieben. Die Gründungserklärung hatte folgenden Wortlaut:

Das Deutsche Komitee Pro Palästina zur Förderung der jüdischen Palästinaansiedlung wird in der Überzeugung, dass der Aufbau der im Palästinamandat garantierten Heimstätte für das jüdische Volk als ein Werk menschlicher Wohlfahrt und Gesittung Anspruch auf die deutschen Sympathien und die tätige Anteilnahme der deutschen Juden hat, bemüht sein: die deutsche Öffentlichkeit über das jüdische Kolonisationswerk aufzuklären, die Beziehungen zwischen Deutschland und Palästina zu pflegen und allgemein die Erkenntnis zu verbreiten, dass das jüdische Aufbauwerk in Palästina ein hervorragendes Mittel für die wirtschaftliche und kulturelle Entwicklung des Orients, für die Ausbreitung deutscher Wirtschaftsbeziehungen und für die Versöhnung der Völker ist.[336]

Die Erklärung brachte die grundsätzliche Interessensüberschneidung der Zionisten und der deutschen Politik auf den Punkt. Beide Seiten würden von einer engen wirtschaftlichen Kooperation profitieren. Als Werk des Fortschritts und der menschlichen Wohlfahrt diene es der Völkerverständigung; der Völkerbund garantiere diesen Grundsatz.

Kurt Blumenfeld unterstrich in seiner Ansprache auf der konstituierenden Versammlung des PPK im Hohenzollernsaal des Hotels Kaiserhof am 15. Dezember 1926 den universalistischen Gehalt des Palästinawerks, »das nicht nur zum Wohle der jüdischen Gemeinschaft gereichen, sondern im Zeichen allgemein-menschlichen Fortschritts«[337] stehe. Neben dem »Wunsch, die deutsche Politik in einem uns günstigen Sinne zu beeinflussen« und zur »Gewinnung

---

334 Vgl. *Pedersen*, Susan: The Guardians. The League of Nations and the Crisis of Empire. Oxford 2015, 99 f.

335 Jacobson, Denkschrift, 19.10.1926.

336 *Deutsches Komitee Pro Palästina zur Förderung der jüdischen Palästinasiedlung*: Bericht über die konstituierende Versammlung vom 15. Dezember 1926 in Berlin (Hotel »Der Kaiserhof«).

337 Programm, In: *Deutsches Komitee Pro Palästina zur Förderung der jüdischen Palästinasiedlung*: Bericht über die konstituierende Versammlung vom 15. Dezember 1926 in Berlin (Hotel »Der Kaiserhof«).

führender deutscher Persönlichkeiten«, hofften die deutschen Zionisten jedoch vor allem, wie ein interner Bericht der ZVfD im Vorfeld der Komiteesgründung festhielt, »durch eine Erklärung massgebender Kreise für den zionistischen Palästinaaufbau eine starke Wirkung auf das deutsche Judentum ausüben zu können.«[338] Auch in der Grundsatzerklärung des PPK klang die Hoffnung der Zionisten durch, allgemeine Sympathien einflussreicher politischer und prominenter Persönlichkeiten würden dazu führen, unter deutschen Juden neue Unterstützer zu finden.[339]

Tatsächlich zählten neben hochrangigen Regierungsvertretern, Ministerialbeamten und Politikern auch prominente Zionisten oder Zionismus-Sympathisanten wie Martin Buber (1878–1965) und Albert Einstein (1879–1955), ebenso wie nicht-zionistische Juden wie Leo Baeck (1873–1956), der Bankdirektor und KH-Präsident Oskar Wassermann (1869–1934) sowie der Philanthrop und Hilfsverein-Mitbegründer Eugen Landau (der Sobernheims Stiefvater war, 1852–1935) zu den Mitgliedern des PPK. Auf nichtjüdischer Seite waren hochrangige Vertreter der die Weimarer Republik tragenden Parteien vertreten. Von der SPD traten vier Reichstagsabgeordnete bei, darunter der Reichstagspräsident Paul Löbe (1875–1967), der vormalige und spätere Reichskanzler Hermann Müller (1876–1931), der preußische Ministerpräsident Otto Braun (1872–1955) sowie der preußische Kultusminister C. H. Becker. Das Zentrum stellte den späteren Fraktions- und Parteivorsitzenden und Prälaten Ludwig Kaas (1881–1952), den früheren Reichskanzler Joseph Wirth (1879–1956) sowie den Kölner Oberbürgermeister Konrad Adenauer (1876–1967).[340] Als Vertreter der Reichsregierung war der Staatssekretär und Chef der Reichskanzlei Hermann Pünder vertreten (1888–1976). Aus dem Auswärtigen Amt kamen die Staatssekretär Carl von Schubert (1882–1947), der Leiter der Orientunterabteilung und Mitbegründer der liberaldemokratischen DDP Hartmann von Richthofen (1878–1953) – und Sobernheim. Außerdem finden sich unter den Mitgliedern einige bereits bekannte Namen. Den Vorsitz des Komitees übernahm Bernstorff. Mit Ernst Jäckh, Adolf Grabowsky, Georg Cleinow, Franz Carl Endres und Otto Eberhard traten schon länger aktive Unterstützer des Zionismus, die bereits dem Vorläufer-Komitee angehört hatten, bei. Auch Otto Hoetzsch findet sich unter den Unterzeichnern des Gründungsaufrufes, er war inzwischen Mitglied des Außenpolitischen Ausschusses des Reichstags und deutscher Repräsentant beim Völkerbund.[341]

338 ZVfD, Streng vertraulicher Bericht über den Stand der Pro-Palästina-Comité-Aktion, [Anfang November 1926]. In: SchA 531/67.
339 Vgl. *Walk:* Das »Deutsche Komitee Pro Palästina« 188 f.
340 Vgl. die Mitgliederlisten, in: PAAA R 78327 Pro Palästina Komitee; Konrad Adenauer an Bernstorff, 22.11.1927. In: PAAA R 78328 Pro Palästina Komitee.
341 Es liegt nahe, dass Hoetzsch in dieser Funktion dem PPK beigetreten ist. Es gibt keine Indizien, um mit Avraham Barkai anzunehmen, Hoetzsch habe prozionistische Sympathien aufgrund eines ausgeprägten völkischen Antisemitismus gehegt, vgl. *Barkai:* »Wehr dich!« 228.

Abb. 3: Kundgebung des Pro Palästina Komitees in Berlin, 1928. Nach Nummerierung: Emil Vandervelde (1), PPK-Vorsitzender Graf Bernstorff (2), belgischer Gesandter Robert Everts (3), Rabbiner Leo Baeck (4), Reichstagsabgeordneter Rudolf Breitscheid (5), Madame Vandervelde (6), Legationsrat Moritz Sobernheim (7). Daneben von rechts nach links: Kurt Blumenfeld, Oskar Cohn, Richard Lichtheim, Alfred Klee, Felix Rosenblüth.

Auf der Gründungsversammlung wurde eine das Komitee treffend charakterisierende Grußadresse des ebenfalls beigetretenen Thomas Mann verlesen: Man brauche »weder Zionist noch überhaupt Jude« zu sein, »um ein Anhänger des Gedankens zu sein, das Land [= Palästina] aus seiner Öde zu wecken«. Die Wiederbesiedlung dieses Landes, das für die »menschheitsgeschichtlich-geistige Entwicklung« eine so große Rolle gespielt habe, könne er nur »groß und schön und rührend und fördernswert« finden. Dabei bestehe für »deutsche Juden, in deren Blut die Erinnerung an dieses Urheimatland lebendig ist«, keine Gefahr, »in ihrem Deutschtum bezweifelt zu werden, wenn sie den Plan unterstützten«.[342]

Tatsächlich war die Situation komplizierter. Der Historiker Joseph Walk weist auf die Bedeutung des PPK im Zusammenhang des »Frontenkrieg[s] innerhalb der deutschen Judenheit« hin.[343] Die Gründung des Komitees hatte erbitterte Proteste nicht-zionistischer jüdischer Verbände zur Folge.

342 *PPK:* Bericht über die konstituierende Versammlung vom 15. Dezember 1926.
343 *Walk:* Das Deutsche Komitee Pro Palästina 178.

4.3   Deutsche Heimat gegen jüdische Heimstätte: Proteste gegen das PPK

Die »Vereinigung für das liberale Judentum« (VflJ), der rechtsgerichtete »Verband nationaldeutscher Juden« (VnJ) sowie Teile des CV sahen im PPK eine nicht zu billigende Förderung des Zionismus von offizieller Seite. Die VflJ zählte zu den großen liberal-religiösen Vereinigungen des Deutschen Reichs und hing der Idee eines universellen und menschenfreundlichen Auftrags des Judentums in der Diaspora an.[344] Der VnJ hingegen war eine rechtsnationalistische und gegen die demokratische Weimarer Republik agitierende Gruppierung mit deutlich weniger repräsentativer Strahlkraft im deutschen Judentum.[345] Im Antizionismus fanden beide Strömungen einen Berührungspunkt. Beide Vereinigungen befürchteten, die beteiligten Regierungsvertreter stellten das Heimatrecht der Juden in Deutschland in Frage. Die Formulierungen Manns und anderer, die von Palästina als Heimat oder »Urheimat« der Juden sprachen, hatten alte Wunden aufgerissen. Die Vertreter des VnJ und des VflJ gingen mit Protestnoten, Zeitungsartikeln und Kundgebungen in die Offensive.

Bereits die Deutschlandbesuche Weizmanns hatten unter Vertretern des VnJ Anstoß erregt. Ein Jahr zuvor, 1925, hatte Weizmann Reichskanzler Wilhelm Marx (1863–1946) und Außenminister Gustav Stresemann (1878–1929) getroffen, um sich über die Fortschritte des Palästinawerks auszutauschen. Der Vorstand der am äußeren rechten Rand des politischen Spektrums angesiedelten Gruppierung äußerte »vom vaterländischen Standpunkte die schwersten Bedenken« gegen diese »zionistische Agitation«. Zum einen sei der Zionismus ein Instrument der britischen Politik und schade damit alleine schon Deutschland: Die Vorstandsmitglieder des VnJ, Max Naumann (1875–1939) und Samuel Breslauer (1870–1942) unterstellten, dass »unser deutsches Vaterland Schaden trage«, da die KH die »Ableitung deutschen Geldes ins Ausland« in die Wege leite. Darüber hinaus, sei es die Absicht der Zionisten – gleich den Antisemiten – die Gesamtheit der Juden durch die Vision eines »asiatischen Pseudo-Staatsgebildes« ihren Heimatländern zu entfremden. Naumann und Breslauer behaupteten eine angebliche »Zwei-Vaterlands-Theorie« der Zionisten, die sie zurückwiesen: Es sei unmöglich, sich als Deutscher zugleich auch Palästina heimatlich verbunden zu fühlen. Völkisch könne man nur deutsch sein, Jude ausschließlich im religiösen Sinn.[346]

344 Vgl. *Breslauer,* Walter: »Die Vereinigung für das liberale Judentum in Deutschland« und die »Richtlinien zu einem Programm für das liberale Judentum«. Erinnerungen aus den Jahren 1908–1914. In: Bulletin des Leo-Baeck-Instituts 9/33–36 (1966) 302–329.
345 Vgl. *Rheins,* Carl J.: The Verband nationaldeutscher Juden, 1921–1933. In: Leo Baeck Institute Year Book 25 (1980) 243–268.
346 Wörtlich hieß es, es könne »[k]ein Mensch [...] zwei Vaterländer haben, und das deutsche Vaterland, das wir als deutschfühlende Juden allein als das unsrige anerkennen können, braucht gerade in seiner heutigen Lage Menschen, die mit ganzem Herzen bei ihm sind«, Max Naumann, Samuel Breslauer (VnJ) an Gustav Stresemann, 30.03.1925. In: PA AA R 78661 Jüdisch-politische Angelegenheiten. Allgemeines. 01.01.1925–30.06.1925.

Der Verband erfuhr auch von nichtjüdischer Seite Unterstützung. Der konservative Schriftsteller Friedrich von Oppeln-Bronikowski (1873–1936) sympathisierte mit dem VnJ, dessen Konzept einer nationaldeutschen Assimilation er befürwortete.[347] Er beteiligte sich auch an den Protesten des VnJ gegen den Zionismus und eine palästinafreundliche deutsche Politik. Er setzte Zionisten mit Antisemiten gleich, da beide die Auswanderung der Juden wünschten.[348] Wahre Zionisten sollten nach Palästina auswandern, aber mit ihrer Agitation nicht Unruhe im Wirtsvolk stiften und die jüdische Integration behindern.[349] Er wandte sich explizit gegen das »Doppelspiel mit den beiden Vaterländern«[350], wie auch der VnJ die »Zwei-Vaterlands-Theorie« der Zionisten attackiert hatte.

»Als treue Bekenner des Judentums«, wie es in einem Rundbrief der VflJ an die Unterzeichner der Komitee-Gründung hieß, »empfinden wir uns als einen unlösbaren Bestandteil des deutschen Volkes.«[351] Damit unterstellten die Protestierenden dem PPK insgeheim die Absicht, Juden die Zugehörigkeit zum deutschen Volk absprechen zu wollen. Weiter argumentierten sie, dass der religiös indifferente Zionismus die Glaubenssubstanz des Judentums untergrabe. Darüber hinaus zerstöre er die jüdische Verbundenheit mit ihren »nicht ›Wirts-‹ sondern ›Heimat‹völkern«, wie der liberale Rabbiner Karl Rosenthal (1889–1976)

---

347 Oppeln-Bronikowski gehörte dem kleinen Spektrum der Deutschnationalen Volkspartei (DNVP) an, das eine judenfreundliche Position vertrat. Er war 1920 als Kritiker des Antisemitismus in Erscheinung getreten, vgl. *Oppeln-Bronikowski*, Friedrich von: Antisemitismus? Eine unparteiische Prüfung des Problems. 2. Aufl. Berlin 1920. Eine völkisch-antisemitische Entgegnung darauf, vgl. *Bartels*, Adolf: Die Berechtigung des Antisemitismus. Eine Widerlegung der Schrift von Herrn v. Oppeln-Bronikowski »Antisemitismus?«. Leipzig, Berlin 1921. Neben ihm gehörten Siegfried von Kardorff, Arthur von Posadowski-Whner, Clemens von Delbrück und Adelbert Düringer zum »philosemitischen Flügel der Partei«, vgl. die von seinem Sohn verfasste Biographie *Oppeln-Bronikowski*, Friedrich-Wilhelm von: Friedrich von Oppeln-Bronikowski (1873–1936). Sein Leben und Wirken. Offizier, Übersetzer, Schriftsteller, Journalist und Streiter gegen den Antisemitismus in der Weimarer Republik. Berlin 2008, 71. Im Februar 1922 wurde er aus der Partei ausgeschlossen, nachdem er 1921 auf der Hauptversammlung des Abwehrvereins sowie auf Veranstaltungen des VnJ teilgenommen hatte.
348 Oppeln-Bronikowski missfiel zudem der Kurs der deutschen Außenpolitik, die die Annäherung an Großbritannien anstrebte. Der Zionismus erschien ihm als Handlanger der Geschäfte Englands. Er forderte: »Nicht englische Judenkolonie, sondern Wiedergeburt Großdeutschlands!«, *Oppeln-Bronikowski*, Friedrich von: Die Wahrheit über Palästina. In: Deutsche Allgemeine Zeitung vom 10.01.1926, 6 sowie *Oppeln-Bronikowski*, Friedrich von: Nationaldeutsch oder nationaljüdisch? In: Deutsche Stimmen 38/3 (1926) 64–69 und *Oppeln-Bronikowski*, Friedrich von: Deutschland oder Palästina? In: Deutsche Allgemeine Zeitung vom 08.04.1926, 5.
349 Vgl. *Oppeln-Bronikowski*: Nationaldeutsch oder nationaljüdisch.
350 ZVfD, Presseschau, Nr. 1, 07.06.1927. In: SchA 539/24/242.
351 VflJ an PPK, 05.01.1927. In: PAAA R R78327. Vgl. auch Das liberale Judentum und Palästina. Zum neuen »Pro Palästina«-Comité. In: Jüdisch-liberale Zeitung. 6 (24.12.1926) 52.

erklärte.[352] Beide Verbände veröffentlichten zudem eine gemeinsame Stellungnahme in der Frankfurter Zeitung. Darin stellten sie den Zionismus als politische Gefahr für die deutschen Juden dar, da er sie »zu einem besonderen Volkstum« erkläre.[353] Die protestierenden Verbände verlangten mehr als nur staatsbürgerliche Zugehörigkeit. Sie bestanden darauf, als gleichberechtigter Teil des deutschen Volkes anerkannt zu werden. Die Proteste gipfelten im Februar 1927 in einer öffentlichen Kundgebung, an der etwa 250 Personen, darunter auch Mitglieder des CV, teilnahmen.[354]

Nachfolgend skizziere ich, wie die Antworten der beteiligten Regierungsvertreter und anderer Komitee-Mitglieder ausfielen. Die anhaltenden Proteste aus antizionistischen Kreisen, die unterstellten, die Förderung des Zionismus stelle die nationale Zugehörigkeit der deutschen Juden infrage, zwangen die Zionismus-Sympathisanten ihrerseits zu Stellungnahmen. Besonders erhellend ist hier ein Kontext: Viele der Antwortschreiben und öffentlichen Reaktionen nahmen, wie schon die Protestnoten, direkt Stellung zur »Judenfrage«, wenn sie über den Zionismus sprachen. Wurden Bilder des Jüdischen an dieser Stelle wirkmächtig?

Zunächst hatte Stresemann in einem Schreiben an den VnJ versichert, dass der Kontakt mit Weizmann im deutschen Interesse liege. Die »jüdisch-nationale Seite des Zionismus« stehe keineswegs in Widerspruch zur deutschen Politik. Mit dem Hinweis, das Komitee gedenke nicht, sich in »innerjüdische Angelegenheiten« einzumischen, sondern verfolge außenpolitische Ziele, ließ sich der Konflikt jedoch nicht beilegen.[355]

Daraufhin erfolgte eine ganze Reihe Erklärungen, die zur staatsbürgerlichen Zugehörigkeit der Juden Stellung bezogen. Hermann Pünder (1888–1976), Chef der Reichskanzlei und Präsidiumsmitglied des PPK, war im Dezember 1926 damit betraut worden, an die protestierenden jüdischen Fraktionen ein Antwortschreiben zu verfassen. Er selbst wisse sich »völlig frei von den Gedankengängen

---

352 Aufzeichnung, 09.02.1927. In: PA AA R 78327.
353 Frankfurt, 26. Februar. In: Frankfurter Zeitung vom 26.02.1926.
354 Vgl. Aufzeichnung, 09.02.1927.
355 Stresemann verwies sowohl auf die Erklärungen der deutschen, österreichischen und osmanischen Regierungen während des Weltkriegs, die ihre Sympathie mit dem Palästinawerk erklärt hatten, als auch auf das Völkerbund-Mandat zur Schaffung einer jüdisch-nationalen Heimstätte, dem sich auch das Deutsche Reich verpflichtet habe, vgl. Gustav Stresemann an Hauptvorstand des Verbandes nationaldeutscher Juden, 25.04.1925. In: PA AA R 78661. Sobernheim verfasste dazu ein Dossier, das die aggressive Bekämpfung des Zionismus (sowie der Ostjuden), wie sie vom VnJ ausging, verurteilte. Deutsche Juden könnten sich ohne weiteres für das Palästinawerk engagieren, ohne dass dies ihrer Staatsangehörigkeit Abbruch täte. Internationale Beziehungen unter den Juden seien eine Tatsache, die es nicht zu verurteilen, sondern lediglich für deutsche Interessen nutzbar zu machen gelte, vgl. Moritz Sobernheim, Aufzeichnung Verband nationaldeutscher Juden, 03.06.1925. In: PA AA R 78661.

des Antisemitismus«, erklärte er darin. Das Komitee diene den »sehr idealen und politisch einwandfreien Bestrebungen auf Schaffung einer Heimstätte für das jüdische Volk in Palästina« nicht deshalb, »um das Judentum aus dem deutschen Volkskörper auszumerzen.« Er sehe darin keineswegs »eine gegen das Deutschtum gerichtete Angelegenheit«.[356]

Pünder vertrat die Überzeugung, »dass durch die Siedlungsbestrebungen auf dem alten palästinensischen Kulturboden altes Unrecht am jüdischen Volk wieder gutgemacht wird.« Damit meinte Pünder, dass seine »Drangsalierung im Mittelalter« die Ursache für »die gegenwärtige falsche soziale Schichtung des Judentums« sei, »die es ganz einseitig von der Scholle und dem Handwerk weg dem Handel zugeführt hat«. Er begrüßte es, wenn »das Judentum wieder die Liebe zur eigenen Scholle und Handarbeit eine Pflanzstätte« finde.[357]

Eine weitere Stellungnahme stammte von dem preußischen Kultusminister C. H. Becker. In einem Schreiben an die VflJ hatte er am 5. Januar 1927 erklärt, dass er »das Bekenntnis zum Zionismus für durchaus vereinbar halte mit national-deutscher Staatsgesinnung«. Und nicht nur das: Becker sprach mit Wertschätzung über die vielen ihm bekannten Zionisten, »die sich in schwerster Zeit als Tatdeutsche bewährt« – gemeint war der Weltkrieg – »und die für ihr Bekenntnis zu Deutschland gelitten haben«. Für Becker bedeutete eine nationaljüdische Identität keinerlei »Beeinträchtigung [der] staatsbürgerlichen Stellung«. Als Alttestamentler und Semitist habe er sogar größte Hochachtung vor der nationalen Tradition des Judentums. Er könne durchaus verstehen, »dass unsere heutigen jüdischen Mitbürger in dankbarer Erinnerung an die grossen Traditionen ihres Volkes und ihrer Religion sich für ein jüdisches Heim auf palästinensischem Boden einsetzen.« Eine solche »humanitäre und historisierende Haltung« besitze seine »volle Sympathie«.[358]

Die protestierenden Verbände verlangten jedoch mehr als nur die »staatsbürgerliche Zugehörigkeit«. Sie bestanden auf ihrer vollen Anerkennung als Teil des deutschen Volkstums. Gerade der VnJ bemerkte auf Beckers Erklärung hin feindselig, dass die zuständigen Staatsbeamten nicht dazu in der Lage seien, Begriffe wie »Staat und Volk, Staatsgesinnung und Volksgesinnung« auseinanderzuhalten.[359] Der Historiker Matthias Hambrock, der eine Monographie über den VnJ vorgelegt hat, gesteht den antizionistischen Angriffen der von ihm untersuchten Akteure durchaus Berechtigung zu. Er unterstellt den nichtjüdischen PPK-Mitgliedern zwar nicht unverhohlenen Antisemitismus, durchaus

---

356 Hermann Pünder an die Vereinigung für das liberale Judentum, 30.12.1926. In: PAAA R 78327.
357 Pünder an VflJ, 30.12.1926.
358 Carl Heinrich Becker an die Vereinigung für das liberale Judentum, 05.01.1927. In: PAAA R 78327.
359 *Hambrock: Die Etablierung der Aussenseiter* 273.

aber »Naivität, Ignoranz, Borniertheit oder einen verqueren philosemitischen Idealismus«.[360]

Damit ist die Position Beckers, Pünders und der anderen PPK-Mitglieder, die sich zu Wort meldeten, tatsächlich nicht angemessen umrissen. Der Vorwurf des VnJ besagte, die Regierungsvertreter würden Juden lediglich ihrer Staatsangehörigkeit nach als Deutsche, nicht jedoch als Deutsche gemäß dem Volkstume wahrnehmen. Becker und die meisten anderen PPK-Mitglieder, die sich in der Debatte zu Wort meldeten, identifizierten in den Juden jedoch keineswegs einen nationalen Fremdkörper. Die Erklärungen legen vielmehr dar, dass zwischen deutscher und zionistischer Zugehörigkeit keinerlei Widerspruch gesehen wurde. Umgekehrt hatte allerdings der VnJ die Zionisten als Fremdkörper gekennzeichnet: Die Tatsache, dass Zionisten keine deutsche »Volksgesinnung« zeigten, erfordere es, politische Konsequenzen zu ziehen und die Zionisten aus dem deutschen Volk auszuschließen.[361]

Mit dem Thema Staatsangehörigkeit mussten sich die Zionisten und das PPK weiterhin auseinandersetzen. So erklärte Johann Heinrich von Bernstorff, der Vorsitzende des PPK, im Juni 1927 auf einer Kundgebung zahlreichen prominenten Unterstützern, dass es gar »nicht einzusehen« sei, »warum durch die jüdische Besiedlung Palästinas staatsrechtliche Schwierigkeiten für die Juden in anderen Ländern bestehen sollten«. Unter den Teilnehmern befanden sich neben Chaim Weizmann auch nicht-zionistische Persönlichkeiten wie Albert Einstein und Leo Baeck. Bernstorff betonte ausdrücklich, dass »[d]ie Juden in der Diaspora […] weiter Bürger ihrer Länder bleiben« und »niemand wird […] es ihnen nachtragen, wenn sie gleichzeitig der Siedlung Palästinas Sympathie, Interesse und Beihilfe widmen.«[362]

Das PPK versuchte weiter, diese Botschaft nach außen zu tragen. Im November 1927 fand in der Kölner Universität ein Vortragsabend statt. Im Publikum befanden sich zahlreiche Professoren, Konsuln anderer europäischer Nationen sowie Journalisten der in- und ausländischen Presse. Max Wiener (1882–1950), der neben Leo Baeck wichtigste Vertreter des liberalen religiösen Judentums in Deutschland, nahm daran teil und sagte einer Heimstätte für verfolgte Juden Unterstützung zu. Der preußische Regierungspräsident Hermann Haußmann (1879–1958) thematisierte den Konflikt, der sich an der Komiteegründung entzündet hatte, aber erklärte ihn zur innerjüdischen Debatte und beharrte auf die eigene Objektivität. Das Komitee halte sich grundsätzlich »von allen internen

---

360 Ebd. 274.
361 Naumann, Breslauer an Stresemann, 30.03.1925. Über die Nähe des VnJ zu antisemitischen Positionen, vgl. *Rheins: Verband nationaldeutscher Juden* 245 f.
362 *Deutsches Komitee Pro Palästina zur Förderung der jüdischen Palästinasiedlung: Kundgebung des Deutschen Komitees Pro Palästina zur Förderung der Jüdischen Palästinasiedlung. Protokoll. Am 27. Juni 1927 Berlin, ehemaliges Herrenhaus. Berlin 1927.*

Meinungsverschiedenheiten innerhalb der Judenschaft« fern.[363] Trotzdem fügte
er hinzu: Die Kritik deutscher Juden, der Zionismus sei eine undemokratische
und »völkische Bewegung« leuchte ihm nicht ein. Aus der Existenz einer jüdischen Heimstätte lasse sich jedenfalls nicht die »Abschiebung der Juden« ableiten. Ohne den Zionismus fänden Judenfeinde andere Argumente für ihre
Forderungen. Die einzig verlässliche Garantie »für die staatsbürgerliche Gleichstellung der Juden« sei allein »die Kultur des Volkes, in dem sie leben, dem sie
angehören.«[364]

Darüber hinaus sei eine jüdische Heimstätte unter dem »Schutz der im
Völkerbund vereinigten Völker der ganzen Welt« eine humanitäre Notwendigkeit. Vor allem in Osteuropa stelle sich eine akute »Judenfrage«:

Die Juden sitzen eben nicht überall in der Welt so sicher gehütet wie in den großen
Kulturstaaten, und man sollte meinen, daß man es in allen jüdischen Kreisen begrü-
ßen müßte, wenn das Gewissen der Welt sich regt und die Verpflichtung fühlt, dem
Heere der heimatlosen Juden eine Heimstätte zu geben.

Haußmanns humanitärer Apell nahm auch die deutschen Juden in die Pflicht.
Sie sollten ihre Angst vor antisemitischer Diskriminierung ablegen und stattdessen die in Palästina vollbrachte Leistung, »diesen durch jahrtausendelange
Vernachlässigung ausgesaugten und verwüsteten Boden wieder zur Kultur zu
bringen«, zum Dreh- und Angelpunkt einer selbstbewussten Haltung gegenüber
dem Antisemitismus machen: »Die Juden arbeiten in Palästina mit einer Ent-
sagung und mit einem Ernst, der vorbildlich ist. Heroentaten der Arbeit werden
dort vollbracht, auf die jedes Volk Ursache hätte, stolz zu sein.«[365]

Die »Erfolge der jüdischen Arbeit« imponierten vor allem den sozialdemokratischen Mitgliedern und Unterstützern des Komitees. Reichstagspräsident
Paul Löbe hatte größtes Interesse an dem »sozialistischen Kollektivexperiment«,

363 Das Komitee versuchte durchweg mit dem Hinweis auf seine Neutralität in innerjüdischen Dingen die Wogen zu glätten. Die Schriftführer des PPK Karl Glaser und Kardorff-Oheimb wiesen in einem Schreiben an die Mitglieder darauf hin, man sich nicht in
innerjüdische Angelegenheiten einzumischen gedenke, weshalb die Mitglieder auch von eigen-
mächtigen Entgegnungen absehen sollten, vgl. Karl Glaser, Katharina von Kardorff-Oheimb
(Schriftführer des PPK) an die Mitglieder des Deutschen Komitees Pro Palästina, 26.12.1926.
In: PAAA R 78727.
364 Vor seiner Ansprache hatte Haußmann Grußworte des Kölner Oberbürgermeisters
Konrad Adenauer, ebenfalls Mitglied des Komitees, verlesen, die auf Deutschlands Mit-
verantwortung im Völkerbund verwiesen und zudem seiner Hoffnung auf ein friedliches
Zusammenleben der verschiedenen Religionen und Bevölkerungsgruppen in Palästina, »ohne
chauvinistische Übertreibungen«, Ausdruck verliehen hatten, PPK: Kundgebung des Deutschen Komitees Pro Palästina zur Förderung der Jüdischen Palästinasiedlung. Protokoll
(1927).
365 PPK: Kundgebung des Deutschen Komitees Pro Palästina zur Förderung der Jüdischen
Palästinasiedlung. Protokoll (1927).

das sich in Palästina entfalte; die landwirtschaftlichen jüdischen Siedlungen widerlegten darüber hinaus antisemitische Vorurteile, so Löbe. Anders als in Osteuropa, wo es ein großes und sichtbares jüdisches Proletariat gäbe, herrsche vor allem hierzulange die falsche Ansicht, Juden seien außerstande, sich produktiv zu betätigen.[366]

Diese solidarische Haltung sollte wenig später auf die Probe gestellt werden. Im Jahr 1929 erschütterten Unruhen Palästina und hatten Hunderte von Todesopfern zur Folge. Die Ereignisse lösten in der europäischen Öffentlichkeit Diskussionen über die jüdische nationale Heimstätte und die Legitimität des Mandats aus. In Deutschland erschien eine Reihe von Artikeln in großen Tageszeitungen, die sich äußerst kritisch mit der jüdischen Kolonisation auseinandersetzten.[367]

Der VnJ nahm die Unruhen zum Anlass, um erneut öffentlich gegen den Zionismus zu mobilisieren. Er initiierte eine »Erklärung der deutschen Juden«, die am 10. Oktober 1929 in der »Breslauer Zeitung« erschien und von 276 Persönlichkeiten des jüdischen Lebens unterzeichnet worden war, die sich als »Glieder des deutschen, nicht eines jüdischen Volkes« verstanden. Die Erklärung bekundete tiefen Schmerz über die Opfer der blutigen Kämpfe. Die Ereignisse einerseits, die vom Zionismus ausgehende Bedrohung der Emanzipation des deutschen Judentums andererseits, ließen nur den einen Schluss zu: Die Errichtung einer jüdisch-nationalen Heimstätte sei ein »Irrweg«.[368]

Das PPK musste sich wieder einmal gegen die Äußerungen des VnJ stellen. Diesmal fungierte ein weiterer Sozialist, Émile Vandervelde, als Unterstützer. Vandervelde war bis 1927 belgischer Außenminister gewesen und hatte Deutschlands Beitritt zum Völkerbund unterstützt. Bereits im Juni 1928 war Vandervelde auf einer Veranstaltung des PPK aufgetreten. Als Sozialist lobte er die kooperativen Grundsätze der landwirtschaftlichen Kolonien, die nicht fremde Arbeit ausbeuteten: »die Juden wollen dort selbst arbeiten, um den Boden der Väter aufs neue zu erwerben.« Als Demokrat und Internationalist stellte er die »Wiederherstellung der jüdischen Nation« in den Kontext der »Vereinigung der Völker« und des »internationale[n] Zusammenarbeiten[s] der Völker«. Damit

---

366 Vgl. *Löbe,* Paul: Das deutsche Pro-Palästina-Komitee. In: Wiener Morgenzeitung; Reichstagspräsident Loebe über Zionismus und Palästina-Aufbau. In: JTA vom 20.01.1927.

367 Karl Glaser, Schriftführer des PPK, berichtete Felix Rosenblüth von Artikeln in der Frankfurter Zeitung, dem Berliner Tageblatt, dem Berliner Lokal-Anzeiger und der Kölnischen Zeitung abgedruckt wurden, vgl. Karl Glaser an Felix Rosenblüth, 04.09.1929. In: CZA Z4/3567.

368 Zum Zustandekommen und der Wirkung der Erklärung, vgl. *Hambrock:* Die Etablierung der Aussenseiter 277–290. Mit der Erklärung suchte der VnJ dem von der Erweiterten Jewish Agency angesichts der Notlage veröffentlichten Aufruf »Hilfe durch Aufbau« etwas entgegenzusetzen. Abdruck der Erklärung, vgl. Das Jüdische Palästinawerk. »Hilfe durch Aufbau«. In: Jüdische Rundschau 34/72 (1929) 475.

war der Zionismus für Vandervelde ein »Beitrag zur Herbeiführung einer besseren internationalen Weltordnung«.[369]

Vandervelde verteidigte erneut die jüdische Heimstätte, als die Welt gebannt auf Palästina schaute. Im Dezember 1929 reiste Vandervelde durch Deutschland und trat auf Werbeveranstaltungen des Keren Hayessod in Nürnberg, Stuttgart, Mannheim, Frankfurt, Kassel, Dresden und Hamburg auf.[370] Ein Jahr darauf wurde die deutsche Ausgabe seines Reiseberichts »Schaffendes Palästina« (1930) publiziert. Es erschien als unvoreingenommenes Zeugnis eines neutralen Betrachters, da hier »ein Nichtjude, Freidenker und Sozialist« »zugunsten des Zionismus« urteilte. Die Schrift war für die Zionisten eine wertvolle Quelle, um weiterhin den humanitären und progressiven Charakter des Palästinawerks zu unterstreichen.[371] Vandervelde stellte ausführlich den jüdischen Pioniergeist dar, den er als Ausweis eines universalistischen Friedenswerks begriff. Vandervelde verteidigte nicht nur das Konzept des Völkerbunds. Er kritisierte auch die Darstellungen arabischer Nationalisten, die das Palästinamandat als eine von englischen Bajonetten erzwungene jüdische Invasion verklärten. Den Konflikt führte er unter anderem auf judenfeindlich eingestellte arabische Großgrundbesitzer, religiösen Fanatismus und fehlgeleitete Ängste vor der Modernisierung, welche die Juden ins Land brachten, zurück.[372]

Ferner veranstaltete das PPK im Februar 1930 eine Kundgebung in Hamburg, die großen Zulauf fand. Es waren 1300 Gäste anwesend, darunter Persönlichkeiten aus Politik, Wirtschaft und Universität, Vertreter der wichtigsten Zeitungen, die zionistische Ortsgruppe Hamburg und der Vorsitzende der Deutsch-Israelitischen Gemeinde von Hamburg. Der Hamburger Bürgermeister Carl Wilhelm Petersen (1868–1933) erklärte zur Eröffnung, dass mit dem PPK keineswegs »in irgendeiner Form den deutschen Juden ihr deutsches Staatsbürgerrecht und ihr Heimatrecht zu bestreiten geeignet wäre.« Seinen Wert erhalte das jüdische Siedlungswerk dadurch, dass es eine »Freistatt für diejenigen« schaffe, »die eine solche Freistatt suchen.« Neben der staatsbürgerlichen wurde ausdrücklich auch die heimatliche Zugehörigkeit zu Deutschland betont, um der nur wenige Monate zuvor veröffentlichten antizionistischen Erklärung der deutschen Juden zu begegnen. Hermann Philipp (1863–1938), Vorstandsmitglied der Deutschisraelitischen Gemeinde Hamburgs, nannte die in Palästina vollbrachten Leis-

369 *Deutsches Komitee Pro Palästina zur Förderung der jüdischen Palästinasiedlung:* Gedrängte Wiedergabe der Rede des belgischen Ministers Emile Vandervelde in der Kundgebung des Deutschen Komitees Pro Palästina am 24. Juni 1928 in Berlin. Berlin 1928.

370 Vgl. *Deutsches Komitee Pro Palästina zur Förderung der jüdischen Palästinasiedlung:* Jahresbericht (Nr. 3). für die Zeit vom 1. Februar 1929 bis 31. Januar 1930. Berlin 13.2.1930.

371 *Vandervelde:* Schaffendes Palästina 5. Erstmals veröffentlicht als *Vandervelde,* Emil: Le pays d'Israel. Un marxiste en Palestine. Paris 1929. Vanderveldes Palästinareise war auf offizielle Einladung der ZO erfolgt.

372 *Vandervelde:* Schaffendes Palästina 13–20.

tungen eine »große jüdische Sache«, deren Anerkennung durch Nichtjuden ihn mit Stolz erfülle. Auch wer nicht das politische Ziel des Zionismus unterstütze, könne sich dem jüdischen Siedlungswerk und den tapferen Pionieren verbunden fühlen.[373] Im Zentrum der Veranstaltung stand ein Vortrag von Kurt Blumenfeld. Blumenfeld verteidigte das Palästinawerk vor dem Vorwurf des Imperialismus, wie er angesichts der Unruhen vom Vorjahr erhoben wurde. Als Aufbauwerk, das der nichtjüdischen Bevölkerung Palästinas ebenfalls zu Wohlstand verhelfe, verdiene es weiterhin Unterstützung. Die Veranstaltung des Komitees strahlte eine solche breite Unterstützung von jüdischen und nichtjüdischen Stimmen aus.

5. Schlussbetrachtung

Dieses Kapitel wurde mit dem Interesse des deutschen Kaisers an Herzl und der zionistischen Idee begonnen: Neben der Vorstellung, eine jüdische Kolonie in Palästina trage dazu bei, das verbündete Osmanische Reich zu konsolidieren, hatte Wilhelm noch einen Hintergedanken: Der Kaiser münzte das antisemitische Vorurteil einer jüdischen »Aussaugung der Christen« um und versuchte »die Energie, Schaffenskraft und Leistungsfähigkeit vom Stamm Sem auf würdigere Ziele« umzulenken.[374] Eine kolonisatorische Betätigung der Juden würde Nichtjuden zum Vorteil gereichen – besonders für die deutschen Aspirationen in der Levante erschien eine solche durchaus nützlich. Das Interesse deutscher Kolonialpublizisten am Zionismus wurde daher auch dahingehend untersucht, wie weit Bilder des Jüdischen eine Rolle spielten.

Seitdem der Kaiser sich für ihre Bewegung zu interessieren begann, versuchten Zionisten auf eine Unterstützung vonseiten der deutschen Regierung hinzuwirken: Juden, wie es exemplarisch in Max Bodenheimers Memorandum von 1902 an das Auswärtige Amt dargestellt wurde, würden in Palästina als Agenten des Deutschtums handeln. Sie stellten eine informelle deutsche Kolonisationsbestrebung dar, indem sie deutsche Sprache und Kultur nach Vorderasien trugen und Wirtschaftsbeziehungen mit dem Deutschen Reich, parallel und in Unterstützung zum Projekt der Bagdadbahn, unterhielten.

Von offizieller Seite wahrte man jedoch strikte Zurückhaltung. Vonseiten der Osmanen bestanden Vorbehalte, da sie die zionistische Bewegung des nationalen Separatismus bezichtigten. Dieser Widerstand sollte sich nicht verflüchtigen, solange sich die Region Palästina unter osmanischer Souveränität befand.

---

373 *Deutsches Komitee Pro Palästina zur Förderung der jüdischen Palästinasiedlung*: Kundgebung in Hamburg am 17. Februar 1930. Berlin 1930.
374 Wilhelm II. an Friedrich I., 29.09.1898. In: *Ellern/Ellern*: Herzl, Hechler, the Grand Duke of Baden and the German Emperor 50.

Allerdings war deutschen Orientkennern die Entwicklung des zionistischen Siedlungswerks nicht verschlossen geblieben. In den Vorweltkriegsjahren stellten Palästinareisende oder in den deutschen Konsulaten Beschäftigte die gewachsene wirtschaftliche Bedeutung der jüdischen Kolonisation dar. Diese wurde nicht allein aus der Perspektive wirtschaftlicher Nützlichkeit betrachtet. Die Beschreibungen charakterisierten die zionistische Arbeit zugleich als Erneuerungsprozess des Judentums selbst und waren dabei eng an die Vorstellungswelt und den Sprachgebrauch der Zionisten angelehnt.

Während des Weltkrieges begannen die Zionisten eine PR-Offensive. Sie versuchten mehr öffentliche Aufmerksamkeit auf sich zu ziehen. Sie propagierten eine allseitige Interessensgemeinschaft zwischen Deutschen, Osmanen und Zionisten. Sympathisierende Publizisten sollten diese Bedeutung des Zionismus in die breitere Öffentlichkeit tragen und zugleich die offizielle auswärtige Politik beeinflussen. Doch auch auf diesem Wege ließen sich die bekannten Widerstände der Osmanen nicht überwinden, womit dem Handlungsspielraum der deutschen Außenpolitik ebenfalls klare Grenzen gesetzt waren.

Zeitgleich bezogen sich Stimmen aus einem anderen Kontext auf den Zionismus: Völkische und antisemitische Akteure verknüpften antisemitische Vorurteile ebenfalls mit dem Zionismus. Dieser sollte die Emigration unliebsamer Juden, vor allem »Ostjuden«, in die Wege leiten. Der prozionistische Unterstützerkreis rekrutierte sich allerdings aus anderen Milieus: Liberale, konservative, auch sozialdemokratische Autoren und Politiker erkannten überschneidende politische Interessen mit den Zionisten. Sie richteten sich zugleich gegen antisemitische und rein strategische Zionismus-Bezüge aus anderen politischen Lagern. Ihr Einfluss reichte letztlich nicht aus, die Regierung zur Unterstützung des Zionismus zu bewegen. Dennoch hatte sich eine Form der Interaktion zwischen den Zionisten und ihren publizistischen Unterstützern etabliert, die im gegenseitigen Austausch und im Wesentlichen auf Augenhöhe stattfand.

Die offizielle Politik dagegen hatte sich in Zurückhaltung geübt. Erst nachdem das britische Empire Palästina erobert und öffentlich erklärt hatte, eine nationale jüdische Heimstätte zu unterstützen, unternahm auch die deutsche Regierung dahingehend Schritte. Deren offizielle Erklärung vom Januar 1918 verblasste allerdings neben der Balfour Declaration. Darüber hinaus wurde aber noch im Kaiserreich die Beschäftigung mit »jüdischen Angelegenheiten« im Auswärtigen Amt institutionalisiert. Der damit betraute Orientalist Moritz Sobernheim wurde 1919 schließlich zum Leiter eines selbstständigen Referats mit diesem Schwerpunkt befördert.

Die Politik der Weimarer Republik unterstützte das Völkerbund-Mandat für Palästina und den Aufbau einer jüdischen Heimstätte. Im Zuge dessen wurde 1926 ein Pro Palästina Komitee gegründet, in dem sich prominente Politiker, Ministerialbeamte und Publizisten als Freunde des Zionismus und Unterstützer des Palästinawerks zu erkennen gaben. Darunter befanden sich zahlreiche

Personen, die auch schon im Weltkrieg die zionistische Bewegung unterstützt hatten. Durch die Förderung des Auswärtigen Amt war die Unterstützung des Palästinawerks inzwischen auf ein breites Fundament gestellt worden.

Allerdings erhob sich auch Protest gegen das Komitee: Liberale und national-deutsche *jüdische* Verbände sahen in der politischen Zusammenarbeit von Regierung und Zionisten die Gefahr, Juden würden dadurch ihrer deutschen Heimat entfremdet werden. Führende Mitglieder des PPK versuchten gegen das Komitee erhobene Einwände und Vorwürfe zu entkräften. In zahlreichen Stellungnahmen erklärten sie, dass für sie keinerlei Widerspruch zwischen einer deutschen und einer jüdischnationalen Zugehörigkeit bestehe. Auch wenn sich hierin keinerlei Indizien für antisemitische Beweggründe nachweisen lassen, flossen Bilder des Jüdischen in die Unterstützung des Zionismus mit ein. So waren in Aussagen von C. H. Becker und Thomas Mann romantisierende Vorstellungen über das antike Israel enthalten, die sie als das Wesen des Judentums unterstellten.

Eine ähnliche Wahrnehmung des Jüdischen offenbarte Katharina von Kardorff-Oheimb (1879–1962), die Schriftführerin des Komitees. Auch sie beabsichtigte keineswegs, den Juden »das Heimatrecht in den Ländern, in denen sie wohnen, zu bestreiten«, erklärte sie in ihrer Ansprache auf der Kundgebung des PPK in Berlin im Juni 1927. »Heimat« und »Heimatrecht« waren für Kardorff-Oheimb aber nicht deckungsgleich. »Staunen und Bewunderung« stellten sich bei ihr ein, wenn sie die starke Sehnsucht der Juden nach ihrer »alten Heimat« sehe und wie nun »dieses Volk auch im materiellen und physischen Sinn zur Heimat erwacht ist«, indem »es zu kollektiver, physischer Arbeit auf dem Boden seiner Väter zurückkehrt«. Die Rednerin nahm auch Juden, die nicht »ihre alt-neue Heimat bewohnen«, in die Pflicht, »von ihrem nationalen Standpunkt aus diese Heimatsbewegung zu unterstützen, um ruhiger in allen Ländern für alle Nationen arbeiten und leben zu können.«[375] Gerade einen solchen *nationalen jüdischen* Standpunkt bestritten aber viele deutsche Juden.

In den nachfolgenden beiden Kapiteln werden diverse Kontexte untersucht, in denen Juden und der Zionismus vor allem als Projektionsfläche dienten. Für die in diesem Kapitel behandelten Akteure waren Zionisten nicht bloß Objekte, sondern Gesprächspartner. Kardorff-Oheimbs Wahrnehmung des Zionismus als »Heimatsbewegung« missfiel allerdings manchen jüdischen Gruppierungen in Deutschland, die ausschließlich dort ihre Heimat sahen. Die Schriftführerin des PPK beabsichtigte keineswegs, Palästina zur Heimat der Juden zu erklären, um sie damit ihrer deutschen zu berauben. Ihr projüdisches Selbstverständnis beruhte nichtsdestotrotz auf einer Fehlwahrnehmung des jüdischen Lebens in Deutschland.

---

375 *PPK*: Kundgebung des Deutschen Komitees Pro Palästina zur Förderung der Jüdischen Palästinasiedlung. Protokoll (1927).

Zahlreiche Akteure, die in diesem Kapitel behandelt wurden, nahmen eine besondere Beziehung zwischen Deutschland und dem jüdischen Siedlungswerk an. Im November 1927 tagte das PPK an der Kölner Universität. Ernst Walb (1880–1946), der Universitätsrektor und ein renommierter Wirtschaftswissenschaftler, rühmte den Zionismus als einmalig in der Geschichte der Kolonisationen. Der Zionismus komme als »wirkliche pénétration pacifique, ohne jede auch nur verschleierte Gewalt« aus. Walb interpretierte die Geschichte des Zionismus gemäß dem alten Konzept der deutschen Weltpolitik, wie sie von vielen untersuchten Akteuren vertreten wurde. Auf dieser Grundlage hoffte Walb auf zukünftig enge wirtschaftliche Beziehungen zwischen Deutschland und Palästina: »So wünsche ich denn, [...] daß dem Rufe ›Pro Palästina‹ aus dem Lande, an das sich für uns alle die heiligsten Erinnerungen knüpfen, bald das kräftige Echo ›Pro Deutschland‹ entgegenklingen möge!«[376] Es klang fast, als wären die Hoffnungen, die Zionisten seit Jahrzehnten hatten, erfüllt worden.

Walb hatte außerdem beschlossen, die »Judenfrage« zum Gegenstand seiner Ansprache zu machen. Auch er setzte zu einer Deutung des jüdischen Wesens an. Er stimme mit Weizmann darin überein, dass die Juden »sich und anderen bis heute ein Rätsel geblieben« seien. Doch sowohl die antisemitische »Rasseformel« als auch der Begriff des »Staatsbürgers jüdischen Glaubens« erschienen ihm ungeeignet, das Wesen des Judentums treffend zu bezeichnen. Mit dem Begriff der »Kulturgemeinschaft« versuchte er eine adäquate Bestimmung zu leisten: Die »Kultur einer großen Vergangenheit« habe dem »jüdischen Staatsbürger aller Nationen stets ein besonderes geistiges Gepräge gegeben«. Durchaus hätten Juden als Staatsbürger anderer Nationen deren jeweilige Kultur bereichert. Doch habe die »Zugehörigkeit zu einem mehrfachen Kulturkreise« auch ihre »Licht- und Schattenseiten«: Denn Juden bezahlten »dieses Vorrecht gelegentlich sehr teuer mit einer großen Tragik im nationalen Erleben.« Zu einem wahren nationalen Erleben fehle dem Judentum die »Berührung mit der Muttererde«. Walb unterschied demnach zwischen wahrer Heimat, die sich durch nationale Verwurzelung in »Muttererde« kennzeichne, und bloßer Zugehörigkeit zu einem Kulturkreis. Es sei die »große Tat des Zionismus« gewesen, diesen von Walb als tragisch apostrophierten Zustand zu überwinden, Tradition und Kultur der Väter wiederzubeleben und »den Anschluß der jüdischen Kultur an die Muttererde wiederher[zu]stellen«. Damit war der Zionismus für Walb wesentlich mehr als eine anerkennenswerte wirtschaftliche Bestrebung: Er stellte den »letzte[n] menschliche[n] Versuch, in das Chaos des Judentums Ordnung zu bringen«, dar.

Walb hatte, wie andere Zionismus-Sympathisanten vor ihm, den Zionismus nicht nur um seiner selbst willen unterstützt, sondern, vielleicht unbewusst, sicherlich ungefragt, Assoziationen über das Wesen und Sein des Judentums geäußert. Das Interesse am Zionismus ging bei vielen damit einher, sich als

376 Ebd.

Experten für jüdisches Leben zu gerieren, über seine angeblichen Probleme und Krisen Bescheid zu wissen, um daraufhin den Zionismus als ideale Lösung zu empfehlen. Den Zionisten war eine solche Art der Fürsprache auch gar nicht unbedingt willkommen. Vielmehr lehnten sie es ab, wie Blumenfeld im Anschluss an die PPK-Veranstaltung mit Walb an Sobernheim schrieb, wenn »Nichtjuden als Richter in jüdischen Gesinnungsfragen auftreten«.[377] Bei aller Sympathie und Unterstützung blieb doch immer eine gewisse Diskrepanz zwischen den Zionisten und ihren nichtjüdischen Unterstützern erkennbar.

377 Kurt Blumenfeld an Moritz Sobernheim, 06.02.1928. In: PA AA R 78727.

III. Hinaus mit den Juden!? –
Antisemitische Agitatoren und der Zionismus

Antisemiten nahmen den Zionismus nie vorurteilsfrei wahr. Wenn im vorangegangenen Kapitel davon die Rede war, dass die Rezeption des Zionismus gelegentlich von Bildern des Jüdischen beeinflusst wurde, wird im Kontext antisemitischer Rezeptionen davon auszugehen sein, dass Zionisten in extrem verzerrter Weise wahrgenommen wurden. Moshe Zimmermann stellt im Jahr 2000 fest, dass Antisemiten »im Prinzip antizionistisch eingestellt [waren]«.[1] Diesem Befund folgend, liegt der Schwerpunkt der nachfolgenden Untersuchung auf dezidiert feindseligen Wahrnehmungen des Zionismus.

Die Geschichtsschreibung hat sich bereits mit dem antisemitischen Blick auf die jüdische Nationalbewegung beschäftigt und kam dabei zu Resultaten, die durchaus zu hinterfragen sind. Ich möchte zeigen, dass antisemitische Agitatoren des Kaiserreichs und der Weimarer Republik keineswegs allesamt »begeisterte Anhänger des Zionismus«[2] waren, wie Shulamit Volkov, anders als Zimmermann, annimmt, auch wenn viele von ihnen die Juden gerne in Richtung Palästina ausgewiesen hätten. Zu einer Interpretation der durchaus widersprüchlichen antisemitischen Positionen hat Francis Nicosia zahlreiche Studien beigesteuert. Nicosia geht davon aus, dass, obwohl viele Antisemiten einen jüdischen Staat ablehnten, die Mehrheit unter ihnen den praktischen Aspekt jüdischer Emigration begrüßt und den Zionismus in diesem Sinne als Beitrag zur »Lösung der Judenfrage« im Wesentlichen ungebrochen befürwortet hätten. Nicosia suggeriert eine kontinuierliche Traditionslinie antisemitischer Herangehensweisen, die dann, ausgehend vom Spätmittelalter, im 20. Jahrhundert die NS-Judenpolitik determinierte. Ich hingegen argumentiere, dass antisemitische Rezeptionen des Zionismus vor dem Jahr 1933 nicht durchweg in Nicosias Formel des »nützlichen Feindes« aufgehen. Auch wenn Nicosias Ansatz theoretischen Widersprüchen und Inkohärenzen der heterogenen und hochgradig synkretistischen antisemitischen Szene im Deutschen Reich Rechnung zu tragen versucht, erscheint es zweifelhaft, dass diese Formel die antisemitische Beziehung zum Zionis-

---

1 *Zimmermann, Moshe:* Der deutsche Antisemitismus. In: *Ders.* (Hg.): Deutsch-jüdische Vergangenheit. Der Judenhaß als Herausforderung. Paderborn 2005, 13–24, hier 22. Deutsche Übersetzung aus hebräischem Original von 2000.
2 *Volkov:* Antisemitismus und Anti-Zionismus 81.

mus in ihrer Gesamtheit zutreffend reflektiert. Auseinandersetzungen mit dem Zionismus, die sich mitunter durch scharfe Angriffe auf Ziele und Praxis der zionistischen Bewegung auszeichneten, erweisen sich in Nicosias Darstellung letztlich als nebensächlich, da der praktische Nutzen Vorrang vor allen ideologischen Einwänden genossen habe.[3] Indem Nicosia die theoretische Ebene des antisemitischen Denkens dem Primat des Praktischen unterordnet, werden ganz prinzipielle Fragen nach dem Verhältnis von Ideologie und Praxis im Antisemitismus aufgeworfen, die sicherlich auch in dieser Arbeit nicht erschöpfend behandelt werden können. Doch sollen Akteure, Positionen sowie Phasen und Entwicklungsstufen feiner ausdifferenziert werden, womit sich zumindest die Allgemeinheit des Befunds hinterfragen lässt, dass der Zionismus von antisemitischer und nationalsozialistischer Seite befürwortet und gefördert worden sei, auch wenn damit zumeist ein »nur utilitaristische[r] Zweck«[4] verbunden war.

Meine Untersuchung zeichnet – die weder ausschließlich feindselige noch wohlgesonnene – Wahrnehmung des Zionismus unter antisemitischen Propagandisten des Deutschen Reichs nach. Mithilfe der Bilder und Vorstellungen, die sich antisemitische Agitatoren von Zionisten und einem jüdischen Staat machten, sollen Funktion und Bedeutung der Zionismus-Bezugnahmen in den jeweiligen antisemitischen Anschauungen offengelegt werden.

1.   Zionisten und Antisemiten – gute Freunde?

Der österreichische Schriftsteller Hugo Bettauer (1872–1925) entwarf 1922 ein literarisches Szenario, in welchem die Mehrheit der Wiener Bevölkerung von antisemitischer Stimmung erfasst wurde und schließlich eine neu gebildete Regierung mittels Gesetzen zur Zwangsemigration dem jüdischen Bevölkerungsteil zu Leibe rückte.[5] Als Ausgangspunkt seines Gedankenspiels einer »Stadt ohne

---

3 Damit soll den Arbeiten Nicosias nicht der analytische Gehalt für den von ihm primär untersuchten Zeitraum nach 1933 und der Interaktionen zwischen Jewish Agency, ZVfD und nationalsozialistischen Protagonisten abgesprochen werden. Lediglich die kursorische Behandlung antisemitischer Texte des 19. und 20. Jahrhunderts greift deutlich zu kurz und die daraus abgeleitete Kernthese ist in ihrer reduktionistischen Schlichtheit irreführend, vgl. *Nicosia:* Zionismus und Antisemitismus 25–48, 90–10; *Ders.:* Zionism and Palestine in Anti-Semitic Thought; *Ders.:* Ein nützlicher Feind 368–375 sowie erstmals: *Ders.:* Zionism in National Socialist Jewish Policy in Germany, 1933–39. In: The Journal of Modern History 50/4 (1978) 1253–1282.

4 *Nicosia:* Zionismus und Antisemitismus 104.

5 Hugo Bettauer wuchs in Wien auf, konvertierte mit 18 Jahren vom jüdischen zum evangelischen Glauben und war als Journalist, der sich unter anderem. für einen aufgeklärten Umgang mit Sexualität einsetzte, Zielscheibe öffentlicher Diffamierungen und Drohungen. 1925 starb er an den Folgen eines Attentats, das ein Mitglied der NSDAP auf ihn verübt hatte.

Juden«, so der Buchtitel, inszenierte Bettauer eine antisemitische Ansprache des fiktiven Bundeskanzlers Karl Schwertfeger, die in die Verkündung des »Gesetzes zur Ausweisung aller Nichtarier aus Österreich« mündete. Inmitten dieses Spektakels ließ Bettauer den Zionisten Minkus Wassertrilling auftreten, der als Parlamentsabgeordneter das Wort ergriff und dem Kanzler beipflichtete: Der Ruf »Hinaus mit den Juden!« decke sich voll und ganz mit seinen Ansichten, »zum Segen wird das werden, was hier gehässige Bosheit und Dummheit als Fluch gedacht hat«.[6]

Bettauers Roman nahm eine antijüdische Stimmung vorweg, die nur wenige Jahre später zur gesellschaftlichen Realität wurde. Mit dem kurzen Auftritt eines Zionisten, der Fluch in Segen uminterpretierte, deutete Bettauer eine komplementäre Beziehung zwischen zionistischen und antisemitischen Interessen an. Allerdings fand Wassertrilling unter den aufgebrachten Judenfeinden kein Gehör, die zur Umsetzung ihres antisemitischen Programms keineswegs einer zionistischen Legitimation bedurften.[7] Gleichwohl klang in Bettauers Beschreibung der Vorwurf an, dem sich Zionisten von ihren jüdischen Kontrahenten häufig ausgesetzt sahen: der Zionismus bestätige die Propaganda von Antisemiten, liefere diesen neue Argumente.

Der »Centralverein deutscher Staatsbürger jüdischen Glaubens« (CV) repräsentierte die überwiegende Mehrheit der deutschen Juden. Der CV war 1893 als erste deutsch-jüdische Organisation mit dem Hauptzweck der Bekämpfung des Antisemitismus gegründet worden. Vorurteilen und falschen Behauptungen sollte mit strafrechtlicher Verfolgung sowie Aufklärung und sachlicher Widerlegung begegnet werden. Dem standen das Deutschtum und die Vaterlandsliebe

---

Die »Stadt ohne Juden« verkaufte sich 250.000 Mal und wurde 1924 auch erfolgreich verfilmt – 2015 wurde das verloren gegangene Originalmaterial des Films wiederentdeckt, restauriert und 2018 erneut vorgeführt. Als Vorbild des fiktiven Zionisten Wassertrilling gilt Robert Stricker (1879–1944), Zionist und Herausgeber der »Jüdischen Volksstimme«. Außerdem war Stricker Vorstand der Wiener Kultusgemeinde und Mitglied der österreichischen Konstituierenden Nationalversammlung. Zur Biographie Bettauers, vgl. Bettauer, Maximilian Hugo. In: Lexikon deutsch-jüdischer Autoren. Band 2. München u. a. 1993, 353–360. Zum Roman, vgl. *Zhubi*, Patricia: Maskierte Propheten. Darstellungsformen des Antisemitismus in Hugo Bettauers Roman Stadt ohne Juden und Artur Landsbergers Adaption. In: *Hahn*, Hans-Joachim/*Kistenmacher*, Olaf (Hg.): Beschreibungsversuche der Judenfeindschaft II. Antisemitismus in Text und Bild – zwischen Kritik, Reflexion und Ambivalenz. Berlin u. a. 2019, 219–248.

6 *Bettauer*, Hugo: Die Stadt ohne Juden. Ein Roman von übermorgen. Wien 1922, 13.

7 Auch der Historiker Shmuel Almog weist darauf hin, dass die Existenz der zionistischen Bewegung und die Radikalisierung des Antisemitismus in keiner direkten Beziehung zueinander standen. Almog hebt hervor, dass die immer wahnhafteren Züge der Judenfeindschaft sich nicht mit dem Vorwurf nationaler jüdischer Exklusivität bestätigen ließen und einer solchen Bestätigung auch überhaupt nicht bedurften, vgl. *Almog*: Between Zionism and Antisemitism 51.

der Juden argumentativ zur Seite. Die Arbeit des CV war von dem Gefühl der völligen Zugehörigkeit der Juden zum deutschen Volke getragen, die sich von anderen Staatsbürgern allein in ihrem Glauben unterschieden. Diese nationale Zugehörigkeit wurde gegen Rechtsparteien und Judenfeinde ins Feld geführt – und auch gegen die Zionisten.[8] Viele Vertreter der liberalen Mehrheit des deutschen Judentums hatten sich klar gegen den Zionismus positioniert. So hatte sich etwa Max A. Klausner (1848–1910), Redakteur der liberalen »Allgemeinen Israelitischen Wochenschrift«, im Jahr 1903 über die Zionisten echauffiert, und ihnen ironisierend geraten, Walter Graf von Pückler (1860–1924) zum »Parteiheiligen« auszurufen. Dieser hatte die Juden kurz zuvor in einer Rede aufgefordert, »Kanaan neu in Besitz [zu] nehmen.«[9] Pückler war ein berüchtigter Antisemit: Wegen Aufrufen zu Mordpogromen war er gleich mehrfach vorbestraft, was ihm die Beinamen »Dreschgraf« und »Judenschläger« eingetragen hatte.[10] Manche liberale Juden schlugen in ihrem Kampf gegen den Zionismus zuweilen auch selbst Maßnahmen vor, die antisemitischen Forderungen ähnelten. Der Herausgeber der »Allgemeinen Zeitung des Judentums« Ludwig Geiger (1848–1919) forderte die »Entziehung der bürgerlichen Rechte« von Zionisten, da sich diese schließlich einem anderen Volk als dem deutschen zugehörig erklärten.[11]

Unterstützung erhielt das liberale Judentum in seiner Argumentation vom 1890 ins Leben gerufenen »Verein zur Abwehr des Antisemitismus«, in dem sich prominente Nichtjuden, in aller Regel politisch oder religiös liberaler Provenienz, formierten, um die formale Rechtsgleichheit der Juden zu verteidigen. Der Verein wurde von Antisemiten als »Judenschutztruppe« geschmäht, seine Mitglieder diffamierend als »Philosemiten« bezeichnet.[12] Nichtjüdische Anti-Antisemiten wiesen letzteres, dies gleichfalls als Beleidigung auffassend, zumeist entschieden zurück; sie vertraten häufig die Auffassung, dass auf die rechtliche Gleichstellung die kulturelle »Assimilation« der Juden folgen werde.[13] Mitglieder des Abwehrvereins hofften auf eine Angleichung: Im Zuge eines »vollkommenen

---

8 Vgl. *Paucker*, Arnold: Der jüdische Abwehrkampf gegen Antisemitismus und Nationalsozialismus in den letzten Jahren der Weimarer Republik. 2. Aufl. Hamburg 1969, 26–32; *Barkai:* »Wehr dich!« 48–54.

9 Zitiert nach *Stille*, Gustav: Innerjüdische Polemik und ihre Gehässigkeit. Polemik gegen die Zionisten. In: Antisemitisches Jahrbuch 7 (1903) 172–177, hier 173.

10 Vgl. *Jahr*, Christoph: Antisemitismus vor Gericht. Debatten über die juristische Ahndung judenfeindlicher Agitation in Deutschland (1879–1960). Frankfurt a. M. 2011, 186–209.

11 Vgl. *Geiger*, Ludwig: Zionismus und Deutschtum. In: *Schön*, Lazar (Hg.): Die Stimme der Wahrheit. Jahrbuch für wissenschaftlichen Zionismus. Würzburg 1905, 165–169, hier 168; vgl. auch *Böhm:* Die zionistische Bewegung I 22.

12 Vgl. *Kinzig*, Wolfram: Philosemitismus. Teil 1: Zur Geschichte des Begriffs. In: Zeitschrift für Kirchengeschichte 105 (1994), 202–228, hier 210–225.

13 Vgl. *Fischer*, Lars: Anti-»Philosemitism« and Anti-Antisemitism in Imperial Germany. In: *Karp*, Jonathan / *Sutcliffe*, Adam (Hg.): Philosemitism in History. Cambridge 2011, 170–189.

Verschmelzungsprozesses«[14] sollten alle jüdischen Attribute abgelegt werden; häufig rieten sie Juden direkt die Taufe an.[15]

Unterstützern des Abwehrvereins erschien der Zionismus als Störfaktor, schließlich betonte dieser das nationale jüdische Bewusstsein und widersetzte sich jeglicher Assimilation; aus diesem Grunde befanden sie den Zionismus als anschlussfähig für Antisemiten. In den »Abwehrblättern«, der Zeitschrift des Abwehrvereins, die vor allem Meldungen über aktuelle antisemitische Vorfälle und Strömungen enthielt, finden sich zahlreiche kritische Notizen über Antisemiten, die sich positiv über den Zionismus äußerten.[16] Da der Zionismus »den ruhigen Fortgang der Anpassung an das deutsche Leben und Streben« störe, wie bereits 1893 in den Abwehrblättern zu lesen war, sei der »Rassen-Semitismus [gemeint war hier der Zionismus] [...] ebenso verderblich wie der Rassen-Antisemitismus«: »Die zionistische Bewegung wird natürlich von den Antisemiten mit Jubel begrüßt. Ihre kühnsten Wünsche werden von national-jüdischer Seite getheilt: Ausschluß der Juden aus dem arischen Völkerconzert.«[17] Selbst dem Zionismus später wohlgesonnene Persönlichkeiten wie der Baron Arthur Gundaccar von Suttner und seine Gemahlin Bertha von Suttner äußerten zunächst die Befürchtung, dass Herzl »den Antisemitismus eher stärke als schwäche.«[18]

14 So der freisinnige Politiker und spätere Vorsitzende des Abwehrvereins Georg Gothein (1857–1940) im Jahre 1912, zitiert nach *Suchy*, Barbara: The Verein zur Abwehr des Antisemitismus (I). From its Beginnings to the First World War. In: The Leo Baeck Institute Yearbook 28 (1983) 205–239, hier 222.

15 Vgl. *Tal*: Christians and Jews in Germany 53.

16 Über antisemitische Bezüge auf den Zionismus oder von Mitgliedern des Abwehrvereins formulierte Ängste vor derartigen Vereinnahmungen, vgl. Die Zionisten 453; Rezension S. Adler »Zionismus oder Nationaljudenthum?«. In: Mittheilungen aus dem Verein zur Abwehr des Antisemitismus 4/46 (1894) 368; Zur Frage des Zionismus. In: Mittheilungen aus dem Verein zur Abwehr des Antisemitismus 4/47 (1894) 373–374; Der »Wächter Germanias«. In: Mittheilungen aus dem Verein zur Abwehr des Antisemitismus 7/35 (1897) 271. Vom Zionistenkongreß in Basel. In: Mittheilungen aus dem Verein zur Abwehr des Antisemitismus 7/37 (1897) 293. Gegen den Zionismus. In: Mittheilungen aus dem Verein zur Abwehr des Antisemitismus 7/48 (1897) 377–378; Andere merkwürdige Anträge. In: Mittheilungen aus dem Verein zur Abwehr des Antisemitismus 9/35 (1899) 278–279, 292–293, 302–303; Eine Zionisten-Versammlung in Berlin. In: Mittheilungen aus dem Verein zur Abwehr des Antisemitismus 11/3 (1901) 17–19; Absonderung und Abstoßung. In: Mittheilungen aus dem Verein zur Abwehr des Antisemitismus 13/37 (1903) 289–292; *Günther*, Siegmund: Vaterlandsliebe und Bodenständigkeit bei unseren jüdischen Mitbürgern. In: Mittheilungen aus dem Verein zur Abwehr des Antisemitismus 18/43 (1908) 331–333; Die Bewertung des Antisemitismus in der neuesten zionistischen Literatur. In: Mittheilungen aus dem Verein zur Abwehr des Antisemitismus 22/15/16 (1912) 119–121; Der jüdische Nationalismus – eine ernste Gefahr für die deutschen Juden. In: Mittheilungen aus dem Verein zur Abwehr des Antisemitismus 28/15/16 (1918) 83–84.

17 Die Zionisten 368.

18 *Nussenblatt*, Tulo: Ein Volk unterwegs zum Frieden. Theodor Herzl – Bertha v. Suttner. Wien, Leipzig 1933, 74. Über die Position der Suttners zum Zionismus, vgl. *Maaß*, Enzo: ... auch ich kämpfe einen verrückten Kampf. Bertha von Suttner, Theodor Herzl, die Friedensbewegung und der Zionismus. In: Nordisk Judaistik 26/1/2 (2008) 49–78.

Die meisten Zionisten wiederum kritisierten die vorherrschende liberale jüdische Haltung als Naivität. Liberale Juden waren oft der Ansicht, dass die Überwindung des Antisemitismus nur eine Frage der Zeit und der fortschreitenden gesellschaftlichen Integration der Juden sei. Dann werde auch die »Judenfrage« Geschichte sein. Der Zionismus war als Reaktion auf die antijüdischen Pogrome im zaristischen Russland der 1880er-Jahre entstanden; die Zionisten schlossen aus den Ereignissen, dass eine objektive »Judenfrage« bestehe, die aus dem Zusammenleben der Juden und der anderen Völker resultiere. Gelöst könne sie nur von den Juden selbst werden – als »Autoemanzipation«, wie die berühmte Schrift von Leon Pinsker (1821–1891) aus dem Jahr 1882 betitelt war.[19] In den Augen der Zionisten war die Aufklärungs- und Abwehrarbeit gegen Antisemitismus zum Scheitern verurteilt, da er der diasporischen jüdischen Lebensweise eingeschrieben sei und unweigerlich fortbestehe, solange Juden eine Sonderexistenz unter den Völkern führten. Daher seien Antisemiten für vernünftige Argumentationen nicht immer empfänglich. Ein Betteln um Akzeptanz bei Nichtjuden sei ebenso vergeblich wie unwürdig. In den Augen der Zionisten war es nicht das zionistische Bekenntnis zu jüdischer Nationalität, das zu Antisemitismus führe, sondern vielmehr die als Leugnung dieser Nationalität verstandene Auffassung des Judentums als bloße Religion, die zur ablehnenden Haltung der nichtjüdischen Umgebung führe.[20]

Aber: Beide Parteien – Zionisten wie Antisemiten – gingen von einer grundsätzlich bestehenden »Judenfrage« aus. Konnte also nicht doch eine gemeinsame Ebene der Verständigung gefunden werden? Vereinzelt führten Zionisten Diskussionen mit rechtskonservativen und nationalistischen Vertretern, in der Hoffnung, diese würden Sympathien für den Zionismus entwickeln.[21] Nationalisten und Judenfeinde wurden zwar selten, aber dafür schon früh als mögliche Bündnispartner betrachtet: Bereits Herzl hatte im Juni 1895 in sein Tagebuch notiert: »Die Antisemiten werden unsere verläßlichsten Freunde, die antisemi-

19 Vgl. *Pinsker*, Leon: Autoemanzipation! Mahnruf an seine Stammesgenossen. Berlin 1882. Grundlegend über die Sichtweise des Antisemitismus sowie die Reaktionen deutscher Zionisten im Besonderen, vgl. *Reinharz*, Jehuda: The Zionist Response to Antisemitism in Germany. In: The Leo Baeck Institute Year Book 30 (1985) 105–140.

20 Vgl. *Reinharz*: The Zionist Response to Antisemitism 107; *Ders.*: Ideology and Structure in German Zionism 126.

21 Gemäß Jehuda Reinharz erwiesen sich diese Hoffnungen selbst für Randfiguren des rechten Lagers, von denen man sich eine mäßigende Wirkung versprach, als irrig. Von der offiziellen Führung der ZVfD wurden derartige Annäherungsversuche ohnehin nicht gebilligt, vgl. *Reinharz*: The Zionist Response to Antisemitism 132 f. Der Historiker Stefan Vogt misst diesen Diskussionen einen weitaus größeren Wert bei und sieht aufgrund des von beiden Seiten zentral behandelten »Volk«-Begriffs eine gemeinsame ideologische Grundlage, vgl. *Vogt*: Subalterne Positionierungen 339. Zur breiten politischen Streuung des Volks-Begriffes, vgl. *Retterath*, Jörn: »Was ist das Volk?«. Volks- und Gemeinschaftskonzepte der politischen Mitte in Deutschland, 1917–1924. Berlin 2016.

tischen Länder unsere Verbündeten.«[22] Bei Herzl finden sich aber durchaus unterschiedliche Anschauungen über den Antisemitismus. Er nahm einerseits ein Interesse der Antisemiten an jüdischer Auswanderung an und hielt deswegen auch praktische Unterstützung für denkbar.[23] Andererseits hegte er die Hoffnung, der Antisemitismus werde durch den Zionismus dauerhaft abnehmen oder sogar überwunden werden. Gegen den Vorwurf, dass er den Antisemiten »Waffen liefere«, verwahrte sich Herzl allerdings schon im »Judenstaat« entschieden.[24] In seiner ersten öffentlichen Rede in Wien, die er am 7. November 1896 vor der »Österreichisch-Israelitischen Union« gehalten hatte, räumte Herzl mit einer Auffassung des Zionismus auf, demnach alle Juden sofort die Koffer packen und ihre Heimatländer verlassen sollten, um in ein unbekanntes Land zu segeln. Dem hielt er sarkastisch entgegen, dass »eine so boshafte Schädigung unserer Antisemiten«[25] durchaus nicht in der Absicht der Zionisten liege. Vielmehr würde die Anerkennung für die Leistungen des Zionismus den Antisemitismus überwinden helfen:

Man soll nicht mit einem billigen Witze sagen, daß wir im Sinne der Antisemiten sprechen. Das ist falsch! Es schwärmen ganz ernste und durchaus nicht judenfeindliche Christen für diese Idee. So wie in der Griechenzeit die Aufrichtung Griechenlands der Menschheit Gefallen hat, so wird ein Schrei der Bewunderung durch die Welt gehen, wenn diese getretenen Juden sich unter den Beschimpfungen so hoch aufrichten.[26]

22 Herzl glaubte kurze Zeit daran, Antisemiten würden die zionistische Bewegung finanziell unterstützen. Mit fortlaufender Unterstützung würde auch ihr Vertrauen in die Juden wachsen. Die Juden würden schließlich »als geachtete Freunde fortziehen«, hoffte Herzl, vgl. Eintrag vom 12.06.1895. In: *Herzl*: Briefe und Tagebücher II 113–114, hier 114.

23 Nach dem Pogrom von Kishinev 1903, das, wenn nicht direkt initiiert, von der russischen Regierung zumindest gebilligt und politisch instrumentalisiert worden war, hatte Herzl bei einer Audienz bei dem russischen Innenminister W. K. Plehwe (1846–1904) versucht, diesen von der Unterstützung des Zionismus zu überzeugen, vgl. *Avineri*, Shlomo: Herzl. Theodor Herzl and the foundation of the Jewish state. London 2014, 220–237. Der Gedanke findet sich vereinzelt auch bei anderen Zionisten, vor allem in der Anfangszeit der Bewegung. Nathan Birnbaum reflektierte in seinem Vortrag auf dem Ersten Zionistenkongress die Beziehung des Zionismus zum Antisemitismus und sprach von der »zu erwartenden Hilfe der ehrlichen und gemäßigten Antisemiten«, *Birnbaum*, Nathan: Der Zionismus als Kulturbewegung. Referat, gehalten auf dem Zionisten-Kongreß in Basel am 29. August 1897. In: *Ders.* (Hg.): Ausgewählte Schriften zur jüdischen Frage. Band 1. Czernowitz 1910, 75–83, hier 83. In einem ähnlichen Sinne traf 1898 eine Zuschrift bei der konservativ-antisemitischen Kreuzzeitung ein, worin der zionistische Berliner Arzt Julius Citron forderte, dass sich »[c]ristliche Konservative und Zionisten […] gegen den gemeinsamen Feind« – die ›Protestrabbiner‹ und das assimilierte Judentum insgesamt – zusammenschließen sollten, *Citron*, Julius: Der Zionismus. (Eingesandt). In: Neue Preußische Zeitung (Kreuzzeitung) vom 19.08.1898, 389.

24 *Herzl*, Theodor: Der Judenstaat. Versuch einer modernen Lösung der Judenfrage. Leipzig, Wien 1896, 84.

25 *Herzl*: Rede in der Österreichisch-Israelitischen Union 117.

26 Ebd. 132. Eine ähnliche Erwartungshaltung formulierte Max Nordau im Vorwort zu einer Publikation der Königsberger Zionisten von 1900, in der in Äußerungen prominenter

Der Zionismus, nahm Herzl an, würde ein reales zwischen Juden und Nichtjuden bestehendes Missverhältnis beseitigen. Der Antisemitismus sei ein Ausdruck dieses Missverhältnisses, aber den Antisemiten sei nicht daran gelegen, dieses aufzulösen, da sie der Juden als Sündenböcke bedurften. Der Zionismus aber korrigiere auf lange Sicht einen unnatürlichen und ungesunden Zustand, wodurch auch der Antisemitismus abnehmen werde.[27] Diese Sichtweise bestimmte das zionistische Selbstverständnis über Jahrzehnte. »Indem wir sie [die Judenfrage] lösen, handeln wir nicht nur für uns selbst, sondern auch für viele andere Mühselige und Beladene«[28], zitierte der Historiker Tulo Nussenblatt (1895–1943)[29] im Jahr 1933 Herzls »Judenstaat«. »Und wer könnte daran zweifeln«, ergänzte er,

daß gar mancher antisemitische Führer und Wortführer im tiefsten Grunde zu den Mühseligen und Beladenen gehörte, der zu erlösen war, zu erlösen von der Angst vor dem jüdischen Gespenst? Denn man kann eine ganze Reihe von antisemitischen Schriften kaum anders auffassen, als daß sie von einer wahren Gespensterfurcht inspiriert und diktiert sind.[30]

Nussenblatt, selbst Zionist und ein Bewunderer Herzls, sprach von »Bekehrungen« einzelner Judenfeinde und deutete die individuelle Überwindung des Antisemitismus an, so wie der Zionismus dessen Überwindung im Großen anstrebe.[31]

Auch wenn Herzl Antisemiten oder »Bekehrte« als Unterstützer nicht grundsätzlich ausschloss, blieb er im persönlichen Umgang mit ihnen zurückhaltend. Entweder er misstraute ihnen oder er wollte die Existenz einiger solcher »kuriosen Anhänger«, wie er sie nannte, nicht überbewerten. Mit dem Wortführer der ungarischen Antisemiten Iván von Simonyi (1838–1904), der in der Hetzgazette »Westungarischer Grenzbote« in »ritterlichem Ton« den »Judenstaat« bespro-

Nichtjuden über den Zionismus gesammelt worden waren; der Zionismus werde nicht die Gräben vertiefen und Verbindungen zu Nichtjuden zerstören, sondern dafür sorgen, dass unter wahren Freunden die Achtung gegen die Juden steigen werde, vgl. *Nordau*, Max: Einleitung. In: *Kronberger*, Emil (Hg.): Zionisten und Christen. Ein Beitrag zur Erkenntnis des Zionismus. Leipzig 1900, 23–26.

27　Vgl. *Vital*, David: Nationalism, Political Action, and the Hostile Environment. In: *Reinharz*, Jehuda (Hg.): Living with Antisemitism. The Jewish response in the modern period. Hanover 1987, 234–252, hier 245.

28　*Herzl*: Judenstaat 10.

29　Die Schreibweise des Namens variierte: Nussenblath (auch Nussenblatt), Tulo (eigentlich Hersch, auch Heinrich), vgl. *Keil*, Martha: Nussenblath, Tulo. In: Neue Deutsche Biographie 19 (1999), 381. Nussenblatt setzte sich vor allem mit Leben und Werk Theodor Herzls auseinander, vgl. *Nussenblatt*, Tulo (Hg.): Zeitgenossen über Herzl. Brünn 1929; *Ders.* (Hg.): Theodor Herzl Jahrbuch. Wien 1937.

30　*Nussenblatt*: Ein Volk unterwegs zum Frieden 161.

31　Der Historiker David Vital weist darauf hin, dass Herzl im Antisemitismus keinen feststehenden, unwiderlegbaren Zustand der ewigen und hoffnungslosen Feindschaft erblickte, der sich nicht korrigieren lasse, vgl. *Vital*: Nationalism 257.

chen hatte, entspann sich zwar ein kurzer Briefwechsel, aber die Hinwendung von Antisemiten zum Zionismus blieb letztlich aus.[32]

Es stellt sich die Frage, ob die Annäherungen an den Zionismus von Antisemiten wie Simonyi tatsächlich als Ausdruck einer »Heilung« zu bewerten sind. Erblickten Judenfeinde im jüdischen Nationalismus nicht einfach einen für sie äußerst bequemen Kompromiss? Oder verbarg sich dahinter eine rhetorische Strategie, um Aufmerksamkeit zu erzeugen?

Es ist darüber hinaus auffällig, dass Antisemiten, die das Aufkommen des Zionismus in manchmal nahezu euphorischer Weise begrüßten, oft im selben Atemzug Zweifel am Gelingen des zionistischen Plans, an der Möglichkeit eines Judenstaates überhaupt und auch an den ehrlichen Absichten der Juden äußerten. Der katholische Antisemit August Rohling, bekannt durch den verleumderischen Bestseller »Der Talmudjude« (1871)[33], feierte 1902 überschwänglich die »Gotteshand«, die sich neben des Antisemitismus nun auch »innerhalb Israels der Zionistischen Bewegung« bediene. Dem folgte die Gewaltandrohung unmittelbar auf dem Fuße: »Jene aber, welche nicht freiwillig gehen wollen, werden durch die unaufhaltsam wachsende Macht der Ereignisse früher, als sie denken, dazu genötigt werden.«[34] Auch Simonyi, den Nussenblatt zusammen mit Rohling zu den »zum Zionismus bekehrten« vormaligen Antisemiten rechnete, hatte grundlegende Zweifel, ob Juden die Fähigkeiten mitbrächten, die zu einer

---

32 Vgl. Eintrag vom 26.02.1896. In: *Herzl*: Briefe und Tagebücher II 306, 317; Shmuel Almog bewertet Simonyis Herantreten als »one-sided camaraderie«, *Almog*: Between Zionism and Antisemitism 51; *Simonyi*, Ivan: Der Judenstaat. In: Westungarischer Grenzbote Nr. 8037 vom 25.02.1896, 1–2.

33 Die Schrift versuchte mithilfe gefälschter, erfundener und entstellter Talmud-Zitate den Beweis zu erbringen, dass Juden aufgrund ihrer Religion zu unsittlichem Verhalten und Verbrechen verpflichtet seien. »Der Talmudjude« hatte eine weitreichende Wirkung und sogar einen Gerichtsprozess zur Folge, in dem der protestantische Theologe Franz Delitzsch Rohling nachwies, dass er den Talmud nicht in Originalsprache zu lesen vermochte und bewusst manipulativ und verfälschend vorgegangen war. Über die Schrift und den Rechtsstreit, vgl. *Hellwing*, I. A.: Der konfessionelle Antisemitismus im 19. Jahrhundert in Österreich. Wien 1972, 71–183. Die Schrift mutet zwar wie ein Relikt aus dem Mittelalter an, wurde aber vom politischen Katholizismus im Kulturkampf gezielt eingesetzt, um den Liberalismus in die Nähe des Judentums zu rücken und als ins Gewand des Fortschritts geschlüpften Antichrist zu beschreiben, vgl. *Berding*, Helmut: Antisemitismus in der modernen Gesellschaft: Kontinuität und Diskontinuität. In: *Hettling*, Manfred/*Nolte*, Paul (Hg.): Nation und Gesellschaft in Deutschland. Historische Essays. München 1996, 192–207, hier 198 f.

34 *Rohling*, August: Auf nach Zion! oder die grosse Hoffnung Israels und aller Menschen. Kempten 1901, 1, 4. Außerhalb der Einleitung setzt sich das Werk aus einer konfusen Sammlung angeblich geweissagter Prophezeiungen, biblischer Zitate und willkürlicher Deutungen zusammen, die das Buch weitestgehend unlesbar machen. Das Buch stammt zudem aus dem Lebensabschnitt Rohlings, in dem er nur noch vereinzelte und weniger scharfe Angriffe gegen das Judentum tätigte, die überdies keine große Beachtung mehr fanden, vgl. *Hellwing*: Der konfessionelle Antisemitismus 85 f.; *Mosse*, George L.: Ein Volk, ein Reich, ein Führer. Die völkischen Ursprünge des Nationalsozialismus. Königstein 1979, 143.

Staatsgründung erforderlich waren.[35] Oft wurden freudige Reaktionen durch das Bedauern eingetrübt, dass sich nicht alle Juden dem zionistisch angeleiteten Auszug nach Palästina anschlossen. Dieses Gefühl konnte in Verbitterung oder Empörung umschlagen. War der Zionismus am Ende gar nur eine weitere jüdische Machenschaft zur Festigung ihrer Machtstellung, fragten sich Judenfeinde nicht selten. Im antisemitischen »Deutschen Generalanzeiger«[36] witterte man anlässlich des Ersten Zionistenkongresses ein jüdisches Täuschungsmanöver, um Nichtjuden hereinzulegen:

> Es ist der alte, alte Kniff, wie beim Talmud, der Alliance israélite, der jüdischen Organisation, den Blutgebräuchen und sonstigen Verbrechen pp. Wenn Gefahr droht, leugnet ein Theil auf Befehl Jahwes Alles, ist die Gefahr vorüber, so tritt ein anderer Theil wieder lebhaft dafür ein, der Schmok erreicht durch dieses Teufels- und Börsenspiel, daß die gebildeten und regierenden Nichtjuden sich über das wahre Wesen des Judenthums niemals vollständig klar werden![37]

Der Zionismus löste unter Antisemiten unterschiedliche Reaktionen und Haltungen aus. Zum Teil lagen die voneinander abweichenden Positionen in der zutiefst heterogenen Struktur der antisemitischen Bewegung begründet. Doch gilt es darüber hinaus übergreifende Muster aufzudecken und sich wiederholende Motive zu entschlüsseln, die auf Trends und Kontinuitäten in antisemitischen Zionismus-Rezeptionen verweisen. Die nachfolgende Darstellung geht chronologisch vor und behandelt zunächst Antisemiten des Deutschen Kaiserreichs. Es sollen Schlaglichter auf Akteure geworfen werden, die jeweils als repräsentativ für größere Diskurse gelten können.

2. Der Blick auf den Zionismus im Kaiserreich

Die in den ausgehenden 1870er-Jahren entstehende antisemitische Bewegung des deutschen Kaiserreichs war wesentlich eine *postemanzipatorische* Erscheinung; sie entstand, nachdem den Juden rechtliche Gleichstellung zuteilwurde.[38] Poli-

---

35 Vgl. *Simonyi*: Judenstaat 2.

36 Der Herausgeber dieses Berliner Antisemitenblattes Karl Sedlatzek war ein radikalantisemitischer Katholik und gab sich als Ritualmordexperte aus, vgl. *Blaschke*: Katholizismus und Antisemitismus 193. Während der Weimarer Republik stand die Zeitung der »Deutschnationalen Volkspartei« (DNVP) nahe, vgl. *Schilling*, Karsten: Das zerstörte Erbe. Berliner Zeitungen der Weimarer Republik im Portrait. Norderstedt 2011, 304–309.

37 Zitiert nach Der »Wächter Germanias« 271.

38 Vgl. *Nipperdey*, Thomas/*Rürup*, Reinhard: Antisemitismus. In: *Brunner*, Otto/*Conze*, Werner/*Koselleck*, Reinhart (Hg.): Geschichtliche Grundbegriffe. Historisches Lexikon zur politisch-sozialen Sprache. Stuttgart 1972, 129–153, hier 142. Zur Geschichte der antisemitischen Bewegung des Kaiserreichs vgl. außerdem *Jochmann*, Werner: Struktur und Funktion des deutschen Antisemitismus 1878–1914. In: *Strauss*, Herbert A./*Kampe*, Norbert (Hg.): Anti-

tische und soziale Ängste entluden sich angesichts eines als bedrohlich empfundenen gesellschaftlichen Wandels, der die überlieferte Kultur, die monarchische Verfassung und die traditionelle Sozialordnung bedrohte, »gegen eine nunmehr der Gesellschaft selbst zugehörige und mächtig gewordene, wenn auch nicht voll assimilierte Gruppe.«[39]

In Folge des Gründerkrachs 1873 und einer antiliberalen Wende in der Politik verstärkten sich traditionell weitverbreitete antijüdische Einstellungen zu einer fundamentalen Kulturkrise, die vor allem von den von der Modernisierung geschädigten Klassen, dem kleinbürgerlichen Mittelstand, Handwerkern, Bauern, kleinen Beamten, aber auch Akademikern empfunden wurde. In Reaktion auf die unverstandene Modernisierungskrise formte sich der Antisemitismus zu einer manifesten Weltanschauung, in der sich sämtliche ungelöste politische und soziale Probleme als »Judenfrage« gebündelt wiederfanden; der Antisemitismus machte gesellschaftliche Modernisierungsprozesse und Krisenerscheinungen begreifbar, entwirrte die Komplexität sozialer und politischer Realitäten und präsentierte obendrein direkte Lösungsvorschläge. Damit muss der moderne Antisemitismus als »Symptom einer Krise der modernen Gesellschaft«[40] gelten. Die heterogene und in sich gespaltene Bewegung fokussierte mit nationalistischen, kulturkritischen, monarchisch-konservativen, christlichen, antikapitalistischen oder antisozialistischen Argumenten auf die Juden als exponierte Vertreter der modernen Entwicklung und des Liberalismus.[41] Zu den zentralen Anschuldigungen gehörte, die Juden würden gleiche Rechte zu ihrem Vorteil und zur Ausbeutung und Beherrschung der Nichtjuden ausnutzen. Dieses Unbehagen an der formalen Rechtsgleichheit brach sich in brutaler Rhetorik und verleumderischer Hetze Bahn.[42] Etwa eine Viertelmillion Deutsche unterzeichneten 1880/81 die an Reichskanzler Bismarck adressierte Antisemitenpetition, in der die Einschränkung wesentlicher Gleichstellungsrechte der Juden gefordert wurde.[43]

semitismus. Von der Judenfeindschaft zum Holocaust. Frankfurt a. M., New York 1985, 99–142 sowie die bis heute gültigen Klassiker *Wawrzinek*, Kurt: Die Entstehung der deutschen Antisemitenparteien (1873–1890). Berlin 1927 und *Massing*, Paul W.: Vorgeschichte des politischen Antisemitismus. Frankfurt a. M. 1959.

39   *Nipperdey/Rürup*: Antisemitismus 142.

40   Ebd. 144.

41   Vgl. *Jochmann*: Struktur und Funktion des deutschen Antisemitismus 108.

42   Paul Massing rekonstruiert den antisemitischen Gedankengang, »wie die Juden den Geist des Gesetzes für ihren missbrauchten«: »[D]ie Juden bedienen sich eines Gesetzes, das für uns bestimmt ist, nicht für sie, und profitieren dabei von seinem höchsten Prinzip, der Gleichheit aller vor diesem Gesetz«, *Massing*: Vorgeschichte des politischen Antisemitismus 94.

43   Über die Hauptinitiatoren Max Liebermann von Sonnenberg, Ernst Henrici und Bernhard Förster, den Ablauf und die weiteren Entwicklungen, die auf die Antisemitenpetition folgten, vgl. *Wawrzinek*: Die Entstehung der deutschen Antisemitenparteien 38 f.; *Kraus*, Daniela: Antisemitenpetition. In: *Benz*, Wolfgang (Hg.): Handbuch des Antisemitismus. Judenfeindschaft in Geschichte und Gegenwart. Ereignisse, Dekrete, Kontroversen. Bd. 4. Berlin, Boston 2011, 7–8 sowie *Weidemann*, Thomas: Politischer Antisemitismus im deutschen

In der ideologisch, politisch und personell höchst heterogenen Bewegung wurde die »Judenfrage« entweder als »soziale« oder »sozialethische Frage«, als »Rassenfrage« oder gar »Weltfrage« ausgelegt.[44] Unterschiedliche Fraktionen, von konservativen oder christlich-sozialen Vertretern bis zu radikalen, bereits im biologistischen Sinne rassisch denkenden Antisemiten, einte allein die feindselige Reaktion auf eine angeblich durch die Judenemanzipation neu und anders gestellte »Judenfrage«. Die verschiedenen Strömungen vermochten sich allerdings auf keine einheitliche Programmatik zu verständigen oder in einer geschlossen agierenden Plattform oder Partei zu vereinigen.[45] Es finden sich sowohl Richtungen, die Verbindungen zu Aristokratie und klerikalen Kreisen unterhielten, als auch antichristliche und antikonservative Agitatoren mit zum Teil klassenkämpferisch-antiplutokratischer Rhetorik.[46]

Auch wenn die Anhänger des politischen Antisemitismus gesamtgesellschaftlich eine Minderheit blieben und ihr politischer Einfluss nach anfänglichen Wahlerfolgen im Lauf der Jahre eher abnahm, sickerte die Vorstellung eines feindseligen, zersetzenden jüdischen Geistes, unerhörter jüdischer Macht und einer daraus sich objektiv ergebenden »Judenfrage« tief in die Gesellschaft ein.[47]

Kaiserreich. Der Reichstagsabgeordnete Max Liebermann von Sonnenberg und der nordhessische Wahlkreis Fritzlar-Homberg-Ziegenhain. In: *Bambey*, Hartwig (Hg.): Heimatvertriebene Nachbarn. Beiträge zur Geschichte der Juden im Kreis Ziegenhain. Schwalmstadt-Treysa 1993, 113–184.

44 Vgl. *Bergmann*, Werner: Antisemitische Bewegung. In: *Benz*, Wolfgang (Hg.): Handbuch des Antisemitismus. Judenfeindschaft in Geschichte und Gegenwart. Bd. 5. Berlin 2013, 34–39, hier 35.

45 Das Bestreben der unterschiedlichen Wortführer, das antisemitische Potential zu kanalisieren und in Kombination mit sozialpolitischen Forderungen zu politischem Erfolg zu führen, mündete in zahlreiche Parteigründungen, die sich »Soziale Reichspartei«, »Antisemitische Deutschsoziale Partei« oder »Deutsche Reformpartei« nannten. Sie waren allesamt kurzlebig, zerrieben sich untereinander oder gingen an inneren Widersprüchen schnell zugrunde, vgl. *Fricke*, Dieter: Antisemitische Parteien 1879–1894. In: *Ders.* (Hg.): Die bürgerlichen Parteien in Deutschland. Handbuch der Geschichte der bürgerlichen Parteien und anderer bürgerlichen Interessenorganisationen vom Vormärz bis zum Jahre 1945. Bd. 1. Berlin 1974, 36–40; *Düwell*, Kurt: Zur Entstehung der deutschen Antisemitenparteien in Deutschland und Österreich. In: *Ginzel*, Günther (Hg.): Antisemitismus. Erscheinungsformen der Judenfeindschaft gestern und heute. Köln 1991, 170–180, hier 174–177.

46 Der »sozial-ethische Antisemitismus«, wie ihn der Berliner Hofprediger Adolf Stoecker und die »Christlichsozialen« vertraten, unterschied zwischen getauften und nicht-getauften Juden und verfolgte eine strenge, homogenisierende, christlich-deutsche Assimilationspolitik. Die von stärker rassisch argumentierenden Radikalantisemiten als »Taufbeckenantisemiten« verspottete Strömung befand sich in der Minderheit, trug aber vor allem zu Beginn der »Berliner Bewegung« erheblich dazu bei, die »Judenfrage« als zentrales Problem der Stunde zu inszenieren. Zur Differenzierung der Fraktionen der ersten antisemitischen Phase des Kaiserreichs, vgl. *Berding*, Helmut: Moderner Antisemitismus in Deutschland. Frankfurt a.M. 1988, 86–110.

47 Vgl. *Nipperdey/Rürup*: Antisemitismus 142. Zum Niedergang des politischen Antisemitismus, vgl. *Levy*, Richard S.: The Downfall of the Anti-Semitic Political Parties in Imperial Germany. New Haven/Connecticut 1975, 225–253.

Judenfeindschaft hatte es natürlich vorher schon gegeben, aber: Die Innovation dieses modernen Antisemitismus gegenüber früheren Formen bestand darin, dass seine Anhänger einen Gegensatz zwischen Juden und Nichtjuden nun als radikal und unaufhebbar begriffen.[48] Der Soziologe Werner Bergmann attestiert den in den ausgehenden 1870er-Jahren von konservativ-bürgerlichen und konservativ-christlichen Kreisen formulierten Gegensatz zwischen der deutsch-christlichen Kultur und dem Judentum als bedeutsame Übergangserscheinung zum Rassenantisemitismus. Der Antisemitismus dieser Kreise sei bereits »nicht mehr rein religiöser und noch nicht rassischer Natur« gewesen. Zwar hätten sie die Assimilation der Juden gefordert, während sie zugleich die jüdische Minorität als Fremdkörper in der Nation empfanden.[49]

Zur Verbreitung einer rassisch bestimmten Kluft zwischen Juden und Deutschen trug die in den 1890er-Jahren entstehende völkische Bewegung bei. Diese war aus der antisemitischen Bewegung hervorgegangen, war aber mit dieser nicht deckungsgleich. Die völkische Bewegung wurde nicht nur von der Feindschaft gegen Juden getragen, sondern war eine Such- und Sammelbewegung, um ein Ideal der völkisch-nationalen Auferstehung zu verwirklichen. Darin standen sich Deutschtum, oder »Germanentum«, und Judentum als rassische Gegensätze

---

48 Damit war Judenfeindschaft »nicht mehr die Folge von etwas«, so der Historiker Johannes Heil, »sondern wurde selbst zur Voraussetzung, dabei unterschiedlichen Gesellschafts- und Politikkonzepten einpaßbar.« Heil fasst das Unbedingte des Antisemitismus, das nicht Ergebnis, sondern Begründung einer Geschichts- und Weltsicht ist, die Irreversibilität des dort gefassten Judeseins sowie die Einsehbarkeit des künftigen, gestaltungsfähigen Geschichtsverlaufs, der nicht mehr göttlichem Willen unterworfen lag, als die drei wesentlichen Charakteristika von Antisemitismus auf, die diesen von Antijudaismus abgrenzen, vgl. *Heil, Johannes:* »Antijudaismus« und »Antisemitismus«. Begriffe als Bedeutungsträger. In: Jahrbuch für Antisemitismusforschung 6 (1997) 92–114, hier 109; vgl. auch *Hoffmann, Christhard:* Christlicher Antijudaismus und moderner Antisemitismus. Zusammenhänge und Differenzen als Problem der historischen Antisemitismusforschung. In: *Siegele-Wenschkewitz, Leonore* (Hg.): Christlicher Antijudaismus und Antisemitismus. Theologische und kirchliche Programme deutscher Christen. Frankfurt a. M. 1994, 293–317; *Heschel, Susannah/Gilman, Sander L.:* Reflections on the Long History of European Antisemitism. In: *Hirsch, Marianne/Kacandes,* Irene (Hg.): Teaching the representation of the Holocaust. New York 2004, 86–109; *Claussen, Detlev:* Vom Judenhass zum Antisemitismus. In: *Ders.* (Hg.): Vom Judenhass zum Antisemitismus. Materialien einer verleugneten Geschichte. Darmstadt u. a. 1987, 7–46.

49 Vgl. *Bergmann:* Völkischer Antisemitismus im Kaiserreich 450. Der Historiker Yosef Hayim Yerushalmi nimmt bereits einen »latenten rassischen Antisemitismus im europäischen Christentum vor der Neuzeit« an, der in die »dem jüdischen Assimilierungsprozeß immanente[n] Dialektik« hineinspielte. Diese Dialektik besteht nach Yerushalmi darin: »eine Gesellschaft, die durch neue Umstände dazu bewogen wird, die Juden zu akzeptieren, jedoch gleichzeitig durch tief verwurzelte Einstellungen dazu konditioniert ist, sie abzulehnen.« *Yerushalmi, Yosef Hayim:* Assimilierung und rassischer Antisemitismus. Die iberischen und die deutschen Modelle. In: *Ders.* (Hg.): Ein Feld in Anatot. Versuche über jüdische Geschichte. Berlin 1993, 53–80, hier 65 f.

feindlich gegenüber.[50] Wie zahlreiche Vertreter der antisemitischen Bewegung die »Judenfrage« zunehmend als »Rassenfrage« definiert hatten, stellte »Rasse« auch einen Schlüsselbegriff der völkischen Weltanschauung dar.[51]

Hier lohnt sich ein kurzer Exkurs zur Geschichte des Begriffs: Überwiegend wurden biologistische Kriterien als bestimmend angesehen, teils aber auch Geist und Seele als wesentliche Bestandteile der Kategorie »Rasse« betrachtet. Die »Judenfrage« ging als Teil der Rassenfrage zwar nicht vollends in dieser auf, war aber ein wesentlicher Aspekt, von dem das Schicksal einer deutschvölkischen Erneuerung abhängig gemacht wurde. Die völkische Rassenlehre ruhte auf den zwei bei Arthur de Gobineau (1816–1882), dem Begründer des rassistischen Denkens, übernommenen Fundamenten: dem Prinzip der Ungleichheit und der Rasseprädestination. Angst vor »Blutschaos« und »Rassentod« durch »Rassenmischung« sowie ein Glaube an die unbedingte Überlegenheit einer weißen arischen Elite waren ideologische Grundpfeiler der wichtigsten völkischen Vereinigungen.[52] Völkische Akteure suchten oft den Anschluss an die Wissenschaft. Sowohl die Rassentheorie wie auch die Rassenhygiene (Eugenik) waren politische Projekte, die sich aus der wissenschaftlichen Anthropologie des 19. Jahrhunderts entwickelt hatten.[53] Völkische und ihnen Nahestehende erhoben die Rassentheorie zum leitenden Geschichtsprinzip, womit ihr der wissenschaftliche Unterbau

---

50 Zu Entstehungsgeschichte, Bedeutung und Charakteristik des völkischen Antisemitismus, vgl. *Puschner:* Völkischer Antisemitismus; *Bergmann:* Völkischer Antisemitismus im Kaiserreich. Die Spezifik des NS-Antisemitismus haben am eindringlichsten Saul Friedländer mit der Kategorie des »Erlösungsantisemitismus« und Stefan Breuer als »paranoider Antisemitismus« dargestellt, vgl. *Friedländer,* Saul: Das Dritte Reich und die Juden. Bd. 1. Die Jahre der Verfolgung 1933–1939. München 1998, 27–128 sowie prägnant zusammengefasst: *Ders.:* Bayreuth und der Erlösungsantisemitismus. In: *Borchmeyer,* Dieter/*Maayani,* Ami/*Vill,* Susanne (Hg.): Richard Wagner und die Juden. Stuttgart 2000, 8–19, hier 9; *Breuer:* Ordnungen der Ungleichheit 361–369.

51 Vgl. *Puschner:* Die völkische Bewegung im wilhelminischen Kaiserreich 66–71, 75–82; *Breuer:* Ordnungen der Ungleichheit 47–76; *Berding:* Moderner Antisemitismus in Deutschland 140–151.

52 Zur Adaption und Rezeption Gobineaus in Deutschland, vgl. *Köck,* Julian: Ludwig Schemann und die Gobineau-Vereinigung. In: Zeitschrift für Geschichtswissenschaft 59/9 (2011) 723–740.

53 Vgl. *Sieferle,* Rolf Peter: Rassismus, Rassenhygiene, Menschenzuchtideale. In: *Puschner,* Uwe/*Schmitz,* Walter/*Ulbricht,* Justus H. (Hg.): Handbuch zur »Völkischen Bewegung« 1871–1918. München 1999, 436–448. Zu den fließenden Übergängen vgl. auch den Beitrag *Puschner,* Uwe: Wissenschaft und Weltanschauung: Max von Gruber. In: *Paul,* Ina Ulrike/ *Schraut,* Sylvia (Hg.): Rassismus in Geschichte und Gegenwart. Eine interdisziplinäre Analyse. Festschrift für Walter Demel. Frankfurt a. M. 2018, 45–80. Die quasi-religiöse Dimension der Völkischen behinderte trotz semantischer und inhaltlicher Schnittmengen das direkte Zusammengehen mit der Eugenikbewegung, wobei sich einzelne prominente Rassenhygieniker den Völkischen annäherten. Vgl. *Essner,* Cornelia: Die »Nürnberger Gesetze« oder die Verwaltung des Rassenwahns 1933–1945. 1. Aufl. Paderborn 2002, 15, 26; *Puschner:* Die völkische Bewegung im wilhelminischen Kaiserreich 176–181.

ent- und der Schritt zur reinen Phantastik vollzogen war. Charakteristisch für die Überhöhung des Blutes war eine Phobie vor »Blutsmischung«. »Mischlinge« wurden als minderwertige, unglückliche Geschöpfe angesehen. Auch wenn sich völkische Rassentheorien überwiegend in einer sektiererischen Außenseiterszene bewegten, wurden manche Werke dieser pseudowissenschaftlichen Phantastik zu Bestsellern, allen voran die breit rezipierten »Grundlagen des 19. Jahrhunderts« (1899) von Houston Stewart Chamberlain.[54]

Was waren die Forderungen der Völkischen in Bezug auf die Juden? Im Kern knüpften ihre politischen Vorstellungen an die radikalen Kräfte der antisemitischen Bewegung der späten 1870er-Jahre an, die die Aufhebung der rechtlichen Gleichstellung der Juden verlangt hatten. Auch die meisten Völkischen wollten die Juden unter ein Sonder- oder »Fremdenrecht« stellen, das ihnen eine strengere, rassisch diktierte Ehegesetzgebung, Einschränkungen in ihrem Wahlrecht und eine höhere Besteuerung auferlegte und ihren Ausschluss aus bestimmten Berufen und Gesellschaftsbereichen vorsah. In den meisten Fällen liefen die Diskriminierungskataloge auf einen voremanzipatorischen Duldungsstatus der Juden hinaus, bisweilen wurde auch ein Einwanderungsstopp oder die Ausweisung gefordert. Gewaltaufrufe und Vernichtungsdrohungen waren zwar insgesamt seltener, hatten aber ebenfalls ihren festen Platz unter den geforderten Maßnahmen.[55]

Zum Verständnis der antisemitischen und völkischen Zionismus-Rezeptionen ist ein weiterer Aspekt zu beachten: Antisemiten und Völkische waren, zumindest im Kaiserreich, keine Staatsgegner. Die Gesellschafts- und Herrschaftskritik des postemanzipatorischen Radikalantisemitismus griff die Juden als Symbole des Liberalismus und »Mammonismus« an, als angebliche Urheber einer krisenhaften Moderne. Der sozialdemagogische Impetus und aufrührerische Charakter einzelner Akteure stellte zwar eine Revolte gegen den Zeitgeist dar, aber nicht das staatliche Gewaltmonopol infrage, sondern begriff Staat und Kaiser als Appellationsinstanzen und als Kernelemente einer zu schützenden Ordnung. Es galt lediglich die angeblich dem »deutschen Volk« dienende Funktion des Staates wiederherzustellen, indem die »Judenherrschaft« zurückgedrängt werde.[56] Weder die antisemitische noch die völkische Bewegung des

---

54 Chamberlain zog die Konsequenzen daraus, dass die mystisch-völkischen Annahmen über Blut und Rasse von den Ergebnissen der physischen Anthropologie nicht mehr gedeckt waren und entfaltete eine irrationale Wesensschau von Rassenseelen, vgl. *Sieferle:* Rassismus 442 f.

55 Vgl. *Zimmermann,* Moshe: »Wie ist die Judenfrage zu lösen?«. In: *Ders* (Hg.): Deutsch-jüdische Vergangenheit. Der Judenhaß als Herausforderung. Paderborn 2005, 134–146; *Puschner:* Völkischer Antisemitismus 279–281.

56 Zum Begriff der »konformistischen Rebellion«, vgl. *Claussen:* Ja, aber-Antisemitismus XIV f. Claussen macht in dieser autoritären Rebellion einen Lustgewinn derer aus, die sich zum Verfolgen einer Minderheit moralisch berechtigt fühlen und sich dabei einer heimlichen kompakten Majorität sicher wähnen.

Kaiserreichs verstand sich in genereller Opposition zum Staat, so »verjudet« ihnen oftmals auch einzelne gesellschaftliche oder politische Fraktionen (»Junker«; »Sozialdemokratie«) und demokratische Vermittlungsinstanzen wie Presse und Parlament erschienen. Völkische Publizisten entwarfen zwar bereits im Kaiserreich grundlegende Konzepte einer völkischen Rundumerneuerung und konzipierten damit alternative politische Ordnungen. Doch erst nach dem Ersten Weltkrieg trat die völkische Bewegung in offene Opposition zur herrschenden Ordnung. Sie bekämpften das neue demokratische System der Weimarer Republik, das sie als »Judenrepublik« schmähten.[57]

Die Vorstellungen, die man sich von einem jüdischen Staat machte, spiegelten auch die Beziehung zum hiesigen Staat wider, in dessen Namen sich die antisemitische Bewegung zu handeln bemächtigt fühlte. Zugleich blieb sie stets an der politischen Peripherie verhaftet und vermochte nie entscheidenden oder längerfristigen Einfluss auf das politische Geschehen auszuüben.[58] Diesen Widerspruch zwischen Selbstverständnis und tatsächlichem Einfluss gilt es ebenfalls zu berücksichtigen.

2.1 Zionismus als »Ausscheidung des Judentums«?

Radikalantisemiten des deutschen Kaiserreichs galt es seit den späten 1870er-Jahren als Gewissheit, dass die Juden einen »Pfahl in unserem Fleische«[59], also einen nationalen und rassischen Fremdkörper darstellten. Vielleicht erscheint es in diesem Licht nicht verkehrt, »eine respektvolle Anerkennung der zionisti-

---

57 Selbst bei Hermann Ahlwardt, dem Inbegriff des aufsässigen und sozialdemagogischen »Radauantisemiten« wird dies deutlich: die Presse sei in »Judenhänden«, wie die Parteien von »unsichtbaren Juden« gesteuert würden, allen voran die Sozialdemokratie; auch bei Hofe finde eine jüdische Konspiration statt, wodurch die einstmalige Eintracht »[z]wischen Fürst und Volk« zerstört werde. Indem Ahlwardt dies anprangerte, forderte er die Verdrängung der »Judensippe« und die Wiederherstellung der einstigen Gemeinschaft zwischen Volk und Kaiser, die ihm als affirmative Bezugsgrößen galten, vgl. *Gondermann*, Thomas: Vom politischen Antisemitismus zum politischen Antiamerikanismus. Der Wandel sozialer Demagogie bei Hermann Ahlwardt. In: Jahrbuch für Antisemitismusforschung 17 (2008) 195–216, hier 204f. Zur Agitation gegen die Weimarer »Judenrepublik«, *Lohalm*, Uwe: Völkischer Radikalismus. Die Geschichte des Deutschvölkischen Schutz- und Trutz-Bundes 1919–1923. Hamburg 1970, 183–185; *Puschner*: Völkischer Antisemitismus 281 f.

58 Die Antisemitenparteien des Kaiserreichs erlangten nur äußerst begrenzten politischen Einfluss, so wie sich der Antisemitismus vorwiegend in der politischen Peripherie profilierte. Erst während des Ersten Weltkrieges wurde der Antisemitismus zu einem wesentlichen Teil der nationalistischen Ideologie, vgl. *Zmarzlik*, Hans-Günther: Antisemitismus im Deutschen Kaiserreich 1871–1918. In: *Martin*, Bernd/*Schulin*, Ernst (Hg.): Die Juden als Minderheit in der Geschichte. München 1981, 249–270, hier 268f.

59 So in den auf dem Bochumer Antisemitentag im Juni 1889 formulierten »Grundsätzen und Forderungen«. Diese stellten ein gemeinsames Programm und »Konglomerat der verschiedensten antisemitischen Strömungen« dar, *Fricke*: Antisemitische Parteien 37 f.

schen Bewegung« unter Antisemiten anzunehmen, wie es der Historiker Herbert A. Strauss tut, weil sie »von jüdischer Seite die Existenz einer ungelösten ›Judenfrage‹ bestätigte und deren Unlösbarkeit im Rahmen der bisherigen Integrationskonzepte betonte.«[60] Wenn Juden sich selbst als eigenständige Nationalität bezeichneten, schien das schließlich sowohl eine objektiv bestehende »Judenfrage« zu bestätigen, als auch ihren politischen Forderungen zuzuarbeiten, die Juden nicht wie in manchen früheren Konzepten rechtskonservativer Nationalisten zur Assimilierung zu zwingen, sondern vielmehr zu isolieren oder auszuschließen.

In diesem Sinne bescheinigte der Schriftsteller Gustav Stille (1845–1920)[61], ein Veteran des politischen Antisemitismus, im Jahr 1903 den Zionisten eine grundsätzliche Aufrichtigkeit, weil sie das Scheitern und die Unmöglichkeit jüdischer Assimilation anders als nicht-zionistische Juden offen thematisierten. Als »weiße Raben unter den Juden« würden sie offen aussprechen, was andere Juden stets leugneten: »die Juden seien ein Volk für sich, das sich durch seine Rasse bestimmt und unabänderlich von den Völkern unterscheidet, unter denen es lebt.«[62] Doch auch Zionisten blieben für Stille weiterhin Juden, »Raben«, wenn auch »weiße«. Weniger das, was die Zionisten anstrebten, interessierte Stille, als vielmehr der innerjüdische Zank, den die aufkommende zionistische Bewegung ausgelöst hatte. Er zitierte Versatzstücke innerjüdischer Streitgespräche, die ihm als Ausdruck eines boshaften und gehässigen jüdischen Charakters, als Ausweis für »heißes orientalisches Blut«[63], galten: Jüdische Literaten und Journalisten, bemühte Stille ein geläufiges Stereotyp, würden gegen ihre Gegner stets mit äußerster Heftigkeit vorgehen, gleich, ob sie nun Zionisten seien oder ihre

---

60 *Strauss/Kampe:* Einleitung 11.

61 Stille kämpfte seit den 1890er-Jahren mit auflagenstarken Pamphleten gegen die Judenemanzipation und hatte Ausnahmegesetze gegen »Fremdlinge« gefordert. Er war in diversen Antisemitenparteien aktiv und gab zwischen 1897 und 1903 ein »Antisemitisches Jahrbuch« heraus. Zur Biographie Stilles vgl. *Döscher,* Hans-Jürgen: »Kampf gegen das Judenthum«: Gustav Stille (1845–1920). Antisemit im deutschen Kaiserreich. Berlin 2008, zum »Antisemitischen Jahrbuch« ebd. 77–86 sowie den Überblick, vgl. *Döscher,* Hans-Jürgen: Stille, Gustav. In: *Benz,* Wolfgang (Hg.): Handbuch des Antisemitismus. Judenfeindschaft in Geschichte und Gegenwart. Berlin 2009, 797–798.

62 *Stille:* Innerjüdische Polemik und ihre Gehässigkeit 177. Ähnlich liest man in der Kreuzzeitung über die junge Bewegung, »[i]nsoweit sie das jüdische Nationalbewußtsein erweckt, erheischt sie auch vom deutschen Standpunkt alle Aufmerksamkeit.« Das Bekenntnis zum jüdischen Volk wurde als Geständnis gewertet, das den wahren Charakter des gesamten Judentums enthüllte, vgl. Nationalstaatliche Strömungen im Judenthum. In: Neue Preußische Zeitung (Kreuzzeitung) vom 09.09.1897), 421. Das nationaljüdische Bekenntnis kam vielen Antisemiten gelegen, da es Ausdruck davon sei, »daß ein vollständiges Aufgehen des jüdischen Volksthums in dem deutschen einfach unmöglich sei«, wie es 1903 exemplarisch in der »Deutschen Tageszeitung« des antisemitischen »Bundes der Landwirte« hieß, zitiert nach Absonderung und Abstoßung 289.

63 *Stille,* Gustav: Innerjüdische Polemik und ihre Gehässigkeit. Zionisten gegen ihre Widersacher. In: Antisemitisches Jahrbuch 7 (1903) 177–180, hier 178.

Gegner selbst Juden. Die zionistischen Polemiken legte Stille, wie die Angriffe der Gegenseite, als »verbissene, den Gegner möglichst tief verletzende Kampfesweise« aus, wie sie für Juden typisch sei.[64]

Antisemiten vereinnahmten in der Tat den Zionismus für ihre Ziele, von »respektvoller Anerkennung«, wie sie Herbert Strauss vermutet, war dabei allerdings nicht viel zu sehen. In der »Antisemitischen Correspondenz«[65], einer der wichtigsten publizistischen Diskussionsplattformen der antisemitischen Bewegung, ergriff 1897 ein Autor Partei für die Zionisten. Anlass hatte der durch die Protesterklärung der deutschen Rabbiner gegen den Zionistenkongress ausgelöste Streit gegeben. Die Zionisten antworteten den Rabbinern mit einer Gegenerklärung, die auf dem ersten Delegiertentag deutscher Zionisten am 11. Juli 1897 in Bingen verfasst worden war.[66] Diese Erklärung musste nun als Beleg für die mangelnde »Vaterlandsliebe« der Juden herhalten, als hätten die Zionisten der antisemitischen Forderung, Juden zu höchstens noch geduldeten Gästen in Deutschland zu machen, das Wort geredet.[67] Antisemiten bogen sich das zionistische Bekenntnis zu jüdischem Volkstum so zurecht, dass es ihren diskriminierenden Forderungen entsprach; was nicht ins Bild passte, unterschlugen sie kurzerhand.

Neben der Bestätigung einer »Judenfrage«, auf die man sich in der Agitation beziehen konnte, diente das Aufkommen des Zionismus auch der eigenen Selbstvergewisserung. Der Journalist Friedrich Lange (1852–1917), dessen Publikationen in den 1890er-Jahren wesentlich zur Entwicklung der völkischen Bewegung beitrugen, verließ die Position eines »Nur-Antisemitismus«, da der Kampf gegen das Judentum nur ein, wenn auch wesentliches, Element völkischer Rundumerneuerung darstelle. Lange hatte entscheidenden Anteil daran, den rassischen Volkstumsgedanken intellektuell zu vertiefen und unter Antisemiten zu verankern. Als Gründer des logenartig aufgebauten und sich als Elite des Antisemitismus begreifenden »Deutschbundes« ließ er die Gegensätzlichkeit von

---

64 Ebd. 178, 180.

65 Die »Antisemitische Correspondenz« wurde 1885 mit dem Ziel der Neubelebung der Bewegung von Theodor Fritsch ins Leben gerufen, der damit ein Diskussionsforum verschiedener antisemitischer Strömungen und eines der publizistischen Koordinationszentren der Antisemitenbewegung geschaffen hatte. Zu ihrem Höhepunkt hatte sie 7.200 Abonnenten, vgl. *Köck*, Julian: Völkische Publizistik als Lebensmodell. Zum sozialen Typus des völkischen Publizisten. In: Archiv für Geschichte des Buchwesens 72 (2017) 149–172, hier 152. Im Nationalsozialismus wurde die Correspondenz als erste Zeitung gewürdigt, die den Antisemitismus konsequent auf rassischer Grundlage entwickelt und betont habe, vgl. *Müller*, Josef: Die Entwicklung des Rassenantisemitismus in den letzten Jahrzehnten des 19. Jahrhunderts. Dargestellt hauptsächlich auf Grundlage der Antisemitischen Correspondenz. Berlin 1940.

66 Die Vaterlandsliebe der Juden. In: Antisemitische Correspondenz 12/467 (1897) 234–235, hier 235.

67 Tatsächlich hatte die ZVfD in ihrer Erklärung dagegen protestiert, dass die zionistische Gesinnung »an der Bethätigung vaterländischer und staatsbürgerlicher Pflichten hindere«, Gegen die »Protestrabbiner«. In: Die Welt 1/8 (1897) 4.

Deutsch- und Judentum und den Kampf gegen die Juden in den Statuten verankern. Sein Hauptwerk »Reines Deutschtum« (1893) erklärte deutlich, dass zwar
andere Nationen aufgrund gewisser Gaben geachtet werden könnten, niemals
aber das jüdische Volk, dem die internationale Zerstreuung und Ausbeutung
der anderen Völker als rassische Eigenschaft anhafte. Ihren schädlichen Einfluss
auf das Deutschtum gelte es radikal abzuwehren.[68] Lange begrüßte die sich ab-
zeichnende Differenzierung innerhalb des deutschen Judentums und wertete das
Entstehen der »Zionisten-Bewegung«, wie die Neugründung anderer »Schutz-
vereine für jüdische Interessen«, als Indiz für die fortschreitende Verbreitung
der Judenfeindschaft im deutschen Volk.[69]

Vor allem aber fand die Möglichkeit jüdischer Emigration nach Palästina
Widerhall unter »expulsionist Judeophobes«[70] des deutschen Kaiserreichs: Die
freiwillige oder unter Zwang erfolgte Auswanderung oder Ausweisung der Juden
wurde als praktische »Lösung der Judenfrage« erwogen. Die Aussicht, sich von
den Juden ohne Anwendung von Gewalt zu befreien, erschien so verlockend,
dass manchem Antisemiten der Zionismus »wie eine Schilderung aus dem Mär-
chenlande«[71] anmutete. Die Forderung nach einer gewaltsamen Entfernung

---

68 Der »Deutschbund« suchte den »Deutschgedanken« in »einer Art religiösen Bekennt-
nisses auszugestalten«. Er hatte bis 1945 Bestand und wurde im Nationalsozialismus als
»älteste völkische Gruppierung« gewürdigt, vgl. *Hufenreuter,* Gregor: Völkisch-religiöse Strömungen im Deutschbund. In: *Puschner,* Uwe/*Vollnhals,* Clemens (Hg.): Die völkisch-religiöse
Bewegung im Nationalsozialismus. Eine Beziehungs- und Konfliktgeschichte. Göttingen
2012, 219–231, hier 219 f. Der spätere Vorsitzende des Alldeutschen Verbandes Heinrich Claß
und andere Schlüsselfiguren der völkischen Bewegung gingen aus dem »Deutschbund« hervor, vgl. dazu *Pulzer,* Peter G. J.: Die Entstehung des politischen Antisemitismus in Deutschland und Österreich 1867 bis 1914. Göttingen 2004, 247 f.; *Bergmann:* Völkischer Antisemitismus im Kaiserreich 457; *Lohalm:* Völkischer Radikalismus 34. Ausführlicher zu Lange, vgl.
Gossler, Ascan: Friedrich Lange und die »völkische Bewegung« des Kaiserreichs. In: Archiv
für Kulturgeschichte 83/2 (2001) 377–412 sowie zum Deutschbund, vgl. *Fricke,* Dieter: Der
»Deutschbund«. In: *Puschner,* Uwe/*Schmitz,* Walter/*Ulbricht,* Justus H. (Hg.): Handbuch zur
»Völkischen Bewegung« 1871–1918. München 1999, 328–340.
69 *Lange,* Friedrich: Reines Deutschtum. Grundzüge einer nationalen Weltanschauung.
4. Aufl. Berlin 1904, 108. Auch in der Antisemitischen Correspondenz sah man 1894 den
Zionismus »als einen nicht zu unterschätzenden Erfolg des Antisemitismus«, Der Zionismus.
In: Antisemitische Correspondenz 9/326 (1894) 363.
70 *Niewyk:* Solving the »Jewish Problem« 359–368; *Brechtken,* Magnus: »Madagaskar für
die Juden«. Antisemitische Idee und politische Praxis 1885–1945. 2. Aufl. München 2009,
16–30.
71 Der Weg zur endgültigen Lösung der Judenfrage. In: Antisemitische Correspondenz
13/495 (1898) 46–48, 48. Ähnlich ließ ein Autor der von Stoecker herausgegebenen »Deutschen
Evangelischen Kirchenzeitung« in einem Bericht über den ersten Zionistenkongress verlaut-
baren, »alle guten Christen, ja alle ehrlichen Antisemiten können ihr [der zionistischen Bewe-
gung] von ganzem Herzen zustimmen«, hätten sie, also die Antisemiten, die »Zurückführung
aller Juden, die des Exils unter den fremden Völkern müde und überdrüssig sind« doch stets
als einzig wirksame Lösung der »Judenfrage« angesehen, vgl. Der Zionisten-Kongreß in Basel.
In: Deutsche Evangelische Kirchenzeitung 11/38 (1897) 341–343, hier 341.

der Juden hatte bereits eine gewisse Vorlaufzeit und wurde nicht erst durch die Entstehung der zionistischen Bewegung hervorgerufen. Um wen handelte es sich hier? Vor allem Agitatoren, die dem Spektrum eines emotionalen und pöbelhaften »Radauantisemitismus« zuzurechnen sind, bedienten sich der Forderung, Juden nach Palästina auszuweisen. Wie gezeigt wird, handelte es sich dabei in erster Linie um eine sozialdemagogische Instrumentalisierung.[72]

Bevor Lange und andere völkische Weltanschauungsproduzenten aus dem Antisemitismus ein umfassendes Werkzeug zur Deutung und Umgestaltung der Welt machten, hatte die antisemitische Bewegung der 1870er- und 1880er-Jahre die »Judenfrage« als »soziale Frage« definiert, und umgekehrt. Zur antisemitischen Bewegung gehörte eine starke antikapitalistische und agrarromantische Fraktion, die einen sozialdemagogischen Kampf gegen die »Judenherrschaft« führte.

Zeitweise in den Reichstag gewählte Mitglieder waren Otto Böckel (1859–1923), Bibliothekar und Volksliedforscher, und Hermann Ahlwardt (1845–1914), den als »Rektor aller Deutschen« verehrten, ersten antisemitischen Volkstribun. Sie vereinigten unter der Parole »Gegen Junker und Juden« kleinbürgerliche, sozialkritische und agrarromantische Ressentiments und wetterten gegen das Judentum als »verkörpertes Manchestertum«.[73] Ihre Agitation festigte die Vorstellung einer Kongruenz von Juden, Kapitalismus und Moderne. Die Ängste bäuerlicher und kleinbürgerlicher Schichten vor sozialer und wirtschaftlicher Deklassierung wurden gegen die pauschal zu »Zwischenhändlern« und »Spekulanten« erklärten Juden mobilisiert.[74] Ein vermeintlich unzerstörbares Fundament der eigenen Artung – Germanenherkunft und echtes Deutschtum – wurde scharf von allem als fremd, modern und eben jüdisch Identifizierten abgegrenzt.

Die radauantisemitische Hetze war zwar oftmals inkohärent und vulgär, aber sehr erfolgreich darin, soziale Ressentiments gegen »Raffgier« und »Wucher« als

---

72 Zum Begriff des »Radauantisemitismus«, vgl. *Jahr*, Christoph: Radauantisemitismus. In: *Benz*, Wolfgang (Hg.): Handbuch des Antisemitismus. Judenfeindschaft in Geschichte und Gegenwart. Berlin 2010, 270–272.

73 Vgl. *Volkov*, Shulamit: Zur sozialen und politischen Funktion des Antisemitismus. Handwerker im späten 19. Jahrhundert. In: *Dies.* (Hg.): Antisemitismus als kultureller Code. Zehn Essays. München 2000, 37–53, hier 41; *Hanloser*, Gerhard: Krise und Antisemitismus. Eine Geschichte in drei Stationen von der Gründerzeit über die Weltwirtschaftskrise bis heute. Münster 2003, 54 f. Massing weist darauf hin, dass dem Schlachtruf neben der antikonservativen meist auch eine antichristliche Stoßrichtung eingegeben war, vgl. *Massing*: Vorgeschichte des politischen Antisemitismus 98. Über die Entwicklung von Ahlwardts Agitation gegen Juden, Junker und Trusts von antisemitischer Sozialdemagogie hin zu einer Art »Antisemitismus ohne Juden«, vgl. *Gondermann*: Vom politischen Antisemitismus zum politischen Antiamerikanismus.

74 Explizit zur »Bauernfängerei« der Böckel- und Ahlwardt-Bewegungen, vgl. *Leuschen-Seppel*, Rosemarie: Sozialdemokratie und Antisemitismus im Kaiserreich. Die Auseinandersetzungen der Partei mit den konservativen und völkischen Strömungen des Antisemitismus 1871–1914. Bonn 1978, 132–144.

angebliche jüdische Rasseeigenschaften zu mobilisieren.[75] Ahlwardt nutzte die Rhetorik sozialer Gerechtigkeit, um den »ausbeutenden Zwischenhandel« zu diffamieren. Dieser Gedanke führte ihn indirekt zum Zionismus – oder vielmehr Vertreibungsphantasien: Die Vertreibung oder Zwangsaussiedlung der Juden aus Deutschland würde dafür sorgen, dass ihnen »in ihrem Vaterlande [=Palästina] Grund und Boden beschafft [werde], auf dem sie produktiv thätig sein können«; Deutschland werde hierfür »alle Schritte thun, um ihnen eine nationale Selbstständigkeit in der von ihnen beliebten Weise zu schaffen.«[76]

Der bäuerlich-klassenkämpferische Antisemitismus identifizierte also die Juden mit dem Liberalismus respektive der zerstörerisch und antinational apostrophierten Fratze des Liberalismus und betonte, dass die von den Juden ausgehende Zerstörung der traditionellen Sozialordnung bestraft werden müsse.[77]

Die Forderung nach ihrer Ausweisung nach Palästina markierte dabei nicht allein die ethnische Fremdheit der Juden zu den Deutschen, sondern zugleich den rassisch-wesenhaft fundierten Gegensatz in den jeweiligen Verhaltens- und Arbeitsweisen. In Palästina solle den Juden eine Lehre erteilt werden, ihre ganze Art Umerziehung erfahren. Im hessischen Wochenblatt »Reichsgeldmonopol«, das Otto Böckel unterstützte, hieß es 1886: »Da sagt man, die Juden wären von Natur unfähig zur productiven Landescultur! Nach Jahrhundert und Jahrtausend langer Entwöhnung wird es ihnen allerdings etwas sauer, aber es geht, wenn nur der Zwang an sie herantritt.«[78] Den Juden solle »durch heilsame Gesetze der Boden unter den Füßen in Deutschland so heiß gemacht werden, daß sie mit Vergnügen unser Vaterland mit Palästina vertauschen.« Eine Judenkolonie verspräche ein »Musterstaat« zu werden, »in dem das Amt des Finanzministers«, wie der Autor ironisch festhielt, »kein chronisches Leiden, sondern ein Vergnügen wäre« – sei es in einem »Freihandelsstaat« oder einem »Socialstaat«.[79]

Freilich spiegelte ein solcher Aufruf weniger eine programmatische Forderung nach einem jüdischen Staat wider, als vielmehr kleinbürgerliche und

75 Vgl. *Gondermann:* Vom politischen Antisemitismus zum politischen Antiamerikanismus 207 f.; *Pfahl-Traughber,* Armin: Antisemitismus, Populismus und Sozialprotest. Eine Fallstudie zur Agitation von Otto Böckel, dem ersten Antisemiten im Deutschen Reichstag. In: Aschkenas 10/2 (2000) 389–416, hier 401–404 sowie *Aly,* Götz: Warum die Deutschen? Warum die Juden? Gleichheit, Neid und Rassenhass – 1800 bis 1933. Frankfurt a. M. 2011, 73–107.

76 *Ahlwardt,* Hermann: Bundschuh. Dresden 1884, 139 f.

77 Ahlwardt rührte gezielt an ein von vielen geteiltes Gefühl der Desintegration und Unterlegenheit, die er zu einem Strafbedürfnis umformte, vgl. *Mai,* Uwe: »Wie es der Jude treibt.«. Das Feindbild der antisemitischen Bewegung am Beispiel der Agitation Hermann Ahlwardts. In: *Jahr,* Christoph/*Mai,* Uwe/*Roller,* Kathrin (Hg.): Feindbilder in der deutschen Geschichte. Studien zur Vorurteilsgeschichte im 19. und 20. Jahrhundert. Berlin 1994, 55–80, hier 71.

78 *Kraft,* Hagen: Eine jüdische Kolonie in Palästina. In: Reichsgeldmonopol. Volksblatt für wirtschaftlich-sociale Neugestaltung 6/209 (1886) 2–3, hier 3.

79 Ebd. 3.

agrarromantische Ängste: die existentielle Bedrohung der traditionellen Ordnung und des mit ihr einhergehenden Sozialstatus, wie sie sich im Feindbild der angeblich jüdisch kontrollierten politischen Strömungen Liberalismus (»Freihandelsstaat«) und Sozialdemokratie (»Socialstaat«) offenbare. Als greifbare Verkörperungen erschienen die Juden, die dem Ideal bäuerlicher Produktivität nicht entsprächen.[80]

Vor allem der Publizist und Verleger Theodor Fritsch (1852–1933) tat sich regelmäßig mit der Forderung nach Errichtung eines jüdischen Staates hervor, wo die Juden zu produktiver Arbeit gezwungen werden sollten. Wie Ahlwardt und Böckel war auch Fritsch kein großer Theoretiker. Fritschs Antisemitismus war vereinfacht, griffig und massenwirksam.[81] Seine Bedeutung als Popularisator und eifriger Verbreiter judenfeindlicher Kompilationen ist kaum zu unterschätzen. Vor allem als Organisator und Kompilator stieg Fritsch zu einem wichtigen Antisemiten und Völkischen auf, der es sich zur Lebensaufgabe gemacht hatte, einen überparteilichen Antisemitismus zu verbreiten.[82] Er war davon überzeugt, dass einer Bewegung ohne eigene Literatur kein langfristiger Erfolg beschieden sein könne. Sein Beitrag zur Vereinfachung bestehender rassenantisemitischer Ansätze und sein Einsatz für ihre Verbreitung über die von ihm geschaffenen Kanäle machen aus Fritsch eine wichtige »personelle Kontinuität des modernen Antisemitismus des 19. Jahrhunderts zur nationalsozialistischen Ideologie«.[83] Fritsch initiierte um die Jahrhundertwende die »Hammer«-Bewegung, die mit Verlag, Zeitschrift und als »Gemeinden« organisierten Lese- und Diskussionskreisen zu den aktivsten Zentren radikalantisemitischer und völkischer Propaganda gehörte.[84] Als Kernspruch der »Hammer«-Hefte prangte

---

80 Vgl. *Jochmann*, Werner: Struktur und Funktion des deutschen Antisemitismus. In: *Mosse*, Werner E. (Hg.): Juden im Wilhelminischen Deutschland 1890–1914. Ein Sammelband. Tübingen 1976, 389–477, hier 460.

81 Vgl. *Piefel*, Matthias: Antisemitismus und völkische Bewegung im Königreich Sachsen 1879–1914. Göttingen 2004, 55; *Zimmermann*, Moshe: Two Generations in the History of German Antisemitism. The Letters of Theodor Fritsch to Wilhelm Man. In: The Leo Baeck Institute Year Book 23 (1978) 89–100; *Mosse*, George L.: Rassismus. Ein Krankheitssymptom in der europäischen Geschichte des 19. und 20. Jahrhunderts. Königstein 1978, 153.

82 Vgl. *Wand*, Klaus: Theodor Fritsch (1852–1933) – der vergessene Antisemit. In: *Siegert*, Folker (Hg.): Israel als Gegenüber. Vom Alten Orient bis in die Gegenwart. Göttingen 2000, 458–485, hier 479 f.; *Köck*: Völkische Publizistik 153. Fritsch trat bereits auf dem Antisemitischen Kongreß 1885 dafür ein, da die Juden jeden schädigten, müsse auch »Jeder, unbeschadet seiner Parteirichtung Antisemit werden können«. Sein Ziel sei es, »alle Parteien mit dem antisemitischen Gedanken zu durchsetzen«, *Fritsch*, Theodor: Vom partei-politischen Antisemitismus. In: Hammer 11/234 (1912) 254.

83 *Battenberg*, Friedrich: Das europäische Zeitalter der Juden. Zur Entwicklung einer Minderheit in der nichtjüdischen Umwelt Europas. Bd. 2. 2. Aufl. Darmstadt 2000, 192.

84 Zu Fritschs Beitrag zum Übergang von der antisemitischen zur völkischen Bewegung, vgl. *Bönisch:* Die »Hammer«-Bewegung, v. a. 344–348; Zum Hammer und dem Reichshammerbund, vgl. *Volland*, Alexander: Theodor Fritsch (1852–1933) und die Zeitschrift »Hammer«.

über Jahrzehnte auf der hinteren Umschlagseite: »Es gibt keine Genesung der Völker vor der Ausscheidung des Judentums«.[85] Das Judentum gelte es wie einen Fremdkörper auszustoßen.

1887 erschien erstmals sein antisemitisches Vademekum, der »Antisemiten-Katechismus«, dessen Aufbau als Fragen- und Antwortkatalog an ein religiöses Lehrwerk erinnerte. Das Werk erschien ab 1907 als »Handbuch der Judenfrage« und erlebte bis 1944 49 Auflagen mit insgesamt über 300.000 verkauften Exemplaren, womit es zu den am meisten gelesenen antisemitischen Büchern in Deutschland gehört.[86] In seinem Katechismus beantwortete Fritsch die Frage, was mit den Juden geschehen solle. Sie sollten sich »irgendwo ein Colonial-Land erwerben, dasselbe urbar machen und bebauen, selbst eine Cultur schaffen und dadurch in einen ehrlichen Wettkampf mit den übrigen Nationen treten! Das verlangen wir doch von jedem Volke, warum sollen wir es nicht auch von den Juden verlangen?«[87] Die Auswanderung der Juden in ein »eigenes Länder-Gebiet«, das am besten außerhalb Europas liege und zu dessen Erwerb es den Juden an finanziellen Mitteln wahrlich nicht mangele, solle durch die Aufhebung der Judenemanzipation und den staatlich forcierten Zwang zu Ackerbau und Handwerk vorangetrieben werden. Die Aufforderung, nützlich zu sein, popularisierte die antisemitische Annahme, Juden seien unnütz und unproduktiv, indem sie sich ehrlicher harter Arbeit und dem fairen Wettbewerb mit den anderen Staatsbürgern und Volksschichten entzögen. In dieser Rhetorik, die sich volksnah gebärdete und kleinbürgerliche Ängste vor sozialer Deklassierung aufgriff und anheizte, verbreitete Fritsch das Feindbild des jüdischen Ausbeuters produktiver Arbeit, der seiner gerechten Strafe zugeführt werden solle: Ausschluss aus der Gesellschaft und Arbeitszwang.

Dazu stand allerdings Fritschs felsenfeste Annahme im Widerspruch, dass Juden in einem eigenen Land zugrunde gehen würden, denn: »Juden zum Ackerbau anhalten, wäre gerade so erfolgreich, als wollte man mit Säuen pflügen.«[88] Eine ähnliche Haltung findet sich auch bei Böckel, dem antisemitischen »Bauern-

Mainz 1993; *Herzog,* Andreas: Theodor Fritschs Zeitschrift Hammer und der Aufbau des »Reichs-Hammerbundes« als Instrumente der antisemitischen völkischen Reformbewegung (1902–1914). In: *Lehmstedt,* Mark/*Herzog,* Andreas (Hg.): Das bewegte Buch. Buchwesen und soziale, nationale und kulturelle Bewegungen um 1900. Wiesbaden 1999, 153–182.

85 Von Oktober 1920 bis Ende 1932 bildete die Losung als letzte Zeile den Abschluss eines jeden Heftes. Ab 1933 stand sie direkt unter dem Titel, vgl. *Wand:* Fritsch 477.

86 Zur Bedeutung des Handbuchs und seines Einflusses auf völkisch-antisemitische Kreise und spätere NS-Eliten, vgl. *Wand:* Fritsch 470–474; *Köck:* Völkische Publizistik 156 f.; *Bergmann,* Werner: Handbuch der Judenfrage (Theodor Fritsch, 1887). In: *Benz,* Wolfgang (Hg.): Handbuch des Antisemitismus. Judenfeindschaft in Geschichte und Gegenwart. Bd. 6. Berlin 2013, 257–262.

87 *Frey* [=*Fritsch*]: Antisemiten-Katechismus, zitiert nach der Ausgabe Leipzig 1892 (24. Auflage), 22 f.

88 Ebd. 24.

könig« von Hessen.[89] Dieser hatte jüdische Ackerbaukolonien in Russland und Palästina als gescheitert bezeichnet und damit Ängste im deutschen Bauernstand gegen die Juden, als »Rasse fremder Schacherer« geschürt. Juden würden sich selbst nach Jahren nicht an die harte Arbeit des Ackerbaus gewöhnen können und beuteten daher lieber die Arbeit anderer aus: »Der deutsche Bauer ist ehrlich und arbeitssam, der Jude verschmitzt und faul.«[90]

Wir sehen also: Die Ausweisung der Juden nach Palästina und die Gründung eines jüdischen Ansiedlungsgebietes waren verbreitete Themen antisemitischer Agitation. Dabei handelte es sich weniger um konkrete Forderungen nach einem jüdischen Staat.[91] Der Zionismus war als Bestätigung jüdischer Nationalität höchst willkommen: Damit ließen sich scheinbar die den Juden zugeschriebenen Eigenschaften als einer anderen und minderwertigen Rasse belegen. Die Forderung, die Juden nach Palästina oder ein anderes fernes Land auszuweisen, gehörte bereits vor dem Entstehen der zionistischen Bewegung zum antisemitischen Repertoire. Mit diesen Parolen sollten ebenfalls die Fremdheit der Juden und die ihnen unterstellten Rasseeigenschaften illustriert werden. Indem die Juden als fremde Gruppe stigmatisiert wurden, deren Herkunft ebenso wie ihr Verhalten oder ihre angeborenen Eigenschaften sie vom Rest der Bevölkerung – in eindeutig negativer Weise – unterscheide, wurde die Notwendigkeit politi-

---

89 So wurde Böckel aufgrund seiner Wahlkampfreden unter der hessischen Bauernbevölkerung genannt, vgl. *Mack, Rüdiger:* Otto Böckel und die antisemitische Bauernbewegung in Hessen 1887–1894. Die Voraussetzungen des politischen Antisemitismus in Hessen. In: Wetterauer Geschichtsblätter 16 (1967) 113–147.

90 *Böckel, Otto:* Die Quintessenz der Judenfrage. Ansprache an seine Wähler und alle deutsch-nationalen Männer im Vaterlande. Marburg 1889, 6.

91 Ein weiteres Beispiel ist der Publizist und Politiker Hans Leuss (1861–1920), der 1893 zur Lösung der »Judenfrage« »das richtige Wanzenmittel« parat zu haben glaubte: Da die Juden »an den Leibern anderer Völker parasitisch« lebten, solle man sie zwingen, »mit eigener Arbeit den ›struggle for life‹ zu bestehen, wenn man sie zu einem besonderen Staatswesen vereinigt.« Zugleich verneinte er die Möglichkeit, dass die Juden einen eigenen Staat zu bilden fähig seien. Er rekurrierte auf Adolf Wahrmunds »Geist des Nomadenthums« (1887) und bestand darauf, dass »es eine andere als auf Raub und Unterdrückung beruhende semitische Staatsordnung nicht gibt.« Da sich der »nomadische, aller seßhaften Kultur feindliche, räuberische Geist in den semitischen Völkern stets erhalten hat«, werde es zu einem »geordneten, seßhaften jüdischen Staate nicht mehr kommen«. Daher forderte Leuss nicht einen jüdischen Staat in Palästina, sondern eine Arbeits- und Strafkolonie in Südafrika, das als »Sanatorium in der Welt« klimatisch so beschaffen war, dass dort ein »Staat der Arbeit« entstehen könne, *Leuss, Hans:* Das richtige Wanzenmittel: ein jüdischer Staat. Ein Vorschlag zur Güte. Leipzig 1893, hier 3 f., 17 f., 19. Leuss war ein Weggefährte Stoeckers und schrieb für die rechtskonservative Kreuzzeitung. Danach war er als Reichstagsabgeordneter, zunächst fraktionslos, 1893/94 schließlich für die antisemitische »Deutschsoziale Reformpartei« tätig. Nach der Jahrhundertwende kam er zur SPD, auf deren Parteitag 1903 die »Judenfrage«, einschließlich der antisemitischen Vergangenheit Leuss', diskutiert wurde. Leuss stieg schließlich in eine führende Position in der SPD auf, ohne seine vorherigen antisemitischen Positionen zu widerrufen, vgl. dazu *Fischer, Lars:* The Socialist Response to Antisemitism in Imperial Germany. Cambridge 2007, 103–134.

scher Maßnahmen gegen sie begründet. Die angebliche jüdische Scheu vor körperlicher Arbeit und ihre Unfähigkeit zu Kolonisation wurden zusehends als jüdische Rasseeigenschaften betrachtet, die dem eigenen völkischen Selbstverständnis diametral entgegenstanden und sich in die dualistisch-antagonistische Struktur des völkischen Antisemitismus fügten.

Die antisemitische Forderung, Juden auszuweisen, musste keineswegs mit der Befürwortung des Zionismus einhergehen. Anhand der antisemitischen Pamphlete von Wilhelm Marr (1819–1904) lässt sich dies dokumentieren.

Der Journalist Marr war ein ehemaliger revolutionärer Demokrat. Er gilt als Schöpfer des Wortes Antisemitismus, hatte darüber hinaus aber auch stilbildenden Einfluss auf die Motive der modernen Judenfeindschaft.[92] Marr, Gründer einer »Antisemiten-Liga«[93], in deren Gründungsaufruf der Begriff des Antisemitismus erstmals in der öffentlichen Sprache auftauchte, war nur ungefähr drei Jahre ein aktiver Führer des politischen Antisemitismus.[94] Dennoch war seine Bedeutung für die Herausbildung des modernen Antisemitismus enorm. Marr beschwor in den ausgehenden 1870er-Jahren erstmals einen zwischen Judentum und Germanentum herrschenden Rassenkampf ums Überleben, den die Juden in Kürze gewinnen würden. Für Marr war die »Judenfrage« eine Existenzfrage, die sich aus einem rassischen Antagonismus zwischen Juden und Deutschen herleite.

Marr forderte, dass die Juden nach Palästina, »das Vaterland der Juden«[95], zurückkehrten und fand somit Gefallen an einer Lösung der »Judenfrage« »in the spirit of Zionism: Jews to Palestine.«[96] In seinem Pamphlet »Vom jüdischen Kriegsschauplatz« (1879), einer Rechtfertigungsschrift, die an seine bekannteste Schrift »Der Sieg des Judenthums über das Germanenthum« aus demselben Jahr anschloss, zitierte Marr den deutschen Idealisten Johann Gottlieb Fichte (1762–1814) als antijüdische Autorität: »[U]m uns vor ihnen zu schützen, dazu sehe ich kein anderes Mittel, als ihnen ihr gelobtes Land wieder zu erobern und sie alle dahin zu schicken.«[97] Die Juden, denen Marr unterstellte, sie könnten

---

92 Vgl. *Zimmermann*, Moshe: Wilhelm Marr. The Patriarch of Anti-Semitism. New York 1986, 90f.

93 Mit dem Aufruf zur Gründung der Antisemiten-Liga tauchte der Begriff Antisemitismus erstmals in der öffentlichen Debatte auf, vgl. *Wyrwa*, Ulrich: Antisemiten-Liga. In: *Benz*, Wolfgang (Hg.): Handbuch des Antisemitismus. Judenfeindschaft in Geschichte und Gegenwart. Bd. 5. Berlin 2013, 30–33.

94 Vgl. *Zimmermann*, Moshe (Hg.): Deutsch-jüdische Vergangenheit. Der Judenhaß als Herausforderung. Paderborn 2005, 113.

95 *Marr*, Wilhelm: Goldene Ratten und rothe Mäuse. Chemnitz 1880, 7.

96 *Zimmermann*: Marr 86.

97 *Marr*, Wilhelm: Vom jüdischen Kriegsschauplatz. Eine Streitschrift. Bern 1879, 6. Fichtes Aussagen über Juden entstammten dem Kontext der Emanzipationsdebatten und können hier nicht erörtert werden, vgl. dazu *Puschner*, Marco: Antisemitismus im Kontext der Politischen Romantik. Konstruktionen des »Deutschen« und des »Jüdischen« bei Arnim, Brentano und Saul Ascher. Berlin 2008, 169–222.

keinerlei produktive Arbeit verrichten, sollten aus Europa vertrieben und in Asien sich selbst überlassen werden. So wäre Europa endlich vom »Wucher«, dem »social-politische[n] System des Judenthums«[98] befreit, das sich in seiner asiatischen Heimat eine »selbstständige semitische Kultur, ohne unsere Frohn-arbeit« schaffen solle.[99]

Für Marr stand fest, dass die »Scheu vor wirklicher Arbeit«[100] eine der kenn-zeichnenden Eigenschaften der Juden sei, die sich auch historisch, durch alle Zeit, belegen lasse. Bereits in der Antike hätten es die Juden vorgezogen, in »fremd-artige Elemente gewaltsam einzufallen«[101], anstatt Ackerbau zu betreiben.[102] Palästina sei somit der Ort, an dem die Juden »verkommene Subjecte geworden sind.«[103] So wenig »der jüdische Staat der Tradition sich jemals lebensfähig ge-zeigt hat«, könne man auf eine Verbesserung der Juden heute hoffen: »Der Jude ist im modernen Staate verhältnismäßig das geblieben, was er im antiquen Staate seiner eignen Tradition war. Er ist unproduktiv in Allem, was über den Horizont des engherzigsten Partikularismus hinausgeht.«[104] Palästina stellte für Marr also sowohl den Ausgangspunkt der »Judenfrage« dar, an dem sich die »jüdisch-semitische Eigenart«, deren Erfolgsmethode die »Verjudung« der Wirtsvölker sei, gebildet habe, als auch ihren Endpunkt.[105] Die historisch weit ausgreifende Darstellung begründete und rechtfertigte somit einerseits den Antisemitismus als notwendige Maßnahme, sich eines mächtigen, stets feindseligen und durch und durch verderbten Feindes zu erwehren.[106] Es gelte die Juden dorthin zurück-zuschicken, woher sie einst gekommen waren.

Andererseits berührten diese Annahmen auch Marrs erhofften Lösungsweg. Die Geschichte der Juden zeige von den Propheten an, dass ihnen der »gesunde, nationale Kern« fehle, der es ihnen erlaube, eine »politisch-nationale Consoli-

---

98 *Marr*: Vom jüdischen Kriegsschauplatz 9.

99 Ebd. 39.

100 *Marr*, Wilhelm: Der Sieg des Judenthums über das Germanenthum. Vom nicht confes-sionellen Standpunkt aus betrachtet. Bern 1879, 6.

101 *Marr*, Wilhelm: Der Judenspiegel. 5. Aufl. Hamburg 1862, 39 f.

102 Vgl. Ebd. 7 f.

103 Ebd. 36.

104 Ebd. 43.

105 Vgl. *Bergmann*, Werner: Ein »weltgeschichtliches ›Fatum‹«. Wilhelm Marrs antisemiti-sches Geschichtsbild in seiner Schrift: »Der Sieg des Judenthums über das Germanenthum«. In: *Bergmann*, Werner/*Sieg*, Ulrich (Hg.): Antisemitische Geschichtsbilder. Essen 2009, 61–82, hier 78 f.

106 Der Soziologe Jan Weyand sieht darin einen zentralen Aspekt des zur Weltanschauung entfalteten modernen Antisemitismus, vgl. *Weyand*, Jan: Historische Wissenssoziologie des modernen Antisemitismus. Genese und Typologie einer Wissensformation am Beispiel des deutschsprachigen Diskurses. 1. Aufl. Göttingen 2016, 256; allgemein über die Rolle und den Gebrauch von Geschichte im modernen Antisemitismus, vgl. *Bergmann*, Werner/*Sieg*, Ulrich: Geschichte als Akklamationsinstanz und Waffe. In: *Dies.* (Hg.): Antisemitische Geschichts-bilder. Essen 2009, 7–22.

dirung« zu erwirken.[107] Die nationale Eigenart der Juden sei antinational und kosmopolitisch und stünde jedem Patriotismus entgegen. Die Juden assimilierten sich anderen Nationen, bis diese vollends ausgesaugt waren.« »Und Ihr habt Recht«[108], konstatierte Marr. Warum sollten die Juden freiwillig nach »Kanaan« gehen, befanden sich doch reich gefüllte »Fleischtöpfe« in Europa.[109]

Marr betonte, dass seine Vorstellung jüdischer Auswanderung oder Ausweisung wenig mit Philanthropie zu tun hatte: »[E]ine gesunde internationale

107 *Marr:* Goldene Ratten und rothe Mäuse 1.

108 *Marr:* Judenspiegel 52.

109 Ebd. 49. Zur Bekräftigung seiner Forderung druckte er im Anschluss eine antisemitische Rede des ungarischen Parlamentsabgeordneten Győző Istóczy (1842–1915) über »Die Wiederherstellung des jüdischen Staates in Palästina« ab, die dieser im Vorjahr gehalten und damit europaweit für Aufsehen gesorgt hatte. Die deutsche Übersetzung der Rede, vgl. *Istóczy,* Viktor: Die Wiederherstellung des jüdischen Staates in Palästina. Aus den Reden Viktor Istóczy's, gehalten im ungarischen Abgeordnetenhaus während der Reichstage von 1872–1896. Budapest 1905. Istóczy hatte ein von den Juden ausgehendes gigantisches Bedrohungsszenario heraufbeschworen, die die Beherrschung aller Nichtjuden und die Zerstörung der christlichen Kultur planten und durch die politische und wirtschaftliche Unterwanderung maßgeblicher Fundamente der Gesellschaft Ungarn zu einer jüdischen Kolonie machten. Jacob Katz' warnt davor, Istóczys Ausführungen als »early blueprint for Zionism« zu lesen, so geschehen bei *Handler,* Andrew: An early blueprint for Zionism. Gyözö Istóczy's political anti-Semitism. New York 1989; ähnlich auch *Penslar:* Antisemitism and Anti-Zionism 82 f und *Nicosia:* Zionismus und Antisemitismus 30 f. Istóczy selbst hatte zum Ende seiner Rede den Antrag auf die »Wiederherstellung eines jüdischen Staates« zurückgezogen, da es ihm gar nicht um eine Unterstützung eines solchen Planes durch die ungarische Regierung gehe. Der Zweck der Rede habe darin bestanden, seiner Sicht der »Judenfrage« eine öffentliche Plattform zu bieten, da antisemitische Stimmen ansonsten von der jüdisch kontrollierten Journalistik totgeschwiegen würden. Hinter der Fassade einer zionistischen Rede, so Katz, stand jedoch primär die Absicht, der Judenemanzipation gegenzuarbeiten, vgl. *Katz:* Zionism Versus Anti-Semitism 147. Dabei argumentierte Istóczy so, dass das Judentum zwar ein ausgezeichneter sozialer Organismus sei, der sämtliche nationalen Charakteristika besitze, sich aber lieber dazu entschließe, als »Staat im Staate« über die Nichtjuden zu herrschen. Mit der Argumentation, Juden seien eine eigene Nation, aber insofern eine besondere, als dass sie als einzige nach der Weltherrschaft über andere Nationen trachteten, kämpften auch viele deutsche Radikalantisemiten gegen die Judenemanzipation. Jahre später stellte Istóczy seine Rede als wesentlichen Beitrag »zur Entwicklung der zionistischen Bewegung« und als maßgeblichen Einfluss auf Theodor Herzls Wirken heraus, vgl. Istóczys Vorwort zur deutschen Übersetzung, Istóczy, Die Wiederherstellung des jüdischen Staates in Palästina, o. S. Er verkündete großspurig, dass die Antisemiten nichts Anderes wollten als Zionisten. Zur Assimilation unwillige oder unfähige Juden sollten mitsamt ihren unverbesserlichen philosemitischen Freunden nach Palästina gehen. Istóczy, der im Jahr 1904 ein verbitterter und nahezu vergessener Mann war, sollte als antisemitischer Stichwortgeber erst von den ungarischen Pfeilkreuzlern der Zwischenkriegszeit Würdigung erfahren, vgl. *Handler,* Andrew: Dori. The life and times of Theodor Herzl in Budapest (1860–1878). Tuscaloosa / Alabama 1983, 106. Aus Istóczys Isolation und politischer Marginalität heraus muss auch die angebliche Bedeutung erklärt werden, die er sich selbst zu verleihen suchte. Wenig haltbar erscheint indes, einen direkten »link between Istóczy's political anti-Semitism and Herzl's political Zionism« anzunehmen, wie bei *Handler:* Early blueprint for Zionism 157. Vgl. *Marr:* Judenspiegel 41–43.

Staatskunst« möge »nicht blos die armen Juden«, sondern alle, »vom Rothschild bis zum ärmsten ›Schmuhl‹ in ihre Heimath zurückschicken«.[110]

Für Marr stand fest: Die Verschiffung der Juden nach Palästina sollte als Bestrafung und folglich nicht unter jüdischer Führung erfolgen. Er stelle sich die jüdische Siedlung in Palästina als Strafkolonie vor.[111] Jüdische Kolonisationsbestrebungen wie die Moses Montefiores (1784–1885), Maurice de Hirschs (1831–1896)[112] oder Laurence Oliphants standen in Widerspruch zu den theoretischen Annahmen Marrs und anderer antisemitischen Agitatoren. All diese Versuche seien notwendig dem Untergang geweiht, erklärte Marr.

Für den »Humanitätsbold« Hirsch hatte Marr bloß Hohn und Spott übrig.[113] Unter dem Pseudonym Jeremias Sauerampfer verfasste er einen sarkastischen offenen Brief an den Baron, dessen 12 Millionen investierte Francs ohnehin nur Ergebnis jüdischer Ausbeutung seien. Hirsch solle also lieber die beraubten Opfer des Judentums entschädigen. Bei gerechter Rückerstattung seien »wir Antisemiten [...] bereit, den Juden zu helfen, daß sie samt und sonders wieder nach Palästina kommen!«. »12 Millionen Francs?«, feixte Marr jovial, »Dafür erobern wir Ihnen Palästina auf Aktien! Wir Antisemiten!«[114] In hämischem Tonfall nahm Marr die Bestrebung zum Anlass für antisemitische Tiraden:

[U]nsere antisemitische Bewegung wird dahin tendieren, daß wir den Juden Palästina wieder verschaffen und als ›selbstschuldender Bürge‹ verspreche ich Ihnen einen Freiplatz im Coupé erster Klasse nach Jerusalem. Noch mehr! Hirsch der Erste, König von Zion, sollen Sie werden! Aber unsere Kräfte reichen dazu nicht aus! Wir appeliren also an Ihre ungezählten und unkontrolirbaren Millionen, um uns in den Stand zu setzen, Sie zum König von Palästina und Ihre seifenscheuen polnischen Juden zu ›Großen‹ des neuen jerusalemitischen Reiches zu machen.[115]

Auch christlich-jüdische Kooperationen bekämpfte Marr entschieden. Einen Zeitungsbericht über einen Vortrag Laurence Oliphants (1829–1888)[116], einem britischen Schriftsteller und christlichem Mystiker, der 1879 Palästina bereiste und mit der Pforte in Verhandlungen über die Ansiedlung von verfolgten russischen Juden in Palästina getreten war, kommentierte Marr feindselig. Eine

---

110 *Marr:* Vom jüdischen Kriegsschauplatz 39.

111 *Marr, Wilhelm:* Palästina und die Juden. In: Judenspiegel. Beiblatt der »Deutsche Wacht« 2/2 (1880) 37–38, hier 38.

112 Ausführlich zu dem Projekt, vgl. *Winsberg*, Morton D.: Colonia Barón Hirsch. A Jewish agricultural colony in Argentina. Gainesville/Florida 1964.

113 *Sauerampfer*, Jeremias [=*Marr*, Wilhelm]: Offenes Sendschreiben an den Herrn B. A. von Hirsch. In: Antisemitische Correspondenz 5/41 (1889) 10–11; ähnlich auch Jüdische Kolonisierung in Argentinien. In: Antisemitische Correspondenz 10/377 (1895) 357.

114 *Sauerampfer:* Offenes Sendschreiben 11.

115 Ebd. 10.

116 Vgl. *Bein*, Alex/*Gelber*, Nathan Michael: Oliphant, Laurence. In: Encyclopaedia Judaica. Volume 12. Jerusalem 1971, 1362–1363.

solche Unternehmung könne nur dann erfolgreich sein, wenn sie von Christen durchgeführt werden würde. Juden würden erneut nur diese Arbeit der Christen ausnutzen:

Schwerlich! erst wenn colonisationslustige Christmenschen das Land bearbeitet und, zu Wohlstand gelangt, ein Begaunerungsobjekt bilden, dürften jüdische Heuschreckenschwärme Neigung haben, sich in Palästina anzusiedeln.[117]

Die an Hirsch und Oliphant gerichteten Polemiken sind gewiss nicht als handfester Plan, Juden nach Palästina zu befördern, zu lesen. Die Sehnsucht, sich der Juden durch ihre räumliche Entfernung zu entledigen, die Marr und andere Antisemiten teilten, war an den Anspruch gekoppelt, Kontrolle über das Schicksal der Juden zu erlangen und dabei keinerlei eigenständige jüdische Initiative zuzulassen.

Das zeigte sich auch an Marrs Reaktion auf den Ersten Zionistenkongress. Krank im Bett liegend, notierte er empört, es handle sich um nichts als »faulen jüdischen Schwindel«, der lediglich die Aufmerksamkeit der europäischen Völker vom jüdischen Problem ablenken solle. Nicht nur sei eine Lösung der »Judenfrage« durch den Zionismus ausgeschlossen; Marr deutete darüber hinaus an, dass der Zionismus insgeheim Vernichtungsabsichten gegen die Araber Palästinas hege oder diese zumindest billigend in Kauf nehme: »Der Sultan wird sich bedanken, der Herren Juden die Provinz Palästina zu schenken. Er müßte ja zuvor die mohamedanische Bevölkerung ausrotten oder vertreiben, wie es seinerzeit die Juden mit den Bewohnern Kanaans gemacht haben.«[118]

Die bisherige Untersuchung zeigt also, dass antisemitische Agitatoren, die die Ausweisung der Juden zur politischen Forderung erhoben hatten, nicht zugleich einen jüdischen Staat befürwortet hätten. Entweder disqualifizierten sich in ihren Augen die Juden aufgrund ihrer angeborenen, unproduktiven Eigenschaften; oder die Juden verfolgten in ihren Augen ganz andere Absichten. Nachfolgend werden Stimmen untersucht, die sich eingehender mit diesen angeblichen Absichten der Zionisten auseinandersetzten. Begonnen wird mit dem Philosophen Eugen Dühring, der bereits in den 1880er-Jahren die Möglichkeit eines Judenstaates erörterte und daraus ein für die nichtjüdische Welt äußerst bedrohliches Szenario konstruierte.

---

117 *Marr: Palästina und die Juden* 38. Moshe Zimmermann spart diesen Teil des Zitats aus und gibt lediglich die nachfolgende Forderung Marrs nach einer jüdischen Strafkolonie wieder, vgl. *Zimmermann, Moshe: Mohammed als Vorbote der NS-Judenpolitik? Zur wechselseitigen Instrumentalisierung von Antisemitismus und Antizionismus.* In: *Zuckermann, Moshe (Hg.): Antisemitismus – Antizionismus – Israelkritik.* Göttingen 2005, 290–305, hier 290f.

118 *Marr, Wilhelm: Tagebuchaufzeichnungen eines Pessimisten*, 10.09.1897. In: STA Hamburg 622-1/58 Wilhelm Marr B IVn, 1896–1898. Moshe Zimmermann, dem ich diesen Hinweis verdanke, bemerkt dazu: »Als Antisemit machte er sich Sorgen um die Araber in Palästina, ist also ein früher Postkolonialist«, Private Emailkorrespondenz, 10.07.2018.

2.2 Zionismus: Eine neue Verschwörung?

Obwohl zahlreiche Antisemiten sich durchaus nach der räumlichen Entfernung der Juden sehnten, als freiwillige Auswanderung oder erzwungene Ausweisung, betrachteten sie die zionistische Bewegung äußerst skeptisch. Nachfolgend untersuchte antisemitische Akteure waren innovativ für die antisemitische Rezeption des Zionismus. Ihre Ausführungen durften beachtliche Außenwirkung für sich beanspruchen. Entweder publizierten sie in den zentralen Organen der antisemitischen Bewegung oder ihre Pamphlete fanden aufgrund hoher Auflagenzahlen breite Rezeption unter Gesinnungsgenossen. Sie können daher als repräsentativ für breitere antisemitische Kreise gelten.

Die erste ausführliche theoretische Auseinandersetzung mit der Möglichkeit eines Judenstaates und was ein solcher für die nichtjüdische Welt bedeute, stammt von Eugen Dühring (1833–1921). Der Berliner Philosoph und Nationalökonom hatte zu Beginn der 1880er-Jahre die »Judenfrage« in rassentheoretischer Konsequenz zugespitzt und als »Weltfrage« definiert.[119] Dühring übertrug die »Judenfrage« von einem nationalen auf den globalen Raum. In seinem Werk »Die Judenfrage als Racen-, Sitten- und Culturfrage« (1881) beschwor er die Gefahr einer »Verjudung«, nicht nur der deutschen, sondern aller Nationen und Völker.[120]

Dühring machte den ersten und bedeutendsten Versuch, die noch in ihrer Entstehung begriffene antisemitische Bewegung mit ideologischem Rüstzeug auszustatten. Mit Hilfe von Versatzstücken aus Philosophie, Biologie und Geschichte entwarf er ein pseudowissenschaftliches System der Judenfeindschaft.[121] Ursprünglich war Dühring ein einflussreicher Theoretiker der Sozialdemokratie und Berliner Universitätsprofessor gewesen, doch hatten Wutausbrüche und Beleidigungen gegen Kollegen 1877 zum Verlust seiner Lehrerlaubnis geführt.[122] Danach wurde er zu einem der zentralen Stichwortgeber und Weltanschauungs-

---

119 Vgl. *Bergmann*: Völkischer Antisemitismus im Kaiserreich 451.

120 Die Resonanz auf die Schrift war so groß, dass die 1. Auflage nach nur vier Wochen vergriffen war, vgl. *Mogge*, Birgitta: Rhetorik des Hasses. Eugen Dühring und die Genese seines antisemitischen Wortschatzes. Neuss 1977, 48. Mogge vermutet eine Höhe von ca. 800 bis 1.000 gedruckten Exemplaren als 1. Auflage.

121 Vgl. *Bein*, Alex: Der moderne Antisemitismus und seine Bedeutung für die Judenfrage. In: Vierteljahrshefte für Zeitgeschichte 6/4 (1958) 340–360, hier 347. Dührings Schrift begründet den extremen Rassenantisemitismus, obwohl darin im Grunde noch »keine allgemeine Rassentheorie« entfaltet wurde. Die »jüdische Rasse« erfüllte eine rein negative Funktion der Ausgrenzung und Diffamierung, während eine Höherwertung anderer Rassen, etwa der »Arier« oder »Germanen«, kaum eine Rolle spielte, vgl. *Bergmann*, Werner: Dühring, Eugen Karl. In: *Benz*, Wolfgang (Hg.): Handbuch des Antisemitismus. Judenfeindschaft in Geschichte und Gegenwart. Berlin 2009, 188–191, hier 189 f.

122 Über Dührings verbitterten Hass gibt die Charakter-Studie Theodor Lessings Auskunft, vgl. *Lessing*, Theodor: Dührings Haß. Hannover 1922.

produzenten der antisemitischen Bewegung. Dühring formulierte einen Führungsanspruch, konnte sich aber nicht durchsetzen. Dührings Anhängerschaft, die sogenannten »Socialitären«, waren letztlich nicht mehr als eine Unterströmung der antisemitischen Bewegung. Dennoch übte Dühring enormen Einfluss auf zeitgenössische Akteure wie Ahlwardt, Böckel und Fritsch aus.[123] Auch im Bürgertum war ihm eine große Leserschaft beschieden.[124] Vor allem aber war er von entscheidender Bedeutung für das Herausbilden der völkischen Bewegung und lieferte das theoretische Rüstzeug für ganze Generationen von Antisemiten.[125] Von den Nazis wurde er als Vordenker gewürdigt.[126]

Dühring trug zur Festigung der Vorstellung bei, das Judentum besitze unveränderbare jüdische »Raceeigenschaften«, sei korrupt, egoistisch, betrügerisch, falsch, grausam und wollüstig aus seiner Natur heraus.[127] Er rühmte sich der »Einführung und Verbreitung des Racengesichtspunkts«.[128] In dem Werk stellte Dühring ein biologisch feststehendes »Nomadentum« als anti-soziales Lebens-

---

123 Dührings antisemitischen Publikationen wurden von den führenden Köpfen der rassistischen Radikalantisemiten begierig aufgenommen, vgl. *Breuer:* Von der antisemitischen zur völkischen Bewegung 531; *Mack:* Otto Böckel 127; *Gondermann:* Vom politischen Antisemitismus zum politischen Antiamerikanismus 206; *Mogge:* Rhetorik des Hasses 52 f. Darüber hinaus gründeten sich zahlreiche politische Vereine in Berlin und anderen Städten, die sich auf Dührings Grundsätze beriefen, ohne dass dieser direkt an ihrer Führung beteiligt gewesen wäre. Noch zur Zeit der Weimarer Republik beriefen sich Völkische auf Dühring, vgl. *Bergmann,* Werner: Dühring-Bund. In: *Benz,* Wolfgang (Hg.): Handbuch des Antisemitismus. Judenfeindschaft in Geschichte und Gegenwart. Bd. 5. Berlin 2013, 221–222.
124 Vgl. *Claussen,* Detlev: Gründerjahre des modernen Antisemitismus. Dühring als Pionier moderner Massenverfolgung. In: *Ders.* (Hg.): Was heißt Rassismus? Darmstadt 1994, 44–66, hier 63.
125 Vgl. *Breuer:* Von der antisemitischen zur völkischen Bewegung 511 f.
126 Vgl. *Schwarz,* Egon: Paradigmen eines »grenzenlosen« Antisemitismus. Dühring und Drumont im Vergleich. In: *Heuer,* Renate (Hg.): Antisemitismus – Zionismus – Antizionismus. 1850–1940. Frankfurt a. M. 1997, 129–149, hier 131; ausführlicher zur Biographie Dührings, vgl. *Cobet,* Christoph: Der Wortschatz des Antisemitismus in der Bismarckzeit. München 1973, 14–22; *Mogge:* Rhetorik des Hasses 13–64.
127 Vgl. *Jakubowski,* Jeanette: Eugen Dühring – Antisemit, Antifeminist und Rassist. In: *Danckwortt,* Barbara (Hg.): Historische Rassismusforschung. Ideologen, Täter, Opfer. Hamburg 1995, 70–90, hier 75. Dühring überarbeitete das Werk wiederholte Male, stets mit radikalisierter Tendenz. Bereits in der 3. Auflage von 1886 war diese Radikalisierung schon im Titel ablesbar: »Die Judenfrage als Frage der Rassenschädlichkeit für die Existenz, Sitte und Cultur der Völker. Mit einer weltgeschichtlichen Antwort«, vgl. *Bergmann:* Dühring 190. In der 6. Auflage des Buches von 1920 (erschienen 1930) sprach Dühring davon, dass »[d]ie Welt [...] mit dem Hebräervolk durchgreifend abzurechnen« habe, vgl. *Bein,* Alex: »Der jüdische Parasit«. Bemerkungen zur Semantik der Judenfrage. In: Vierteljahrshefte für Zeitgeschichte 13/2 (1965) 121–149, hier 144. Eine ausführliche Analyse des Werks, vgl. *Schwarz:* Paradigmen eines »grenzenlosen« Antisemitismus; *Cobet:* Der Wortschatz des Antisemitismus 14–151 sowie *Mogge:* Rhetorik des Hasses 69–127.
128 Vgl. *Dühring,* Eugen: Sache, Leben und Feinde. Als Hauptwerk und Schlüssel zu seinen sämmtlichen Schriften. Karlsruhe, Leipzig 1882, Vorwort.

gesetz des Judentums heraus, das es in Gegensatz und Konflikt mit dem Rest der Menschheit bringe. Da die Juden »eines der niedrigsten und misslungensten Erzeugnisse der Natur« seien, könne gegen ihre »eingefleischte Selbstsucht [...] kein geistiges Princip helfen; denn der Fehler ist physiologischer Art und liegt im Naturcharakter selbst.«[129] Die Duldung der Juden vertrage sich nicht mit der Freiheit der Völker. Rechtliche Gleichstellung würde von den Juden missbraucht, um »nicht die Gleichen, sondern die Auserwählten zu werden« und sei letztlich die Maske, hinter der ihre messianische Selbstsucht stecke, »welche die Erde in Besitz nehmen und alle Völker sich dienstbar machen soll.«[130] Die »Judenfrage« werde überall dort hervorgerufen, wo sich Juden aufhielten. Dühring zog alle Register: Neben gesetzlichen Einschränkungen, Ghettoisierung und der »Mediatisierung«, also der Beschlagnahmung jüdischen Eigentums steigerte Dühring seinen Antisemitismus in den Folgejahren zu offenen Forderungen nach »Ausscheidung und Vernichtung«[131] der Juden. Für ihn war die »Judenfrage« universale »Existenzfrage«, und so erschien ihm die »Ausmerzung« der Juden als »höheres Recht der Geschichte«.[132]

Auf Grundlage dieses globalen Verständnisses der »Judenfrage« diskutierte – und verwarf – Dühring auch die Möglichkeit eines jüdischen Staates. Die Tatsache, dass es keinen jüdischen Staat gab, wertete Dühring bereits als historisch-biologische Notwendigkeit, schließlich sei, anders als deutsch-germanische Völker, das »Volk des Verraths par excellence« nur durch das »lockere Band der gemeinen Interessen und der Eigensucht«[133] zusammengehalten. Die »Unsocialität der Juden«[134] führe auch heute dazu, dass Juden »einander aufzehren und verrathen, wenn sie auf sich allein angewiesen wären, ihre Eigenschaften nicht mehr an andern Völkern auslassen könnten und demgemäss sich selbst damit

---

129 *Dühring*, Eugen: Die Judenfrage als Racen-, Sitten- und Culturfrage. Mit einer weltgeschichtlichen Antwort. 1. Aufl. Karlsruhe, Leipzig 1881, 128 f.

130 Ebd. 127.

131 Dühring argumentierte dabei nicht gegen den Fortschritt, sah vielmehr die Juden als Verhinderer des Fortschritts: Die Duldung der Juden vertrage sich nicht mit der Freiheit der Völker, vgl. *Kaltenbrunner*, Gerd-Klaus: Vom Konkurrenten des Karl Marx zum Vorläufer Hitlers: Eugen Dühring. In: *Schwedhelm*, Karl (Hg.): Propheten des Nationalismus. München 1969, 36–55, hier 51 f. Wenn die Juden von Assimilation sprächen und über die Judenfeindschaft als »mittelalterliche Reste«, so seien die Juden selbst, entgegnete Dühring, ein solcher mittelalterlicher Rest, *Dühring*: Die Judenfrage als Racen-, Sitten- und Culturfrage 125.

132 Zitiert nach *Kaltenbrunner*: Vom Konkurrenten des Karl Marx zum Vorläufer Hitlers 51 f. Für Alex Bein zeichnete sich in Dührings Sprache die Vernichtungslogik des modernen Antisemitismus ab, vgl. *Bein*: Der moderne Antisemitismus. Sarah Jansen warnt hingegen davor, eine solche Logik nachträglich als zwangsläufig zu konstruieren, vgl. *Jansen*, Sarah: »Schädlinge«. Geschichte eines wissenschaftlichen und politischen Konstrukts, 1840–1920. Frankfurt a. M. 2003, 19; ähnlich auch *Claussen*: Ja, aber-Antisemitismus XXV.

133 Dühring: Die Judenfrage als Racen-, Sitten- und Culturfrage 78 f.

134 Ebd. 94.

regaliren [sic] müssten.«[135] Die Natur der Juden begründete in Dührings System deren Minderwertigkeit und damit die politische Notwendigkeit, sie aus dem Volkskörper auszuschließen und zu entfernen.

Doch selbst die Deportation der Juden war für Dührung keine nachhaltige Lösung der »Judenfrage«, sondern nur ihre räumliche Verlegung. Eine »völkerrechtliche Internirung im grossen Stile« würde »eine Judencolonie schaffen«, aber die Juden würden weiter dem »Nomadenthum« frönen und schließlich »[o]hne dies und allein bei sich selbst [...] einander zur Speise werden, da ihnen diejenige anderer Völker alsdann fehlte.«[136] Der Kannibalismus-Vorwurf dämonisierte die Juden und ist eines der ältesten antisemitischen Vorurteile überhaupt.[137]

Dühring präsentierte ein solches Szenario, das sich aus seiner konsequent rassisch-antisemitischen Logik ableitete, also nicht als – zumindest für Antisemiten – bequeme und anzustrebende Lösung. Dühring führte weiter aus, wie die Juden, um der Zersetzung durch sich selbst zu entgehen, »unter allen Umständen wieder Mittel zu Expeditionen unter andere Völker und zur nomadisirenden Zerstreuung suchen.« Schließlich würde sich das »alte Schauspiel des allgemeinen Hausirerthums der Juden« erneuern, indem die Juden ihre Internierung durchbrächen. Nicht die Selbst-Ausrottung der Juden sei die Folge einer »Judencolonie«, sondern eine Verlagerung oder Erneuerung der jüdischen Gefahr:

Die Internirungen würden wenigstens nach den aussereuropäischen Gebieten hin durchbrochen werden, und für die zerstreute Masse würde der zuerst internirte, aber doch die Absperrung vereitelnde Judenstaat, also etwa ein neu mit Juden besiedeltes Palästina, am Ende gar noch zum Kopf.

Indem Dühring ein Szenario beschwor, dass das Judentum durch ein »neu mit Juden besiedeltes Palästina« eine außereuropäische Machtzentrale erhalte, unterstrich er, dass es nicht im Sinne der Antisemiten sei, »für ein selbstständiges Judenreich sorgen zu wollen«, trotz des sehnlichen Wunsches, die Juden endlich los zu werden. Eine Lösung der »Judenfrage« dürfe niemals in einem Sinne erfolgen, »positiv für das weltgeschichtliche Judenschicksal Sorge zu tragen«.[138] Dührings Werk war lange vor dem Aufkommen des Zionismus verfasst worden. Ab der 5. Auflage von 1901 ging er auf die inzwischen entstandene zionisti-

---

135 Ebd. 79.
136 Ebd. 122 f.; vgl. auch *Penslar:* Anti-Semites on Zionism 19 f.
137 Vgl. *van der Horst,* Pieter W.: The Myth of Jewish Cannibalism. A Chapter in the History of Antisemitism. In: *Ders.* (Hg.): Studies in Ancient Judaism and Early Christianity. Leiden, Boston 2014, 173–187.
138 *Dühring:* Die Judenfrage als Racen-, Sitten- und Culturfrage 110 f., auch vorangegangene Zitate. Ein Judenstaat »hiesse, die Weltgeschichte um mehrere Jahrtausende zurückschrauben und das Spiel wieder von vorn anfangen lassen«, ebd. 111.

sche Bewegung ein und wiederholte seine Warnung vor dem »eingeschlichenen Volkswahn, die Juden gehörten nach Palästina und es wäre gut, wenn sie sich alle dorthin exportierten«.[139] Derlei Scheinlösungen, »[die Juden] aus einzelnen Ländern [zu] vertreiben und sie sich nach anderen Ländern wenden zu lassen«, erschienen Dühring als »kurzsichtiges und trügerisches Mittel«:

> Die sogenannten Zionisten von heute suchen jenen Wahn anderer Völker mitzubenützen, um irgendeine exotische Zionsgründung auf Aktien, die sie bankmäßig angeblich vorbereiten, auch nichthebräischem Publikum annehmbar und als eine Art Lösung der Judenfrage erscheinen zu lassen.

Der »Judenfrage« sei jedoch »in einem ganz andern und weit durchgreifenderem Sinne ein Ende zu machen«, deutete Dühring vielsagend an. Er griff die Idee des »Kopfes« noch einmal in den folgenden Auflagen des Buches auf. Dühring behauptete, dass ein Judenstaat, »[w]äre derartiges überhaupt ausführbar, [...] nur eine Steigerung der Judenmacht bedeuten« würde. Diese potenzielle Gefahr präzisierte Dühring schließlich:

> Das Ding, das sich jetzt über die Welt hinschlängelt, erhielte auf diese Weise eine Art Kopf und das Umringeln der Völker sowie das Einringeln in sie müßte sich noch schädlicher und gefährlicher als bisher gestalten. [...] Es wäre ein wunderlicher Beruf moderner und besserer Völker, der hebräischen Schlange, die zur Schmach und zum Schaden dieser Völker lange genug ihr Wesen getrieben hat, noch einen Extrakopf verschaffen zu wollen.

Kurzum: Ein Judenstaat verhelfe nicht den Völkern zur Befreiung von den Juden, sondern verschlimmere vielmehr ihre Bedrohungslage.

Dühring entwickelte die weitgehendsten Pläne zur Ausschaltung der Juden. Das Judentum wurde als bedrohlicher, universaler Feind der Völker verstanden, so dass sich halbherzige und inkonsequente Vorgehensweisen böse rächen würden. Den antisemitischen Impuls, die Juden nach Palästina zu vertreiben, stellte Dühring als das Gegenteil einer Lösung dar: als Steigerung und Verdoppelung der »Judenmacht«. Damit wies Dühring die Forderung zurück, die Juden nach Palästina zu schicken, wie sie von Antisemiten wie Böckel, Ahlwardt, Fritsch und Marr erhoben wurde.[140]

Dühring machte deutlich, dass Zionisten für ihn keine anderen, besseren oder zumindest aus praktischen Gründen zu unterstützenden Juden darstellten.

---

139 *Dühring*, Eugen: Die Judenfrage als Frage des Racencharakters und seiner Schädlichkeiten für Völkerexistenz, Sitte und Cultur. Mit einer denkerisch freiheitlichen und prakt. abschliessenden Antwort. 5. Aufl. Nowawes-Neuendorf bei Berlin 1901, 127 f. Auch die nachfolgenden Zitate, ebd.

140 Die Grundlage, auf der Francis Nicosia annimmt, Dühring habe im Zionismus »ebenfalls ein nützliches Hilfsmittel« gesehen, erscheint schleierhaft, vgl. *Nicosia*: Zionismus und Antisemitismus 40.

Diverse jüdische Bestrebungen stellten für ihn immer nur verschiedene Köpfe ein und desselben Wesens dar. Damit trug Dühring zur Etablierung eines zentralen Topos des modernen Antisemitismus bei: dem der jüdischen Verschwörung. Dühring sollte mit seinen Ängsten nicht alleine bleiben. Es finden sich in Folge weitere Darstellungen, in der die Wahrnehmung des Zionismus durch die Annahme einer jüdischen Verschwörung erfolgte und dementsprechend verzerrt wurde.

Dan Diner führt die für den modernen Antisemitismus spezifische Vorstellung der jüdischen Verschwörung auf die »Norm des sich scharf abgrenzenden territorialen Nationalstaats« zurück, gegen die die Juden aufgrund ihrer diasporischen Daseinsform »einfach durch ihre Gegenwart« tagtäglich verstießen. In der modernen »Judenfrage« erschien es so, dass »die Juden kein Volk sind wie ein anderes« und durch die »bedenkliche Abweichung transnationaler Kontakte von Juden untereinander« zum universalen Feind der Völker und Nationen stilisiert wurden. Aus ihrer »Internationalität« und »Nomadenhaftigkeit« wurden konspirative Betätigungen eines über Länder- und Sprachgrenzen hinweg einheitlich agierenden »Juda« abgeleitet.[141] Diese Vorstellung wurde durch den Zionismus nicht einfach aufgehoben, vielmehr wurde dieser in sie integriert und als Teil der Verschwörung aufgefasst.

Bei dem Schriftsteller Friedrich Lienhard (1865–1929) etwa, einem der tonangebenden Gestalter der völkischen Kulturbewegung, war das Bild des Judentums von einer international verbundenen Einheit so wirkmächtig, dass es sich auf den Zionismus übertrug. Zwar begrüßte Lienhard zunächst das »wohlthuende Bekenntnis zu eigenem Volksthum«. Die »aufrechten Nationaljuden«, so Lienhard, leugneten nicht ihre »jüdische Sonderart« und versuchten sich »in Palästina mit eigenen Wurzeln in eigenem Boden ein[zu]saugen«.[142] Sowohl Antisemiten wie Zionisten verbinde die Einsicht in die unwürdige, heimatlose Stellung der Juden innerhalb der arischen Volkskörper, die »Zwitter-Erscheinung« der jüdischen Assimilation.[143]

Wie konnte es aber Juden geben, die freiwillig ihre Machtstellung aufgäben?[144] Da unmöglich alle Juden freiwillig das Land verlassen würden, nahm Lienhard an, der Zionismus strebe lediglich eine »Art Aderlass [...], nicht aber eine grundsätzliche Räumung« an. Er witterte einen jüdischen Plan, dass »ein Theil der Juden in Palästina einen Staat bilden, um dem andern in Europa verbleibenden

---

141 *Diner:* Verschwörung 275.
142 *Lienhard:* Zionismus 331.
143 Ebd. 332.
144 Eben das stellte anlässlich des ersten Zionistenkongresses auch ein anonymer Autor der »Antisemitischen Correspondenz« infrage: niemals würden die Juden auf ihre »Lebensader« der Internationalität verzichten, vgl. Die Zionisten. In: Antisemitische Correspondenz 12/474 (1897) 290–291.

Theile den Rücken zu decken«. Hinter den erklärten Absichten planten die Zionisten eine »Zufluchtsstätte« zu errichten, »falls ein Jude seines europäischen Arbeitsfeldes nicht mehr bedarf oder sich in Europa unmöglich gemacht hat.«[145]

Der Schriftsteller Heinrich Mann (1871–1950) behandelte das Thema der Verschwörung grundlegender und brachte den für den modernen Antisemitismus so zentralen Widerspruch zwischen jüdischer Internationalität und dem nationalstaatlich verfassten und sich zunehmend restriktiv formierenden Europa prägnant auf die Formel: »International ist gleich völkerfeindlich«.[146] Mann war 24-jährig Mitte der 1890er-Jahre zusammen mit seinem Bruder Thomas für die Zeitschrift »Das Zwanzigste Jahrhundert« tätig, ein Blatt, das Deutschnationalismus und Antisemitismus miteinander verschränkte und wesentliche Stichworte für die ästhetische Erneuerung eines völkischen Nationalismus beisteuerte.[147] Heinrich Mann brachte nationale Tradition und gewachsene Kulturformen wie Familie und Stand, Religiosität und Heimatliebe gegen internationale »Bindungslosigkeit« und kapitalistischen »Mammonismus« in Stellung.[148] Indem er die Juden als »fremde Art« kennzeichnete, die »durch ein instinktives oder förmliches Rassenbündniß zusammengehalten«[149] werde, perhorreszierte er diese Feindfiguren als Eigenschaften und essentielle Bestandteile einer fremden

---

145 *Lienhard:* Zionismus 334. Ein weiterer Text aus Lienhards Feder wies auf das Problem hin, dass durch den Zionismus zwar »die Juden aus Rußland, Galizien und Rumänien nach Palästina ›abgeleitet‹ werden«, die »Juden des westlichen Europas hingegen [...] für den Zionismus nicht in Betracht zu kommen [scheinen].«, Ueber den Zionismus. In: Das Zwanzigste Jahrhundert 5 (1894/95) 556–557, hier 557.

146 *Mann*, Heinrich: »Jüdischen Glaubens«. In: *Stein*, Peter/*Hahn*, Manfred/*Flierl*, Anne (Hg.): Heinrich Mann. Kritische Gesamtausgabe. Essays und Publizistik. Bd. 1. Bielefeld 2013, 195–202 (zuerst in Das Zwanzigste Jahrhundert. Blätter für deutsche Art und Wohlfahrt 5/11 (1895), 455–462), hier 201.

147 Zu dieser Typisierung der Zeitschrift, vgl. *Breuer*, Stefan: Das »Zwanzigste Jahrhundert« und die Brüder Mann. In: *Wimmer*, Ruprecht (Hg.): Thomas Mann und das Judentum. Die Vorträge des Berliner Kolloquiums der Deutschen Thomas-Mann-Gesellschaft. Frankfurt a. M. 2004, 75–95. Heinrich Mann fungierte zwischen April 1895 und März 1896 als Herausgeber und bis Dezember 1896 als verantwortlicher Redakteur. Die Beiträge von Thomas Mann waren im Vergleich zu denen seines Bruders weniger aggressiv vorgetragen und weltanschaulich aufgeladen. Breuer erkennt darin zwar Judenfeindschaft, aber keine Ausgestaltung zur welterklärenden Doktrin, vgl. ebd. 93 f.; sowie *Trapp*, Frithjof: Traditionen des Antisemitismus in Deutschland. Die Zeitschrift Das Zwanzigste Jahrhundert. In: *Grunewald*, Michel/*Puschner*, Uwe (Hg.): Le milieu intellectuel conservateur en Allemagne, sa presse et ses réseaux (1890–1960). Das konservative Intellektuellenmilieu in Deutschland, seine Presse und seine Netzwerke (1890–1960). Bern 2003, 91–109; *Thiede*, Rolf: Stereotypen vom Juden. Die frühen Schriften von Heinrich und Thomas Mann: zum antisemitischen Diskurs der Moderne und dem Versuch seiner Überwindung. Berlin 1998, 55–80; *Jasper*, Willi: Heinrich Mann und die Pathologie des deutsch-jüdischen Verhältnisses. Eine widersprüchliche Entwicklungs- und Beziehungsgeschichte. In: Menora. Jahrbuch für deutsch-jüdische Geschichte 4 (1993) 90–110.

148 Vgl. *Hahn*, Manfred: Heinrich Manns Beiträge in der Zeitschrift »Das Zwanzigste Jahrhundert«. In: Weimarer Beiträge 13 (1967) 996–1019.

149 *Mann:* Jüdischen Glaubens 201.

ethnischen Gruppe. Sein Welterklärungsschema wurde durch die Entstehung der zionistischen Bewegung herausgefordert. Er bemerkte zunächst: »Wie unwiderstehlich muß das Nationalprincip sein, wenn es selbst unter den Juden Anhänger findet, die inmitten der europäischen Völkerfamilie als sein lebender Widerspruch erscheinen!«[150]

Wie Lienhard, der auch sein Vorgänger als Herausgeber der Zeitschrift war, machte Mann keinen Hehl aus seiner Freude über die zionistischen Angriffe auf das assimilierte Judentum. Er warnte jedoch vor dem Trugschluss, den Zionismus als Bewegung zu betrachten, »der in unserm Sinne ein von den Juden selbst betriebener, praktischer Antisemitismus wäre«[151]. Dass der Zionismus nicht die Juden in ihrer Gesamtheit aus Europa entfernte, war schon Lienhard Stein des Anstoßes gewesen, woraufhin er einen jüdischen Verschwörungsplan zu erkennen meinte. Heinrich Mann führte aus, dass die jüdische Macht nun einmal auf der geschickten »Benutzung einer Zwischenstellung inmitten der streitenden europäischen Nationen« und »ausgedehnte[m] Maklerthum« beruhe.[152] Das Judentum habe gar keinen Bedarf, diese Position zu räumen.

Aus diesem Grunde werde sich der Zionismus unter den Juden auch nicht durchsetzen. Mann erklärte in einer Besprechung von Herzls »Judenstaat« zwar: »Alles was national fühlt, Deutsche wie Juden, haben Ursache, den Plan zu unterstützen.« Doch werde Herzl schon bald einsehen müssen, dass ihm »die eigentlich jüdische Kapitalsmacht« die Unterstützung versagen werde, da sie »immer nur die Werte aus der Arbeit der andern ziehen kann und daß sie darum ein Streben nach nationaler und wirtschaftlicher Unabhängigkeit seitens ihrer Stammesgenossen immer verurteilen muß.«[153] Mann glaubte nicht, dass die Juden zu einem regulären nationalen Empfinden in der Lage seien. Er meldete daher grundlegende Zweifel am Erfolg des Zionismus an, da sich keine größere Zahl an Juden für die Idee begeistern würde.[154]

---

150 *Mann*, Heinrich: Zionismus. In: *Stein*, Peter/*Hahn*, Manfred/*Flierl*, Anne (Hg.): Heinrich Mann. Kritische Gesamtausgabe. Essays und Publizistik. Bd. 1. Bielefeld 2013, 260–263 (zuerst in Das Zwanzigste Jahrhundert. Blätter für deutsche Art und Wohlfahrt 6/1 (1895) 89–91), hier 260.

151 Ebd. 263.

152 Ebd. 262 f.

153 *Mann*, Heinrich: Der Judenstaat. In: *Stein*, Peter/*Hahn*, Manfred/*Flierl*, Anne (Hg.): Heinrich Mann. Kritische Gesamtausgabe. Essays und Publizistik. Bd. 1. Bielefeld 2013, 351–358 (zuerst in Das Zwanzigste Jahrhundert. Blätter für deutsche Art und Wohlfahrt 6/10 (1896) 379–384), hier 357.

154 Auch ein anderer Text aus dem »Zwanzigsten Jahrhundert«, der unter der Schriftleitung Manns publiziert wurde, erklärte die Juden, aufgrund ihres Daseins »in der selbstgewählten Fremde« und ihrer Weigerung nach Palästina zu gehen, um dort »mit allen Kräften für nationale Eigenart auf nationalem, eigenen Boden einzutreten«, zum lebenden Beweis dafür, dass man sie »als minderwerthigen Volksstamm […] verachten« müsse: »Dies Volk will eben kein Kanaan! Dies Volk hasst jeden Moses, der es in seinen Schachereien, in seinem Aussaugen

Mann und Lienhard war der Zionismus verdächtig. Beide begrüßten das Nationalbewusstsein unter Juden, das sich propagandistisch gegen die jüdische Assimilation ins Feld führen ließ. Dennoch reagierten sie auch auf den Zionismus feindselig. Sie waren davon überzeugt, dass das Judentum einen genuin internationalen Charakter besitze: Die Juden seien einander zwar als Rasse verbunden, strebten aber gerade nicht nach einer nationalstaatlichen Organisation. Die Juden bevorzugten es, zwischen den Staaten und Nationen der anderen Völker zu leben, geißelten sowohl Lienhard wie Mann deren angeblich parasitäre Lebensweise. Auch wenn sie im Zionismus pro forma eine Gegenbestrebung dazu anerkannten, würde sich der Zionismus in ihren Augen entweder nicht unter den Juden durchsetzen oder er sei selbst Teil einer jüdischen Strategie zur verbesserten Täuschung und Ausbeutung der nichtjüdischen Völker.

Einige Antisemiten teilten mit Zionisten vordergründig die »logischen Voraussetzungen«, dass »zwei durch Stammeseigenschaften so grundverschiedene Elemente, wie die Europäer und das Judenthum, niemals eine organische Vereinigung mit einander eingehen können«, wie ein anonymer Autor 1902 in der einst freikonservativen, durch ihren Chefredakteur Heinrich Pohl (1871–1915) jedoch alldeutsch ausgerichteten Berliner Tageszeitung »Die Post«[155] verkündete. Dennoch dürfe der Zionismus unter keinen Umständen unterstützt werden. Der ungenannte Autor hatte einen Vortrag des Zionisten Julius Moses (1868–1942) besucht. Angeblich soll Moses zionistische Geheimpläne offenbart haben.[156]

Radikalantisemiten beließen es nicht bei der Feststellung von Verschiedenheit, sondern bestanden auf einer grundsätzlichen Ungleichwertigkeit. Im Zuge dessen wurde Juden »von jeher die staatenbildende Kraft« und die »Neigung zum Produziren« auf einer eigenen Scholle, wie es in der »Post« weiter hieß, abgesprochen. Einerseits fixierte die Unterstellung, Juden seien aufgrund rassischer Disposition nicht zu körperlicher, produktiver und eben staatenbildender Arbeit in der Lage, eine wichtige Gegenidentifikation, an der sich das völkische Selbst aufrichtete. Die Überzeugung, Juden könnten kein Gemeinwesen aufbauen und am Leben erhalten, führte jedoch nicht dazu, dem Zionismus gleichgültig gegenüberzutreten. Auch wenn Juden oder Zionisten nationale Souveränität nur schwerlich erreichen würden, müsse der Zionismus wie alle »internationalen Vereinigungsbestrebungen des Judentums« bekämpft werden.[157]

---

der europäischen Volkskörper stört! Diese niederträchtige Thatsache kann kein Jude und kein Philosemit wegbeweisen.« Das Judenthum und seine Mission. In: Das Zwanzigste Jahrhundert 5/6 (1894/95) 284–286, hier 284; ähnlich auch *Lienhard*: Zionismus 331 f.

155 Rudolf Stöber gibt für das Jahr 1916 eine Auflage der »Post« von 16.000 an, vgl. *Stöber, Rudolf*: Deutsche Pressegeschichte. Von den Anfängen bis zur Gegenwart. 2. Aufl. Konstanz 2005, 239.

156 Das wahre Ziel der Zionisten. In: Die Post. Berliner Neueste Nachrichten Nr. 176 vom 16.04.1902.

157 Ebd.

Vertreter des postemanzipatorischen Antisemitismus waren sich sicher, dass sich das Judentum bereits eine äußerst privilegierte oder gar herrschende Stellung gesichert habe – wozu bedurfte es dann überhaupt noch des Zionismus und welche Funktion erfüllte er als Feindfigur? Die bisherige Sprache, die in der Diskussion eines Judenstaates unter antisemitischen Autoren zum Ausdruck kam, zeigt bereits sehr deutlich, dass ein solcher alles andere als ein wünschenswertes Szenario darstellte; vielmehr wurde eine Steigerung der ohnehin bereits äußerst bedrohlichen jüdischen Gefahr befürchtet. Dührings Beschreibung »Kopf« oder »Extrakopf« weist auf die Angst vor der verbesserten Koordinierung bereits bestehender jüdischer Machenschaften hin. Der Zionismus strebe eine geheime »Zufluchtsstätte« an, vermutete Friedrich Lienhard. Ähnlich dazu entlarvte der soeben erwähnte Artikel in der »Post« als das »wahre Ziel der Zionisten«, den Juden in den verschiedenen Ländern »durch die politische und diplomatische Macht eines jüdischen Nationalstaates eine Rückendeckung zuteil werden« zu lassen. Damit sei er »nur eine Folie und eine Rückendeckung für die jüdischen Machtbestrebungen auf dem ganzen Erdenrund«. Die Zionisten zögen aus ihrem Nationalbekenntnis nicht den Schluss, auf die rechtliche Gleichstellung zu verzichten. Vielmehr wollten sie »das Judenthum in starker Zahl unter den Völkern vertheilt sein lassen« und ergänzend dazu »eine bis zur geistigen Macht des Papstthums verflüchtigte Staatsform schaffen, die überall schützend hinter die durch die nationalen Anschauungen der Völker in ihrer materiellen Behaglichkeit gestörten Juden tritt.«[158] Da den Juden aller Länder internationale Einigkeit unterstellt wurde, strebten sie auch keinen territorialen Nationalstaat an, »um allen Judenstämmlingen eine gemeinsame Heimath zu geben«. Stattdessen versuchten sie »einen kosmocentrischen Hebel für die jüdische Interessenvertretung zu gewinnen«.[159] Die jüdische Nationalbewegung strebe demnach politische Anerkennung an, um die anderen jüdischen Machenschaften zu unterstützen.

1899 wurde auf dem Hamburger Parteitag der »Deutsch-sozialen Reformpartei« (DSRP) diese Gefahr erörtert. Die DSRP stellte zwischen 1894 und 1900 einen der letzten Versuche dar, die verschiedenen antisemitischen Fraktionen parteipolitisch zu einen.[160] Bereits die Parteigründung stand unter dem Zeichen des Abebbens der antisemitischen Bewegung. Um diesen Zerfallsprozess aufzu-

---

158 Ebd.
159 Theodor Herzl verfolgte den »Zwischenfall Moses« mit großer Besorgnis, wenn er auch nicht die volle Tragweite der Ausführungen begriff. In konservativen Zeitungen platzierte Gegendarstellungen sollten den öffentlichen Schaden für die zionistische Bewegung wiedergutmachen, vgl. Theodor Herzl an Adolf Friedemann, 18.04.1902. In: *Herzl*, Theodor: Briefe und Tagebücher. Bd. 6. Briefe. Ende August 1900 – Ende Dezember 1902. Berlin 1993, 496f., 804. Auch die *Welt* berichtete über den Vorfall, *Moses*, Julius: Eine Zeitungsfehde über den Zionismus. In: Die Welt 6/18 (1902) 2–3.
160 Vgl. *Levy*: Downfall of the Anti-Semitic Political Parties 195–224.

halten und die inneren Widersprüche zu kitten, setzte die DSRP verstärkt auf den Antisemitismus, womit ein erneutes Zerwürfnis der verschiedenen Fraktionen zumindest aufgeschoben wurde. Es kam jedoch nie zu einem Ausgleich der Gegensätze zwischen dem konservativ-mittelständischen Flügel und der sozial-demagogischen, »reformerischen« Fraktion.[161]

Die Partei beschwor nach außen völkische und alldeutsche Motive: Gegen das »mobile Kapital« und den »Träger der Zersetzung«, »das stammfremde Juden-volk«, wurde die »nationale Wiedergeburt« in einem »großdeutschen Reich«, angeführt von einem starken Kaisertum, in Stellung gebracht.[162] Angesichts der Zerrissenheit der Bewegung und ihres mangelnden politischen Einflusses erschien die jüdische Gefahr umso bedrohlicher. Auf besagtem Parteitag hielt Wilhelm Giese, Leiter der Hauptgeschäftsstelle, ein Referat über den »Stand der Judenfrage am Ende des 19. Jahrhunderts«.[163] Die auf dem Parteitag gefassten Beschlüsse fußten auf Gieses Redebeitrag. Giese hatte eindringlich vor der Gefahr gewarnt, »der schon jetzt so einflußreichen Alliance israélite Souve-ränitätsrechte« zu verleihen. Das Judentum versuche »sich [...] einen völkerrecht-lich anerkannten Mittelpunkt« zu geben.[164] Die Juden strebten keine Heimat für ihr Volk, sondern eine »politische Zentralstelle« an.[165] Das zeige sich allein schon daran, dass auch die Zionisten ihre Tätigkeit umgehend mit einer Bankgründung begonnen hätten. Auf dem Parteitag wurde in Folge der Beschluss gefasst, mit allen Mitteln zu verhindern, »daß die ›Alliance israélite‹ souverän wird und einen Gesandten am deutschen Kaiserhofe unterhält.«[166]

Es lässt sich festhalten: Zahlreiche Antisemiten fürchteten, dass die »Interes-sen in unserer Mitte lebender Juden [...] durch eine staatsrechtlich anerkannte auswärtige Macht« unterstützt würden. Daraus lassen sich zwei Ergebnisse des-tillieren: zum einen die Angst davor, dass die hiesigen Juden unantastbar wür-den. Darin kam zweifellos der mangelnde politische Einfluss der Antisemiten

---

161 Vgl. *Fricke*, Dieter: Deutschsoziale Reformpartei (DSRP) 1894–1900. In: *Fricke*, Dieter (Hg.): Lexikon zur Parteiengeschichte. Die bürgerlichen und kleinbürgerlichen Parteien und Verbände in Deutschland (1789–1945). Bd. 2. Leipzig 1984, 540–546.

162 Vgl. ebd. 544.

163 Wie Dühring fasste Giese die »Judenfrage« als künftige »Weltfrage«. Richard Levy be-zeichnet die Hetzrede nicht zufällig als »Dühringesque«, *Levy*: Downfall of the Anti-Semitic Political Parties 201.

164 *Giese*, Wilhelm: Die Judenfrage am Ende des XIX. Jahrhunderts. Nach den Verhand-lungen des V. allgemeinen Parteitages der Deutsch-Sozialen Reformpartei zu Hamburg am 11. September 1899. 4. Aufl. Berlin 1899, 40.

165 So ähnlich auch der Bremer DSRP-Delegierte Dr. Müller, in der sich an das Referat an-schließenden Diskussion, vgl. ebd. 44–45.

166 Abdruck der programmatischen Thesen, vgl. *Fricke*, Dieter: Die Organisation der antisemitischen Deutschsozialen Reformpartei 1894 bis 1900. In: Zeitschrift für Geschichts-wissenschaft 29/1 (1981) 427–442, hier 432 f.

und ihrer Parteien zum Ausdruck.[167] Die feindselige Betrachtung des Zionismus war auch eine Reaktion auf den ausbleibenden politischen Erfolg des postemanzipatorischen Antisemitismus: Dieselbe Regierung, die den Juden die Gleichberechtigung gegeben hat, würde sich auch weiterhin für die Juden einsetzen. Darin drückte sich wachsendes Misstrauen gegenüber dem Staat aus. Der bestehende Staat schien wenig geeignet, die Interessen der Antisemiten durchzusetzen.[168] Man verdächtigte die »staatsrechtlichen Bestrebungen der Zionisten«[169] die Entscheidungsträger im deutschen Staat zu beeinflussen und zu manipulieren – zugunsten einer feindlichen jüdischen Entität und zur Übervorteilung des deutschen Volkes und seiner Interessen. Das leitet auf den zweiten Aspekt über.

Auf der anderen Seite zeichnete sich in diesen Zionismus-Rezeptionen ab, dass das jüdische Feindbild zunehmend in einem internationalen oder globalen Maßstab wahrgenommen wurde. Das Judentum erschien nicht mehr nur als innerer Feind; als Angehörige einer fremden Nation oder Rasse, denen man zu Unrecht die Gleichberechtigung gewährt habe. Juden wurden zugleich auch als äußerer Feind in die internationale politische Sphäre projiziert: Eine souveräne jüdische Vertretung bedrohe zusätzlich auch von außen die Interessen des deutschen Volkes, indem sie als völkerrechtliche Anerkennung die deutsche Politik beeinflusse.

2.3 Philozionisten und andere Antisemiten

Der Zionismus wurde von vielen Antisemiten argwöhnisch wahrgenommen. Sie vermochten ihm auch keinen Nutzwert abzuringen dahingehend, dass er Juden zur Auswanderung bewege. Doch gab es nicht auch Stimmen, die mit den Zionisten aufgrund ähnlicher Anschauungen sympathisierten? Nachfolgend wird die Wahrnehmung der Zionisten unter Akteuren skizziert, die hier als »Philozionisten« begriffen werden.

»Philosemitismus« kann eine Vielzahl historischer und gegenwärtiger Phänomene bezeichnen. Michael Brenner schlägt eine allgemeine Verwendung

---

167 Zur Erinnerung: Die Antisemitenparteien des Kaiserreichs erlangten nur äußerst begrenzten politischen Einfluss, so wie sich der Antisemitismus vorwiegend in der politischen Peripherie profilierte. Erst während des Ersten Weltkrieges wurde der Antisemitismus zu einem wesentlichen Teil der nationalistischen Ideologie, vgl. *Zmarzlik*: Antisemitismus im Deutschen Kaiserreich 268 f.

168 Über die Aufspaltung einer antisemitischen Herrschaftskritik in einen »mechanischen Staat« einerseits und den »organischen Souverän« andererseits, vgl. *Bruhn*, Joachim: Nichts gelernt und nichts vergessen. Ein Grundriss zur Geschichte des deutschen Antizionismus. In: *Ders.* (Hg.): Was deutsch ist. Zur kritischen Theorie der Nation. 2. Aufl. Freiburg 2019, 245–253.

169 Aus den Thesen zum Stand der Judenfrage am Ende des 19. Jahrhunderts, beschlossen auf dem Parteitag der Deutschsozialen Reformpartei, 10./11.09.1899 in Hamburg, abgedruckt bei *Fricke*: Die Organisation der antisemitischen Deutschsozialen Reformpartei 432 f. Vgl. auch *Mommsen*, Wilhelm (Hg.): Deutsche Parteiprogramme. 3. Aufl. München 1977, 83 f.

vor, um die Überzeugung von nichtjüdischen Gruppen zu beschreiben, »sich im wohlwollenden Sinne dafür einzusetzen, was sie selbst als Anliegen der Juden betrachte[n]«. Daran anknüpfend charakterisiert Brenner Akteure des Kaiserreichs vorwiegend konservativer Aristokraten, die als »Philozionisten« die Unterstützung der zionistischen Bewegung und zugleich die Ausgrenzung der Juden aus den europäischen Gesellschaften forderten. Die philozionistische Beziehung zum Zionismus müsse als ambivalent begriffen werden, so Brenner, da sie sowohl Züge der aufrichtigen, inneren Anerkennung, als auch judenfeindliche Impulse in sich trug und weder in dem einen, noch dem anderen Aspekt vollends aufging.[170]

Nachfolgend wird stellvertretend das Handeln zweier philozionistischer Akteure untersucht: des Soziologen Werner Sombart (1863–1941) und des Balladendichters Börries von Münchhausen (1874–1945). Sombart war einer der bekanntesten deutschen Sozialwissenschaftler, dessen Darstellung des Judentums als begründende Kraft und Träger des modernen Kapitalismus auf breite öffentliche Resonanz stieß. Er war wie Münchhausen auch beeinflusst von den Rassentheorien seiner Zeit. Und doch gibt es für beide gute Gründe anzunehmen, dass sie sich nicht bloß instrumentell auf den Zionismus bezogen. Ihre Positionen lassen insbesondere den Kontrast zur antisemitischen und völkischen Mehrheit erkennen. Sombarts Bild eines Judenstaates hebt sich von den bisher untersuchten Wahrnehmungen deutlich ab; ebenso nimmt Münchhausen eine Sonderrolle ein, da er Kontakte und Freundschaften zu Zionisten unterhielt, wohingegen die Mehrheit der Völkischen, jenseits instrumenteller Erwägungen, kein authentisches Interesse am Zionismus oder seinen Vertretern hatte.

2.3.1 Wider die »Vermischung«: Werner Sombart

Zunächst erstaunt es, dass ausgerechnet »Rasse« als leitende Kategorie eine so große Rolle für Sombart spielte. Als wissenschaftliches, historisches und gesellschaftliches Erklärungsprinzip stieß die Rassentheorie nach 1900 fast einhellig auf Ablehnung.[171] Ganz tot war die Rassentheorie zur Jahrhundertwende jedoch nicht, wenngleich sie sich überwiegend in einer sektiererischen Außenseiterszene abspielte.

Eine angeblich wesenhafte Andersheit der Juden war von Rassenanthropologen wie Ludwig Woltmann (1871–1907), der nach seinem frühen Tod mit 36 Jahren selbst zum physiognomischen Vorbild des völkischen Blondheitskults avancierte, in seinem Werk »Politische Anthropologie« (1903) festgestellt

---

170 Vgl. *Brenner*, Michael: »Gott schütze uns vor unseren Freunden«. Zur Ambivalenz des Philosemitismus im Kaiserreich. In: Jahrbuch für Antisemitismusforschung 2 (1993) 174–199, hier 185–191, Zitat: 175.

171 Vgl. *Sieferle*: Rassismus 444.

worden.[172] Woltmann hielt fest, dass Juden »psychologisch« oder »anthropologisch« unmöglich in der Lage seien, Deutsche zu werden. Anpassung sei ausgeschlossen, da ein morphologisch bedingtes »Rassegefühl« zu tief in Fleisch und Blut sitze, »als daß es durch Erziehung und Gewöhnung sich beliebig modeln ließe.«[173] Woltmann und der Verleger Hans K. E. Buhmann kombinierten diese Ideen mit einem politischen Programm und formulierten als Ziel ihres Gemeinschaftsprojekts der »Politisch-Anthropologischen Revue«, »[d]ie Staaten als kulturelle Werkzeuge in der biologischen Entwicklung der Gattung aufzufassen und sie immer mehr in den Dienst der Züchtung und Erziehung der Rasse zu stellen«.[174]

Juden und Nichtjuden sollten sich in den Augen Woltmanns nicht vermischen. Er bezog sich dabei unter anderem auf Leo Sofer, der einen Trend der »Entmischung der Rassen« beschrieben hatte. Sofer war ein zionistischer Rassenanthropologe und ebenfalls Autor der Politisch-Anthropologischen Revue.[175] Als jüdischer Mitarbeiter Woltmanns betonte Sofer dessen Unvoreingenommenheit gegenüber der »Rassenkunde der Juden«. Tatsächlich arbeitete Woltmann auch mit jüdischen Autoren zusammen, die sich dem Rassegedanken verpflichtet fühlten und damit ihre zionistische Position fundierten.[176] Zionistische Rassen-

172 Vgl. *Schäfer*, Julia: Vermessen – gezeichnet – verlacht. Judenbilder in populären Zeitschriften 1918–1933. Frankfurt a. M. 2005, 145. Über die unterschiedlichen Auffassungen, die nicht immer davon ausgingen, die Juden seien eine »Rasse«, sondern etwa »Mischrasse«, »Volkstum« oder »Artbewusstsein«, in ihrer durchweg diffamierenden Absicht und Wirkung aber miteinander übereinstimmten, vgl. *Römer*, Ruth: Sprachwissenschaft und Rassenideologie in Deutschland. München 1985, 171–180.

173 *Woltmann*, Ludwig: Politische Anthropologie. Eine Untersuchung über den Einfluss der Descendenztheorie auf die Lehre von der politischen Entwicklung der Völker. Jena 1903, 308 f.

174 *Woltmann*, Ludwig/*Buhmann*, Hans K. E.: An unsere Mitarbeiter. In: Politisch-Anthropologische Revue 1 (1902) 79–80, hier 80. In der »Politisch-Anthropologischen Revue« wurden neben zahlreichen neuen, bisweilen sogar bahnbrechenden soziologischen und kriminologischen Studien auch Fragen der rassischen Vitalität und Degeneration erörtert. Begonnen als eine unter vielen anthropologischen Zeitschriften um 1900, wurde sie schließlich herausragend für die Entwicklung und Etablierung der biologischen Anthropologie. Die Zeitschrift war nicht ausdrücklich oder durchgehend antisemitisch, jedoch »im Klima der öffentlichen Meinung jener Zeit antisemitischen Interpretationen leicht zugänglich«, *Pulzer*: Die Entstehung des politischen Antisemitismus 252. Vgl. auch *Hufenreuter*, Gregor: Politisch-Anthropologische Revue (1902–1922). In: *Benz*, Wolfgang (Hg.): Handbuch des Antisemitismus. Judenfeindschaft in Geschichte und Gegenwart. Bd. 6. Berlin 2013, 540–543.

175 Zu Sofer, vgl. *Lipphardt*: Biologie der Juden 67 f.

176 Vgl. *Kipper*, Rainer: »Ein Kampf um Rom« und die Söhne Noahs. Völkisches Denken und jüdische Erinnerung im Deutschen Kaiserreich. In: *Hotam*, Yotam/*Jacob*, Joachim (Hg.): Populäre Konstruktionen von Erinnerung im deutschen Judentum und nach der Emigration. Göttingen 2004, 19–32, hier 29; *Lipphardt*: Biologie der Juden 62–71. Nach dem Tode Woltmanns 1907 erfuhr die Revue eine Neujustierung. Unter der Leitung von Otto Schmidt-Gibichenfels verschärfte sich ihr Antisemitismus spätestens seit 1911 drastisch. Schmidt-Gibichenfels versuchte das Anthropologische in eine noch engere Verbindung zum

anthropologen wie Elias Auerbach (1882–1971), Felix Theilhaber (1884–1956) und Ignaz Zollschan (1877–1948) hatten den »Untergang der deutschen Juden« diagnostiziert, woraus sie das rassenbiologische Scheitern der jüdischen Assimilation ableiteten.[177] Mithilfe rassentheoretischer Ansätze kritisierten sie die kulturelle und rassische »Vermischung« von Juden und Nichtjuden, die beispielsweise zu Kinderarmut führe. Doch nutzten sie diese Diskurse auch, um die von antisemitischen Autoren behauptete Unveränderlichkeit und Minderwertigkeit der jüdischen Rasse abzuwehren.[178] Woltmann selbst bilanzierte über die »Judenfrage«: es bedürfe einer »Entmischung der Rassen«, zu der auch der Zionismus beitrage:

Die Judenfrage ist eine anthropologische Frage. Ein großer Teil der Judenschaft bleibt daher dem Ideal einer nationalen Wiedergeburt treu. Der Zionismus zieht immer weitere Kreise und wird zu einem geistigen Faktor, der die nationalistischen Bestrebungen, die in allen Völkern gegenwärtig erwachen, wirksam unterstützt. Wie die künftige politische Entwicklung zu einer Entmischung der Rassen und zu einer Sammlung der Völker hindrängt, so wird auch Juda einst seine zerstreuten Kinder aus der Fremde zusammenrufen und einen neuen nationalen Staat erleben.[179]

Politischen zu setzen und zielte auf die praktische Anwendung und politische Umsetzung rassenanthropologischer Erkenntnisse ab. 1914 wurde die Revue im Zuge einer Verdeutschung in »Politisch-Anthropologische Monatsschrift« umbenannt. Als das Blatt 1920 in finanzielle Schwierigkeiten geriet, wurde es vom »Deutschvölkischen Schutz- und Trutzbund« übernommen, der größten völkischen Nachkriegsorganisation Deutschlands, der sie als pseudowissenschaftliches Sprachrohr für seine antisemitische Propaganda nutzte. In der Weimarer Republik propagierte sie offen den Kampf gegen »Rassefeinde«, allerdings nur bis zum Herbst 1922, als sie zusammen mit dem Verbot des Bundes ihr Erscheinen einstellte, vgl. *Mittmann, Thomas*: Vom »Günstling« zum »Urfeind« der Juden. Die antisemitische Nietzsche-Rezeption in Deutschland bis zum Ende des Nationalsozialismus. Würzburg 2006, 118 f.
    177 Vgl. *Theilhaber, Felix A.*: Der Untergang der deutschen Juden. Eine volkswirtschaftliche Studie. München 1911. Die Theorien von Auerbach, Theilhaber und Zollschan finden sich ausführlich dargelegt bei John Efron, vgl. *Efron*: Defenders of the Race 123–174; sowie *Doron, Joachim*: Rassenbewusstsein und naturwissenschaftliches Denken im deutschen Zionismus während der Wilhelminischen Ära. In: Jahrbuch des Instituts für Deutsche Geschichte 9 (1980) 389–427; *Falk, Raphael*: Zionism, Race, and Eugenics. In: *Cantor, Geoffrey/Swetlitz, Marc* (Hg.): Jewish Tradition and the Challenge of Darwinism. Chicago 2006, 141–162; *Falk, Raphael*: Zionism and the Biology of Jews. 1. Aufl. Cham 2017. Auch die nichtjüdischen Autoren der Revue bezogen sich auf den Zionismus in diesem Sinne. Der Zionismus sei als Bewusstwerdung »ihrer jüdischen Rasseneigenart« begrüßenswert im Kampf gegen die »Assimilanten«. Der »nationale Zusammenschluß« der Zionisten als Vorzeichen ihres Exodus und der »Rassescheidung« von den Nichtjuden leite eine umfassende Wandlung ein und gereiche »sowohl für die jüdische, wie für die anderen Rassen zum Heil«, hieß es 1903, vgl. *Gernandt, Friedrich*: Die Aussichten des Zionismus. In: Politisch-Anthropologische Revue 2/8 (1903) 664–666.
    178 Vgl. dazu die Monographie von Veronika Lipphardt, die neben zionistischen auch nicht-zionistische jüdische Biologismen darstellt, *Lipphardt*: Biologie der Juden.
    179 *Woltmann*: Politische Anthropologie 309.

Angesichts dieser Haltung urteilt Peter Pulzer, dass Woltmann »anders als der ausgewachsene rassische Antisemitismus [...] nicht das Recht der Juden auf Achtung und menschliche Rücksichtnahme« leugnete und »mit absoluter Konsequenz« den Zionismus befürwortete.[180] Ob die Haltung auch anderer Rassenanthropologen mit »Achtung« treffend beschrieben ist, kann hier nicht nachvollzogen werden. Vieles deutet auf eine primär instrumentelle Beziehung hin.[181] Sombart war von diesem gedanklichen Umfeld jedenfalls stark beeinflusst. Er forderte die kulturelle Scheidung von Juden und Nichtjuden und bezog sich dabei auf rassenanthropologische Studien. Sombart pflegte auf Vorträgen zu scherzen, »daß wenn Eltern ihrem Sohne den Namen Siegfried Cohn geben, dieser Siegfried weder ein guter Siegfried noch ein guter Cohn werde«.[182] Mit ostentativer Wertschätzung von jüdischer »Eigenart« polemisierte Sombart gegen jüdische Assimilation und das Integrationsbestreben von Juden in die deutsche Kultur. Sombart wurde nicht müde, Kritik an der jüdischen »Assimilation« zu üben, wobei er sich des rassenhygienischen Diktums bediente, wonach »Rassenmischung« zum Niedergang der Menschheit führe. Es sei beiden Seiten gedient, so Sombart, die fortgesetzte »Blutsmischung der jüdischen Rasse mit den Nordvölkern«[183] einzudämmen. Auch wenn Sombart antisemitische Hassgefühle von sich wies, machte seine Darstellung unmissverständlich klar: »race mixing may create ›genius‹, but it is of a negative and destructive shape.«[184]

---

180 Vgl. *Pulzer:* Die Entstehung des politischen Antisemitismus 252.

181 Neben Woltmann bezogen sich auch radikal antisemitische Völkische wie Ludwig Wilser, der für die Revue eine Rezension von Theilhabers Werk geschrieben hatte, auf zionistische Rassentheorien, vgl. *Wilser,* Ludwig: Rezension von Felix A. Theilhaber, Der Untergang der deutschen Juden. In: Politisch-Anthropologische Revue 11 (1912/13) 335–336 sowie *Vogt,* Stefan: Between Decay and Doom: Zionist Discourses of »Untergang« in Germany, 1890 to 1933. In: *Aschheim,* Steven E./*Liska,* Vivian (Hg.): The German-Jewish experience revisited. Berlin 2015, 75–102, hier 84. Diese rein instrumentelle Bezugnahme knüpfte an die Forderungen vulgärer Antisemiten an, die Juden nach Palästina abzuschieben, verlieh sich aber den Anschein wissenschaftlicher Gesetzmäßigkeit. Selbst Jörg Lanz von Liebenfels (1874–1954), Schöpfer der »Ariosophie« und Herausgeber der berüchtigten »Ostara«-Hefte, pflichtete Zollschan und Theilhaber bei: »Wir gehen rechts, die Juden gehen links, wir wollen nichts als reinliche Scheidung und die tritt umso schneller und leichter ein, je früher die Juden mit ihrer nationalen Reinzucht beginnen.« Lanz-Liebenfels, Die Blonden als Schöpfer der Sprachen, ein Abriß der Ursprachenforschung (Protolinguistik), in: Ostara 7/52 (1911), zitiert nach *Becker,* Peter Emil: Zur Geschichte der Rassenhygiene. Stuttgart 1988, 375. Zu Lanz von Liebenfels und den *Ostara*-Heften, vgl. *Goodrick-Clarke,* Nicholas: Die okkulten Wurzeln des Nationalsozialismus. Graz 1997, 83–95.

182 Vgl. *Lenger,* Friedrich: Werner Sombart. 1863–1941. 2. Aufl. München 1995, 215.

183 Vgl. *Przyrembel,* Alexandra: »Rassenschande«. Reinheitsmythos und Vernichtungslegitimation im Nationalsozialismus. Göttingen 2003, 23, 34. Das Sombart-Zitat, *Sombart,* Werner: Die Zukunft der Juden. Leipzig 1912, 43.

184 *Gilman,* Sander L.: Smart Jews. The Construction of the Image of Jewish Superior Intelligence. Lincoln/Nebraska 1996, 50.

Wie kein Zweiter zementierte Sombart die Gleichsetzung des Judentums mit dem Kapitalismus (und umgekehrt) in der breiten Öffentlichkeit, indem er einem der geläufigsten antisemitischen Motive eine »wissenschaftliche Patina« verlieh.[185] Sein Werk »Die Juden und das Wirtschaftsleben« (1911) leitete die Genese der modernen kapitalistischen Produktionsweise aus dem »jüdischen Geist« und dem Spannungsverhältnis, das dieser im Zusammentreffen mit dem grundsätzlich verschiedenen Wesen der nordischen Völker erzeuge, ab. Das Werk wertete eine imposante Menge an Sekundärliteratur zur ökonomischen Geschichte der Juden aus, folgte jedoch einer höchst assoziativen Gedankenführung. Durch Vereinfachungen, Verallgemeinerungen und Zirkelschlüsse wurde ein reflexhafter Antikapitalismus ausgebildet, der mittels pointierter Formulierungen und höchst griffiger Dichotomien soziale und historische Kategorien in quasirassische Archetypen übersetzte.[186] Sombart galten alle sozialen Erscheinungsformen als – letztlich biologisierte – Vergegenständlichung von »Geist« und zugeschriebene Fähigkeiten als Ausdruck von Wesenseigenschaften. Dies galt auch für den Unterschied zwischen Deutschen und Juden. Die Germanen waren für ihn ein bodenständiges Waldvolk, das mit seiner wissenschaftlich-technischen Begabung für naturhaft-bodenständige Produktion und konkreten Instinkt stand. Diesem stellte er die Juden gegenüber, die als Wüsten- und Wandervolk nomadische Instinkte besäßen und ein abstraktes, rationales, intellektualisiert-rechnerisches Denken verkörperten.[187] So wie Sombart die jüdische Psyche mit dem Wesen des modernen Kapitalismus in eins setzte, verkörperten die Juden für ihn auch das Wesen des Geldes, da weder Juden noch Geld im Boden verwurzelt seien.[188] Es war dabei keineswegs als Kompliment gemeint, als er die

185 Vgl. *Muller,* Jerry Z.: The Mind and the Market. Capitalism in modern European thought. New York 2002, 60; *Hart,* Mitchell B.: Jews, race, and capitalism in the German-Jewish context. In: Jewish History 19/1 (2005) 49–63, hier 53; *Mendes-Flohr,* Paul R.: Werner Sombart's: The Jews and Modern Capitalism: An Analysis of its Ideological Premises. In: The Leo Baeck Institute Year Book 21 (1976) 87–107, hier 96. Auch für die Verknüpfung von jüdischem Geist, Kapitalismus und »Amerikanismus« spielte Sombart eine tragende Rolle, vgl. *Wolin,* Richard: The Seduction of Unreason. The intellectual Romance with Fascism. Princeton 2004, 300.

186 Vgl. *Herf,* Jeffrey: Reactionary modernism. Technology, culture, and politics in Weimar and the Third Reich. Cambridge 1984, 130; *Sieg:* Jüdische Intellektuelle im Ersten Weltkrieg 179 f.

187 Zu dieser längst nicht nur von Sombart geteilten Gegenüberstellung, vgl. *Zechner,* Johannes: Der deutsche Wald. Eine Ideengeschichte zwischen Poesie und Ideologie 1800–1945. Darmstadt 2016, 134–136.

188 Vgl. *Herf:* Reactionary modernism 141. Jeffrey Herf charakterisiert Sombart aufgrund der von ihm popularisierten Gegensatzpaare von abstrakt und konkret, nomadisch und verwurzelt, jüdischem Geist und deutscher Technologie, und der damit einhergehenden Sehnsucht nach der Befreiung Deutschlands von jüdischem Geist, als Verfechter eines »deutschen Antikapitalismus« (Wolfgang Hock) und einen der einflussreichsten Vertreter eines »reactionary modernism« und bedeutenden Zuträger des modernen Antisemitismus, vgl. *Herf:* Reactionary modernism 130–151. Der Verweis auf Hock, ebd. 143. Vgl. auch *Diner,* Dan: Feindbild Amerika. Über die Beständigkeit eines Ressentiments. Berlin 2002, 188 f.; *Hock,*

»alle anderen Einflüsse weit übergipfelnde Bedeutung« der Juden als Begründer des Kapitalismus hervorhob.[189] Die Juden seien »Herren des Geldes und durch das Geld, das sie sich untertan machten, die Herren der Welt«.[190]

Sombart forderte im Unterschied zu den bisher dargestellten, überwiegend radikalantisemitischen Stimmen keineswegs die Rücknahme der Emanzipation oder andere Zwangsmaßnahmen. Auch wenn er der Überzeugung war, »daß es Juden gibt, jüdische Eigenarten und jüdische Unarten, und daß das Zusammenleben der Juden mit uns ein schwieriges Problem ist«[191], müssen weder Sombarts Werk noch seine Person als antisemitisch gelten. Das folgert weniger aus Sombarts ostentativer Wissenschaftlichkeit und Vorurteilslosigkeit, durch die er das Werk von seiner Privatmeinung zu trennen vorgab[192], als vielmehr aus der Tatsache, dass er die herausragende historische Rolle der Juden keineswegs nur in diffamierender Weise beschrieb. Es drang stets auch Bewunderung für die intellektuellen Fähigkeiten der Juden durch, die viel zur Entwicklung der restlichen Menschheit beigetragen hätten.[193] Derek Penslar charakterisiert Sombarts Werk deshalb als »proteisch«, da es verschiedene Interpretationsmöglichkeiten anbot.[194] Auch die zeitgenössische jüdische Rezeption des Buches war gespalten: Sombarts Behauptung, kapitalistische Denk- und Handlungsweisen entsprängen dem jüdischen Geist, hatte im liberalen Lager sowohl Applaus und Zustimmung, wie auch Antisemitismus-Vorwürfe zur Folge.[195] Das zionistische Lager war

Wolfgang: Deutscher Antikapitalismus. Der ideologische Kampf gegen die freie Wirtschaft im Zeichen der grossen Krise. Frankfurt a. M. 1960.

189 *Sombart,* Werner: Die Juden und das Wirtschaftsleben. Leipzig 1911, VII; vgl. auch *Barkai,* Avraham: Einleitung. In: *Barkai,* Avraham/*Barkai-Lasker,* Schoschanna (Hg.): Jüdische Minderheit und Industrialisierung. Demographie, Berufe und Einkommen der Juden in Westdeutschland 1850–1914. Tübingen 1988, 1–9, hier 1 f.

190 *Sombart:* Die Juden und das Wirtschaftsleben 427.

191 Norddeutsche Allgemeine Zeitung vom 10.02.1912, zitiert nach *Lenger:* Werner Sombart 210 f.

192 Nicolas Berg weist darauf hin, dass Sombarts Thesen bereits fester Bestandteil der populären antisemitischen Wahrnehmung waren, so dass ein antisemitisches Bekenntnis nicht das entscheidende Kriterium darstellt, vgl. *Berg,* Nicolas: Juden und Kapitalismus in der Nationalökonomie um 1900: Zu Ideologie und Ressentiment in der Wissenschaft. In: *Backhaus,* Fritz/*Gross,* Raphael/*Weissberg,* Liliane (Hg.): Juden. Geld. Eine Vorstellung. Frankfurt a. M. 2013, 284–307, hier 284.

193 Vgl. *Sutcliffe,* Adam: Anxieties of Distinctiveness: Werner Sombart's The Jews and Modern Capitalism and the Politics of Jewish Economic History. In: *Kobrin,* Rebecca/*Teller,* Adam (Hg.): Purchasing Power. The Economics of modern Jewish History. Philadelphia 2015, 238–258, hier 253; *Hart:* Jews, race, and capitalism 54.

194 Vgl. *Penslar:* Shylock's children 165 f.

195 Vgl. *Dietrich,* Christian: Eine deutsch-jüdische Symbiose? Das zionistische Interesse für Fichte und Sombart, Moritz Goldsteins Überlegungen zur deutsch-jüdischen Kultur und die Schwierigkeiten mit dem Bindestrich. In: *Kotowski,* Elke-Vera (Hg.): Das Kulturerbe deutschsprachiger Juden. Eine Spurensuche in den Ursprungs-, Transit- und Emigrationsländern. Berlin 2015, 43–55, hier 44–48.

vor allem von der Verwendung des Volksbegriffes begeistert. Sombart hatte das Judentum in seiner ganzen Geschichte stets als Volk mit einem eigenen Nationalcharakter beschrieben.[196] Sombart erhielt in Folge zahlreiche Einladungen zionistischer Jugendvereine und Studentenorganisationen, um seine Ansichten darzulegen.[197]

Allerdings äußerte sich Sombart sehr wohl zur »Judenfrage« in der Gegenwart. Er legte seine persönlichen Anschauungen, die er von seinem Wissenschaftswerk abgegrenzt wissen wollte, im Spätherbst 1911 in einem Vortragszyklus dar. Dieser erschien kurz darauf in Druckform und diente nicht zuletzt der Bewerbung seines großen Buches. »Die Zukunft der Juden« (1912) war die den »Juden und das Wirtschaftsleben« nachgereichte »Bekenntnisschrift«. Sombart führte darin aus, dass es eine sowohl Juden wie Nichtjuden betreffende »Judenfrage« gebe, die durch Trennung und »kulturelle Scheidung« gelöst werden solle. Die »Judenfrage«, so fuhr er fort, stelle »die Möglichkeiten unserer Kulturentwicklung überhaupt in Frage«.[198]

Dieselbe Forderung hätte auch in einem antisemitischen Pamphlet stehen können. Sombarts Position in den Vorträgen lässt sich jedoch besser mit der eingangs angeführten Definition als philosemitisch und, genauer, *philozionistisch* definieren. Sombart schwang sich dazu auf, im Sinne und zum Wohle der Juden selbst zu sprechen. Dabei beschrieb er vor allem den Zionismus als Perspektive für die deutschen Juden: Der Jude solle wieder als Jude leben, um »mit seinem ganzen Willen und seiner brennenden Leidenschaft der ganzen Welt zum Trotz auch in alle Zukunft als selbstständiger Volkskörper sich zu erhalten.«[199] Die Assimilation dagegen stellte Sombart als Unglück für die Juden selbst dar.

Es war allerdings nicht zu übersehen, dass Sombart Assimilation nicht nur als unmöglich, sondern auch als nicht wünschenswert begriff.[200] Wie bereits erwähnt, teilte Sombart die rassentheoretischen Anschauungen über die gesellschaftliche Integration von Juden als widernatürliche und aussichtslose Verschmelzung. Er bedachte die »assimilationslüsternen Juden«[201] mit diffamieren-

---

196 Vgl. *Penslar:* Shylock's children 165–173; *Eloni:* Die umkämpfte nationaljüdische Idee 673 f.; *Barkai:* Einleitung 1–3; *Mendes-Flohr:* Werner Sombart's: The Jews and Modern Capitalism; *Mosse, Werner E.:* Judaism, Jews and Capitalism. Weber, Sombart and Beyond. In: The Leo Baeck Institute Year Book 24 (1979) 3–15; Die meisten zionistischen Reaktionen fielen zwar positiv aus, doch kritisierte mit Franz Oppenheimer auch ein Zionist Sombarts Annahme einer »inneren, dauernden Wesensverschiedenheit der Juden und Nichtjuden«, deren Verfechter »antisemitische und nationaljüdische Rassenchauvinisten« seien, vgl. *Lenger:* Werner Sombart 207–218, hier 207.
197 Vgl. *Lenger:* Werner Sombart 213.
198 *Sombart:* Die Zukunft der Juden 9.
199 Ebd. 53.
200 Vgl. *Lenger:* Werner Sombart 212.
201 *Sombart:* Die Zukunft der Juden 69 f.

den Attributen[202] und bediente darüber hinaus weitere antisemitische Bilder, wie die angebliche jüdische Dominanz in der deutschen Presse. Seine Aversion gegen den »schwarzblonden Mischmach«[203], also Mischehen zwischen Juden und Nichtjuden, ging auf die Rassentheorien Gobineaus und anderer zurück. Sombart bevorzugte indes den Verweis auf jüdische Autoren, die, wie etwa Theilhaber, gleichfalls argumentierten, dass die »Blutsverschiedenheit zwischen Juden und europäischen Völkern«[204] zu groß sei.[205] Sombart polemisierte gegen die Aufklärung und das bürgerliche Denken, die als ideologische Kategorien »den Menschen« und »den Staatsbürger« entworfen hatten, wo doch allein der völkische Gegensatz eine reale Erscheinung des Lebens darstelle. Die Erhaltung der verschiedenen Arten sei wünschenswert, ihre Vermischung und »unnatürliche Paarung« dagegen schädlich für beide Seiten.[206]

Den gesamten Text durchzieht eine Ambivalenz, die es verhindert, mit Entschiedenheit festzustellen, ob es Sombart um die Anerkennung des Zionismus oder die Abwertung der jüdischen Mehrheit ging. Sombarts Darstellung der Zionisten als »aufrechte Juden« und damit achtenswertes Gegenmodell hatte jedenfalls keinen rein instrumentellen Charakter. Zum einen führte Sombart einen humanitären Aspekt an: Der Zionismus sollte als praktische Hilfsbestrebung die »Judennot« in Osteuropa lindern und den von Armut, Verfolgung und Diskriminierung geschlagenen russischen und galizischen Juden in Palästina eine neue Heimat geben. Zum anderen vertrat Sombart einen dezidiert positiven Begriff von jüdischer Kultur. Die nationaljüdisch geprägte kulturelle Renaissancebewegung verkörperte für ihn eine begrüßenswerte »Gesinnungsreform« und »innerliche Wandlung«. Sie weise in eine klare Richtung: Die Konsequenz gesunden jüdisches Volksbewusstseins sei eine begrüßenswerte kulturelle Trennung der Juden und Nichtjuden.[207]

Unterscheidet sich nun Sombarts Position eindeutig von der antisemitischen Taktik, die Anerkennung des Zionismus vorzugeben, um dann umso beherzter

---

202 Es fielen Begriffe wie »Duckmäuser«, »Leisetreter«, »Kriecherei«, »Streberei«, Sombart: Die Zukunft der Juden 52, 60.
203 Ebd. 72.
204 Ebd. 40 f.
205 Die soziologisch-anthropologischen Arbeiten von Theilhaber und Arthur Ruppin übten auf Sombart besonderen Einfluss aus, vgl. Ruppin, Arthur: Briefe, Tagebücher, Erinnerungen. Königstein 1985, 242; Steinweis, Alan E.: Studying the Jew. Scholarly antisemitism in Nazi Germany. Cambridge 2006, 147 f.
206 Sombart: Die Zukunft der Juden 58.
207 Ohne besonders ausführlich zu beschreiben, wie sich das Zusammenleben von Juden und Nichtjuden in Zukunft gestalten sollte, forderte er einen »Willen zum Judentum« ein. Dazu zählten etwa die Pflege jüdischer Kunst und Tradition als äußerliches Wahrzeichen, Jude zu sein, wie auch ein jüdischer Staat zu diesem »Wille selbst zu sein« dazugehöre. Darin gewinne jüdische Renaissance einen Mittelpunkt, »wo das jüdische Wesen sich in Reine entfalten könne«, vgl. ebd. 65.

die liberale jüdische Mehrheit zu diffamieren und ihr ihre Daseinsberechtigung abzusprechen? Sombart distanzierte sich zumindest von antijüdischen Zwangsmaßnahmen. Die nationale Wiedergeburt des Judentums machte es ihm zufolge keineswegs nötig, dass die deutschen und europäischen Juden, so es nicht Not und Verfolgung gebieten, ihren Wohnsitz nach Palästina verlegen. Die kulturelle Trennung, die Sombart vorschwebte, sollte nicht durch Druck, sondern freiwillig erfolgen. Er plädierte sogar dafür, die letzten noch bestehenden Rechtsschranken aufzuheben. Doch hoffe er auf »die Klugheit und den Takt [...], diese Gleichberechtigung nicht überall und in vollem Umfange auszunützen.«[208] Er fügte hinzu, dass die Nichtjuden einen massenhaften Exodus der Juden gar nicht wünschten, da mit dem Verlust der reichsten, betriebsamsten Bürger der Zusammenbruch der Volkswirtschaft drohe. Damit schloss Sombart an seine Wirtschaftstheorie an, in der er kaufmännische Erfolge auf angeborene und unveränderliche jüdische Wesenseigenschaften zurückführte. Sombart inszenierte sich so zum Bewahrer der von ihm herausgestellten jüdischen Qualitäten. Die Juden besaßen in den Augen Sombarts eine Sonderart, zu der man sich aber voller Stolz bekennen könne. Kurzum: Nicht der jüdische Geist als solches sei verdammenswert, nur seine Vermischung mit anderen Völkern. Menschheit betrachtete Sombart nicht vom Individuum aus, sondern in Volkseinheiten. Deswegen war sein Grundsatz der folgende: Verschiedene Völker sollten seiner Meinung nach geschieden werden, um gegenseitig sich ergänzende Wesenseigenschaften zu erhalten. »Artenreichtum« und »Reinheit dieser Arten« wurden »im Interesse der Vielgestaltigkeit der Welt«[209] als Idealvorstellungen gesetzt.[210] Die produktive Funktion, die Sombart feststehenden Eigenschaften und Fähigkeiten der Juden zuschrieb, unterschied ihn also grundsätzlich von radikalen antisemitischen Zeitgenossen. Diese produktive Zuschreibung schlug sich auch in Sombarts Bild eines Judenstaates nieder, das unter den bisher gezeigten Akteuren heraussticht.[211]

Ein Judenstaat würde ein produktiver Bestandteil einer Weltgesellschaft sein. Sombarts Vorstellung einer solchen beruhte jedoch nicht auf den Idealen der Aufklärung und bürgerlicher Emanzipation, sondern verstand sich als Kritik daran. Weltgesellschaft konstituierte sich für Sombart nach völkischen Kriterien: eine nach Völkern und Rassen gegliederte, ethnisch separierte Menschheit.

---

208 Ebd. 87.
209 *Sombart*, Werner. In: *Sombart*, Werner/*Landsberger*, Artur (Hg.): Judentaufen. München 1912, 7–20, hier 15.
210 Vgl. *Lenger:* Werner Sombart 212. Die rassische »Vereinheitlichung der Menschenspezies, die Herausbildung des Einen Normaltypus – des american man« diente Sombart als »schauerliches« Gegenmodell, vgl. ebd. 217.
211 Obwohl Sombarts prozionistische Haltung Gegenstand zahlreicher Darstellungen ist, wurde dieses Bild eines möglichen Judenstaates bislang stets ausgespart, vgl. etwa die jüngste Darstellung *Vogt:* Subalterne Positionierungen 377–387.

Sombarts Anschauungen nahmen zwar völkische Anleihen, sollten jedoch vom Nationalismus, wie ihn Völkische und später Nationalsozialisten vertraten, unterschieden werden. Sombart predigte zwar Ungleichartigkeit, jedoch nicht Ungleichwertigkeit und strebte keine »Ordnung der Ungleichheit« an. Besser eignet sich daher der Begriff des »Ethnopluralismus«.[212]

Die Juden stellten für Sombart ein Volk unter vielen dar – jedoch ein besonderes. Sombart sah das Kosmopolitische als nationale Eigenart der Juden. Die meisten Antisemiten und Völkischen hielten die Juden für kosmopolitisch, internationalistisch, nomadisch – und gerade deswegen war es für sie entweder unwahrscheinlich, ausgeschlossen oder bedrohlich, dass Juden einen eigenen Staat bildeten. Sombart prognostizierte jedoch gerade aufgrund dieser Zuschreibungen eine bedeutende, und unter den Völkern hervorragende Funktion eines jüdischen Staates. Ähnlich zu seiner Wirtschaftstheorie, nach der die Juden befruchtend auf das Wirtschaftsleben der Völker eingewirkt hätten, sprach Sombart auch einem Judenstaat eine ähnlich befruchtende Wirkung zu.

Ihn überzeugte es nicht, wenn Zeitgenossen die Gründung eines Judenstaates für unmöglich hielten, da die Juden »niemals eine eigentlich staatenbildende Kraft« gehabt hätten und »nicht fähig« seien, »Ackerbauer zu werden und […] das Fundamentum eines geordneten Staates zu legen«[213]. Viel wichtiger war für ihn ohnehin, dass ein geordneter Staat auch ohne Ackerbau denkbar sei, zumal in einer Zeit, in der die Bedeutung von Geld- und Kreditwirtschaft nicht zu leugnen war. Das lief den von der überwiegenden Mehrheit der Völkischen geteilten Auffassung vom Wert »schaffender Arbeit« klar zuwider.[214] Sombart hatte das Judentum durch angeblich nomadisch-händlerische Wesenszüge charakterisiert; warum sollten die Juden diese »Note der ›Wüste‹, die sie seit jeher in

212 Stefan Breuer betont, dass Völkische und Nationalsozialisten nicht bloß die »nationalistische Basisüberzeugung«, dass sich die Menschheit nicht als solche, sondern in Völker und Nationen gliedere sowie das Kernelement des Rechtsnationalismus, dass diese Völker und Nationen als geschlossene Organismen mit eigenem »Seelentum« zu begreifen seien, teilten. Entscheidend ist, dass sie aus diesen Annahmen eine »Ordnung der Ungleichheit« konstruierten und auf rassischer oder rasseimperialistischer Grundlage den Status eines deutschen Großreichs oder gar einer Weltmacht anstrebten, vgl. *Breuer*, Stefan: Nationalismus und Faschismus. Frankreich, Italien und Deutschland im Vergleich. Darmstadt 2005, 167. Das Konzept des »Ethnopluralismus« gewann schließlich für die Neue Rechte der 1970er-Jahre Bedeutung. Die Soziologin Claudia Globisch zeigt, dass Juden von diesem Konzept häufig ausgenommen waren und in der nationalrevolutionären und reaktionär-antikapitalistischen Befreiungsphilosophie keinen Platz fanden. Antisemitismus und Ethnopluralismus schließen sich demnach nicht prinzipiell aus, vgl. *Globisch*, Claudia: »Deutschland uns Deutschen, Türkei den Türken, Israelis raus aus Palästina«. Zum Verhältnis von Ethnopluralismus und Antisemitismus. In: *Globisch*, Claudia/*Pufelska*, Agnieszka/*Weiß*, Volker (Hg.): Die Dynamik der europäischen Rechten. Geschichte, Kontinuitäten und Wandel. Wiesbaden 2011, 203–225.
213 *Sombart:* Die Zukunft der Juden 62 f.
214 Vgl. *Breuer:* Die Völkischen in Deutschland 56, 239.

das Menschheitskonzert hineingetragen haben«, in einem eigenen Gemeinwesen ablegen, fragte er rhetorisch.[215]

Sombart reproduzierte zwar die antisemitische Gegenüberstellung eines Waldvolkes und eines Wüsten- und Nomadenvolkes. Daraus leitete er jedoch nicht die Unmöglichkeit, sondern eine besondere Prägung des potentiellen Judenstaates ab. Für Sombart konnte ein Judenstaat auch als Händlerstaat fungieren, der keinen »so arg großen Nachdruck auf die Ansiedlung als Bauern legen« müsse:

> Es wäre schon viel gewonnen, wenn sie als Gewerbetreibende oder Händler in diesen Gegenden ihren Unterhalt gewinnen könnten. Und es scheint doch viel Aussicht zu sein, daß diese Länder wieder einmal zu einer ähnlichen Stellung in der Vermittlung zwischen Okzident und Orient gelangen, wie sie sie jahrhundertelang im Mittelalter besessen haben. Dann aber wäre eine große jüdische Bevölkerung als vorgeschobener Posten gegen den Orient gerade in kommerzieller Hinsicht auch für die europäischen Nationen ein großer Gewinn.[216]

Sombart übertrug damit seinen Glauben an einen festen und naturhaften jüdischen Handelsgeist auf die Ebene der Staatlichkeit. Ein solcher zu bildender jüdischer Staat war für ihn nicht nur möglich, sondern für die europäischen Nationen auch in wirtschaftlicher Hinsicht nützlich.

Dieses Kapitel hat somit gezeigt: Auch wer an ein jüdisches Nomadentum glaubte und Ansichten über feststehende jüdische Rasseeigenschaften teilte, musste trotzdem kein durchtriebener Judenfeind sein: Sombart griff permanent auf antisemitische Bilder und Wahrnehmungen zurück und verteidigte, festigte und popularisierte diese in eigenen Theorieansätzen. Aus rassentheoretischer Überzeugung heraus forderte er die Trennung angeblich feststehender Volkseinheiten. Aber: Er wandte sich nicht gegen die Emanzipation der Juden, sowenig auch nur an einer Stelle Gewalt- oder Vernichtungsphantasien erkennbar wurden.

Sombart skizzierte ein spezifisches Bild des Jüdischen und, daran anschließend, eines jüdischen Staates. Ein Judenstaat stellte für ihn eine durchaus begrüßenswerte Aussicht dar. Sombarts Wahrnehmung des Jüdischen unterstreicht die eingangs festgehaltene Ambivalenz, die dem Phänomen Philozionismus anhaftet. Wie für viele Philosemiten typisch, vertrat auch der Nichtjude Sombart den Anspruch, besser als die Juden selbst zu wissen, wo sie ihr Glück finden würden. Mit dem Zionismus glaubte Sombart den idealen Pfad für das Judentum zu kennen. Die Kehrseite seiner positiven Zionismus-Darstellung war eine Fundamentalkritik an der Mehrheit der deutschen Juden, ihrer Assimilation. Damit zählte Sombart einerseits zu den wenigen Autoren, deren Denken von völkischen

---

215 *Sombart:* Die Zukunft der Juden 64.
216 Ebd. 31 f. Über das Motiv eines Judenstaats als vorgeschobenen europäischen Stützpunkt im Orient, vgl. Kap. II.

Anschauungen beeinflusst war, und zugleich eine positive Darstellung eines Judenstaates und der zionistischen Kulturbewegung präsentierte. Andererseits unterstützte dieses positive Bild seine Hoffnung auf die kulturelle Scheidung von Juden und Nichtjuden. Das eine war von dem anderen nicht zu trennen.

Auch der zweite hier untersuchte Philozionist, der Dichter Börries von Münchhausen, war eine besondere und ebenfalls höchst ambivalente Erscheinung.

2.3.2   Jüdischer Adel und ein »nationaler Eiterungsprozess«: Börries von Münchhausen

Den Zionisten
Wer sich einen Deutschen nennt,
Und die Heimatsehnsucht kennt,
Und der Völker Freiheit preist,
Ja, der muss auch fördern, segnen
Euren Zionistengeist.
Peter Rosegger, 1900.[217]

Im Jahr 1900 wurde ein Werk publiziert, das als literarisches Zeugnis für die »Dialektik zwischen Zionismus und Philosemitismus«[218] gelten kann. Der prächtig gestaltete Lyrikband »Juda«[219] war das Gemeinschaftswerk zweier junger Künstler, eines galizischen Juden proletarischer Herkunft und eines niedersächsischen Aristokraten, der ein Nachfahre des berühmten Lügen-Barons war: Die Bildgestaltung stammte von Ephraim Moses Lilien (1874–1925), der später der bekannteste zionistische Illustrator werden sollte; die Gedichte aus der Feder des Balladendichters Börries von Münchhausen, der den Adel der alten Hebräer besang.[220] »Juda« stieß sowohl in jüdischen wie nichtjüdischen

---

217 »P. K. Rosegger über den Zionismus«, Die Welt 3/4 (1900) 3. Das ehrliche zionistische Bekenntnis zu Volkstum und Heimat war es, das den Zionisten die Anerkennung des österreichischen Heimatdichters eingetragen hatte, wie Emil Kronberger wiedergibt, der das Interview mit Rosegger geführt hatte. Rosegger grenzte die »rechtschaffenen« Zionisten von jüdischen »Auswüchse[n] der Börse und Presse« ab. Diese philozionistische Ambivalenz, die unter dem Schlagwort Assimilation antisemitische Denkweisen mit der Anerkennung des Zionismus kombinierte, wird nachfolgend diskutiert.
218 *Edelmann-Ohler*, Eva: Philosemitismus als Textverfahren – Zum Verhältnis von »poetischem Zionismus« und Philosemitismus in Börries von Münchhausens Juda (1900). In: *Theisohn*, Philipp/*Braungart*, Georg (Hg.): Philosemitismus. Rhetorik, Poetik, Diskursgeschichte. Paderborn 2017, 269–291, hier 269.
219 *Münchhausen*, Börries von: Juda. Goslar 1900.
220 Zur Entstehungs- und Wirkungsgeschichte des Buches sowie die Beziehung Münchhausens und Liliens vgl. *Ditfurth*, Jutta: Der Baron, die Juden und die Nazis. Adliger Antisemitismus. Hamburg 2015, 149–166, *Gans*, Henning: »Ich lass hier alles gehn und stehn…«. Börries von Münchhausen, ein Psychopath unter drei Lobbyismokratien. Leipzig 2017, 195–222.

Abb. 4: Börries von Münchhausen, portraitiert von Hermann Struck, ca. 1920.

Kreisen auf große Resonanz. Es wurde »ein Lieblingsbuch des jüdischen Hauses und fehlte damals auf keinem Barmizwah-Tisch und unter keinem jüdischen Weihnachtsbaum«, erinnerte sich später der zionistische Schriftsteller Sammy Gronemann.[221] Münchhausen selbst berichtete einige Jahre später: »In Dutzenden erschienen lange Aufsätze darüber, Adressen kamen – eine aus Salamanca, eine vom Ober-Rabbinat von Rumänien –, in Wien wurde über das Buch ›Juda‹ gepredigt und auch in synagogale Gebete soll mein (und meiner Mutter!) Name daraufhin aufgenommen worden sein.«[222]

221 Zitiert nach *Ditfurth*: Der Baron, die Juden und die Nazis 158.
222 *Münchhausen*, Börries von: Autobiographische Skizze. In: Das literarische Echo. Halbmonatsschrift für Literaturfreunde 20/13 (1917/1918) 765–774, hier 771.

Besonders euphorisch fielen die Reaktionen erwartungsgemäß unter Zionisten aus. Dass der konservative Aristokrat Münchhausen das Werk verfasst hatte, werteten sie als Zeichen dafür, dass die zionistische Idee die Kraft und Schönheit besaß, nicht nur Juden zu Kunstwerken zu inspirieren, und darüber hinaus zur Versöhnung von Nichtjuden und Juden beizutragen. So wurde das Werk in der »Welt« als Ausdruck für »ein mehr als freundliches Verständnis für die Gesinnung der Zionisten« unter Nichtjuden gewertet; der Zionist Lilien und der »germanische Aristokrat« Münchhausen begegneten sich auf Augenhöhe »zu einem gemeinsamen Kunstwerke voll jüdischen Gehaltes«.[223] Und tatsächlich lassen sich tiefe Sympathie und Freundschaft füreinander beobachten: Herzl schrieb Münchhausen einen euphorischen Brief, in dem er ihn den Lord Byron der zionistischen Bewegung nannte.[224] Münchhausen verfasste zum Tode Herzls später ein Gedicht, um dem »Mose der Zeit«, der sein »Volk aus der Fremde ins Vaterland führte«, ein Denkmal zu setzen.[225] Besonderen Einfluss übte »Juda« auf die »Jungjüdische Bewegung« aus, einer zionistischen Strömung, die nach eigenständigen kulturellen Ausdrucksformen in den Bereichen Literatur, Kunst und Musik suchte.[226] In den Zirkeln dieser jüdischen Renaissancebewegung wurde »Juda« als Beginn der modernen jüdischen Volks- und Nationalkultur gefeiert.

Der Zionist Theodor Zlocisti (1874–1943) sah in der Anerkennung vonseiten eines nichtjüdischen Aristokraten einen besonderen Ritterschlag für die zionistische Idee: »Es ist die innere Ueberwindung des Judenhasses, den alle ›Abwehr‹ nur giftiger machte. Aus dem historischen Interesse für unsere Vergangenheit wird sich ein Verständnis für die seelische Struktur unseres Volkes ergeben […]. Münchhausen's Buch wird uns neuen Juden Freunde werben. Man wird an ihm nicht vorübergehen wie an irgend einem Gedichtband.«[227] Bei Zlocisti drang die von vielen Zionisten geteilte Auffassung durch, dass die Assimilation als

---

223 *Jaffé*, Robert: Zionisten und Christen. In: Die Welt 5/7 (1901) 2–4, hier 3; vgl. auch *Gelber*, Mark H.: Melancholy pride. Nation, race, and gender in the German literature of cultural zionism. Tübingen 2000, 116.

224 Vgl. *Brenner*, Michael: Jüdische Kultur in der Weimarer Republik. München 2000, 37.

225 Das Gedicht im vollständigen Wortlaut: Theodor Herzl//Wasser des Lebens aus steinernen Herzen schlug deine Hand,/ Du führtest dein Volk aus der Fremde ins Vaterland/Und sahst doch nur von den Bergen die heilige Flur,/ Die der ewige Gott der Väter dem Samen des Abraham schwur,–/ Du Mose der Zeit, da das Heimweh in Israel stieg,/ Du Mose unserer Tage, Gott geb deiner Sache den Sieg!/, abgedruckt in *Münchhausen*, Börries von: Die Balladen und ritterlichen Lieder. Berlin 1920, 237. Das Gedicht wurde später von Siegfried Friedländer vertont, vgl. *Whistling*, Carl Friedrich (Hg.): Hofmeisters Handbuch der Musikliteratur. Bd. 15. Leipzig 1914, 118.

226 Vgl. *Brenner*: Gott schütze uns vor unseren Freunden 184 f.; *Gelber*, Mark H.: The Jungjüdische Bewegung. An Unexplored Chapter in German-Jewish Literary and Cultural History. In: The Leo Baeck Institute Year Book 31 (1986) 105–119.

227 *Zlocisti*, Theodor: Juda. In: Ost und West 1/1 (1901) 63–68, hier 65.

»Artverleugnung« Antisemitismus hervorrufe, wohingegen Stolz auf jüdisches Volkstum den Juden Anerkennung eintrage.

Doch auch Antisemiten rezipierten »Juda«. Münchhausen berichtete von antisemitischen Autoren, die die Erklärung für die Entstehung des Buches »in meinem Stammbaum oder in meinem Bankkonto«[228] suchten. Jüdische Vorfahren hatte Münchhausen nicht, auch waren seine Balladen keine zionistischen Auftragsarbeiten. Die Reaktionen auf »Juda« schwankten also zwischen Euphorie auf jüdischer Seite und Anfeindungen von Antisemiten – damit ist die Geschichte Münchhausens jedoch nicht auserzählt. Münchhausen war eine der widersprüchlichsten Persönlichkeiten seiner Zeit: von Zionisten gefeiert, von Antisemiten verachtet, erklärter Freund Herzls – und später dann überzeugter Nationalsozialist. Was sagt uns dessen Werk und Leben?

Münchhausens Haltung zum Judentum ist nicht hinreichend untersucht, wenn man nur seine Romantisierung biblischer Landschaften und Figuren betrachtet.[229] Der ganz frühe und der ganz späte Münchhausen helfen, seine Beziehung zum Zionismus zu verstehen. Lilien und Münchhausen kannten sich seit etwa 1900 aus der Berliner Literatenszene, wo beide dem Bohème-Kreis »Die Kommenden« angehörten. Nachdem sich Münchhausen eine Weile in diesen Kreisen aufgehalten hatte, entwickelte er nach und nach eine Abneigung gegen die stereotyp als wurzellos wahrgenommene moderne Literatur und insbesondere ihre jüdischen Repräsentanten. Das hatte entscheidenden Einfluss auf sein späteres schriftstellerisches Schaffen: Seinen größten Ruhm erlangte Münchhausen schließlich nach 1933, als sein Balladenwerk als unverfälschte deutsche Volkstümlichkeit inszeniert wurde. Er gehörte im Oktober 1933 zu den 88 Schriftstellern, die das »Gelöbnis treuester Gefolgschaft an Adolf Hitler« unterzeichneten und wurde ein Jahr später Senator in der gleichgeschalteten Deutschen Akademie der Dichtung.[230]

---

228 *Münchhausen:* Autobiographische Skizze 771.

229 Eine literaturwissenschaftliche Untersuchung der Motive in »Juda«, vgl. *Edelmann-Ohler:* Philosemitismus als Textverfahren.

230 Über Münchhausens Rolle in der »Gleichschaltung« der Akademie, seine Tätigkeiten dort und Kontakte zu Nazi-Größen wie Wilhelm Frick (1877–1946), Baldur von Schirach (1907–1974) und Walther Darré (1895–1953), über dessen von Hans F. K. Günther beeinflussten Schriften über Rasse-Adel Münchhausen bereits in den 1920er-Jahren in Kontakt gekommen war, vgl. *Dyck,* Joachim: Der Zeitzeuge. Gottfried Benn, 1929–1949. Göttingen 2006, 83 f.; *Mittenzwei,* Werner: Der Untergang einer Akademie oder die Mentalität des ewigen Deutschen. Der Einfluß der nationalkonservativen Dichter an der Preußischen Akademie der Künste 1918 bis 1947. Berlin 1992; *Tourlamain,* Guy: Völkisch Writers and National Socialism. A study of Right-Wing Political Culture in Germany, 1890–1960. Bern 2014, 170–174. Bereits seit 1932 initiierte Münchhausen einen »Wartburgpreis« für Dichter, die sich um die nationalsozialistische Sache verdient gemacht hatten, und zeigen sein Bestreben, die zukünftige völkisch geprägte Kulturpolitik mitzuprägen, vgl. *Schneider,* Thomas F.: Ein »Beitrag zur Wesenserkenntnis des deutschen Volkes«. Die Instrumentalisierung der Ballade in

Abb. 5: Graphik aus *Juda,* Text: »Ephraim Moshe Ben Jakov hako-
hen Lilien, einer von den getreuen Söhnen Zions«, *Übersetzung
Zlocisti:* Juda 65.

Münchhausens Weg in den Nationalsozialismus folgte nicht bloß opportunis-
tischen Erwägungen. Bereits Mitte der 1920er-Jahre war er Herausgeber einer
Literaturbeigabe der völkischen Zeitschrift »Volk und Rasse«.[231] Seine Attacken
gegen literarischen Modernismus und jüdische »Asphaltkunst« dienten der
»Reinhaltung« deutscher Literatur vor jüdischer Überwucherung und machten
ihn zu einer wichtigen Figur des literarischen Antisemitismus.

der extremen politischen Rechten und im Nationalsozialismus 1900–1945. In: *Bogosavljević,
Srdan / Woesler,* Winfried (Hg.): Die deutsche Ballade im 20. Jahrhundert. Bern 2009, 125–150,
hier 137 f.
   231 Vgl. *Klee,* Ernst: Börries von Münchhausen. In: *Ders.* (Hg.): Das Personenlexikon zum
Dritten Reich. Wer war was vor und nach 1945. Frankfurt a. M. 2003, 423–425.

Münchhausen grenzte sich zwar von einem vulgären und extremistischen Flügel der völkischen Bewegung ab, sah aber »im Judentum den furchtbarsten Feind unseres Volkes, seiner Sitte, seiner Ehre, seiner Kunst, seines Staates«. Er wolle jedoch »nur ritterlich und gerecht gegen Juda« kämpfen, wie er 1927 verkündete.[232] In seiner Kritik des »Assimilationsjudentums« bediente er die geläufigen antisemitischen Semantiken. Doch zeitgleich, wie er noch 1931 in einem Interview preisgab, zähle er viele Juden zu seinen Freunden und besuche gelegentlich jüdische Gotteshäuser. Er erklärte auch, dass seine »Liebe zum Judentum« einst den Ausschlag gegeben habe, »Juda« zu verfassen.[233] Wie kann man sich diese widersprüchliche Haltung erklären?

Münchhausen orientierte sich an einer anderen antisemitischen Schule. Er war vor allem von den rassearistokratischen Vorstellungen des »Rembrandtdeutschen« Julius Langbehn (1851–1907) beeinflusst.[234] Langbehn hatte die Vorstellung eines durch Rassezucht authentisch bewahrten Volkstums – und von Kultur als Ausdruck von Volkstum und Rasse. So stellte sich auch für Münchhausen zwischen seinem literarischen Schaffen und seiner völkischen Haltung ein Zusammenhang her – einschließlich der Judenfeindschaft.[235]

Sein ganzes öffentliches Agieren als Schriftsteller war darauf ausgerichtet sich als Koryphäe der Gattung Ballade zu inszenieren. Münchhausen wollte die Ballade als angeblich authentische deutsche Kunstform zu ihrer einstigen Größe zurückführen. Die Erneuerung der Balladenform, die Münchhausen vorschwebte, sollte mit dem Niedergang der literarischen Moderne korrelieren, die

232 Vgl. *Vordermayer*, Thomas: Bildungsbürgertum und völkische Ideologie. Konstitution und gesellschaftliche Tiefenwirkung eines Netzwerks völkischer Autoren (1919–1959). Berlin 2015, 69 f. Vordermayer zitiert hier aus einer Korrespondenz Münchhausens vom Januar 1927.

233 Domherr Börries v. Münchhausen über seine Stellung zum Judentum. Erinnerungen an Theodor Herzl. – Gegen Antisemitismus. In: Jüdische Pressezentrale Zürich Nr. 664 vom 25.09.1931. Selbst als Teil von Münchhausens Inszenierung eines vornehmen Antisemitismus waren solche Erklärungen für Völkische unüblich. Das Interview stieß während des NS auf Missfallen, vgl. den Bericht des Propaganda-Ministeriums vom 03.05.1939, in dem das besagte Interview und Münchhausens frühere »projüdischen Darstellungen« beanstandet wurden. In: BArch Berlin-Lichterfelde, RSK BeKA 20100.

234 Das 1890 anonym (»Von einem Deutschen«) gedruckte Werk erfuhr innerhalb von 2 Jahren 39 Auflagen und stellt einen Klassiker des antisemitischen Kulturpessimismus da: [*Langbehn*, Julius]: Rembrandt als Erzieher. Von einem Deutschen. Leipzig 1890, dazu vgl. *Behrendt*, Bernd: August Julius Langbehn, der »Rembrandtdeutsche«. In: *Puschner*, Uwe/ *Schmitz*, Walter/*Ulbricht*, Justus H. (Hg.): Handbuch zur »Völkischen Bewegung« 1871–1918. München 1999, 94–113; *Behrendt*, Bernd: Zwischen Paradox und Paralogismus. Weltanschauliche Grundzüge einer Kulturkritik in den neunziger Jahren des 19. Jahrhunderts am Beispiel August Julius Langbehn. Frankfurt a. M. 1984.

235 Münchhausen verfasste einen würdigenden Text über Langbehn, in dem er diese Zusammenhänge ausführte, vgl. *Münchhausen*, Börries von: Klosterbruder und Rembrandtdeutscher. In: *Ders.* (Hg.): Die Garbe. Ausgewählte Aufsätze. Stuttgart, Berlin, 133–141; vgl. auch *Gies*, Horst: Richard Walther Darré. Der »Reichsbauernführer«, die nationalsozialistische »Blut und Boden«-Ideologie und die Machteroberung Hitlers. Köln 2019, 225.

Abb. 6: Graphik aus *Juda*, Text: »Börries lebait Münchhausen«, »Fremder, der in deinen Toren wohnt«.

er ganz besonders mit jüdischen Autoren assoziierte.[236] Die Gedichte in »Juda«
hatten im Zusammenspiel mit den biblischen Motiven Liliens selbst eine zionistische Ausrichtung, die das diasporische Judentum heimatlos und unglücklich
erscheinen ließ. Bereits das Einleitungsgedicht »Euch« feierte die Rückkehr der
Juden zu ihren alttestamentarischen Wohnstätten und Sitten und als Erlösung
von den Leiden des Galuths.[237] Auf dem Widmungsblatt des Bandes war festgehalten, was Dichter und Illustrator »einigte und was sie trennte«[238]: Lilien
war ein »Sohn Zions«, Münchhausen, »der Fremdling, der in Deinen Toren
weilt.« Die Beschreibung des Barons als »Fremdling« deutet auf das Denken in
Kategorien von Abstammung und Volk, die zwar trennend wirkten, aber auch
zugleich ein Fundament für Interaktion und wechselseitige Anerkennung bildeten. In Münchhausens Gedankenwelt wurde jüdische »Rasse« nicht einfach
verunglimpft. Im Gegenteil, er fand sogar lobende Worte: Die Juden als Volk
und Rasse kennzeichne ein einmaliges Charakteristikum, die »Anwendung des

236 Vgl. *Schneider:* Die Instrumentalisierung der Ballade.
237 Das Gedicht wurde auch gerne auf zionistischen Veranstaltungen verlesen, vgl. [Wien,
10. Dezember]. In: Die Welt. 5/51 (1901) 11.
238 *Brieger,* Lothar: E. M. Lilien. Eine künstlerische Entwicklung um die Jahrhundertwende. Berlin, Wien 1922, 65.

rein aristokratischen Grundgedankens: Menschenzüchtung durch Reinhalten der Rasse«, ein Prinzip, das Münchhausen so lobend hervorhob, weil es sonst nur dem Adel eigen sei.[239]

Letztlich folgte auch Münchhausens Anerkennung des Zionismus seinen Ideen von Volkstum. Darüber erfahren wir mehr in seinen Memoiren: In seiner Autobiographie berichtete Münchhausen 1922 über Lilien und die Zionisten als die »Rassisch-Bewußten« im Judentum, die der »völkische Gedanke« durchdringe und die »einen Haß gegen ihre das Judentum verleugnenden Stammesgenossen [pflegten], der alttestamentarische Heftigkeit mit beinahe Ahlwardtschem Antisemitismus verband.«[240] Mit Ahlwardt nannte Münchhausen einen der vulgärsten und brutalsten antisemitischen Demagogen des deutschen Kaiserreichs. Mit diesem Namen seine Wertschätzung für die Zionisten zu unterstreichen verharmloste einerseits den Antisemitismus als solchen und rechtfertigte zugleich seine eigene antisemitische Position. Mit den Zionisten allerdings teilte er ein gemeinsames oder zumindest verwandtes Empfinden für Volk und Rasse.

Von seinem Lob ausgenommen waren für Münchhausen »die ihr Wesen und ihren Stamm verleugnenden Grossstadtjuden«, wie er 1904 schrieb.[241] Von Anfang an beruhte Münchhausens Sicht auf der Gegenüberstellung eines edlen, volksbewussten Judentums auf der einen und des assimilierten Judentums auf der anderen Seite, das durch Taufe und Namensänderung »jedes Zeichen seiner Rasse [feige]« zu verstecken suche. Die »freisinnigen Berliner Börsenherren« begriff Münchhausen stets als Bedrohung, die eine auf das »Germanentum« zersetzende Wirkung ausübten.[242] Münchhausen differenzierte also ganz genau zwischen Juden, die wie Lilien und die deutschen Zionisten »rassisch-bewußt[e]« Ausnahmen seien und der nicht-zionistischen jüdischen Mehrheit, die er mit den üblichen antisemitischen Attributen bedachte. Münchhausen unterschied grundsätzlich – und auch bereits zur Jahrhundertwende – zwischen einem nationalstolzen jüdischen »Rasseadel« und einem als Bedrohung empfundenen »Assimilationsjudentum«, dem er später mit dem Vorwurf der »Verjudung« der deutschen Literatur den Kampf ansagte. Münchhausen oszillierte also Zeit seines Lebens zwischen Prozionismus und Antisemitismus.

Doch auch Münchhausens Haltung zum Zionismus selbst war ambivalent. Seinem Freund Lilien attestierte Münchhausen »innere Heimatlosigkeit«, die in

239 *Münchhausen*, Börries von: Geheimnis des geistigen Schaffens. In: Ost und West 3/10 (1904) 723–724, hier 724. Vgl. auch *Ders.*: Zur Ästhetik meiner Balladen. Bausteine für die Ästhetik der deutschen Ballade. In: Deutsche Monatsschrift für das gesamte Leben der Gegenwart 11 (1906) 1–3, 97–109, 242–253, 332–344, zitiert in *Eberhard*, Otto: Ein Nachtrag. In: Die Welt 11/26 (1907) 18.
240 *Münchhausen*, Börries von: Fröhliche Woche mit Freunden. Stuttgart, Berlin 1935, 55.
241 *Ders.*: Geheimnis des geistigen Schaffens 724.
242 *Ders.*: Zur Ästhetik meiner Balladen.

Gegensatz zu seiner eigenen tiefen Verwurzelung in »Niederdeutschland«, einem von Langbehn geprägten Begriff, stehe.[243] Vielleicht sah Münchhausen in Lilien wenig mehr als ein Gattungsexemplar, dessen Kämpfe und unverdientes Leid repräsentativ für die Heimatlosigkeit des jüdischen Volkes standen. Das gemeinsame Werk »Juda« kann zwar als authentische Identifikation Münchhausens mit dem Zionismus gelten. Es lässt sich für die Folgejahre jedoch zeigen, wie sich Münchhausen im Rahmen einer antisemitischen Strategie auf den Zionismus bezog: Mithilfe des Zionismus wappnete sich Münchhausen gegen den Vorwurf des »Judenhasses«; seine Diffamierung des assimilierten Judentums wollte er lediglich als »Mauschelhass« verstanden wissen.

Münchhausen fand unter Schriftstellern Apologeten, die seine Anschauungen über Volkstum teilten.[244] Der Schriftsteller Felix Dahn (1834–1912)[245] hielt 1901 in einer Rezension von »Juda« fest: »[W]äre ich Jude, wäre ich begeisterter Zionist«[246]. Der Literaturkritiker Edgar Alfred Regener (1879–1922) verfasste 1905 sogar eine Monographie über Lilien, die dieser selbst illustrierte. Auch Regener kritisierte »jüdische[n] Kosmopolitismus« und »Assimilation«[247] und bilanzierte zustimmend: »Den deutsch-protestantischen Freiherrn und den in seiner Kunst um Befreiung ringenden Juden verbindet das hohe Ideal des Zionismus.«[248] Der

243 Vgl. *Münchhausen*, Börries von: Lilien und ich. In: C.-V.-Zeitung. Blätter für Deutschtum und Judentum 35/4 (1925) 586–587, hier 585, zuerst 1905 im »Generalanzeiger für die Interessen des Judentums«. »Niederdeutschland« stand im Buch Langbehns für Substanz, die aus Sippengebundenheit erwachse, die sich in Gegenüberstellung zum Kosmopolitischen und zur Leere und Zweckgebundenheit befinde, die mal in Rom, mal im Judentum verkörpert sei, vgl. *Wiegmann-Schubert*, Eva: Fremdheitskonstruktionen und Kolonialdiskurs in Julius Langbehns ›Rembrandt als Erzieher‹. Ein Beitrag zur interkulturellen Dimension der Kulturkritik um 1900. In: Zeitschrift für interkulturelle Germanistik 4/1 (2013) 59–94, hier 65.
244 Der Literaturwissenschaftler Mark Gelber charakterisiert diese als »völkisch-nationalist«. Es scheint mir jedoch geboten, Dahn und Regener als vergleichsweise *gemäßigt völkisch* einzustufen, vgl. *Gelber*: Melancholy pride 111 f.
245 Felix Dahn konstruierte in seinem Bestseller-Roman »Ein Kampf um Rom« (1876) ein verklärtes Germanenbild, das eine Kontinuität von der Antike bis in das deutsche Kaiserreich des 19. Jahrhunderts gewahrt habe, in dem sich ebenfalls eine Unterscheidung zwischen »guten« und »bösen Juden« findet. Bis zum Ende des Kaiserreichs erlebte das Buch 110 (!) Auflagen, vgl. *Frech*, Kurt: Felix Dahn. Die Verbreitung völkischen Gedankenguts durch den historischen Roman. In: *Puschner*, Uwe/*Schmitz*, Walter/*Ulbricht*, Justus H. (Hg.): Handbuch zur »Völkischen Bewegung« 1871–1918. München 1999, 685–698; explizit zu Dahns Judenbild, vgl. *Mosse*, George L.: The Image of the Jew in German Popular Culture: Felix Dahn and Gustav Freytag. In: The Leo Baeck Institute Year Book 2 (1957) 218–227.
246 Abdruck der Rezension Dahns in *Ost und West*, vgl. Zweierlei Mass. In: Ost und West 1/2 (1901) 148–150, hier 148.
247 Regener griff die Werke Max Liebermanns, dem wohl bekanntesten deutsch-jüdischen Künstler der Stunde, als kosmopolitische »Ausländerei« an und stellte dem heimatlosen »Weltbürger« den bewussten »Nationaljuden« entgegen. Vgl. *Gelber*: Melancholy pride 112 f.
248 *Regener*, Edgar Alfred: E. M. Lilien. Ein Beitrag zur Geschichte der zeichnenden Künste. Berlin, Leipzig 1905, 83. Das Lob dieses Ideals verknüpfte Regener, wie auch Münchhausen, mit antisemitischen Ausfällen gegen »gewissenlose Mauschel«, die sich ihres Judentums

Zionismus wurde unter den Münchhausen-Rezipienten damit zu einer judenfeindlichen Chiffre.

Herzl selbst hatte die Gegenüberstellung von »Nationaljude« und »Mauschel«, von Stolz und Elend, vorgenommen. Diese wurde in der völkischen Rezeption bereitwillig aufgegriffen, um den eigenen Antisemitismus zu rechtfertigen.[249] Letztlich war es also der Zionismus, der Münchhausen und Regener unvoreingenommen erscheinen ließ, hinter dem sie den antisemitischen Kern ihrer Anschauungen verborgen hielten. In den Worten Regeners klang das so: »So ist der Jude Zionist, der Mauschel Antizionist. Durch Erziehung und Umgebung war ich zu einem Judenhasser geworden, durch Erfahrung und Erfragung blieb ich ein Mauschelhasser.«[250]

Die Idee, »Mauschelhass« von Judenhass abzuspalten, entsprach auch Münchhausens »vornehmem« Antisemitismus, der sich mit der Anerkennung nationalstolzer Zionisten von vulgären Varianten des Antisemitismus abzugrenzen anschickte. Tieferen Einblick in sein Denken über Judentum und Zionismus vermag seine Stellungnahme zu einer Umfrage des zionistischen Journalisten Julius Moses von 1907 zu bieten.[251] Befragt nach seinen Anschauungen zum Antisemitismus und zur »Lösung der Judenfrage«, empfahl Münchhausen den Zionismus. Die »Judenfrage« sei eine »Rassenfrage«. Rasse lasse sich nicht leugnen: Taufwasser lösche das Judentum so wenig aus, als es »Negergeruch« auslöschen würde, so Münchhausen. Juden, fand der Dichter, sollten mit Stolz ihr genuines Volkstum tragen und sich, ähnlich wie es wenige Jahre später Sombart forderte, von ihrer nichtjüdischen Umwelt absondern: »Bildet ein Volk im Volke, gehorsam und treu den Gesetzen eures jeweiligen Vaterlandes, in euch gesellschaftlich geschlossen. Wer sich stark genug fühlt dazu, der sei Zionist«.[252]

Die »Tatsache des Antisemitismus«, so Münchhausen, beweise den »Irrtum der Assimilation«, der auf der »Selbstverleugnung einer Rasse« fuße. Jeder

---

schämten, »frech sich geberdende [sic] Eindringlinge fremder Staatswesen, Menschen, denen nichts heilig war, weder eine fremde Religion noch Hab und Gut derer, die ihnen Heimat und Wohnsitz gaben, die zersetzend wirkten wie Scheidewasser und deren Seligkeit Brutalität hieß, riefen die Empörung wach in den Reihen ihrer Stammesbrüder«, ebd. 92.

249 Vgl. *Presner*, Todd Samuel: Muscular Judaism. The Jewish body and the politics of regeneration. New York 2007, 56–59.

250 *Regener*: Lilien 94.

251 Zu Moses und der Umfrage, vgl. *Blome*, Astrid/*Böning*, Holger: Einleitung: Der Arzt, Publizist und Parlamentarier Julius Moses und seine Rundfrage zur »Judenfrage«. In: *Blome*, Astrid/*Böning*, Holger (Hg.): Die Lösung der Judenfrage. Eine Rundfrage von Julius Moses im Jahre 1907. Bremen 2010, 9–36; *Böning*, Holger: Julius Moses. Volksarzt und Prophet des Schreckens. Bremen 2016, 87–104; *Gräfe*, Thomas: »Was halten Sie von den Juden?«. Umfragen über Judentum und Antisemitismus 1885–1932. Norderstedt 2018, 36–43.

252 *Münchhausen*, Börries von: [Antwort Julius Moses Umfrage]. In: *Moses*, Julius (Hg.): Die Lösung der Judenfrage. Eine Rundfrage veranstaltet von Dr. Julius Moses. Berlin, Leipzig 1907, 28–31, hier 31.

Nichtjude habe gegen Juden eine nie erlöschende Abneigung, gar einen »starken körperlichen und geistigen Widerwillen gegen jeden Juden«[253], der auf rassische Eigenschaften zurückgehe und nicht auf individuelle Abneigung. Ein solcher Rasseinstinkt sei bar jeder Logik und könne demnach auch niemandem zum Vorwurf gereichen. Nicht nur beim Pöbel sei dieser Widerwille verbreitet, er zeige sich gerade auch bei den edelsten Menschen – selbst bei Goethe! Die Juden sollten sich nur nicht täuschen, da trotz Zugang zu den höchsten Gesellschaftsbereichen, egal wie ehrenhaft und verdienstvoll der Einzelne, der Widerwille gegen sie niemals verschwinden würde, meinte der Dichter. Antisemitismus werde oft nicht ausgesprochen, da »Vielen […] das Zartgefühl die Zunge [bindet], vielen auch die nicht ganz judenfreie Verwandtschaft, vielen wohl auch geldliche Abhängigkeit, oder Furcht vor unserer ganz jüdischen Presse.«[254]

Münchhausen sah keinen Widerspruch darin, sich trotz dieser manifest antisemitischen Motive als »Freund dieses Volkes« zu gebärden, indem er den Juden zum »Weg jedes Adels: Stolz« riet. Doch Stolz »will mit Distanz geachtet sein«, betonte er. Mit dem Appell an jüdischen Nationalstolz versuchte Münchhausen auf die freiwillige Distanzierung der Juden von ihrer nichtjüdischen Umwelt hinzuwirken, wenn möglich, sogar auf ihre Auswanderung. Münchhausen beschloss seine Antwort mit einer Zeile aus dem Eröffnungsgedicht von »Juda«, »Euch«: »Sei was du bist, das alte Israel!«[255]

Auch eine private Korrespondenz verdeutlicht den Antisemitismus Münchhausens – und sein strategisches Agieren in der Öffentlichkeit. In einem Brief an den radikalantisemitischen Autor und Literaturkritiker Adolf Bartels (1862–1945), der zusammen mit Friedrich Lienhard maßgeblich an der Herausbildung einer »Heimatkunst« beteiligt war und zu den wichtigsten völkischen Vorkämpfern des Nationalsozialismus zählt, wollte Münchhausen seinen Text aus Moses' Rundfrage auf Bartels Linie verstanden wissen.[256] Er sehe die »einzige Möglichkeit der Befreiung vom Judentum […] in einem Geheimbunde«, da die öffentliche »Macht der Fremden« zu stark sei, um offen aufzutreten. Zusätzlich könne die »Eliminierung des Fremdkörpers durch den Zionismus« vorangetrieben werden. Münchhausen sprach vom Zionismus als einem »nationalen Eiterungsprozess«.[257] Wenig war noch zu sehen von der einstigen authentischen Anerkennung

253 Ebd. 28.
254 Ebd. 29 f.
255 Ebd. 30 f.
256 Über Bartels im völkischen Literaturbetrieb, vgl. *Fuller,* Steven Nyole: The Nazis' Literary Grandfather. Adolf Bartels and Cultural Extremism, 1871–1945. New York 1996; *Neumann,* Thomas: Völkisch-nationale Hebbelrezeption. Adolf Bartels und die Weimarer Nationalfestspiele. Bielefeld 1997.
257 Börries von Münchhausen an Adolf Bartels, Sahlis bei Kohren, 01.05.1911. In: Staatsbibliothek zu Berlin – Preußischer Kulturbesitz, Slg Autogr. Münchhausen, Börries Frhr. von, Bl. 1–2.

des Zionismus. Dieser würde sich allerdings als nützlich erweisen und unterstütze völkische Sehnsüchte nach einer Entfernung der Juden.

Münchhausen sprach 1911 noch davon, dass sich die antisemitische Agitation im Geheimen organisieren müsse. Nach dem Weltkrieg vertrat Münchhausen eine radikal völkische Rassenideologie und arbeitete ganz offen mit völkischen Organen zusammen.[258] In »Schrifttum und Kunst«, der Literaturbeilage der völkischen Zeitschrift »Deutschlands Erneuerung«,[259] führte Münchhausen in den 1920er-Jahren einen Feldzug gegen deutsch-jüdische Autoren, deren jüdische Herkunft er denunziatorisch hervorhob.[260] Er beklagte die Erdrosselung wahrer deutscher Kunst und Kultur durch als »fremdstämmig« apostrophierte jüdische Literaten und Verleger wie Heinrich Heine oder Jakob Wassermann. Um etwas gegen die »rassische Instinktlosigkeit« und »Fremdenvergötterung« der Deutschen zu unternehmen, die sich lieber »jüdischer Literatur« zuwandten, schlug Münchhausen die Gründung eines »Vereins zur Abwehr des Fremdtums« vor, der mit einer Bittschrift an die übermächtigen jüdischen Verleger herantreten sollte, dass »auf je 100 fremde Bücher ein deutsches in den Läden verkauft werden muß«.[261]

Die Verteidigung des Zionismus behielt Münchhausen auch in dieser Zeit bei. Im Kampf gegen das »Überwuchern« deutscher Literatur berief er sich wieder einmal auf die Zionisten als angeblich Gleichgesinnte. Er verwahrte sich weiterhin der als vulgär empfundenen Judenfeindschaft und beteuerte: »Jede Rasse hat ihre eigene Schönheit, ihre Tugenden und ihre Laster«.[262] Tatsächlich war von der früheren Hochachtung und Anerkennung nur noch diese alibihaft vorgetragene Referenz übriggeblieben. Allein als Markierung und zur Entfernung des Fremden verwies Münchhausen auf den Zionismus. Er rechtfertigte damit unstrittig antisemitische Ereignisse. So verteidigte er 1925 den Ausschluss jüdischer Mitglieder aus dem »Deutschen Alpenverein«, da auch »Dürer und Holbein, Goethe und Schiller, Beethoven und Schumann, Kant und Schopenhauer [...] deutsche Kultur geschaffen [haben] ohne jüdische Mitarbeit genau so wie Moses, die Talmudisten und Herzl jüdische Kulturwerte geschaffen haben

---

258 Damit stand Münchhausen nicht alleine da, da sich nach 1918 ein großer Teil des häufig verarmten deutschen Kleinadels völkischen Ideologien und explizit Rassenideologien anschlossen, vgl. *Malinowski*, Stephan: Vom blauen zum reinen Blut. Antisemitische Adelskritik und adliger Antisemitismus 1871–1944. In: Jahrbuch für Antisemitismusforschung 12 (2003) 147–168, zu Münchhausen ebd. 162 f.

259 Vgl. *Leicht*, Johannes: Deutschlands Erneuerung (1917–1943). In: *Benz*, Wolfgang (Hg.): Handbuch des Antisemitismus. Judenfeindschaft in Geschichte und Gegenwart. Bd. 6. Berlin 2013, 145–146.

260 Maximilian Harden ergänzte Münchhausen um »geb. Wirkowski«, Emil Ludwig um »geb. Cohn«.

261 *Münchhausen*, Börries von: Vom Sterbebett der deutschen Seele. In: Schrifttum und Kunst. Beilage zu »Deutschlands Erneuerung« 1/2 (1926) 121–125, hier 123, 125.

262 *Münchhausen*: Klosterbruder und Rembrandtdeutscher 138.

ohne Mitarbeit deutscher oder anderer fremdstämmiger Männer.«[263] »Deutsche Kultur« bestand für Münchhausen nur noch in der Abspaltung des Jüdischen, das er als fremd stigmatisierte. Eine Form der Interaktion und Teilhabe an der Kultur des Anderen über »Stammesgrenzen« hinaus, war für Münchhausen nicht mehr denkbar. Damit hatte Münchhausen indirekt auch ein vernichtendes Urteil über »Juda« gesprochen.

Münchhausens Position zum Zionismus war unter deutschen Antisemiten einmalig. Der Zionismus nahm in seinem Denken über Juden eine zentrale Rolle ein und wurde über Jahre und Jahrzehnte als positives jüdisches Lebensmodell angeführt. Münchhausens Anerkennung der »alten Juden« der Bibel und der Zionisten als »authentische« Juden in der Gegenwart mag zunächst aufrichtiger Identifikation gefolgt sein, schließlich war Münchhausen an maßgeblichen Kulturerzeugnissen der zionistischen Bewegung beteiligt. Sein Blick auf das Judentum war dabei stets ambivalent: Das positive Zionismus-Bild ging mit der Abwertung jüdischer Assimilation und nicht-zionistischer Juden einher.

Der eingangs zitierte zionistische Schriftsteller Gronemann vermochte daher auch zwischen den »jüdischen Balladen« und der späteren »deutsch-völkischen Einstellung« Münchhausens keinen biographischen Bruch zu sehen, wie er 1927 schrieb.[264] Gronemann hatte als kohärentes Motiv in Münchhausens Denken und Schaffen die Überhöhung von Volkstum ausgemacht. Das ist zweifellos richtig, doch gehörten zu Münchhausens völkischer Haltung auch manifest antisemitische Aussagen, die sich um 1900, dem Publikationsjahr von »Juda«, noch nicht belegt finden. Die Karriere des späteren »Nazi-Barons«[265] war jedenfalls nicht von Anfang an vorgezeichnet. Seine feindselige Haltung gegenüber dem Judentum durchlief über die Jahre eine radikalisierende Entwicklung.

Auch Münchhausens Haltung zum Zionismus war nicht dauerhaft von Wertschätzung getragen. Verkehrte er um die Jahrhundertwende noch in jüdischen Kreisen, führte er den Zionismus später nur noch als Ausweis jüdischer »Fremdheit« an. Der exakte Zeitpunkt von Münchhausens Abwendung ist nicht genau zu bestimmen.[266] Aber bereits wenige Jahre nach der Publikation von »Juda« waren instrumentelle Erwägungen bestimmend; taktische Bezugnahmen überlagerten

---

263 Deutsche Alpen-Zeitung vom 01.02.1925, zitiert nach *Gans*: Ich lass hier alles gehn und stehn 402.
264 Vgl. *Gronemann*, Sammy: Schalet. Beiträge zur Philosophie des ›Wenn schon!‹. Berlin 1927, 150 f.
265 Vgl. die familiengeschichtliche Studie über Münchhausen, *Ditfurth*: Der Baron, die Juden und die Nazis.
266 Auch die jüngste Münchhausen-Biographie bleibt die Frage schuldig, vgl. *Gans*: Ich lass hier alles gehn und stehn 241–257. Das Buch ist ohnehin mit Vorsicht zu genießen, da der Autor ein höchst problematisches Verständnis von Zionismus offenbart, das auf klar erkennbaren Vorbehalten basiert.

die frühere Beziehung. Das positive Verhältnis zum Zionismus war für Münchhausen auch Beweis seiner vornehmen Haltung und der Distanzierung von als
vulgär wahrgenommenen Formen des Antisemitismus.

Tatsächlich wurde Münchhausen in den Jahren vor 1933 nicht müde zu betonen, Antisemitismus läge ihm fern.[267] Münchhausen enthielt sich auch, anders
als viele völkische Zeitgenossen mit denen er in Kontakt stand, der Forderung
nach Zwangs- und Gewaltmaßnahmen. Tatsächlich kappte Münchhausen die
Kontakte zu Zionisten und früheren jüdischen Freunden. Ab 1922 erschien
»Juda« ohne Liliens Lithographien. Zu Liliens Tod im Jahr 1925 verfasste Münchhausen keinen Nachruf.[268] Zur Zeit des Nationalsozialismus tilgte er dann die
»jüdische Phase« vollends aus seinen Lebenserinnerungen und verleumdete seine
früheren Freunde.

Im Jahr 1975, zum 30. Todestag Münchhausens, verfasste der deutsch-israelische Journalist Erich Gottgetreu (1903–1981) im »Mitteilungsblatt«, der seit 1932
in Palästina erscheinenden »Jeckes«-Zeitung, einen verbitterten Artikel über den
Autor von »Juda«. Münchhausen habe in seinen Lebenserinnerungen »Fröhliche
Woche mit Freunden« »nicht nur keinen seiner früheren Freunde und Förderer
mehr erwähnt, sondern die philosemitische Haltung und prozionistische Identifizierung seiner Jugend mit dem geradezu schamlosen Satze zu entschuldigen
versucht«, woraufhin Gottgetreu aus Münchhausens Erinnerungen zitierte:
»[I]ch habe auch, wie sehr viele der besten Männer jener Zeit im Zionismus die
einzige damalige Möglichkeit gesehen, Europa von den Juden zu befreien, und
bin später durch die Erfahrung eines Besseren belehrt worden«.[269]

3.   Völkische Revolte in der Weimarer Republik

Die Jahre von 1916 bis 1923 waren für das Erstarken und die Radikalisierung des
Antisemitismus im Deutschen Reich von entscheidender Bedeutung: Von einer
gesellschaftlichen Randerscheinung vor dem Weltkrieg wurde er zur zentralen
Kraft im politischen Leben.[270] Antisemitische Demagogen drängten sich zuneh-

---

267 Vgl. *Gelber*: Melancholy pride 98.
268 Die C. V.-Zeitung konnte immerhin die Genehmigung für den Nachdruck des alten
Textes von 1905 einholen, worin Münchhausen über seine Freundschaft zu Lilien berichtet
hatte, vgl. *Münchhausen*: Lilien und ich.
269 *Gottgetreu*, Erich: Ein Ritter von ziemlich trauriger Gestalt. Glanz und Ende des »Zionssängers« Freiherr von Münchhausen. In: MB – Mitteilungsblatt 44/8 (1975) 3–4, hier 3. Das
zitierte Wort Münchhausens war in der Erstauflage von 1922 noch nicht enthalten, sondern
erst in der Auflage 1941, *Münchhausen*, Börries von: Fröhliche Woche mit Freunden. 3. Aufl.
Stuttgart, Berlin 1941, 80. Gottgetreus Artikel findet sich neben anderen Artikeln zu Münchhausen und Lilien im Tefen-Archiv, vgl. GSJHM G. F. 0267/2.3.
270 Vgl. *Kershaw*, Ian: Antisemitismus und die NS-Bewegung vor 1933. In: *Graml*, Her-
mann/*Königseder*, Angelika/*Wetzel*, Juliane (Hg.): Vorurteil und Rassenhaß. Antisemitismus

mend auf die politische Bühne. Als Schlüsselfiguren dieser Phase fungierten die rechtsnationalistischen Führer aus dem Umfeld des »Alldeutschen Verbandes« und der während des Krieges gegründeten »Deutschen Vaterlandspartei«, die ihre politische Sozialisierung teilweise in den radikalantisemitischen Gruppierungen der 1890er-Jahren erfahren hatten.[271]

Schon nach dem ersten Kriegsjahr, das Ernüchterung und militärische Stagnation, und nicht den erhofften schnellen Sieg der Mittelmächte gebracht hatte, erfassten antisemitische Gerüchte und Verleumdungen, die durch systematische Kampagnen nationalistischer Kreise geschürt wurden, breite Gesellschaftsschichten. Die Vorwürfe lauteten: Kriegsgewinnlertum, Drückebergerei, Defätismus, schließlich Verrat und systematischen Zersetzung durch revolutionäre Umtriebe.[272] Die staatliche Zensur ging gegen offenen Antisemitismus vor.[273] Allerdings entlud sich die geballte antisemitische Aggression gegen die »Ostjuden«, dem »propagandistischen Lieblingsthema«[274] der Antisemiten während des Kriegs. Die Chiffre »Ostjuden« konnte kaum verbergen, dass damit gemeint waren: Juden im Allgemeinen.[275]

Mit der Kriegsniederlage nahm der Antisemitismus regelrecht hysterische Züge an und mündete neben der ebenfalls antisemitisch aufgeladenen »Dolchstoßlegende« in flächendeckend geteilte Vorstellungen einer jüdischen »Weltverschwörung«. Am Judentum hatten sich seit geraumer Zeit Verschwörungsideen festgemacht. Diese erhielten jedoch eine neue Dimension, als in einer

in den faschistischen Bewegungen Europas. Berlin 2001, 29–47, hier 32–35; *Berding,* Helmut: Der Aufstieg des Antisemitismus im Ersten Weltkrieg. In: *Benz,* Wolfgang/*Bergmann,* Werner (Hg.): Vorurteil und Völkermord. Entwicklungslinien des Antisemitismus. Freiburg 1997, 286–302. Eine sorgfältige Überblicksdarstellung dieser Periode, vgl. *Jochmann,* Werner: Die Ausbreitung des Antisemitismus. In: *Mosse,* Werner E./*Paucker,* Arnold (Hg.): Deutsches Judentum in Krieg und Revolution. 1916–1923. Tübingen 1971, 409–510.

271 Hans-Ulrich Wehler bezeichnet die Deutsche Vaterlandspartei als »erste rechtsradikal-protofaschistische Massenpartei«, *Wehler,* Hans-Ulrich: Deutsche Gesellschaftsgeschichte. Bd. 4. Vom Beginn des Ersten Weltkriegs bis zur Gründung der beiden deutschen Staaten, 1914–1949. München 2003, 108; vgl. auch *Peck,* Abraham J.: Radicals and reactionaries. The crisis of conservatism in Wilhelmine, Germany. Washington 1978, 203–221; *Jochmann:* Die Ausbreitung des Antisemitismus 433 f. Ausführlich zur Geschichte der Partei, vgl. *Hagenlücke,* Heinz: Deutsche Vaterlandspartei. Die nationale Rechte am Ende des Kaiserreiches. Düsseldorf 1997.

272 Vgl. *Friedländer,* Saul: Die politischen Veränderungen der Kriegszeit und ihre Auswirkungen auf die Judenfrage. In: *Mosse,* Werner E./*Paucker,* Arnold (Hg.): Deutsches Judentum in Krieg und Revolution. 1916–1923. Tübingen 1971, 27–65, hier 38 f., 52–56; *Lohalm:* Völkisch Origins of Early Nazism 174–181.

273 Vgl. *Jahr:* Antisemitismus vor Gericht 252 f.

274 *Winkler,* Heinrich August: Die deutsche Gesellschaft der Weimarer Republik und der Antisemitismus. In: *Martin,* Bernd/*Schulin,* Ernst (Hg.): Die Juden als Minderheit in der Geschichte. München 1981, 271–289, hier 274.

275 Vgl. *Lohalm:* Völkisch Origins of Early Nazism 175; *Maurer:* Medizinalpolizei und Antisemitismus; *Aschheim:* Caftan and Cravat 92.

weltumspannenden und alles Weltgeschehen steuernden jüdischen Konspiration die Ursache für die Niederlage, den Versailler »Schandfrieden« und den Untergang der alten Ordnung ausgemacht wurde. Die Vorstellung von jüdischen Machenschaften gegen Deutschland wurde dann auch auf einen größeren Kontext weltumfassender Pläne ausgedehnt.[276]

In der Nachkriegszeit wurde der Antisemitismus zum Herzstück des Rechtsnationalismus und völkische Organisationen wuchsen zu Massenbewegungen an. Der Krieg hatte zudem dazu beigetragen, die Einstellung gegenüber stereotypisierten Randgruppen und Feindbildern innerhalb der eigenen Nation zu brutalisieren.[277] Unter Völkischen kam dem Antisemitismus die Rolle eines »Integrationsideologems«[278] zu, das die heterogenen völkischen Splittergruppen und Teilbewegungen einte. So vielschichtig die völkischen Verbände in ihren politischen Zielen auch waren, im Judenhass und der Opposition gegen die als »Judenrepublik« attackierte demokratische Ordnung der Weimarer Republik, waren sie sich überwiegend einig.[279] Völkische und nationalistische Kreise der Nachkriegszeit sahen sich in der neuen staatlichen Ordnung nicht repräsentiert. Das »Volk« als rassisch bestimmte Einheit erschien hingegen als scheinbar ewige Konstante und wurde zum Träger ihrer oppositionellen Staats- und Politikvorstellungen. Konstruktionen einer künftigen völkischen Ordnung suchten »das Volk« zum Souverän einzusetzen; Demokratie, Sozialismus und Kapitalismus als »undeutsche« Ideen hätten es von seinem angestammten Platze verdrängt. Vor allem die Juden wurden als angebliche Träger oder Verbreiter dieser verhassten Ordnungen identifiziert. Als Ziel wurde ein antidemokratischer und antiegalitärer, »(berufs-)ständisch organisierte[r] Rassestaat mit germanen-ideologischem Wertesystem« angestrebt.[280] Die beabsichtigte »nationale Erneu-

---

276 Vgl. *Friedländer*: Die politischen Veränderungen der Kriegszeit und ihre Auswirkungen auf die Judenfrage 49; *Strauss*, Herbert A.: Hostages of ›World Jewry‹. On the Origin of the Idea of Genocide in German History. In: Holocaust and Genocide Studies 3/2 (1988) 125–136, hier 129–133.

277 Vgl. *Mosse*, George L.: Der Erste Weltkrieg und die Brutalisierung der Politik. Betrachtungen über die politischen Rechte, den Rassismus und den deutschen Sonderweg. In: *Funke*, Manfred (Hg.): Demokratie und Diktatur. Geist und Gestalt politischer Herrschaft in Deutschland und Europa. Düsseldorf 1987, 127–139, hier 132–135.

278 *Puschner*: Völkischer Antisemitismus 272.

279 Vgl. *Jochmann*, Werner: Die Funktion des Antisemitismus in der Weimarer Republik. In: *Brakelmann*, Günter/*Rosowski*, Martin (Hg.): Antisemitismus. Von religiöser Judenfeindschaft zur Rassenideologie. Göttingen 1989, 147–203, hier 149.

280 Dieses Ziel entsprang keineswegs einem klaren und konstanten Programm. Dem heterogenen Such- und Sammelcharakter der völkischen Bewegung entsprechend flossen eine Vielzahl von Konzepten und Vorstellungen ineinander, vgl. *Puschner*, Uwe: Strukturmerkmale der völkischen Bewegung (1900–1945). In: *Grunewald*, Michel/*Puschner*, Uwe (Hg.): Le milieu intellectuel conservateur en Allemagne, sa presse et ses réseaux (1890–1960). Das konservative Intellektuellenmilieu in Deutschland, seine Presse und seine Netzwerke (1890–1960). Bern 2003, 445–468, hier 449. Puschner verweist zum völkischen Staatsmodell

erung« definierte sich nicht zuletzt durch den Antisemitismus und die Bekämpfung »fremden Blutes«, also der Juden als »wahre« Schuldige und Urheber des Weltkriegs und des deutschen Zusammenbruchs.[281] Das Ideal war ein von Juden bereinigtes deutsches Volkstum. Welche Maßnahmen wurden diskutiert?

Zahlreiche Völkische erhoben die Forderung, Juden und »Judengenossen« nach Palästina abzuschieben. Bereits während des Weltkriegs hatte der Zionismus in den nach ethnischen Hierarchien gegliederten Großraumkonzepten des Alldeutschen Verbandes Erwähnung gefunden.[282] Heinrich Claß (1868–1953) hatte sich wiederholte Male auf den Zionismus als Instrument zur Entfernung von Juden bezogen. Claß war seit 1908 Vorsitzender des ADV. Bereits in den 1890er-Jahren wirkte er in Friedrich Langes Deutschbund mit. Seitdem war er mit völkischen Aktivisten wie Theodor Fritsch und Adolf Bartels vernetzt. Claß hat wesentlich zur Implementierung des Antisemitismus in die Politik des ADV beigetragen.[283]

In Claß' auflagenstarkem Pamphlet »Wenn ich der Kaiser wär'« (1912) war von gewaltigen außenpolitischen Expansionen die Rede, die mit antisemitischen Umsiedlungsplänen als »völkisch[e] Flurbereinigung« einhergingen.[284] Claß äußerte in dem Werk »Achtung« gegenüber den Zionisten, da diese »ohne Rückhalt ein wirkliches Aufgehen der jüdischen Fremdlinge unter ihren Gast-

---

auf *Reinecke*, Adolf: Der Erlöser-Kaiser. Erzählung aus Deutschlands Zukunft und von seiner Wiedergeburt. Leipzig 1923, 144–163; *Behm*, Richard: Grundlinien des deutschvölkischen Zukunftsstaates. In: Deutschbund-Blätter 23/29 (1924) 38. Werner Jochmann nennt ferner die 1923 publizierte Programmschrift über die »Grundzüge des völkischen Staatsgedankens« von dem Alldeutschen Leopold von Vietinghoff-Scheel, *Vietinghoff Scheel*, Leopold Ferdinand Adam: Grundzüge des völkischen Staatsgedankens. Berlin 1923, vgl. dazu *Jochmann*: Die Funktion des Antisemitismus 155; *Streubel*, Christiane: Radikale Nationalistinnen. Agitation und Programmatik rechter Frauen in der Weimarer Republik. Frankfurt a. M. 2006, 366 f. sowie ausführlich *Hering*, Rainer: Konstruierte Nation. Der Alldeutsche Verband 1890 bis 1939. Hamburg 2003, 365–376.

281 Vgl. *Lohalm*: Völkischer Radikalismus 176–186.

282 Zu diesen Konzepten, vgl. *Hering*: Konstruierte Nation 344–379; *Peters*, Michael: Der Alldeutsche Verband am Vorabend des Ersten Weltkrieges (1908–1914). Ein Beitrag zur Geschichte des völkischen Nationalismus im spätwilhelminischen Deutschland. Frankfurt a. M. 1992, 181–191; *Walkenhorst*, Peter: Nation – Volk – Rasse. Radikaler Nationalismus im Deutschen Kaiserreich 1890–1914. Göttingen 2007, 166–249.

283 Zu Claß' Antisemitismus, vgl. *Leicht*, Johannes: Heinrich Claß. 1868–1953. Paderborn 2012, 221–258.

284 Das unter Pseudonym erschienene Buch wurde zum Bestseller und erlebte bereits bis zum Weltkrieg fünf Auflagen. Sein Titel verweist auf ein typisches Merkmal der völkischen Konstitution: Anders als der wilhelminische Rechtskonservatismus war man nicht mehr in Einklang mit der offiziellen Politik, sondern radikaler Kritiker derselben. Martin Kohlrausch hat entschlüsselt, wie bei Claß und anderen Autoren des deutschen Kaiserreichs aus der Kaiserenttäuschung eine Führererwartung erwuchs, vgl. *Kohlrausch*, Martin: Der Monarch im Skandal. Die Logik der Massenmedien und die Transformation der wilhelminischen Monarchie. Berlin 2005, 414–427.

völkern für unmöglich kraft des Naturgesetzes der Rasse« erklärten.[285] Daran schloss eine Kriegszieleingabe des ADV an, die der Verband im August 1914 an den Reichskanzler richtete. Es wurde ein »germanisierter Grenzstreifen« im Osten gefordert, der durch die Evakuierung der polnischen und jüdischen Bevölkerung und die Ansiedlung deutscher Kolonisten einzurichten sei. Der ADV forderte die konsequente Grenzschließung gegen jüdische Einwanderer und deren umfassenden Transfer nach Palästina. Die »Judenfrage« sei an der Wurzel zu packen, indem der jüdische »Mangel einer völkischen Heimstatt« beseitigt werde. Im Einvernehmen mit der Türkei sollte, so forderte Claß, Deutschland nach dem Krieg die Bedingungen aushandeln, dass »Palästina unter türkischer Oberhoheit dem nationalen Judenstaat zur Verfügung gestellt wird.«[286] Claß überzeugte danach seinen Jugendfreund Georg Fritz, eine Broschüre über die »Ostjudenfrage« zu verfassen.[287]

Nach dem Krieg fusionierten Teile des ADV, unter anderem der Führungskader um Claß, mit Theodor Fritschs »Reichshammerbund« und Vertretern des parteipolitischen Antisemitismus des Kaiserreichs zum »Deutschvölkischen Schutz- und Trutzbund« (DVSTB). Mit annähernd 200.000 Mitgliedern stellte der Bund die größte völkische Massenbewegung der Nachkriegszeit dar. Zahlreiche Flugblätter, Hetzreden und Agitationspamphlete bezogen sich auf den Zionismus als Mittel, um Deutschland von der »Judenherrschaft« zu befreien. Auf einem Flugblatt hieß es:

Ihr Juden aber lasst ab von dem unglücksseligen Wahn uns in unserem eigenen Lande beherrschen zu wollen. Nehmt eure Zuflucht zum Zionismus, dann habt ihr alle Völker auf eurer Seite, in Palästina sollt ihr herrschen – auch über alle Judengenossen, die euch hoffentlich in recht grosser Zahl folgen werden. Wir gönnen euch, was sich ein freies Volk nur wünschen kann und was uns selbst versagt blieb, einen freien unabhängigen Staat.[288]

---

285   Vgl. *Frymann*, Daniel [=*Claß*, Heinrich]: Wenn ich der Kaiser wär'. Politische Wahrheiten und Notwendigkeiten. Leipzig 1912, 78. Auch der österreichische Alldeutsche Karl Iro (1861–1934) begrüßte es, wenn auf dem »Berg Zion [...] ein jüdischer Staat« entstehe, »welcher alle Juden umfaßt«. Das deutsche Volk werde froh sein, »wenn der letzte Hebräer über die Grenze ist«, Zionismus. In: *Iro*, Karl/*Lischka*, Viktor (Hg.): Alldeutsches ABC. Ein Nachschlagebüchlein über alle völkischen und politischen Grundbegriffe. Wien 1911, 101–102, hier 102.
286   *Claß*, Heinrich: Denkschrift betreffend die national-, wirtschafts- und sozialpolitischen Ziele des deutschen Volkes im gegenwärtigen Kriege. o. O. [München] o. J. [1914], 49 f. Vgl. dazu auch *Leicht*: Heinrich Claß 195 f.
287   Vgl. *Fritz*: Ostjudenfrage. Zur Biographie Fritz', vgl. *Bergmann*: Fritz. Dazu auch Kap. II.
288   Flugblatt »Volksgenossen!« In: BArch Berlin-Lichterfelde, Alldeutscher Verband 1891–1939, R 8048/253, »Deutschvölkischer Schutz- und Trutzbund (1918–1939)«. Ähnlich hieß es in einem vom »Deutschen Volksrat«, einer Initiative des völkischen FKK-Aktivisten Heinrich Pudor (1865–1943), das Judentum sei zu bekämpfen »[...] einzig und allein dadurch, daß man den Juden Palästina mit dem Selbstbestimmungsrecht ihres Volkes wiedergibt, und dadurch daß sie fortan in allen Staaten als Fremde mit Fremdenrecht, jedenfalls als eine eigene Nationa-

Im November 1918 hatte der Lehrer und Aktivist Ferdinand Werner (1876–1961) in einem Brief die »Schaffung eines jüdischen Nationalstaates und Erklärung der Judenheit als Nation« begrüßt. Werner stieg kurz darauf zum stellvertretenden Vorsitzenden des DVSTB auf; bereits während des Weltkrieges war er an antisemitischen Aktionen beteiligt. Werner forderte das »Ausscheiden des Judentums aus allen führenden Stellen des Staats- und Wirtschaftslebens« des Deutschen Reiches.[289] Der Zionismus sollte, wie schon bei manchem Antisemiten im Kaiserreich angeklungen war, völkische Sehnsüchte unterstützen und zur Aussonderung der Juden aus dem deutschen Volkskörper beitragen. Die »Deutschvölkischen Blätter«, ein Organ des DVSTB, hatten im Juli 1919, in Reaktion auf »viele Anfragen« der Leserschaft, ihre Haltung zu den zionistischen Bestrebungen ähnlich geäußert: »Wir sind […] keine Gegner der Zionisten. […] Deutschland den Deutschen, Palästina den Juden.«[290] Dies war keine Ausnahme, viele völkische Forderungskataloge nahmen in der unmittelbaren Nachkriegszeit neben Diskriminierungsmaßnahmen gegen Juden auch die »Errichtung einer rechtlich gesicherte Heimstätte der Juden in ihrem Vaterland Palästina«[291] auf.

»Judas Schuldbuch« (1919), ein unmittelbar nach der Gründung des DVSTB erschienenes Pamphlet mit programmatischem Charakter, begrüßte den Zionismus als »Beschränkung des größenwahnsinnigen jüdischen Weltmacht-

lität zu gelten haben, für welche auch nur besondere Gesetze gelten können. Die Juden können vom Judentum, von ihrer Internationalität nur auf die Weise erlöst werden, daß man ihnen Palästina wiedergibt und damit die Möglichkeit selbst auch offiziell eine Nation zu werden, eine eigene nationale Geschichte zu begründen. Durch dasselbe vielleicht welthistorische Ereignis würden auch die anderen Völker vom Judentum erlöst, d.h. von der Gefahr, ihre Nationalität zu verlieren und von den Juden sozusagen ›aufgefressen‹ zu werden. Der Einwand, daß die Juden keinen eigenen Staat begründen wollen, ist für das halsstarrige unerlöste Judentum richtig, für das erlöste Judentum nicht mehr! Die Juden streben aber selbst nach Erlösung vom Judentum, von dem furchtbaren Fluch, welcher auf ihnen lastet und welcher auch zum Fluch für alle durch ebendasselbe Judentum schließlich der Vernichtung anheimfallenden Nationalitäten geworden ist.« *Löbbecke*, o. V.: Das Selbstbestimmungsrecht der Völker und das Judentum. Ein Wink für die Friedensunterhändler und für die Abgeordneten der Nationalversammlung. Leipzig 1919 [2].

289 Ferdinand Werner an unbekannten Adressaten, 18.11.1918. In: BArch R 8048/252. Auf Werners Eingaben, als damaliger Reichstagsabgeordneter der antisemitischen »Deutsch-sozialen Partei«, gegen »jüdische Kriegsgewinner« vorzugehen, ging die 1916 durchgeführte »Judenzählung« zurück, *Rosenthal*, J.: »Die Ehre des jüdischen Soldaten«. Die Judenzählung im Ersten Weltkrieg und ihre Folgen. Frankfurt a. M. 2007, 58.

290 Wir und die Zionisten. In: Deutschvölkische Blätter 34/27 (1919) 101; vgl. auch *Zimmermann*, Moshe: Volk und Land – Volksgeschichte im deutschen Zionismus. In: *Hettling*, Manfred (Hg.): Volksgeschichten im Europa der Zwischenkriegszeit. Göttingen 2003, 96–119, hier 116.

291 Aus den Forderungen des »Deutschvölkischen Bundes«, der aus der DVP hervorgegangen war und im Oktober 1919 mit dem DVSTB fusionierte. In Deutschvölkische Blätter Nr. 19 vom 04.04.1919, zitiert nach *Lohalm: Völkischer Radikalismus* 354.

Nationalismus auf nationalstaatliche Grenzen«.[292] Der Zionismus erschien als ein geeignetes Mittel, den Schuldigen der Stunde loszuwerden und die Macht des neuen Feindes, des »Weltjudentums«, einzudämmen. Doch war mit dem Zionismus wirklich das rechte Instrument gefunden, um der Bedrohung eines »Weltjudentums« angemessen zu begegnen?

Der für die »Deutsche Arbeiterpartei« (DAP), die 1920 in »Nationalsozialistische Deutsche Arbeiterpartei« (NSDAP) umbenannt wurde, tätige Hans Knodn (1894–1953) etwa schlug direkt radikalere Maßnahmen vor: Die Juden sollten nach Palästina deportiert werden, wo sie unter internationale Aufsicht gestellt werden müssten.[293] Die Vision hatten auch andere völkische Akteure. Der Autor Heinrich Kraeger (1870–1945), der nicht nur ein habilitierter Germanist war, sondern von der Deutschen Vaterlandspartei über den Deutschvölkischen Schutz- und Trutzbund bis hin zur NSDAP alle Stationen einer völkischen Aktivistenkarriere durchlaufen hatte, erörterte in seinen Pamphleten, wie der jüdischen »Weltbedrohung« zu begegnen sei. Seine unter dem Pseudonym Georg Winzer publizierte Schrift »Die Judenfrage in England« (1920) diskutierte die Möglichkeit von einem »Judenreiche der Zukunft«, wo die Juden mittels harter körperlicher Arbeit von ihren »Laus- und Wanzeneigenschaften erlöst« würden.[294] Damit war jedoch nicht der Zionismus gemeint: Die Juden hätten auf Palästina gar keinen historischen Besitzanspruch, stellte Kraeger klar. Zumal gäbe es für die anderen Völker keinen Grund, »dem Judentum zur Wiedergutmachung für all das Schreckliche, was es im Abendlande angestiftet hat, noch ein Land zu schenken, das es nie besessen hat.«[295] Der Zionismus sei nur eine List, »nur Mittel zum Zweck, um die Wirtsvölker, die sich ein Leben ohne Staat und Mittelpunkt nicht denken konnten, für die weltschmerzliche ›Tragödie‹ der lieben, armen Juden, zu Rührung und Mitleid zu bewegen.« Kraeger wollte die Juden lieber in die Wüste jagen, oder zumindest in »eine südarktische Landschaft, wo tiefere Temperaturen zur Arbeit treiben«.[296] Die Arier hatten in seinen Augen »bloß die Pflicht der Ausscheidung«, das Judentum möge danach mit sich allein fertig werden.[297]

Warum wurde der Zionismus plötzlich so rigoros verworfen? Tatsächlich gingen zahlreiche völkische Aktivisten auf Distanz zum Zionismus und mahnten »grade vom antisemitischen Standpunkt aus, eine gewisse Zurückhaltung«

---

292 *Wilhelm Meister* [=*Bang*, Paul]: Judas Schuldbuch. Eine deutsche Abrechnung. München 1919, 122.

293 Die Forderung erfolgte im Rahmen einer Denkschrift an den bayerischen Ministerpräsidenten im Apirl 1920, vgl. *Strauss*: Hostages of ›World Jewry‹ 131 f.

294 *Winzer*, Georg Ewald: Die Judenfrage in England. Hamburg 1920, 81.

295 Zitiert nach einem Abdruck aus Kraegers Schrift in, *Winzer*, Georg Ewald: Die Judenfrage in England. In: Politisch-Anthropologische Monatsschrift 19/6 (1920) 267–274, hier 271.

296 *Winzer*: Die Judenfrage in England 102.

297 Ebd. 105 f.

gegenüber dem Zionismus an, wie es bereits 1918 in dem von Theodor Fritsch herausgegebenen »Hammer«, einem der wichtigsten Organe der Bewegung, exemplarisch hieß.[298] Die unter Völkischen verbreitete Sehnsucht nach Entfernung der Juden mündete nicht in die Befürwortung des Zionismus. Nachfolgend werden die Hintergründe für die argwöhnische Betrachtung der zionistischen Bewegung ausgeleuchtet.

3.1 Protokolle, Panik und Paranoia: Zionisten unter Verdacht

Es wäre durchaus irrig anzunehmen, dass die Mehrheit der Völkischen oder eine zumindest recht starke völkische Strömung seit dem Weltkrieg den Zionismus befürwortete.[299] Auch während des Kaiserreichs hatte der Zionismus bereits als Projektionsfläche für verschwörerische Zusammenhänge gedient. Antisemiten bekämpften nun jedoch nicht mehr nur die »Verjudung«, sittliche Aushöhlung und wirtschaftliche Ausbeutung der deutschen Gesellschaft, sondern vielmehr die planvolle Zerstörung aller bestehenden Ordnung zur Errichtung einer Weltherrschaft.[300] Der Zionismus wurde fortan als Bestandteil einer solchen weltumspannenden Konspiration begriffen. Die völkische Rezeption des Zionismus durchlief also einen Wandel. Nachdem, wie gezeigt, einige Stimmen zunächst Hoffnungen mit dem Zionismus verknüpft hatten, er würde zur Entfernung der Juden beitragen, wurden Zionisten zunehmend zu Protagonisten in verschwörungstheoretischen Szenarien gemacht.

Maßgeblichen Einfluss übten hierfür die »Protokolle der Weisen von Zion« aus, deren deutsche Ausgaben einen direkten Zusammenhang zwischen einer jüdischen »Weltverschwörung« und der zionistischen Bewegung herstellten. Völkische und nationalsozialistische Propagandisten entwarfen auf Grundlage der Protokolle Theorien eines Judenstaates, die das antisemitische Feindbild Zionismus bekräftigten und mit durchaus spezifischen Inhalten konturierten.[301]

298 L., R.: Die Eroberung von Jerusalem und der Gedanke eines Judenstaats. In: Hammer. Blätter für deutschen Sinn 17/378 (1918) 121–123.
299 Vgl. *Jung*, Walter: Ideologische Voraussetzungen, Inhalte und Ziele außenpolitischer Programmatik und Propaganda in der deutschvölkischen Bewegung der Anfangsjahre der Weimarer Republik. Das Beispiel Deutschvölkischer Schutz- und Trutzbund. Göttingen 2000, 353–367.
300 Vgl. *Lohalm*: Völkischer Radikalismus 177–179.
301 Damit soll die Annahme Derek Penslars kritisch geprüft werden, dass sich europäische Antisemiten vor dem Holocaust im Allgemeinen nicht inhaltlich mit dem Zionismus auseinandersetzten. Penslar spricht von »conceptual irrelevance of Zionism behind modern European anti-Semitism«. Die zionistische Bewegung sei auch mit größerer Sichtbarkeit nach der Balfour Declaration lediglich dem Namen nach aufgegriffen und im Rahmen vorhandener antisemitischer Denkweisen attackiert worden: »Even in Nazi ideology [...] Zionism was little more than an addendum to a well-worn diatribe against international Jewish political machinations and inveterate malevolence. The presence of the Zionist movement did not

Die Protokolle wurden als das »Kronzeugendokument«[302] schlechthin inszeniert: Sie gäben Einblick in die Pläne einer alles umfassenden, alles kontrollieren-
den und dabei stets im Stillen und Verborgenen operierenden jüdischen Geheim-
regierung. Diese kontrolliere bereits Regierungsvertreter, politische Parteien und
ganze Länder. Die Juden aller Länder arbeiteten insgeheim Hand in Hand für das
eine Ziel der jüdischen Weltherrschaft. Mit den Protokollen ließ sich alles Weltgeschehen auf einen Nenner zurückführen: die jüdische Weltverschwörung. Der
Zionismus war als Teil dieser Verschwörung stets in den Kontext der Protokolle
eingebettet. Bereits in der ersten bekannten Ausgabe der Protokolle, die 1903 in
der rechtsextremen russischen Zeitung »Znamja« erschien, hieß es, dass hinter
dem Zionismus eine jüdische Geheimregierung stecke, deren eigentliche Absicht
es sei, »die Juden der ganzen Welt in einem Bund zu vereinigen« und sich der
Welt zu bemächtigen.[303]

Die erste deutsche Ausgabe der »Protokolle der Weisen von Zion« erschien
im Januar 1920 als »Die Geheimnisse der Weisen von Zion«.[304] Als Herausgeber
und Kommentator wurde Gottfried zur Beek genannt, ein auch unter dem

---

substantively add to or detract from preexisting modes of anti-Semitic sensibility. [...] Zionism
did not exist as a discrete phenomenon in the minds of European anti-Semites during the
half-century prior to the Holocaust«, *Penslar:* Anti-Semites on Zionism 22 f.

302 *Pfahl-Traughber,* Armin: Der antisemitisch-antifreimaurerische Verschwörungsmythos in der Weimarer Republik und im NS-Staat. Wien 1993, 35.

303 Vgl. Programa zavoevanija mira evrejami [Programm der Eroberung der Welt durch
die Juden]. In: Znamja vom 28.08./10.09.1903, 2, zitiert nach *Hagemeister,* Michael: Die »Protokolle der Weisen von Zion« und der Basler Zionistenkongress von 1897. In: *Haumann,* Heiko
(Hg.): Der Erste Zionistenkongress von 1897 – Ursachen, Bedeutung, Aktualität. ...in Basel
habe ich den Judenstaat gegründet. Basel 1997, 336–340, hier 336. Warnte in der Znamja-
Fassung der Protokolle der anonyme Übersetzer in einem Nachwort noch davor, die »Vertreter
von Zion« mit den »Vertretern der zionistischen Bewegung« identisch zu machen, wurde in
einer Erklärung der Redaktion die zionistische Bewegung sehr wohl zu einem Instrument der
jüdischen »Superregierung« erklärt. Znamja-Herausgeber Georgij Butmi wies in einer späteren Ausgabe von 1907 direkt auf die geistige Verwandtschaft und die Verbindung mit dem
Zionismus hin, verstärkte damit den schon 1903 angedeuteten Konnex: »[D]er Grundgedanke
dieser Protokolle – die Errichtung des jüdischen Wohlergehens auf Kosten anderer Völker – ist
völlig identisch mit jenem Gedanken, der durch jede Zeile des berühmten Werkes ›Der Judenstaat‹ des Dr. Herzl, des Begründers des gegenwärtigen Zionismus, hindurchscheint.« Auch
einer der wichtigsten Popularisatoren der Protokolle, der russische Schriftsteller Sergei Nilus
(1862–1929), behauptete, aus jüdischen Quellen zu wissen, dass Theodor Herzl, der »Fürst des
Exils«, die Pläne während des Ersten Zionistenkongresses geoffenbart hatte. Vgl. *Hagemeister,*
Michael: Die »Protokolle der Weisen von Zion« und der Basler Zionistenkongress von 1897.
In: *Haumann,* Heiko (Hg.): Der Traum von Israel. Die Ursprünge des modernen Zionismus.
Weinheim 1998, 250–273, hier 254–257. In einer polnischen Ausgabe wurde sogar behauptet,
die Protokolle seien direkt aus Herzls Wohnung in Wien entwendet worden, vgl. *Cohn,* Nor-
man: »Die Protokolle der Weisen von Zion«. Der Mythos der jüdischen Weltverschwörung.
Baden-Baden, Zürich 1998, 72.

304 *Zur Beek,* Gottfried [=*Müller,* Ludwig]: Die Geheimnisse der Weisen von Zion. Berlin
1920.

Pseudonym Ludwig Müller von Hausen auftretender ehemaliger Hauptmann namens Ludwig Müller (1851–1926). Müller war Gründer und Leiter des 1912 gegründeten »Verbandes gegen Überhebung des Judentums«.[305] Theodor Fritsch gab eine zweite deutsche Ausgabe der Protokolle heraus: »Die Zionistischen Protokolle. Das Programm der Internationalen Geheim-Regierung« (1924), in der offensichtliche Fehler und Widersprüche getilgt worden waren.[306] Die Protokolle verbreiteten sich wie ein Lauffeuer. Bereits zum Ende des Jahres 1920 betrug ihre Auflage 120.000 gedruckte Exemplare.[307] Auszüge aus den Protokollen wurden in zahllosen Broschüren und Flugschriften popularisiert und in völkischen Organen kommentiert.[308] Dass die Schrift schnell als Fälschung und Plagiat entlarvt wurde, tat ihrer Wirkung keinen Abbruch. Unbeirrbar wurde

305 Vgl. *Pfahl-Traughber*: Der antisemitisch-antifreimaurerische Verschwörungsmythos 36; *Wippermann*, Wolfgang: Herrschaft des Geldes. Die Verschwörung der »Weisen von Zion«. In: *Ders.* (Hg.): Agenten des Bösen. Verschwörungstheorien von Luther bis heute. Berlin 2007, 67–77, hier 76. Zur Geschichte dieses Sammelvereins antisemitischer, alldeutscher und rechtsextremer Publizisten, dem u. a. die späteren Nationalsozialisten Ernst von Reventlow, Alfred Rosenberg und Martin Bormann angehörten, vgl. *Pfahl-Traughber*: Der antisemitisch-antifreimaurerische Verschwörungsmythos 41–44. Aufnahmekriterien waren männliches Geschlecht und »arische Herkunft«, vgl. *Jochmann*: Struktur und Funktion des deutschen Antisemitismus 467 und *Planert*, Ute: Antifeminismus im Kaiserreich. Diskurs, soziale Formation und politische Mentalität 1998, 128.
306 *Fritsch*, Theodor: Die Zionistischen Protokolle. Das Programm der internationalen Geheim-Regierung. Leipzig 1924. Diese Ausgabe erlebte bis 1933 13 Auflagen mit insgesamt 100.000 Exemplaren, vgl. *Pfahl-Traughber*: Der antisemitisch-antifreimaurerische Verschwörungsmythos 37; *Sammons*, Jeffrey L.: Einführung. In: *Sammons*, Jeffrey L. (Hg.): Die Protokolle der Weisen von Zion. Die Grundlage des modernen Antisemitismus – eine Fälschung. Göttingen 1995, 7–26. In Fritschs »Hammer« war bereits im März 1919, eine andere »Enthüllung« abgedruckt worden: gefälschte Auszüge aus dem angeblichen Protokoll des Zionistenkongresses von 1909. Diese »Protokolle« unterstellten eine Verschwörung zwischen Bolschewismus und Zionismus: Erst würde der Bolschewismus von den realen sozialen Fragen ablenken und Chaos und Zwietracht stiften, dann würden die Zionisten ihr »Judenreich« errichten, vgl. Enthüllungen über absichtliche Vernunftwidrigkeit im öffentlichen Leben. In: Hammer. Parteilose Zeitschrift für nationales Leben 18/401 (1919) 100–101.
307 Die deutsche Übersetzung lag bereits im April 1919 vor, deren Publikation verzögerte sich allerdings aus finanziellen Gründen. Zwischen Dezember 1919 und Januar 1920 wurde sie schließlich gedruckt; bereits im Februar und März 1920 erlebte das Buch zwei weitere Auflagen; bis zum Ende des Jahres nochmals drei. 1929 erwarb der Zentralverlag der NSDAP die Rechte. 1933 erreichte das Werk die 15. Auflage, vgl. *Pfahl-Traughber*: Der antisemitisch-antifreimaurerische Verschwörungsmythos 36.
308 Die alldeutschen und deutschvölkischen Organisationsstrategen förderten massiv die Veröffentlichung und Verbreitung von Schriften über den Mythos von der jüdischen Verschwörung, vgl. *Jochmann*, Werner: Gesellschaftskrise und Judenfeindschaft in Deutschland 1870–1945. Hamburg 1988, 136. Zur Entstehungs- und Wirkungsgeschichte der Protokolle, vgl. *Cohn*: Die Protokolle der Weisen von Zion; *Horn*, Eva/*Hagemeister*, Michael (Hg.): Die Fiktion der jüdischen Weltverschwörung. Zu Text und Kontext der »Protokolle der Weisen von Zion«. Göttingen 2012; *Rohrbacher*, Stefan/*Schmidt*, Michael: Judenbilder. Kulturgeschichte antijüdischer Mythen und antisemitischer Vorurteile. Reinbek bei Hamburg 1991,

weiter der Wahrheitsgehalt der Protokolle behauptet, die selbst als Fälschung den wahren Charakter des Judentums offengelegt hätten.[309] Für Fritsch zog die Publikation auch juristische Konsequenzen nach sich. Nachdem die ZVfD gegen Fritschs behauptete Verschwörungszusammenhänge protestiert hatte, erstattete sie gegen ihn Strafanzeige.[310] Durch die flächendeckende Verbreitung der Protokolle wurde auch die völkische Wahrnehmung des Zionismus entscheidend beeinflusst.

Beide Texte wurden in einem Punkt sehr konkret und stellten einen Zusammenhang zur zionistischen Bewegung her. Sowohl Müller wie Fritsch behaupteten in ihren jeweiligen Einleitungen, die Protokolle gäben die Inhalte vom Ersten Zionistenkongress zu Basel 1897 wieder. In seinem Vorwort stellte Müller, der Herausgeber der ersten Übersetzung »das offene und freudige Bekenntnis zum Judentume« als »zionistische Kriegskunst« dar, die die nichtjüdische Außenwelt in die Irre führen sollte: Eigentlich ging es um den Anspruch auf Weltmacht und unerhörte Expansion. Müller zufolge offenbaren die Protokolle, dass sich die »jüdische Begehrlichkeit« nicht auf das »gelobte Land« beschränke. Der von Herzl entworfene Judenstaat sei nur ein Mittel, um die seit Jahrtausenden verheißene Weltherrschaft zu erlangen:

> Das neue Reich Zion soll den überschießenden Teil armer Juden, besonders aus Rußland, aufnehmen, damit diese den jüdischen Gemeinden nicht länger zur Last fallen; darüber hinaus aber soll dieser Judenstaat später die Hausmacht des jüdischen Herrn der Welt bilden![311]

In gleicher Art inszenierte Fritsch den Zionismus als Verschwörung. Der Inhalt der Protokolle decke sich angeblich mit den »zionistischen Bestrebungen [...] ein ›Messianisches Reich‹ unter jüdischer Oberhoheit über alle Völker aufzu-

---

202–218; *Benz,* Wolfgang: Die Protokolle der Weisen von Zion. Die Legende von der jüdischen Weltverschwörung. 3. Aufl. München 2017.«

309 Vgl. *Horn,* Eva/*Hagemeister,* Michael: Ein Stoff für Bestseller. In: *Horn,* Eva/*Hagemeister,* Michael (Hg.): Die Fiktion von der jüdischen Weltverschwörung. Zu Text und Kontext der »Protokolle der Weisen von Zion«. Göttingen 2012, VII–XXII, IX–XIV.

310 Vgl. Erklärung des Landesvorstandes der Zionistischen Vereinigung für Deutschland. In: Jüdische Rundschau 29/41 (1924) 299 sowie *Reinharz:* The Zionist Response to Antisemitism 114. Der Abwehrverein warf der ZVfD vor, nicht bereits gegen die erste deutsche Ausgabe der Protokolle von Ludwig Müller protestiert zu haben, vgl. Der Schwindel der »Zionistischen Protokolle«. In: Mittheilungen aus dem Verein zur Abwehr des Antisemitismus 34/11 (1924) 24. Auch Ernst von Reventlow, der die Zeitschrift »Reichswart« herausgab, wurde 1921 von Achad Ha'am verklagt, weil er behauptet hatte, die Protokolle stammten aus dessen Feder, vgl. *Reventlow,* Ernst von: Die Weisen von Zion, London und Berlin. In: Reichswart 2/49 (1921) 6–10; Um die Geheimnisse der Weisen. In: Reichswart 4/21/24 (1923) 3–4, 3. Reventlow musste die Behauptung zurücknehmen, vgl. *Hartmann,* Christian/*Vordermayer,* Thomas/*Plöckinger,* Othmar/*Töppel,* Roman (Hg.): Hitler, Mein Kampf. Eine kritische Edition. München, Berlin 2016, Bd. 2, 802.

311 *Zur Beek:* Die Geheimnisse der Weisen von Zion 6 f.

richten«.[312] Ein Judenstaat wurde demnach mit jüdischer Weltherrschaft aufs Engste verknüpft.

Einer der reißerischsten und auflagenstärksten Popularisatoren der Protokolle, Friedrich Wichtl (1872–1922), der sich mit fanatischen Schmäh- und Hetzschriften gegen eine vermeintlich jüdisch-freimaurerische Verschwörung hervorgetan hatte, behauptete, dass das politische Weltgeschehen und die Ursachen für den verlorenen Weltkrieg nur mit Hilfe der Protokolle verstanden werden könnten.[313] So würde man schnell erkennen, dass die Juden das allgemeine Chaos vorsätzlich herbeiführten und auch den Kommunismus unterstützten, um auf diese Weise der jüdischen Weltherrschaft den Weg zu bereiten.[314] Den Judenstaat begriff Wichtl nicht als Nationalstaat, sondern als deckungsgleich mit jüdischer Weltherrschaft.

Dies war typisch für den Blick auf den Zionismus als Verschwörung: Weltkrieg und revolutionäre Umstürze wurden als Ergebnis einer langangelegten Planung, nach der die Welt zunächst ins Chaos gestürzt und danach eine neue Ordnung errichtet werde, erklärt. Dafür musste der reale Zionismus mit dem antisemitischen Verschwörungsbild »Zionismus« identisch gemacht werden. Indizien hierfür fanden die Anhänger der Protokolle überall: Wichtl galt der Völkerbund, unter dessen Mandat eine jüdische Heimstätte in Palästina eingerichtet werden sollte, als die geheime Weltregierung, von der die Protokolle handelten. Der Völkerbund hisse »die blau-weiße Flagge des Judenstaates«, so Wichtl, »das stolze Banner aller jener Völker, die sich unter das jüdische Joch gebeugt haben.«[315]

Es lässt sich zeigen, wie Völkische, die sich vorher positiv auf den Zionismus bezogen hatten, infolge der Protokolle ihre Position änderten. Das betrifft zunächst Fritsch selbst. In seinem seit den 1887 erscheinenden, wiederholt überarbeiteten »Handbuch der Judenfrage« hatte er sich einst für den Zionismus ausgesprochen. Die Bestrebung, den Juden »eine eigne Heimat und einen eignen

---

312 *Fritsch:* Die Zionistischen Protokolle 4. *Fritsch,* Theodor: Die Zionistischen Protokolle. Das Programm der internationalen Geheim-Regierung. 15. Aufl. Leipzig 1933, 3.

313 Über Wichtl, vgl. *Pfahl-Traughber:* Der antisemitisch-antifreimaurerische Verschwörungsmythos 33–35; Wichtl, Friedrich. In: *Lennhoff,* Eugen/*Posner,* Oskar (Hg.): Internationales Freimaurerlexikon. Wien 1932, 1700–1701.

314 Vgl. *Wichtl,* Friedrich: Freimaurerei – Zionismus – Kommunismus – Spartakismus – Bolschewismus. Wien 1921, 6. Wichtls Hauptschrift erlebte bis 1928 ihre 11. Auflage, vgl. Wichtl, Friedrich 1700. Dazu auch *Hagemeister,* Michael: Die »Protokolle der Weisen von Zion« vor Gericht. Der Berner Prozess 1933–1937 und die »antisemitische Internationale«. Zürich 2017, 46.

315 *Wichtl:* Freimaurerei 16. Weitere Artikel über den Völkerbund und den Zionismus im Zusammenhang einer jüdischen Verschwörung, vgl. *Rosenberg,* Alfred: Jüdische Weltpolitik. In: Der Weltkampf. Monatsschrift für die Judenfrage aller Länder 1/1 (1924) 1–16; Jerusalem, du hochgelobte... In: Ebd. 46; Michel und »Zion«. In: Reichswart 8/14 (1927) 2–3. Gelegentlich wurde der Völkerbund direkt als »Organ des Zionismus« bezeichnet, *Verax jun.:* Die Wahrheit über Zion. Nach englischen, amerikanischen, französischen und italienischen Quellen. In: Der Weltkampf. Halbmonatsschrift für die Judenfrage aller Länder 2/2 (1925) 55–63, hier 63.

Staat« zu geben, so, Fritsch im Jahr 1907, sei »nur zu billigen«.[316] In die Ausgabe von 1923 waren erstmals »Protokoll-Auszüge über Geheimsitzungen [...], die neben den öffentlichen Sitzungen des 1. Zionisten-Kongresses 1897 hergingen«, in das Werk aufgenommen. Nun rief Fritsch dazu auf, sich durch die Aussicht der jüdischen Auswanderung »nicht einschläfern« zu lassen.[317] Auch in Fritschs Hammer wurde fortan nur noch feindselig über den Zionismus berichtet.

Als weiterer prominenter völkischer Autor widerrief der Alldeutsche Georg Fritz eine ehemals prozionistische Position. Fritz hatte sich, wie im ersten Analyse-Kapitel dieser Arbeit gezeigt, während des Weltkrieges auf den Zionismus als nützliches Instrument bezogen. Nachdem die Mittelmächte den Krieg verloren hatten, spekulierte Fritz, dass Großbritannien nun, dank der Unterstützung des »Weltjudentums«, sich zum Weltherrscher aufgeschwungen habe. Judentum und das britische Empire stünden im Bunde gegen Deutschland. Als Gegenleistung habe das Empire den Juden eine nationale Heimstätte zugesagt. Allerdings habe Großbritannien damit um den »Preis der Weltherrschaft [...] seine Seele verkauft«. Denn ein jüdischer Staat sei nur dazu da, die Macht des Judentums auf der ganzen Erde zu stärken. Die Juden seien die wahren Herrscher; in einem »Zionsstaat« liefen, nach Fritz, die Fäden einer alljüdischen Politik zusammen.[318]

Doch wie funktionierte diese angebliche zionistische Verschwörung – warum ausgerechnet die Zionisten? Die bisher gezeigten Stimmen operierten vor allem mit Unterstellungen: Entweder schoben sie den Zionisten unter, die Protokolle würden den Ersten Zionistenkongress dokumentieren oder sie behaupteten schlichtweg, Zionisten strebten keinen Staat, sondern Weltherrschaft an. Bereits Zeitgenossen war es jedoch ein Leichtes zu widerlegen, dass ausgerechnet

316 *Fritsch*, Theodor: Handbuch der Judenfrage. Eine Zusammenstellung des wichtigsten Materials zur Beurteilung des jüdischen Volkes. 26. Aufl. Hamburg 1907, 8. Die Passage wiederholt sich noch in der Ausgabe von 1923 (29. Auflage), vgl. *Fritsch*, Theodor: Handbuch der Judenfrage. Eine Zusammenstellung des wichtigsten Materials zur Beurteilung des jüdischen Volkes. 29. Aufl. 1923, 10.

317 *Fritsch*: Handbuch der Judenfrage 343, Abschnitt über die Protokolle 485–488. Fritsch veränderte den Abschnitt »Zionismus« seines Handbuchs einige Jahre später nochmals grundlegend. Die politischen Entwicklungen in Palästina als britisches Mandatsgebiet zeigten, dass keinerlei Aussicht auf einen Judenstaat bestehe. Auch sein Urteil über die Schöpfer der Bewegung, deren Aufrichtigkeit und Idealismus er einst gelobt hatte, hatte sich verkehrt: Es war nur mehr von den »wurzellosen Literaten« Herzl und Nordau die Rede. Fritsch distanzierte sich damit ausdrücklich von den weitaus positiveren Stellungnahmen früherer Ausgaben des Handbuchs. Die Praxis habe bewiesen, dass der Zionismus undurchführbar sei. Die Antisemiten würden sich folglich einer Täuschung hingeben, wenn sie weiterhin darauf hofften, »daß der Zionismus etwas Wesentliches zur Lösung der Judenfrage beitragen könnte.« *Fritsch*, Theodor: Handbuch der Judenfrage. Die wichtigsten Tatsachen zur Beurteilung des jüdischen Volkes. 30. Aufl. Leipzig 1931, 167 f.

318 *Fritz*, Georg: Der Sieg des Judentums, Kreuzigung und Auferstehung des deutschen Geistes. In: Alldeutsche Blätter 29/27 (1919) 213–216, hier 213.

der Zionismus das Herzstück einer jüdischen Verschwörung darstellen solle.[319] Einen Weg, die gegen die Protokolle vorgebrachten Einwände aufzugreifen, ohne dabei den Verschwörungszusammenhang fallen zu lassen, fand Arthur Trebitsch (1880–1927)[320] im Jahr 1921.

Der in der völkischen Szene aufgrund seiner jüdischen Herkunft nicht unumstrittene Trebitsch unterschied zwischen der realen zionistischen Bewegung und den »Zionisten« der Protokolle. Trebitsch nahm an, es habe mit Herzl und Nordau einst »Realzionisten« gegeben, »die wirklich und wahrhaftig, von der Not und Bedrängnis ihrer unglückseligen Stammesgenossen ergriffen, diesen eine eigene Staatlichkeit, ein unabhängiges nationales Reich auf Palästinas Boden, der seit zweitausend Jahren verloren gegangenen Heimat zu errichten strebten.«[321] Dieser »Realzionismus« sei jedoch von einem »Symbolzionismus« okkupiert worden und dergestalt verändert worden,

daß nach außen hin und vor den Wirtsvölkern wohl das reale Ziel eines National-staates aufrecht erhalten wurde, im Geheimen aber die den religiösen Satzungen ferne Stehenden sich mit den Fanatikern und Gläubigen des großen jüdischen Zieles ver-ständigen lernten, bis dank der heutigen Weltlage, die jene geheimen Prophezeiungen unheimlich rasch der Verwirklichung entgegen führt, jener Symbolzionismus alle Parteien vereinte, den wir heute als das wahre Wesen aller zionistischen Bestrebungen zu betrachten haben.

Aller Zionismus sei also »Symbolzionismus« geworden, der »Zion als […] Symbol der jüdischen Weltherrschaft«[322] betrachte. Trebitsch schmiedete also eine

319 Ein zeitgenössischer Kritiker, der Journalist Binjamin Segel (1866–1931), legte den ganzen Irrwitz der Protokolle mit der Frage nach der vermeintlichen zionistischen Verschwö-rung offen: »Es wäre für die Diplomatie sehr lehrreich, zu erfahren«, schrieb Segel in seiner *Erledigung* (1924), »wie es die Weisen von Zion anstellen wollten, von hier aus [Palästina] die Welt zu beherrschen«, Segel, Binjamin: Die Protokolle der Weisen von Zion kritisch beleuchtet. Eine Erledigung. Freiburg 2017, 88. Zu Segel und seinen kritischen Interventionen, vgl. *Krah*, Franziska: Die Bibel der Antisemiten. Geschichte und Gegenwart der Protokolle der Weisen von Zion. In: Ebd., 7–18; *Dies.*: Schreiben als Leidenschaft. Über den Journalisten und Anti-semitismuskritiker Binjamin W. Segel. In: Ebd., 487–505.

320 Trebitsch verfasste unter anderem Beiträge für den *Hammer*, bevor er den Antaios-Ver-lag gründete, in dem er seine von immenser Paranoia angetriebenen antisemitischen Pamph-lete publizierte. Er diente Joseph Roth als Vorbild für seinen Roman *Das Spinnennetz* (1923). Auf den jungen Adolf Hitler soll Trebitsch großen Einfluss ausgeübt haben, vgl. *Hamann*, Brigitte: Hitlers Wien. Lehrjahre eines Diktators. 2. Aufl. München 1996, 329–333. Biographie und Charakterisierung Trebitschs als »jüdischer Antisemit«, vgl. *Gilman*, Sander L.: Jüdischer Selbsthass. Antisemitismus und die verborgene Sprache der Juden. 1. Aufl. Frankfurt a. M. 1993, 159–161 sowie die klassische Charakterstudie über Trebitschs Wahnvorstellungen *Lessing*, Theodor: Der jüdische Selbsthaß. München 1984, (erstmals Jüdischer Verlag, Berlin 1930), 101–132.

321 *Trebitsch*, Arthur: Deutscher Geist – oder Judentum! Der Weg der Befreiung. Berlin u. a. 1921, 72.

322 Ebd. 74.

Konstruktion, die die Protokolle gleichzeitig als Erfindung und als Tatsache ausgeben konnte.[323]

Das antisemitische Feindbild Zionismus konturierte sich aber vor allem, indem zahlreiche Artikel völkischer Organe Palästina mit in den Blick nahmen. Im Hammer, den Deutschvölkischen Blättern oder dem nationalsozialistischen »Völkischen Beobachter« wurde akribisch über Ereignisse in Palästina berichtet. In Palästina ließ sich für völkische Autoren die »Judenfrage« studieren. Unterstellte jüdische Eigenschaften und Verhaltensweisen konnten dort wie in einer Versuchsanordnung beobachtet werden. Darstellungen der jüdischen Heimstätte wurden als scheinbar empirische Belege jüdischer Niedertracht, praktischer Unfähigkeit oder eines Verschwörungszusammenhangs herangezogen.[324]

Der Grundtenor zahlreicher Artikel zumeist ungenannter völkischer Autoren war identisch: Das Judentum erzeuge jeden Orts feindselige Reaktionen ihrer nichtjüdischen Umwelt. Im Verhalten der Juden sei die Ursache für die »Judenfrage« zu suchen. In Palästina zeige sich die Reinform jüdischen Charakters. Denn dort übe das Judentum direkt die Herrschaft aus. Und wo immer Juden herrschten, herrschten »Schmutz, Fäulnis und rücksichtslose Gewaltherrschaft«[325], befand man 1922 im Hammer.

Ein britisch-jüdisch regiertes Palästina, das als Völkerbundmandat für Palästina seit 1920 Realität war, wurde als Tollhaus beschrieben, in dem Unmoral, Wirtschafts- und Organisationschaos und Verbrechen walteten. Zionisten erschienen als Vertreter ihrer »Rasse«, denen auch in Palästina Arbeitsscheu[326] und Bodenspekulation[327], Manipulation der Presse[328] und die Förderung von Prostitution und sexuelle Ausschweifungen[329] nachgewiesen werden konnten. Jüdischer Landraub[330] und Misswirtschaft[331] zeigten die jüdische Unfähigkeit

---

323 Eine völkische Biographie Trebitschs, hob diese Anschauung ebenfalls hervor, vgl. *Schuberth*, Georg: Arthur Trebitsch. Sein Leben und sein Werk. Leipzig, Wien 1927, 47.

324 Vgl. *Jung*: Ideologische Voraussetzungen 359 f.

325 Zionistische Kultur in Palästina. In: Hammer 21/481 (1922) 272.

326 Vgl. *Flämming*, Knud: Palästina und die Juden. In: Politisch-Anthropologische Monatsschrift 21/1 (1922) 34–38; *Flämming*, Knud: Der Zionismus während des Weltkrieges. In: Hammer 21/472 (1922) 83–84; Aussichten in Palästina. In: Hammer. Parteilose Zeitschrift für nationales Leben 22/493/494 (1923) 21.

327 Was die Juden aus Palästina gemacht haben. In: Deutschvölkische Blätter 36/19 (1921) 74.

328 *Jorge*: Vom gelobten Lande. In: Hammer 20/466 (1921) 436.

329 Palästina ein neuer Herd des Bolschewismus. In: Hammer. Blätter für deutschen Sinn 20/455 (1921) 211–212; Zionistische Kultur in Palästina 272; Was die Juden aus Palästina gemacht haben 74.

330 Vgl. *Flämming*: Palästina und die Juden; *Ders.*: Der Zionismus während des Weltkrieges.

331 Mißwirtschaft im neuen Judenstaat. In: Deutschvölkische Blätter 37/25 (1922) 1, Das zionistische Fiasko. In: Völkischer Beobachter Nr. 18 vom 22./23.01.1928, 3; Das zionistische Paradies. In: Völkischer Beobachter Nr. 31 vom 07.02.1928, 4.

zu regieren und eine selbstständige Existenz zu führen. Im Hammer wurde Palästina 1921 zudem zum Hort des Bolschewismus erklärt.[332]

In Palästina zeige sich tagtäglich der »beispiellose Dilettantismus« der Juden im Umgang mit sozialen und wirtschaftlichen Problemen, sobald sie auf sich allein gestellt seien, trumpfte 1928 der Völkische Beobachter auf. Das jüdische Siedlungswerk wurde als kurz vor dem Zusammenbruch stehendes Unterfangen geschildert, das die »organisatorische Unfähigkeit« und das »jüdische Unvermögen, durch zielbewußte harte Arbeit mit Stirn und Faust überhaupt etwas aufzubauen«, beweise. In Palästina könne die Unproduktivität »des Juden« täglich beobachtet werden: »Sein jahrhundertelanges Schmarotzerdasein, sein Parasitenleben im Leib fremder Völker hat alle Aufbautriebe in ihm gelähmt und getötet.«[333]

Die 1909 am Mittelmeer gegründete Stadt Tel Aviv schien die NS-Propagandisten besonders zu provozieren. Tel Aviv sei nichts als »ein unorganisches Gewirr von Wellblechbuden mit faulenzenden Insassen«[334], schrieb 1928 Ernst von Reventlow (1869–1943). Reventlow war ein völkisches Urgestein und 1927 in die NSDAP eingetreten.[335] In seiner Zeitung »Reichswart« betitelte er die Stadt »Tela Bluff«.[336] Reventlow hatte sich zu diesem Zeitpunkt schon einen Namen als Antisemit – und Antizionist – gemacht: Er hatte 1925 im Reichstag protestiert, als Chaim Weizmann während seines Deutschlandbesuchs von Reichskanzler Wirth und anderen Politikern »wie ein Chef einer Großmacht« begrüßt worden war. Reventlow, der wie so viele NS-Antisemiten besessen von den »Protokollen der Weisen von Zion« war, scheute sich während einer Reichstagsrede auch nicht, den Ersten Zionistenkongress als weltumspannende Organisation zu insinuieren, »die zum Ausgang des Krieges in höchstem Maße beigetragen hat.«[337]

332 Der Hammer berichtete 1921 davon, dass in Palästina ein »bolschewistisches Koordinationszentrum« errichtet werde, Bericht eines englischen Offiziers. In: Hammer 20/450 (1921) 109. Die sozialistisch-zionistische Strömung des *Poale Zion* wurde als Beleg der angeblichen jüdischen Kontrolle über die Arbeiterparteien gewertet, vgl. Zionisten als Arbeiterführer. In: Hammer 18/408 (1919) 243–244.

333 Das zionistische Paradies 4.

334 Das zionistische Fiasko 3. Ähnlich auch Ein neuer »Judenstaat«. In: Der Weltkampf. Monatschrift für die Judenfrage aller Länder 1/1 (1924) 34–36; Die Krise in Palästina. In: Völkischer Beobachter Nr. 45 vom 23.02.1928, 3.

335 Vgl. *Kimmel*, Elke: Reventlow, Ernst Graf zu. In: *Benz*, Wolfgang (Hg.): Handbuch des Antisemitismus. Judenfeindschaft in Geschichte und Gegenwart. Berlin 2009, 684–685.

336 Michel und »Zion« 2.

337 Reventlow und Weizmann. In: Jüdische Rundschau 30/8 (1925) 73; Der zionistische Triumphator. In: Reichswart 6/4 (1925) 1. Vgl. auch *Wein*, Susanne: Antisemitismus im Reichstag. Judenfeindliche Sprache in Politik und Gesellschaft der Weimarer Republik. Frankfurt a. M. 2014, 213. Reventlow nahm bereits den Weizmann-Besuch von 1922 zum Anlass solcher Verleumdungen, vgl. Der Triumph der zionistischen Weltmacht. In: Reichswart 3/1 (1922) 4–9. Zu Reventlows Besessenheit von den Protokollen, vgl. seine Rezension von Henry Fords »The International Jew« (1920–22), Der internationale Jude. Ein Weltproblem. In: Reichswart 2 (1921) 3–9.

Das jüdische Siedlungswerk in Palästina wurde in der völkischen und nationalsozialistischen Presse nicht nur als ein organisatorisches Fiasko, sondern auch als großes Unrecht geschildert. Die arabische Bevölkerung erschien dagegen in besserem Licht. Mit ihr konnte man sich sogar identifizieren, weil sie durchweg als Opfer jüdischer Willkür, Ausbeutung und Unterdrückung dargestellt wurde.[338] Zahlreiche Artikel solidarisierten sich mit den Arabern Palästinas. Außerdem wurde in zahlreichen Texten darauf hingewiesen, dass die Juden ja gar keinen Anspruch auf das Land besäßen.[339]

Teilweise gaben sich völkische Auseinandersetzungen auch fundierter – die allerdings denselben Befund zu verifizieren versuchten: Palästina liefere den Beweis, »daß die Juden unfähig sind, ein Staatswesen zu bilden und zu erhalten«[340], wie Bernhard Funck 1922 in der Monatsschrift »Deutschlands Erneuerung« ausführlich erörterte. In diesem während des Weltkriegs auf Initiative von Houston Stewart Chamberlain, dem antisemitischen Bestseller-Autor, im alldeutschen Umfeld gegründeten Organ setzten sich während der Nachkriegszeit zahlreiche Beiträger mit der gesellschaftlichen Organisation nach völkischen Prinzipien auseinander. Der intellektuellen Aufmachung und des bürgerlich-konservativen Publikums der Zeitschrift ungeachtet waren viele ihrer Autoren von den Protokollen maßgeblich beeinflusst.[341]

338 Vgl. »Die ganze in Palästina vertretene Weltpresse in jüdischen Händen«. Feststellungen des neutralen »Corriere della Sera« über die Bedrückung der Araber durch die Zionisten. In: Völkischer Beobachter Nr. 206 vom 06.09.1929, 1.

339 Vgl. Die Universität Jerusalem. In: Reichswart 6/15/16 (1925) 1–2; Die Juden in ihrer »Nationalen Heimstätte«. In: Reichswart 10/36 (1929) 2 Der Mandatar der »nationalen Heimstätte«. In: Reichswart 10/37 (1929) 2; Die jüdische Schuld an den Morden in Palästina. Aus dem Fenster auf die Araber geschossen – Ein Zionist Diktator in Palästina? – Ein jüdischer Börsianer Diktator in Aegypten? In: Völkischer Beobachter Nr. 198 vom 28.08.1929, 1; Andauernde Kämpfe in Palästina. Der Zionismus die Ursache – Alfred Mond und Weizmann »greifen ein«. In: Völkischer Beobachter Nr. 199 vom 29.08.1929, 1–2; »Die ganze in Palästina vertretene Weltpresse in jüdischen Händen« 1; *Geiger*, J.: Die Heimatverteidigung der Araber. Betrachtungen zum zionistischen Araber-Pogrom in Palästina. In: Völkischer Beobachter Nr. 207 vom 07.09.1929, 1; »Den Juden ist das arabische Volk anvertraut«. Freche Zionistenkundgebung in Berlin. In: Völkischer Beobachter Nr. 211 vom 12.09.1929, 2; *Reventlow*, Ernst von: Lord Balfour (†). Was band ihn an Juda? In: Der Weltkampf. Monatsschrift für Weltpolitik, völkische Kultur und die Judenfrage aller Länder 7/78 (1930) 257–266; Arabertum, Palästina, Islam. In: Reichswart 11/21 (1930) 2–3; *Abdul-Rafi*, Mohammed: Arabien gegen Zion. In: Reichswart 12/37/38 (1931) 4, 3; Stimmen aus dem Orient. In: Reichswart 13/35 (1932) 4.

340 *Funck*, Bernhard: Zionismus oder der Jude als Staatenbilder. In: Deutschlands Erneuerung. Monatsschrift für das deutsche Volk 6/6 (1922) 351–360, hier 351.

341 Die Zeitschrift richtete sich als publizistische Plattform zunächst an alle antidemokratischen »national gesinnten Kreise« und schrieb sich gemäß ihrem Untertitel die »Bekämpfung alles Undeutschen in Recht, Wissenschaft, Kunst, Presse und Gesellschaft« auf die Fahne. Sie war vorwiegend an das Bürgertum gerichtet, doch wies Adolf Hitler zu Beginn der 1920er-Jahre auch die Ortsgruppen der NSDAP an, die Artikel der Zeitschrift als Grundlage der Propaganda zu verwenden, vgl. *Leicht*: Deutschlands Erneuerung.

Funcks Artikel versuchte zu belegen, dass den Juden eine einzige »Staatskunst« zu eigen sei: die »Zerstörung wohlgeordneter Staatswesen«. Selbst sei das Judentum zu keiner produktiven Leistung fähig. Der »Zionistenstaat von Englands Gnaden« sei eine »Mißgeburt« und kein Staat, da all seine politische und wirtschaftliche Lebenskraft dem »arabischen Wirtsvolke« abgetrotzt werde: »Die Lasten des Staates werden langsam auf die Schultern des Wirtsvolkes gewälzt«, was die »vollkommene Versklavung des schaffenden nichtjüdischen Volkes« zur Folge habe.[342]

Funcks Darstellung des Judentums kann als repräsentativ für die völkische Rezeption des Zionismus zu Beginn der 1920er-Jahre gelten. Er war vom niederträchtigen Charakter des Judentums überzeugt; das Judentum war für ihn eine »Wesenheit, die außerhalb aller menschlichen Begriffe liegt«.[343] Aufgrund ihrer abnormalen Wesenszüge versuchten die Juden in Palästina keine Heimstätte zu errichten, so Funck, sondern einen »sichere[n] Hort in Zeiten der Not und ›Verfolgung‹«.[344]

Bei Funck und den anderen dargestellten Autoren hat sich gezeigt: Juden scheiterten in der völkischen Wahrnehmung daran, ein Gemeinwesen aufzubauen. Das liege im unproduktiven Charakter des Judentums begründet. Die völkischen Kommentatoren begnügten sich damit jedoch nicht. Hätte ein Scheitern des Projekts einer nationalen jüdischen Heimstätte für sie so fatale Folgen gehabt? Aus ihrer angeblichen praktischen Unfähigkeit ein Gemeinwesen zu organisieren wurde darüber hinaus in einem Zirkelschluss gefolgert, die Juden strebten gar keinen Staat an. Fritz hatte unterstellt, Palästina sei ein »alljüdisches Zentrum«; Funck sprach von einem »Hort«. Damit war erneut jüdische Geschlossenheit unterstellt: Zionisten stünden immer in Verbindung zu den anderen Zweigen des »Weltjudentums«.

Unter nationalsozialistischen Autoren spitzte sich diese Position nochmals zu. Besonders Alfred Rosenberg (1893–1946)[345] war maßgeblich daran beteiligt,

---

342 *Funck: Zionismus oder der Jude als Staatenbilder* 360.
343 Ebd. Hier sei weiterführend verwiesen auf *Funke*, Manfred: Auswanderung – Aussiedlung – Ausrottung. Ein Beitrag zur Tateinheit von Rassen- und Machtpolitik während der Diktatur Hitlers. In: *Funke*, Manfred (Hg.): Demokratie und Diktatur. Geist und Gestalt politischer Herrschaft in Deutschland und Europa. Düsseldorf 1987, 237–251.
344 *Funck: Zionismus oder der Jude als Staatenbilder* 351.
345 Der Deutschbalte Rosenberg war (Mit-)Verfasser des Parteiprogramms der NSDAP, Hauptschriftleiter des »Völkischen Beobachters« und Verfasser unzähliger antisemitischer und völkischer Pamphlete. Er wurde 1934 zum »Beauftragten des Führers für die Überwachung der gesamten geistigen und weltanschaulichen Schulung und Erziehung der NSDAP« ernannt. Wurde Rosenberg in der Forschung lange als Außenseiter betrachtet, der nach 1933 innerhalb der Partei ins Abseits geriet und sich als »vergessener Gefolgsmann« kaum politische Macht im nationalsozialistischen System sichern konnte, hat v. a. Ernst Pipers umfassende Rosenberg-Biografie das Bild des ohnmächtigen Dogmatikers revidiert und seine Bedeutung als »Hitlers Chefideologe« unterstrichen, vgl. *Piper*, Ernst: Alfred Rosenberg. Hitlers Chef-

das Feindbild Zionismus unter radikaleren Gesichtspunkten zu definieren. Völkische und Nationalsozialisten hatten selbstverständlich immense personelle und inhaltliche Schnittmengen. Rosenberg etwa stammte selbst aus dem völkischen Milieu. Dennoch ging die eine Bewegung nicht vollends in der anderen auf. Die nationalsozialistische Bewegung ging aus der völkischen hervor und übernahm viele weltanschauliche Aspekte, während sie vor allem unpraktische, einer politischen Massenmobilisierung hinderliche Anschauungen über Bord warf. Die NS-Ideologie war in ihren Kernelementen identisch mit der völkischen Weltanschauung. Sie teilte die strikte Ablehnung liberaler, bürgerlicher und weltbürgerlicher Anschauungen, um an ihrer Statt ein völkisches, judenfreies »Großdeutschland« zu setzen. Im Gegensatz zum Nationalsozialismus schafften es die Völkischen hingegen nie einen strukturellen und ideologischen Konsens untereinander zu finden, aus der eine strukturierte Partei hätte hervorgehen können.[346] Als weiteres Unterscheidungsmerkmal ist die spezifische Ausprägung

ideologe. München 2005; exemplarisch für die ältere Forschungstendenz, vgl. *Fest,* Joachim: Alfred Rosenberg. Der vergessene Gefolgsmann. In: *Ders.* (Hg.): Das Gesicht des Dritten Reiches. Profile einer totalitären Herrschaft. München 1963, 225–240; *Bollmus,* Reinhard: Alfred Rosenberg – »Chefideologe«: des Nationalsozialismus? In: *Smelser,* Ronald/*Zitelmann,* Rainer (Hg.): Die braune Elite. Bd. 1. Darmstadt 1989, 223–235. Als unstrittig dürfte Rosenbergs hohe publizistische Breitenwirkung gelten sowie die unterschwellige Wirkmächtigkeit seiner Gedanken, die in verschiedenen Bereichen des öffentlichen Lebens im NS präsent waren. Schulbücher, Lehr- und Unterrichtspläne, parteiinterne Leithefte und Schulungsbriefe unterschiedlicher nationalsozialistischer Organisationen gaben das von Rosenberg verfochtene Welt- und Geschichtsbild wieder, das einen Anspruch auf umfassende Deutung der gesamten Weltgeschichte erhob, vgl. *Kroll,* Frank-Lothar: Utopie als Ideologie. Geschichtsdenken und politisches Handeln im Dritten Reich. 2. Aufl. Paderborn 1999, 142. Rosenbergs ideologisches Weltbild blieb zwischen 1918 bis 1945 in seinen wesentlichen Elementen konstant, vgl. *Szabó,* Miloslav: Rasse, Orientalismus und Religion im antisemitischen Geschichtsbild Alfred Rosenbergs. In: *Bergmann,* Werner/*Sieg,* Ulrich (Hg.): Antisemitische Geschichtsbilder. Essen 2009, 211–230, hier 214f. Zur apokalyptisch-eschatologischen Dimension von Rosenbergs Antisemitismus, vgl. *Bärsch,* Claus-Ekkehard: Alfred Rosenbergs »Mythus des 20. Jahrhunderts« als politische Religion. Das »Himmelreich in uns« als Grund völkisch-rassischer Identität der Deutschen. In: *Maier,* Hans (Hg.): Totalitarismus und Politische Religionen. Konzepte des Diktaturvergleichs. Paderborn 1997, 227–248; *Bärsch,* Claus-Ekkehard: Die politische Religion des Nationalsozialismus. Die religiösen Dimensionen der NS-Ideologie in den Schriften von Dietrich Eckart, Joseph Goebbels, Alfred Rosenberg und Adolf Hitler. 2. Aufl. München 2002, 197–270.

346 Vgl. dazu *Puschner,* Uwe/*Großmann,* G. Ulrich: Vorwort. In: *Puschner,* Uwe/*Großmann,* G. Ulrich (Hg.): Völkisch und national. Zur Aktualität alter Denkmuster im 21. Jahrhundert. Darmstadt 2009, 9–14; Breuer: Nationalismus und Faschismus 145–162. Hitler nahm über seinen in der völkischen Bewegung sozialisierten Vertrautenkreis zentrale völkisch-rassistische Denkfiguren auf, grenzte sich aufgrund des nationalsozialistischen Alleinvertretungsanspruchs jedoch vehement von den Völkischen ab, vgl. dazu *Wirsching,* Andreas: Hitler, Mein Kampf. Eine kritische Edition des Instituts für Zeitgeschichte. In: Aus Politik und Zeitgeschichte 65/43–45 (2015) 9–16; *Breuer:* Nationalismus und Faschismus 146. Ein Gesamtbild der völkischen Weltanschauung, einschließlich der Aspekte und Teilbewegungen, die

eines paranoiden Antisemitismus, der von dem engsten Vertrautenkreis von Adolf Hitler geteilt wurde, besonders wichtig. In diesen paranoiden Antisemitismus gilt es zunächst einzuführen, bevor die spezifisch nationalsozialistische Rezeption des Zionismus untersucht wird.

3.2 Nationalsozialistische Radikalisierungen

>>Wie es heisst<<, lachte ich, >>haben sich auch die Wölfe in zwei Lager gespalten. Der eine Teil soll fest entschlossen sein, das Land der Schafe zu verlassen, um irgendwo ganz unter sich rein vegetarisch zu leben.<<[347]

Dietrich Eckart

Der Soziologe Stefan Breuer spricht von einem >>doppelten Antisemitismus<< der NSDAP. Die Partei setzte sich eigentlich aus zweien zusammen: Erstens aus einer vor allem von Gregor Strasser (1892–1934) bürokratisch organisierten Massenpartei, die im Wesentlichen einen >>durchschnittlichen Radikalantisemitismus<<[348] vertrat. Dieser Teil der Partei bewegte sich in den Bahnen des >>üblichen<< ökonomischen, politischen und kulturellen Antisemitismus. Der zweite Teil gruppierte sich um Adolf Hitler als ein ursprünglicher Kern von Vertrauten, der den Charakter einer >>pseudoreligiösen Sekte der Eingeweihten<< trug.[349] Dieser Kreis wurde von einem paranoiden Antisemitismus zusammengehalten. Dieser trat zuerst bei Hitlers Mentor Dietrich Eckart (1868–1923) in Erscheinung und sprengte in seiner Exzessivität jede bisher gekannte Dimension.[350] Eckart wies bis zu seinem Tod 1923 eine >>progressiv[e] Paranoia<<[351] auf, in der der Jude als Wesen von Chaos und Finsternis mit regelrecht mythischer Bedeutung erschien. Dessen Wille zur Zerstörung der bestehenden Ordnung und dessen Aspiration zur Weltherrschaft könne, so Eckart, nur noch durch Deutschland aufgehalten werden. Damit war klar, wo dieser welthistorische Kampf gegen das Judentum entschieden werden müsse: in Deutschland.

sich im Nationalsozialismus nicht wiederfanden oder von diesem sogar unterdrückt wurden, vgl. *Puschner,* Uwe: Völkisch. Plädoyer für einen >>engen<< Begriff. In: *Ciupke, Paul/Heuer, KLaus/Jelich,* Franz-Josef/*Ulbricht,* Justus H. (Hg.): >>Die Erziehung zum deutschen Menschen<<. Völkische und nationalkonservative Erwachsenenbildung in der Weimarer Republik. Essen 2007, 53–66.

347 *Eckart,* Dietrich: Der Bolschewismus von Moses bis Lenin. Zwiegespräch mit Adolf Hitler. München 1924, 17.

348 *Breuer:* Ordnungen der Ungleichheit 362.

349 *Smelser,* Ronald: Robert Ley. Hitlers Mann an der >>Arbeitsfront<<. Paderborn 1989, 77.

350 Zu Eckarts apokalyptisch aufgeladenem Antisemitismus, vgl. *Bärsch:* Die politische Religion des Nationalsozialismus 60–66 sowie allgemein, *Runte-Plewnia,* Margarete: Auf dem Weg zu Hitler. Der >>völkische<< Publizist Dietrich Eckart. Bremen 1970. Über seinen Einfluss auf Hitler, vgl. Mosse: Ein Volk, ein Reich, ein Führer 311 f.

351 *Breuer:* Ordnungen der Ungleichheit 364.

Die irrsinnige Vorstellung einer Entscheidungsschlacht zwischen dem absolut Guten und dem absolut Bösen war dabei mehr als nur Ausdruck einer individuellen Paranoia, sondern erfasste einen Kreis loyaler Glaubensanhänger, die all ihre Energie der Verbreitung dieses Wahns opferten. Von Eckart massiv beeinflusst waren Alfred Rosenberg, Heinrich Himmler (1900–1945), aber auch Julius Streicher (1885–1946), Joseph Goebbels (1897–1945) und besonders Adolf Hitler. Letzterer konstruierte unter dem Einfluss Eckarts und Rosenbergs ein weltanschauliches System auf antisemitischer Grundlage, das zwei Prinzipien folgte: erstens der Vorstellung einer jüdischen Verschwörung, die nach der Herrschaft über die Völker strebte; zweitens der ausgeprägten Furcht vor dem Verderben der »rassischen Grundlagen« des deutschen und der anderen Völker.[352] Hitler sprach bereits 1919 von einem »Antisemitismus der Vernunft«, der keine Kompromisse und Einschränkungen mehr kennen dürfe und dessen Motor gnadenlose Ratio sein müsse, der sich Leidenschaft und Hass unterordneten.[353] In dem während seiner Redetätigkeit entwickelten System erschien »der Jude« in absoluter Konsequenz nur noch als korrumpierendes Wesen, als »ewiger Parasit«, der in fremde Organismen hineindränge, diese aushöhle und von innen heraus vernichte. »Der Jude« war dabei durchgehend seiner konkreten historischen Gestalt entkleidet, nur mehr Verkörperung des Bösen, »Teufelsmacht«, »Weltpest«, »Weltvampir«, »Weltfeind«.

Die jüdische Strategie zur Erlangung der Weltherrschaft arbeitete diesem Irrsinn zufolge, flächendeckend über den Globus und durch die gesamte Geschichte hindurch: Ihre Mittel waren »Entnationalisierung«, »Durcheinanderbastardisierung der anderen Völker«, und »Senkung des Rassenniveaus der Höchsten sowie die Beherrschung des Rassenbreies durch Ausrottung der völkischen Intelligenzen und deren Ersatz durch die Angehörigen seines eigenen Volkes«. In Deutschland sei eine »Judenrepublik« errichtet worden, in Russland herrschte der »jüdische Bolschewismus«, das »jüdische Finanzkapital an der Neuyorker Wallstreet«, – kurzum: die »Aufrichtung der jüdischen Weltdiktatur« stehe kurz

---

352 *Wippermann,* Wolfgang: Der Jude. In: *Ders.* (Hg.): Der konsequente Wahn. Ideologie und Politik Adolf Hitlers. Gütersloh 1989, 106–120, hier 106–109; *Fenske,* Hans: Der Nationalsozialismus und seine Quellen. In: *Lieber,* Hans-Joachim (Hg.): Politische Theorien von der Antike bis zur Gegenwart. Bonn 1993, 802–820, hier 816–820. Ernst Nolte weist darauf hin, dass Hitlers Rassismus »den schwermütigen und fatalistischen Pessimismus Gobineaus in einen aggressiven Optimismus verwandelt«, *Nolte,* Ernst: Eine frühe Quelle zu Hitlers Antisemitismus. In: Historische Zeitschrift 192/1 (1961) 584–606, hier 590.

353 Vgl. dazu *Claussen,* Detlev: Antisemitismus der Vernunft. In: *Ders.* (Hg.): Vom Judenhass zum Antisemitismus. Materialien einer verleugneten Geschichte. Darmstadt u. a. 1987, 193–200, Zitat: *Hitler,* Adolf: Brief an Adolf Gemlich. In: *Claussen,* Detlev (Hg.): Vom Judenhass zum Antisemitismus. Materialien einer verleugneten Geschichte. Darmstadt u. a. 1987, 190–193, hier 192.

vor ihrem Abschluss.[354] Das Judentum war in diesen Vorstellungen als Macht-konstellation begriffen, die sowohl die nationale wie internationale Ordnung durchdringe: »Nach den üblichen Begriffen [...] lässt sich das nicht bestimmen. Eine Wucherung über die ganze Erde hinweg, bald langsam, bald springend. Ueberall saugt das und saugt. Anfangs die strotzende Fülle, zuletzt vertrocknete Säfte«[355], wie es in dem 1924 publizierten »Zwiegespräch« zwischen Eckart und Hitler hieß. Welche Rolle spielte nun der Zionismus in diesen Wahngebilden?

Alfred Rosenbergs Pamphlet »Der staatsfeindliche Zionismus« (1922) war die erste größere nationalsozialistische Auseinandersetzung mit dem Zionismus. Zusätzlich verfasste Rosenberg ausführliche Kommentare über die Protokolle.[356] Auch darin nahmen die Zionisten stets eine Schlüsselrolle in der antisemitischen Konstruktion »alljüdischer« Machenschaften ein. Rosenberg führte in »Der staatsfeindliche Zionismus« Zusammenhänge aus, die bereits Teil der bisherigen Darstellung waren. Er prangerte, wie auch viele völkische Autoren, die angeb-liche jüdische Tyrannei in Palästina an: Die Zionisten beabsichtigten gar die »Austreibung und Ausrottung«[357] der arabischen Bevölkerung. Vor allem stellten die Zionisten für ihn jedoch eine konspirative Clique dar, die seit Jahrzehnten die Unterwerfung der nichtjüdischen Welt vorbereite. Sie bedienten sich des britischen Empires ebenso wie des Bolschewismus in Russland als Instrumente, um die Welt ins Chaos zu stürzen und die Herrschaft zu übernehmen.

Die Zionisten stellten für Rosenberg innerhalb dieser jüdischen Machenschaf-ten die »Fanfare des heute über die Maßen hochmütig und frech gewordenen Judentums«[358] dar. Was war damit gemeint? Rosenbergs Denken war vollständig

---

354 Vgl. einschließlich der vorangegangenen Zitate, *Breuer:* Ordnungen der Ungleichheit 366–369. Zur manichäisch-eschatologischen Dimension des NS-Antisemitismus, vgl. *Von-dung,* Klaus: Die Apokalypse des Nationalsozialismus. In: *Ley,* Michael/*Schoeps,* Julius H. (Hg.): Der Nationalsozialismus als politische Religion. Bodenheim bei Mainz 1997, 33–52; *Katz,* Steven T.: Kontinuität und Diskontinuität zwischen christlichem und nationalsozialis-tischem Antisemitismus. Tübingen 2001.

355 *Eckart:* Der Bolschewismus von Moses bis Lenin 15. Die begriffliche Anomalie des Jüdischen, die Eckart, Hitler, Rosenberg und andere NS-Weltanschauungsproduzenten ent-warfen, erfährt in der Antisemitismus-Analyse von Klaus Holz Reflexion. Holz beschreibt anhand der Figur des »Dritten«, dass sich das Judentum nicht in die übliche Freund-Feind-Be-stimmung der nationalen Ordnung einordnete, sondern im »nationalen Antisemitismus« eine Sonderposition bekleidet, vgl. *Holz:* Die antisemitische Figur des Dritten; *Ders.:* Der Jude. Dritter der Nationen.

356 Vgl. *Rosenberg,* Alfred: Die Protokolle der Weisen von Zion und die jüdische Weltpoli-tik. München 1923; *Rosenberg,* Alfred: Der Weltverschwörerkongreß zu Basel. Um die Echt-heit der zionistischen Protokolle. München 1927. Zum Einfluss der Protokolle auf führende NSDAP-Funktionäre, vgl. *Meyer zu Utrup,* Wolfram: Kampf gegen die »jüdische Weltver-schwörung«. Propaganda und Antisemitismus der Nationalsozialisten 1919 bis 1945. Berlin 2003, 99–131, 137–149.

357 *Rosenberg,* Alfred: Der staatsfeindliche Zionismus. Hamburg 1922, 33.

358 Ebd. 6.

vom Verschwörungsmythos der Protokolle durchdrungen. Das hatte nicht nur zur Folge, dass die Zionisten als Teil der jüdischen »Weltverschwörung« begriffen wurden. Darüber hinaus dienten die Zionisten Rosenberg als wertvolle Quelle, um seine Verschwörungskonstruktionen zu untermauern. Die Zionisten erschienen als die Fraktion innerhalb des »Weltjudentums«, an der sich dessen Pläne studieren respektive entschlüsseln ließen. Rosenberg sammelte eine Vielzahl von Zitaten aus zionistischen Schriften, Tagebüchern, Reden und Zeitungen, die er zu Belegen eines »alljüdischen« Komplotts gegen das Deutsche Reich und die nichtjüdische Welt insgesamt verzerrte[359] Es waren die Zionisten, die selbstbewusst und freimütig aussprachen, was Juden sonst um jeden Preis zu verbergen suchten: dass es eine miteinander verbundene und einheitlich agierende Judenheit gebe, die auch ein Selbstverständnis von sich als überlegene Rasse pflege.

Doch wozu ein Judenstaat, ging doch Rosenberg ebenfalls davon aus, dass »der Jude [auf keinem Gebiet] wirklich schöpferisch«[360] sei? Rosenbergs Innovation folgerte aus dem für hochrangige NS-Kader so spezifischen paranoiden Antisemitismus; Juden und Nichtjuden standen sich darin schicksalhaft gegenüber. Das Ziel des Zionismus sei nicht die Konstituierung eines Staates, sondern einer Zentrale, der »die Millionen des den Völkern der Welt abgewucherten Geldes [...] künstlich Lebenskraft einpumpen.«[361] Und entweder die Nichtjuden würden sich von der Judenherrschaft befreien – »an diesem Tage fällt Palästina als Judenstaat in sich zusammen«[362] – oder der jüdische Plan gelinge und führe in die Zerstörung des gesamten Staatengefüges. Wie Alfred Rosenberg in seinen Kommentaren zu den Protokollen ausführte, prädestiniere ein »uralter Wüsteninstinkt« die Juden zu »Zerstörern des völkischen Staatsgedankens« und machte sie zu Trägern eines »antinationalen Weltwirtschaftsgedankens«, der den deutschen Nationalstaat und alle anderen Staaten überwuchere.[363] Die nationalstaatliche »Nachäffung«[364] der Zionisten sei Ausdruck dieses Bestrebens. 1897 in Basel hätten Herzl und seine Mistreiter also nicht über die Schaffung eines jüdischen Nationalstaats verhandelt, sondern über die Grundsätze der »alljüdischen

---

359 Rosenberg zitierte auch in den Folgejahren regelmäßig aus den Tagebüchern Theodor Herzls und anderen zionistischen Publikationen, um den Zionismus als Kronzeugen für den Wahrheitsgehalt der Protokolle darzustellen, vgl. *Rosenberg*, Alfred: Theodor Herzl, der Gründer des politischen Zionismus, als Kronzeuge für die »Protokolle der Weisen von Zion«. In: Der Weltkampf. Halbmonatsschrift für die Judenfrage aller Länder 2/5 (1925) 205–217; *Ders.*: Echt oder gefälscht? Ein letztes Wort über die »Protokolle der Weisen von Zion«. In: Der Weltkampf 2/4 (1925) 145–163; *Ders.*: Weltverschwörung und Zionistenkongresse. In: Der Weltkampf. Monatsschrift für Weltpolitik, völkische Kultur und die Judenfrage aller Länder 2/13 (1925) 577–591.

360 *Ders.*: Der staatsfeindliche Zionismus 62.

361 Ebd.

362 Ebd.

363 *Rosenberg*: Die Protokolle der Weisen von Zion 3.

364 *Ders.*: Theodor Herzl, Kronzeuge für die »Protokolle der Weisen von Zion« 206.

Staatszerstörung«.[365] Damit erklärte Rosenberg die Zionisten zu den absoluten Widersachern des völkischen Staates.

Diese Gegenüberstellung war drei Jahre zuvor, in einer Rede Adolf Hitlers im Münchner Hofbräuhaus am 13. August 1920, das zentrale Thema gewesen. In der Forschung wird sie als »grundlegende« Rede Hitlers über den Antisemitismus begriffen.[366] In dieser programmatischen Darlegung zum Thema »Warum sind wir Antisemiten?« hatte Hitler einen »Zionistenstaat« dem völkischen Ideal seiner Staatsvorstellung gegenübergestellt. Die Rede führte aus, weshalb es niemals einen jüdischen Staat geben könne – und weshalb die Juden trotzdem einen solchen anstrebten.

Hitler erhob den Antisemitismus zum erkenntnisleitenden Prinzip, von dem allein ausgehend Gesellschaft und Geschichte begriffen werden könne. Er bot eine universale Deutung des Weltgeschehens an. Hitler führte drei Eigenschaften aus, auf deren Grundlage die als Rassengeschichte begriffene Menschheitsgeschichte fuße: Arbeitsauffassung, Rassezucht sowie seelische Struktur. Den Völkern der nordischen Rassen wurde »der Jude« als »Rassenantagonist« gegenübergestellt. Dieser unterscheide sich in allen drei Kriterien wesenhaft von den Ariern. Die Nordvölker verträten einen Begriff von gemeinnütziger Arbeit, verrichtet aus »sittlich-moralischem Pflichtgefühl«, während die Daseinsgrundlage des Juden nicht Arbeit, sondern der »Raub« an den produktiven Leistungen anderer sei; »einst [...] im Ausplündern wandernder Karawanen und [...] heute [...] im planmäßigen Ausplündern verschuldeter Bauern, Industrieller, Bürger«.[367] Hitlers Rede folgte einer strengen antisemitisch-rassistischen Logik, in der Geschichte und Natur parallelisiert verliefen. Das Judentum sei eine verborgene Kraft, die den von der Natur vorgesehenen Lauf der Geschichte störe und zu ihren Gunsten manipuliere.[368] Die beschriebene dichotomische Ordnung war als stets gleichbleibendes geschichtliches Prinzip begriffen. Die Dichotomie

---

365 *Ders.*, Die Protokolle der Weisen von Zion 31 f. Dabei bestätigten besonders Persönlichkeiten wie der englische Politiker und Industrielle Alfred Mond (1868–1930), die Rosenberg als Repräsentanten des »Börsenjudentums« galten und zugleich als Unterstützer des Palästinawerks in Erscheinung traten, die Existenz einer alljüdischen Einheit; der Einfluss des Zionismus machte England zum »Büttel der alljüdischen Hochfinanz«, vgl. ebd. 18.

366 Vgl. *Phelps*, Reginald H.: Hitlers »grundlegende« Rede über den Antisemitismus. In: Vierteljahrshefte für Zeitgeschichte 16/4 (1968) 390–420. Sie war eine der ersten Hitlerreden überhaupt und die einzige aus der Frühzeit der NSDAP, die im Volltext erhalten ist. Sie dauerte mehrere Stunden und appellierte an eine »vernünftige« Begriffsbildung des Antisemitismus, an das »wissenschaftliche Verstehen« des Judentums, das die Basis einer Massenorganisation werden solle, die es sich zum Ziel nahm, antisemitische Prinzipien in die Praxis umzusetzen, vgl. *Steinweis*: Studying the Jew 8. Eine detaillierte Analyse der Semantik von Hitlers Rede, vgl. *Holz*, Klaus: Nationaler Antisemitismus. Wissenssoziologie einer Weltanschauung. 1. Aufl. Hamburg 2001, 359–430.

367 *Phelps*: Hitlers »grundlegende« Rede über den Antisemitismus 404.

368 Vgl. *Nolte*: Eine frühe Quelle zu Hitlers Antisemitismus 590 f.

Arier – Jude bestimmte auch alles andere: Die »Rassereinzucht« der Arier und sein »tief-innerliches Seelenleben«[369] habe große Leistungen auf den Gebieten der Kunst und Wissenschaft hervorgebracht. Der Jude habe hingegen »Inzucht« getrieben, die nur absolute Kulturlosigkeit und die fehlende Eignung zur Staatenbildung zur Folge habe.

So wenig der Jude Kunst, Musik und ein kulturelles Leben schaffe, könne er staatenbildend wirken. Bereits das antike Jerusalem sei nur eine »Zentrale [...], genauso wie meinetwegen Berlin oder New York oder Warschau« gewesen, da auch damals schon der Jude »in erster Linie als Parasit am Körper anderer Völker« gelebt habe. Das »Gesetz seiner Rasse« diktiere dem Juden seine Lebensweise als »Parasit«. Während die Arier die sittlichen und produktiven Grundlagen zum Staatenbau besäßen, bestehe umgekehrt »Notwendigkeit für den Juden, unbedingt staatenzerstörend auftreten zu müssen.«[370] So viel dazu, wieso es nach Hitler keinen jüdischen Staat gab und geben werde. Was strebten aber die Zionisten an?

Ein »Zionistenstaat« sei jedenfalls nicht mit einem organischen Volksstaat vergleichbar. Er sei vielmehr »die letzte vollendete Hochschule ihrer internationalen Lumpereien, und von dort aus soll alles dirigiert werden«.[371] Ein Judenstaat wäre »nicht als Ort nationaler Sammlung zu betrachten«, sondern als »Freistatt für jene, denen der Boden anderwärts zu heiß wurde«, eine »sichere Burg der Beute«.[372] Hitler erklärte auch, wie genau ein jüdischer Staat, jüdischen Machenschaften nützlich sein würde: »[J]eder Jude soll gewissermaßen noch eine Immunität bekommen als Staatsbürger des palästinensischen Staates« und behielte »naturgemäß unsere Staatsbürgerrechte auch noch«, also die des Deutschen Reichs. Damit gäbe es fortan keine Handhabe mehr gegen die Juden: »Wenn Sie nämlich einen Juden einmal wirklich auf frischer Tat ertappen sollten, so ist das kein deutscher Jude mehr, sondern ein Bürger von Palästina.«[373] Die Angst, Juden erhielten durch den Zionismus »doppelte Rechte«[374], wurde von Nationalsozialisten wiederholt geäußert.

Die Vision eines organischen Rassestaates sah einerseits vor, nach innen bereinigend zu wirken und völkische Einheit durch den Ausschluss des jüdischen

---

369 *Phelps:* Hitlers »grundlegende« Rede über den Antisemitismus 402.

370 Ebd. 406.

371 Ebd.

372 Dieses Zitat entstammt einer kurz darauf unter demselben Titel gehaltenen Rede, vgl. *Hitler,* Adolf: Warum sind wir Antisemiten? Rede auf einer NSDAP-Versammlung, Rosenheim, 31.8.1920. In: *Jäckel,* Eberhard/*Kuhn,* Axel (Hg.): Hitler. Sämtliche Aufzeichnungen 1905–1924. Stuttgart 1980, 219–221, hier 220.

373 *Phelps:* Hitlers »grundlegende« Rede über den Antisemitismus 406.

374 Vgl. *Rosenberg,* Alfred: Die Balfour-Deklaration. In: Reichswart 2/36 (1921) 7–8; Michel und »Zion« 2 f.; Der Gouverneur von Jerusalem ein erwachter Engländer? Die Balfour-Note und der Landesverrat der Juden in Deutschland. In: Völkischer Beobachter Nr. 210 vom 11.09.1929, 1.

Rassefeindes zu stiften. Doch damit nicht genug. Hitler sagte einer Ordnung den Kampf an, hinter der die Machenschaften eines »Weltjudentums« steckten, das als doppelte Bedrohung auftrete: Neben dem inneren (»deutsche Juden«) müsse der äußere Feind (»Bürger von Palästina«) als solcher erkannt werden. Das Gegenmodell, das Ideal eines völkischen Rassestaates unter nationalsozialistischer Führung, sollte aus dieser Ordnung befreien und an ihrer statt ein organisches Prinzip setzen, in dem Natur und Geschichte versöhnt wurden: Der Rasseantagonist »Jude« würde verdrängt und aus der Geschichte der Menschheit verbannt werden. In der von Hitler umrissenen völkischen Staatsauffassung sollte eine scheinbar natürliche, den nichtjüdischen Völkern entsprechende Ordnung wiederhergestellt werden.[375]

Die Darstellung von Juden und Zionisten diente damit der Rechtfertigung und Fundierung eines Antisemitismus, der zum zentralen Erkenntnisinstrument erhoben wurde. Juden nahmen innerhalb dieser antisemitischen Paranoia die Rolle des zentralen Feindes ein; vom Kampf und Sieg über diesen Universalfeind wurde die eigene Erlösung abhängig gemacht.

Den Spuren eines solchen Universalfeinds in der Geschichte gingen Hitler und sein Mentor Dietrich Eckart in einem »Zwiegespräch« nach, das ein Jahr nach Eckarts Tod, 1924, veröffentlicht wurde.[376] Die beiden verfolgten den »jüdischen Bolschewismus« bis zurück zu Moses und halluzinierten einen solchen buchstäblich metaphysisch noch in das Jenseits hinein, wo ein »Zentralverein himmlischer Staatsbürger jüdischen Glaubens« sich anschicke, »auch noch das Elysium zu verraten«.[377] Überall, in jedem Land, zu jeder Zeit, sogar im Jenseits, laure der allmächtige Jude, der aus angeborenem Instinkt gegen die Menschheit konspiriere.

Natürlich beschäftigten sich die beiden Apokalyptiker auch mit dem Zionismus als Teil der unheimlichen, weltumspannenden Gemeinschaft: »Der sichtbar gewordene Zionismus ist der Ausgangspunkt. Mit dem grossen Gewächs hängt er unterirdisch zusammen. Von Gegensätzen nicht die Spur.«[378] Ob assimiliertes Judentum oder Zionismus, das Judentum wolle nur eines: jüdische Weltherrschaft. Die letzte Konsequenz seines Weltherrschaftsstrebens, so dachte es in der Logik des paranoiden Antisemitismus, sei die Vernichtung der Welt.[379]

---

375 Vgl. *Nolte*: Eine frühe Quelle zu Hitlers Antisemitismus 590.
376 Es ist zwar wahrscheinlich, dass das »Zwiegespräch« von Dietrich Eckart alleine und vermutlich sogar ohne Hitlers Wissen geschrieben wurde, doch alles Wissen über Eckart und Hitler »verleiht dem Dokument Glaubwürdigkeit als eine Darstellung der Beziehung und der Ideen, die sie miteinander teilten«, *Engelmann*, Ralph Max: Dietrich Eckart and the Genesis of Nazism. Washington/Columbia 1971, 236 sowie *Friedländer*: Das Dritte Reich und die Juden 113. Eine ausführliche Analyse der Schrift, vgl. *Nolte*: Eine frühe Quelle zu Hitlers Antisemitismus.
377 *Eckart*: Der Bolschewismus von Moses bis Lenin 15.
378 Ebd. 17. Ähnlich auch Deutsch-jüdische Synthese. In: Reichswart 7/11 (1926) 1.
379 Vgl. *Eckart*: Der Bolschewismus von Moses bis Lenin 49.

Eckart und Hitler rechneten Herzl der »jüdischen Oberleitung« zu, die schon Jahrzehnte zuvor den Ausbruch des Ersten Weltkrieges geplant habe. Die Errichtung eines Nationalstaates folge den »alljüdischen« Plänen, die im jüdischen Wesen begründet seien:

> Des Pudels Kern: die Juden bleiben, wo sie sind; und das neue Zion hat nur den Zweck, einmal, ihr politisches Rückgrat zu stärken, für's zweite, ihren Hochmut zu kitzeln, endlich aber, und das vor allem, ihnen eine Stätte abzugeben, wo ihnen kein Mensch auf die schmutzigen Finger zu sehen vermag. [...] Mit anderen Worten: Arsenal und Hochschule zugleich. [...] Ich dächte, nun wissen wir auch über den jüdischen Nationalismus Bescheid.[380]

Da die Juden als Volk oder Rasse mit derart dämonisierenden Attributen versehen wurden, nimmt es wenig Wunder, dass sich Hitler, Eckart, Rosenberg und andere Nationalsozialisten vom Nationalbewusstsein der Zionisten provoziert fühlten. Jenes veranlasste Nationalsozialisten zu keinem Zeitpunkt dazu, Zionisten auf derselben Ebene, womöglich gar als »völkische Juden« anzuerkennen. Für die NS-Propagandisten, die sich mit dem Zionismus befassten, stand von vornherein fest, dass alle Juden Nationaljuden seien, alle Juden stets nur nach dem einen Ziel der jüdischen Weltherrschaft strebten. Das zionistische Selbstbewusstsein als nationales Judentum provozierte daher immens. Rosenberg hatte sich darüber echauffiert, dass Zionisten als nationaljüdische »Fanfare« offen und frech als Juden auftraten. Eckart und Hitler unterstellten ebenfalls, der Zionismus würde den jüdischen »Hochmut [...] kitzeln«.

Das national auftretende Judentum strebe kein Nationalheim an, waren sich die behandelten Nationalsozialisten einig. Durchaus aber eine Niederlassung in Palästina. Die Bilder, mit denen das Wesen eines jüdischen Staates beschrieben wurde, weisen eindeutige Überschneidungen auf: Als »Arsenal«, »Hort« und »Rückzugsort« bilde ein jüdischer Staat eine Art »Zentrale des Weltjudentums«, in der alle Fäden zusammenliefen und die diversen jüdischen Erscheinungsformen koordiniert würden. Auf diese Weise stärke ein Staat »ihr politisches Rückgrat«, wie Eckart und Hitler festhielten. Ein Judenstaat als »Hochschule« war in Hitlers Rede von 1920 bereits zur Sprache gekommen. In einer solchen würden sich Juden weiterbilden und ihre Fähigkeiten schulen, Nichtjuden zu betrügen.

Das Bild der Zentrale brachte einerseits die antisemitische Vorstellung eines global agierenden »Weltjudentums« mit dem realen zionistischen Ziel, eine nationale jüdische Heimstätte in Palästina zu errichten, in Einklang. Andererseits waren Zionisten nicht nur irgendein Teil des »Weltjudentums«. Sie wurden vielmehr als sein »Kopf«, seine »jüdische Oberleitung« apostrophiert.

---

380 Ebd. 17.

Abb. 7: Karikatur Chaim Weizmanns als
»König der Juden«.

Diese Vorstellung wurde in nationalsozialistischen Publikationen regelmäßig
erneuert und durch Tagesereignisse scheinbar empirisch unterfüttert. In der
Rezeption wurde den Protokollen stets besondere Bedeutung zur Dechiffrierung
jüdischer und zionistischer Machenschaften eingeräumt.[381] Die Autoren der
Hetzzeitschriften fanden immer neue »Beweise«: Augenfällig etwa sei das
gemeinsame Handeln aller Juden durch die 1929 beschlossene Öffnung der
Jewish Agency für nicht-zionistische Mitglieder. Im Zuge des Palästinamandats
sollten nicht-zionistische Juden in den Aufbau und die Organisation des Palästinawerks eingebunden werden. Die schiere Existenz eines Zionistenkongresses zu
Zürich in diesem Jahr bestätigte für Alfred Rosenberg die Echtheit der »ange-

---

381 Vgl. *Reventlow:* Die Weisen von Zion, London und Berlin; Um die Geheimnisse der
Weisen; Moskau – Rom – Jerusalem. In: Reichswart 4/18–20 (1923) 1, 2, 1–2; *Rosenberg,* Alfred:
Der ewige Jude! In: Der Weltkampf. Monatschrift für die Judenfrage aller Länder 1/7 (1924)
12–19; Jerusalem, du hochgelobte... 46; Die Entlarvung der Weisen von Zion. In: Reichswart
8/52 (1927) 3–4; Alljudentum über allen Staaten! In: Völkischer Beobachter Nr. 243 vom
13.09.1928, 1; Die Weltregierung der Juden. In: Der Weltkampf. Monatsschrift für Weltpolitik,
völkische Kultur und die Judenfrage aller Länder 6/69 (1929) 406–411.

feindeten Protokolle der sogenannten Weisen von Zion von 1897, ganz gleich, wie man über ihre Entstehungsgeschichte auch denken mag.« Der Kongress beweise, dass es trotz der Verschleierungstaktik der Zionisten keineswegs um Palästinafragen ging, sondern um »eine zentral geleitete jüdische Weltpolitik«. Die Öffnung der Jewish Agency erfolge als letzte Stufe »dieser Querverbindung durch alle Völkerinteressen« und offenbare ein »alljüdisches« Agieren.[382] Chaim Weizmann, der Präsident der Zionistischen Organisation, werde damit »zum Führer auch aller nichtzionistischen Juden«, dem fortan »offiziell die alljüdischen Bankiers, marxistischen Führer und bolschewistischen Juden [unterstehen]«.[383]

Die geballte Berichterstattung über Zionismus und Palästina im »Völkischen Beobachter« war kein Zufall. Rosenberg war der Herausgeber und einer seiner engsten Mitarbeiter, Arno Schickedanz (1892–1945), hatte Ende der 1920er-Jahre das Berliner Büro des NS-Parteiblattes übernommen.[384] Schickedanz, baltendeutscher Corpsbruder von Rosenberg, war ab 1933 mit dem Aufbau des von seinem Mentor geführten Außenpolitischen Amtes der NSDAP betraut. Schickedanz war ein eifriger Adept von Rosenbergs mystisch überhöhten Rassentheorien. Er goss den paranoiden Antisemitismus der NS-Ideologen in ein System pseudowissenschaftlicher Rassegeschichtsschreibung. Er begriff das Judentum als »Sozialparasitismus«, ein Begriff, den Schickedanz der Entomologie des Forstwissenschaftlers Karl Escherich entnommen hatte.[385] In seinen rassentheoretischen Werken »Das Judentum – eine Gegenrasse« (1927) und »Sozialparasitismus im Völkerleben« (1928) formulierte er das Konzept eines jüdischen »Art-Parasitismus«.[386] Darin fixierte er die historisch-rassische Sonderstellung des Judentums in letzter Konsequenz. Seit der Antike sei das Judentum eine »weltvernichtende Gefahr«[387] für den Rest der Menschheit. Die Natur der Juden

---

382 Der oberste Rat der Weisen von Zion. Vor aller Welt in Zürich zur jüdischen Weltregierung erwählt. In: Völkischer Beobachter Nr. 190 vom 18./19.08.1929, 1.

383 Der König der Juden Chaim Weizmann. In: Völkischer Beobachter Nr. 214 vom 15./16.09.1929, 1. Ähnlich auch Die geeinte jüdische Gegenrasse. Eine geheime jüdische Versammlung in München. Sie stellen sich außerhalb der deutschen Volksgemeinschaft – Ganz Israel bürgt füreinander. In: Münchner Beobachter. Tägliches Beiblatt zum »Völkischen Beobachter« vom 17.09.1929, 1; Der erste alljüdische Wirtschaftskongreß. Ergänzung zur Züricher politischen Oberleitung – Für »Völkerversöhnung«, Zentralisierung des Kredits, Internationalismus. In: Völkischer Beobachter Nr. 193 vom 22.08.1929, 1.

384 Vgl. *Piper:* Alfred Rosenberg 265 f.

385 Vgl. *Bein:* »Der jüdische Parasit« 135 f.; *Jansen:* »Schädlinge« 276 f. Der Philologe Horst Dieter Schlosser sieht in Schickedanz' Buch den »absolute[n] Tiefpunkt irrationaler, pseudobiologischer Argumentation« in der Nachfolge Gobineaus, vgl. *Schlosser,* Horst Dieter: Die Macht der Worte. Ideologien und Sprache im 19. Jahrhundert. Köln u. a. 2016, 90.

386 Vgl. *Schickedanz,* Arno: Das Judentum, eine Gegenrasse. Leipzig 1927; *Schickedanz,* Arno: Sozialparasitismus im Völkerleben. Leipzig 1927.

387 *Schickedanz:* Sozialparasitismus im Völkerleben 181.

machte sie, so Schickedanz, zur einer gestaltungsunfähigen, intellektuell-gesit-
tungslosen und instinktverbundenen »Gegenrasse«[388], die die natürliche »Be-
grenzungen und Bindungen« ihres jeweiligen Wirtsvolkes zu zerstören trachte,
um so das eigene Überleben zu sichern. In der Beschreibung der Juden als alles
zerstörende, geborene Schmarotzer lotete Schickedanz eine metaphysische Tiefe
der Judenfeindschaft aus, die Rosenberg (einschließlich des Begriffs der »Gegenrasse«) für seinen »Mythus des XX. Jahrhunderts« (1930) übernahm.[389] Schickedanz hatte den Antisemitismus auf den Lebenskampf zweier metaphysischer
Prinzipien zugespitzt: »Eine menschliche Gegenrasse muß zerstören, um leben
zu können; denn in dieser Zerstörung beruht gerade ihr ›Leben‹.«[390]

Sozialparasitismus war für Schickedanz ein Naturgesetz und ein ewig gültiges
geschichtliches Prinzip. Palästina, als »ein von Natur gegebener Bastardisierungs-
herd« habe einst ein wildes Durcheinander von menschlichen Rassen und Völkern ermöglicht und so die Entstehung der jüdischen »Gegenrasse«[391] begüns-
tigt. Schickedanz erhob Einspruch gegen das »Ammenmärchen«, »die Juden
seien in vergangenen Zeiten sowohl Ackerbauer wie Viehzüchter gewesen«[392].
Sie hätten sich allein durch die Ausbeutung anderer reproduziert. Schickedanz
projizierte die Vorstellung einer jüdischen »Zentrale« zurück auf die Antike:
»War eine Landschaft ausgepowert, so wandten sie sich der nächsten zu, wie ein
ungeheurer Polyp mit Fangarmen, dessen Kopf eine Zeitlang in Jerusalem saß,
in ewiger Bewegung begriffen.«[393]

Selbiges gelte noch heute. Schickedanz übernahm von Rosenberg die Idee vom
»staatszerstörenden Zionismus«. Schickedanz versuchte akribisch nachzuweisen,
dass der Zionismus weder eine nationale noch eine produktive Erscheinungsform sei. Schickedanz parallelisierte Judentum und Zionismus: »Zionismus
ist gleichbedeutend mit [...] dauernde[m] Sozialparasitismus.«[394] Judentum,

---

388 Zu Rezeption des Begriffs in der NS-Rassenkunde, vgl. das Lemma »Gegenrasse« in
Schmitz-Berning, Cornelia: Vokabular des Nationalsozialismus. Berlin 1998, 257 f.

389 Vgl. *Rosenberg*, Alfred: Der Mythus des 20. Jahrhunderts. Eine Wertung der seelisch-geistigen Gestaltenkämpfe unserer Zeit. München 1930, 462, vgl. *Bärsch*: Alfred Rosenbergs »Mythus des 20. Jahrhunderts« als politische Religion. Über den Zionismus im
»Mythus« und die vorgeschobene Absicht, »auf eigener Scholle eine Lebenspyramide der ›jüdischen Nation‹ zu erbauen, also ein senkrechtes Gebilde, im Unterschied und Gegensatz zum
waagrecht Geschichteten des bisherigen Daseins«, *Rosenberg*: Mythus des 20. Jahrhunderts
463–466, hier 464.

390 *Schickedanz*, Arno: Das Gesetz des Schmarotzertums. Der Jude – das Beispiel einer
Gegenrasse. In: Der Weltkampf. Monatsschrift für Weltpolitik, völkische Kultur und die
Judenfrage aller Länder 4/46 (1927) 433–460, hier 452.

391 Ebd. 442.

392 *Schickedanz*, Arno: Ein abschließendes Wort zur Judenfrage. In: Nationalsozialistische
Monatshefte. Wissenschaftliche Zeitschrift der NSDAP 4/34 (1933) 1–39, hier 11.

393 Ebd. 10.

394 *Schickedanz*: Sozialparasitismus im Völkerleben 184.

Zionismus und Sozialparasitismus waren für Schickedanz identisch – alle drei bezeichneten für ihn: jüdische Weltverschwörung.

Schickedanz meinte drei Stränge der jüdischen Weltverschwörung zu erkennen: den »politischen« Zionismus, den »finanziellen« Zionismus sowie den »revolutionären« Zionismus. »Finanzieller Zionismus« deckte sich mit der Vorstellung eines »Finanzjudentums«, revolutionärer Zionismus mit der eines »jüdischen Bolschewismus«. Der »politische Zionismus« bezeichnete die eigentliche zionistische Bewegung und stelle die »allgemeine Leitung«[395], oder »jüdische Oberleitung«[396] dar. Die Aufgabe dieser »Oberleitung« sei es, die anderen jüdischen Abteilungen des finanziellen und revolutionären Zionismus gegen die Nichtjuden zu steuern und immer zum rechten Zeitpunkt einzusetzen. Schickedanz verstand den »Judenstaat« als internationalen Staat mit verschiedenen Verzweigungen. Das Ziel dieses Staates sei die Zerstörung aller anderen Staatswesen, die »Entstaatlichung der Staaten«.[397]

Worin bestand nun die radikalisierende Innovation nationalsozialistischer Autoren? Grundlegende Elemente ihrer Zionismus-Deutung finden sich bereits bei völkischen Autoren: Zum einen, dass der Zionismus für antisemitische Ziele keinen Nutzen habe, da er keineswegs zu einem großangelegten Exodus der Juden führe; zum anderen die aus diesem Befund abgeleitete Spekulation eines jüdischen Verschwörungszusammenhangs. Für Völkische wie Nationalsozialisten war der Verschwörungsmythos der »Protokolle der Weisen von Zion« für die Rezeption des Zionismus grundlegend. Zionisten planten nicht, wie sie es vortäuschten, die Gründung eines Nationalstaates, sondern die Unterwerfung der nichtjüdischen Völker.

In der völkischen Wahrnehmung erschien das jüdische Siedlungswerk in Palästina vor allem als kolossal scheiterndes Experiment, das die negativen Eigenschaften einer jüdischen Rasse offenlege. Juden wurden als in jeder Hinsicht ungeeignetes Volk dargestellt, ein Gemeinwesen aufzubauen und zu organisieren. Allein mit britischer Waffenhilfe, der Ausbeutung arabischer Arbeit und der finanziellen Unterstützung anderer Zweige des »Weltjudentums« lasse sich dem Projekt künstlich Lebenskraft einhauchen.

Auch Berichte der NS-Presse schlossen sich solchen Darstellungen an. Jenseits dieser Überschneidungen in den völkischen und nationalsozialistischen Rezeptionen spitzten NS-Weltanschauungsproduzenten das zionistische Feindbild zu: Die Zionisten erschienen zwar als unfähig ein Staatswesen nach gewöhnlichen, das heißt, völkischen Kriterien zu errichten; das mache einen Judenstaat aber

---

395 Ebd.
396 Ebd. 187.
397 Ebd. 255.

nicht weniger gefährlich. Die Zionisten waren nicht nur Teil einer jüdischen Verschwörung. Sie formierten sich zum Zentrum einer solchen. Die zionistische Bewegung wurde als Führungsriege des »Weltjudentums« konturiert, das die Gesamtheit jüdischer Machenschaften dirigiere.

4. Schlussbetrachtung

Die Darstellung antisemitischer Zionismus-Rezeptionen hat auf zionismusfeindliche Stimmen fokussiert. Beginnend im deutschen Kaiserreich wurden bis zu den Schlussjahren der Weimarer Republik antisemitische Stimmen untersucht, die sich mit dem Zionismus auseinandersetzten. Eingangs wurde auf den Interpretationsansatz Francis Nicosias Bezug genommen, demnach der Zionismus in antisemitischen Rezeptionen vorwiegend als »nützlicher Feind« betrachtet worden sei. Laut Nicosia sei das Ziel eines Judenstaates nicht zwingend befürwortet und oft sogar abgelehnt worden, wobei die zionistische Bewegung aus der Sehnsucht nach Entfernung der Juden heraus in praktischer Hinsicht nahezu einhellig begrüßt worden sei.

Allerdings beschreibt Nicosias These die dem Antisemitismus in dieser Frage tatsächlich innewohnende Ambivalenz nicht zutreffend; sie ist schlicht widersinnig. Für Antisemiten vor dem Jahr 1933 ist die unterstellte Gleichzeitigkeit so gut wie nicht zu belegen. Es gab sowohl ablehnende als auch befürwortende Stimmen, aber im Grunde keine Autoren, die beide Positionen im Sinne von Nicosias Formel des »nützlichen Feindes« vereint hätten.

Führer der antisemitischen Bewegung in der Kaiserzeit wie Hermann Ahlwardt, Otto Böckel oder Wilhelm Marr hatten zwar vor der Entstehung des Zionismus regelmäßig die Gründung eines jüdischen Staates oder die Ausweisung der Juden gefordert. Es konnte jedoch gezeigt werden, dass die antisemitische Sehnsucht nach Entfernung der Juden nicht zwingend mit der Unterstützung des Zionismus einherging. Sofern von einem (möglichst weit entfernt gelegenen) Territorium die Rede war, das den Juden zuzuweisen sei, sollte dort kein eigenständiger Staat, vielmehr eine Art Strafkolonie für Juden errichtet und jede jüdische Initiative dabei kleingehalten werden. Die »Zustimmung«, die der Zionismus selbst von antisemitischer Seite erfuhr, erschöpfte sich darin, die zionistische Proklamation einer jüdischen Nation als Bestätigung der antisemitischen Behauptung heranzuziehen, die Juden seien eine fremde und damit von nichtjüdischen Deutschen abzusondernde Rasse. Ein antisemitisches Programm zur Unterstützung des Zionismus fand sich nicht. Dass Antisemiten sich nach der Entfernung der Juden sehnten, ist für die Bewertung antisemitischer Zionismus-Rezeptionen also nicht der entscheidende Punkt, sondern vielmehr, wieso der Zionismus für sie, gerade in praktischer Hinsicht, eben so gut wie *keine* Rolle spielte.

Tatsächlich war der Zionismus, sowohl hinsichtlich seines Ziels eines jüdischen Staates als auch in puncto seiner Nützlichkeit zur »praktischen Lösung der Judenfrage« durch jüdische Auswanderung, schon früh zur Zielscheibe antisemitischer Attacken geworden. Antisemitische Ideologen und Aktivisten projizierten bereits in den 1890er-Jahren Verschwörungsphantasien auf die Zionisten. Der völkische Autor Friedrich Lienhard nahm die Aussicht, dass sich nur ein geringer Teil der Juden der zionistischen Bewegung anschließen werde, zum Anlass, um über jüdische Geheimpläne zu spekulieren. Die zionistischen Tätigkeiten führten lediglich zu einem »Aderlass«, aus dem das Gesamtjudentum gestärkt hervorgehen werde. Der Philosoph Eugen Dühring hatte bereits in den 1880er-Jahren vor den Gefahren eines Judenstaates gewarnt. Radikalantisemiten wie Dühring gingen von einem einheitlichen Agieren des Judentums aus. Juden strebten nicht Sesshaftigkeit und einen Nationalstaat an; ihre Lebensweise sei international, parasitär – durch und durch »nomadisch«. Für Dühring war es ausgeschlossen, dass ein Judenstaat die zu ihrer rassischen Qualität erklärte parasitäre Lebensweise des Judentums aufzuheben vermochte. Ein jüdischer Staat sei lediglich eine Art Koordinationszentrum und steigere somit die von den Juden ausgehende Bedrohung. Antisemiten im deutschen Kaiserreich warnten darüber hinaus vor dem politischen Einfluss, den das Judentum mit dem Zionismus zu erlangen drohe. Zionisten strebten eine souveräne Anerkennung des Judentums an, wie Wilhelm Giese 1899 erklärt hatte, um die politischen Entscheidungsträger des Deutschen Reichs zu manipulieren und die über nationale Grenzen sich erstreckenden jüdischen Machenschaften unangreifbar zu machen.

In diesem Kapitel wurde der Anspruch formuliert, die antizionistischen Argumentationen von Antisemiten ernst zu nehmen und darin wiederkehrende Motive und Bilder zu untersuchen. Tatsächlich offenbarte sich eine Ambivalenz in der Rezeption des Zionismus, die sich von der antisemitischen über die völkische bis hin zur nationalsozialistischen Bewegung nachvollziehen lässt; diese ist aber anders zu formulieren, als dies Nicosia tut. Welche Kernelemente ließen sich destillieren?

Zunächst: Antisemiten hatten eine große Vorliebe für die Observation des Zionismus: Neben der stets unter manipulativen Vorzeichen erfolgten Rezeption zionistischer Texte (und solcher, die als zionistische ausgegeben wurden), beobachteten Völkische und Nationalsozialisten sehr eingehend die politischen und praktischen Gehversuche des Jischuws der 1920er-Jahre, was in einer hämischen und extrem verfälschten Palästinaberichterstattung Niederschlag fand. Palästina wurde als Laboratorium begriffen, in dem sich jüdische Charakterzüge als solche und jüdische Verhaltensweisen in politischen Zusammenhängen insbesondere veranschaulichen ließen: Juden entbehrten aller produktiven und praktischen Fähigkeiten zur Errichtung eines eigenen Gemeinwesens, so der durchgängige Befund. Das Palästinawerk wurde als notwendig scheiternder und lachhafter Versuch dargestellt, jüdische Staatlichkeit zu konstituieren. In einem Palästina unter jüdischer Ägide herrsche das pure Chaos. Folglich verhielten sich die Zionisten (oder die von ihnen kontrollierte und instrumentalisierte britische Mandatsverwaltung) gegen die autochthone arabische Bevölkerung unterdrückerisch und gewalttätig. Zahlreiche völkische Autoren ließen eine weitreichende Identifikation mit der nationalistisch und nicht selten antisemitisch aufgeladenen arabischen Revolte in Palästina erkennen, die in ihren Augen ein natürliches und gerechtes Interesse vertrat, indem sie die als repressiv, willkürlich und künstlich apostrophierte zionistische Herrschaft über sie abzustreifen versuche. Die Araber Palästinas waren damit ebenfalls eine Projektionsfläche völkischer Deutscher, die sich in diesen wiederzuerkennen glaubten. In der antisemitischen Perspektive war es kein Zufall, dass das zionistische Werk in Palästina die Gestalt eines tyrannischen Experiments und organisatorischen Desasters angenommen hatte. Es wurde als künstlich in seinem Ursprung aufgefasst, das ebenfalls nur künstlich – mit Geld und Waffengewalt – am Leben erhalten werden konnte. Zu einem organischen Staatsaufbau sei das Judentum aufgrund seiner rassischen Disposition nicht in der Lage. So war die zionistische Praxis auf der einen Seite Ausweis der jüdischen Unterlegenheit im Vergleich mit anderen Völkern.

Theorieansätze, die sich mit der Pathologie des Antisemitismus befassen, stellen in der antisemitischen Betrachtung des Judentums jedoch eine Gleichzeitigkeit von Schwäche und Allmacht, von Unter- und Überlegenheit der Juden fest: eine minderwertige Rasse, die aber zugleich das Weltgeschehen kontrolliere.[398] So auch in der Betrachtung des Zionismus. Die jüdische Unfähigkeit, einen eigenen Staat zu konstituieren, sei nicht nur eine organisatorischer und produktiver Defizite, sondern auch die Unfähigkeit, »einen Staatsaufbau räumlich empfundener Art« durchzuführen, wie es Hitler in seinem »Zweiten Buch« beschrieben hatte.[399] »Das Wesen des jüdischen ›Staates‹ besteht, seit die Juden überhaupt als Juden in die Weltgeschichte traten, im Fehlen eines Territoriums«, schrieb Alfred Rosenberg 1925 in einem Artikel über Theodor Herzl als angeblichen Kronzeugen der »Protokolle der Weisen von Zion«. Und so sei »[d]er ›Judenstaat‹ […] nie vertikal-organisch, sondern stets horizontal-händlerisch.«[400] Der Judenstaat wurde als geheimer und grenzenloser Staat imaginiert, ein alle natürlichen Grenzen überwuchernder Unstaat. In diesem Zusammenhang erschien ein solcher nicht (nur) als brüchiges, nicht lebensfähiges Gebilde, sondern als durchaus machtvolle und damit bedrohliche Institution. Ein jüdischer Staat sei zwar kein Staat im eigentlichen Sinne, vielmehr eine »Zentrale«, in der die internationalen

---

398 Vgl. bereits die zeitgenössische Studie von *Kuttner*, Erich: Pathologie des Rassenantisemitismus. Eine politisch-psychologische Studie. Berlin 1930. Dazu *Krah*, Franziska: »Ein Ungeheuer, das wenigstens theoretisch besiegt sein muß«. Pioniere der Antisemitismusforschung in Deutschland. Frankfurt a. M./New York 2016, 303 f.

399 *Weinberg*, Gerhard (Hg.): Hitlers Zweites Buch. Ein Dokument aus dem Jahr 1928. Stuttgart 1961, 220.

400 *Rosenberg*: Theodor Herzl, Kronzeuge für die »Protokolle der Weisen von Zion« 206.

jüdischen Netzwerke zusammenliefen und koordiniert würden. Damit wurde ein solcher aber auch als hochfunktional begriffen. Der Zionismus stelle die »jüdische Oberleitung« (Schickedanz) dar, welche die unterschiedlichen, allesamt als jüdisch identifizierten Instrumente zur Unterdrückung der Nichtjuden dirigiere. Diese wisse sowohl das an der New Yorker Wall Street angesiedelte »Finanzjudentum« mit dem »jüdischen Bolschewismus« von Moskau zu vereinen und in geschickter Abstimmung gezielte »alljüdische« Angriffe gegen die nichtjüdische Welt zu koordinieren. Ebenso sei die englische Mandatsmacht bestochen oder betrogen und seinen Zwecken dienstbar gemacht worden.

Ob als »Nachäffung« (Rosenberg) des Staatsgedankens verächtlich gemacht oder als Bedrohung von immensem Ausmaß beschworen, nahezu durchweg wurde das zionistische Werk als künstliches Gebilde dargestellt. Ein Judenstaat war in den Augen Reventlows, Rosenbergs und anderer ein aus der Retorte gezeugter Staat, der in Palästina als ein Fremdkörper implantiert worden war. Wie eine Vielzahl völkischer und nationalsozialistischer Texterzeugnisse wiederkäute, sei dieser nicht organisch gewachsen, sondern ein bloßes Instrument jüdischer Gier und Herrschaftsgelüste. Ein Judenstaat wurde daher kategorisch vom Ideal des völkischen Staats unterschieden, der wiederum als ein guter, gerechter, organischer Souverän aufgefasst wurde, der aus dem Boden wächst. In der antisemitischen Projektion »Zionismus« wurde damit das eigene Ideal eines völkischen Staates sichtbar: als gespiegeltes Zerrbild. Im Antizionismus machte sich eine antisemitische Kritik der politischen Ordnung laut, die sich einerseits auf den deutschen Staat, andererseits auf die internationale Ebene bezog. Auf beiden Ebenen erschienen die Juden als universaler Störfaktor. Mithilfe des Zionismus beanspruchten die Juden »doppelte Rechte«, also Staatsbürgerrechte als Deutsche *und* als Bewohner eines eigenen Staates in Palästina. Da ein Judenstaat eine zusätzliche, von außen kommende Bedrohung markiere, pochten die meisten völkischen und nationalsozialistischen Autoren darauf, dass der Zionismus nichts zur Lösung ihrer antisemitisch formulierten »Judenfrage« beizutragen habe, da er nur die Absicht verfolge, Palästina »zum Zentrum der jüdischen Weltpolitik zu machen«[401].

Die Hoffnung Herzls und anderer Zionisten, dass mit fortschreitendem Erfolg der zionistischen Bewegung der Antisemitismus abnehmen, womöglich sogar

---

401 *Schickedanz:* Ein abschließendes Wort zur Judenfrage 38. Einige Jahre später erbrachten antisemitische Historiker in den Einrichtungen der NS-»Judenforschung« wissenschaftliche Nachweise, dass der Zionismus nie eine – im antisemitischen Sinne – akzeptable Lösung der »Judenfrage« dargestellt habe. Die Zionismus-Forschung im Dritten Reich war Teil der Begründungs- und Rechtfertigungsstrategie der zeitgleich in den deutschen Vernichtungslagern realisierten »Endlösung«, vgl. dazu *Weber,* Fabian: Israel-Studien im Dritten Reich. Zionismus, Palästina und jüdische Staatlichkeit in der NS-»Judenforschung«. In: *Brenner,* Michael/*Becke,* Johannes/*Mahla,* Daniel (Hg.): Israel-Studien. Geschichten – Methoden – Paradigmen. Göttingen 2020, 39–59.

vollständig verschwinden würde, sollte sich nicht erfüllen. In der Vorstellung, auch die Judenfeinde würden unter den Wahnvorstellungen und ihrer »Gespensterfurcht«[402] leiden und der Zionismus besitze das Potential, ihnen diese zu nehmen, war die Hoffnung auf einen versöhnten Zustand zwischen Nichtjuden und Juden lebendig geblieben, wie ihn die Judenemanzipation des liberalen Zeitalters einst in Aussicht gestellt hatte. Bloß: Antisemiten hatten an einer versöhnlichen Annäherung mit Juden, einschließlich Zionisten, in aller Regel kein Interesse. Der Literaturwissenschaftler Alfred Bodenheimer stellt fest, dass Herzl irrte, als er »dem Antisemitismus statt einer lähmenden eine dynamische Funktion« zuschrieb und gar die Hoffnung hegte, »nur ein Antisemit [würde] einen Heller investieren, um die Juden im Sinne einer konstruktiven Lösung loszuwerden.«[403] Der Historiker Jacob Katz weist zudem darauf hin, dass Herzl die tiefe historische Verwurzelung des Antisemitismus übersehen habe. Anstatt also Judenfeindschaft zu überwinden, wurde der Zionismus lediglich zu einem neuen Referenzpunkt für antisemitische Vorurteile.[404]

Auch im folgenden Kontext war die Rezeption des Zionismus maßgeblich von Bildern des Jüdischen, wenn auch anderen, beeinflusst: In der Wahrnehmung christlich-protestantischer Judenmissionare schienen sowohl traditionell-religiöse Vorstellungen als auch Bilder aus der modernen Debatte zur »Judenfrage« auf. Verzerrten in diesem Kapitel überwiegend negative, dämonisierende Bilder die Wahrnehmung des Zionismus, war er deutschen Judenmissionaren zumeist Anlass zur Hoffnung. Diese Hoffnungen waren selbst höchst ambivalent.

---

402 *Nussenblatt:* Ein Volk unterwegs zum Frieden 161.
403 *Bodenheimer,* Alfred: Jüdische (Un-)Heilsvisionen. Theodor Herzls »Judenstaat« und »Die Protokolle der Weisen von Zion«. In: Judaica. Beiträge zum Verstehen des Judentums 66/2 (2010) 97–106, hier 105.
404 Vgl. *Katz:* Zionism Versus Anti-Semitism 150 f.

IV. Auf dem Weg zum Reich Gottes –
Der Zionismus in der heilsgeschichtlichen Perspektive deutschsprachiger Judenmissionare

»Da bin ich!« Mit diesen Worten trat am 10. März 1896 Reverend William Hechler (1845–1931) in das Arbeitszimmer des erstaunten Theodor Herzl. Hechler stellte sich Herzl als derjenige vor, »der Sie schon 1882 dem Großherzog von Baden verkündet hat« und steigerte damit freilich noch dessen Irritation über den Geistlichen mit »langem grauen Prophetenbart«.[1] Hechler war als Chaplain an der britischen Botschaft in Wien beschäftigt. Wenige Tage zuvor hatte er bei einem Spaziergang Herzls Schrift »Der Judenstaat« im Schaufenster der Buchhandlung Breitenstein erspäht und sah eine göttliche Prophezeiung angebrochen.

Bei seinem Besuch zeigte Hechler dem Zionistenführer ein von ihm verfasstes Traktat über die »Restoration of the Jews to Palestine«[2], worin er auf alttestamentliche Prophezeiungen Bezug nahm und durch die Ausdeutung biblischer Zahlensymbolik das Jahr errechnet hatte, in dem Palästina den Juden zurückgegeben werde: 1897 oder 1898, also womöglich im folgenden Jahr. Fortan wurde Hechler zum eifrigen Unterstützer der zionistischen Bewegung. Hechler und andere Akteure, die sich auf Grundlage eigentümlicher theologischer Überzeugungen dem Zionismus und später dem Staat Israel verbunden fühlten, werden in der Forschung als »christliche Zionisten« charakterisiert.[3]

---

1 Eintrag vom 11. März 1896. In: *Herzl*: Briefe und Tagebücher II 309–310, hier 310.
2 *Hechler*, W.H.: The Restoration of the Jews to Palestine. London 1884 [Separatdruck], erstmals *Hechler*, W.H.: The Restoration of the Jews. Some points to be remembered in connection with this most important question. In: The Prophetic News and Israel's Watchman 6/6 (1882) 184–186.
3 Vgl. *Merkley*: The Politics of Christian Zionism 3. Merkley beschreibt Hechlers und Herzls Zusammentreffen als Begegnung zwischen »offiziellem [Herzl'schen] Zionismus« und »christlichem Zionismus«. Als »christliche Zionisten« bezeichnet er schlicht christliche Freunde und Unterstützer des Zionismus. Shalom Goldman begreift die Beziehung zwischen Zionismus und christlichem Zionismus sogar als Geschichte wechselseitiger Interaktionen und intellektueller Befruchtungen. Die Entstehung des Zionismus beschreibt er als »Jewish implementation of an idea that had been developing in Christian circles for more than 300 years«, *Goldman*, Shalom: Zeal for Zion. Christians, Jews, & the idea of the Promised Land. Chapel Hill/North Carolina 2009, 99. Hinterfragt wird der Begriff des christlichen Zionismus etwa bei Alex Carmel, der Herzls Versuch, die Judenfrage durch die Herstellung eines jüdischen Staates in Zion zu lösen, von dem Bestreben das Reich Gottes zu fördern, klarer unterschied: »Diejenigen, die ihn unterstützten, bezeichnete man damals gerne als Zionisten; auch solche, denen es offen oder im Stillen vor allem darauf ankam, durch Herzls Bemühun-

1.   »Eine unwahrscheinliche Gestalt«[4]

Geboren in Benares, Indien, als Sohn eines deutschen Missionars, gehörte er wie sein Vater Dietrich der »Evangelical Party« an, einer Bewegung innerhalb der anglikanischen Kirche, die mit dem kontinentalen Erweckungschristentum verwandt war und für die später im Deutschen der Begriff des »Evangelikalen« kreiert wurde.[5] Vater und Sohn waren zudem der »London Society for Promoting Christianity Amongst the Jews«, kurz »London Jews Society«, verbunden.[6] Diese 1809 gegründete Judenmissionsgesellschaft war die erste global agierende ihrer Art. Ihre Praxis umfasste wohltätige Arbeit, wie die Einrichtung von Krankenhäusern, in denen kostenlose medizinische Versorgung mit missionarischem Eifer verknüpft wurde.[7] Von Anfang an gehörte die »physical restoration of the Jewish people to Eretz Israel« zu ihrer Agenda.[8] Schon mit 21 Jahren hing der junge William der puritanisch-pietistischen Idee des *Restorationism* an, dem Glauben an die endzeitliche »Wiederherstellung« der zwischenzeitlich von Gott verworfenen Judenheit, deren Auserwählung als Volk Israel aber fortdauere und

gen die Wiederkunft Jesu endlich herbeizuführen, also eher gute Christen als gute Zionisten.« Auch wenn die Rückkehr der Juden ein verbindendes Interesse darstellte, seien christliche Pro-Zionisten keine Zionisten, sowenig Philosemiten Juden sind, vgl. *Carmel:* Christlicher Zionismus 133. Wilrens Hornstra unterscheidet hingegen zwischen »Restorationists« und »christlichen Zionisten«, wobei er letztere fast ausschließlich als Phänomen bestimmt, das seit den 1960/70er-Jahren bestehe und sich durch seinen Anspruch des *aktiven* Eingreifens in den Lauf der Dinge kennzeichne, vgl. *Hornstra:* Western Restaurationism and Christian Zionism.
  4 So beschrieb Herzl den Geistlichen William Hechler »aus dem Gesichtswinkel eines spöttischen Wiener Journalisten«, vgl. Eintrag vom 16. März 1896. In: *Herzl:* Briefe und Tagebücher II 311–313, hier 312. Vgl. auch *Bein,* Alex: Theodor Herzl. Biographie. Wien 1934, 294 f.
  5 Der Kirchenhistoriker Donald Lewis diagnostiziert: »[...] British evangelical interest in the Jews was part and parcel of a wider process of evangelical identity construction that took a decisive turn in the early nineteenth century«, *Lewis:* The Origins of Christian Zionism 12. Biographische Angaben Hechlers nach prägnanter Darstellung bei *Gronauer,* Gerhard: HECHLER, William Henry. In: Biographisch-Bibliographisches Kirchenlexikon, 614–627. Über die evangelikale Bewegung in Deutschland, vgl. *Jung,* Friedhelm: Die deutsche Evangelikale Bewegung. Grundlinien ihrer Geschichte und Theologie. 4. Aufl. Bonn 2011.
  6 Zur Geschichte des Vereins, vgl. *Perry,* Yaron: Juden-Mission. Die Arbeit der »London Society for Promoting Christianity Amongst the Jews« im 19. Jahrhundert in Palästina. Basel 2006. Auch für den vorliegenden Kontext trifft die Aussage Barbara Tuchmans zu: »If the Jews' Society had concerned itself only with conversion we could ignore it. It was that vital linked factor, the restoration of Israel, that gives the Society's work historical importance.«, *Tuchman,* Barbara: Bible and Sword. England and Palestine. From the Bronze Age to Balfour. New York 1956, 146.
  7 Vgl. *Perry,* Yaron: British Mission to the Jews in Nineteenth-Century Palestine. London, Portland 2003, 75–83; *Perry,* Yaron/*Lev,* Efraim: Modern Medicine in the Holy Land. Pioneering British Medical Services in Late Ottoman Palestine. London, New York 2007, 27–58.
  8 Vgl. *Crombie,* Kelvin: For the Love of Zion. Christian witness and the restoration of Israel. London 1991, 3.

deren erneute göttliche Akzeptanz bevorstehe.[9] In dieser heilsgeschichtlichen Weltanschauung galten die alttestamentlichen Landverheißungen auch für die Juden der Gegenwart, deren Rückkehr nach Palästina als Teil prophetischer Prophezeiungen erwartet wurde. Damit einhergehen sollte ihre Bekehrung zum Christentum, um sie zurück auf den Pfad Gottes zu führen. Hechler wirkte als Hauslehrer am Hof des Großherzogs Friedrich I. von Baden (1826–1907), der sich gleichfalls interessiert an der Idee der Wiederherstellung des jüdischen Volkes zeigte, wenngleich weniger schwärmerisch als Hechler.[10] Aus dieser Zeit kannte Hechler auch den jungen Hohenzollernprinzen Wilhelm, des Großherzogs Neffen und späteren deutschen Kaiser. Hechlers Bekanntschaft mit dem Kaiser sollte Herzl später von Nutzen sein, wie im ersten Analyse-Kapitel dargestellt wurde.

Es gelang Hechler, mehrere Treffen mit dem Kaiser zu arrangieren. Hechler selbst war zugegen, als die beiden in Palästina zusammentrafen, und überreichte dem Kaiser ein Fotoalbum mit Bildaufnahmen jüdischer Kolonien.[11] Die Verhandlungen mit dem Kaiser erwiesen sich jedoch, wie schon gezeigt, als Sackgasse und Hechlers Vermittlungsrolle war nicht von dem erhofften Erfolg gekrönt.[12] Herzl und Hechler aber blieben befreundet. Letzterer wohnte nicht nur zahlreichen Zionistenkongressen bei, sondern war auch einer der Letzten an Herzls Sterbebett.[13] In seinem Roman »Altneuland« hatte ihm Herzl als Rev. William H. Hopkins ein literarisches Denkmal gesetzt.[14]

---

9 Vgl. *Gronauer,* Gerhard: »To Love the Jews«: William H. Hechler (1845–1931), der christliche Förderer des politischen Zionismus. In: *Schwarz,* Berthold/*Stadelmann,* Helge (Hg.): Christen, Juden und die Zukunft Israels. Beiträge zur Israellehre aus Geschichte und Theologie. Frankfurt a. M. u. a. 2009, 185–210, hier 187. Eine der ersten und bis heute lesenswerten Darstellungen über das Ideengebäude des britischen Restorationism vgl. *Kobler:* Vision.

10 Vgl. *Fuchs,* Walther Peter: Baden und der Zionismus. In: *Ders.* (Hg.): Studien zu Großherzog Friedrich I. von Baden. Stuttgart 1995, 185–223, hier 190–193.

11 Vgl. *Merkley:* The Politics of Christian Zionism 29–34.

12 Über den Komplex Hechler, Friedrich I. von Baden und Wilhelm II. vgl. *Bein,* Alex: Introduction. In: *Ellern,* Hermann/*Ellern,* Bessi (Hg.): Herzl, Hechler, the Grand Duke of Baden and the German Emperor. 1896–1904. Tel Aviv 1961, VII–XI; *Brenner,* Michael: Über Baden nach Jerusalem. Großherzog Friedrich I. als Förderer des Zionismus. In: *Baden,* Bernhard von/*Douglas,* Christoph (Hg.): Nur ein Blick auf Baden. München 2012, 37–45.

13 Dem Herzl-Biographen Alex Bein gemäß, sprach Herzl zum »treuen Hechler, seinem Propheten, Helfer und Freund«, seine letzten Worte: »Grüssen Sie Alle von mir, und Sagen Sie ihnen, ich habe mein Herz-Blut für mein Volk gegeben.« *Bein:* Theodor Herzl 684.

14 Herzl beschrieb den Anglikaner Hopkins mit einem »langen weißen Prophetenbart« und »schöne[n] schwärmerische[n] blaue[n] Augen«, der sich sehr freute, als der Protagonist des Romans, Kingscourt, ihn irrtümlich für einen Juden hielt. Anhand der Figur versinnbildlichte Herzl die Versöhnung zwischen Christen und Juden, die er als Folge des zukünftigen Judenstaats ausmalte. Hopkins nahm an einer Passahfeier teil und stellte fest, dass »keiner Anstoß an den Anschauungen des anderen [nähme]. Denn ein Frühling der Menschheit sei auferstanden.« *Herzl,* Theodor: Altneuland. 10. Aufl. Wien 1933, 178, 209.

Der Auftritt Hechlers, sein unermüdlicher Einsatz und seine bizarren Beweggründe wurden in der Historiographie des Zionismus zur gern erzählten Episode.[15] Zu einem Zeitpunkt, als Herzl für seine Pläne noch überwiegend Spott und Gelächter erntete, erfuhr er von Hechler Zuspruch und Unterstützung. Das eigentümliche christliche Ideengebäude von Hechler und Friedrich I. hatte Herzl die Pforten zur großen Politik geöffnet. Die Verhandlungen mit dem deutschen Kaiser führten zwar nicht zu dem erhofften Erfolg, machten vor der jüdischen wie nichtjüdischen Welt jedoch deutlich, dass die Bewegung des Zionismus ernst genommen werden konnte. So unterschiedlich die jeweiligen Ansichten und Beweggründe auch waren und sind, kann neben moralischer und politischer Unterstützung, »a sense of legitimacy«[16] festgehalten werden, den sich christliche Zionisten und ihre jüdischen Freunde seit dieser Episode gegenseitig verliehen.

In Hechlers Weltanschauung erschienen Herzl und die zionistische Bewegung als Ausdruck und sogar Instrument eines göttlichen Willens.[17] Hechler war zugleich tief erschüttert von den antisemitischen Pogromen des zaristischen Russlands, die seit den 1880er-Jahren für Millionen Juden eine existentielle Bedrohung bedeuteten. Hechlers *Restorationism* stellte einen Versuch der geistigen Bewältigung dieses Antisemitismus dar. Hechler reiste zu dieser Zeit nach Osteuropa, wo er die Lage der Juden begutachtete und Leon Pinsker (1821–1891) traf, Arzt und Journalist in Odessa, der mit der Schrift »Autoemanzipation« eines der Gründungsdokumente des modernen Zionismus geschaffen hatte.[18] Kurz darauf versuchte er dem Sultan in Konstantinopel ein von Königin Victoria (1819–1901) unterzeichnetes Schreiben zu überreichen, das um Asyl in Palästina für die verfolgten Juden bat. In seinem bereits erwähnten Traktat von 1882 hatte Hechler die antisemitischen Verfolgungen in seine heilsgeschichtliche Weltsicht als notwendige Vorbedingung der jüdischen Sammlung und Heimkehr nach Palästina integriert. Auf eine solche »Wiederherstellung« Israels in Palästina würde

---

15 Vgl. *Bein:* Theodor Herzl 145 f.; *Böhm:* Die zionistische Bewegung I 175 sowie die Darstellung des ersten Herzl-Biographen Friedemann, dem Mitarbeiter Herzls, *Friedemann, Adolf:* Der Prophet Theodor Herzls. In: Jüdische Rundschau 36/49/50 (1931) 306–307.

16 *Ariel:* Source of Legitimacy 195.

17 Die rudimentäre und zumeist oberflächliche Beschäftigung mit Hechlers Anschauungen, sowohl in der zionistischen, wie auch der deutschen (Kirchen-)Geschichtsschreibung, führt Gerhard Gronauer auf mangelnde Kenntnis oder fehlendes Interesse zurück, vgl. *Gronauer:* To Love the Jews 186 f. Eine ausführliche Darstellung, die jedoch gravierende Mängel hinsichtlich ihrer Wissenschaftlichkeit aufweist, ist das Werk von *Duvernoy,* Claude: Der Fürst und sein Prophet. Theodor Herzl und William Hechler, die Wegbereiter der zionistischen Bewegung. Neuhausen-Stuttgart 1998. Eine wissenschaftliche Auseinandersetzung findet sich neben Gronauer und Merkley bei *Maaß,* Enzo: Forgotten prophet William Henry Hechler and the rise of political Zionism. William Henry Hechler and the rise of political Zionism. In: Nordisk Judaistik 23/2 (2002), 157–193.

18 Vgl. *Pinsker:* Autoemanzipation. Über das Treffen von Hechler und Pinsker, vgl. *Merkley:* The Politics of Christian Zionism 16; *Fuchs:* Baden und der Zionismus 192.

schließlich das zweite Kommen von Jesus Christus als dann »einziger König der Juden« folgen. Obwohl in dieser messianischen Brille, durch die Hechler politische Ereignisse las, Antisemitismus und später Zionismus als göttliche Instrumente erschienen, war seine Sichtweise von Mitleid mit dem jüdischen Schicksal getragen. Eigenmächtiges Vorgreifen oder gar christliche Beteiligung am Antisemitismus lehnte Hechler strikt ab. In der zionistischen »Welt« beschrieb Hechler 1897 die Beweggründe seiner Unterstützung. Neben der von Gott verheißenen Rückkehr nach Palästina, hoffte er, durch den Zionismus werde »das traurige Los so vieler armer verfolgter Juden verbessert werden und dann muß auch der böse Haß des Antisemitismus aufhören.«[19] Er machte auch weder die Konversion der Juden zur Vorbedingung ihrer Rückkehr nach Palästina, noch trat er ihnen als aktiv tätiger Missionar gegenüber.[20] Zu Herzl sagte er einmal: »Ich habe nur ein Bedenken, dass wir nämlich zur Erfüllung der Prophezeiung nichts beitragen dürfen. Aber auch dieses Bedenken löst sich auf, denn Sie haben Ihr Werk begonnen ohne mich und würden es ohne mich vollbringen.«[21]

In einer kirchlichen Ära in Deutschland, die von den antisemitischen Agitationen eines Adolf Stoeckers (1835–1909) geprägt war, sei Hechlers Unterstützung des Zionismus geradezu »erstaunlich«[22], so der Kirchenhistoriker Gerhard Gronauer, den praktischen (nicht theoretischen) Verzicht auf Judenmission hervorhebend. Hechlers Selbstverständnis der Judenliebe macht eine Gegenüberstellung mit Stoeckers Hetzkampagnen gewiss legitim. Allerdings hatte dieser traditionelle Vorurteile gegen die Juden vor allem auf die soziale Frage des Kaiserreichs übertragen, die den Dreh- und Angelpunkt seiner antijüdischen Agitation darstellte. Theologische Auseinandersetzungen mit dem Judentum oder Missionsfragen spielten für ihn keine große Rolle – es sei denn die Taufe diente als Mittel zur nationalen Assimilation der Juden.[23] Hechler war von einer grundsätzlich anderen Gedankenwelt bewegt. Es lässt sich jedoch nicht einfach die Judenliebe Hechlers dem Judenhass Stoeckers gegenüberstellen. Hechler betrachtete das Judentum aus einem schematischen und instrumentellen theologischen Blickwinkel. Auch wenn Hechler seine missionarischen Ziele niemals direkt an die Juden herantrug, scheute er sich unter Christen keineswegs diese auszusprechen, etwa wenn er hochrangige Persönlichkeiten oder Geistliche zur Unterstützung des Zionismus bewegen wollte. In englischen Judenmissions-

19 Christen über die Judenfrage. Antwort des Reverend William Henry Hechler. In: Die Welt 1/2 (1897) 7–9, hier 8.
20 Vgl. *Hechler:* The Restoration of the Jews 185.
21 Eintrag vom 16. März 1896. In: *Herzl:* Briefe und Tagebücher II 312.
22 *Gronauer:* HECHLER 624.
23 Vgl. *Jochmann,* Werner: Stoecker als nationalkonservativer Politiker und antisemitischer Agitator. In: *Brakelmann,* Günter/*Greschat,* Martin/*Jochmann,* Werner (Hg.): Protestantismus und Politik. Werk und Wirkung Adolf Stoeckers. Hamburg 1982, 123–198; *Engelmann:* Kirche am Abgrund.

kreisen gestand er als Beweggrund seiner Unterstützung den Umstand zu, »that it was the only way to bring the Jews to the fold of Christ.«[24] Eine Untersuchung über das Verhältnis von Judenmission und modernem Antisemitismus beziehungsweise Debatten zur »Judenfrage« insgesamt muss anders ansetzen und die instrumentelle Perspektive auf das Judentum, die unter Judenmissionaren vorherrschte, in den Blick nehmen. Wie gezeigt werden wird, war auch diese Perspektive nicht frei von antisemitischen Motiven.

Hechler sprach 1921, lange nach dem Tod Herzls, seine tiefe Enttäuschung über die Entwicklung der zionistischen Bewegung aus. Gegenüber dem israelischen Sprach- und Textgelehrten Abraham S. Yahuda (1877–1951), äußerte er sein Missfallen darüber, dass sich auch mit der Balfour Declaration 1917 die biblischen Prophezeiungen nicht erfüllt hatten: »instead of seeing the hand of God in the return of the Jews to the Holy Land and the initiation of a new religious movement, which would bring the Jewish people to the right path, what is happening in Palestine now?« Die Entwicklung Palästinas entsprach ganz und gar nicht Hechlers Erwartungen, da sich dort alle Arten subversiver Ideen ausbreiteten, Sozialismus, Atheismus und sogar Bolschewismus, nur nicht die notwendige Einsicht, dass die Rückkehr der Juden nach Palästina auf Gottes Wille zurückgehe und die Erneuerung ihres religiösen Lebens verlange.[25] Hechlers Verzicht auf direkte Missionierungsversuche lag in seiner Hoffnung begründet, durch die zionistische Bewegung, würde »Israel's Messianic age« anbrechen. Anstatt einzelne Juden von der Wahrheit des Christentums zu überzeugen, strebte Hechler die »Wiederherstellung« Israels in Palästina an. Damit verstand Hechler die Unterstützung des Zionismus selbst, »sustaining them in their work of clearing the land«, als »messianic work«[26] und damit als eine Art Ersatz für praktische Missionsarbeit. Hechler versuchte auch, osteuropäische Rabbiner zur Unterstützung des Zionismus zu bewegen, da dies ihrem Glauben entspreche. Außerdem soll Hechler säkulare Zionisten zur jüdischen Religion zurückgeführt haben.[27]

In Hechlers Restorationism stand der jüdische Glaube nicht für sich selbst, sondern hatte im heilsgeschichtlichen Lauf der Dinge eine bestimmte Funktion zu erfüllen. Am Ende dieser Entwicklung würde die jüdische Annahme des Christentums stehen. Die Sichtweise greift daher zu kurz, Hechler wäre aus der langen Geschichte des Restorationism herausgetreten, um sich ausschließlich den Zielen des Zionismus zu verschreiben.[28] Im Kern blieb Hechlers Denken

---

24 *Yahuda*, Abraham S.: Rev. Hechler and Dr. Herzl. A Chapter from my Memoirs. In: The Jewish Forum 30/3 (1947) 54–56, hier 55. Yahuda bezieht sich an dieser Stelle seines autobiographischen Textes auf den Jerusalemer Physiker Aaron Meir Masie (1858–1930).

25 Vgl. ebd. 56.

26 Brief Hechlers an einen christlichen Missionar in Jerusalem, zitiert nach *Merkley*: The Politics of Christian Zionism 15 f.

27 Vgl. ebd. 16.

28 Diese Interpretation bei *Smith*: Salvation 165.

dieser heilsgeschichtlichen Brille stets verpflichtet. Diese Perspektive ist für den vorliegenden Kontext ebenfalls von zentraler Bedeutung.

Meine Untersuchung analysiert den deutschen Kontext. Die behandelten Akteure stammten vorwiegend aus der deutschen und deutschsprachigen Judenmission, dem einzigen Milieu des deutschen Protestantismus, in dem eine gleichermaßen kontinuierliche wie zentrale Auseinandersetzung mit dem Zionismus stattfand. In das Denken und die Institutionen dieser Strömung wird im nächsten Abschnitt eingeführt. Vorab: Es bestand eine enge geistige Verwandtschaft zwischen dem britischen Evangelikalismus und protestantischen Strömungen in Deutschland, die vom Pietismus beeinflusst waren.[29] Während der Einfluss des englischen Restorationism bis hin zu hohen politischen Entscheidungsträgern reichte, die am Zustandekommen der Balfour Declaration beteiligt waren, kann für das Deutsche Reich keine vergleichbare politische, kulturelle oder selbst kirchliche Verbreitung von Ideen angenommen werden, die der »Heimkehr« der Juden nach Palästina zentrale theologische Bedeutung beimaßen.[30] Trotz ihres begrenzten Wirkungskreises hält der Theologe und Kirchenhistoriker Jochen-Christoph Kaiser die Beschäftigung mit der deutschen Judenmission für eine bedeutende Forschungsaufgabe, »deren Bewältigung das Gesamtbild des Verhältnisses von Judentum und Protestantismus um einige wichtige Facetten bereichern« kann, da gerade die Judenmission, sowohl »ihrem Selbstverständnis nach, aber auch im Hinblick auf ihre objektive gesellschaftliche wie konfessionspolitische Funktion an einem zentralen Schnittpunkt der Begegnung von Juden und Christen stand, so dass an ihrem Wirken gleichsam wie in einem Focus wesentliche Ausschnitte des gesamten Spektrums dieses problematischen Umgangs miteinander erkennbar werden.«[31] Ergänzend dazu stellt der Kirchenhistoriker Wolfgang Heinrichs in seiner mentalitätsgeschichtlichen Studie über die Judenbilder des deutschen Protestantismus während des Kaiserreiches die Sonderstellung der Judenmission heraus: »Während sich die überwiegende Kirchenmehrheit an einer Begegnung oder gar einem Dialog mit dem

---

29 Vgl. *Lewis:* Origins of Christian Zionism 213. Lewis' Untersuchung behandelt vor allem britische und preußische Kooperationen in Palästina, wie das Preußisch-Britische Bistum in Jerusalem, das von 1841 bis 1886 Bestand hatte, vgl. ebd. 213–316. Dazu auch *Perry, Yaron:* Die englisch-preußische Zusammenarbeit im Heiligen Land. In: *Perry, Yaron/Petry, Erik* (Hg.): Das Erwachen Palästinas im 19. Jahrhundert. Alex Carmel zum 70. Geburtstag. Stuttgart 2001, 31–45; *Lückhoff, Martin:* Anglikaner und Protestanten im Heiligen Land. Das gemeinsame Bistum Jerusalem (1841–1886). Wiesbaden 1998.

30 Eine Darstellung der britischen Entwicklung vom Puritanismus des 17. Jahrhunderts, über Schriftsteller und Intellektuelle der viktorianischen Zeit, bis hin zu politischen Schlüsselfiguren während des Ersten Weltkriegs, vgl. *Polowetzky, Michael:* Jerusalem recovered. Victorian Intellectuals and the Birth of modern Zionism. Westport 1995. Eine bereichernde kulturgeschichtliche Darstellung dieser Zusammenhänge, vgl. *Bar-Yosef, Eitan:* The Holy Land in English Culture 1799–1917. Palestine and the Question of Orientalism. Oxford 2005.

31 *Kaiser:* Mission unter Israel 202.

Judentum nicht interessiert zeigte, behauptet die Judenmission, dass gerade an Israel das Heil und die Identität der Kirche festzumachen sei.«[32]

In der heilsgeschichtlich aufgeladenen »Judenfrage« der deutschen Judenmission, spielte der Zionismus eine prominente Rolle. Es gilt zunächst die theologischen Annäherungen an den Zionismus dieses genuin protestantischen Milieus herauszuarbeiten.[33] Dabei sind nicht die theologischen Bestimmungen in erster Linie für mich von Interesse, sondern die politischen Konsequenzen, die aus ihnen folgten. Wie bereits bei Hechler gesehen, zog eine heilsgeschichtliche Lesart des Zionismus politische Positionierungen nach sich, die in den Debatten zur »Judenfrage« kontextualisiert waren. Diese Positionierungen werden in ihrem Verhältnis zu den antisemitischen Schlagworten und Motiven der »Judenfrage« untersucht sowie hinsichtlich ihrer Konsequenzen auf die Beziehungen zwischen Christen und Juden. Eine entscheidende Rolle kommt dabei den Bildern des Jüdischen zu, die sich in der protestantischen Rezeption des Zionismus festmachten und in Vorstellungen über einen entstehenden Judenstaat übersetzten.

2. »Sine vi, sed verbo«: Ein Überblick über die Judenmission

Die evangelische Judenmission darf nicht als Relikt traditioneller christlicher Judenfeindschaft missverstanden werden, Juden mit Gewalt zur Taufe zu zwingen.[34] Die moderne Judenmission lehnte die gewaltsamen Bekehrungsversuche der Vergangenheit ab. Nicht äußerer Zwang, sondern ausschließlich innere Überzeugung sollte Juden zur Konversion bewegen, rückte damit den reformatorischen Grundsatz »Sine vi, sed verbo« (»Nicht durch Gewalt, sondern mit dem Wort«) ins Zentrum ihrer Praxis. Die reformatorische Besinnung auf die jüdischen Wurzeln des Christentums und die Betonung der Tradition des Alten Testaments wurden als Weg gesehen, das Vertrauen und die Liebe der Juden zu gewinnen, als Ausgangspunkt einer Begegnung mit dem Judentum unter dem Zeichen des Respekts und der Gerechtigkeit. Die Zeitschriften der Judenmission zählten zu den wenigen Orten, an denen Nichtjuden positive Darstellungen von jüdischem Leben und jüdischer Religion zeichneten. Im Gegensatz zur christ-

---

32 *Heinrichs:* Bild vom Juden in der protestantischen Judenmission 200.

33 Im katholischen Kontext findet sich weder eine spezifische institutionelle Judenmissionsarbeit noch überhaupt größere Auseinandersetzungen mit dem Zionismus, weshalb es nachfolgend ausschließlich um protestantische Debatten geht.

34 Vgl. die Überblicksdarstellungen zur protestantischen Judenmission *Aring:* Judenmission; *Rymatzki,* Christoph: Judenmission. In: Religion in Geschichte und Gegenwart. Tübingen 2001, 609; *Wiese,* Christian: Judenmission. In: *Diner,* Dan (Hg.): Enzyklopädie jüdischer Geschichte und Kultur. Band 3. Stuttgart, Weimar 2012, 233–236.

lichen Mehrheit nahmen Vertreter der Judenmission eine fortbestehende heilsgeschichtliche Bedeutung des Judentums an. Die Judenmission brachte teilweise
große Gelehrte hervor, deren Sprach- und Sachkenntnisse um das Judentum
ihnen auch Anerkennung von jüdischer Seite einbrachte und intellektuellen
theologischen Austausch förderte. Ihr Wissen setzten Vertreter der Judenmission im Kampf gegen religiöse Vorurteile und den aufkommenden modernen
Rassenantisemitismus ein. Doch auch dieses Engagement gegen Ungerechtigkeit
und Verleumdung beruhte keineswegs auf der gleichberechtigten Akzeptanz des
Judentums, sondern sollte ebenfalls der Bekehrung von Juden zum höherwertig
begriffenen Christentum zuarbeiten. Diese Herangehensweise an das Judentum
fußte auf einem ambivalenten Judenbild, das sowohl religiöse Traditionen als
auch moderne Debatten in sich aufnahm.

Die spirituellen Wurzeln der Judenmission sind im Pietismus des 17. und
18. Jahrhunderts Hallischer Prägung zu suchen, für den die Namen August
Hermann Francke (1663-1727) und Philipp Jacob Spener (1635-1705) stehen.
Der Theologe und Orientalist Johann Heinrich Callenberg (1694-1760), der von
Spener und Francke geistlich geprägt war, rief mit dem »Institutum Judaicum
et Muhammedicum« 1728 die erste Einrichtung im protestantischen Europa
ins Leben, die Judenmission betrieb.[35] In den ersten Jahrzehnten des 19. Jahrhunderts waren die jüdischen Übertritte aufgrund des langwierigen und zähen
Prozesses der Judenemanzipation in Deutschland, der sich insgesamt über einen
Zeitraum von über hundert Jahren erstreckte, zwar kein Massenphänomen, aber
doch spürbar angewachsen.[36] Zeitgleich begeisterten sich wohlhabende und
einflussreiche Kreise zusehends für den Pietismus.[37] Aus diesem Kontext heraus begann ein »Missionsjahrhundert«, innerhalb dessen es zur Gründung von
Judenmissionsgesellschaften in allen protestantischen Ländern Europas kam.[38]

---

35 Vgl. *Aring*: Christen und Juden heute 22–83; *Ders.*: Christliche Judenmission 51–154;
Greisiger, Lutz: Chiliasten und »Judentzer«. Judenmission und Eschatologie im protestan-
tischen Deutschland des 17. und 18. Jahrhunderts. In: Kwartalnik Historii Żydów (Jewish
History Quarterly) 4 (2006) 535–575; *Schmidt*, Martin: Judentum und Christentum im Pie-
tismus des 17. und 18. Jahrhunderts. In: *Rengstorf*, Karl Heinrich/*Kortzfleisch*, Siegfried von
(Hg.): Kirche und Synagoge. Band 2. Stuttgart 1970, 103–116; *Rymatzki*, Christoph: Hallischer
Pietismus und Judenmission. Johann Heinrich Callenbergs Institutum Judaicum und dessen
Freundeskreis (1728-1736). Tübingen 2004; *Trautner-Kromann*, Hanne: Jüdische Reaktio-
nen auf die Hallische protestantische Judenmission 1728-1765. In: *Veltri*, Giuseppe/*Wiese*,
Christian (Hg.): Jüdische Bildung und Kultur in Sachsen-Anhalt von der Aufklärung bis zum
Nationalsozialismus. Berlin 2009, 209–236.
36 Vgl. *Volkov*, Shulamit: Die Juden in Deutschland 1780-1918. München 2000, 17. Die
Trends und Zahlen jüdischer Konversionen finden sich exakt dokumentiert bei *Toury*, Jacob:
Soziale und politische Geschichte der Juden in Deutschland 1847-1871. Zwischen Revolution,
Reaktion und Emanzipation. Düsseldorf 1977, 51–68.
37 Vgl. *Hertz*, Deborah: Wie Juden Deutsche wurden. Die Welt jüdischer Konvertiten vom
17. bis zum 19. Jahrhundert. Frankfurt, New York 2010, 238–249.
38 Vgl. *Aring*: Christen und Juden heute 180; *Ders.*: Judenmission.

Ausgehend von England wurden Judenmissionsgesellschaften in Deutschland (1822) und der Schweiz (1830), Norwegen (1844), Schweden (1875), Dänemark und Finnland (1885) sowie in den Niederlanden und Ungarn gegründet, beseelt von euphorischer Stimmung, da man sich von der bürgerlichen Emanzipation der Juden ihre gleichzeitige Hinwendung zum Christentum erhoffte.[39] Man wähnte sich am Anbeginn einer neuen Zeit, in der »die allmähliche Abkehr und Lossagung der Juden vom Talmud und seiner Verbindlichkeit«[40] einen Wandel innerhalb des Judentums anzeige. Zugrunde lag die pietistische Erwartung, nach der sich mit einem bekehrten Judentum, das Gottesreich vollende. Der Judenmission ging es dabei also keineswegs um die bloße Konversion von Juden, nur auf dem Papier bestehend und durch irdische Vorteile erkauft.

Nichtsdestotrotz nutzten die deutschen Judenmissionsvereine das erneuerte christliche Interesse an der Konversion der Juden für ihre Zwecke und gingen unter der Förderung des preußischen Königs Friedrich Wilhelm III. ein enges Bündnis mit politisch konservativen Anhängern der Idee des »christlichen Staates« ein, die sich im Zuge der Emanzipationsdebatten für die Bekehrung der jüdischen Minderheit als Mittel der Integration aussprachen. Auch der jüdischen Reformbewegung begegnete man in den 1830er- und 1840er-Jahren mit Interesse, da man deren Forderung nach Modernisierung der jüdischen Religion als Teil einer Entwicklung sah, in der sich das Judentum von der Tradition des Talmuds lossagen und für das Christentum öffnen würde. Nach 1848 wurde jedoch eine Allianz aus Judentum, Liberalismus und Säkularismus am Werk gesehen, die eine Gefahr für den christlichen Charakter der Gesellschaft darstelle. Diese politisch konservative Haltung blieb für die Judenmission bestimmend und stand später in einem Spannungsverhältnis zur wissenschaftlichen Beschäftigung mit dem Judentum, die im anti-antisemitischen Abwehrkampf Anwendung fand.[41] Neben der zentralen Betonung der »Liebe zu Israel« reproduzierten Judenmissionare jedoch zugleich antijüdische Stereotype.[42]

Anders als die ihr nahestehende »Innere« und »Äußere« Mission war die Judenmission weit davon entfernt, eine Massenbewegung zu sein; es waren immer nur wenige, wenn auch zum Teil sehr engagierte und gebildete Persönlichkeiten, die sich in ihr betätigten. Es gab drei deutsche Gesellschaften: Die Berliner »Gesellschaft zur Verbreitung des Christentums unter den Juden«, gegründet 1822; seit 1842 den »Rheinisch-westfälischen Verein für Israel«, der ab 1893 »Westdeut-

---

39 Vgl. *Aring:* Christen und Juden heute 178–199.

40 *Heman:* Mission unter den Juden 178.

41 Vgl. *Friedrich*, Martin: Franz Delitzsch gegen August Rohling. In: *Wendebourg*, Dorothea/*Stegmann*, Andreas/*Ohst*, Martin (Hg.): Protestantismus, Antijudaismus, Antisemitismus. Konvergenzen und Konfrontationen in ihren Kontexten. Tübingen 2017, 223–238.

42 Vgl. *Wiese:* Judenmission 234; über die Entwicklung der deutschen Judenmission im 19. Jahrhundert vgl. *Schrenk*, Viola: »Seelen Christo zuführen«. Die Anfänge der preußischen Judenmission. Berlin 2007.

scher Verein für Israel« hieß; sowie den 1871 in Leipzig gegründeten »Evangelisch-lutherischen Centralverein für Mission unter Israel«, dem weitere kleinere lutherische Missionsvereine angeschlossen waren. Außerdem nahm der Basler »Verein der Freunde Israels« an der Arbeit der deutschen Judenmission teil und war zumindest im süddeutschen Raum tätig. Der Verein hatte seit 1830 Bestand, verschrieb sich offiziell jedoch erst ab 1900 der praktischen Judenmission. Neben den Missionsvereinen wurden mehrere »Instituta Judaica« eingerichtet, in denen wissenschaftliche Forschung über das Judentum betrieben wurde. Darin wurden christliche Theologen in Hinblick auf ihre spätere Tätigkeit als Judenmissionare in der Geschichte, Religion und Kultur des Judentums ausgebildet.[43]

Einige Judenmissionare erwarben sich beachtliche Gelehrsamkeit auf dem Gebiet der Wissenschaft des Judentums.[44] Hochgebildete Ausnahmegestalten wie Franz Delitzsch (1813–1890) in Leipzig oder sein Berliner Kollege Hermann Leberecht Strack (1848–1922) wandten ihre Kenntnisse der jüdischen Geschichte und Religion an, um antisemitische Verleumdungen zu widerlegen.[45] Diesen

---

43 Überblicksdarstellungen zu den Missionsvereinen, vgl. *Haufler-Musiol*, Karin: 125 Jahre Zentralverein. Ein historischer Überblick. In: *Baumann*, Arnulf H. (Hg.): Auf dem Wege zum christlich-jüdischen Gespräch. 125 Jahre Evangelisch-lutherischer Zentralverein für Zeugnis und Dienst unter Juden und Christen. Münster 1998, 11–46; *Raddatz-Breidbach*, Carlies Maria: Zur Geschichte des Ev.-Luth. Zentralvereins für Mission unter Israel und des Institutum Judaicum Delitzschianum in Leipzig und ihrer Bestände. URL: https://www.academia. edu/20836466/Zur_Geschichte_des_Ev.-Luth._Zentralvereins_f%C3%BCr_Mission_unter_ Israel_und_des_Institutum_Judaicum_Delitzschianum_in_Leipzig_und_ihrer_Best%C3% A4nde_2016 (zuletzt aufgerufen: 21.06.2019); Willi, Die Geschichte des Vereins der Freunde Israels in Basel, 1980. Zu den Instituta Judaica, vgl. *Völker*, Heinz Hermann: Franz Delitzsch als Förderer der Wissenschaft vom Judentum. Zur Vorgeschichte des Institutum Judaicum zu Leipzig und zur Debatte um die Errichtung eines Lehrstuhls für jüdische Geschichte und Literatur an einer deutschen Universität. In: Judaica 49 (1993) 90–100; *Rengstorf*, Karl Heinrich: Das Institutum Judaicum Delitzschianum. 1886–1961. Münster 1963; *Raddatz-Breidbach*, Carlies Maria: Das Archiv des Evangelisch-Lutherischen Zentralvereins für Mission unter Israel im Landeskirchenarchiv der Evangelisch-Lutherischen Landeskirche Sachsens. In: Medaon. Magazin für jüdisches Leben in Forschung und Bildung 4/7 (2010) 1–4; *Golling*, Ralf/*Osten-Sacken*, Peter von der (Hg.): Hermann L. Strack und das Institutum Judaicum in Berlin. Berlin 1996.

44 Vgl. *Wiese:* Wissenschaft des Judentums.

45 Vgl. dazu *Osten-Sacken*, Peter von der: Liebe, mehr noch: Gerechtigkeit. Hermann L. Strack und das Institutum Judaicum in Berlin in ihrem Verhältnis zum Judentum. In: Judaica. Beiträge zum Verstehen des Judentums 66/1 (2010) 40–71; *Wiese*, Christian: Ein »aufrichtiger Freund des Judentums«? »Judenmission«, christliche Judaistik, und Wissenschaft des Judentums im Deutschen Kaiserreich am Beispiel Hermann L. Stracks. In: *Veltri*, Giuseppe/*Necker*, Gerold (Hg.): Gottes Sprache in der philologischen Werkstatt. Hebraistik vom 15. bis zum 19. Jahrhundert. Leiden, Boston 2004, 277–316; Friedrich, Franz Delitzsch gegen August Rohling, 2017; *Baumann*, Arnulf H.: Franz Delitzsch (1813–1890). In: *Baumann*, Arnulf H. (Hg.): Auf dem Wege zum christlich-jüdischen Gespräch. 125 Jahre Evangelisch-lutherischer Zentralverein für Zeugnis und Dienst unter Juden und Christen. Münster 1998, 48–59, hier 58 f.

»Außenansichten auf die jüdische Geschichte«[46] war zugleich eine Betrachtung des Judentums als Vorstufe des Christentums zu eigen. Letztlich wurde nicht das Judentum um seiner selbst willen verteidigt, sondern Juden als Missionierungsobjekte und damit als potentielle Christen. Aber nicht die Ungerechtigkeit der Antisemiten, sondern die den Juden erwiesene Liebe und Hochachtung, die wissenschaftlich-theologische Würdigung ihrer Kultur sowie die politisch-rechtliche Gleichstellung sollten die Juden zur Bekehrung bewegen. In diesem Kontext ist der Leitspruch zu verstehen: »Redet freundlich mit Jerusalem«.[47] Neben dem Kampf gegen Antisemitismus war es das fundierte und für christliche Theologen der Zeit höchst unübliche Wissen über das Judentum, das den beiden Judenmissionaren Delitzsch und Strack auch die Anerkennung jüdischer Kollegen eintrug. Auch die heutige Forschung neigt dazu, sie als »Repräsentanten der damals einzigen öffentlichen Form einer gewissen freundlichen Zuwendung zu den Juden unter der gesamten Christenheit«[48], zu bewerten.

Dabei darf der Vorsatz, keine Lösung der »Judenfrage« mit Hass und Feindseligkeit zu erzwingen, nicht über die negativen theologischen Werturteile Delitzschs hinwegtäuschen, dessen exklusiver christlicher Absolutheitsanspruch einen letztlich doch wieder unüberbrückbaren Gegensatz zum Judentum konstatierte. Eine dauerhafte eigenständige Existenzberechtigung des Judentums neben dem Christentum war auch Delitzsch nicht bereit zuzugestehen.[49] Aus dem Engagement Delitzschs, Stracks und anderer darf auch nicht auf die Gesamtheit der Judenmissionare geschlossen werden, die »laut ihre Stimme gegen

---

46 Vgl. *Brenner:* Propheten des Vergangenen 115–127; *Brenner,* Michael: Nichtjüdische Historiker und jüdische Geschichte. Der Wandel in der Wahrnehmung von außen. In: *Vos,* Jacobus Cornelis de/*Siegert,* Folker (Hg.): Interesse am Judentum. Die Franz-Delitzsch-Vorlesungen 1989–2008. Berlin 2008, 324–346.

47 Vgl. *Brenner:* Propheten des Vergangenen 118. Sowohl Alan Levenson als auch Christian Wiese stellen die Ambivalenz heraus, die dem Judenbild der Judenmissionare und ihren Positionierungen in den Debatten der »Judenfrage« zugrunde lag. Während Wiese die theologischen Motive herausarbeitet, aufgrund derer sich Judenmissionare weigerten, das Judentum tatsächlich als gleichberechtigt und gleichwertig zu betrachten und dahingehend eine hegemoniale gesellschaftliche Position gegen die jüdische Minderheit ausspielten, weist Levenson noch stärker auf die Sonderposition der Judenmissionare unter den Nichtjuden hin, indem sie mit einer positiven Darstellung des jüdischen Lebens, intellektuellem und sozialem Austausch mit Juden und sachkundigen Abwehrmaßnahmen gegen den Antisemitismus nahezu alleine standen, vgl. *Wiese:* Wissenschaft des Judentums 88–130; *Levenson:* Between philosemitism and antisemitism 77–90.

48 *Golling,* Ralf: Strack und die Judenmission. In: Judaica. Beiträge zum Verständnis des jüdischen Schicksals in Vergangenheit und Gegenwart 38/2 (1982) 67–90, hier 69. Christian Wiese stimmt diesem Urteil zu, vgl. *Wiese:* Wissenschaft des Judentums 124.

49 Vgl. *Wiese,* Christian: »Unheilsspuren«. Zur Rezeption von Martin Luthers »Judenschriften« im Kontext antisemitischen Denkens in den Jahrzehnten vor der Schoah. In: *Osten-Sacken,* Peter von der (Hg.): Das mißbrauchte Evangelium. Studien zu Theologie und Praxis der Thüringer Deutschen Christen. Berlin 2002, 91–135, hier 110–115.

das ›Geschrei der Judenhetze‹«[50] erhoben hätte, weist der Theologe Peter von der Osten-Sacken nachträgliche Verklärungen zurück. Selbst Delitzsch erhob gegen den angeblichen jüdischen »Erwählungsstolz« Vorwürfe und machte darin eine der Hauptursachen für den Antisemitismus aus. Er ging sogar so weit, den Juden implizit mit dem Entzug der Solidarität zu drohen, sobald der christliche Absolutheitsanspruch von jüdischer Seite in Frage gestellt wurde.[51] Osten-Sacken belegt zudem anhand prominenter Beispiele aus der Berliner Mission eine »seltsame Form politischer Theologie«[52], nach der die Juden anhand ihrer Stellung zum Evangelium entweder in das deutsche Volk integriert oder von ihm abgetrennt werden sollten. So kennzeichnete der Berliner Missionar und Historiograph der Judenmission J. F. A. de le Roi (1835–1919) die Juden als »Glieder an dem Leibe der christlichen Völker«, die »ganz direkt entweder zur Gesundheit oder zur Krankheit derselben bei[tragen]«. Je nachdem, ob sie das »Evangelium von Herzen angenommen« hätten, würden sie zum Segen oder zur Gefahr für die anderen Völker: »Entweder sie werden durch die Kraft des Evangeliums hier äußerlich gehalten und dort innerlich überwunden, oder sie helfen das zerstören, was wir noch haben.«[53]

De le Rois Sichtweise, die von der zentralen Bedeutung einer objektiv vorhandenen »Judenfrage« ausging und die, von ihm wie der antisemitischen Bewegung, als Bedrohungsszenario für die nichtjüdische Umwelt heraufbeschworen wurde, war kein Sonderfall. So war das Judenbild der Judenmission »nicht einfach hin- und hergerissen zwischen überlieferten und aktuellen Vorstellungen, sondern entwickelt[e] sich, indem tradierte Vorstellungen und Haltungen in der Begegnung und Herausforderung der Gegenwart verteidigt, überprüft, kritisch befragt, neu gebildet werden.«[54] Juden waren hinsichtlich heilsgeschichtlicher Zuschreibungen Hoffnungsträger, die es vor antisemitischen Auswüchsen zu schützen galt. Zugleich erhielten ab den 1880er-Jahren, auch aufgrund des nur geringen Erfolgs der Mission, verstärkt auch antijüdische Argumentationen und Denkmuster Einzug in die Weltsicht der Missionare. Diese speisten sich aus christlichen Traditionen, wurden aber mit zentralen Motiven des modernen Rassenantisemitismus, wie wir sie in Kapitel drei kennengelernt haben, angereichert.

---

50 *Aring:* Christliche Judenmission 216.
51 Vgl. *Wiese:* Unheilsspuren 112–115.
52 *Osten-Sacken,* Peter von der: Christen und Juden in Berlin. Begegnung mit einer verlorenen Zeit. In: *Besier,* Gerhard/*Gestrich,* Christof (Hg.): 450 Jahre evangelische Theologie in Berlin. Göttingen 1989, 547–599, hier 580.
53 *de le Roi,* J. F. R.: Die evangelische Christenheit und die Juden in der Zeit des Zwiespalts in der christlichen Lebensanschauung unter den Völkern. B. Grossbritannien und die aussereuropäischen Länder während des 19. Jahrhunderts. Karlsruhe 1892, 406f. Zu de le Roi und dem Antisemitismus deutscher Judenmissionare, vgl. auch *Clark:* Politics of Conversion 271–281.
54 *Heinrichs:* Bild vom Juden in der protestantischen Judenmission 200.

Diese Motive entsprangen nicht persönlichen Vorurteilen, sondern wurden in die verfochtene heilsgeschichtliche Theologie eingepflegt.

Judenmissionare verstanden sich als Vertreter einer judenfreundlichen Bestimmung des Verhältnisses zwischen Christentum und Judentum. Die Judenmission intervenierte zwar gegen eine Anschauung des Judentums, nach der die Juden in Folge der »Verwerfung« Jesu Christi ihre theologische Bedeutung eingebüßt hätten und lediglich als lebender Beweis von Gottes Urteil im Zustand der Verstoßung verblieben. Einige führende Vertreter der protestantischen Theologie im 19. und beginnenden 20. Jahrhundert standen im Zeichen einer gravierenden Abwertung des Alten Testaments und des Judentums.[55] Nach Ansicht der Judenmission hatte das Judentum seine heilsgeschichtliche Rolle mit der Zerstörung Jerusalems noch nicht eingebüßt. Da das Neue Testament nicht einfach nur die Ablösung des Alten Testaments sei, diese vielmehr in einer Beziehung zueinander stünden, gelte auch für das Volk Israel und die Kirche als Volk des Neuen Bundes, dass die biblischen Heilserwartungen, die sich auf das alte Israel bezogen, noch nicht abgegolten seien.

Delitzsch, der anknüpfend an den Erlanger Theologen Johann Christian Konrad Hofmann (1810–1877) Gedanken der Erweckungstheologie wissenschaftlich aufgewertet hatte, verstand das Judentum nicht als verfehlte Kirche, sondern als Religion auf biblischer Grundlage. Als Christ müsse man sich daher um das Verständnis des Judentums bemühen, da es weiterhin eine Bedeutung im Heilsplan Gottes spiele.[56] Die Judenmission stieß auf starke

---

55   Vgl. *Kraus,* Hans-Joachim: Einleitung. In: *Geis,* Robert Raphael/*Kraus,* Hans-Joachim (Hg.): Versuche des Verstehens. Dokumente jüdisch-christlicher Begegnung aus den Jahren 1918–1933. München 1966, 173–184.

56   Eine Darstellung von Delitzschs Heilsgeschichte, vgl. *Wagner:* Delitzsch 334–348 und *Küttler:* Umstrittene Judenmission 21–27. Der Theologe Folker Siegert weist auf die unklaren Voraussetzungen einer heilsgeschichtlichen Theologie hin, die sich auf bestimmte Passagen (Röm. 9–11) bezieht, die traditionell dogmatisch eher ein Schattendasein geführt hatten, aber im Pietismus entdeckt und im Zuge der erwarteten Bekehrung des jüdischen Volkes neuinterpretiert wurden, vgl. *Siegert:* Zwischen Gleichgültigkeit und Judenmission 43. Maßgeblich für Delitzsch, sein Umfeld und seine Nachfolger war die Theologie von Johann Christian Konrad Hofmann, der die »Heilsgeschichte« zum Dreh- und Angelpunkt seiner Theologie machte, ohne den Begriff jedoch näher zu bestimmen oder theologisch sauber zu begründen. Hofmanns Intention war zu zeigen, dass der Bund mit dem Judentum ungekündigt sei. Entscheidend dabei war, dass die Juden als Volk und Nation, als »ganz Israel« weiterhin *irgendeine* Rolle in Gottes Heilsplan spielten. Ebenso die aus Paulus' Römerbriefen abgeleitete Verheißung einer Rückkehr der Juden nach Palästina war Gegenstand unterschiedlichster Spekulationen. »Der Herr wird nicht früher wiedererscheinen, als bis sich Israel und Zion zur Stätte seiner Wiedererscheinung bereitet hat«, stellte Hofmann, Delitzsch' maßgebliche Inspiration, fest. »Woher weiß er das?«, wendet Siegert heute dagegen ein, vgl. *Siegert,* Folker: Von der Judenmission zum christlich-jüdischen Gespräch: Eine Revision protestantischer Prämissen. In: *Frankemölle,* Hubert/*Wohlmuth,* Josef (Hg.): Das Heil der Anderen. Problemfeld »Judenmis-

innerkirchliche Widerstände, weil sie das Judentum immerhin als Adressaten wahrnahm.[57] Abgeleitet wurde die fortdauernde, auf die Juden bezogene Verheißung aus den Prophetenbüchern und vor allem Paulus' Römerbriefen. Delitzsch und seine Nachfolger fühlten sich einer eigenwilligen Lesart von Röm. 9–11 verpflichtet, wo Paulus auch über ein sich Jesus verweigerndes Israel nicht verurteilend, sondern hoffnungsvoll spricht. Für die Juden blieben daher die ihnen gegebenen Verheißungen und Zusagen gültig. Deren Erfüllung, die endgültige Annahme Israels, werde geistlichen Reichtum für Israel und die »Heiden« mit sich bringen. Von der Zukunft des Volkes Israel als Ganzes sei Großes zu erwarten – für es selbst, die Christenheit und die ganze Menschheit. Das judenfreundliche Selbstverständnis und diese heilsgeschichtlichen Prämissen dürfen dabei freilich nicht mit dem Ideal der Toleranz oder gar dem Zugeständnis eines eigenständigen Weges zum Heil verwechselt werden.

Aufgrund dieser theologischen Anschauung durchdrang die Judenmission eine grundsätzliche Spannung zwischen der »Rettung« Einzelner, also der Taufe von einzelnen Juden aus Glaubensgründen, und dem Schicksal »ganz Israels«, dem als Volk seine »Wiederbringung« verheißen wäre. Die Emanzipation hatte zweifelsohne eine neue Epoche in der jüdischen Geschichte eingeleitet – die aufgrund zahlreicher Mischehen und Übertritte zum Christentum womöglich die letzte der Juden bedeute, so die Missionare. Ein solches Auflösen des Volkes, von dessen Zukunft doch das Heil der Menschheit abhing, konnte die Judenmission nicht wünschen. Der Einzelne könne zwar Teil der Christenheit werden, aber als Volk sollten die Juden eben nicht vollständig in ihr aufgehen. Anstatt seiner »Entnationalisierung«, als die man den zumeist mit dem Schlagwort »Assimilation« bedachten Prozess jüdischer Akkulturation begriff, wurde eine »nationale Darstellung eines christgläubigen Israel« auf dem Weg zum Reich Gottes erwartet.[58]

Dabei blieb ungeklärt, wie die Zukunft Israels genau aussehen würde, welche Ereignisse ausgelöst werden würden und welche Bedeutung jüdischer Nationalität genau zukomme. Einen Vorschein auf seine mögliche Zukunft boten judenchristliche Gruppierungen in Osteuropa, die die Annahme des Christentums mit der Beibehaltung jüdischer Rituale und jüdischem Volksbewusstsein

sion«. Freiburg 2010, 50–76, hier 57. Zu diesen Aspekten der Theologie Hofmanns, vgl. auch *Beckmann*, Klaus: Die fremde Wurzel. Altes Testament und Judentum in der Evangelischen Theologie des 19. Jahrhunderts. Göttingen 2002, 270–311.

57 *Küttler*: Umstrittene Judenmission 7; auch Wolfgang Heinrichs führt den schweren Stand der Judenmission darauf zurück, dass eine überwiegende Kirchenmehrheit nicht an einem Kontakt oder gar Dialog mit dem Judentum interessiert war, vgl. *Heinrichs*: Judenbild im Protestantismus 499 f.

58 Zum Verhältnis von Heilsgeschichte und ihrer Auffassung jüdischer »Nationalität« am Beispiel Franz Delitzschs vgl. *Küttler*: Umstrittene Judenmission 21–27.

kombinierten.[59] Diese national-jüdische christgläubige Bewegung wurde von deutschen Judenmissionaren mit einer Art Vermittlerrolle zwischen Juden und den Christen bedacht. Ähnliches erhofften sie sich auch vom Zionismus, obwohl man seinen säkularen Charakter zur Kenntnis genommen hatte. Die Beobachtung einer nationalen jüdischen »Sammlung« und »Heimkehr« nach Palästina wurde als beginnende »Wiederherstellung Israels« gedeutet. Dabei war die ursprüngliche Landverheißung an die Bekehrung zum Christentum gekoppelt. Die zionistische Bewegung befruchtete die Hoffnung auf die bevorstehende Bekehrung der Juden.[60] In der stereotypen Wahrnehmung des Judentums, die zwischen Gruppen unterschied, die jeweils unterschiedliche Vorgehensweisen der Mission erforderten respektive verschiedene Grade der Empfänglichkeit beschrieben[61], weckte der Zionismus neben Hoffnungen auch Ängste. Eindeutig ließ er sich in die bestehenden Schemata und Kategorisierungen nicht einordnen, wurde aber stets eingehend rezipiert. Für die Judenmission symbolisierte der Zionismus innere geistige Bewegung im Judentum, die man zugunsten der eigenen heilsgeschichtlichen Erwartungen zu beeinflussen versuchte.

3.   Christlicher Zionismus

Zunächst jedoch ein Blick in die Schweiz, wo der politische Zionismus 1897 seinen Ausgang nahm – und auf christliche Sympathisanten traf. Der Schweizer Henry Dunant (1828–1910), Begründer des Roten Kreuzes und Urheber der Genfer Konvention, wird 1897 in einem Portrait, das der sozialdemokratische Politiker David Farbstein (1868–1953) für die zionistische »Welt« verfasste, als »einer der ersten Philozionisten« bezeichnet.[62] Farbstein war ein enger Vertrauter von Theodor Herzl und Mitorganisator des Ersten Zionistenkongresses. Anlässlich dieses Ereignisses hatte er ein Schreiben von Dunant erhalten, der

---

59 Vgl. *Lillevik*, Raymond: Apostates, Hybrids, or True Jews? Jewish Christians and Jewish identity in Eastern Europe 1860–1914. Eugene/Oregon 2014. Über den deutschen Kontext *Pfister*, Stefanie: Messianische Juden in Deutschland. Eine historische und religionssoziologische Untersuchung. Berlin 2008.

60 Vgl. *Aring*: Christliche Judenmission 215 f.

61 Das Judentum wurde in drei stereotype Erscheinungsformen kategorisiert, die alle bereits in der Tradition des Neuen Testaments vorzufinden waren: die Anhänger des Talmuds, das liberale Reformjudentum und ein von beiden zu unterscheidendes Judentum, das für die Mission empfänglich wäre, vgl. *Heinrichs*: Judenbild im Protestantismus 509 f.

62 *F[arbstein]*, D[avid]: Johannes Heinrich Dunant. In: Die Welt 1/22 (1897) 6–7, hier 7. Dunants Name war zudem der erste, den Herzl unter die »christlichen Zionisten« rechnete, als er erstmals den Begriff gebrauchte, vgl. Stenographisches Protokoll der Verhandlungen des 1. Zionisten-Congresses. Gehalten zu Basel vom 28. bis 31. August 1897. Wien 1897, 191; sowie *Pragai*, Michael J.: Faith and Fulfilment. Christians and the Return to the Promised Land. London 1985, 77.

ihm seine moralische Anteilnahme und herzlichste Sympathien übermittelte. Er sicherte ihm zu, es gäbe »Protestanten, die ebensolche Zionisten sind, wie die eifrigsten orthodoxen Zionisten des Congresses von Basel, und die es sind durch die Idee als solche, durch ein ideales Fühlen, ohne politisches, religiöses, sociales oder persönliches Interesse.«[63] Dunants Anteilnahme am Schicksal verfolgter Juden hatte sich bereits in den 1860er-Jahren gezeigt, als er sich bei Napoleon III. für einen jüdischen Staat in Palästina zur Lösung der Judennot stark gemacht hatte. Er hatte sowohl jüdische wie nichtjüdische Kreise für die ersten jüdischen Kolonisationsprojekte in Palästina zu interessieren versucht und verfolgte mit der »Syrian and Palestine Colonisation Society« selbst ein solches, wenngleich diesem kein Erfolg beschieden war.[64] In Anbetracht von Dunants Wirken für Humanität und Frieden wertete Farbstein dessen Sympathien für den Zionismus als weiteres »Werk der Nächstenliebe«, dessen Urheber damit kein anderes Interesse verbinde als das der reinen Humanität. Doch in welchem Verhältnis stand Dunants »ideales Fühlen«, wie er selbst es nannte, zu seinem protestantischen Hintergrund und Selbstverständnis?

Die Zionisten selbst differenzierten unter ihren Freunden in der Anfangszeit der Bewegung nicht explizit zwischen »christlichen« und »nichtjüdischen« Unterstützern. Vordenker und Unterstützer der Kolonisierung Palästinas wurden als »Zionsfreunde«, »Philozionisten« oder eben »christliche Zionisten« gewertschätzt.[65] Neben praktischer und organisatorischer Hilfe, der Vermittlung nützlicher Kontakte, dem Einwerben von Spenden sowie einer wohlmeinenden Berichterstattung, waren diese insofern wichtig, als die Zionisten christlichen Zuspruch als Beweis für die sich anbahnende Annäherung zwischen Juden und Nichtjuden anführen konnten, die der Zionismus angestoßen habe. Es falle hauptsächlich den christlichen Freunden zu, hatte Herzl auf die Zuschrift eines Schweizer Sympathisanten entgegnet, »[d]en Beweis von der versöhnenden Kraft des Zionismus zu erbringen«.[66] Auf seiner zweiten Kongressrede 1898 hatte Herzl den »christlichen Zionisten« seinen Dank ausgesprochen und den tiefen Eindruck geschildert, den die aus der Basler Bevölkerung erklungenen Jubelrufe »Hoch die Juden!« bei ihm und seinen Mitstreitern hinterlassen hatten. Die ungerechten judenfeindlichen Anklagen der Vergangenheit würden nun abgelöst von einer Zeit des Verständnisses und der Versöhnung zwischen Juden und Nichtjuden. Der Zionismus erbringe damit bereits jetzt den Beweis, dass er nicht

63 *Farbstein*: Dunant 7.
64 Vgl. *Weinert*, Bernhard: J. Heinrich Dunants Bestrebungen für Palästina. In: Jüdisches Jahrbuch für die Schweiz 5 (1920/1921), 136–144; *Pragai*: Faith and Fulfilment 75–77.
65 Vgl. *Ahlberg*, Sture: Jerusalem/Al-quds. The Holy City of War and Peace. Uppsala 1998, 43.
66 Theodor Herzl an I. Walther, 22.01.1900. In: *Herzl*, Theodor: Briefe und Tagebücher. Bd. 5. Briefe. Anfang Dezember 1898 – Mitte August 1900. Berlin 1991, 294–295, hier 295.

neue Barrieren aufziehe, sondern vielmehr der »Anfang freundlicherer Zeiten« gemacht sei.[67]

Unter den christlichen Zionisten in Basel und anderswo befanden sich aber auch Anhänger, die dem Attribut »christlich« durchaus eine religiöse Bedeutung beimaßen und es keineswegs als Synonym für »nichtjüdisch« verwendeten, wie das Herzl tat. Auch Henry Dunants Begeisterung für die jüdische Rückkehr nach Palästina ging auf den Schweizer Theologen Louis Gaussen (1790–1863) zurück, der bereits 1843 die »Wiederherstellung« der Juden in Palästina verkündet hatte.[68] Auch weitere Schweizer Geistliche waren vom Zionsfieber angesteckt. Samuel Preiswerk (1799–1871) wirkte im »Verein der Freunde Israels in Basel« – dem Judenmissionsverein – über lange Jahre als Theologe, und vertrat eine Art Proto-Zionismus, die vielleicht für die Aufgeschlossenheit der Stadt gesorgt hat.[69] Tatsächlich stießen die Zionisten in der lokalen Politik und Berichterstattung auf eine ungewöhnliche Offenheit.[70]

Die pietistischen Kreise Basels befassten sich also seit geraumer Zeit mit dem Gedanken einer Rückkehr der Juden nach Palästina.[71] So kam es, dass Carl

---

67 Vgl. *Herzl*, Theodor: Zweite Kongressrede. In: *Ders.* (Hg.): Zionistische Schriften. Berlin 1905, 45–54, hier 48 f., Zitat: 53. Vgl. dazu auch *Kury*, Patrick: »Zuerst die Heimkehr, dann die Umkehr«. Christlicher Zionismus und Philosemitismus in Basel im Umfeld des Ersten Zionistenkongresses. In: *Haumann*, Heiko (Hg.): Der Erste Zionistenkongress von 1897 – Ursachen, Bedeutung, Aktualität. …in Basel habe ich den Judenstaat gegründet. Basel 1997, 185–190.

68 Louis Gaussen war ein Vertreter des *Réveil*, einer Erweckungsbewegung des 19. Jahrhunderts in Genf und anderen französischsprachigen Regionen. 1831 hatte er die *Société Evangélique de Genève* gegründet, dessen Sonntagsschule Dunant als Jugendlicher besuchte. Zum Einfluss Gaussens auf das Denken Dunants, vgl. *Regli*, Daniel: Die Apokalypse Henry Dunants (1828–1910). Das Geschichtsbild des Rotkreuzgründers in der Tradition eschatologischer Naherwartung. Bern 1994. Gaussen zählte verschiedene Zeichen auf, die auf das nahe Kommen der verheißenen Zeit verwiesen, darunter die Wiederbelebung des Hebräischen und ein zunehmendes Interesse der Juden am Evangelium. Vgl. *Schnurr*, Jan Carsten: Weltreiche und Wahrheitszeugen. Geschichtsbilder der protestantischen Erweckungsbewegung in Deutschland 1815–1848 Göttingen 2011, 293. Zu Dunant und seiner Rolle für Kolonisationspläne in Palästina, vgl. *Ferrero*, Dominique Shaul: Henri Dunant und der Zionismus. In: *Haumann*, Heiko (Hg.): Der Erste Zionistenkongress von 1897 – Ursachen, Bedeutung, Aktualität. …in Basel habe ich den Judenstaat gegründet. Basel 1997, 208–210.

69 Zur Geschichte des Basler Vereins der Freunde Israels, vgl. *Willi*: Die Geschichte des Vereins der Freunde Israels in Basel. Zu Samuel Preiswerk, ebd. 15–20 sowie *Gelber*, Nathan Michael: Zur Vorgeschichte des Zionismus. Judenstaatsprojekte in den Jahren 1695–1845. Wien 1927, 193, 301 f.

70 Vgl. *Biasini*, Nadia Guth: Basel und der Zionistenkongress. In: *Haumann*, Heiko (Hg.): Der Erste Zionistenkongress von 1897 – Ursachen, Bedeutung, Aktualität. …in Basel habe ich den Judenstaat gegründet. Basel 1997, 131–137, hier 134.

71 Vgl. ebd. sowie *Kury*: Zuerst die Heimkehr, dann die Umkehr; *Nordemann*, Theodor: Zur Geschichte der Juden in Basel. Jubiläumsschrift der Israelitischen Gemeinde Basel aus Anlass des 150jährigen Bestehens. Basel 1955, 31–136, v. a. 131. Die populärwissenschaftliche Arbeit des Journalisten Pierre Heumann weist ebenfalls auf den Zusammenhang hin, stellt der pietistischen »Israelbegeisterung« aber weitestgehend »Nächstenliebe« als Motivation zur

Friedrich Heman, der 1897 den Vorsitz der Freunde Israels innehatte, und andere Basler Christen aus seinem Umfeld bei der Planung und Organisation des Zionistenkongresses behilflich waren; zahlreiche Teilnehmer fanden während der Kongresszeit auch Unterschlupf bei christlichen Freunden des Zionismus.[72] Heman hatte bereits zehn Jahre vorher, auf dem Jahresfest der Freunde Israels, die Frage aufgeworfen, wie sich Christen als »Mitarbeiter Gottes zur künftigen Sammlung Israels« bewähren könnten.[73] Kurz nach dem Kongress publizierte er eine Schrift über »Das Erwachen der jüdischen Nation« (1897), die im Verlag von Paul Kober erschien, der in Basel zahlreiche religiöse Traktate und Bücher herausgab. Heman präsentierte den Zionismus als »Weg zur endgültigen Lösung der Judenfrage«, wie er in Anlehnung an Herzls »Judenstaat« den Untertitel seiner Schrift formuliert hatte. Die Schrift war bewusst als politischer Beitrag zur modernen »Judenfrage« des Deutschen Reichs konzipiert, enthielt aber zugleich deutliche christliche Untertöne, die auf Hemans spezifische Auffassung der Judenmission verwiesen. Hemans christlicher Zionismus verstand sich als Antwort auf den modernen Antisemitismus. Doch war auch dieser, wie gezeigt werden wird, nicht frei von antisemitischen Vorstellungen oder deren Rechtfertigung.

3.1   Carl Friedrich Heman: »Missionar des Zionismus«

»Oh, wenn ich Missionar sein könnte, möchte ich Missionar des Zionismus sein«[74], sicherte Carl Friedrich Heman (1839–1919) Theodor Herzl zu. Tatsächlich stand Heman, protestantischer Theologe und Professor für Pädagogik in Basel, seit 1874 der 1831 gegründeten Basler Judenmissionsgesellschaft »Verein der Freunde Israels« vor.[75] Heman war der Sohn des jüdischen Konvertiten und Judenmissionars David Heman (1799–1873, geb. Israel David), der in Basel ein Wohnhaus für bekehrte Juden unterhielt und als »Proselytenvater« bekannt war. Der Verein um das Wohnhaus wird in der Forschung neben den Einrichtungen in Berlin, Leipzig und Köln den vier zentralen deutschsprachigen Judenmissionsgesellschaften zugerechnet. Kurz nach dem ersten Zionistenkongress hatte Heman als erster Christ eine Schrift publiziert, die den Zionismus als »Lösung der Judenfrage« präsentierte.[76] Hemans intellektueller Radius reichte über die

Seite, ohne mehr über die Grenzen oder Überschneidungen der Begriffe auszuführen, vgl. *Heumann*, Pierre: Israel entstand in Basel. Die phantastische Geschichte einer Vision. Zürich 1997, 97–115.

72 Vgl. *Carmel*: Christlicher Zionismus 132; *Kury*: Zuerst die Heimkehr, dann die Umkehr.

73 Vgl. *Willi*: Die Geschichte des Vereins der Freunde Israels in Basel 31.

74 Heman an Herzl, 19.12.1897. In: CZA H8/344.

75 Eine ausführliche Biographie Hemans, vgl. *Reichrath*: Heman. Zur Geschichte des Basler Vereins der Freunde Israels, vgl. *Willi*: Die Geschichte des Vereins der Freunde Israels in Basel. Zu Samuel Preiswerk, ebd. sowie *Gelber*: Zur Vorgeschichte des Zionismus 193, 301 f.

76 *Heman*, C. F.: Das Erwachen der jüdischen Nation. Der Weg zur endgültigen Lösung der Judenfrage. Basel 1897.

Schweiz hinaus und bezog sich, wie in früheren Schriften, auf den deutschen Kontext der »Judenfrage«.

Der Verein der Freunde Israels nimmt in der Geschichte der Judenmission eine eigentümliche Rolle ein. Unter Hemans Ägide verschrieb sich der Verein ab 1900 offiziell der Judenmission. Mehr als andere Vereine pflegte man in Basel eine zurückhaltende Vorgehensweise in der Evangelisierung von Juden. Es wurde besonderer Wert auf die jüdische Initiative selbst gelegt und das eigenmächtige christliche Eingreifen in die innere Entwicklung Israels an sich abgelehnt. Dennoch bestand der Wunsch, »irgendwie aktiv an der Entwicklung der religiösen Situation innerhalb des Judentums mitzuwirken«[77]. Dieser spezielle Ansatz schlug sich gerade in Hemans Haltung zum Zionismus nieder.

Heman sah im Zionismus die Lösung der »Judenfrage«. Das zeichnete sich bereits zum Ende der 1870er-Jahre ab, als sich Heman in die Debatten einmischte, die sich an die Agitationen Stoeckers und den »Berliner Antisemitismusstreit« von 1879 anschlossen. Heman verfasste ein Traktat über »Die historische Weltstellung der Juden und die moderne Judenfrage« (1881), im Jahr darauf folgte eines über »Die religiöse Weltstellung des jüdischen Volkes«, beide wurden 1885 nochmals zusammen aufgelegt.[78] Hemans Kritik sollte zur Klärung beitragen, wie sich Christen zur »Judenfrage« verhalten sollten. Sein Blick auf gesellschaftliche Verhältnisse war konservativ – und durchaus antisemitisch. Nur der »feste Anschluß an das Christentum« könne Deutschland vor seiner kulturellen und wirtschaftlichen »Zersetzung« bewahren, ein Prozess, von dem vor allem die Juden profitierten.[79] Dies war nicht weit entfernt vom Antisemitismus Stoeckers. Heman führte die »Judenfrage« im Wesentlichen auf jüdisches Verhalten, das sich gegen das deutsche Volk richte, zurück. Zwar lehnte Heman Gewaltmaßnahmen gegen Juden strikt ab, aber er bediente sich der geläufigen antisemitischen Stereotype. Reflexhaft wurde ein breites Arsenal ökonomisch-antisemitischer Stereotype abgerufen, beginnend mit angeblichem jüdischem Wucher im Mittelalter bis hin zum weltbeherrschenden Einfluss des Hauses Rothschild.[80]

Hemans Bestimmung der »Judenfrage« nahm sich unter dem antisemitischen Geschrei vieler Zeitgenossen nicht besonders originell aus. Er rechtfertigte eine »Judenfrage« als an sich berechtigten Impuls, der von den nichtjüdischen

---

77 *Willi*: Die Geschichte des Vereins der Freunde Israels in Basel 15.

78 Zuerst als *Heman*, C. F.: Die historische Weltstellung der Juden und die moderne Judenfrage. Leipzig 1881 und *Ders.*: Die religiöse Weltstellung des jüdischen Volkes. Leipzig 1882 Hier zitiert aus Neuauflage von 1885, vgl. *Ders.*: Die historische und religiöse Weltstellung der Juden und die moderne Judenfrage. Leipzig 1885.

79 *Ders.*: Die historische und religiöse Weltstellung der Juden und die moderne Judenfrage 56.

80 Vgl. ebd. 31, 47 f.

Abb. 8: C. F. Heman (1839–1919).

Völkern ausgehe, dadurch »daß Fremde unter ihnen und über sie herrschen«.[81] Heman begriff die »Judenfrage« als Gegensatz zwischen der jüdischen und der deutschen Nation, die er als stellvertretend für die anderen europäischen Völker betrachtete. Seine konservative Gesellschaftskritik bestimmte als Startpunkt einer verhängnisvollen Entwicklung die Französische Revolution, deren Ideale den »Irrtum vom allgemeinen Menschentum«[82] in Europa verankert habe. Freiheit, Gleichheit, Brüderlichkeit hätten nationale Unterschiede bagatellisiert und eine natürliche, gottgegebene Ordnung zerstört. Bürgerliche Ideale und Liberalismus, die Heman als Prozess der »Zersetzung« und »Auflösung« der europäischen Staaten begriff, führten zugleich zur Judenemanzipation und er-

81 Ebd. 52.
82 Ebd. 38.

möglichten den Juden Zugang zur Gesellschaft und sozialen Aufstieg. Nun, in der europäischen Krise des Liberalismus, seien Juden die Hauptprofiteure. Der »Aufschwung des jüdischen Volkes« sei damit zugleich »Zeichen und Gradmesser des Niedergangs der andern Völker«.[83] In der gesellschaftlichen Krise verdeutliche sich ein grundsätzlicher Antagonismus zwischen jüdischer und nichtjüdischer Nationalität.

»Jüdische Nationalität«, also der Versuch, die Juden als nationalen Fremdkörper darzustellen, war in der Debatte der »Judenfrage« ein geläufiger Topos. Hemans Position schien damit in Überschneidung mit konservativ-antisemitischen Stimmen, die die restlose Aufgabe des Judentums und seine absolute Integration in den »christlichen Staat« forderten.[84] Wie diese konstatierte auch Heman, die Juden blieben Fremde unter den Deutschen, »waren und sind und können nicht gewillt sein, ihre nationale Sonderexistenz aufzugeben.«[85] Ein Judentum ohne jüdische Nationalität war für Heman nicht vorstellbar, ein deutsches Judentum, in welcher religiösen Ausgestaltung auch immer, ein Ding der Unmöglichkeit. Folglich brandmarkte er alle Versuche, sich »im deutschen Volk [...] als Juden ein[zu]nisten«, um damit deutschen Geist, deutsche Kultur und deutsche Politik zu »verjuden«.[86] Das Reformjudentum, ebenso vermeintlich opportunistische Übertritte zum Christentum ohne innere Überzeugung, denunzierte Heman als »kosmopolitisch nivellirend[es] [sic] Assimilationsjudentum«, das »zerstörenden Einfluß [...] auf das religiös-geistliche Leben«[87] ausübe und die nationale Fundierung beider Völker untergrabe.

Nach dieser Diagnose verwundert neben der Distanzierung von judenfeindlichen Maßnahmen – Gewalt oder die Rücknahme der Rechtsgleichheit – Hemans Plädoyer, den Juden »Achtung und würdige Behandlung« entgegenzubringen. Die Juden seien zu respektieren, einerseits »[w]egen des furchtbaren Schicksals«, das auf ihnen laste und »wegen der entsetzlichen Aufgabe, die sie nach der Fügung der Vorsehung unter den Völkern bis heute haben erfüllen müssen«, wo es doch »für jedes Volk wohlgethan« sei, »sie sich ferne zu halten« und »ihre Fernhaltung ein Zeichen gesunder Kraft eines Volkes«[88] wäre.

Die Juden waren für Heman nicht nur Bedrohung und Opfer, er machte sie auch zum zentralen Faktor einer Heilsgeschichte: Die Juden hätten eine »centrale

---

83 Ebd. 34.
84 Vgl. *Rürup*: Die »Judenfrage« der bürgerlichen Gesellschaft 86.
85 *Heman*: Die historische und religiöse Weltstellung der Juden und die moderne Judenfrage 39. Auch Treitschke hatte in seinem Angriff auf die Juden ihre absolute »Assimilation« gefordert, zugleich aber deren Unmöglichkeit konstatiert, vgl. *Berg, Nicolas / Zimmermann, Moshe*: Berliner Antisemitismusstreit. In: *Diner, Dan* (Hg.): Enzyklopädie jüdischer Geschichte und Kultur. Band 1. Stuttgart, Weimar 2011, 277–282.
86 *Heman*: Die historische und religiöse Weltstellung der Juden und die moderne Judenfrage 68.
87 Ebd. 56.
88 Ebd. 33.

Stellung in der Weiterentwicklung und Völkergeschichte«[89], dazu müssten sie aber den »Schlüssel der Weltgeschichte« erkennen: Jesus Christus als Erlöser. Heman hatte dahingehend recht konkrete Vorstellungen: Die Juden sollten nicht einfach zum Christentum konvertieren und sich an die deutsche Nation assimilieren. Vielmehr sollten sie *ein* Volk bleiben und *zugleich* Christen werden. Jüdische Nationalität erschien in Hemans Darstellung also entweder als immense Bedrohung – oder als Vehikel der Erlösung.

Hemans Vision wohnte auch eine territoriale Dimension inne. In seiner Auslegung alt- und neutestamentlicher Prophezeiungen war Palästina als Zielpunkt der jüdischen Geschichte bestimmt. Heman fasste bereits in den 1880er-Jahren eine quasi-zionistische Lösung der »Judenfrage« ins Auge. Eines Tages, so dachte er, würde das jüdische Volk als »jüdische[s] Christenvolk seine alte Heimath Palästina und seine alte Hauptstadt Jerusalem wieder in Besitz nehmen«.[90] Diese Lösung sollte durch die Juden selbst herbeigeführt werden. Auch in späteren Publikationen, die sich mit der aufkommenden zionistischen Bewegung auseinandersetzten, behielt Heman den Standpunkt bei, dass nur die Juden selbst die Judenfrage »gründlich, endgültig und befriedigend«[91] zu lösen vermochten. Überhaupt war die Beziehung der Juden zu Palästina für ihn ausschlaggebend. Die jüdische Haltung zu Palästina lasse sich als Indikator ihres geistigen Niveaus betrachten, dozierte er: »So sehr das moderne Judenthum diesen Gedanken einer Rückkehr nach Palästina perhorrescirt [=mit Abscheu zurückweist], so beweist es damit nur, wie kurzsichtig und niedrig dermalen das Denken dieses Judenthums ist.«[92]

Die Auswanderung der Juden nach Palästina und ihre Hinwendung an das Christentum erschienen als Teil ein und desselben Prozesses. Die Juden seien »nur fähig und tüchtig zum Besitz des h[eiligen] Landes als Verehrer Jesu, ihres und unsres Heilandes, als Glieder seiner Kirche und als Arbeiter im Reiche Gottes.«[93] Indem Hemans Auffassung der »Judenfrage« einen christlichen Kern mit zeitgenössischen antisemitischen Feindbildern und Rhetoriken vereinte, verschmolzen die politische und die religiösen Ebene miteinander. Die »Judenfrage« repräsentierte für ihn mehr als nur einen gesellschaftlichen Konflikt, sondern eine Krise der Kulturmenschheit. Sie war für Heman Ausdruck einer heilsgeschichtlichen Konstellation, in deren Abschluss die jüdische Hinwendung an das Christentum erfolgen sollte.

---

89 Ebd. 75.
90 Ebd. 125.
91 *Heman*: Das Erwachen der jüdischen Nation 1 sowie *Heman*: Die historische und religiöse Weltstellung der Juden und die moderne Judenfrage Vorrede.
92 *Heman*: Die historische und religiöse Weltstellung der Juden und die moderne Judenfrage 126.
93 Ebd. 127.

Diese Perspektive schlug sich auch in späteren Publikationen Hemans nieder. Seine bedeutendste Schrift über »Das Erwachen der jüdischen Nation« (1897) entstand unter dem Eindruck Theodor Herzls und des Ersten Zionistenkongresses. Diese gab über weite Strecken Ziele und Richtlinien des Zionismus wieder, wie sie auf dem Kongress oder von Herzl im »Judenstaat« verkündet worden waren. Da sein Ausgangspunkt auch hier die Annahme einer objektiv und unmittelbar mit jüdischem Verhalten zusammenhängenden »Judenfrage« war, bewertet der Historiker Thomas Metzger Hemans Schrift »durch seine von nationalistischen antisemitischen Diskursen geprägten deutschnationalen Überzeugungen motiviert.«[94] Tatsächlich beklagte Heman weiterhin die Tatsache eines »Assimilationsjudentums« als unmöglichen Versuch der Vereinigung von Deutschen und Juden, als Irrweg, der unweigerlich die »Judenfrage« heraufbeschwöre. Der Anspruch jüdischer »Assimilanten«, Deutschtum und Judentum miteinander in Einklang zu bringen, und das Judentum als bloße Konfession zu begreifen, habe eine untragbare »Zwitterstellung« herbeigeführt und sowohl die Unterjochung der Nichtjuden als auch die Selbstverleugnung der Juden befördert. Jemand konnte Jude oder Deutscher sein – »beschnitten[e] Deutsche« wies Heman strikt zurück.[95]

Heman begriff das Aufkommen des Zionismus infolgedessen als jüdische »Selbstkritik«, wie er es nannte. Seiner Auffassung nach war auch im Zionismus die Nation das organische Ordnungsprinzip.[96] Doch vor allem trat in Hemans Vorstellung das noch junge Nationaljudentum in Opposition zum kosmopolitischen Gemisch des liberalen »Assimilationsjudentums«, als auch zum geistig erstarrten orthodoxen »Talmudjudentum«. Die bisherigen Erscheinungsformen des Judentums waren in seinen Augen unnatürliche Auswüchse und Irrwege, der Zionismus deren »Gesundung«[97]. Als Bewegung der »inneren Sammlung«

---

94 *Metzger,* Thomas: Das Erwachen der jüdischen Nation (Friedrich Heman, 1897). In: *Benz,* Wolfgang (Hg.): Handbuch des Antisemitismus. Judenfeindschaft in Geschichte und Gegenwart. Bd. 6. Berlin 2013, 180–182, hier 181. Der Historiker Alan Levenson konstatiert, dass Heman im »Erwachen der jüdischen Nation« einschlägige antisemitische Motive mit religiösem Subtext kombinierte, um so »to reconcile an eschatological vision with profound hostility to pluralism«. Eine Untersuchung der heilsgeschichtlichen Hintergründe spart Levenson indes aus. Erst in Hemans theologischen Ausführungen finden sich die Erwartungen und Hoffnungen, die Heman auf den Zionismus richtete und die sich keineswegs auf eine »hostility to pluralism« reduzieren lassen, vgl. *Levenson:* Between philosemitism and antisemitism 101–104, hier 103.
95 *Heman:* Das Erwachen der jüdischen Nation 83.
96 Vgl. *Levenson:* Between philosemitism and antisemitism 103; *Metzger,* Thomas: Vereinnahmende Inklusion. Heilsgeschichtliche Projizierungen des Vereins der Freunde Israels auf die Juden. In: *Luginbühl,* David/*Metzger,* Franziska/*Metzger,* Thomas/*Pahud de Mortanges,* Elke/*Sochin,* Martina (Hg.): Religiöse Grenzziehungen im öffentlichen Raum. Mechanismen und Strategien von Inklusion und Exklusion im 19. und 20. Jahrhundert. Stuttgart 2012, 295–313, hier 306.
97 *Heman:* Das Erwachen der jüdischen Nation 84.

und »geistigen Wiedergeburt« markiere er die »Zurüstung für den Eintritt in ein neues Lebensstadium der jüdischen Nation«.[98]

Der Zionismus erschien auch deshalb als ideale Lösung der »Judenfrage«, weil Heman sowohl die Rücknahme der Judenemanzipation als auch gegen Juden gerichtete Gewalt ablehnte. Der Zionismus fordere einen freiwilligen Auszug der Juden aus Europa und machte damit solche Maßnahmen hinfällig. Dennoch verlangte Heman von den Juden eine klare Entscheidung:

Existiert einmal ein jüdischer Staat, dann haben die andern Staaten ein Recht, die Juden in ihrem Bereich vor die Frage zu stellen, ob sie ihre Staatsangehörigkeit behalten oder dem neuen jüdischen Nationalstaat angehören wollen.[99]

Es gelte sich zu entscheiden: »Dableiben oder Fortgehen«, »dort Bürgerrecht, hier aber Fremdenrecht«. Entschieden sich die Juden für Palästina, sei ihnen die Dankbarkeit der (nichtjüdischen) Deutschen für diese »moralische Selbstbeschränkung« sicher. Entschieden sich einzelne Juden aber gegen den Zionismus, falle ihnen »unter gänzlichem Verzicht auf alles Anrecht in Palästina«[100] nur mehr das deutsche Bürgerrecht zu. Als »volle Deutsche« müssten sie aber auch jede jüdische Religionspraxis, die für Heman zugleich Nationalattribut war, ablegen: die Beschneidung, die Speiseverbote, den Sabbat. Heman erwartete, dass die Mehrheit der Juden umgehend die vermeintliche jüdische Selbstverleugnung aufgeben würde, »wenn sie erst Bürger ihrer alten, glorreichen Heimat sein können«.[101]

Eine jüdische Migration nach Palästina bot in den Augen Hemans weitere Vorteile. Das Bekenntnis zur jüdischen Nationalität würde auch »der antisemitischen Agitation den Boden unter den Füßen wegziehen.«[102] So verderblich sich das Judentum auch auf das deutsche gesellschaftliche Leben auswirke, für den Orient zeichnete Heman die Juden als Kultur- und Zivilisationsbringer, ähnlich wie viele Protagonisten in Kapitel zwei. Ein moderner jüdischer Staat in Palästina würde nicht nur als Verbündeter der europäischen Großmächte fungieren, sondern auch das kulturelle Niveau des Landes heben. Im Gegensatz zur »Herrschaft des Islams«[103] und des »muhammedanischen Fanatismus« sowie der trägen »Türkenherrschaft« waren die Zionisten produktiv, so Heman. Die muslimische Herrschaft über Palästina sei den Christen schon immer ein »Stachel im Herzen«[104] gewesen; indirekt betonte Heman so die Verwandtschaft

---

98 Ebd. 9.
99 Ebd. 94.
100 Ebd. 94.
101 Ebd. 24.
102 Ebd. 63.
103 Ebd. 54.
104 Ebd. 98.

zwischen Juden- und Christentum.[105] Hemans Ausführungen zeigten sich anschlussfähig für die zeitgenössische orientalistisch-kolonialistische Haltung vieler Zeitgenossen.[106]

Hemans Vorschläge sollten also auf einen Streich drei Probleme lösen: Die drängende »Judenfrage« sollte geklärt, die jüdische »Wiedergeburt« vorangebracht, und die Verbesserung jüdischer Eigenschaften motiviert werden. Der zionistische Umwandlungsprozess würde indes nicht zur »Normalisierung« des Judentums führen.[107] Die jüdische Nation blieb in Hemans Augen immer besonders, ein jüdischer Staat würde weit mehr als ein gewöhnlicher Staat leisten. Hemans heilsgeschichtliche Vision entwarf einen Judenstaat als bedeutendes »Friedenselement der Zukunft«[108], ging in der Schrift von 1897 aber nicht über Andeutungen hinaus. Die Besinnung auf die jüdische Nationalität sei als prinzipieller Einspruch gegen das falsche Messiasideal des Talmud- und Reformjudentums zu verstehen. Ferner werde der Zionismus von bewundernswerten Persönlichkeiten angeführt, die einer höheren Vorsehung dienten, deren insgeheime Bedeutung sie selbst noch gar nicht erfassten. Der Anspruch, das jüdische Volk aus seinem Elend zu erlösen, sei dabei bereits »ein göttliches Werk«[109]. Die Bewegung habe eine solche Bedeutung, dass sie mehr als nur menschlichen Mut erfordere, nämlich »Gottvertrauen« und »göttlichen Beistand«.[110] Auf lange Sicht werde die jüdisch-nationale Idee ohne Religion gar nicht auskommen: »Zur Freisinnigkeit des Denkens wird also doch auch die Glut des frommen Herzens hinzukommen müssen.«[111]

In einem kurz nach dem Ersten Zionistenkongress veröffentlichten Bericht Hemans, der in der hauseigenen Zeitschrift des Baseler Missionsvereines erschien, pries er den Zionismus als den »Anfang zum Wiedereintritt der Juden in den Kreis der lebenden Weltvölker«.[112] Heman sah darin nicht bloß eine politische Entwicklung; er machte gerade auch religiöse Hoffnungen an den Zionisten

---

105   Vgl. ebd. 109–114.

106   Seitdem im Vorfeld des Berliner Kongresses eine Broschüre erschienen war, worin vom baldigen Zerfall des Osmanischen Reichs ausgegangen wurde und in Palästina ein säkularer jüdischer Staat unter britischem Schutz geschaffen werden sollte, waren solche Pläne Teil der politischen Diskussion über die europäische Orientpolitik und nicht mehr ausschließlich Domäne religiöser Schwärmer. N. M. Gelber schreibt die Urheberschaft Benjamin D'Israeli zu, woran Cecil Roth wiederum zweifelte und Yejuda Leib Gordon als Verfasser vermutet, vgl. *o.V.*: Die jüdische Frage in der orientalischen Frage. Wien 1877.

107   Vgl. *Brenner*: Israel 7–23.

108   *Heman*: Das Erwachen der jüdischen Nation 11–13.

109   Ebd. 28.

110   Ebd. 7.

111   Ebd. 43.

112   *Heman*, C. F.: Der Zionisten-Congreß in Basel. In: Der Freund Israels 23 (1896) 65–68, hier 66.

fest. So verheißungsvoll das Ereignis des Basler Ersten Zionistenkongresses auch war, die Entscheidung über die Zukunft des Zionismus war Heman zufolge noch nicht gefallen. Er war überzeugt, dass es sich erst noch entscheiden müsse, »ob das Werk aus Gott [entstand] oder ob es bloßes Menschenwerk ist.«[113] Die Christen müssten erst einmal abwarten. Es drohe die Gefahr, dass sich die Lage des jüdischen Volkes nicht verbessern, sondern verschlimmern würde. Die »politisch-soziale Weltstellung« sei dabei »nicht die eigentliche Aufgabe des jüdischen Volkes«, ergänzte Heman einige Jahre später; denn es habe etwas viel Wichtigeres vor sich: eine »religiös-sittliche Aufgabe in der Menschheit und für sie zu lösen.«[114]

Heman blieb nicht untätig und nahm nach dem Kongress Kontakt zu Herzl auf. Es war auch kein Zufall, dass der Verein der Freunde Israels kurz nach dem Kongress die Judenmission offiziell in seine Statuten aufnahm.[115] In den Briefen, die Heman an Herzl schrieb, bekannte er seine christlich-religiösen Erwartungen, gleichwohl er diese chiffrierte. Er plädierte Herzl gegenüber darauf, dass es zum Aufbau eines Staatswesens über die profanen, praktischen Aufgaben hinaus auch eines geistigen Mittels bedürfe, »das auf 100 Jahre hinaus die Nation zusammenkittet, belebt, erneuert und energisch macht.« Heman hoffte, dass die messianische Idee eines sittlich humanen Gottesreiches zur »Reform des Judenthums« führen werde, die Juden wie Christen gleichermaßen zum Segen gereichen sollte. Der Zionismus nähere Christentum und Judentum einander an, da die Religion der Zukunft aufs engste mit Zion verknüpft sei. Heman nahm an, das jüdische Volk besitze eine besondere Mission, deren Erfüllung nicht nur für es selbst, sondern für alle Völker segensreich sei: die *Aufrichtung des Gottesreiches*.[116]

In einem programmatischen Aufsatz, der im Jahr nach dem Kongress in neun Teilen in der von Johannes Lepsius herausgegebenen kirchenpolitischen Zeitschrift »Das Reich Christi« erschien, legte Heman seine heilsgeschichtliche Theorie dar. Hemans »Gedanken über das Reich Gottes und die Geschichte des Volkes Israel«[117] (1898) hoben die besondere Rolle des jüdischen Volkes innerhalb der menschlichen Geschichte hervor. Ziel der Geschichte sei ein Reich Gottes *auf der Erde,* dessen Verwirklichung aufs engste mit der Geschichte des »Volkes Israel« verknüpft sei. Die nach der Bibel geoffenbarte Idee vom Reich

113 Ebd. 68.

114 *Heman, C. F.*: Die religiöse Wiedergeburt des jüdischen Staates. In: Das Reich Christi. Zeitschrift für Verständnis und Verkündigung des Evangeliums 11 (1908) 84–105, hier 84.

115 Vgl. *Willi*: Die Geschichte des Vereins der Freunde Israels in Basel 33 f.

116 Vgl. C. F. Heman an Theodor Herzl, 08.10.1899. In: *Herzl*: Briefe und Tagebücher V 589–590, hier 589.

117 *Heman, C. F.*: Gedanken über das Reich Gottes und die Geschichte des Volkes Israel. In: Das Reich Christi. Zeitschrift für Verständnis und Verkündigung des Evangeliums 1 (1898) 6–17, 43–51, 76–86, 105–115, 137–148, 170–181, 245–251, 365–371.

Gottes gab Heman als unmittelbare Herrschaft Gottes auf Erden zu verstehen, als »Präsenz und Residenz Gottes in seiner Menschenwelt«, wonach die Erde »das Herrschaftsgebiet Gottes werden [soll], daß hier der Wille Gottes geschieht, wie er im Himmel geschieht«.[118] Der Zionismus sollte dieser Vision als Vehikel dienen.

Der Judenmissionar Heman glaubte an die jüdische Auserwähltheit, die auch mit dem Erscheinen von Jesus Christus nicht beendet worden sei. Dessen Zurückweisung sei die große Verfehlung der Juden gewesen, die den Verlust des Landes Palästina zur Folge hatte. Trotzdem: Das Volk Israel habe wegen dieser Auserwähltheit die Aufgabe, das Reich Gottes vorzubereiten. Gott habe einst in die säkulare Geschichte dieses Volkes eine heilige Geschichte eingepflanzt, die den Partikularismus eines einzelnen Volkes aufsprengte und das jüdische Volk mit einer universellen Aufgabe ausstattete. Dies mache die Geschichte dieses Volkes für die anderen Völker so bedeutsam. Ziel der Christen (und zugleich Ausdruck ihrer Liebe) sei es nun, die Juden wieder zurück in die Spur der Vorsehung zu führen und sie aus ihrem geistigen Totenschlaf zu wecken.

Heman deutete jede soziale und politische Situation im Lichte dieser Heilsgeschichte. Jedes Leid, das den Juden widerfuhr, konnte Heman in eine höhere Sinnhaftigkeit einordnen, da es die Juden letztlich wieder dem Reich Gottes näherbringe:

Die Lage der Menschheit und ihre socialen und politischen und religiösen Zustände muß so werden, daß das jüdische Volk dadurch angeregt und aufgefordert wird, sich zu sammeln, in sich zu gehen und sich auf seinen göttlichen und zugleich welthistorischen Beruf zu besinnen [...], daß dem jüdischen Volk nichts anderes mehr übrig bleibt, als der Weg des Heils, als die Rückkehr zu seinem Gott und zu seinem Messias, als die Aufrichtung seines und des göttlichen Reiches.[119]

Damit waren Hemans Rechtfertigungen des Antisemitismus, die in seinen früheren Schriften begegneten, auch theologisch begründet. Auch der Antisemitismus sei als Werkzeug zur Aufrichtung des Gottesreiches zu begreifen, da er zum Wiedererwachen des jüdischen Volksbewusstseins führe. Die heilsgeschichtliche Aufgabe der Judenmission bezog Heman auf »ganz Israel«, nicht auf den Eintritt einzelner Juden in die Kirche. Das jüdische Volk als Ganzes müsse Jesus Christus erkennen und in das Land ihrer Väter zurückkehren, um das Gottesreich zu errichten.

Die Rückkehr der Juden in das ihnen verheißene Land würde nicht die Gründung eines gewöhnlichen Staates zur Folge haben: »Kämen die Juden wieder nach Palästina und würden wieder nur ein gewöhnliches Weltreich errichten, sie würden alsbald wieder daraus vertrieben werden. Ein solches Judenreich

---

118 Ebd. 8.
119 Ebd. 77.

hätte keinen Sinn und Verstand.«[120] Ein jüdischer Staat erfülle die Weltmission des Judentums, jedoch nur wenn er ein »besonderer, eigenartiger Staat«, kein »gemeiner Polizei- – oder Militär- – oder Industriestaat« werde. Er müsse ein »göttlicher Staat« werden, der sich nicht mittels Mordwaffen oder dem »Verschachern« von Boden begründe.[121] Eine staatliche Infrastruktur, wirtschaftliche Produktivität und Wehrhaftigkeit als materielle Eckpfeiler jüdischer Souveränität ordnete Heman den einzigartigen moralischen Prinzipien unter, die sich darin manifestieren sollten:

> Wenn also die Juden im Land ihrer Väter einen Staat bilden, dann muß es ein neuer, originaler, nicht nach den Mustern der bestehenden Weltstaaten, nicht auf dem Fundament kleinlicher Interessenpolitik, nicht mit den Zielen und Zwecken nationaler Borniertheit gebildeter Staat sein. Es muß ein höheres, besseres, edleres Staatswesen sein.[122]

Der neue Staat sollte demnach ein universalistisches Prinzip verkörpern, die Geistesgemeinschaft des Reichs Gottes. Dieser christliche Universalismus würde einerseits die schnöde »Interessenpolitik« und »politische Gleichmacherei« des liberalen Staatsprinzips, andererseits die »Naturschranken der Rassenunterschiede« und des »Nationalitätsprincips«[123] überwinden. Ein Judenstaat werde der Menschheit als Musterstaat dienen und ein »Staat des moralischen Fortschritts, der sozialen Ausgleichung und der universellen Humanität«[124] sein. Damit werde er nicht nur ein Staat für die Juden sein, sondern ein unbewaffnetes, sanftmütiges »Friedensreich auf Erden«[125], das allen Armen und Hilfsbedürftigen der Welt offen stehe.

Wie schon beschrieben, bediente sich Heman der Bilder und Sprache seiner antisemitischen Zeitgenossen. Unter den Schlagworten »Verjudung« und »Judenfrage« übte Heman eine Gesellschaftskritik, die den Juden einen verderblichen Einfluss zuschrieb. Ihre Gleichberechtigung denunzierte er als »Gleichmacherei«, ihre Rolle im Liberalismus als Dienst am »Mammonismus«. Zugleich verstand sich Heman als Kritiker des modernen Antisemitismus und dessen zentraler Vorstellung, »unter den Juden der Welt bestehe eine große Verschwörung zur Unterdrückung und Ausbeutung aller andern Völker.«[126] Dennoch fand der Antisemitismus auch Eingang in seine theologischen Reflexionen, schließlich habe dieser zur Wiederentdeckung und Festigung des jüdischen Volksbewusstseins geführt. Dies hatte auch eine gute Seite: Seine

---

120 Ebd. 140 f.
121 Ebd. 171.
122 Ebd. 172.
123 Ebd. 146.
124 Ebd. 172.
125 Ebd. 246.
126 *Heman:* Die religiöse Wiedergeburt des jüdischen Staates 88.

Traktate waren durchaus von der Hoffnung getragen, dass sich die Juden mithilfe des Zionismus »ein besseres, glücklicheres Loos als Volk und Nation [...] erringen« und wieder »in die große Völkerfamilie der Menschheit« eintreten.[127] Heman lancierte den Zionismus mit der Aussicht, dass eine »Besserung der Verhältnisse der Juden zu den andern Nationen und andern Religionen erwartet werden«[128] dürfe.

Darüber hinaus darf nicht übersehen werden, dass Heman den Juden keineswegs auf Augenhöhe begegnete und sein protestantischer Blick ihren Handlungsspielraum massiv einschränkte. Die herausragende Rolle, die ein jüdischer Staat für die Geschicke der Menschheit zu spielen hatte, speiste sich weniger aus den Fähigkeiten, die Heman den Juden zuschrieb, sondern folgerten aus seinem heilsgeschichtlichen Denkmodell. Die Juden müssten sich an einen göttlichen Plan halten, in dem ihre Bekehrung zum Christentum, zumindest auf lange Sicht, impliziert war. Diese Bekehrung sollte nicht mit Gewalt herbeigezwungen werden, daher sollte auch der weiteren Entwicklung des Zionismus als säkularer jüdischer Bestrebung Geduld entgegengebracht werden. Die Haltung Hemans und der Baseler Freunde Israels war unter den deutschen Judenmissionsvereinen sehr speziell, weil sie mangelndes Vertrauen in die Juden als Grundfehler der Christen begriffen. Heman distanzierte sich auch vom Millenarismus, der die Wiedergeburt des jüdischen Volkes und seine Rückkehr in das Heilige Land als sofortigen Eintritt der Menschheit in ein von den Propheten geweissagtes Millennium erhoffte. Ein tausendjähriges Messiasreich müsse sich vielmehr langsam entwickeln, so Heman, und der Zionismus markiere zwar den Wiedereintritt der Juden in die Weltgeschichte, aber erst den Anfang eines langen Prozesses. Ungeachtet seiner säkularen Ausrichtung sei der Zionismus also als ein göttliches Zeichen zu bewerten. Gott werde die Herzen der Juden leiten und die »irdisch-weltliche[n] Ziele und Zwecke« des Zionismus »zum Werkzeug seiner göttlichen Pläne«[129] machen.

Heman warnte davor, den Lauf der Dinge durch eine allzu offensive Einmischung von christlicher Seite beeinflussen oder beschleunigen zu wollen. Die nationale Sammlung der Juden müsse sich »ohne der Weltvölker Zuthun und Mithilfe«[130] vollziehen. Dennoch: Ohne Gott würde der Zionismus keine Zukunft haben. Halb als Warnung, halb als Drohung, entwarf Heman ein Szenario für den Fall, dass ein Judenstaat seiner heilsgeschichtlichen Bestimmung nicht gerecht würde: »Die Völker, welche die Juden nicht einmal in ihrer Mitte als Pri-

---

127 *Heman*, C. F.: Der Zionismus und der zweite Zionistenkongreß. In: Allgemeine konservative Monatsschrift für das christliche Deutschland 11 (1898) 1146–1152; 1258–1267, hier 1152.
128 Ebd. 1152.
129 *Heman:* Gedanken über das Reich Gottes und die Geschichte des Volkes Israel 141.
130 Ebd. 138.

vatleute dulden wollen, würden auch in ihrer Mitte keinen Judenstaat dulden, der alte Judenhaß der Völker würde sich sofort gegen solchen Judenstaat richten.«[131]

3.2   Aneignung und Abneigung: Christen, die Heman lesen

Neben Hechler und Heman wohnte dem Zionistenkongress in Basel ein weiterer christlicher Theologe auf persönliche Einladung Herzls bei: Johannes Lepsius (1858–1926), der als Gründer der »Deutschen Orient-Mission« vor allem im Osmanischen Reich in der Missionierung von Muslimen und der Armenier-Hilfe tätig war.[132] Er war einer breiten deutschen Öffentlichkeit als »Anwalt der Armenier« bekannt. Herzl hoffte mit der Einladung Lepsius' einen »armenisch-jüdischen Synergie-Effekt« zu erzielen, also auf Solidarität von der in der Schweiz starken proarmenischen Bewegung.[133] Lepsius veröffentlichte nach dem Kongress zwei Artikel: Im »Christlichen Orient«, dem von ihm selbst herausgegebenen und redigierten Zeitschrift der deutschen Orient-Mission, berichtete Lepsius über den Charakter und Verlauf des Kongresses. In der »Christlichen Welt«, dem von Martin Rade (1857–1940) redigierten Hauptorgan des Kulturprotestantismus, beurteilte er zudem das Programm des Zionismus vom christlichen Standpunkt aus. Lepsius teilte Hemans heilsgeschichtliche Sichtweise und trug dessen Ideen in den deutschen protestantischen Kontext hinein.

Mit dem Kongress begann die Freundschaft zwischen Heman und Lepsius.[134] Beide einte die faszinierte Wahrnehmung Theodor Herzls, der ihnen als segenbringende, sagenhafte Gestalt erschien. Sie versahen seine Person mit religiösen

---

131 Ebd. 141 sowie: »Ein anderer Judenstaat wäre der Anstrengungen und Opfer nicht wert, die er kostet und würde, wie die früheren Judenreiche, rasch wieder dem Untergang verfallen. Nur der Judenstaat hat Berechtigung und Bestand, in welchem die providentielle [=schicksalshafte, segensreiche] Aufgabe, welche dem jüdischen Volke zugewiesen ist, endlich zur Lösung kommt. [...] Dem jüdischen Volke ist aber schon vor Jahrtausenden die Aufgabe zu zugewiesen worden, das Gottesreich für alle Völker und Nationen der Erde zu gründen«, ebd. 172.

132 Vgl. *Damianov*, Atanas: Die Arbeit der »Deutschen Orient-Mission« unter den türkischen Muslimen in Bulgarien von Anfang des 20. Jahrhunderts bis zum 2. Weltkrieg. Münster u. a. 2003, 19–42.

133 Vgl. *Goltz*, Herrmann: Das Dreieck Schweiz-Deutschland-Armenien. Beobachtungen und Dokumente aus dem Dr. Johannes-Lepsius-Archiv an der Martin-Luther-Universität Halle-Wittenberg. In: *Kieser*, Hans-Lukas (Hg.): Die armenische Frage und die Schweiz (1896–1923). La question arménienne et la Suisse (1896–1923). Zürich 1999, 159–185, hier 167f. Tatsächlich betrachtete Lepsius die Lage der Juden analog zur armenischen und verglich die Verfolgungssituation beider Völker, vgl. *Pragai*: Faith and Fulfilment 78.

134 Vgl. Heman, Johann Friedrich Carl Gottlob. In: *Goltz*, Herrmann (Hg.): Deutschland, Armenien und die Türkei 1895–1925. Bd. 3. Thematisches Lexikon zu Personen, Institutionen, Orten, Ereignissen. Berlin 2004, 221. Hemans Beiträge erschienen ab 1898 in der von Lepsius herausgegebenen Zeitschrift *Das Reich Christi*. Die Zusammenarbeit der beiden ist bis 1910 durch zahlreiche Artikel gut dokumentiert.

Attributen: Lepsius beschrieb Herzl nicht nur als »jüdischen Herzog«, sondern auch als den »neuen Serubabel«, also als Wiederkehr des jüdischen Anführers, der die Juden einst aus dem babylonischen Exil zurück nach Palästina geführt hatte.[135]

Weit mehr als Heman war Lepsius durch seine Erfahrungen im Osmanischen Reich für das Gefahrenpotential religiös-kultureller Fragen sensibilisiert. Seine Einschätzung der politischen Lage in Palästina erfolgte zurückhaltender als bei Heman, der angesichts des Osmanischen Reichs einen recht unverblümten, schematischen Orientalismus vertreten und die Unterstützung der europäischen Großmächte prophezeit hatte, da ein jüdischer Staat »auf den Trümmern der bisherigen Staatengebilde im Orient«[136] ein bedeutender Vorposten sein würde. Lepsius hingegen, der mit den sich divergierenden europäischen Interessen und den religiösen Spannungen im Osmanischen Reich vertraut war, warnte vor den Gefahren, in den »Rattenkönig der orientalischen Wirren«[137] auch noch die »Judenfrage« zu flechten. Diese gestalte sich weitaus komplizierter, als es Herzl und den Zionisten bewusst sei. Er wies darauf hin, dass es keineswegs allein um eine Regelung zur Verwaltung der christlichen Heiligtümer in Jerusalem gehe, da sich ja auch religiöse Stätten des Islams vor Ort befänden. Die Pforte würde einen autonomen jüdischen Staat in der Region also schon aus religiösen Gründen kaum dulden, warnte Lepsius.

Abgesehen von dieser Einschätzung teilte Lepsius Hemans Euphorie für die Zionisten, die »der Losung der Väter getreu«, die »Wiederaufrichtung des Judenstaates in Palästina« planten. Auch Lepsius hoffte auf eine positive religiöse Wende innerhalb des Judentums, indem der Zionismus die messianischen und nationalen Hoffnungen des jüdischen Volkes erneut auf den »Traum der Wiederaufrichtung des Davidsreichs auf den Trümmern von Jerusalem«[138] ausrichte. Die Idee eines messianischen Reichs sei der »Grundgedanke der Offenbarung«[139], so Lepsius. Diese Idee liege in den nationalen Hoffnungen der Juden auf eine »Wiederherstellung der Mauern Jerusalems« bewahrt. Die Möglichkeit zur Erfüllung dieser Hoffnungen hätten die Juden unlängst in ihren Acker-

---

135 Derek Penslar widmet dem Charisma Herzls, wie es besonders auf christliche Zionisten Eindruck gemacht hat, einen eigenen Aufsatz. Damit läuft Penslar jedoch auch Gefahr, die Eigenständigkeit heilsgeschichtlicher Theologien zu vernachlässigen, vgl. *Penslar*, Derek J.: Theodor Herzl. Charisma and Leadership. In: *Freeze*, Chaeran Y./*Fried*, Sylvia Fuks/*Sheppard*, Eugene R. (Hg.): The Individual in History. Essays in Honor of Jehuda Reinharz. Waltham/Massachusetts 2015, 13–27.

136 *Heman*: Das Erwachen der jüdischen Nation 56.

137 *Lepsius*, Johannes: Der Zionisten-Kongress in Basel. In: Der christliche Orient. Monatsschrift der Deutschen Orient-Mission 1/10 (1897) 433–443, hier 441.

138 Ebd 443.

139 *Lepsius*, Johannes: Der Zionismus. In: Die Christliche Welt 11/43 (1897) 1015–1019, hier 1017.

baukolonien bewiesen, die zeigten, welche produktiven Fähigkeiten in ihnen schlummerten und dass sie »nicht nur für den Schacher talentirt«[140] seien.

Lepsius ging von der über kurz oder lang erfolgenden »Liquidation des türkischen Reiches« aus, was den Juden ihre Existenz in Palästina für die Zukunft sichern werde. Die Judenheit könne dann in Palästina ihren angestammten Platz einnehmen, den »ihr nach geschichtlichem Rechte zustehende[n] Teil aus dem Erbe des kranken Mannes«. Die zutage tretenden Vorstellungen von jüdischer Erneuerung und Heimkehr waren tief in Lepsius' theologischem System verwurzelt:

Sollten die Juden nach Palästina zurückkehren, so werden sie nicht als christgläubig [sic], sondern als Juden das Land ihrer Väter in Besitz nehmen. Aber ist nicht gerade die Wiederherstellung der jüdischen Nation die Voraussetzung für die Erfüllung der Paulinischen Weissagung von der Bekehrung ganz Israels?[141]

In ihrer Zerstreuung würden die Juden nicht den Weg zum Christentum finden.[142] Palästina hingegen werde der Ort eines Wunders werden. In dem künftigen Judenstaat werde sich ein »religiöses Schauspiel«[143] vollziehen, in dem auf die nationale Erneuerung des Judentums seine religiöse, genauer: protestantische, folgen werde.

Gerade die Erwartung eines »Schauspiels«, wie sie bei Lepsius durchklang, stieß im deutschen Protestantismus liberaler Prägung auf prinzipiellen Widerstand. Ebenfalls in der »Christlichen Welt« erschien 1900 eine Kritik von Carl Teichmann (1837–1906) am Zionismus, die dessen enthusiastische christliche Befürworter miteinschloss. Teichmann war ein typischer Vertreter des Kulturprotestantismus, in dessen religionsgeschichtlichem Selbstverständnis Christentum mit den Ansprüchen moderner Kultur versöhnt werden sollte.[144] Verfechter des Kulturprotestantismus strebten ein Ideal homogener christlicher Kultur an, die durch den Staat hergestellt werde, den sie als zentrales Subjekt der Einheitsstiftung und als Hüter von Sittlichkeit bestimmten. Einerseits waren kulturprotestantische Theologen der Moderne zugewandt, andererseits sahen sie die

140 Ebd. 1018.
141 Ebd. 1018.
142 Damit erteilte Lepsius keineswegs der Judenmission eine Absage. Lepsius bezweifelte lediglich, wie Heman und auch der Leipziger Missionsverein, die Sinnhaftigkeit vereinzelt stattfindender Proselytenmacherei, da diese dem Ziel der Heilsgeschichte, der Bekehrung des jüdischen Volkes, alles andere als dienlich sei, vgl. auch *Wirth*, Günter: »Der Todesgang des armenischen Volkes«. In: UTOPIEkreativ. Diskussion sozialistischer Alternativen 14/169 (2004) 1034–1038.
143 *Lepsius:* Der Zionismus 1019.
144 Zu Geschichte und Verwendung des Begriffs, vgl. *Graf*, Friedrich Wilhelm: Kulturprotestantismus. Zur Begriffsgeschichte einer theologiepolitischen Chiffre. In: Archiv für Begriffsgeschichte 28 (1984) 214–268.

sittliche Fundierung der Gesellschaft häufig von Modernisierungserscheinungen bedroht. Kritik an der Moderne wurde teilweise in antisemitische Semantiken gekleidet. Unter liberalen Protestanten war die Erwartungshaltung stark ausgeprägt, dass sich mit der Gleichberechtigung jüdische Bürger an das Ideal einer christlich-protestantischen Kultur assimilierten. Selbst Theologen, die im Verein zur Abwehr des Antisemitismus tätig waren und die zivile Rechtsgleichheit der Juden verteidigten, waren oftmals nicht in der Lage, von ihren Vorstellungen einer »homogenen Kultursubstanz« abzulassen und die kulturelle Gleichberechtigung des Judentums zu fördern. Friedrich Wilhelm Graf identifiziert in dieser »paradoxe[n] Gleichzeitigkeit von Nähe und Distanz, Offenheit und Ausgrenzung« gerade »in sich widersprüchliche Mittelpositionen« als typisch.[145] Der Zionismus wurde, wo er Thema war, tendenziell abgelehnt.

Teichmann teilte mit seinem kulturprotestantischen Milieu das Überlegenheitsgefühl gegen das Judentum.[146] Die von Graf festgestellte Ambivalenz des Kulturprotestantismus, schwankend zwischen »Nähe und Distanz«, schien bei Teichmann deutlich auf. Er brachte der jüdischen Aufklärung und religiösen Reform des Judentums in Nachfolge Moses Mendelssohns durchaus Hochachtung entgegen, habe sie doch die jüdische Absonderung aufgehoben und die religiösen Elemente entfernt, die bis dato ein »wirkliches Eingehen in die nationalen Interessen der Kulturvölker verhinderten«.[147] Zugleich kritisierte Teichmann das Reformjudentum massiv als noch nicht modern genug, da es wissenschaftliche Impulse zur geschichtlich-kritischen Lesart der Bibel von der christlichen Seite nicht aufgenommen habe; auf der anderen Seite erschien es wiederum zu modern, da der Geist von Aufklärung und moderner Bildung so sehr in ihm

---

145 Vgl. *Graf,* Friedrich Wilhelm: »Wir konnten dem Rad nicht in die Speichen fallen«. Liberaler Protestantismus und »Judenfrage« nach 1933. In: *Kaiser,* Jochen-Christoph/*Greschat,* Martin (Hg.): Der Holocaust und die Protestanten. Analysen einer Verstrickung. Frankfurt a. M. 1988, 151–185, v. a. 151–155, 174–178, hier 154f. Dazu auch *Nowak,* Kurt: Kulturprotestantismus und Judentum in der Weimarer Republik. Wolfenbüttel, Göttingen 1993; *Heinrichs:* Judenbild im Protestantismus 419–483. Graf kritisiert sowohl Autoren, die entweder kulturprotestantische Konzepte einer christlich homogenen Kultur als Manifestationen eines »subtilen Kulturantisemitismus« deuten, deren prominentester Vertreter der israelische Historiker Uriel Tal ist, als auch an Autoren, die nach wie vor aus der relativen Offenheit liberaler Theologen eine weitreichende Resistenzkraft gegen antisemitische Denkmuster annehmen; beide Richtungen werden, wie Graf betont, der Widersprüchlichkeit des Kulturprotestantismus in der »Judenfrage« nicht angemessen gerecht.

146 Bereits 1893 hatte Teichmann seiner Hoffnung Ausdruck verliehen, der kulturprotestantische Fokus auf die »ursprüngliche Kraft [des Evangelium Jesu]« würde das heutige Judentum dem Evangelium zuführen, vgl. *Teichmann,* Carl: Der Weg zur Verständigung zwischen Judentum und Christentum. In: Die Christliche Welt 7 (1893), 396–400, hier 400. Zum Judenbild Teichmanns vgl. auch *Heinrichs:* Judenbild im Protestantismus 452f.

147 *Teichmann,* Carl: Der Zionismus. In: Die Christliche Welt 14/40/42 (1900) 945–948, 995–1000.

gewütet und seinen »religiösen Boden« zerstört habe. So würde es heute »zersetzenden Einfluß im öffentlichen Leben« ausüben. Die Reform des Judentums habe also nicht genügt, um die »Judenfrage« zu lösen. In Folge zeigten sich heute zwei Erscheinungen – zwei »Verirrungen«[148] – die zur Besinnung gemahnten: der Antisemitismus und der Zionismus, letzterer, »der sehr begreifliche Rückschlag des Antisemitismus«.[149] Auch wenn der Antisemitismus »der Christenheit sicher nicht zum Ruhme« gereiche, sprach ihm Teichmann nicht gänzlich seine Berechtigung ab. Teichmann ging es weniger um die Verteidigung der Juden. Sein Haupteinwand gegen den Antisemitismus war, »die christliche Religion selbst zu fälschen und das Alte Testament zu verunehren«.[150]

Den Zionismus nahm Teichmann als genuin moderne Idee wahr, bar jeder religiösen Dimension. Er hegte zwar Zweifel an seiner praktischen Realisierbarkeit, gestand ihm aber angesichts der Judenverfolgungen im zaristischen Russland einen praktischen Wert zu. Höchst zweifelhaft erschien Teichmann hingegen, »daß die jüdischen Elemente, die eine Heimat in christlichen Ländern gefunden haben«, sich scharenweise nach Palästina begeben würden; Teichmann erwartete ein baldiges Abebben der »antisemitisch[en] Hochflut«.[151]

Teichmann riet zur Geduld: Da der Zionismus keinen religiösen Anspruch hege, könne seine weitere Entwicklung ohne Emotion abgewartet werden. Höchst erstaunlich waren für ihn deswegen die Reaktionen der Judenmissionare auf den Zionismus. In London, berichtete Teichmann, hätten englische Judenmissionare gegen den Zionismus protestiert, »Israel werde erst dann das heilige Land von Gott zurück erhalten, wenn es das Unrecht einsehe, welches es im Messiasmorde begangen habe.«[152] Eine tätliche Auseinandersetzung hätte gerade noch verhindert werden können. Doch auch in der deutschsprachigen Judenmission habe der Zionismus ein merkwürdiges Echo ausgelöst. Teichmann verspottete vor allem Hemans Zionismus-Euphorie: Der Zionismus würde geradezu so behandelt, als wolle nun Gott »das, was die Mission der Kirche an Israel nicht erreicht habe, durch die nun auch auf dieses Volk sich erstreckende Nationalitätsbewegung vollbringen« und das »größte Werk der Gnade ohne die Arbeit der Mission vollenden.«[153] Teichmann verglich Heman mit den in seinen Augen absurden Auffassungen freikirchlicher Eschatologen, die, wie etwa der Siegener Pfarrer Gustav Nagel (1868–1944), den Zionismus zu »den antichrist-

---

148 Ebd. 948.
149 Ebd. 1000.
150 Ebd. 948. Unter liberalen protestantischen Theologen wurde diese Argumentation verstärkt während der Weimarer Republik aufgegriffen, um der Bedrohung der Kirchen vonseiten der völkischen Bewegung zu begegnen, vgl. dazu *Tal*: Modern Lutheranism.
151 *Teichmann*: Zionismus 998.
152 Ebd.
153 Ebd.

lichen Zeichen der letzten Zeit«[154] rechneten, an denen sie das nahe Ende der Welt und der Geschichte ablasen.[155]

Teichmann wertete solche Spekulationen als »Zeichen dafür, wohin man gelangt, sobald eine gesunde, historisch und wissenschaftlich orientierte Bibelforschung beiseite geschoben wird.«[156] Teichmann war kein Judenmissionar, aber durchaus ein Befürworter der jüdischen Konversion zum Christentum. Er lehnte Antisemitismus ab und sah eine Wesensverwandtschaft zwischen Reformjudentum und liberalem Protestantismus, wenn er auch nicht bereit war, eine geistige Gleichwertigkeit zuzugestehen. Von der Überlegenheit des Christentums überzeugt, hoffte Teichmann, dass ein »tiefer gefaßtes Christentum [...] größeren Einfluß auf die Israeliten ausüben wird«.[157] Eine solche Entwicklung würde zur Entschärfung des Antisemitismus beitragen, weshalb die wachsende Zahl von Judentaufen ein »freudige[r] Ausblick in die Zukunft«[158] seien.

Damit hatte der religiöse Disput zwischen Judenmissionaren und liberalen Kulturprotestanten noch kein Ende gefunden. Einige Jahre später kritisierte wiederum Heman liberal-protestantische Theologen wie Adolf Harnack (1851–1930) und Ernst Troeltsch (1865–1923), die um die Jahrhundertwende den Bedeutungsverlust der Religionen in der Moderne reflektiert und dabei das wahre *Wesen des Christentums* nicht über Dogmen, sondern historisch zu bestimmen versucht hatten.[159] Dieser Versuch hatte Folgen für den Blick auf das Judentum: Harnack etwa integrierte es in ein Verfallsmodell, so dass es nur mehr als überholte Vorstufe zur wahren, weil geistigen Weltreligion des Christentums erschien. Troeltsch, der immerhin die historische Rolle des Christentums als einer Religion unter vielen anerkannte, kam nicht umhin, in ihm die vollkommenste Glaubenslehre zu sehen. Heman bezog auch die jüdischen Kritiker

---

154 Ebd. 999.
155 Vor ihrer Bekehrung würde ein Großteil der Juden nach Palästina zurückkehren, worin Nagel ein Zeichen der gesteigerten Sünde Israels sah, da es mit weltlichen und politischen Mitteln an seiner eigenen Erlösung baue. Daraufhin werde sich der Zorn Gottes an seinem abtrünnigen Volke entladen und die Drangsale der endgeschichtlichen Zeit über Jerusalem und das jüdische Volk kommen, vgl. *Nagel,* Gustav: Heilige Rätsel und ihre Lösung oder das jüdische Volk und die christliche Gemeinde in ihren gegenseitigen Beziehungen und in ihren Zielen. Ein biblisch-historisches Zeugnis. Witten a.d. Ruhr 1899. Zu Nagel vgl. *Holthaus,* Stephan: Fundamentalismus in Deutschland. Der Kampf um die Bibel im Protestantismus des 19. und 20. Jahrhunderts. Bonn 1993, 416, 450.
156 *Teichmann:* Zionismus 1000.
157 Ebd.
158 Ebd.
159 Einen Überblick über die Debatten, einschließlich der Behandlung des Judentums und der jüdischen Reaktionen, vgl. *Graf,* Friedrich Wilhelm: Wesensdebatte. In: *Diner,* Dan (Hg.): Enzyklopädie jüdischer Geschichte und Kultur. Band 6. Stuttgart 2015, 370–375. Ausführlicher vgl. *Wagenhammer,* Hans: Das Wesen des Christentums. Eine begriffsgeschichtliche Untersuchung. Mainz 1973, *Tal:* Theologische Debatte, *Homolka,* Walter: Jüdische Identität in der modernen Welt. Leo Baeck und der deutsche Protestantismus. Gütersloh 1994.

der liberalprotestantischen Theologen in seine Auseinandersetzung mit ein. Leo Baeck hatte mit seiner Schrift »Das Wesen des Judentums« (1905) einen Gegenentwurf zu Harnacks Ausführungen präsentiert. Baeck stellte Jesus von Nazareth als Juden in eine bereits durch das Judentum etablierte Tradition des »ethischen Monotheismus«, oder »ethischen Universalismus«. Das konstitutiv dogmenfreie Judentum sei, so Baeck, eben keine national partikulare, sondern bereits eine ethisch universalistische Religion.[160]

Heman gab eine Antwort sowohl auf die liberale protestantische als auch die liberale jüdische Position. Diesen war gemeinsam, dass sie göttliche Wahrheit historisch bestimmt hatten – eine Herangehensweise, die Heman zutiefst missfiel. Heman interpretierte die ganze Debatte um das »Wesen des Christentums« als Auflösungs- und Zersetzungsprozess des Protestantismus, den die jüdische Seite freudig angenommen hatte, um daraus mit gestärktem Selbstbewusstsein hervorzugehen. Der Ansatz, sich weg von der Gottheit, hin zum historischen Jesus zu bewegen, verriet in seinen Augen den Offenbarungscharakter der Religion. Heman verteidigte den Wert des Alten Testaments, das nicht einfach historisch überholt sei, so wenig »das Judentum [...] zu den falschen Religionen gehört, die vom Erdboden verschwinden müssen«.[161]

Gegen die Juden wiederum verteidigte er den Wert des Neuen Testaments, ohne das eine »Erneuerung und Wiedergeburt« des Judentums »aus seinem jetzigen Tiefstand heraus« nicht möglich sei. In einem anderen Aspekt pflichtete Heman Leo Baeck bei, indem er wie dieser das Judentum als »nicht bloß partikularistisch-national, sondern ebenso universal und kosmopolitisch«[162] anerkannte. Die jüdische Weltmission sei daher noch nicht beendet, liege aber nicht in der von Baeck formulierten Aufgabe, »in der Weltgeschichte das sittliche Prinzip der Minderheit zum Ausdruck zu bringen.«[163] Für Heman begründete sich der universalistische Charakter des Judentums darin, dass seine messianische Vorstellung eines Gottesreiches sich nicht bloß auf die Juden bezog, sondern »für alle Völker der Erde [...] eine neue Zeit des Rechts und der Gerechtigkeit, des Glückes und der Wohlfahrt, der rechten Erkenntnis und Verehrung Gottes«[164] einläuten sollte. Seine »Wiedereinsetzung« in diese Bestimmung und Erwählung würde den Juden bevorstehen, »sobald sie vom Unglauben zum Glauben an Jesum kommen«.[165] Nur mit dem Willen, »Jesum in ihrem Volkstum und in ihrer Religion an den Platz stellen, der ihm gebührt«[166], gelangten sie zu ihrer wahren

160 Vgl. *Homolka*, Walter: Leo Baeck. Jüdisches Denken – Perspektiven für heute. Freiburg 2006, 80–97.
161 *Heman*: Religiöse Wiedergeburt 92.
162 Ebd. 95.
163 *Baeck*, Leo: Das Wesen des Judentums. 1. Aufl. Berlin 1905, 158.
164 *Heman*: Religiöse Wiedergeburt 95.
165 Ebd. 97.
166 Ebd. 101.

Mission. Jesus Christus war für Heman im Gegensatz zu Harnack und Baeck nicht in erster Linie eine historische Figur, sondern Dreh- und Angelpunkt seiner heilsgeschichtlichen Konstruktion.

Wie bereits dargestellt, hatte Carl Teichmann aus liberaler protestantischer Perspektive eschatologische und millenarische Erwartungen kritisiert. Obwohl Heman selbst einer millenarischen Betrachtung des Zionismus widersprochen hatte, stand er tatsächlich auch in Kontakt mit Theologen freikirchlicher Prägung.[167] Es gab in Europa und Deutschland freikirchliche Kreise, die von der evangelikalen Theologie aus den USA geprägt waren. Ein zentraler Protagonist im deutschen Raum war der (zeitweilige) Methodist Ernst Ferdinand Ströter (1846–1922)[168], der sich zwei Jahrzehnte in den USA aufgehalten hatte und dort von der dispensionalistischen »Israeltheologie« von John Nelson Darby (1800–1882) und William E. Blackstone (1841–1935) beeinflusst worden war.[169] In Untersuchungen über den amerikanischen Evangelikalismus und dessen theologische Aufladung des Zionismus nehmen diese beiden Persönlichkeiten stets eine hervorgehobene Rolle ein.[170]

Ströter ließ sich während einer Europareise im Dienste der baptistischen »Hope of Israel« Mission von Heman über den Ersten Zionistenkongress unterrichten. Den zweiten besuchte er im Folgejahr dann persönlich. Über ihn berichtete er euphorisch als »real-historische Erfüllung« biblischer Prophezeiungen. Am Zionismus zeige sich, so Ströter, das »Erwachen dieses Wundervolkes unter den Völkern« aus dem »trügerischen Assimilationsdusel«. Freilich müsse auch innerhalb des Zionismus noch eine weitere Entwicklung einsetzen: »Israels nationale Wiedergeburt fordert gebieterisch Israels religiöse Umkehr zu dem Herrn und Seinem Gesalbten. Das zionistische Programm: Wir Juden wollen

---

167 Vgl. *Hirschfeld*, Ekkehard: Ernst Ferdinand Ströter. Eine Einführung in sein Leben und Denken. Greifswald 2011, 316–318.

168 1869 war Ströter von Deutschland in die USA ausgewandert. Er wirkte dort als methodistischer Prediger, bis er von deutschen Gemeinschaftskreisen abgeworben wurde und sich ab 1899 wieder in Deutschland aufhielt. Hier wirkte er als unabhängiger Schriftausleger besonders innerhalb der Gemeinschaftsbewegung und der »Evangelischen Allianz«. Zu seiner sogenannten Allversöhnungslehre, die viel Widerspruch erntete, vgl. *Holthaus:* Fundamentalismus 440–442.

169 Diese Lehre versteht Heilsgeschichte als Abfolge von Zeitaltern (»Dispensationen«). Eine kurze Darstellung und Kritik am Weltbild des Dispensionalismus, vgl. *Holsten*, Walter: Missionswissenschaft 1933–1952. (Zur Judenfrage). In: Theologische Rundschau 21/1 (1953) 136–161, hier 153–156.

170 Vgl. *Smith:* Salvation, darin zu Darby 141–161, zu Blackstone 163–184; *Falk*, Gerhard: The Restoration of Israel. Christian Zionism in Religion, Literature, and Politics. New York 2006, 99–130; *Brodeur*, David D.: Christians in the Zionist camp: Blackstone and Hechler. In: Faith and Thought 100/3 (1973) 271–298.

wieder ein Volk werden, – muß schließlich doch noch dahin lauten: Wir wollen wieder Sein Volk werden.«[171]

Weil sich der Zionismus nicht in eine solche Richtung entwickelte, initiierte Ströter einen judenchristlichen Alternativ-Zionismus in Gestalt der »Ammiel-Kolonisations-Gesellschaft GmbH« (1904–1929). In diesem Projekt drückte sich Ströters Hoffnung »auf ein Erwachen der hebräischen Christen« aus, »so gewiß wir ein Erwachen der ungläubigen jüdischen Nation erlebt haben«.[172] Diese Gesellschaft wollte die Ansiedlung einer judenchristlichen Gemeinde in Palästina finanziell und logistisch koordinieren, erwarb tatsächlich Land und Gebäude, fand jedoch keine breitere Resonanz und kam mit dem Ersten Weltkrieg vollends zum Erliegen.[173] Sowohl Heman als auch die deutschen Missionsvereine waren bereits um die Jahrhundertwende auf Abstand zu Ströters Bibelauslegung gegangen. In freikirchlich-evangelikalen Kreisen allerdings blieb eine von Ströter inspirierte Rezeption des Zionismus lebendig.[174] Deutsche Judenmissionare distanzierten sich einerseits von Ströter; in ihren Zionismus-Rezeptionen spielten Judenchristen aber ebenfalls eine große Rolle, wie im vierten Abschnitt dieses Kapitels erläutert wird.

3.3   Zionisten und ihre christlichen Freunde

Heman hatte gegenüber der Judenmission stets eine gewisse Zurückhaltung gewahrt und die Konversion zum Christentum als jüdische Entscheidung betrachtet. Das bedeutete aber nicht, dass er die Juden nicht überzeugen wollte. Seine Briefe an zionistische Persönlichkeiten zeigten durchaus missionarischen Charakter, etwa wenn er auf die göttliche Bedeutung eines Judenstaats hinwies. In einem Schreiben an Herzl aus dem Jahr 1899 gebrauchte er Formulierungen, die er wenig später in sein theologisches Programm, wie es bereits untersucht wurde, integrierte:

Mir ist's um nichts weniger zu thun als darum, die Juden zu Gojimchristen machen zu wollen, das wäre für Juden u. Christen eine Calamität u. ein Verderb für beide u. ohne allen Gewinn für beide. Ich erwarte vom jüdischen Volk ganz Anderes. Ich erwarte

171 *Ströter*, Ernst Ferdinand: Der Zionismus und seine Bedeutung. In: Deutsch-Amerikanische Zeitschrift für Theologie und Kirche 2/5 (1898) 349–354, hier 362.

172 *Ströter*, Vorwort. In: *Cohen*, Philipp: Das hebräische Volkstum der Judenchristen. Bremen 1910, o. S. Auch das Leipziger Institutum Judaicum gab judenchristliche Broschüren in deutscher Übersetzung heraus, die der Vision Ströters nahestanden, vgl. *Green*, Max: Die Judenfrage und der Schlüssel zu ihrer Lösung. Leipzig 1911.

173 Vgl. *Hirschfeld*: Ströter 291.

174 Einen guten Einblick gewährt *Heinrichs*, Wolfgang E.: »Heilsbringer und Verderber«. Freikirchliche Ansichten über Juden im 19. und zu Beginn des 20. Jahrhundert. In: *Heinz*, Daniel (Hg.): Freikirchen und Juden im »Dritten Reich«. Instrumentalisierte Heilsgeschichte, antisemitische Vorurteile und verdrängte Schuld. Göttingen 2011, 13–33.

vom jüdischen Volk den ›Judenstaat‹, der aber kein Polizei- oder Militär- od. blosser Industriestaat sein wird, sond. ein neuer Staat, der Staat der Zukunft, wonach die Menschen sich sehnen, der social-religiöse Staat, den nur die Juden aufrichten können.[175]

An der Wortwahl Hemans zeigt sich, dass er Herzl zu beeinflussen suchte, ohne dabei jedoch seine heilsgeschichtlichen Erwartungen direkt an ihn heranzutragen. Vordergründig betonte er die Annäherung zwischen Juden und Christen, eine Entwicklung, die er auch andernorts lobte. In einem Bericht in der zionistischen Welt wies er auf die sich anbahnende »Verbrüderung zwischen Christen und Juden«[176] hin, die durch den Zionismus ermöglicht worden sei. Die dem Zionismus innewohnende versöhnende Kraft beruhe darauf, erklärte er, dass sich Juden wieder ihrer jüdischen Nationalität bewusst geworden waren. Da sie »sich nicht wie Assimilanten in die andern Völker mehr eindrängen wollen, auch dem Christentum sich nicht feindselig und gehässig gegenüberstellen, gewinnen sie die Achtung auch der Christen.«[177] Vor allem das Reformjudentum stelle einen Irrweg dar, wiederholte Heman, weil es die Missgunst der Nichtjuden errege und die »Judenfrage« provoziere; ganz im Gegensatz zum, wie die »Dummen und Feigen im eigenen [jüdischen] Lager«[178] behaupteten, Zionismus, der angeblich den Antisemitismus befeuere.

Heman führte seine Überlegungen über Zionismus und das Reich Gottes auch vor christlichem Publikum aus.[179] Unter hebräischem Pseudonym veröffentlichte er sie auch in der zionistischen Welt.[180] Er und sein Baseler Umfeld versuchten, sie weit zu verbreiten, sowohl unter »Zionisten und Phylozionisten [sic]«, als auch unter Gegnern und Indifferenten.[181] Die Zionisten erhofften sich von dieser Unterstützung eine größere und wohlwollende Öffentlichkeit für ihre

175 Zitat nach *Janner,* Sara: Friedrich Heman und die Anfänge des Zionismus in Basel. »Oh, wenn ich Missionar sein könnte, möchte ich Missionar des Zionismus sein«. In: Judaica. Beiträge zum Verstehen des Judentums 53/1–2 (1997) 84–96, hier 89 f.

176 *Heman:* Das Erwachen der jüdischen Nation 112, Heman zitiert *Schalit,* Isidor: Baseler Eindrücke. In: Die Welt 1/15 (1897) 2–4, hier 3.

177 *Heman:* Der Zionismus und der zweite Zionistenkongreß 1266.

178 *Heman,* C. F.: Was soll man vom Zionismus halten? Gedanken eines Nichtjuden. In: *Kronberger,* Emil (Hg.): Zionisten und Christen. Ein Beitrag zur Erkenntnis des Zionismus. Leipzig 1900, 53–68, hier 53.

179 *Heman,* C. F.: Der Zionismus. In: Saat auf Hoffnung. Zeitschrift für die Mission der Kirche an Israel 39/2 (1902) 62–77; *Heman:* Die religiöse Wiedergeburt des jüdischen Staates; *Heman,* C. F.: Die religiöse Wiedergeburt des jüdischen Volkes. Vortrag an der IV. Herrnhuter Missionswoche im Oktober 1909. Basel 1909.

180 *David ha-Esrachi,* Schelomo Ben [=*Heman,* C. F.]: Die Mission des jüdischen Volkes. Ein Wort zur Verständigung zwischen Zionisten und Antizionisten. In: Die Welt 2/45–48 (1898) 5–6, 6–7, 6–8, 4–5.

181 Dies sicherte Paul Kober, Hemans Verleger und ebenfalls Mitglied im Basler Verein der Freunde Israels, Theodor Herzl brieflich zu, vgl. Paul Kober an Theodor Herzl, Basel, 19.10.1897. In: CZA H1/1472.

Sache.[182] Auch der junge Martin Buber las Hemans Texte mit großer Begeisterung und trug zu ihrer Verbreitung bei.[183] Hemans Vorträge und Publikationen fanden auf zionistischer Seite einen solchen Widerhall, dass man den »christlichen Philozionisten« sogar als Wanderredner für die ZVfD erwog. Das war nicht zuletzt der Tatsache geschuldet, wie ein zionistischer Welt-Autor anlässlich eines Vortrags von Heman über »Zionismus bei den Juden« im »Evangelischen Verein Karlsruhes« bemerkte, dass das Interesse am Zionismus unter den Christen des Orts bis dato größer war als unter den Juden.[184]

Natürlich sahen die Zionisten die eigentümlichen Beweggründe christlicher und nichtjüdischer Unterstützer. Alan Levenson nimmt an, dass die christlichen »misreadings«, wie er sie nennt, von den Zionisten zwar als verzerrende Lesart erkannt, angesichts der Unterstützung im Kampf gegen jüdische Gegner jedoch vernachlässigt wurden.[185]

Heman unterstützte die Zionisten nur allzu gerne: In seinen Augen musste die Annäherung zwischen Juden und Christen nicht »gleich eine religiöse« sein, auch »eine moralische und allgemein menschliche social-humane« Annäherung sei zu begrüßen. Zu anderen jüdischen Strömungen fand Heman gar keinen Zugang: Die »altorthodoxen« und »modern aufgeklärten Juden«, »bigott und fanatisch, […] indifferent und aufgeblasen«, würden jeden christlichen Annäherungsversuch zurückweisen.[186]

Doch es war nicht nur die christliche Seite, die die neue Freundschaft zwischen Judenmissionaren und Zionisten instrumentell auffasste. Selbiges gilt auch für die Zionisten. Schon Herzl vertraute 1898 seinem Tagebuch an, Hechler sei »gut für die Introduction, aber späterhin wird man durch ihn ein bisschen lächerlich.«[187] Vor allem in der Anfangszeit der Bewegung wurden christliche Unterstützer in der Vermittlung von Kontakten oder als Unterstützer als nützlich betrachtet, um im innerjüdischen Diskurs gegen die »Assimilation« zu kämpfen. Auf lange Sicht wurde es dagegen wichtiger, Persönlichkeiten auf seiner Seite zu haben, deren Seriosität und Sachkenntnis dem Zionismus in der Öffentlichkeit

---

182 *Heumann:* Israel entstand in Basel 97–114; sowie die Sammlungen von Aussagen wohlgesonnener Christen, vgl. *Kronberger:* Zionisten und Christen, *Hoppe:* Hervorragende Nichtjuden über den Zionismus.

183 Vgl. Martin Buber an Heman, 20.12.1898. In: CZA AK 670/1. Darin finden sich auch ein Brief Max Nordaus und einer unbekannten, aus Lodz stammenden Zionistin namens Sara F. Tonez, die sich euphorisch an Heman wandte und ihm darin beipflichtete, dass der Antisemitismus seinen Nutzen habe, da er den »göttlichen Zionismus« hervorbringe. Sie teilte Heman außerdem mit, dass sie eine hebräische Übersetzung der 1897 Schrift plane, um ihr eine möglichst große Verbreitung zu sichern.

184 Vgl. *Schwitz:* Professor Hemann über den Zionismus. In: Die Welt. 6/4 (1902) 4.

185 Vgl. *Levenson:* Between philosemitism and antisemitism 109.

186 Vgl. den überaus wohlwollenden Artikel über Heman in der Welt: Versöhnung durch den Zionismus. In: Die Welt 3/4 (1899) 5–6, hier 6.

187 Eintrag vom 3. September 1898. In: *Herzl:* Briefe und Tagebücher II 603–608, hier 603.

eine objektive Geltung zu verleihen vermochten. Zwar waren auch Wissenschaftler, Forscher und Palästinakenner, die den Zionismus unterstützten, häufig von christlichen Motiven inspiriert, traten den Zionisten in aller Regel aber nicht direkt missionarisch gegenüber.

So hatte die zionistische Ortsgruppe Hamburg-Altona im November 1908 zu einem Vortrag mit dem Pastor Otto Eberhard eingeladen, der als »einer der besten Kenner des modernen Kulturzustandes von Palästina« vorgestellt wurde.[188] Auf Eberhard als leidenschaftlichen Unterstützer des Zionismus wurde bereits in Kapitel zwei eingegangen. Die Zionisten protestierten mit der Veranstaltung gegen den Verein zur Abwehr des Antisemitismus. Dieser hatte kurz zuvor einen Vortrag mit Siegmund Günther (1848–1923), Naturwissenschaftler und Historiker, Mitglied der Bayerischen Akademie der Wissenschaften und liberaler Abgeordneter des Reichstags a. D., organisiert. Günther hatte, der politischen Haltung des Abwehrvereins entsprechend, seine Intervention gegen den Antisemitismus mit der Forderung nach jüdischer Assimilation verbunden. Den Zionismus bezeichnete er dabei als »Fahnenflucht«, der die Identifikation der deutschen Staatsbürger jüdischer Konfession mit ihrem Vaterlande gefährde.[189]

Günther kritisierte in seinem Vortrag antisemitische Vorurteile wie die angebliche landwirtschaftliche Unproduktivität der Juden, da schließlich die nichtjüdische Umgebung den Juden die Möglichkeit zur »Bodenständigkeit« genommen habe. Gerade dagegen intervenierten die Zionisten: Es gäbe heute, in Palästina, sehr wohl die Möglichkeit zu einer »bodenständigen« jüdischen Existenz; dort würden antisemitische Vorurteile ganz praktisch widerlegt. Ohne Günthers edle Absichten in Abrede zu stellen, kontrastierten sie seine Ausführungen durch »das Urteil eines objektiv denkenden christlichen Mannes«. Der eingeladene Referent, Otto Eberhard, sollte die Position der Zionisten, als »bewußte Juden«, stärken. Der Vortrag stellte praktische Entwicklungen in Palästina in den Vordergrund. Eberhard hatte 1905 eine Forschungsreise nach Palästina unternommen, während der besonders die jüdischen Kolonien bleibenden Eindruck hinterlassen hatten. Da er »Palästina und den Zionismus aus fachmännischer Erfahrung« kannte, schien seine Objektivität ausreichend erwiesen und die Fürsprache vor dem Verdacht gefeit zu sein, allzu offensichtliche politische Propaganda zu sein. Sowohl im zionistischen als auch im christlichen Kontext blieb Eberhard dem Zionismus über viele Jahre als »christlicher Zionsfreund« und »Philozionist« verbunden.[190]

---

188 Vgl. Hamburg. In: Jüdische Rundschau 13/48 (1908) 212, dort auch die nachfolgenden Zitate im Text.

189 *Günther:* Vaterlandsliebe und Bodenständigkeit bei unseren jüdischen Mitbürgern 333.

190 So nannte ihn die Jüdische Rundschau, vgl. *Eberhard,* Otto: Der Zionismus. In: Jüdische Rundschau 12/3 (1907) 26–29, hier 26. Eine Sammlung der zahlreichen Artikel Eberhards, vgl. CZA A 78/1.

Eberhards Darstellung vom »Wiederaufbau Zions« war zweifellos religiös gefärbt. Eberhard schilderte den Aufschwung Palästinas durch die fortschreitende jüdisch-zionistische Kolonisation, die zu einem bedeutenden Kulturfaktor heranwachse und in strahlendem Licht erscheine, umso mehr im Vergleich mit der Lebensweise der Chalukah-Juden Jerusalems, die aufgrund ihrer »Arbeitsscheu und Trägheit [...] im grössten sozialen und geistigen Elend stecken« blieben. Der Zionismus indes revolutioniere all das, woran das Judentum ansonsten krankte: Die landwirtschaftliche Betätigung zeige die Hinwendung zu ehrlicher Arbeit und verdränge die Philanthropie; moderne Bildungs- und Wohlfahrtseinrichtungen würden die durch verkrustete Religiosität gekennzeichnete Unbildung und geistige Stagnation überwinden. Eberhard schilderte die jüdischen Landwirte in Palästina als Vorboten einer neuen Zeit, eines neuen Judentums.

Der Zionismus erschien bei Eberhard als Wiederauferstehung eines Judentums, das sich bis dato als untätig und unproduktiv, geistig starr und ohne jegliche innere Entwicklung dargestellt habe. Eberhard hegte dabei ebenso insgeheime Hoffnungen auf eine Bekehrung der Juden.[191] Er machte seine Unterstützung der Bewegung aber nicht von dieser Hoffnung abhängig, sondern führte vor allem praktische Beobachtungen und Nützlichkeitserwägungen an.

Dasselbe gilt für eine weitere religiös motivierte Initiative zur Unterstützung des Zionismus, die von dem Agronom Hubert Auhagen (gest. 1926) ausging. Auhagen war, wie Eberhard, kein amtsmäßiger Missionar, doch gleichwohl in seiner Anschauung des Zionismus von religiösen Gefühlen beseelt.[192] Er stellte seine Fachkenntnisse in den Dienst des Zionismus und arbeitete eng mit Otto Warburg und dessen »Commission zur Erforschung Palästinas« zusammen, die seit 1903 erste praktische Initiativen zur Entwicklung von Palästina umsetzte.[193]

191 Eberhard referierte zehn Jahre später, gleichfalls über den Zionismus, auf dem Jahresfest des Leipziger Judenmissionsvereins. Der Zionismus dürfe nicht »das letzte Ziel für Israel« sein, erklärte Eberhard zu diesem Anlass, denn »durch die Ablehnung des religiösen Gedankens [seien] die tiefsten Zugänge zu seiner [des Judentums] Wiedergeburt [verstopft].« Dennoch verdiene er innige Anteilnahme, vgl *Eberhard*, Otto: Zwanzig Jahre Zionismus. In: Saat auf Hoffnung 56 (1919) 12–34, hier 34. Eberhard warnte vor allem auch davor, »Gott Wege vorzuschreiben für den Gang Seines Reiches auf Erden«, *Eberhard*, Otto: Äußerungen zu den Thesen. In: Saat auf Hoffnung 57 (1920) 79–80, hier 80.

192 Otto von Harling, Sekretär des Leipziger Judenmissionsvereins, nimmt in den Jahresbericht des Vereins von 1926 folgenden Nachruf auf Auhagen mit auf: »[E]r hatte lange Jahre sein Wissen und seine praktische Erfahrung als Landwirt in den Dienst des Zionismus gestellt und wollte nun für den Rest seines Lebens noch dem Größeren zum Bau Zions beitragen, indem er den Juden in Palästina das Evangelium verkündigte. Da rief ihn Gott eben in dem Augenblick ab, als wir ihn in den Dienst unseres Zentralvereins berufen wollten.«, *Harling*, Otto von: Jahresbericht. In: Saat auf Hoffnung 63 (1926) 73–80, hier 78.

193 Über die Palästina-Kommission, vgl. allgemein *Penslar*, Derek J.: Zionism, Colonialism and Technocracy: Otto Warburg and the Commission for the Exploration of Palestine, 1903–7. In: Journal of Contemporary History 25/1 (1990) 143–160; zu Auhagens Tätigkeiten *Suffrin*: Pflanzen für Palästina 70–72, 81, 213 f.

Am Vorabend des Ersten Weltkrieges hatte Auhagen zusammen mit der Zionistischen Organisation einen »Verein christlicher Freunde des Zionismus« initiiert, der in der Öffentlichkeit Deutschlands, Großbritanniens und den Niederlanden für die Ziele der Bewegung werben sollte. Aufgrund des Kriegsausbruchs konnte der Verein seine international ausgerichtete Arbeit nicht mehr aufnehmen.[194] Der Verein wollte den Zionismus sowohl in praktischer Hinsicht, als er zur produktiven Hebung des Orients beitrage, unterstützen, als auch aus humanistischen Gründen dabei helfen, verfolgten Juden einen Rettungshafen zu schaffen. Doch auch dieser Verein war nicht frei von religiöser Motivation, und nannte Palästina »das alte Land der Verheißung zwischen Euphrat und Egypten, wie seine Grenzen 1. Moses 1.15 klar umschrieben sind«.[195]

Auhagen versuchte, Unterstützer in Missions-, Adels- und Diplomatenkreisen in Großbritannien, Niederlande und Deutschland zu finden. Handlungsleitend war die Ansicht, der Zionismus liege »in der Richtlinie der jetzt von Gott gewollten Entwickelung der Völkerwelt«, weshalb man auf die »Einsicht weiter und einflußreicher Kreise der Kulturvölker« vertraue, »daß sie aus Liebe für ihr Vaterland, aus Liebe für das jüdische Volk, aus Interesse an dem Wohle der ganzen Menschheit bereit sind, zu helfen, daß das jüdische Volk eine Heimstätte erhält im alten jüdischen Lande.«[196]

Von zionistischer Seite aus wollte man die christliche Perspektive möglichst nicht betonen und die Unterstützung in der öffentlichen Wahrnehmung lediglich als »nichtjüdisch« verstanden wissen.[197] Auhagen wurde als Unterstützer auch deshalb gerne gesehen, weil er als landwirtschaftlicher Sachverständiger offiziell vom Auswärtigen Amt eingesetzt war. Für Auhagen war die Unterstützung des Zionismus eine religiöse Mission; für die Zionisten wohl eher eine Zweckallianz.

Bislang wurde auf protestantische Stimmen eingegangen, die zumeist einem judenmissionarischen Kontext entstammten und eine positive Haltung gegenüber dem Zionismus einnahmen. Die Darstellung hat auf den Baseler Missionar C. F. Heman fokussiert, der sich in zahlreichen Stellungnahmen, Vorträgen, politischen oder theologischen Erörterungen mit dem Zionismus auseinandergesetzt und versucht hat, diesen mit allen Kräften zu unterstützen. Heman hegte Hoffnung auf eine grundsätzliche Annäherung zwischen Juden und Christen.

---

194 Die Akten der Planungs- und Vorbereitungsphase befinden sich in Jerusalem, vgl. CZA A 121/94/1–3. In die Konzeption des Vereins waren neben Auhagen die britischen Zionisten Jacob de Haas (1872–1937) und L. J. Greenberg (1861–1931) involviert, die das Propaganda Komitee der ZO leiteten, und dem Bankier Jacobus H. Kann (1872–1944), Kopf der holländischen Zionisten.

195 Einladung zu einer Vereinigung der christlichen Freunde des Zionismus. Berlin 1913, 5.

196 Einladung zu einer Vereinigung der christlichen Freunde des Zionismus 14.

197 Vgl. J. C. Greenberg an J. H. Kann, London, 31.10.1913. In: CZA A 121/94/2.

Als Missionar war er davon überzeugt, dass eine solche letztlich darin erfolgen sollte, dass die Juden zum Christentum konvertierten. Allerdings waren Juden für Heman nicht bloß Missionierungsobjekte. Er legte großen Wert auf das Handeln der Juden selbst, ihre Entscheidungen und Glaubensüberzeugungen. Diese Haltung kam auch in seiner Rezeption des Zionismus zur Geltung. Heman maß der Bewegung größte Bedeutung bei; er interpretierte die Entstehung des Zionismus als beginnenden geistigen Prozess innerhalb des Judentums. Er war überzeugt davon, dass ein Judenstaat große Bedeutung für die menschliche Geschichte besitze: Das wiedererwachte jüdische Nationalbewusstsein und die Sammlung der Juden in Palästina deuteten für Heman auf die Erfüllung heilsgeschichtlicher Versprechen hin. Auch die unverkennbar säkulare Ausrichtung der Bewegung und seiner Anführer störte Heman nicht. Er warnte davor, die Bewegung allein aufgrund dessen zu verurteilen und forderte ein, den Juden und dem jüdischen Staat Zeit für eine selbstständige Entwicklung zuzugestehen.

Nachfolgend werden christliche Antizionisten untersucht, überwiegend Judenmissionare aus Leipzig und Berlin, die mit Heman ähnliche Prämissen teilten: Sie vertraten ebenfalls in aller Regel ein judenfreundliches Selbstverständnis. Auch die Entstehung der zionistischen Bewegung nahmen sie zumeist als großes Ereignis wahr; auch sie diskutierten den Zionismus daher über Jahrzehnte. Anders als Heman unterstützten sie die Bewegung allerdings nicht. Die meisten der untersuchten Missionare dieses Kontexts brachten nur in sehr geringem Ausmaß die Bereitschaft auf, auch nur um ein Geringes von ihrem Missionsanspruch abzurücken oder diesen zumindest, wie bei Heman, zeitlich aufzuschieben.

4. »Verblendung« und »Verstockung«: Christlicher Antizionismus

Vertreter der protestantischen deutschen Judenmission sahen die Juden, wie eingangs geschildert, als potenzielle Träger der Erlösung. Ihre Konversion mache nicht nur aus Juden Christen, so die Idee dahinter, sondern habe darüber hinaus einen Zweck für die restliche Menschheit: Nichts Geringeres als die Erlösung der Menschheit würde die Bekehrung der Juden zur Folge haben. Jedoch war die Wahrnehmung der Juden stets ambivalent und oszillierte, wie es der Theologe und Historiker Wolfgang Heinrichs beschreibt, »zwischen den Extremen des Feindes der Menschheit und deren absolutem Hoffnungsträger«.[198] Wenn sich das Judentum der Gegenwart in der Wahrnehmung von Judenmissionaren nicht mit der zugeschriebenen heilsgeschichtlichen Bedeutung als »Volk Israel« deckte, wurde es nicht selten zur Zielscheibe judenfeindlicher Angriffe – einschließlich moderner antisemitischer Vorwürfe. Vor allen Dingen darf aber nicht übersehen

198 *Heinrichs:* Bild vom Juden in der protestantischen Judenmission 201.

werden, dass diese zwei Seiten der Wahrnehmung, positive und negative Attribute, beide durch den Missionsgedanken determiniert waren. Die abgerufenen Bilder des Jüdischen waren zumeist unflexibel und schematisch und beurteilten das Judentum hinsichtlich abzuschätzender Erfolgsaussichten respektive anzuwendender missionarischer Strategien.

Die Rezeption des Zionismus erfolgte also durch verzerrende Bilder hindurch. Für den vorliegenden Abschnitt können zwei Gruppen unterschieden werden: Der Zionismus konnte einerseits als Zeichen für einen geistigen Wandel innerhalb des Judentums gedeutet werden, das von christlicher Seite Beachtung verdiene. Dabei ging es allerdings nicht um die Unterstützung des Zionismus als jüdische Bewegung; vielmehr hoffte man in Zionisten Juden zu finden, die eine größere Empfänglichkeit für die christliche Botschaft zeigten. Mit anderen Worten: Zionisten sollten sich als geeignetere Missionsobjekte erweisen. Hier gilt es vor allem auch die Reaktionen zu untersuchen, wenn Zionisten diesen Erwartungen nicht entsprachen. Eine zweite Gruppe verschloss sich von vornherein der Vorstellung, der Zionismus könne für Christen überhaupt eine Bedeutung haben. Diese Gruppe soll zunächst in den Blick genommen werden.

4.1   Neuer Dünkel, alte Sünden: Christliche Beißreflexe

Judenmissionare begegneten dem Zionismus von Anfang an mit weit mehr als bloß interessierter Neugier. Intensiv beschäftigte sich ein Leipziger Forscher mit dem Zionismus: Bereits zu Beginn der 1890er-Jahre publizierte der Judenmissionar und spätere bekannte Palästinawissenschaftler Gustaf Dalman (1855–1941) im »Nathanael«, der Berliner Missionszeitung, zwei ausführliche Artikel über die jüdische Kolonisation Palästinas.[199] Die bemerkenswert detaillierte Darstellung bezeugt neben dem umfassenden Informationsstand auch die Bedeutung, die man dem noch kleinen jüdischen Palästinawerk beimaß. Dalmans Artikel beleuchteten mit profunder Sachkenntnis die Geschichte und Tradition der jüdischen Palästinasehnsucht sowie die Akteure, Motivationen und Erfolge des früh- und protozionistischen Palästinawerkes.

Als Reaktion auf den Antisemitismus brachte Dalman dem Zionismus auch tiefes Verständnis entgegen. Darüber hinaus schrieb er dem aufblühenden jüdi-

---

199 Als Direktor des »Deutschen Evangelischen Instituts für Altertumswissenschaft des heiligen Landes« siedelte er 1902 nach Jerusalem um, war dort auch nicht mehr missionarisch tätig. Über die zwei Lebensabschnitte Dalmans, vgl. *Baumann*, Arnulf H.: Gustav Dalman (1855–1941). In: *Ders.* (Hg.): Auf dem Wege zum christlich-jüdischen Gespräch. 125 Jahre Evangelisch-lutherischer Zentralverein für Zeugnis und Dienst unter Juden und Christen. Münster 1998, 60–69 sowie die zweibändige Biographie: *Männchen*, Julia: Gustaf Dalmans Leben und Wirken in der Brüdergemeine, für die Judenmission und an der Universität Leipzig. 1855–1902. Wiesbaden 1987; *Dies.*: Gustaf Dalman als Palästinawissenschaftler in Jerusalem und Greifswald. 1902–1941. Wiesbaden 1993.

schen Nationalbewusstsein eine heilsame Wirkung auf das Judentum zu, und so
lobte er die Wiederbelebung des Hebräischen und die Hinwendung zu Ackerbau
und Handwerk. Hintergrund war hierfür allerdings eine steretype Wahrnehmung des Judentums: »Gar manche, welche sonst in unklarem Kosmopolitismus
lediglich der Befriedigung materieller Interessen nachgingen oder religiösem
und sozialem Nihilismus verfielen«, griff Dalman die gängigen Chiffren auf,
durch die in der Judenmission pejorativ Reformjudentum und Assimilation
bezeichnet wurden, um mithilfe dieser die belebende Wirkung des Zionismus
zu kontrastieren, »sind dadurch veranlaßt worden, sich wieder ideale Ziele zu
stecken und für das Wohl der Volksgenossen zu wirken, zuweilen auch, zur Sitte
und zum Glauben der Väter zurückzukehren.«[200] Dem Zionismus wurde als
Aufbruch innerhalb des Judentums entgegengesehen, dessen praktischer Idealismus auch auf eine religiöse Erneuerung hoffen lasse. Juden wie Christen, meinte
Dalman, seien von einer gemeinsamen Palästinasehnsucht erfüllt. Christliche
und jüdische Palästinabestrebungen seien Teil einer Geschichte, einer gemeinsamen Hoffnung. Dalman warnte jedoch davor, wie dies in manchem christlichen
Kreise nun geschehe, sich der Illusion hinzugeben, »als stünde die Wiederherstellung und Bekehrung Israels unmittelbar bevor.« Die Aufgabe laute weiterhin,
»das lautere Evangelium ohne Fälschung und Zusatz zu verkünden.«[201]

Doch bereits wenig später verschärfte Dalman seine kritische Haltung, da er
nun zu erkennen meinte, dass der Zionismus nicht zu der erhofften Annäherung der Juden an das Evangelium führe, sondern jüdisches Selbstbewusstsein,
gerade auch eine selbstbewusste Positionierung gegen das Christentum, nur
weiter stärke. Der Zionismus sei damit eine »neue Gestalt des Dünkels, welcher
der Aufnahme der Botschaft vom Sünderheiland hemmend im Wege steht.«
Infolgedessen bestritt Dalman das »Recht der Juden auf Palästina«, welches »im
Sinne menschlicher Legalität« keinesfalls bestehe.[202] Der Rechtsanspruch auf
Palästina korrelierte für Dalman mit dem Glauben der Juden: Ein *säkularer* Zionismus könne einen solchen jedenfalls nicht stellen. Und die Judenmission, die
die jüdische Nationalbewegung fördere, stelle sich in den Dienst einer falschen
jüdischen Messiasidee, »welche seit den Zeiten Christi das jüdische Volk von
dem Suchen der wahren himmlischen Güter abgelenkt und mit dem Sodomsapfel irdischer und weltlicher Aspirationen, die stets unerfüllt bleiben, gespeist
haben.«[203]

Dalman unterschied Weltliches und Geistiges, die Suche nach einem irdischen und einem geistigen Jerusalem, um die evangelische Kirche als überle-

---

200 *Dalman*, Gustaf: Die jüdische Kolonisation von Palästina. In: Nathanael 9 (1893)
129–142; 161–174, hier 173.
201 Ebd. 173 f.
202 Ebd. 173, 129 f.
203 *Dalman*, Gustaf: Die Mission unter Israel in den Jahren 1893 und 1894. In: Nathanael
11/1 (1895) 1–11, hier 3, 11.

genen Vollender des Judentums von diesem abzugrenzen. Nur *der* Zionismus, der die äußerliche, materielle Gottessehnsucht des Judentums hinter sich lasse und sich dem Geist des Christentums öffne, könne den Missionaren ein Anknüpfungspunkt sein. Unerwünscht war dagegen eine selbstständige jüdische Bewegung, die sich für Dalmans christliche Lesart nicht interessierte. Dieselbe Abneigung zeigte Paul Fiebig (1876–1949)[204], seit 1902 stellvertretender Direktor am Leipziger Institutum Judaicum. Zionismus sei nur eine weitere Erscheinungsform von jüdischem Partikularismus, der sich dem Christentum verschließe. Ohne das Christentum wehe jedem jüdischen Versuch der nationalen Wiederherstellung, die dürren Totengebeine ihres Volkes wieder zu erwecken, der Hauch des Todes entgegen. Diesem *irdischen* Jerusalem sei das *himmlische* Jerusalem entgegenzuhalten.[205]

Ebenso machte Heinrich Lhotzky (1859–1930)[206], der als Pastor und Repräsentant des Leipziger Vereins in Bessarabien tätig war, die Aussichten der jüdischen Kolonisation Palästinas direkt an der religiösen Haltung der Juden fest. Auch er unterschied ein »fleischliches« von einem »christgläubigen Israel«. Der Zionismus könne nur scheitern, prophezeite er bereits 1892, denn »so lange das Gericht der Verstockung nicht aufgehoben ist, liegt die Palästina-Besiedlung durch Juden gewiß nicht im Heilsplane Gottes«.[207] Ohne die christliche Wahrheit hätten Juden nicht nur kein Anrecht auf Palästina; es fehlte ihnen so lange auch überhaupt jede Möglichkeit zur erfolgreichen Kolonisation. Lhotzky verschmolz Bilder aus den antisemitischen Kapitalismusdiskursen der Jahrhundertwende mit heilsgeschichtlichen Erwartungen.

So erging sich Lhotzky in Mutmaßungen darüber, wie die in Palästina angestrebte Sesshaftigkeit und landwirtschaftliche Bindung an die »Scholle« gelingen sollte, zeige doch die Beobachtung, »daß das Bäuerische wider die Natur des Juden geht«. Nur mithilfe des Evangeliums könne die zionistische Umwandlung zu »neuer Kreatur« gelingen, der den Typus des »jüdischen Spekulanten«, auf den Lhotzky verwies, zu einem bäuerlichen, produktiven, in der Scholle verwurzelten Volk umforme. Sollte dieser Prozess gelingen, wäre das ein deutliches »Zeichen der wiederkehrenden Gottesgnade, die den Fluch der Ruhelosigkeit aufhebt.«

204 Zu seiner Biographie, vgl. *Bautz*, Friedrich Wilhelm: Fiebig, Paul. In: Biographisch-Bibliographisches Kirchenlexikon, 31–32; *Rüger*, Hans Peter: Fiebig, Paul Wilhelm Julius. In: Neue Deutsche Biographie 5 (1961), 139.

205 Vgl. *Fiebig*, Paul: Der Zionismus und seine Bedeutung für die Mission unter den Juden. In: Saat auf Hoffnung 40/4 (1903) 214–225.

206 Vgl. *Bosl*, Erika: Heinrich Lhotzky. In: Biographisch-Bibliographisches Kirchenlexikon, 7–8.

207 *Lhotzky*, Heinrich: Werden die Juden nach Palästina zurückkehren? Schluß. In: Saat auf Hoffnung 29/4 (1892) 219–245, hier 238; Siehe auch *Ders.*: Werden die Juden nach Palästina zurückkehren? In: Saat auf Hoffnung 29/3 (1892) 149–182.

Aber erst das Christentum führe die »Sammlung der Juden zu einem wirklichen Volksganzen« zusammen.[208]

Die Ansicht, ohne geistige Erneuerung des Judentums werde dem Zionismus kein Erfolg beschieden sein, spitzte sich bei manchen gar zur sehnsüchtigen Erwartung seines Scheiterns zu. Johannes de le Roi, einer der maßgeblichen Theologen der deutschen evangelischen Judenmission, gleichzeitig auch ihr Historiograph, hatte seit den 1880er-Jahren das Judenbild der Judenmission entscheidend geprägt.[209] Er sah sich durch das Aufkommen des Zionismus darin bestätigt, »daß die letzte Entscheidung auf Erden naht«.[210] Wie Dalman und Lhotzky machte auch de le Roi die politische Zukunft des Zionismus, die Aussicht eines »kräftigen jüdischen Volke[s], das in seiner Heimat wieder den Boden bestellt oder Handel und Industrie treibt«, von seiner religiösen Stellung abhängig. In seinen Augen war der Zionismus zwar ein Indikator für Gottes Handeln; doch werde der Zionismus ausschließlich gegen den Willen und das Wissen seiner säkularen Führer zur »Erfüllung der göttlichen Heilsgedanken für Israel« beitragen. Doch wie das?

Die Zionisten interessierten sich dem Kleriker zufolge nur für Politik und nicht für Religion. Dadurch stelle der Zionismus einen Versuch der jüdischen »Selbsterlösung« dar. Für de le Roi ein Ding der Unmöglichkeit – da nichts stärker sei als Gottes Wille. Nicht mit Gott, sondern mit Geld versuchten sich die Zionisten Palästina anzueignen: »Das Geld soll dem jüdischen Volke wieder die Heimat verschaffen, die doch Gott ihm geraubt hat und er allein ihm wiedergeben kann.«[211] Die Zionisten bildeten sich ein, einer herrlichen Zukunft ent-

---

208 *Lhotzky:* Werden die Juden nach Palästina zurückkehren 239, 243, 240. »Das einzig Lösende ist das Evangelium und unsere einzige Hoffnung bezüglich Israels ist, daß es in Jesu Hände komme. Darum warten wir nicht auf ihre Rückkehr nach Palästina, wohl aber sehnsüchtig auf ihren Eintritt in die Gemeinde Jesu Christi. Es wäre auch nicht undenkbar, daß ihre Bekehrung noch zu einem besonderen geistlichen Segen für viele Missionen würde.«, ebd. 244.

209 Vgl. *Heinrichs:* Judenbild im Protestantismus 141 f.

210 De le Rois' Geschichtsmodell basierte auf der Vorstellung heilsgeschichtlicher Stufen, die sich am Bewusstseinsstand des Judentums festmachen ließen. Damit war der Interpretation der jüdischen Geschichte ein klar christliches Narrativ eingeschrieben: Der Zionismus habe geschichtliche Bedeutung deshalb, da er in der Geschichte der Juden eine neue Periode einleite, so wie zuvor die Emanzipation die Zeit des Talmudismus abgelöst hatte, vgl. *de le Roi,* J. F. R.: Die Zionistische Bewegung 1897. In: Nathanael 14/1 (1898) 1–21, hier 5. Das Neue, das sich im Zionismus anbahne, deckte sich dabei keineswegs mit den Erwartungen der Zionisten. Nur der christliche Blick auf die Geschichte vermochte zu erkennen, dass man sich an der »letzten Wendung der Dinge für das zerstreute Israel« befinde. Die Prophezeiung habe die jüdische Rückkehr nach Palästina »am Ende der Zeiten« verkündet, ebd. 18. Doch erst die Bekehrung Israels zum Christentum löse die »Judenfrage« und beende die Zeit der Zerstreuung und des Unglücks für Israel, die einst mit der Verwerfung Jesu Christi ihren Anfang genommen hatten.

211 *de le Roi,* J. F. R.: Der X. Zionisten-Kongreß. In: Nathanael 28/1 (1912) 6–17, hier 10.

gegenzustreben, während sie ihr Volk tatsächlich in das tiefste Unglück stürzten. Doch dieses letzte Scheitern werde dem Volk Israel endlich zeigen, »wie alle seine Stützen nur Rohrstäbe waren, die seine Hand durchbohrten, und wie sein Heil allein bei Christo zu finden ist.« Das Scheitern des Zionismus werde die Juden endlich Gott zuführen. Christliche Unterstützung für den Zionismus – wie den Zionismus selbst – hielt de le Roi daher für eine grobe »Verirrung«.[212]

Damit war jedoch kein rein religiöses Verdikt ausgesprochen. Zugleich leitete de le Roi aus heilsgeschichtlichen Ideen radikale politische Forderungen ab, die dem Programm eines homogenen, »christlichen Staates« entsprachen.[213] Hatte Dalman seiner Kritik am Zionismus noch unmissverständlich hinzugefügt, dass ein etwaiger jüdischer Staat keinen »Rechtsgrund für die Entrechtung oder Austreibung der Juden«[214] gebe, erhob de le Roi gerade das zur Forderung: »Auswanderung oder Taufe«.[215] Es sei nicht möglich, zwei Nationen anzugehören. Die Juden stellten eine Nation dar, ein fremdes und zersetzendes Element, das seinen Wirtsvölkern »ein Pfahl in ihrem Fleische«[216] sei. Doch auch der Zionismus beabsichtige keineswegs, sich aus dem Leben der Wirtsvölker zurückzuziehen, beanspruche sogar doppelte nationale Zugehörigkeit. Dieses Argument führten auch überzeugte Antisemiten gegen den Zionismus an, wie in Kapitel drei gezeigt wurde. So verschärfe der Zionismus die angespannte Situation zwischen Juden und Christen.[217] Die »Judenfrage« könne allein durch den Übertritt der Juden zum Christentum gelöst werden; der Zionismus hingegen sei »nur der

212 *Ders.*: Die Judenmission an der Wende des Jahrhunderts. In: Nathanael 16/1 (1900) 3–29, hier 10.

213 Tatsächlich war Stoecker, einer der zentralen Vertreter dieses Konzepts, wesentlich von de le Roi beeinflusst, der in seiner 1871 erschienenen Biographie von Stephan Schultz (1714–1776), dem Leiter des Institutum Judaicum et Muhammedicum in Halle, eine Darstellung der »Judenfrage« in der Gegenwart angefertigt hatte, die für große Teile des protestantischen Sozialkonservatismus bestimmend blieb, vgl. *Heinrichs:* Judenbild im Protestantismus 177; *de le Roi, J. F. R.:* Stephan Schultz. Ein Beitrag zum Verständnis der Juden und ihrer Bedeutung für das Leben der Völker. Gotha 1871.

214 *Dalman, Gustaf:* Christentum und Judentum. Leipzig 1898, 9.

215 *de le Roi, J. F. R.:* Zionistische Gedanken und Ideale. In: Nathanael 17/1, 2 (1901) 3–35, hier 20.

216 Ebd. 19.

217 *de le Roi, J. F. R.:* Der Zionismus in seiner gegenwärtigen Gestalt. In: Nathanael 24/1 (1908) 11–19, hier 15. Auch andere Mitglieder des Berliner Missionsvereins wie der Pastor Ernst Schäffer, der immerhin zwischen Juden und Zionisten unterschied, lasteten den Zionisten, denen nur eine rechtliche Stellung als »Fremde« zukommen könne, die Schuld am Antisemitismus an; die Zionisten hätten das Gefühl der Fremdheit auf nichtjüdischer Seite zu verantworten. Vgl. *Schaeffer, E.:* Betrachtungen über den 9. Zionistenkongreß. In: Der Messiasbote 5/1 (1910) 13–16. Schäffer gab den Zionisten die Schuld, dass die Antisemiten aus nationalen Gründen den Zionismus »als Waffe gegen die Juden« (ebd. 15) kehrten. Er pflichtete dieser Sichtweise zumindest so weit bei, dass man deutsche Staatsbürger jüdischen Glaubens tatsächlich von den Zionisten scheiden müsse und letztere als Fremde anzusehen seien. Der Artikel ist passenderweise zuerst in der Kreuzzeitung erschienen.

letzte Versuch, Israel den Frieden zu bringen, den es von Jesu Christo anzunehmen verweigert.«[218]

De le Roi amalgamierte religiöse und modern antisemitische Stereotypisierungen des Judentums. Er verknüpfte das Bild jüdischer Geld-Affinität mit mangelnder religiöser Selbstbesinnung, jüdischem Hochmut und »Verstocktheit« gegenüber der christlichen Botschaft, und entlud diese Konstruktion gegen den Zionismus. Dieser stelle gar den »höchsten Grad der Verstockung« dar, so de le Roi.[219]

Doch es finden sich auch Stimmen, die den Zionismus aus einer anderen Perspektive betrachteten: Diese wähnten in den Zionisten den Beginn eines »christlichen Nationalisraels« – und zeigten sich schließlich frustriert, dass sich ein solches nicht verwirklichte.

4.2   Judenchristen – ein »christliches Nationalisrael«

Der säkulare Charakter der zionistischen Bestrebungen war von Anfang an einer der zentralen Streitpunkte unter den Judenmissionaren. Während Dalman vor überstürzter Euphorie warnte, de le Roi mit antisemitischen Angriffen auffuhr, sahen andere im nationalen Erwachen der Juden »Morgenrotstrahlen […], welche uns nach Jahrtausende langer Nacht aus Israel, […] als untrügliche Boten des kommenden Sonnenaufgangs entgegenleuchten.«[220] Der Leipziger Judenmissionar Wilhelm Faber (1845–1916), einst Famulus Franz Delitzsch', hatte auf der Allgemeinen Judenmissionskonferenz 1895, zu der sich die Missionsvereine einmal jährlich trafen, über die »Bedeutung des Zionismus für die Judenmission« referiert. Er kritisierte die Missionspraxis, die eine entnationalisierende Wirkung auf die Juden habe. Darin liege auch der Grund für ihren geringen Erfolg. Anstatt »Juden-Vertilgungs-Anstalten« zu betreiben, täten Judenmissionare gut daran, jüdische Nationalität zu erhalten.

Faber zeigte sich über die noch junge zionistische Bewegung bestens informiert: Von nationalem Idealismus erfasste Juden hatten in Palästina bereits erwiesen, dass sie zu Ackerbautätigkeiten in der Lage seien und, so Faber, »daß das heilige Land durch energische, fleißige Arbeit wieder zu einem Garten Gottes werden kann, darin Milch und Honig fließt.«[221] Doch noch nicht der Zionismus

---

218 *de le Roi*: Der Zionismus in seiner gegenwärtigen Gestalt 19.

219 Zitiert nach *Wiegand*, A.: Zionismus und Christentum. In: Saat auf Hoffnung 36/4 (1899) 148–165, hier 150.

220 *Faber*, Wilhelm: Welche Bedeutung hat die zionistische Bewegung unter den Juden für die Mission? In: *Dalman*, Gustaf (Hg.): Die Allgemeine Konferenz für Judenmission in Leipzig abgehalten vom 6. bis 8. Juni 1895. Die Ansprachen der Referenten und Bericht über den Verlauf der Konferenz von Gustaf Dalman. Leipzig 1896, 98–105, hier 98.

221 *Faber*: Welche Bedeutung hat die zionistische Bewegung unter den Juden für die Mission 100 f.

allein war es, auf den sich die Aufmerksamkeit des Missionars richtete: Aus gemeinsamer Nationalität und Sprache erwachse vielmehr eine tiefe Verbindung des Zionismus mit dem Judenchristentum.

Christgläubige Juden, die auch nach ihrer Konversion weiterhin jüdische Bräuche und religiöse Rituale ausübten und sich der hebräischen Sprache bedienten, stellten für Faber und die Leipziger Missionare eine lebendige Brücke zwischen Juden und Christen dar. Sie erschienen daher als besonders geeignete Gruppe, die christliche Botschaft unter Juden zu verbreiten. Delitzsch hatte über 50 Jahre lang an einer hebräischen Übersetzung des Neuen Testaments gearbeitet, um sie der Judenmission als Werkzeug an die Hand zu geben.[222] Angesichts dieses sprachlichen Berührungspunktes erschienen Faber die Zionisten als geeignete Missionsobjekte: Der Zionismus selbst habe durch die Wiederbelebung der hebräischen Sprache ein »wichtiges Beförderungsmittel der Evangelisierung Israels« geschaffen, so Faber.[223] Faber wollte also nicht den Erhalt jüdischer Nationalität sichern, sondern die Christianisierung Israels, damit »Israel einst im Lande seiner Väter als christliches Volk der ganzen Welt zum Segen leben werde«. Dazu sei die Umkehr der Juden notwendig: Erst aber wenn Israel in Form einer »Volksbuße« den lange verkannten Messias erkenne, könne es als Volk noch eine Zukunft haben.[224] Aus dieser Hoffnung heraus sah Faber in der zionistischen Bewegung »eine menschlich angesehen durchaus edle und erfreuliche, welche viel tiefer geht, als oberflächliche Beobachtung ahnen läßt«[225], obwohl der säkulare Charakter der zionistischen Bewegung dem Ziel der Judenmission einstweilen noch im Weg stehe.[226]

222 Vgl. *Delitzsch,* Franz: Berit chadascha. Hebräische Übersetzung des Neuen Testaments. Leipzig 1877.

223 *Faber:* Welche Bedeutung hat die zionistische Bewegung unter den Juden für die Mission 100 f.

224 Ebd. 103. Pastor Stephan Vollert, ein Schüler Delitzsch' und als Missionar für den Leipziger Verein in Osteuropa tätig, plädierte schon 1891 dafür, die aufkommenden zionistischen Bestrebungen von christlicher Seite zu unterstützen. Vorrangiges Ziel einer solchen Unterstützung war auch für ihn ein »christliches Nationalisrael«. Auch Vollert sprach von judenchristlichen Gemeinden, deren Bedeutung in der »Vermittlung zwischen Israel und den Völkern« liege. Vollert hatte nach der Lektüre der von Nathan Birnbaum herausgegebenen Zeitschrift »Selbstemanzipation«, eine der ersten zionistischen Zeitschriften überhaupt und de facto Organ der galizischen Zionisten, bei diesen auf eine größere Bereitschaft, mit Christen ins Gespräch zu kommen, geschlossen, vgl. *Vollert,* Stephan: Nationale Bestrebungen in Israel. In: Saat auf Hoffnung 28/3 (1891) 204–214, hier 211 f. Zu Vollert, vgl. *Harling,* Otto von: Um Zions willen. Ein Leben im Dienst des Evangeliums unter Israel. Neuendettelsau 1952, 23. Zu Birnbaums Zeitschrift, vgl. *Kressel,* Getzel: Selbstemanzipation. In: Encyclopaedia Judaica. Detroit/Michigan 2007, 257–258.

225 *Faber:* Welche Bedeutung hat die zionistische Bewegung unter den Juden für die Mission 104 f.

226 In der Diskussion, die sich an das Referat anschloss, wurde die Skepsis deutlich, die die meisten anderen Judenmissionare gegen Fabers optimistische Einschätzung hegten. Gerade die wenig religiöse Ausrichtung des Zionismus ließ grundsätzliche Zweifel an seiner

Rabinowitſch, in ſeinem Bethauſe predigend.

Abb. 9: Joseph Rabinowitsch (1837–1899).

Was genau hatte es mit den Judenchristen auf sich? Besonders im Kreis des Leipziger »Evangelisch-lutherischen Centralvereins für Mission unter Israel« spielte die Beschäftigung mit Judenchristen – als hybride Form zwischen Juden- und Christentum – eine große Rolle. Bereits 1848 hatte der junge Franz Delitzsch davon gesprochen, dass der Gegensatz zwischen Juden und Christen aufgehoben werden müsse, »dadurch, daß die Juden, ohne deshalb aufzuhören, Juden der Nationalität nach zu sein, christgläubige Juden werden.«[227] In Leipzig, wo man sich die Wertschätzung von jüdischer Tradition auf die Flaggen schrieb, verstand man es als großes Entgegenkommen, konvertierten Juden die weitere Ausübung jüdischer Bräuche und Riten zuzubilligen. Das hatte historische Ursachen: Jüdische Proselyten im 19. Jahrhundert, vor allem vor der

Bedeutung aufkommen, vgl. *Dalman, Gustaf:* Der Verlauf der Konferenz. In: *Ders.* (Hg.): Die Allgemeine Konferenz für Judenmission in Leipzig abgehalten vom 6. bis 8. Juni 1895. Die Ansprachen der Referenten und Bericht über den Verlauf der Konferenz von Gustaf Dalman. Leipzig 1896, 5–22, hier 15.

227 Zitiert nach *Fauerholdt, J.:* Joseph Rabinowitsch. Eine prophetische Gestalt aus dem neueren Judentum. Leipzig 1914, 33.

Reichsgründung, hatten sich häufig in prekären Verhältnissen und von anderen Juden isoliert wiedergefunden. Judenchristliche Gemeinschaften wurden als Möglichkeit gesehen, sozialem Abstieg und gesellschaftlicher Isolation von Konvertiten entgegenzusteuern.[228] Das Selbstverständnis von Barmherzigkeit und der Wertschätzung jüdischen Lebens ging mit missionarischem Eifer Hand in Hand. Theologisch war das durch einen Kunstgriff möglich geworden: Der Konflikt zwischen Protestantismus und jüdischem Ritus wurde mittels eines Kompromisses versöhnt. Obwohl jüdische »nationale Sitten und Abzeichen« in »Widerspruch mit Paulus« und dem »Weltreligionscharakter des Christentums« stünden und die judenchristlichen Gruppen »noch anhaftende Trübung« durch ihr »nationales Selbstgefühl« den Christen »anstößig« sei, gäbe es kein Recht auf eine »zudringliche ungestüme Einmischung«, von dem *bekehrten* Israel »unvermittelte Herübernahme unserer ausgeprägten dogmatischen Formen« zu fordern.[229] Delitzsch und seine Nachfolger sahen im jüdischen Volkstum selbst die heilsgeschichtliche Substanz der Juden. So setzte sich die Auffassung durch, dass auch konvertierte Juden nicht einfach in die »Heidenkirchen«, die evangelischen Kirchen der Nichtjuden, eingingen, sondern weiterhin einer jüdischen Nation angehörten und Teil einer »national-jüdischen Kirche«[230] seien. Die Zugehörigkeit zum »Volk Israel« war neben den Merkmalen Beschneidung, Ritus, Brauchtum und Sprache als ethnische Qualität bestimmt, als natürliche von Gott gegebene Unterscheidung zwischen »Heiden« und Juden.[231]

228 Vgl. *Schrenk:* Seelen Christo zuführen 364.

229 »Gesamterklärung der Leipziger Freunde Israels«, zitiert nach *Fauerholdt:* Joseph Rabinowitsch 32 f.

230 Vgl. ebd. 1.

231 Zu Beginn der 1890er-Jahre wurden sogar Stimmen laut, die als Missionsmethode ausschließlich die »Volksmission« verfochten, die »Einzelmission« von Juden sogar als hinderlich erachteten. Johannes Müller (1864–1949) etwa, der 1890 nach dem Tod Delitzschs' dessen Nachfolge als Leiter des Leipziger Zentralvereins antrat, war gleichermaßen abgestoßen von der zentralen Beschäftigung mit jüdischen Themen am Institutum Judaicum, wie er fasziniert von der judenchristlichen Bewegung war. Er suchte einen neuen Ansatz der Volksmission zu etablieren, die sich von der Einzelmission ganz abwandte und dabei auch völkische Ansichten über das Judentum vertrat. Müller sah in den Juden den »Fluch der Völker«, die sich des geistigen und ökonomischen Lebens einer Nation bemächtigten »wie Schmarotzerpflanzen«; sie unterwanderten und zersetzten den christlichen Charakter des Staates und bauten in weltumfassender Geschlossenheit ihre Herrschaft über die Nichtjuden aus. Vgl. *Müller,* Johannes: Judenfrage und Antisemitismus. Christlich beurteilt von Dr. Johannes Müller. In: Saat auf Hoffnung 28/4 (1891) 249–264, hier 251. Zur Lösung einer christlich verstandenen, dabei antisemitisch aufgeladenen »Judenfrage« sollte das Judenchristentum eine besondere Funktion der Vermittlung zwischen Juden und Christen einnehmen. Es sei dabei Aufgabe der Judenmission, »Jesus als Erfüller der mosaischen Religion in das nationale und religiös treu gebliebene Judentum hinein[zu]bringen, damit auf diese Weise das Problem des jüdischen Volkes gelöst werde, und dann, wenn es sich selbst in seiner ursprünglichen Bestimmung wiedergefunden hätte, eine fruchtbare Gemeinschaft zwischen dem jüdischen Volk

Besonders ein kurioses Beispiel aus Osteuropa fesselte die Leipziger Missionare: Der vormalige Chassid Joseph Rabinowitsch (1837–1899) hatte während der 1880er-Jahre in Kischinew eine Gemeinde um sich gesammelt, die sich zum Christentum bekannte und zugleich jüdische Bräuche und religiöse Rituale bewahrte.[232] Die deutsche Judenmission erkannte deren Programm theologisch an und gestand der Gemeinde die selbstständige Ausübung ihrer religiösen Praxis außerhalb der lutherischen Kirche zu.[233] Rabinowitsch ließ sich 1885 in Anwesenheit von dem Berliner Professor Hermann L. Strack und dem Leipziger Missionsinspektor Lhotzky taufen.[234]

Infolge der antisemitischen Pogrome im Zarenreich 1881 war Rabinowitsch nach Palästina gegangen, wo sich, vom Ölberg auf Jerusalem herabblickend, seine innere Hinwendung zum Christentum vollzogen haben soll. Er kehrte

und den anderen Völkern entstehe«, zitiert nach *Aring*: Christen und Juden heute 231 f. Die Praxis der Leipziger Judenmission entsprach diesen Vorstellungen letztlich nicht, weshalb er 1892 auch aus dem Verein ausschied und Müller fortan einen neuen Freundeskreis um sich sammelte. Vgl. *Haury,* Harald: Von Riesa nach Schloß Elmau. Johannes Müller (1864–1949) als Prophet, Unternehmer und Seelenführer eines völkisch naturfrommen Protestantismus. Gütersloh 2005.

232 Genaue Angaben über seine Anhängerschaft gibt es nicht und auch die Zahlen über seine Zuhörerschaft schwanken massiv. Sie dürfte sich nach einigen Hundert in der Anfangszeit auf ein paar Dutzend zu den Shabbatgottesdiensten eingependelt haben, vgl. *Kjaer-Hansen,* Kai: Josef Rabinowitsch und die messianische Bewegung. Der Herzl des Judenchristentums. Hannover 1990, 156–160.

233 Delitzsch gab eine kommentierte Übersetzung von Rabinowitschs Predigten und Autobiographie heraus und gestand dem Judenchristentum theologische Legitimität zu, da jedes Volk nach seiner Hinwendung zum Christentum seinen eigenen nationalen Charakter bewahren dürfe. Die »Christgläubigen Israels« nannten mit vollem Recht Jesus, so Delitzsch, im geistlichen wie geschichtlichen Sinne, »ihren Bruder«. Er hoffte, dass das Judenchristentum zu einer größeren Übergangserscheinung und den Beginn eines allmählichen religiösen Wandels des jüdischen Volkes markieren würde. Von der judenchristlichen Gemeinde sollte ein »besonderer Impuls zur Verbreitung des Evangeliums« ausgehen und der Beginn zur Lösung der »Judenfrage« eingeleitet werden: unchristlicher Judenhass sich hier, jahrtausendlanger Jesushass dort abbauen, vgl. *Delitzsch,* Franz (Hg.): Neue Documente der südrussischen Christentumsbewegung. Sebstbiographie und Predigten von Joseph Rabinowitsch. Leipzig 1887, Vorrede, III–X.

234 Über Leben, Wirken und Ansichten des vormaligen Rabbiners und Maskil Rabinowitsch hat Steven Zipperstein eine biographische Darstellung verfasst, vgl. *Zipperstein,* Steven J.: Heresy, Apostasy, and the Transformation of Joseph Rabinovich. In: *Endelman,* Todd M. (Hg.): Jewish Apostasy in the Modern World. New York 1987, 206–231; außerdem *Baumann,* Arnulf H.: Josef Rabinowitschs messianisches Judentum. In: *Siegert,* Folker (Hg.): Grenzgänge. Menschen und Schicksale zwischen jüdischer, christlicher und deutscher Identität. Münster 2002, 195–211, *Kjaer-Hansen,* Kai: Joseph Rabinowitz and the Messianic movement. The Herzl of Jewish Christianity. Edinburgh 1995, die zeitgenössische Darstellung *Fauerholdt:* Joseph Rabinowitsch sowie die 1887 von Delitzsch übersetzte und herausgegebene Autobiographie Rabinowitschs *Delitzsch:* Neue Documente der südrussischen Christentumsbewegung.

nach seinem Palästinaaufenthalt nach Kischinew zurück, wo sich seit 1884 eine judenchristliche Anhängerschaft um ihn sammelte. Ein früher Slogan seiner Bewegung lautete: »Der Schlüssel des heiligen Landes liegt in den Händen unseres Bruder Jesu.«[235] Das Ziel hatte der Suchende Rabinowitsch also im Heiligen Land gefunden. Daher waren auch die Diskussionen über den Zionismus innerhalb der Judenmission von der Frage beeinflusst, ob sich im Zionismus eine großangelegte Verwandlung von Juden in Christen ankündige, oder ob nicht umgekehrt, die Bekehrung die Vorbedingung für die jüdische Wiederbesiedlung Palästinas sei. So legitim und begrüßenswert die aus der Judennot heraus geborene jüdische »Sammlungsbewegung« sei, hieß es 1915 in einer Veröffentlichung des Leipziger Missionsvereins, sei »ohne Annahme des Christentums« »für die Juden eine Erneuerung ihrer nationalen Selbstständigkeit unerreichbar!«[236]

Auch Rabinowitsch selbst hatte gegen den Zionismus und das Judentum insgesamt polemisiert. Weder Assimilation noch die Besiedlung Palästinas seien die richtigen Lösungswege der »Judenfrage«: »Auch ist nicht Zuflucht zu suchen im Verlassen unseres Geburtslandes Rußland zur Wiederbevölkerung des Landes Israel und ebensowenig in der Verschmelzung mit der eingeborenen nichtjüdischen Bevölkerung Rußlands.«[237] Rabinowitsch führte das Leid der Juden auf ein göttliches Urteil zurück, da die Juden einst Jesus Christus als Messias zurückgewiesen hätten. Jüdische Rituale hatte Rabinowitschs Bewegung beibehalten, da ihr Anführer weiterhin von der Besonderheit des jüdischen Volkes ausging. Dennoch müssten die Juden zur Annahme des Christentums bewegt werden.[238] Um das zu erreichen griff der fortan als Judenmissionar tätige Rabinowitsch, darin übrigens nicht sehr erfolgreich, jüdische Verhaltensweisen an. Rabinowitsch predigte nicht »blinde« Liebe zum Judentum, sondern »Tadel« seines »Mammonsdienst[es]« und »Hang[s] zur Veräußerlichung der Gottesanbetung«.[239] Anstatt mit Handel sollten sich die Juden landwirtschaftlich betätigen, riet er etwa.[240] Es nimmt wenig Wunder, dass den Leipziger Missionaren eine solche judenchristliche, »nationale Sammlung« als erster Schritt zur Überwindung des Judentums erschien.

235 *Fauerholdt:* Joseph Rabinowitsch 7 sowie *Baring,* A.: Von Juden und Judenmission. Ein Vortrag. Leipzig 1915, 6.

236 *Baring:* Von Juden und Judenmission 6. Ähnlich auch, vgl. *Wiegand,* A.: Über die Aussichten und die bisherigen Erfolge der jüdischen Kolonisation in Palästina. In: Saat auf Hoffnung 37/4 (1900) 224–232; Der Dr. Herzl'sche Plan eines Judenstaates. In: Saat auf Hoffnung 34/1 (1897) 44–51.

237 Zitiert nach *Fauerholdt:* Joseph Rabinowitsch 12.

238 Vgl. *Zipperstein:* Heresy, Apostasy, and the Transformation of Joseph Rabinovich 222–224.

239 *Fauerholdt:* Joseph Rabinowitsch 14.

240 Vgl. Ebd. 6, 12.

Vor allem Otto von Harling (1866–1953)[241], langjähriger Sekretär des Leipziger Vereins, hielt über Jahrzehnte an der Überzeugung fest, dass Judenchristen für die Evangelisierung des Judentums eine herausragende Rolle spielten: als »befruchtendes Element in de[m] Umwandlungs- und Erneuerungs-Prozeß« ihres Volkes. Seine große Hoffnung war die »Sammlung von Judenchristen im heiligen Lande«.[242]

Den Zionismus betrachtete er zunächst als jüdische »Selbstkritik«: Er prangere die Schäden und Mängel des jüdischen Volkes offen an und stelle den »Anfang der Umkehr« dar. Harling erwartete, »daß die Rückkehr auf den Boden der Väter auch eine gründliche Umkehr zum Glauben der Väter und damit einen Fortschritt auf dem Wege zu dem durch Christus vollbrachten Heil zur Folge haben wird.«[243] In »Saat auf Hoffnung«, der Zeitschrift des Leipziger Vereins, wurde darüber gestritten, ob im Zionismus »eine Art Rückkehr zur Bibel« zu erkennen sei.[244] Dem widersprachen Stimmen, die ausschließlich im Judenchristentum eine solche religiöse Erneuerung erblicken wollten.[245] Welche Position man gegenüber den Zionisten auch einnahm, das Ziel war durchwegs dasselbe: Juden dem Christentum zuzuführen.

Jedenfalls fühlten sich manche Missionare angesichts des Zionismus zu Annäherungsversuchen bemüßigt. Wie bereits gesehen, hatte Wilhelm Faber das nationale Erwachen der Juden an die Hoffnung ihrer gleichzeitigen, langfristigen

---

241 Ab 1903 wurde Otto von Harling, zunächst probeweise, mit der Leitung des Leipziger Institutum Judaicum betraut und zur Unterstützung in das Sekretariat des Zentralvereins berufen. Die Leitung des Instituts, das Sekretariat und die Herausgabe der Vereinszeitschrift »Saat auf Hoffnung« hatte Harling bis 1935 inne. Harling war während seines Studiums mit Franz Delitzsch in Kontakt gekommen, der ihn das »Verständnis für den Sinn der Geschichte Israels« lehrte und ihm die christliche »Aufgabe an dem alten Gottesvolk ans Herz« legte, *Harling*: Um Zions willen 60. Delitzsch' Famulus Faber führte Harling in das Institut ein. In den 1890er-Jahren war Harling für die lutherische Mission in Garlatz, Rumänien, tätig, wo er eine Schule für jüdische Mädchen gründete, die dort, neben der Vermittlung von Hebräisch in Wort und Schrift, eine Erziehung im christlichen Geist erfahren sollten. Als er 1903 nach Leipzig zurückkehrte, versuchte er weiterhin jüdische Hörer für das Christentum zu interessieren. Er sammelte einen Kreis christlicher »Freunde Israels« um sich, die seine sonntäglichen Bibelstunden besuchten. Harling gibt an, in all den Jahren in Leipzig etwa 15 bis 20 Juden zum Christentum bekehrt zu haben. 1927 wurde ihm von der Theologischen Fakultät Leipzig die Ehrendoktorwürde verliehen. Zur Biographie Harlings, vgl. *Baumann*, Arnulf H.: Otto von Harling (1866–1953). In: *Ders.* (Hg.): Auf dem Wege zum christlich-jüdischen Gespräch. 125 Jahre Evangelisch-lutherischer Zentralverein für Zeugnis und Dienst unter Juden und Christen. Münster 1998, 70–85.

242 *Harling*, Otto von: Zionismus und Mission. In: Nathanael 14/1 (1898) 22–30, hier 22; erschien im Nathanael, jedoch mit kritischem Nachwort des Herausgebers Strack.

243 Ebd. 24.

244 Vgl. *Wiegand*: Zionismus und Christentum 150; ähnlich auch Die Selbstbiographie Dr. Herzls. In: Saat auf Hoffnung 41/3 (1904) 144–149, hier 185; *Bieling*, P.: Über den VII. Zionistenkongreß. In: Friede über Israel! 2/4 (1905) 8–11.

245 *Wutzdorff*, D.: Zionismus. In: Saat auf Hoffnung 37/1 (1900) 51–52.

Bekehrung geknüpft. Das heißt aber nicht, dass Faber an Zionisten Evangelien verteilt hätte. Vielmehr besuchte er mehrere Versammlungen von Berliner Zionisten, um ihnen seine Solidarität angesichts der ungerechten Angriffe, denen die Juden ausgesetzt seien, auszusprechen.[246] Er war auch Besucher des Zionistischen Delegiertentags 1898 in Berlin. Dort ließ er eine begeisterte Wortmeldung vernehmen: »Möge er [der Zionismus] noch soviel angefeindet und verspottet werden, eins ist gewiss, die Wiedergewinnung des heiligen Landes für Israel, das Volk ohnegleichen, bahnt sich an, wenn auch nur in den ersten Anfängen. [...] Der Zionismus kann, wird und muss siegen!«[247]

Was erhoffte sich Faber von dem Besuch bei den Zionisten? Er bestärkte zum einen die Zionisten gegenüber ihren jüdischen Kritikern. Der Ansicht, man dürfe Gott durch die eigenmächtige Besiedlung Palästinas nicht vorgreifen, entgegnete Faber mit dem Talmud, man könne sich nicht auf ein Wunder verlassen. »Gott wirkt nicht unmittelbar, sondern bedient sich menschlicher Kräfte«[248], so Faber. Auf der anderen Seite hoffte er, dass Judenchristen Teil der zionistischen Bewegung werden würden. Der Zionismus flechte ein einendes Band um alle Juden, gleich welcher Strömung, das Band gemeinsamer Nationalität. Auch andere Missionare teilten diese Hoffnung: Aufgrund ihrer jüdischen Nationalität, hoffte der Vorgänger Harlings, der bis 1904 als Sekretär des Leipziger Zentralvereins tätige Ludwig Anacker (1862–1943), würden »Juden christlicher Konfession« Zutritt zur zionistischen Bewegung erhalten.[249] Auf lange Sicht werde das Judenchristentum dann, so Anacker im Jahr 1900, »als die von Gott gewollte Vollendung des Judentums anerkannt« werden.[250]

Sind diese Aussagen bereits Ausdruck einer zionismusfeindlichen christlichen Haltung? Hegte nicht auch Heman die Hoffnung auf einen allmählichen Wandel der zionistischen Bewegung, eines nationalen Judentums, das sich in Zukunft dem Christentum zuwenden würde? Tatsächlich bezog sich Harling 1903 in einem Vortrag auf Heman. Harling hatte im Leipziger Lokal Eldorado »vor einer zahlreichen fast ausschließlich jüdischen Zuhörerschaft« über den Sechsten Zionistenkongress und »seine Bedeutung für das jüdische Volk« referiert.[251]

---

246 Faber verwies auf die Damaskus-Affäre von 1840 und den noch im 19. Jahrhundert lebendigen Ritualmordvorwurf, vgl. Revue der Presse. Berliner Börsen-Courier (3. Mai). In: Ost und West 1/5 (1901) 389–390.

247 *Schildberger*, H.: Die erste Volksversammlung der Berliner Zionisten. In: Die Welt 2/7 (1898) 4–7, hier 6.

248 Ebd. 6.

249 *Anacker*, Ludwig: Zionisten und Judenchristen. In: Saat auf Hoffnung 36/1 (1900) 48–51, hier 49.

250 Ebd. 51.

251 Vgl. *Harling*, Otto von: Der letzte Baseler Zionisten-Kongreß. und seine Bedeutung für das jüdische Volk. In: Saat auf Hoffnung 40/4 (1903) 233–246. Der Titel des Referats und der in Saat auf Hoffnung abgedruckte Bericht klären nicht darüber auf, ob es sich um ein vorwiegend zionistisches oder nicht-zionistisches Publikum gehandelt hat. Eben das verdeutlicht

Harling nannte die Juden den »Zeiger an der Uhr der Weltgeschichte«[252]: Einst habe sich das Judentum Jesus Christus widersetzt und sei daraufhin von Gott bestraft worden. Der Zionismus trage jedoch das Potential in sich, aus dem »geheimen Banne« herauszutreten, mit dem die Juden geschlagen seien. Harling bezog sich auf Heman und bezeichnete den Zionismus als »ein Mittel in Gottes Hand, den Faden der Geschichte Israels wieder da anzuknüpfen, wo er abgerissen war, es seiner höchsten und letzten Bestimmung zuzuführen, die es verkannt und von der es sich immer mehr entfernt hatte: nämlich ein Volk Jesu Christi zu werden«.[253] Allerdings ging Harling ganz anders vor als Heman. Spielte für diesen die Eigeninitiative der Juden eine zentrale Rolle, wies Harling den Juden einen alternativlosen Weg. Anders als Heman, sprach Harling offen aus, dass sich der Erfolg des Zionismus erst an der Haltung zu Jesus Christus bemesse. Das edle Streben der Zionisten sei vergebens, solange sie »nicht unter der Fahne [ih]res gekreuzigten und dornengekrönten Königs« kämpften.[254]

Waren Missionare Freunde oder Feinde der Zionisten, und was sagt das über ihre Haltung zum Judentum aus? Während Thomas Küttler, Verfasser einer Monografie über den Leipziger Missionsverein und Enkel Harlings, in den oben genannten Zitaten den Ansatz einer »christlich-jüdischen Begegnung«[255] zu erblicken meint, war wohl genau das Gegenteil der Fall. Auch wenn im Anschluss an Harlings Vortrag ein Gespräch mit dem Rabbiner Nehemia Anton Nobel (1871–1922), einem der ersten religiösen Zionisten in Deutschland, stattfand, ist das noch kein Indiz für gegenseitiges Verständnis und Annäherung. Harling drängte vielmehr auf die einseitige Annäherung der Juden an das Christentum. Die Juden müssten die »göttlichen Winke«, wie den Antisemitismus, erkennen und Christen werden, eine andere Erlösung gäbe es für sie nicht. Die Judenmission verstand ihren Auftrag als Ausdruck christlicher Liebe, und nahm an, dass ihr Angebot auf fruchtbaren Boden fallen würde.[256] Heman war

wiederum die grundsätzliche Herangehensweise der Judenmission: Es wurde nicht prinzipiell zwischen Juden und Zionisten differenziert, da eine solche Unterscheidung für den heilsgeschichtlichen Adressaten »Volk Israel« unwesentlich war. Es handelte sich aber vermutlich um ein zionistisches oder zumindest dem Zionismus aufgeschlossenes Publikum, da weder in Saat auf Hoffnung noch der Jüdischen Rundschau von einem grundsätzlichen jüdischen Einspruch oder unterschiedlichen Haltungen in der sich an den Vortrag anschließenden Diskussion die Rede war. Über den Vortrag fand sich in der Jüdischen Rundschau lediglich eine kurze Notiz, vgl. Kleine Chronik. Nach Leipziger Neueste Nachrichten. In: Jüdische Rundschau 8/43 (1903) 462–463.

252 *Harling*: Der letzte Baseler Zionisten-Kongreß 234.
253 Ebd. 240.
254 Ebd. 244.
255 *Küttler*: Umstrittene Judenmission 56.
256 Vgl. *Harling*, Otto von: Geistige Strömungen im Judentum seit dem Ausgang des Mittelalters. In: Saat auf Hoffnung 42/1, 3 (1905) 17–29, 109–117, zum Zionismus vgl. *Wiegand*, A.: Geistige Strömungen im Judentum seit dem Ausgang des Mittelalters. Der Zionismus. In: Ebd. 109–117.

von ganz ähnlichen Hoffnungen erfüllt. Er trat den Zionisten jedoch nicht in offener Missionsabsicht gegenüber und versuchte auch im christlichen Kontext die Selbstständigkeit jüdischen Handels vor christlicher Zudringlichkeit zu verteidigen.

Harling und viele seine Mitarbeiter der Position eines christlichen Antizionismus zuzurechnen ist neben ihrem direkten Missionsbemühen vor allem dem Umstand geschuldet, dass sich die dargestellten Hoffnungen Harlings, Fabers und anderer nicht erfüllten – und ihre Haltung daraufhin in Feindschaft umkippte. Im Jahr 1914 las sich Harlings Position zum Zionismus, enttäuscht über den ausgebliebenen religiösen Wandel der Juden, bereits ganz anders: Harling bezeichnete den Zionismus nun als »äußersten Grad der Verblendung Israels« und sogar als »Todfeind des Christentums«.[257]

Doch die Geschichte sollte noch nicht an dieser Stelle enden. Während des Weltkriegs flackerten die Hoffnungen der Judenmission noch einmal kurz auf.[258] Vor allem die Balfour Declaration 1917 reanimierte das »heilsgeschichtliche Interesse an den völkischen Bestrebungen des Zionismus«.[259] Die politischen Entwicklungen zugunsten des Zionismus wurden erneut als göttliches Wirken im Lauf der Geschichte gedeutet: »Mit großer, dankbarer Freude sind wir Zeugen geworden, wie Gott sein Volk Israel ins Land der Väter heimführen will. Das ist vom Herrn geschehen und ist ein Wunder vor unseren Augen!«[260] Das Judentum schien wieder einmal »an einem Wendepunkt seiner Geschichte angekommen«[261] zu sein. Otto von Harling hütete sich zwar vor genauen Prognosen, wie und wann sich die Evangelisierung der Juden vollziehen werde. Doch nährten die politischen Ereignisse in Palästina seine Hoffnung, die Juden nun doch »als Volksganzes für Christus und sein Reich« zu gewinnen.[262]

Während Harlings Berliner Kollege und Missionsdirektor Ernst Schaeffer auch angesichts der politischen Fortschritte des Zionismus darauf beharrte, dass dessen säkulare Ausrichtung die Juden nur noch weiter ins Unglück stürzen werde, suchte Harling nach immer neuen Anhaltspunkten für einen religiösen

---

257 *Harling*, Otto von: Vom Zionismus. In: Saat auf Hoffnung 51/1 (1914) 27–29, hier 29. Ähnlich auch *Schaeffer*, E.: Der Zionismus und der Krieg. In: Der Messiasbote 11/4 (1916) 51–53.

258 Zur Haltung gegenüber den Juden während des Weltkrieges, vgl. *Heinrichs*: Judenbild im Protestantismus 585–594.

259 *Harling*, Otto von: Christlicher und jüdischer Zionismus. In: Saat auf Hoffnung 55 (1918) 136–150, hier 140. »Völkisch« meint in diesem Zusammenhang national, in Abgrenzung zu religiös.

260 Messianisches im Zionismus. In: Saat auf Hoffnung 58/1 (1920) 14–27.

261 *Harling*, Otto von: »Ostjuden«. In: Saat auf Hoffnung 53 (1916) 58–62.

262 *Harling*, Otto von: Die Evangelisierung unserer Juden, der einzige Weg zum Frieden. In: Saat auf Hoffnung 54 (1917) 38–50, hier 40.

Wandel im Zionismus.[263] Weiterhin, zur Zeit der Weimarer Republik, erschienen in Saat auf Hoffnung zahlreiche Berichte über judenchristliche Bestrebungen.[264] Darüber hinaus zeigte Harling großes Interesse an der »jüdischen Renaissance«.[265] Die 1916 von Martin Buber gegründete Zeitschrift »Der Jude«, war kulturzionistisch ausgerichtet, stellte aber von Anbeginn auch eine intellektuelle Diskussionsplattform dar. Harling rief auf den Plan, dass in der Zeitschrift immer wieder versucht wurde, einen Dialog zwischen Juden und Nichtjuden beziehungsweise Juden und Christen aufzubauen.[266] Aufgrund der Bereitschaft, mit Christen und über christliche und religiöse Themen zu diskutieren, erblickte er in den Kulturzionisten wiederum ein Missionsobjekt.[267] Die Philosophie Martin Bubers wurde von Harling als Zeichen der inneren Umkehr und religiösen Erneuerung im Zionismus verstanden, »in der sich chassidische Gottinnigkeit mit prophetischem Pathos und christlichen Reichs-Gottes-Gedanken vermählt hat«. Er hoffte, dass die jüdische Renaissance »den Bann des Unglaubens lockern kann, der auf dem Volke ruht«.[268]

In all diesen Auseinandersetzungen zeigte sich jedoch durchwegs, wie Harling und andere Autoren von Saat auf Hoffnung immer wieder von ihrem

---

263 Vgl. *Harling*, Otto von: Palästina. In: Saat auf Hoffnung 61 (1924) 85–90. Zur weiterhin kritischen Wahrnehmung Schaeffers, vgl. *Schaeffer*, E.: Materialien und Richtlinien zur Judenfrage unserer Tage. Vorträge, gehalten in der Martin-Luther-Volkshochschule zu Berlin. Gütersloh 1921. Schaeffers Angst war, »daß die zionistische Judenheit sich verlieren könnte im politischen Weltgetriebe und so ein Volk werden, wie andere Völker auch, während es gerade die wichtige Aufgabe wäre, die Besonderheit des jüdischen Volkes festzuhalten«, *Schaeffer*, E.: Nationalismus und Zionismus. In: Kirchliches Jahrbuch für die evangelischen Landeskirchen Deutschlands 46 (1919) 224–235.

264 Vgl. *Wiegand*, A.: Jüdisches Urchristentum als zionistische Forderung. In: Saat auf Hoffnung 57 (1920) 28–36; *Jonsen*, Arne: Die Möglichkeit einer judenchristlichen Gemeindebildung in Palästina. In: Saat auf Hoffnung 62 (1925) 15–22; *Jonsen*, Arne: Die Christianisierung des jüdischen Volkes. In: Saat auf Hoffnung 63 (1926) 80–91; *Harling*, Otto von: Judenmission. In: *Gunkel*, Hermann / *Zscharnack*, Leopold (Hg.): Die Religion in Geschichte und Gegenwart. Handwörterbuch für Theologie und Religionswissenschaft. Tübingen 1929, 466–469.

265 Vgl. *Harling*, Otto von: Die gegenwärtige Lage der Judenmission. In: Das evangelische Hamburg. Halbmonatsschrift für kirchliches Leben 25/16 (1931) 234–237.

266 Vgl. *Lappin*, Eleonore: Der Jude 1916–1928. Jüdische Moderne zwischen Universalismus und Partikularismus. Tübingen 2000, 227–241.

267 Vgl. *Harling*, Otto von: Jahresbericht. In: Saat auf Hoffnung 66 (1929) 79–88. Suchte der Zionismus vorwiegend die physische und politische Existenz des jüdischen Volkes zu sichern, war es Bubers Nachdenken über ein »geistliches Zion«, das den Missionaren als geeigneter Anknüpfungspunkt ihrer Botschaft erschien. Vgl. auch die Abdrucke von Passagen aus dem Werk Martin Bubers, Martin Buber über Christus. (aus »Der heilige Weg«). In: Saat auf Hoffnung 57 (1920) 100–103; Ein Mahnwort an die Zionisten. Aus »Der Jude«, 1920, Heft 8/9. In: Saat auf Hoffnung 58 (1921) 35–37.

268 Die Bedeutung des Zionismus für Israel und das Reich Gottes. In: Saat auf Hoffnung 67 (1930) 155–158.

Drang eingeholt wurden, Deutungshoheit über den Zionismus herzustellen. Ein selbstständiges Agieren der zionistischen Bewegung waren sie nach wie vor nicht bereit zu respektieren. Da sich das zionistische Projekt entwickelte, ohne dass sich nennenswerte Erfolge für die Mission verbuchen ließen, suchten manche Judenmissionare aus dem Umfeld Harlings akribisch nach Anhaltspunkten für sein Scheitern; sie wollten wieder einmal belegen, dass der Zionismus ohne Gottes Hilfe ein aussichtsloses Unterfangen sei. Und wieder sickerten antisemitische Bilder ein, die die Juden als rastlos und zersetzend schilderten. Die säkulare Ausrichtung der Bewegung war nach wie vor ein rotes Tuch: Der Zionismus, als »Angelegenheit des ungläubigen Judentums«, hieß es in einem Bericht von 1927, habe »stets ohne Buße und Glauben an dem Besitzrecht auf das heilige Land festgehalten«. Hätte ein solcher säkularer Zionismus Erfolg, gäbe es lediglich »einen Staat mehr, der selber voll Unruhe wäre und anderen Unruhe brächte.«[269]

Die Position des Vereins oszillierte zwischen hoffnungsfroher Zustimmung – und frustrierter Abwehr. Unter ihrem langjährigen Sekretär Otto von Harling machte sich zwischen der Jahrhundertwende und der Zeit des Nationalsozialismus vor allem die Hoffnung auf ein »nationales Judenchristentum« fest: Juden mit Volksbewusstsein, die aber bereits den christlichen Glauben angenommen hatten. Der Zionismus, hoffte Harling, stoße eine solche Entwicklung an. Tatsächlich hatte Harlings Begriff von jüdischer Nationalität auch einen stark völkischen Beigeschmack, wie sich gerade auch in der Konfrontation mit den erklärtermaßen völkischen »Deutschen Christen« zeigen sollte. Nachdem diese aus einer rassistischen Argumentation heraus die Judenmission angegriffen hatten, beteuerte Harling, wohlgemerkt im Jahr 1933, es habe nie in der Absicht der Judenmission gelegen, »die Vermischung von jüdischem und nichtjüdischem Blute zu fördern«. Zumindest in Leipzig habe man stets betont, dass die Missionare »in den bekehrten Juden das jüdische Volksbewußtsein lebendig erhalten müßten«.[270] Vermeintliche Judenliebe und tatsächliche Judenfeindschaft lagen nah beieinander.

---

269 *Oppenheimer:* Die Hoffnung Israels. Betrachtungen eines Judenchristen. In: Saat auf Hoffnung 64 (1927) 1–14. Ähnliche Darstellung, vgl. *Leidhold,* Arthur: Ein jüdisches Palästina? In: Saat auf Hoffnung 65 (1928) 16–20; Ein Wendepunkt in der Geschichte des Zionismus. In: Saat auf Hoffnung 64 (1927) 123–125; Der 14. Zionistenkongreß. In: Saat auf Hoffnung 62 (1925) 118–121.

270 Vgl. Harling, Otto von: Um Zions willen. In: Friede über Israel! 30/4 (1933), 1–3.

5.   Schlussbetrachtung

Deutsche und deutschsprachige Judenmissionare verstanden sich überwiegend als Gegner jüdischer Assimilation. Den Zionismus begrüßten sie als Bekenntnis zu einer »jüdischen Eigenart«, wie es in Saat auf Hoffnung 1892 exemplarisch hieß; Zionisten stellten eine tendenziell willkommene Gegenbewegung zum »mosaischen Kosmopolitismus«[271] des liberalen Judentums dar. Anspruch der Missionare war, wenig verwunderlich, die Evangelisierung der Juden; dieses Ziel war stets Teil der Auseinandersetzung mit dem Zionismus. Jenseits davon ließen sich verschiedene Positionen unter den Missionaren ausdifferenzieren.

Eine entscheidende Kontroverse in der Rezeption des Zionismus war dessen säkulare Prägung. Das Christentum der meisten untersuchten Akteure ließ keinen Weg jüdischer »Selbsterlösung« zu: so erfreulich das Bekenntnis zur jüdischen Nationalität; so nutzlos bleibe es ohne grundsätzliche religiöse Erneuerung – ohne Hinwendung zum Christentum.

Eine Ausnahme stellte der Baseler Theologe C. F. Heman dar, der dennoch an die göttliche Bedeutung der zionistischen Bewegung glaubte und als öffentlicher Unterstützer in Erscheinung trat. Man müsse den Zionisten Vertrauen schenken, anstatt sie mit direkten Missionsversuchen zu behelligen. Anderen, exemplarisch seien Gustaf Dalman und Johannes de le Roi genannt, bot der Zionismus wenig Aussicht auf den erhofften religiösen Wandel der Juden; vor allem de le Roi erging sich in leidenschaftliche antisemitische Ausfälle gegen die Zionisten. In Leipzig entspann sich in der Nachfolge Franz Delitzsch' ein alternativer Diskurs. Darin spielte das Judenchristentum eine große Rolle, das immer wieder in Verbindung mit der zionistischen Bewegung gebracht wurde. Es erneuerte sich regelmäßig die Hoffnung, der Zionismus verwandle sich bald in ein »christliches Nationalisrael«. Als sich diese Hoffnung nicht erfüllen sollte, reagierten Otto von Harling und Missionare des Leipziger Kontextes ebenfalls mit judenfeindlichen Verurteilungen. Kurzum: Die meisten Missionare prognostizierten das Scheitern des Zionismus als Folge seiner fehlenden Religiosität.

Doch damit ist längst noch nicht alles gesagt über die gravierenden antisemitischen Züge, die in diesen Rezeptionen zutage traten. Wie ist dieser Antisemitismus zu beurteilen – zumal sich die Judenmissionare selbst als Judenfreunde verstanden? Ihre durchgehende Betonung der heilsgeschichtlichen Bedeutung des Judentums machte sie jedenfalls keineswegs immun gegen Judenfeindschaft. Die Sichtweise der Missionare auf Juden war zumeist abstrakt und schematisch. Wenn sich Juden nicht mit dem missionarischen Bild von ihnen als Träger von Heilsgeschichte deckten, überzog man sie nicht selten mit ätzender Kritik. Das

---

271 »Juda will nicht Juda heißen, es will ein mosaischer Kosmopolit sein«, Aus dem jüdischen Lager. In: Saat auf Hoffnung 29/4 (1892) 266–272, hier 266.

zeigte sich mustergültig in den Rezeptionen des Zionismus. In den Attacken auf den Zionismus kam einerseits ein traditioneller Fundus an Verurteilungen zur Geltung: »Verblendung« und »Verstockung« – Zionisten wurden als Juden, die die göttliche Wahrheit nicht sehen können oder wollen, dargestellt; andererseits hatten viele Missionare Motive des zeitgenössischen Antisemitismus internalisiert und ebenfalls auf die Zionisten übertragen, vor allem die Vorstellung von den Juden als »zersetzende« Kraft. Man findet hier also eine spezifische Ausprägung eines antisemitisch aufgeladenen Antizionismus vor: Darin gingen nicht nur Antisemitismus und Antizionismus ineinander über, sondern auch Tradition und Moderne der Judenfeindschaft.

V. Ausblick: Neurechte Projektionen auf Israel

Vereinnahmungen und Verzerrungen des Zionismus beschränken sich keineswegs nur auf historische Akteure. Aus der Betrachtung dieser können zwar keine unmittelbaren Schlüsse für die Gegenwart abgeleitet werden, aber verwandte Motive und Denkmuster lassen durchaus Vergleiche mit gegenwärtigen Erscheinungsformen zu. Zu Beginn dieser Arbeit wurde auf Vereinnahmungsversuche Israels von europäischen Rechtspopulisten hingewiesen. Was sagt das über ihr Verhältnis zum Antisemitismus aus? Zur Erinnerung: Einst hatte der 2008 verstorbene Jörg Haider die FPÖ zur »PLO Österreichs« erklärt; bereits 2003 hatte Haider verkündet, er sei mit dem irakischen Diktator Saddam Hussein »in der Palästinenserfrage einer Meinung«.[1] Im Zuge ihrer neuentdeckten Liebe zu Israel distanzieren sich Rechtspopulisten, wie Haiders Parteigenosse Strache während seiner Israelreise 2010, häufig von Antisemitismus. Israel bleibt für neurechte Ideologen eine beliebte Projektionsfläche. Bemerkenswert ist, auf welcher Grundlage neurechte Projektionen auf Israel basieren: Israel wird als (Stell-) Vertreter europäischer Nationalstaaten begriffen, der einen Vorposten im Kampf gegen den Feind Islam einnehme. Besonders bei den in der Einleitung zitierten Sätzen Straches wird deutlich, dass der jüdische Staat geradezu als Inbegriff eines starken (und zugleich bedrohten) Nationalstaats erscheint, mit dem zu identifizieren sich geradezu aufdränge. Strache unterstreicht die Verwurzelung jüdischer Siedler mit ihrem angestammten biblischen Land, das mit Entschlossenheit gegen eine feindliche Umgebung verteidigt werde.[2]

Ein vergleichbarer Trend lässt sich auch innerhalb der AfD beobachten. Alexander Gauland verteidigte im April 2018 »die Existenz Israels« als »Teil unserer Staatsräson«, was die Verpflichtung miteinschließe, im Ernstfall an Israels Seite »zu kämpfen und zu sterben«.[3] 2001 war Gauland, dem Querfront-Antiimperialismus Haiders nicht unähnlich, noch gegen die »europäischen Kolonialmächte« und insbesondere die Führungsrolle der USA im Nahen Osten zu Felde gezogen,

---

1 *Haider*, Jörg: Befreite Zukunft, jenseits von links und rechts. Menschliche Alternativen für eine Brücke ins neue Jahrtausend. Wien 1997, 100; *Ders.*: Zu Gast bei Saddam. Im »Reich des Bösen«. Wien 2003, 77.

2 Vgl. hierzu den erhellenden Beitrag *Schreiter*, Nikolai: Nicht an der Seite, an der Stelle Israels wollen sie sein. AfD, FPÖ und die Identifizierung mit dem imaginierten Angreifer. In: sans phrase 9/14 (2019) 170–192.

3 »Wir werden das Existenzrecht Israels immer verteidigen«. In: ZEIT vom 26.04.2018.

die den Staat Israel als »Fremdkörper [...] in diese Welt« implantiert und damit das »Lebensrecht« der Araber »ein[ge]schnürt« hätten.[4] Gegen einen jüdischen Staat in Palästina als bedrohliches, fremdes und künstliches Gebilde, das in einer machtpolitischen Intrige der autochthonen arabischen Bevölkerung übergestülpt worden und damit für die zwischen Juden und Arabern geschaffene Konfliktsituation verantwortlich zu machen sei, polemisierten Antisemiten in Deutschland seit jeher, wie in einem Kapitel dieser Arbeit dargelegt wurde. Die Auslassungen Haiders oder Gaulands lassen sich umstandslos mit denen deutscher Antisemiten zur Zeit des Kaiserreichs und der Weimarer Republik parallelisieren. Nach dem Nationalsozialismus werden solche Bilder allerdings nicht mehr als Teil einer explizit antisemitischen Welterklärung bedient, sondern geben sich als Antiamerikanismus und Antizionismus lediglich chiffriert zu erkennen. Verweisen proisraelische Aussagen prominenter Rechtspopulisten nun auf einen Bruch mit antisemitischen Denkmustern?

Für die Beurteilung proisraelisch auftretender Rechtspopulisten liegt der Schluss nahe, dass diese die alten Denkgewohnheiten bloß aussetzen und anderen Ressentiments (zeitweilig) unterordnen, was sich schon dadurch zu bestätigen scheint, dass andere Ausdrucksformen von Antisemitismus, die nicht israelbezogen sind, widerspruchslos und unwidersprochen fortbestehen.[5] Für Gauland gilt: Es handelt sich bei ihm tatsächlich keineswegs um eine eindeutige Neupositionierung, denn weder ist seine Haltung eindeutig, noch ist sie grundsätzlich neu. Für Gauland ist nicht das klare proisraelische Bekenntnis charakteristisch, vielmehr legt er eine uneindeutige und je nach Publikum interpretierbare Haltung an den Tag. Seiner Aussage vom April 2018 war im September 2017 vorausgegangen, dass er die Akzeptanz von Israels Existenzrecht als Teil der deutschen Staatsräson in Deutschland in Frage stellte. Damit appellierte er weniger für die konsequente Durchsetzung dieser Richtlinie, als dass er Sinn und Möglichkeit anzweifelte, die Verteidigung des israelischen Staates könne ernsthaft als Teil der deutschen Staatsräson begriffen werden. »Ja, natürlich ist das Existenzrecht Israels für uns ein ganz wichtiger Punkt, und natürlich stehen wir auch an der Seite Israels«, beteuerte Gauland. »Nur, das zur Staatsräson zu machen, das klingt so einfach, aber in Israel gibt es dauernd Krieg.« Staatsräson könne das nur sein, wenn »wir dann auch wirklich bereit sind, unsere Leben für den Staat Israel einzusetzen. Und das spüre ich nicht, und deswegen bin

---

4 *Gauland*, Alexander: Mehr Respekt vor der arabischen Welt. In: WELT vom 20.09.2001. Vgl. dazu auch *Jaecker*, Tobias: Hass, Neid, Wahn: Antiamerikanismus in den deutschen Medien. Frankfurt a. M. 2014, 39 f.

5 Philipp Lenhard hat jüngst auf eine antisemitische Karikatur aufmerksam gemacht, die Strache über das Internet verbreitet hat, vgl. *Lenhard*, Philipp: Vom nationalen zum europäischen Antisemitismus. Europäischer Antisemitismus nach 1989 – ein Überblick. In: Münchner Beiträge zur Jüdischen Geschichte und Kultur 13/1 (2019) 36–60, 46–49.

ich vorsichtig bei dieser Formulierung.«[6] Bereits an anderer Stelle, viele Jahre zuvor, hatte Gauland in der rechtskonservativen Zeitschrift »Criticón« über den britischen Außenminister Balfour geschrieben, sich dabei scheinbar eines Urteils enthaltend: »Arthur James Balfour lebt in den Geschichtsbüchern heute nur noch als Urheber der Balfour-Deklaration von 1917, die den Grundstein für einen jüdischen Staat in Palästina legte. Und je nachdem, ob man Israel als Heil oder Unheil betrachtet, fällt auch das Urteil über Balfour aus.«[7] Die alles andere als eindeutigen Aussagen zu Israel lassen sich im Zusammenhang mit den zahlreichen – und sehr eindeutigen – revisionistischen Stellungnahmen Gaulands als Kritik an der deutschen Politik und ihrer mangelnden Souveränität über die deutsche Geschichte lesen. Es findet sich bei Gauland durchaus angedeutet, dass, wer Herr über die eigene Geschichte sein will, sich der lästigen Verpflichtung gegenüber Israel entledigen müsse. Ein bedingungsloses Eintreten für Israel verträgt sich nicht mit Gaulands Vorstellung einer an nationalen Interessen ausgerichteten Macht- und Realpolitik, ohne dass er dies bislang offen ausgesprochen hätte. Im Gegenteil: Öffentlichkeitswirksame Lippenbekenntnisse erscheinen solange opportun, wie es die Wahrnehmung einer jungen rechten Partei als extremistisch und antisemitisch zu vermeiden gilt. Allerdings ist es keine ausgemachte Sache, dass sich selbst dieser bloß instrumentelle Kurs in der AfD zu behaupten vermag. Einstweilen ist die Parteispitze noch bestrebt, den Ausschluss von Parteimitgliedern wie Wolfgang Gedeon durchzusetzen, der sich seit Jahren offenherzig über jüdische und zionistische Weltverschwörungen ausbreitet. Die zur Schau gestellte Solidarität mit Israel (oder Juden in Deutschland) erweist sich allerdings jetzt bereits als brüchig, angesichts der parteiinternen Widerstände in der Debatte um Gedeon und zeigen mehr als deutlich, dass weder Antisemitismus *noch* Antizionismus in der AfD als überwunden gelten dürfen oder in der Partei auch nur Interesse an einer ernstzunehmenden Auseinandersetzung mit Judenfeindschaft besteht.[8] Es wird sich dabei noch zeigen, ob sich die AfD, wie

---

6 »Gauland hat Zweifel zu Existenzrecht Israels als Staatsräson«. In: Reuters, URL: https://de.reuters.com/article/deutschland-wahl-afd-israel-gauland-idDEKCN1C02DY (am 31.01.2020).

7 *Gauland*, Alexander: Autorenporträt Arthur James Balfour (1848–1930). In: Criticón 17/97 (1986) 201–203, hier 201. Für diesen Hinweis und weiteren Anregungen zu den Schlussüberlegungen dieser Arbeit danke ich Matheus Hagedorny.

8 Anfang 2017 hatte Gedeon in einem Papier (»Wird die AfD eine zionistische Partei?«) eine klare Distanzierung der Partei vom »israelischen Zionismus« gefordert sowie im selben Jahr eine Unterstützung der BDS-Kampagne vorgeschlagen. Dazu und Gedeons antisemitischen Positionen, vgl. Grigat, Stephan: Von Österreich lernen. In: *Ders.* (Hg.): AfD und FPÖ. Antisemitismus, völkischer Nationalismus und Geschlechterbilder. Baden-Baden 2017, 9–29, hier 15 f.; *Salzborn*, Samuel: Antisemitismus in der ›Alternative für Deutschland‹. In: *Ders.* (Hrsg.): Antisemitismus seit 9/11. Ereignisse, Debatten, Kontroversen. Baden-Baden 2019, 197–216, zu Gedeon 207–211. Beim Bundesparteitag 2017 in Köln scheiterte ein von Beatrix von Storch gestellter Antrag, über einen Abschnitt mit dem Titel »Deutsch-Israelische

der Soziologe Samuel Salzborn vermutet, »auf dem Weg von einer Partei für Antisemiten zu einer antisemitischen Partei befindet.«[9]

Es würde jedenfalls wenig Wunder nehmen, wenn in einer Partei, deren (Ehren-)Vorsitzender zum Kampf gegen ein als »globalistischen Kraken« (Gauland) apostrophiertes »Establishment« aufruft, altbewährte Traditionen in stärkerem Ausmaß wiederbelebt und das Geraune von einer »Israel-Lobby« (Gedeon im Oktober 2019) eine neue Konjunktur erfahren würde.[10] Gedeon prangerte die angebliche »Israelhörigkeit« als Problem seiner Partei an, da »gerade die Israel-Lobby [...] systematisch den Antisemitismus-Vorwurf [missbraucht], um eine einseitige Erinnerungskultur und ein verzerrtes Geschichtsbild sowie eine bedingungslose Pro-Israel-Politik durchzusetzen.«[11] Ungewiss ist der weitere Fortgang, denn auch Gauland versucht lediglich einen Balanceakt zwischen einem integren Bild der AfD und revisionistischen Positionen im Kampf um Deutungshoheit über die deutsche Geschichte zu meistern.

Freundschaft stärken« im Bundestagswahlprogramm abzustimmen. In einer Gegenrede zur Behandlung des Antrages wurde argumentiert, es gäbe ein Problem mit israelischen »Kriegsverbrechern«, vgl. *Steinitz*, Benjamin/*Poensgen*, Daniel: Die AfD im Spannungsfeld zwischen Relativierung und Instrumentalisierung des Antisemitismus, 06/2018, URL: https://rechtsaussen.berlin/2017/11/die-afd-im-spannungsfeld-zwischen-relativierung-und-instrumentalisierung-des-antisemitismus/ (am 31.01.2020).

9 *Salzborn*: Antisemitismus in der Alternative für Deutschland 197.

10 In einem programmatischen Text beschwört Gauland ein Feindbild »globalistischer Eliten«, die in kosmopolitischer Absicht Politik, Wirtschaft und Medien lenkten und die Nöte des sogenannten ›kleinen Mannes‹ ignorierten, indem sie dessen Milieu, die »Heimat«, die dieser als »Wert an sich« begreift, bewusst zugrunde richten, vgl. *Gauland*, Alexander: Warum muss es Populismus sein? In: Frankfurter Allgemeine Zeitung vom 06.10.2018. Der Antisemitismusforscher Wolfgang Benz zieht einen direkten Vergleich dieses Textes mit einer Rede Adolf Hitlers, vgl. *Benz*, Wolfgang: Wie Gauland sich an Hitlers Rede anschmiegt. In: Tagesspiegel vom 10.10.2018. Zur »Kraken«-Metapher Gaulands, vgl. *Rafael*, Simone: Faschistische Vorstellungen: AfD-Chef Gauland träumt von »Machtergreifung« in Deutschland, 30.08.2018, URL: https://www.amadeu-antonio-stiftung.de/faschistische-vorstellungen-afd-chef-gauland-traeumt-von-machtergreifung-in-deutschland-49981/ (am 15.01.2020).

11 Vgl. *Kamann*, Matthias: Warum es so schwierig ist, diesen Mann aus der AfD zu werfen. In: WELT vom 31.10.2019.

Danksagung

Ich möchte allen, die mich bei meiner Dissertation und dem daraus entstandenen Buch unterstützt haben, herzlich danken: Michael Brenner und Friedrich Wilhelm Graf haben die Arbeit betreut, meine Kapitelentwürfe wiederholt gelesen und deren Entwicklung mit kritischer Diskussion begleitet. Die Gespräche, die ich im Vorfeld mit Alan Steinweis führen konnte, haben wesentlich zur Themenfindung beigetragen und wichtige Impulse zu Beginn gegeben. Ich danke auch Mirjam Zadoff, die als Drittprüferin bei meiner Verteidigung fungiert hat.

Ohne die großzügige finanzielle und ideelle Förderung, die ich drei Jahre lang vom Ernst-Ludwig-Ehrlich Studienwerk erfahren habe, wäre diese Arbeit nicht zustande gekommen. Ich möchte mich stellvertretend bei Dmitrij Belkin für das große Vertrauen bedanken. Anschlussfinanzierungen der FAZIT-Stiftung und am Leibniz-Institut für Europäische Geschichte Mainz haben mich die Arbeit fertigstellen lassen. Ganz besonders möchte ich mich für die Aufnahme in das Graduiertenkolleg »Religiöse Kulturen im Europa des 19. und 20. Jahrhunderts« an der LMU München bedanken. Das IGK hat mir nicht nur ermöglicht, zahlreiche Forschungsreisen finanziell zu stemmen, sondern durch zahlreiche Summerschools, Methodenseminare und die angeregte Diskussion im Forschungscolloquium auch meinen wissenschaftlichen Horizont erweitert. Ich erhielt zudem die Chance, zusammen mit Dana von Suffrin einen Workshop zum Thema »Philozionismus« auszurichten.

Wertvolle Hilfestellungen habe ich auf den Tagungen, Workshops und in den Oberseminaren erhalten, wo ich meine Arbeitsfortschritte präsentieren und meine Forschungsergebnisse diskutieren konnte. Ich danke den Organisatoren und Teilnehmern der Max and Hilde Kochmann Summer School in Brighton 2015, der Nachwuchstagung Judaistik/Jüdische Studien in Frankfurt am Main im selben Jahr sowie der Jahreskonferenz der European Association for Israel Studies in Wroclaw 2017. Ich danke Andrea Sinn und Philipp Lenhard für die Organisation des Workshops »Jews, Germans, and other Europeans: Modern Encounters«, der im Dezember 2016 an der UC Berkeley stattfand. Eine durch und durch gewinnbringende und dabei überaus herzliche Erfahrung war das German-Israeli Archival Exchange Colloquium 2016/17, das von Miriam Rürup, Björn Siegel und Sagi Schäfer betreut wurde. Vielen Dank auch an Uwe Puschner für die immer gleichermaßen freundlichen und sachkundigen Gespräche und die Möglichkeit, mein Projekt im Juni 2017 im Oberseminar des Friedrich-Meinecke-Institus der FU Berlin vorzustellen. Eine große Freude war die Tagung

»Deutschsprachige Zionismen – Verfechter, Kritiker und Gegner, Organisationen und Medien (1890–1938)«, die von Lisa Sophie Gebhard, Ivonne Meybohm und David Hamann 2017 am Selma Stern Zentrum in Berlin ermöglicht wurde und eine ganze Reihe junger Wissenschaftler mit dem Forschungsinteresse Deutscher Zionismus zusammengebracht haben. Besonderer Dank gebührt Ina Ulrike Paul, ohne deren Zuspruch und Unterstützung ich in den Endzügen der Arbeit Mut und Zuversicht eingebüßt hätte.

Selbstverständlich danke ich auch allen Mitarbeitern in den von mir aufgesuchten Archiven.

Ich bedanke mich von ganzem Herzen bei meinen Freunden und Kollegen für die sorgfältige Lektüre und Unterstützung in allen Phasen des Arbeitsprozesses: Michael Gaul, Thea Gerdes, Tobias Grill, Christoffer Leber, Philipp Lenhard, Esther Möller, Sarah Panter, Felix Schölch, Mathias Schütz, Claus Spenninger, Albrecht Spranger. Besonderer Dank gilt dabei Horst Baumann, Dana von Suffrin und meiner Mutter, deren gleichermaßen aufopferungsvolle und schonungslose Durchsicht in den letzten Wochen und Tagen vor der Einreichung eine unvergessliche Unterstützung für mich bedeutete.

Unschätzbar auch der Beitrag des Zippichs, der in den letzten Zügen des Schreibprozesses nicht von meiner Seite gewichen ist, treuherzig ausharrte, bis es wieder Zeit für eine Gutti-Unterbrechung war.

Das Buch ist meinem Vater gewidmet, der 2011 verstorben ist und das Zustandekommen dieser Arbeit nicht mehr erlebt hat.

Abkürzungen

ADV	Alldeutscher Verband
AIU	Alliance Israélite Universelle
BArch	Bundesarchiv Berlin-Lichterfelde
BayHStA	Bayerisches Hauptstaatsarchiv, München
BJC	Bund Jüdischer Corporationen
CV	Centralverein deutscher Staatsbürger jüdischen Glaubens
CZA	Central Zionist Archives
CUP	Komitee für Einheit und Fortschritt
DAG	Deutsch-Asiatische Gesellschaft
DAP	Deutsche Arbeiterpartei
DNVP	Deutschnationale Volkspartei
DSRP	Deutsch-soziale Reformpartei
DTV	Deutsch-Türkische Vereinigung
DVP	Deutsche Vaterlandspartei
DVSTB	Deutschvölkischer Schutz- und Trutzbund
EAC	Engeres Actionscomittee der Zionistischen Organisation
EZA	Evangelisches Zentralarchiv
GSJHM	The German-Speaking Jewry Heritage Museum Archives, Tefen
IKJ	Institut Kirche und Judentum
JTA	Jewish Telegraphic Agency
JVP	Jüdische Volkspartei
KJV	Kartell Jüdischer Verbindungen
KfdO	Komitee für den Osten
KH	Keren Hayessod
NO	Nachrichtenstelle für den Orient
NSDAP	Nationalsozialistische Deutsche Arbeiterpartei
PAAA	Politisches Archiv des Auswärtigen Amts
PPK	Pro Palästina Komitee
SchA	Schocken Archives, Jerusalem
STA	Staatsarchiv Hamburg
StAM	Staatsarchiv München
StdA	Stadtarchiv München
VflJ	Vereinigung für das liberale Judentum
VnJ	Verein nationaldeutscher Juden
ZO	Zionistische Organisation
ZVfD	Zionistische Vereinigung für Deutschland

Abbildungsverzeichnis

Quellen- und Literaturverzeichnis

a)   Unveröffentlichte Quellen

BayHStA: Bayerisches Hauptstaatsarchiv, München

Bestand Ministerium des Inneren
MInn 73542: Die Zionisten, 1897–1914
Bestand Ministerium des Äußeren
MA 50843: Druckschriften und Manuskripte jüdischer Verbände 1906–1918

BArch: Bundesarchiv Berlin-Lichterfelde

Staatsgerichtshof zum Schutze der Republik
R 3009/37, Propaganda-Material 1919–1922
R 3009/38, Flugschriften und Zeitungen
R 3009/39, Deutschvölkische Blätter
Alldeutscher Verband 1891–1939
R 8048/252, Deutschvölkischer Schutz- und Trutzbund (1918–1939)
R 8048/253, Deutschvölkischer Schutz- und Trutzbund (1918–1939)
Reichskulturkammer
RSK BeKA 20100

CZA: Central Zionist Archives, Jerusalem

A15/24, A15/140
A78
A121/94/1–3
AK 670/1
H1/1472, H1/3204
H8/344
Z3/2, Z3/11, Z3/15, Z3/17, Z3/19, Z3/34, Z3/25, Z3/26, Z3/27, Z3/28, Z3/206, Z3/630, Z3/1039
Z4/3567

EZA: Evangelisches Zentralarchiv, Berlin

Judentum und antisemitische Bewegung
7/3687–3689
Gesellschaft zur Beförderung des Christentums unter den Juden
7/3647–3648

GSJHM: The German-Speaking Jewry Heritage Museum Archives, Tefen

Lilien Ephraim Moshe & Lilien Otto, G. F. 0267/2.3

PAAA: Politisches Archiv des Auswärtigen Amts

Türkei 195 R 14125–14146, Die Juden in der Türkei
Jüdische Angelegenheiten
Jud. Pol. 1–3, R 78656–78680
Auszüge aus der jüdischen Presse, R 78681–78700
Nachlass Prof. Sobernheim, R 78701–78731
Personalakte Nr. 651 Sobernheim

SchA: Schocken Archives, Jerusalem

Bestand ZVfD
531/66 Antisemitismus Kommission
531/67 Pro Palaestina Komitee
531/42 Presse Schau

STA Hamburg: Staatsarchiv Hamburg

622–1/58 Wilhelm Marr B IV, Sozialpolitische Rücksichtslosigkeiten – Tagebuchaufzeichnungen eines Pessimisten, 1891–1901

StAM: Staatsarchiv München

Bestand Polizei-Direktion München
Bd. 6685: Völkische Bewegung und Judenfrage
Bd. 6688: Völkische Presse

Staatsbibliothek zu Berlin – Preußischer Kulturbesitz

Nachlässe und Autographe: Slg Autogr. Münchhausen, Börries Frhr. von

StdA München: Stadtarchiv München

ZA-07871 Juden – Zionismus (1917–1963)

b)   Gedruckte Quellen

Abdul-Rafi, Mohammed: Arabien gegen Zion. In: Reichswart 12/37/38 (1931) 4, 3.
Absonderung und Abstoßung. In: Mittheilungen aus dem Verein zur Abwehr des Antisemitismus 13/37 (1903) 289–292.
Ahlwardt, Hermann: Bundschuh. Dresden 1884.
Alljudentum über allen Staaten! In: Völkischer Beobachter Nr. 243 vom 13.09.1928, 1.

Anacker, Ludwig: Zionisten und Judenchristen. In: Saat auf Hoffnung. Zeitschrift für die Mission der Kirche an Israel 36/1 (1900) 48–51.

Andauernde Kämpfe in Palästina. Der Zionismus die Ursache – Alfred Mond und Weizmann »greifen ein«. In: Völkischer Beobachter Nr. 199 vom 29.08.1929, 1–2.

Andere merkwürdige Anträge. In: Mittheilungen aus dem Verein zur Abwehr des Antisemitismus 9/35 (1899) 278–279, 292–293, 302–303.

Arabertum, Palästina, Islam. In: Reichswart 11/21 (1930) 2–3.

»Den Juden ist das arabische Volk anvertraut«. Freche Zionistenkundgebung in Berlin. In: Völkischer Beobachter Nr. 211 vom 12.09.1929, 2.

»Die ganze in »Palästina vertretene Weltpresse in jüdischen Händen«. Feststellungen des neutralen »Corriere della Sera« über die Bedrückung der Araber durch die Zionisten. In: Völkischer Beobachter Nr. 206 vom 06.09.1929, 1.

Rezension S. Adler »Zionismus oder Nationaljudenthum?«. In: Mittheilungen aus dem Verein zur Abwehr des Antisemitismus 4/46 (1894) 368.

[Wien, 10. Dezember]. In: Die Welt. Zentralorgan der Zionistischen Bewegung 5/51 (1901) 11.

Auch Israel? In: Deutsche Warte vom 08.08.1917.

Auerbach, Elias: Pionier der Verwirklichung. Ein Arzt aus Deutschland erzählt vom Beginn der zionistischen Bewegung und seiner Niederlassung in Palästina kurz nach der Jahrhundertwende. Stuttgart 1969.

Aus dem jüdischen Lager. In: Saat auf Hoffnung. Zeitschrift für die Mission der Kirche an Israel 29/4 (1892) 266–272.

Aussichten in Palästina. In: Hammer. Parteilose Zeitschrift für nationales Leben 22/493/494 (1923) 21.

Autoverkehrsmöglichkeiten in Palästina. In: Deutsche Levante-Zeitung 3/1 (1913) 19–20.

Baeck, Leo: Das Wesen des Judentums. 1. Aufl. Berlin 1905.

Ballod, Carl: Das Ostjudenproblem und die Frage seiner Lösung durch den Zionismus. In: Europäische Staats- und Wirtschaftszeitung 1/16 (1916) 874–880.

Ballod, Carl: Palästina als jüdisches Ansiedlungsgebiet. Berlin 1918.

Baring, A.: Von Juden und Judenmission. Ein Vortrag. Leipzig 1915.

Bartels, Adolf: Die Berechtigung des Antisemitismus. Eine Widerlegung der Schrift von Herrn v. Oppeln-Bronikowski »Antisemitismus?«. Leipzig, Berlin 1921.

Becker, Carl Heinrich: Kulturpolitische Aufgaben des Reiches. Leipzig 1919.

Behm, Richard: Grundlinien des deutschvölkischen Zukunftsstaates. In: Deutschbund-Blätter 23/29 (1924) 38.

Bericht eines englischen Offiziers. In: Hammer 20/450 (1921) 109.

Bettauer, Hugo: Die Stadt ohne Juden. Ein Roman von übermorgen. Wien 1922.

Bettelheim, Anton: Der Gründungsprospect einer jüdischen Schweiz. In: Münchener Allgemeine Nachrichten Nr. 52 vom 28.02.1896.

Bieling, P.: Über den VII. Zionistenkongreß. In: Friede über Israel! 2/4 (1905) 8–11.

Birnbaum, Nathan: Der Zionismus als Kulturbewegung. Referat, gehalten auf dem Zionisten-Kongreß in Basel am 29. August 1897. In: Ders. (Hg.): Ausgewählte Schriften zur jüdischen Frage. Bd 1. Czernowitz 1910, 75–83.

Bischoff, Erich: Klarheit in der Ostjudenfrage. Tatsachen, Gedanken und Grundsätze. Dresden 1916.

Blumenfeld, Kurt: Der Zionismus. Eine Frage der deutschen Orientpolitik. In: Preußische Jahrbücher 161 (1915) 82–111.

[*Blumenfeld*, Kurt]: Die politische Bedeutung des Zionismus. In: Das Größere Deutschland. Wochenschrift für deutsche Welt- und Kolonial-Politik 2/9 (1916) 290–298.

Blumenfeld, Kurt: Erlebte Judenfrage. Ein Vierteljahrhundert deutscher Zionismus. Stuttgart 1962.

Blumenfeld, Kurt (Hg.): Im Kampf um den Zionismus. Briefe aus 5 Jahrzehnten. Stuttgart 1976.

Böckel, Otto: Die Quintessenz der Judenfrage. Ansprache an seine Wähler und alle deutsch-nationalen Männer im Vaterlande. Marburg 1889.

Bodenheimer, Henriette Hannah (Hg.): Im Anfang der zionistischen Bewegung. Eine Dokumentation auf der Grundlage des Briefwechsels zwischen Theodor Herzl und Max Bodenheimer von 1896 bis 1905. Frankfurt a. M. 1965.

Bodenheimer, Henriette Hannah (Hg.): Der Durchbruch des politischen Zionismus in Köln 1890–1900. Eine Dokumentation. Briefe, Protokolle, Flugblätter, Reden. Köln 1978.

Bodenheimer, Max: Meine Palästinafahrt mit Herzl. In: *Bodenheimer*, Max/*Bodenheimer*, Henriette Hannah (Hg.): Die Zionisten und das kaiserliche Deutschland. Bensberg 1972, 9–58.

Bodenheimer, Max/*Bodenheimer*, Henriette Hannah (Hg.): Die Zionisten und das kaiserliche Deutschland. Bensberg 1972.

Bodenheimer, Max I.: Wohin mit den russischen Juden? Syrien ein Zufluchtsort der russischen Juden. Hamburg 1891.

Bodenheimer, Max I.: So wurde Israel. Aus der Geschichte der zionistischen Bewegung. Frankfurt a. M. 1958.

Bratter, C. A.: Der Kampf um Palästina. In: Vossische Zeitung vom 01.08.1917.

Brieger, Lothar: E. M. Lilien. Eine künstlerische Entwicklung um die Jahrhundertwende. Berlin, Wien 1922.

Brode, Heinrich: Jaffa. Handelsbericht des Kaiserlichen Vizekonsulats für das Jahr 1912. In: Deutsches Handels-Archiv. Zeitschrift für Handel und Gewerbe 36 (1913) 798–806.

Bürger, Berthold: Die Zukunft Palästinas und die Judenfrage. In: Die Hilfe. Gotteshilfe, Selbsthilfe, Staatshilfe, Brüderhilfe 21/15 (1915) 236–238.

Christen über die Judenfrage. Antwort des Reverend William Henry Hechler. In: Die Welt. Zentralorgan der Zionistischen Bewegung 1/2 (1897) 7–9.

Citron, Julius: Der Zionismus. In: Neue Preußische Zeitung (Kreuzzeitung) Nr. 389 vom 19.08.1898.

Claß, Heinrich: Denkschrift betreffend die national-, wirtschafts- und sozialpolitischen Ziele des deutschen Volkes im gegenwärtigen Kriege. o. O. [München] o. J. [1914].

Cleinow, Georg: Reichsspiegel (vom 2. Bis zum 16. Februar). In: Die Grenzboten. Zeitschrift für Politik, Literatur und Kunst 73/1 (1914) 328–333.

Cohen, Philipp: Das hebräische Volkstum der Judenchristen. Bremen 1910.

Cohen-Reuß, Max: Die politische Bedeutung des Zionismus. Berlin 1918.

Comité für Palästinawanderfahrten jüdischer Turner und Studenten: Bericht der ersten Palästinawanderfahrt zur Orientierung für die nächsten Fahrten. Berlin 1913.

Dalman, Gustaf: Die jüdische Kolonisation von Palästina. In: Nathanael 9 (1893) 129–142, 161–174.

Dalman, Gustaf: Die Mission unter Israel in den Jahren 1893 und 1894. In: Nathanael 11/1 (1895) 1–11.

Dalman, Gustaf: Der Verlauf der Konferenz. In: *Ders.* (Hg.): Die Allgemeine Konferenz für Judenmission in Leipzig abgehalten vom 6. bis 8. Juni 1895. Die Ansprachen der Referenten und Bericht über den Verlauf der Konferenz von Gustaf Dalman. Leipzig 1896, 5–22.

Dalman, Gustaf: Christentum und Judentum. Leipzig 1898.

Daniels, Emil: Die Juden des Ostens. In: Preußische Jahrbücher 160/2 (1915) 321–331.

Das Aufbauwerk in Palästina. Das Weizmann-Interview im »Berliner Tageblatt«. In: Jüdische Rundschau 30/8 (1925) 74.

Das deutsche Palästina-Komitee. In: Frankfurter Zeitung vom 29.04.1918.

Das Judenthum und seine Mission. In: Das Zwanzigste Jahrhundert 5/6 (1894/95) 284–286.

Das Jüdische Palästinawerk. »Hilfe durch Aufbau«. In: Jüdische Rundschau 34/72 (1929) 475.

Das liberale Judentum und Palästina. Zum neuen »Pro Palästina«-Comité. In: Jüdisch-liberale Zeitung 6/52 (1926).

Das wahre Ziel der Zionisten. In: Die Post. Berliner Neueste Nachrichten Nr. 176 vom 16.04.1902.

Das zionistische Fiasko. In: Völkischer Beobachter Nr. 18 vom 22./23.1.1928, 3.

Das zionistische Paradies. In: Völkischer Beobachter Nr. 31 vom 07.02.1928, 4.

David ha-Esrachi, Schelomo Ben [=*Heman*, C. F.]: Die Mission des jüdischen Volkes. Ein Wort zur Verständigung zwischen Zionisten und Antizionisten. In: Die Welt. Zentralorgan der Zionistischen Bewegung 2/45/46/47/48 (1898) 5–6, 6–7, 6–8, 4–5.

de le Roi, J. F. R.: Stephan Schultz. Ein Beitrag zum Verständnis der Juden und ihrer Bedeutung für das Leben der Völker. Gotha 1871.

de le Roi, J. F. R.: Die evangelische Christenheit und die Juden in der Zeit des Zwiespalts in der christlichen Lebensanschauung unter den Völkern. B. Grossbritannien und die ausser-europäischen Länder während des 19. Jahrhunderts. Karlsruhe 1892.

de le Roi, J. F. R.: Die Zionistische Bewegung 1897. In: Nathanael 14/1 (1898) 1–21.

de le Roi, J. F. R.: Die Judenmission an der Wende des Jahrhunderts. In: Nathanael 16/1 (1900) 3–29.

de le Roi, J. F. R.: Zionistische Gedanken und Ideale. In: Nathanael 17/1/2 (1901) 3–35.

de le Roi, J. F. R.: Der Zionismus in seiner gegenwärtigen Gestalt. In: Nathanael 24/1 (1908) 11–19.

de le Roi, J. F. R.: Der X. Zionisten-Kongreß. In: Nathanael 28/1 (1912) 6–17.

Delitzsch, Franz: Berit chadascha. Hebräische Übersetzung des Neuen Testaments. Leipzig 1877.

Delitzsch, Franz (Hg.): Neue Documente der südrussischen Christentumsbewegung. Sebstbiographie und Predigten von Joseph Rabinowitsch. Leipzig 1887.

Der »Wächter Germanias«. In: Mittheilungen aus dem Verein zur Abwehr des Antisemitismus 7/34 (1897) 271.

Der 14. Zionistenkongreß. In: Saat auf Hoffnung. Zeitschrift für die Mission der Kirche an Israel 62 (1925) 118–121.

Der Dr. Herzl'sche Plan eines Judenstaates. In: Saat auf Hoffnung. Zeitschrift für die Mission der Kirche an Israel 24/1 (1897) 44–51.

Der erste alljüdische Wirtschaftskongreß. Ergänzung zur Züricher politischen Oberleitung – Für »Völkerversöhnung«, Zentralisierung des Kredits, Internationalismus. In: Völkischer Beobachter Nr. 193 vom 22.08.1929, 1.

Der Gouverneur von Jerusalem ein erwachter Engländer? Die Balfour-Note und der Landesverrat der Juden in Deutschland. In: Völkischer Beobachter Nr. 210 vom 11.09.1929, 1.

Der internationale Jude. Ein Weltproblem. In: Reichswart 2 (1921) 3–9.

Der jüdische Nationalismus – eine ernste Gefahr für die deutschen Juden. In: Mittheilungen aus dem Verein zur Abwehr des Antisemitismus 28/15/16 (1918) 83–84.

Der Kampf um die hebräische Sprache in Palästina. In: Kölnische Zeitung vom 05.01.1914.

Der König der Juden Chaim Weizmann. In: Völkischer Beobachter Nr. 214 vom 15./16.09.1929, 1.

Der Krieg im Orient. Durchsichtiges Spiel. In: Kölnische Zeitung vom 03.02.1915.

Der Mandatar der »nationalen Heimstätte«. In: Reichswart 10/37 (1929) 2.

Der oberste Rat der Weisen von Zion. Vor aller Welt in Zürich zur jüdischen Weltregierung erwählt. In: Völkischer Beobachter Nr. 190 vom 18./19.08.1929, 1.

Der Schwindel der »Zionistischen Protokolle«. In: Mittheilungen aus dem Verein zur Abwehr des Antisemitismus 34/11 (1924) 24.

Der Triumph der zionistischen Weltmacht. In: Reichswart 3/1 (1922) 4–9.

Der Weg zur endgültigen Lösung der Judenfrage. In: Antisemitische Correspondenz 13/495 (1898) 46–48.

Der Zionismus. In: Antisemitische Correspondenz 9/326 (1894) 363.

Der Zionismus und die Zentralmächte. In: Jüdische Rundschau 22/31 (1917) 253–254.

Der Zionisten-Kongreß in Basel. In: Deutsche Evangelische Kirchenzeitung 11/38 (1897) 341–343.

Der zionistische Triumphator. In: Reichswart 6/4 (1925) 1.

Deutsche Colonialgedanken. In: Die Welt. Zentralorgan der Zionistischen Bewegung 3/18 (1899) 4–6.

Deutsche Pressestimmen über den Zionismus. In: Jüdische Rundschau 22/34 (1917) 279–280.

Deutsches Komitee Pro Palästina zur Förderung der jüdischen Palästinasiedlung: Bericht über die konstituierende Versammlung vom 15. Dezember 1926 in Berlin (Hotel »Der Kaiserhof«).

Deutsches Komitee Pro Palästina zur Förderung der jüdischen Palästinasiedlung: Kundgebung des Deutschen Komitees Pro Palästina zur Förderung der Jüdischen Palästinasiedlung. Protokoll. Am 27. Juni 1927 Berlin, ehemaliges Herrenhaus. Berlin 1927.

Deutsches Komitee Pro Palästina zur Förderung der jüdischen Palästinasiedlung: Gedrängte Wiedergabe der Rede des belgischen Ministers Emile Vandervelde in der Kundgebung des Deutschen Komitees Pro Palästina am 24. Juni 1928 in Berlin. Berlin 1928.

Deutsches Komitee Pro Palästina zur Förderung der jüdischen Palästinasiedlung: Kundgebung in Hamburg am 17. Februar 1930. Berlin 1930.

Deutsches Komitee Pro Palästina zur Förderung der jüdischen Palästinasiedlung: Jahresbericht (Nr. 3). für die Zeit vom 1. Februar 1929 bis 31. Januar 1930. Berlin 13.2.1930.

Deutsch-jüdische Synthese. In: Reichswart 7/11 (1926) 1.

Deutschland und der Zionismus. In: Kölnische Volkszeitung vom 23.06.1918.

Die Bedeutung der türkischen Erklärung. In: Jüdische Rundschau 23/1 (1918) 2.

Die Bedeutung des Zionismus für Israel und das Reich Gottes. In: Saat auf Hoffnung. Zeitschrift für die Mission der Kirche an Israel 67 (1930) 155–158.

Die Bewertung des Antisemitismus in der neuesten zionistischen Literatur. In: Mittheilungen aus dem Verein zur Abwehr des Antisemitismus 22/15/16 (1912) 119–121.

Die Entlarvung der Weisen von Zion. In: Reichswart 8/52 (1927) 3–4.

Die geeinte jüdische Gegenrasse. Eine geheime jüdische Versammlung in München. Sie stellen sich außerhalb der deutschen Volksgemeinschaft – Ganz Israel bürgt füreinander. In: Münchner Beobachter. Tägliches Beiblatt zum »Völkischen Beobachter« vom 17.09.1929, 1.

Die internationale Nation. In: Chemnitzer Volksstimme vom 18.8.1917.

Die Juden in ihrer »Nationalen Heimstätte«. In: Reichswart 10/36 (1929) 2.

Die jüdische Frage in der orientalischen Frage. Wien 1877.

Die jüdische Schuld an den Morden in Palästina. Aus dem Fenster auf die Araber geschossen – Ein Zionist Diktator in Palästina? – Ein jüdischer Börsianer Diktator in Aegypten? In: Völkischer Beobachter Nr. 198 vom 28.08.1929, 1.

Die jüdischen Unruhen in Palästina. In: Kölnische Zeitung vom 13.12.1913.

Die Krise in Palästina. In: Völkischer Beobachter Nr. 45 vom 23.02.1928, 3.

Die Mittelmächte und das Palästinaproblem. In: Solinger Anzeiger vom 27.08.1917.

Die Ostjudenfrage. In: Ost und West. Illustrierte Monatsschrift für modernes Judentum 16/2/3 (1916) 73–112.

Die Ostjudenfrage. 2. Teil. In: Ost und West. Illustrierte Monatsschrift für modernes Judentum 16/4/5 (1916) 145–176.

Die Selbstbiographie Dr. Herzls. In: Saat auf Hoffnung. Zeitschrift für die Mission der Kirche an Israel 41/3 (1904) 144–149.

Die Türkei und der Zionismus. Erklärungen des Grosswesirs Talaat Pascha. In: Jüdische Rundschau 23/1 (1918) 1–2.

Die Universität Jerusalem. In: Reichswart 6/15/16 (1925) 1–2, 2.

Die Vaterlandsliebe der Juden. In: Antisemitische Correspondenz 12/467 (1897) 234–235.

Die Wahrheit über Palästina. In: Vossische Zeitung vom 07.06.1917.

Die Weizmann-Woche. In: Jüdische Rundschau 30/4 (1925) 31–32.

Die Weltregierung der Juden. In: Der Weltkampf. Monatsschrift für Weltpolitik, völkische Kultur und die Judenfrage aller Länder 6/69 (1929) 406–411.

Die Zionisten. In: Mittheilungen aus dem Verein zur Abwehr des Antisemitismus 3/50 (1893) 453.

Die Zionisten. In: Antisemitische Correspondenz 12/474 (1897) 290–291.

Die Zukunft des Orients. In: Jüdische Rundschau 20/11 (1915) 86–87.

Dobbeler, Gustav von: Eine jüdische Republik in Palästina? In: Der Reichsbote vom 02.05.1917.

Domherr Börries v. Münchhausen über seine Stellung zum Judentum. Erinnerungen an Theodor Herzl. – Gegen Antisemitismus. In: Jüdische Pressezentrale Zürich Nr. 664 vom 25.09.1931.

Dr. Paul Rohrbach über die Zukunft des Orients. In: Die jüdische Presse. Konservative Wochenschrift 46/11 (12.3.1915) 124–125.

Dühring, Eugen: Die Judenfrage als Racen-, Sitten- und Culturfrage. Mit einer weltgeschichtlichen Antwort. 1. Aufl. Karlsruhe, Leipzig 1881.

Dühring, Eugen: Sache, Leben und Feinde. Als Hauptwerk und Schlüssel zu seinen sämmtlichen Schriften. Karlsruhe, Leipzig 1882.

Dühring, Eugen: Die Judenfrage als Frage des Racencharakters und seiner Schädlichkeiten für Völkerexistenz, Sitte und Cultur. Mit einer denkerisch freiheitlichen und prakt. abschliessenden Antwort. 5. Aufl. Nowawes-Neuendorf bei Berlin 1901.

Eberhard, Otto: Der Zionismus. In: Jüdische Rundschau 12/3 (1907) 26–29.

Eberhard, Otto: Ein Nachtrag. In: Die Welt. Zentralorgan der Zionistischen Bewegung 11/26 (1907) 18.

Eberhard, Otto: Einst und Jetzt im heiligen Lande. Streiflichter zur biblischen Geschichte aus der Gegenwart des heiligen Landes. Gütersloh 1909.

Eberhard, Otto: Palästina. Erlebtes und Erlerntes im heiligen Lande. Eisleben 1910.

Eberhard, Otto: Palästina. Erlebtes und Erlauschtes vom heiligen Lande 1913.

Eberhard, Otto: [Rezension] Lorch, Fritz, England und der Zionismus in Palästina. In: Zeitschrift des Deutschen Palästina-Vereins 37/3 (1914) 292.

Eberhard, Otto: Der Zionsgedanke als Weltidee und als praktische Gegenwartsfrage. Berlin 1918.

Eberhard, Otto: Zwanzig Jahre Zionismus. In: Saat auf Hoffnung. Zeitschrift für die Mission der Kirche an Israel 56 (1919) 12–34.

Eberhard, Otto: Äußerungen zu den Thesen. In: Saat auf Hoffnung. Zeitschrift für die Mission der Kirche an Israel 57 (1920) 79–80.

Eckart, Dietrich: Der Bolschewismus von Moses bis Lenin. Zwiegespräch zwischen Adolf Hitler und mir. München 1924.

Ein jüdisches Armeekorps gegen Palästina. In: Kölnische Zeitung vom 17.08.1917.

Ein Mahnwort an die Zionisten. Aus »Der Jude«, 1920, Heft 8/9. In: Saat auf Hoffnung. Zeitschrift für die Mission der Kirche an Israel 58 (1921) 35–37.

Ein neuer »Judenstaat«. In: Der Weltkampf. Monatschrift für die Judenfrage aller Länder 1/1 (1924) 34–36.

Ein Wendepunkt in der Geschichte des Zionismus. In: Saat auf Hoffnung. Zeitschrift für die Mission der Kirche an Israel 64 (1927) 123–125.

Eine Charakteristik der Ostjuden. In: Hammer. Blätter für deutschen Sinn 16/349 (1917) 11–12.

Eine Erklärung der deutschen Regierung. In: Jüdische Rundschau 23/2 (1918) 9.

Eine landwirtschaftliche Ausstellung in Palästina. In: Deutsche Levante-Zeitung 3/11 (1913) 425–426.

Eine Palästina-Reisegesellschaft. In: Palästina. Monatsschrift für die Erschließung Palästinas 8/6 (1911) 164–165.

Eine Zionisten-Versammlung in Berlin. In: Mittheilungen aus dem Verein zur Abwehr des Antisemitismus 11/3 (1901) 17–19.

Einladung zu einer Vereinigung der christlichen Freunde des Zionismus. Berlin 1913.

Eliav, Mordechai (Hg.): Die Juden Palästinas in der deutschen Politik. Dokumente aus dem Archiv des deutschen Konsulats in Jerusalem, 1842–1914. Tel Aviv 1973.

Ellern, Hermann/*Ellern,* Bessi (Hg.): Herzl, Hechler, the Grand Duke of Baden and the German Emperor. 1896–1904. Tel Aviv 1961.

Endres, Franz Carl: Die Ziele des Zionismus und die Türkei. In: Europäische Staats- und Wirtschaftszeitung 2 (1917).

Endres, Franz Carl: Zionismus und deutsche Politik. In: Jüdische Rundschau 22/37 (1917) 303.

Endres, Franz Carl: Die wirtschaftliche Bedeutung Palästinas als Teiles der Türkei. Berlin 1918.

Endres, Franz Carl: Zionismus und Weltpolitik. München 1918.

Endres, Franz Carl: Der Zionismus und die Großmächte. In: Münchener Neueste Nachrichten vom 17.01.1918.

Enthüllungen über absichtliche Vernunftwidrigkeit im öffentlichen Leben. In: Hammer. Parteilose Zeitschrift für nationales Leben 18/401 (1919) 100–101.

Erklärung des Landesvorstandes der Zionistischen Vereinigung für Deutschland. In: Jüdische Rundschau 29/41 (1924) 299.

F[arbstein], D[avid]: Johannes Heinrich Dunant. In: Die Welt. Zentralorgan der Zionistischen Bewegung 1/22 (1897) 6–7.

Faber, Wilhelm: Welche Bedeutung hat die zionistische Bewegung unter den Juden für die Mission? In: *Dalman,* Gustaf (Hg.): Die Allgemeine Konferenz für Judenmission in Leipzig abgehalten vom 6. bis 8. Juni 1895. Die Ansprachen der Referenten und Bericht über den Verlauf der Konferenz von Gustaf Dalman. Leipzig 1896, 98–105.

Fauerholdt, J.: Joseph Rabinowitsch. Eine prophetische Gestalt aus dem neueren Judentum. Leipzig 1914.

Fiebig, Paul: Der Zionismus und seine Bedeutung für die Mission unter den Juden. In: Saat auf Hoffnung. Zeitschrift für die Mission der Kirche an Israel 40/4 (1903) 214–225.

Flämming, Knud: Der Zionismus während des Weltkrieges. In: Hammer 21/472 (1922) 83–84.

Flämming, Knud: Palästina und die Juden. In: Politisch-Anthropologische Monatsschrift 21/1 (1922) 34–38.

Fodor, A.: Der Keren Hajessod und die jüdische Universität in Palästina. Berlin 1922.

Fraenkel, Josef: German Documents on Zionism. In: Herzl Year Book. Essays in Zionist History and Thought Volume 7 (1971) 183–197.

Frankfurt, 26. Februar. In: Frankfurter Zeitung vom 26.02.1926.

Frey, Thomas [=*Fritsch,* Theodor]: Antisemiten-Katechismus. Eine Zusammenstellung des wichtigsten Materials zum Verständnis der Judenfrage. Leipzig 1887.

Friedemann, Adolf: Die Bahn nach Bagdad. In: Die Welt. Zentralorgan der Zionistischen Bewegung 3/21 (1899) 3–4.

Friedemann, Adolf: Der Prophet Theodor Herzls. In: Jüdische Rundschau 36/49/50 (1931) 306–307.

Fritsch, Theodor: Handbuch der Judenfrage. Eine Zusammenstellung des wichtigsten Materials zur Beurteilung des jüdischen Volkes. 26. Aufl. Hamburg 1907.

Fritsch, Theodor: Vom partei-politischen Antisemitismus. In: Hammer 11/234 (1912) 254.

Fritsch, Theodor: Die fremde Rassenflut. In: Hammer 14/319 (1915) 481–486.

Fritsch, Theodor: Handbuch der Judenfrage. Eine Zusammenstellung des wichtigsten Materials zur Beurteilung des jüdischen Volkes. 29. Aufl. 1923.

Fritsch, Theodor: Die Zionistischen Protokolle. Das Programm der internationalen Geheim-Regierung. Leipzig 1924.

Fritsch, Theodor: Handbuch der Judenfrage. Die wichtigsten Tatsachen zur Beurteilung des jüdischen Volkes. 30. Aufl. Leipzig 1931.

Fritsch, Theodor: Die Zionistischen Protokolle. Das Programm der internationalen Geheim-Regierung. 15. Aufl. Leipzig 1933.

Fritz, Georg: Die Ostjudenfrage. Zionismus & Grenzschluß. München 1915.

Fritz, Georg: Der Sieg des Judentums, Kreuzigung und Auferstehung des deutschen Geistes. In: Alldeutsche Blätter 29/27 (1919) 213–216.

Frymann, Daniel [=*Claß*, Heinrich]: Wenn ich der Kaiser wär'. Politische Wahrheiten und Notwendigkeiten. Leipzig 1912.

Funck, Bernhard: Zionismus oder der Jude als Staatenbilder. In: Deutschlands Erneuerung. Monatsschrift für das deutsche Volk 6/6 (1922) 351–360.

Gauland, Alexander: Autorenporträt Arthur James Balfour (1848–1930). In: Criticón 17/97 (1986) 201–203.

Gauland, Alexander: Mehr Respekt vor der arabischen Welt. In: WELT vom 20.09.2001.

Gauland, Alexander: Warum muss es Populismus sein? In: Frankfurter Allgemeine Zeitung vom 06.10.2018.

Gegen den Zionismus. In: Mittheilungen aus dem Verein zur Abwehr des Antisemitismus 7/48 (1897) 377–378.

Gegen den Zionismus. In: Allgemeine Zeitung des Judenthums 61/24 (1897) 277.

Gegen die »Protestrabbiner«. In: Die Welt. Zentralorgan der Zionistischen Bewegung 1/8 (1897) 4.

Geiger, J.: Die Heimatverteidigung der Araber. Betrachtungen zum zionistischen Araber-Pogrom in Palästina. In: Völkischer Beobachter Nr. 207 vom 07.09.1929, 1.

Geiger, Ludwig: Zionismus und Deutschtum. In: *Schön*, Lazar (Hg.): Die Stimme der Wahrheit. Jahrbuch für wissenschaftlichen Zionismus. Würzburg 1905, 165–169.

Georg, Manfred: Um den jüdischen Staat. In: Deutsche Montags-Zeitung vom 26.11.1917.

Gernandt, Friedrich: Die Aussichten des Zionismus. In: Politisch-Anthropologische Revue 2/8 (1903) 664–666.

Giese, Wilhelm: Die Judenfrage am Ende des XIX. Jahrhunderts. Nach den Verhandlungen des V. allgemeinen Parteitages der Deutsch-Sozialen Reformpartei zu Hamburg am 11. September 1899. 4. Aufl. Berlin 1899.

Goldmann, Nahum: Deutschland und Palästina. In: Das Größere Deutschland. Wochenschrift für deutsche Welt- und Kolonial-Politik 2/30 (1915) 989–995.

Goldmann, Nahum: Von der weltkulturellen Bedeutung und Aufgabe des Judentums. München 1916.

Goldmann, Nahum: Staatsmann ohne Staat. Autobiographie. Köln 1970.

Gothein, Georg: Pro Palaestina. In: Berliner Tageblatt vom 16.05.1918.

Gottgetreu, Erich: Ein Ritter von ziemlich trauriger Gestalt. Glanz und Ende des »Zionssängers« Freiherr von Münchhausen. In: MB – Mitteilungsblatt 44/8 (1975) 3–4.

Green, Max: Die Judenfrage und der Schlüssel zu ihrer Lösung. Leipzig 1911.

Gronemann, Sammy: Schalet. Beiträge zur Philosophie des ›Wenn schon!‹. Berlin 1927.

Grothe, Hugo: Die asiatische Türkei und die deutschen Interessen. Gedanken zur inneren Umgestaltung des osmanischen Reiches und zu den Zielen der deutschen Kulturpolitik. Halle a. d. Saale 1913.

Günther, Siegmund: Vaterlandsliebe und Bodenständigkeit bei unseren jüdischen Mitbürgern. In: Mittheilungen aus dem Verein zur Abwehr des Antisemitismus 18/43 (1908) 331–333.

Guthe, Hermann: Französische und englische Pläne im vorderen Orient. In: Deutsche Revue 15/9 (1915) 1–10.

Haider, Jörg: Befreite Zukunft, jenseits von links und rechts. Menschliche Alternativen für eine Brücke ins neue Jahrtausend. Wien 1997.

Haider, Jörg: Zu Gast bei Saddam. Im »Reich des Bösen«. Wien 2003.

Hamburg. In: Jüdische Rundschau 13/48 (1908) 212.

Hamerling, Robert: Homunculus. Modernes Epos in zehn Gesängen. Hamburg, Leipzig 1888.

Harling, Otto von: Zionismus und Mission. In: Nathanael 14/1 (1898) 22–30.

Harling, Otto von: Der letzte Baseler Zionisten-Kongreß. und seine Bedeutung für das jüdische Volk. In: Saat auf Hoffnung. Zeitschrift für die Mission der Kirche an Israel 40/4 (1903) 233–246.

Harling, Otto von: Geistige Strömungen im Judentum seit dem Ausgang des Mittelalters. In: Saat auf Hoffnung. Zeitschrift für die Mission der Kirche an Israel 42/1/3 (1905) 17–29, 109–117.

Harling, Otto von: Vom Zionismus. In: Saat auf Hoffnung. Zeitschrift für die Mission der Kirche an Israel 51/1 (1914) 27–29.

Harling, Otto von: »Ostjuden«. In: Saat auf Hoffnung. Zeitschrift für die Mission der Kirche an Israel 53 (1916) 58–62.

Harling, Otto von: Die Evangelisierung unserer Juden, der einzige Weg zum Frieden. In: Saat auf Hoffnung. Zeitschrift für die Mission der Kirche an Israel 54 (1917) 38–50.

Harling, Otto von: Christlicher und jüdischer Zionismus. In: Saat auf Hoffnung. Zeitschrift für die Mission der Kirche an Israel 55 (1918) 136–150.

Harling, Otto von: Palästina. In: Saat auf Hoffnung. Zeitschrift für die Mission der Kirche an Israel 61 (1924) 85–90.

Harling, Otto von: Jahresbericht. In: Saat auf Hoffnung. Zeitschrift für die Mission der Kirche an Israel 63 (1926) 73–80.

Harling, Otto von: Jahresbericht. In: Saat auf Hoffnung. Zeitschrift für die Mission der Kirche an Israel 66 (1929) 79–88.

Harling, Otto von: Judenmission. In: *Gunkel,* Hermann/*Zscharnack,* Leopold (Hg.): Die Religion in Geschichte und Gegenwart. Handwörterbuch für Theologie und Religionswissenschaft. Tübingen 1929, 466–469.

Harling, Otto von: Die gegenwärtige Lage der Judenmission. In: Das evangelische Hamburg. Halbmonatsschrift für kirchliches Leben 25/16 (1931) 234–237.

Harling, Otto von: Um Zions willen. In: Friede über Israel! 30/4 (1933) 1–3.

Harling, Otto von: Um Zions willen. Ein Leben im Dienst des Evangeliums unter Israel. Neuendettelsau 1952.

Hartmann, Martin: Reisebriefe aus Syrien. Berlin 1913.

Hechler, W.H.: The Restoration of the Jews. Some points to be remembered in connection with this most important question. In: The Prophetic News and Israel's Watchman 6/6 (1882) 184–186.

Hechler, W.H.: The Restoration of the Jews to Palestine. London 1884.

Heinze, Wolfgang: Ostjüdische Einwanderung. In: Preußische Jahrbücher 162 (1915) 98–177.

Heman, C.F.: Mission unter den Juden. In: Realenzyklopädie für protestantische Theologie und Kirche 1903, 171–192.

Heman, C.F.: Die historische Weltstellung der Juden und die moderne Judenfrage. Leipzig 1881.

Heman, C.F.: Die religiöse Weltstellung des jüdischen Volkes. Leipzig 1882.

Heman, C.F.: Die historische und religiöse Weltstellung der Juden und die moderne Judenfrage. Leipzig 1885.

Heman, C.F.: Der Zionisten-Congreß in Basel. In: Der Freund Israels 23 (1896) 65–68.

Heman, C.F.: Das Erwachen der jüdischen Nation. Der Weg zur endgültigen Lösung der Judenfrage. Basel 1897.

Heman, C.F.: Der Zionismus und der zweite Zionistenkongreß. In: Allgemeine konservative Monatsschrift für das christliche Deutschland 11 (1898) 1146–1152, 1258–1267.

Heman, C.F.: Gedanken über das Reich Gottes und die Geschichte des Volkes Israel. In: Das Reich Christi. Zeitschrift für Verständnis und Verkündigung des Evangeliums 1 (1898) 6–17, 43–51, 76–86, 105–115, 137–148, 170–181, 245–251, 365–371.

Heman, C.F.: Was soll man vom Zionismus halten? Gedanken eines Nichtjuden. In: *Kronberger,* Emil (Hg.): Zionisten und Christen. Ein Beitrag zur Erkenntnis des Zionismus. Leipzig 1900, 53–68.

Heman, C.F.: Der Zionismus. In: Saat auf Hoffnung. Zeitschrift für die Mission der Kirche an Israel 39/2 (1902) 62–77.

Heman, C. F.: Die religiöse Wiedergeburt des jüdischen Staates. In: Das Reich Christi. Zeitschrift für Verständnis und Verkündigung des Evangeliums 11 (1908) 84–105.

Heman, C. F.: Die religiöse Wiedergeburt des jüdischen Volkes. Vortrag an der IV. Herrnhuter Missionswoche im Oktober 1909. Basel 1909.

Herlitz, Georg: Das Jahr der Zionisten. Jerusalem, Luzern 1949.

Herlitz, Georg: Mein Weg nach Jerusalem. Erinnerungen eines zionistischen Beamten. Jerusalem 1964.

Herrmann, Leo: Die chinesische Mauer. In: Jüdische Rundschau 20/42 (1915) 335–336.

Herzl, Theodor: Der Judenstaat. Versuch einer modernen Lösung der Judenfrage. Leipzig, Wien 1896.

Herzl, Theodor: Rede in der Österreichisch-Israelitischen Union. In: *Ders.* (Hg.): Zionistische Schriften. Berlin 1905, 117–133.

Herzl, Theodor: Zweite Kongressrede. In: *Ders.* (Hg.): Zionistische Schriften. Berlin 1905, 45–54.

Herzl, Theodor: Altneuland. 10. Aufl. Wien 1933.

Herzl, Theodor: Briefe und Tagebücher. Bd. 2. Zionistisches Tagebuch. 1895–1899. Berlin u. a. 1983.

Herzl, Theodor: Briefe und Tagebücher. Bd. 5. Briefe. Anfang Dezember 1898–Mitte August 1900. Berlin 1991.

Herzl, Theodor: Briefe und Tagebücher. Bd. 6. Briefe. Ende August 1900–Ende Dezember 1902. Berlin 1993.

Heuss, Theodor: Friedrich Naumann. Der Mann, das Werk, die Zeit. Müchen 1937.

Hitler, Adolf: Warum sind wir Antisemiten? Rede auf einer NSDAP-Versammlung, Rosenheim, 31.8.1920. In: *Jäckel*, Eberhard / *Kuhn*, Axel (Hg.): Hitler. Sämtliche Aufzeichnungen 1905–1924. Stuttgart 1980, 219–221.

Hitler, Adolf: Brief an Adolf Gemlich. In: *Claussen*, Detlev (Hg.): Vom Judenhass zum Antisemitismus. Materialien einer verleugneten Geschichte. Darmstadt u. a. 1987, 190–193.

Hoetzsch, Otto: Der Krieg und die große Politik. In: Neue Preußische Zeitung (Kreuzzeitung) Nr. 144 vom 20.03.1918.

Hofmiller, Josef: Rußlands Westgrenze. In: Süddeutsche Monatshefte 12/2 (1915) 651–658.

Hoppe, Hugo (Hg.): Hervorragende Nichtjuden über den Zionismus. Eine Sammlung von Urteilen hervorragender Persönlichkeiten aller Länder. Königsberg 1904.

Istóczy, Viktor: Die Wiederherstellung des jüdischen Staates in Palästina. Aus den Reden Viktor Istóczy's, gehalten im ungarischen Abgeordnetenhaus während der Reichstage von 1872–1896. Budapest 1905.

Jäckh, Ernst: Das Grössere Mitteleuropa. Weimar 1916.

Jäckh, Ernst: Der goldene Pflug. Lebensernte eines Weltbürgers. Stuttgart 1954.

Jaffé, Robert: Zionisten und Christen. In: Die Welt. Zentralorgan der Zionistischen Bewegung 5/7 (1901) 2–4.

Jerusalem, du hochgelobte… In: Der Weltkampf. Monatschrift für die Judenfrage aller Länder 1/1 (1924) 46.

Jonsen, Arne: Die Möglichkeit einer judenchristlichen Gemeindebildung in Palästina. In: Saat auf Hoffnung. Zeitschrift für die Mission der Kirche an Israel 62 (1925) 15–22.

Jonsen, Arne: Die Christianisierung des jüdischen Volkes. In: Saat auf Hoffnung. Zeitschrift für die Mission der Kirche an Israel 63 (1926) 80–91.

Jorge: Vom gelobten Lande. In: Hammer 20/466 (1921) 436.

Judentum und Zionismus. In: Der Reichsbote vom 06.09.1917.

Jüdische Kolonisierung in Argentinien. In: Antisemitische Correspondenz 10/377 (1895) 357.

Kaufmann, Fritz Mordechai: Grenzsperre. Ein Kapitel vom Versagen der deutschen Judäologie. In: Der Jude. Eine Monatsschrift 1/1 (1916) 13–22.

Klaus, Heinz: Judenfrage und Deutschtum im Kriege. Berlin 1915.

Kleine Chronik. Nach Leipziger Neueste Nachrichten. In: Jüdische Rundschau 8/43 (1903) 462–463.

Kronberger, Emil (Hg.): Zionisten und Christen. Ein Beitrag zur Erkenntnis des Zionismus. Leipzig 1900.

Kuttner, Erich: Pathologie des Rassenantisemitismus. Eine politisch-psychologische Studie. Berlin 1930.

L., R.: Die Eroberung von Jerusalem und der Gedanke eines Judenstaats. In: Hammer. Blätter für deutschen Sinn 17/378 (1918) 121–123.

Landau, Saul Raphael (Hg.): Sturm und Drang im Zionismus. Rückblicke eines Zionisten. Vor, mit und um – Theodor Herzl. Wien 1937.

Landauer, Gustav: Ostjuden und Deutsches Reich. In: Der Jude. Eine Monatsschrift 1/7 (1916) 433–439.

[Langbehn, Julius]: Rembrandt als Erzieher. Von einem Deutschen. Leipzig 1890.

Lange, Friedrich: Reines Deutschtum. Grundzüge einer nationalen Weltanschauung. 4. Aufl. Berlin 1904.

Leidhold, Arthur: Ein jüdisches Palästina? In: Saat auf Hoffnung. Zeitschrift für die Mission der Kirche an Israel 65 (1928) 16–20.

Lepsius, Johannes: Der Zionismus. In: Die Christliche Welt 11/43 (1897) 1015–1019.

Lepsius, Johannes: Der Zionisten-Kongress in Basel. In: Der christliche Orient. Monatsschrift der Deutschen Orient-Mission 1/10 (1897) 433–443.

Leuss, Hans: Das richtige Wanzenmittel: ein jüdischer Staat. Ein Vorschlag zur Güte. Leipzig 1893.

Lhotzky, Heinrich: Werden die Juden nach Palästina zurückkehren? In: Saat auf Hoffnung. Zeitschrift für die Mission der Kirche an Israel 29/3 (1892) 149–182.

Lhotzky, Heinrich: Werden die Juden nach Palästina zurückkehren? Schluß. In: Saat auf Hoffnung. Zeitschrift für die Mission der Kirche an Israel 29/4 (1892) 219–245.

Lichtheim, Richard: Die Geschichte des deutschen Zionismus. Jerusalem 1954.

Lichtheim, Richard: Rückkehr. Lebenserinnerungen aus der Frühzeit des deutschen Zionismus. Stuttgart 1970.

Lienhard, Friedrich: Der Zionismus. In: Bayreuther Blätter. Deutsche Zeitschrift im Geiste Richard Wagners 18/7–10 (1895) 330–334.

Löbbecke, o. V.: Das Selbstbestimmungsrecht der Völker und das Judentum. Ein Wink für die Friedensunterhändler und für die Abgeordneten der Nationalversammlung. Leipzig 1919.

Löbe, Paul: Das deutsche Pro-Palästina-Komitee. In: Wiener Morgenzeitung.

Lorch, Fritz: England und der Zionismus in Palästina. Berlin 1913.

Löwenstein, Fritz: Das jüdische Palästina. Hrsg. v. d. Direktorien des Keren Kajemeth Lejisrael und des Keren Hajessod. Jerusalem 1927.

Mann, Heinrich: Der Judenstaat. In: Stein, Peter/Hahn, Manfred/Flierl, Anne (Hg.): Heinrich Mann. Kritische Gesamtausgabe. Essays und Publizistik. Bd. 1. Bielefeld 2013, 351–358.

Mann, Heinrich: »Jüdischen Glaubens«. In: Stein, Peter/Hahn, Manfred/Flierl, Anne (Hg.): Heinrich Mann. Kritische Gesamtausgabe. Essays und Publizistik. Bd. 1. Bielefeld 2013, 195–202.

Mann, Heinrich: Zionismus. In: Stein, Peter/Hahn, Manfred/Flierl, Anne (Hg.): Heinrich Mann. Kritische Gesamtausgabe. Essays und Publizistik. Bd. 1. Bielefeld 2013, 260–263.

Marr, Wilhelm: Der Judenspiegel. 5. Aufl. Hamburg 1862.

Marr, Wilhelm: Der Sieg des Judenthums über das Germanenthum. Vom nicht confessionellen Standpunkt aus betrachtet. Bern 1879.

Marr, Wilhelm: Vom jüdischen Kriegsschauplatz. Eine Streitschrift. Bern 1879.

Marr, Wilhelm: Goldene Ratten und rothe Mäuse. Chemnitz 1880.

Marr, Wilhelm: Palästina und die Juden. In: Judenspiegel. Beiblatt der »Deutsche Wacht« 2/2 (1880) 37–38.

Martin Buber über Christus. (aus »Der heilige Weg«). In: Saat auf Hoffnung. Zeitschrift für die Mission der Kirche an Israel 57 (1920) 100–103.

Matthäus, Jürgen: Tagesordnung: Judenfrage. A German Debate in the Early Stages of the Weimar Republic. In: Leo Baeck Institute Year Book 49 (2003) 87–110.

Messianisches im Zionismus. In: Saat auf Hoffnung. Zeitschrift für die Mission der Kirche an Israel 58/1 (1920) 14–27.

Michaelis, Paul: Eine Kriegs- und Chanukahbetrachtung. In: Jüdische Rundschau 19/50 (1914) 451.

Michel und »Zion«. In: Reichswart 8/14 (1927) 2–3.

Mißwirtschaft im neuen Judenstaat. In: Deutschvölkische Blätter 37/25 (1922) 1.

Moses, Julius: Eine Zeitungsfehde über den Zionismus. In: Die Welt. Zentralorgan der Zionistischen Bewegung 6/18 (1902) 2–3.

Moses, Julius (Hg.): Die Lösung der Judenfrage. Eine Rundfrage veranstaltet von Dr. Julius Moses. Berlin, Leipzig 1907.

Moskau – Rom – Jerusalem. In: Reichswart 4/18/19/20 (1923) 1, 2, 1–2.

Much, Hans: Eine Tuberkuloseforschungsreise nach Jerusalem. Würzburg 1913.

Much, Hans: Rings um Jerusalem. Dachau 1915.

Much, Hans: Eindrücke vom Zionismus. In Palästina 1914. In: Hamburger Fremdenblatt Nr. 313 vom 11.11.1915, 3.

Müller, Johannes: Judenfrage und Antisemitismus. Christlich beurteilt von Dr. Johannes Müller. In: Saat auf Hoffnung. Zeitschrift für die Mission der Kirche an Israel 28/4 (1891) 249–264.

Müller, Josef: Die Entwicklung des Rassenantisemitismus in den letzten Jahrzehnten des 19. Jahrhunderts. Dargestellt hauptsächlich auf Grundlage der Antisemitischen Correspondenz. Berlin 1940.

Münchhausen, Börries von: Klosterbruder und Rembrandtdeutscher. In: Ders. (Hg.): Die Garbe. Ausgewählte Aufsätze. Stuttgart, Berlin, 133–141.

Münchhausen, Börries von: Juda. Goslar 1900.

Münchhausen, Börries von: Geheimnis des geistigen Schaffens. In: Ost und West. Illustrierte Monatsschrift für modernes Judentum 3/10 (1904) 723–724.

Münchhausen, Börries von: [Antwort Julius Moses Umfrage]. In: *Moses*, Julius (Hg.): Die Lösung der Judenfrage. Eine Rundfrage veranstaltet von Dr. Julius Moses. Berlin, Leipzig 1907, 28–31.

Münchhausen, Börries von: Autobiographische Skizze. In: Das literarische Echo. Halbmonatsschrift für Literaturfreunde 20/13 (1917/1918) 765–774.

Münchhausen, Börries von: Die Balladen und ritterlichen Lieder. Berlin 1920.

Münchhausen, Börries von: Lilien und ich. In: C.-V.-Zeitung. Blätter für Deutschtum und Judentum 4/35 (1925) 586–587.

Münchhausen, Börries von: Vom Sterbebett der deutschen Seele. In: Schrifttum und Kunst. Beilage zu »Deutschlands Erneuerung« 1/2 (1926) 121–125.

Münchhausen, Börries von: Fröhliche Woche mit Freunden. Stuttgart, Berlin 1935.

Münchhausen, Börries von: Fröhliche Woche mit Freunden. 3. Aufl. Stuttgart, Berlin 1941.

Nach der deutschen Erklärung. In: Jüdische Rundschau 23/3 (1918) 9.

Nagel, Gustav: Heilige Rätsel und ihre Lösung oder das jüdische Volk und die christliche Gemeinde in ihren gegenseitigen Beziehungen und in ihren Zielen. Ein biblisch-historisches Zeugnis. Witten a.d. Ruhr 1899.

Nathan, Paul: Der Schulkampf in Palästina. In: Frankfurter Zeitung vom 04.02.1913.

Nationalstaatliche Strömungen im Judenthum. In: Neue Preußische Zeitung (Kreuzzeitung) Nr. 421 vom 09.09.1897.

Naumann, Friedrich: National-sozialer Katechismus. Erklärung der Grundlinien des National-Sozialen Vereins. Berlin 1897.

Naumann, Friedrich: Zionismus und Antisemitismus. In: Die Hilfe. Gotteshilfe, Selbsthilfe, Staatshilfe, Brüderhilfe 5/33 (1899) 1–2.

Naumann, Friedrich: Pastor Friedrich Naumann, der Führer der National-Sozialen. [zuerst: Zeit, 1902]. In: *Hoppe,* Hugo (Hg.): Hervorragende Nichtjuden über den Zionismus. Eine Sammlung von Urteilen hervorragender Persönlichkeiten aller Länder. Königsberg 1904, 27–33.

Naumann, Friedrich: Asia. Eine Orientreise über Athen, Konstantinopel, Baalbek, Nazareth, Jerusalem, Kairo, Neapel. 7. Aufl. Berlin 1913.

Naumann, Friedrich: Mitteleuropa. Berlin 1915.

Nordau, Max: Einleitung. In: *Kronberger,* Emil (Hg.): Zionisten und Christen. Ein Beitrag zur Erkenntnis des Zionismus. Leipzig 1900, 23–26.

Nussenblatt, Tulo (Hg.): Zeitgenossen über Herzl. Brünn 1929.

Nussenblatt, Tulo (Hg.): Theodor Herzl Jahrbuch. Wien 1937.

Oppeln-Bronikowski, Friedrich von: Antisemitismus? Eine unparteiische Prüfung des Problems. 2. Aufl. Berlin 1920.

Oppeln-Bronikowski, Friedrich von: Nationaldeutsch oder nationaljüdisch? In: Deutsche Stimmen 38/3 (1926) 64–69.

Oppeln-Bronikowski, Friedrich von: Die Wahrheit über Palästina. In: Deutsche Allgemeine Zeitung vom 10.01.1926, 6.

Oppeln-Bronikowski, Friedrich von: Deutschland oder Palästina? In: Deutsche Allgemeine Zeitung vom 08.04.1926, 5.

Oppeln-Bronikowski, Friedrich-Wilhelm von: Friedrich von Oppeln-Bronikowski (1873–1936). Sein Leben und Wirken. Offizier, Übersetzer, Schriftsteller, Journalist und Streiter gegen den Antisemitismus in der Weimarer Republik. Berlin 2008.

Oppenheimer: Die Hoffnung Israels. Betrachtungen eines Judenchristen. In: Saat auf Hoffnung. Zeitschrift für die Mission der Kirche an Israel 64 (1927) 1–14.

Palästina ein neuer Herd des Bolschewismus. In: Hammer. Blätter für deutschen Sinn 20/455 (1921) 211–212.

Palästina und der Zionismus. In: Der Reichsbote 45/410 (1917).

Palästina-Fahrt. In: Neue Preußische Zeitung (Kreuzzeitung) Nr. 515 vom 03.11.1898.

Palästinas Außenhandel. In: Deutsche Levante-Zeitung 3/4 (1913) 149–151.

Paphnutius: Die Judenfrage nach dem Kriege. In: Die Grenzboten. Zeitschrift für Politik, Literatur und Kunst 74/39 (1915) 392–408.

Paquet, Alfons: Die jüdischen Kolonien in Palästina. Weimar 1915.

Paquet, Alfons: In Palästina. Jena 1915.

Peters, Carl: Der Zionismus. (1903). In: *Ders.* (Hg.): Gesammelte Schriften. Dritter Band. München, Berlin 1944, 321–325.

Phelps, Reginald H.: Hitlers »grundlegende« Rede über den Antisemitismus. In: Vierteljahrshefte für Zeitgeschichte 16/4 (1968) 390–420.

Pinsker, Leon: Autoemanzipation! Mahnruf an seine Stammesgenossen. Berlin 1882.

Presse-Empfang im Adlon. In: Jüdische Rundschau 30/5 (1925) 39.

Pro Palästina. In: Die Post vom 24.08.1918.

Quessel, Ludwig: Deutsche und jüdische Orientinteressen, in: Sozialistische Monatshefte. In: Sozialistische Monatshefte 19/8 (1915) 398–40.

Quessel, Ludwig: Die Judenfrage als nationales Problem. In: Neue jüdische Monatshefte. Zeitschrift für Politik, Wirtschaft und Literatur in Ost und West 2/13 (1917/1918) 299–306.

Raschdau, Ludwig: Palästina und der Zionismus. In: Der Tag Nr. 106 vom 07.05.1918.

Regener, Edgar Alfred: E.M. Lilien. Ein Beitrag zur Geschichte der zeichnenden Künste. Berlin, Leipzig 1905.

Reichstagspräsident Loebe über Zionismus und Palästina-Aufbau. In: Jewish Telegraphic Agency vom 20.1.1927.

Reinecke, Adolf: Der Erlöser-Kaiser. Erzählung aus Deutschlands Zukunft und von seiner Wiedergeburt. Leipzig 1923.

Reventlow, Ernst von: Die Weisen von Zion, London und Berlin. In: Reichswart 2/49 (1921) 6–10.

Reventlow, Ernst von: Lord Balfour (†). Was band ihn an Juda? In: Der Weltkampf. Monatsschrift für Weltpolitik, völkische Kultur und die Judenfrage aller Länder 7/78 (1930) 257–266.

Reventlow und Weizmann. In: Jüdische Rundschau 30/8 (1925) 73.

Revue der Presse. Berliner Börsen-Courier (3. Mai). In: Ost und West. Illustrierte Monatsschrift für modernes Judentum 1/5 (1901) 389–390.

Rohling, August: Auf nach Zion! oder die grosse Hoffnung Israels und aller Menschen. Kempten 1901.

Rohrbach, Paul: Deutschland unter den Weltvölkern. Materialien zur auswärtigen Politik. Berlin, Schöneberg 1903.

Rohrbach, Paul: Der deutsche Gedanke in der Welt. 51. Aufl. Königstein 1912.

Rosenberg, Alfred: Die Balfour-Deklaration. In: Reichswart 2/36 (1921) 7–8.

Rosenberg, Alfred: Der staatsfeindliche Zionismus. Hamburg 1922.

Rosenberg, Alfred: Die Protokolle der Weisen von Zion und die jüdische Weltpolitik. München 1923.

Rosenberg, Alfred: Der ewige Jude! In: Der Weltkampf. Monatschrift für die Judenfrage aller Länder 1/7 (1924) 12–19.

Rosenberg, Alfred: Jüdische Weltpolitik. In: Der Weltkampf. Monatschrift für die Judenfrage aller Länder 1/1 (1924) 1–16.

Rosenberg, Alfred: Echt oder gefälscht? Ein letztes Wort über die »Protokolle der Weisen von Zion«. In: Der Weltkampf. Halbmonatschrift für die Judenfrage aller Länder 2/4 (1925) 145–163.

Rosenberg, Alfred: Theodor Herzl, der Gründer des politischen Zionismus, als Kronzeuge für die »Protokolle der Weisen von Zion«. In: Der Weltkampf. Halbmonatschrift für die Judenfrage aller Länder 2/5 (1925) 205–217.

Rosenberg, Alfred: Weltverschwörung und Zionistenkongresse. In: Der Weltkampf. Monatsschrift für Weltpolitik, völkische Kultur und die Judenfrage aller Länder 2/13 (1925) 577–591.

Rosenberg, Alfred: Der Weltverschwörerkongreß zu Basel. Um die Echtheit der zionistischen Protokolle. München 1927.

Rosenberg, Alfred: Der Mythus des 20. Jahrhunderts. Eine Wertung der seelisch-geistigen Gestaltenkämpfe unserer Zeit. München 1930.

Rosenberg, Leo: Das Ostjudenproblem und Palästina. Berlin 1919.

Rosenthal, J.: »Die Ehre des jüdischen Soldaten«. Die Judenzählung im Ersten Weltkrieg und ihre Folgen. Frankfurt a. M. 2007.

Ruedorffer, J.J. [=*Riezler,* Kurt]: Grundzüge der Weltpolitik der Gegenwart. Stuttgart, Berlin 1914.

Ruppin, Arthur: Briefe, Tagebücher, Erinnerungen. Königstein 1985.

Sauerampfer, Jeremias [=*Marr,* Wilhelm]: Offenes Sendschreiben an den Herrn B. A. von Hirsch. In: Antisemitische Correspondenz 5/41 (1889) 10–11.

Schaeffer, E.: Betrachtungen über den 9. Zionistenkongreß. In: Der Messiasbote 5/1 (1910) 13–16.

Schaeffer, E.: Der Zionismus und der Krieg. In: Der Messiasbote 11/4 (1916) 51–53.

Schaeffer, E.: Nationalismus und Zionismus. In: Kirchliches Jahrbuch für die evangelischen Landeskirchen Deutschlands 46 (1919) 224–235.

Schaeffer, E.: Materialien und Richtlinien zur Judenfrage unserer Tage. Vorträge, gehalten in der Martin-Luther-Volkshochschule zu Berlin. Gütersloh 1921.

Schalit, Isidor: Baseler Eindrücke. In: Die Welt. Zentralorgan der Zionistischen Bewegung 1/15 (1897) 2–4.

Schickedanz, Arno: Das Gesetz des Schmarotzertums. Der Jude – das Beispiel einer Gegenrasse. In: Der Weltkampf. Monatsschrift für Weltpolitik, völkische Kultur und die Judenfrage aller Länder 4/46 (1927) 433–460.

Schickedanz, Arno: Das Judentum, eine Gegenrasse. Leipzig 1927.

Schickedanz, Arno: Sozialparasitismus im Völkerleben. Leipzig 1927.

Schickedanz, Arno: Ein abschließendes Wort zur Judenfrage. In: Nationalsozialistische Monatshefte. Wissenschaftliche Zeitschrift der NSDAP 4/34 (1933) 1–39.

Schildberger, H.: Die erste Volksversammlung der Berliner Zionisten. In: Die Welt. Zentralorgan der Zionistischen Bewegung 2/7 (1898) 4–7.

Schuberth, Georg: Arthur Trebitsch. Sein Leben und sein Werk. Leipzig, Wien 1927.

Schwitz: Professor Hemann über den Zionismus. In: Die Welt. Zentralorgan der Zionistischen Bewegung 6/10 (1902) 4.

Siebert, Friedrich: Der völkische Gedanke und die Verwirklichung des Zionismus. Eine Betrachtung zur Versöhnung und zur Scheidung der Völker. München 1916.

Simon, F.: Wehrt Euch!! Ein Mahnwort an die Juden. Mit einem offenen Briefe der Frau Baronin Bertha von Suttner an den Verfasser. Berlin 1893.

Simonyi, Ivan: Der Judenstaat. In: Westungarischer Grenzbote Nr. 8037 vom 25.02.1896, 1–2.

Sombart, Werner: Die Juden und das Wirtschaftsleben. Leipzig 1911.

Sombart, Werner: o.T. In: *Sombart*, Werner/*Landsberger*, Artur (Hg.): Judentaufen. München 1912, 7–20.

Sombart, Werner: Die Zukunft der Juden. Leipzig 1912.

Sombart, Werner/*Landsberger*, Artur (Hg.): Judentaufen. München 1912.

Stenographisches Protokoll der Verhandlungen des 1. Zionisten-Congresses. Gehalten zu Basel vom 28. bis 31. August 1897. Wien 1897.

Stille, Gustav: Innerjüdische Polemik und ihre Gehässigkeit. Polemik gegen die Zionisten. In: Antisemitisches Jahrbuch 7 (1903) 172–177.

Stille, Gustav: Innerjüdische Polemik und ihre Gehässigkeit. Zionisten gegen ihre Widersacher. In: Antisemitisches Jahrbuch 7 (1903) 177–180.

Stimmen aus dem Orient. In: Reichswart 13/35 (1932) 4.

Ströter, Ernst Ferdinand: Der Zionismus und seine Bedeutung. In: Deutsch-Amerikanische Zeitschrif tfür Theologie und Kirche 2/5 (1898) 349–354.

Suttner, Bertha von: Gespräche über den Zionismus aus dem Haag. In: Die Welt. Zentralorgan der Zionistischen Bewegung 3/31 (1899) 1–3.

Suttner, Bertha von: Nach dem Haag! In: Die Welt. Zentralorgan der Zionistischen Bewegung 3/21 (1899) 1–2.

Teichmann, Carl: Der Weg zur Verständigung zwischen Judentum und Christentum. In: Die Christliche Welt 7 (1893) 396–400.

Teichmann, Carl: Der Zionismus. In: Die Christliche Welt 14/40/42 (1900) 945–948, 995–1000.

Theilhaber, Felix A.: Der Untergang der deutschen Juden. Eine volkswirtschaftliche Studie. München 1911.

Thomsen, Peter: Systematische Bibliographie der Palästina-Literatur. Auf Veranlassung des Deutschen Vereins zur Erforschung Palästinas. Leipzig, New York 1908.

Thomsen, Peter: Die Palästina-Literatur. Eine internationale Bibliographie in systematischer Ordnung mit Autoren- und Sachregister. Leipzig 1911.

Thomsen, Peter: Die Palästina-Literatur. Eine internationale Bibliographie in systematischer Ordnung mit Autoren- und Sachregister. Leipzig 1916.

Thomsen, Peter: Die Palästina-Literatur. Eine internationale Bibliographie in systematischer Ordnung mit Autoren- und Sachregister. Leipzig 1927.

Thomsen, Peter: Die Palästina-Literatur. Eine internationale Bibliographie in systematischer Ordnung mit Autoren- und Sachregister. Leipzig 1938.

Trebitsch, Arthur: Deutscher Geist – oder Judentum! Der Weg der Befreiung. Berlin u. a. 1921.

Ueber den Zionismus. In: Das Zwanzigste Jahrhundert 5 (1894/95) 556–557.

Um die Geheimnisse der Weisen. In: Reichswart 4/21/24 (1923) 3–4, 3.

Vambery, Hermann: Dr. Herzl und Sultan Abdul Hamid. In: Ost und West. Illustrierte Monatsschrift für modernes Judentum 4/8/9 (1904) 505–512.

Vandervelde, Emil: Le pays d'Israel. Un marxiste en Palestine. Paris 1929.

Vandervelde, Emil: Schaffendes Palästina. Der jüdische Aufbau heute und morgen. Von einem Sozialisten. Dresden 1930.

Verax jun.: Die Wahrheit über Zion. Nach englischen, amerikanischen, französischen und italienischen Quellen. In: Der Weltkampf. Halbmonatschrift für die Judenfrage aller Länder 2/2 (1925) 55–63.

Verhetzungsversuche gegen die Türkei. In: Vossische Zeitung vom 01.02.1915.

Versöhnung durch den Zionismus. In: Die Welt. Zentralorgan der Zionistischen Bewegung 3/4 (1899) 5–6.

Vietinghoff Scheel, Leopold Ferdinand Adam: Grundzüge des völkischen Staatsgedankens. Berlin 1923.

Vollert, Stephan: Nationale Bestrebungen in Israel. In: Saat auf Hoffnung. Zeitschrift für die Mission der Kirche an Israel 28/3 (1891) 204–214.

Vom Zionistenkongreß in Basel. In: Mittheilungen aus dem Verein zur Abwehr des Antisemitismus 7/37 (1897) 293.

Warburg, Otto: Ein Sprachenstreit in Palästina. In: Bayerische Staatszeitung 1/304 (1913) 4–5.

Was die Juden aus Palästina gemacht haben. In: Deutschvölkische Blätter 36/19 (1921) 74.

Weinberg, Gerhard (Hg.): Hitlers Zweites Buch. Ein Dokument aus dem Jahr 1928. Stuttgart 1961.

Weinert, Bernhard: J. Heinrich Dunants Bestrebungen für Palästina. In: Jüdisches Jahrbuch für die Schweiz 5 (1920/1921) 136–144.

Weizmann in Berlin. Der Empfang in Wien und Prag. In: Jüdische Rundschau 30/3 (1925) 21.

Wichtl, Friedrich: Freimaurerei – Zionismus – Kommunismus – Spartakismus – Bolschewismus. Wien 1921.

Wiegand, A.: Zionismus und Christentum. In: Saat auf Hoffnung. Zeitschrift für die Mission der Kirche an Israel 36/4 (1899) 148–165.

Wiegand, A.: Über die Aussichten und die bisherigen Erfolge der jüdischen Kolonisation in Palästina. In: Saat auf Hoffnung. Zeitschrift für die Mission der Kirche an Israel 37/4 (1900) 224–232.

Wiegand, A.: Geistige Strömungen im Judentum seit dem Ausgang des Mittelalters. Der Zionismus. In: Saat auf Hoffnung. Zeitschrift für die Mission der Kirche an Israel 42 (1905) 17–20, 109–117.

Wiegand, A.: Jüdisches Urchristentum als zionistische Forderung. In: Saat auf Hoffnung. Zeitschrift für die Mission der Kirche an Israel 57 (1920) 28–36.

Wilhelm Meister [=*Bang,* Paul]: Judas Schuldbuch. Eine deutsche Abrechnung. München 1919.

Wilser, Ludwig: Rezension von Felix A. Theilhaber, Der Untergang der deutschen Juden. In: Politisch-Anthropologische Revue 11/ (1912/13) 335–336.

Winzer, Georg Ewald: Die Judenfrage in England. Hamburg 1920.

Winzer, Georg Ewald: Die Judenfrage in England. In: Politisch-Anthropologische Monatsschrift 19/6 (1920) 267–274.

Wir und die Zionisten. In: Deutschvölkische Blätter 34/27 (1919) 101.

»Wir werden das Existenzrecht Israels immer verteidigen«. In: ZEIT vom 26.04.2018.

Wirsing, Giselher: Engländer, Juden, Araber in Palästina. 4. Aufl. Jena 1939.

Woltmann, Ludwig: Politische Anthropologie. Eine Untersuchung über den Einfluss der Descendenztheorie auf die Lehre von der politischen Entwicklung der Völker. Jena 1903.

Woltmann, Ludwig/*Buhmann*, Hans K. E.: An unsere Mitarbeiter. In: Politisch-Anthropologische Revue 1 (1902) 79–80.

Wutzdorff, D.: Zionismus. In: Saat auf Hoffnung. Zeitschrift für die Mission der Kirche an Israel 37/1 (1900) 51–52.

Yahuda, Abraham S.: Rev. Hechler and Dr. Herzl. A Chapter from my Memoirs. In: The Jewish Forum 30/3 (1947) 54–56.

Zionismus. In: *Iro*, Karl/*Lischka*, Viktor (Hg.): Alldeutsches ABC. Ein Nachschlagebüchlein über alle völkischen und politischen Grundbegriffe. Wien 1911, 101–102.

Zionismus und Palästinaproblem. In: Jüdische Rundschau 22/47 (1917) 378–379.

Zionisten als Arbeiterführer. In: Hammer 18/408 (1919) 243–244.

Zionistische Kultur in Palästina. In: Hammer 21/481 (1922) 272.

Zionists and Germany. More than a language question. In: Egyptian Gazette vom 16.05.1914.

Zlocisti, Theodor: Juda. In: Ost und West. Illustrierte Monatsschrift für modernes Judentum 1/1 (1901) 63–68.

Zur Beek, Gottfried [=*Müller*, Ludwig]: Die Geheimnisse der Weisen von Zion. Berlin 1920.

Zur Frage des Zionismus. In: Mittheilungen aus dem Verein zur Abwehr des Antisemitismus 4/47 (1894) 373–374.

Zweierlei Mass. In: Ost und West. Illustrierte Monatsschrift für modernes Judentum 1/2 (1901) 148–150.

c)   Sekundärliteratur

Aberbach, David: Zionist Patriotism in Europe, 1897–1942: Ambiguities in Jewish Nationalism. In: The International History Review 31/2 (2009) 268–298.

Abramson, Glenda: Haunted by jackals. The expulsions of 1917. In: Israel Affairs 24/2 (2018) 201–220.

Adler, Joseph: Restoring the Jews to their Homeland. Nineteen Centuries in the Quest for Zion. Northvale/New Jersey 1997.

Ahlberg, Sture: Jerusalem/Al-quds. The Holy City of War and Peace. Uppsala 1998.

Almog, Shmuel: Between Zionism and Antisemitism. In: Patterns of Prejudice 28/2 (1994) 49–59.

Almog, Shmuel: Zwischen Zionismus und Antisemitismus. In: *Brenner*, Michael/*Kauders*, Anthony/*Reuveni*, Gideon/*Römer*, Nils (Hg.): Jüdische Geschichte lesen. Texte der jüdischen Geschichtsschreibung im 19. und 20. Jahrhundert. München 2003, 308–319.

Alpert, Carl: Technion. The Story of Israel's Institute of Technology. Haifa 1982.

Alter, Peter/*Bärsch*, Claus-Ekkehard/*Berghoff*, Peter (Hg.): Die Konstruktion der Nation gegen die Juden. München 1999.

Aly, Götz: Warum die Deutschen? Warum die Juden? Gleichheit, Neid und Rassenhass – 1800 bis 1933. Frankfurt a. M. 2011.

Anderson, Benedict: Imagined Communities. Reflections on the Origin and Spread of Nationalism. London 1983.

Ariel, Yaakov: Source of Legitimacy. Evangelical Christians and Jews. In: *Wertheim*, David J. (Hg.): The Jew as Legitimation. Jewish-Gentile Relations Beyond Antisemitism and Philosemitism. Cham 2017, 195–221.

Aring, Paul Gerhard: Christliche Judenmission. Ihre Geschichte und Problematik dargestellt und untersucht am Beispiel des evangelischen Rheinlandes. Neukirchen-Vluyn 1980.

Aring, Paul Gerhard: Christen und Juden heute – und die »Judenmission«? Geschichte und

Theologie protestantischer Judenmission in Deutschland, dargestellt und untersucht am Beispiel des Protestantismus im mittleren Deutschland. Frankfurt a. M. 1987.

Aring, Paul Gerhard: Judenmission. In: Theologische Realenzyklopädie. Berlin, New York 1988, 325–330.

Aschheim, Steven E.: Caftan and Cravat: The Ostjude as a Cultural Symbol in the Development of German Anti-Semitism. In: *Drescher,* Seymour/*Sabean,* David/*Sharlin,* Allan (Hg.): Political Symbolism in Modern Europe. Essays in Honor of George L. Mosse. New Brunswick/New Jersey 1982, 81–99.

Aschheim, Steven E.: Eastern Jews, German Jews and Germany's Ostpolitik in the First World War. In: The Leo Baeck Institute Year Book 28 (1983) 351–365.

Aschheim, Steven E.: Islamic Jihad, Zionism, and Espionage in the Great War. In: *Ders.* (Hg.): Fragile Spaces. Forays into Jewish Memory, European History and Complex Identities. Berlin, Boston 2018, 263–272.

Auron, Yair: The Banality of Indifference. Zionism and the Armenian genocide. New Brunswick/New Jersey 2000.

Avineri, Shlomo: Herzl. Theodor Herzl and the foundation of the Jewish state. London 2014.

Bar-Chen, Eli: Prototyp jüdischer Solidarität – Die Alliance Israélite Universelle. In: Jahrbuch des Simon-Dubnow-Instituts 1 (2002) 277–296.

Bar-Chen, Eli: Weder Asiaten noch Orientalen. Internationale jüdische Organisationen und die Europäisierung »rückständiger« Juden. Würzburg 2005.

Barkai, Avraham: Einleitung. In: *Barkai,* Avraham/*Barkai-Lasker,* Schoschanna (Hg.): Jüdische Minderheit und Industrialisierung. Demographie, Berufe und Einkommen der Juden in Westdeutschland 1850–1914. Tübingen 1988, 1–9.

Barkai, Avraham: German Interests in the Haavara-Transfer Agreement 1933–1939. In: The Leo Baeck Institute Year Book 35 (1990) 245–266.

Barkai, Avraham: »Wehr dich!«. Der Centralverein deutscher Staatsbuerger jüdischen Glaubens (C. V.) 1893–1938. München 2002.

Bar-On, Tamir: The Radical Right and Nationalism. In: *Rydgren,* Jens (Hg.): The Oxford handbook of the radical right. New York 2018, 17–41.

Bärsch, Claus-Ekkehard: Alfred Rosenbergs »Mythus des 20. Jahrhunderts« als politische Religion. Das »Himmelreich in uns« als Grund völkisch-rassischer Identität der Deutschen. In: *Maier,* Hans (Hg.): Totalitarismus und Politische Religionen. Konzepte des Diktaturvergleichs. Paderborn 1997, 227–248.

Bärsch, Claus-Ekkehard: Die politische Religion des Nationalsozialismus. Die religiösen Dimensionen der NS-Ideologie in den Schriften von Dietrich Eckart, Joseph Goebbels, Alfred Rosenberg und Adolf Hitler. 2. Aufl. München 2002.

Barth, Boris/*Osterhammel,* Jürgen: Vorwort. In: *Dies.* (Hg.): Zivilisierungsmissionen. Imperiale Weltverbesserung seit dem 18. Jahrhundert. Konstanz 2005, 7–12.

Bar-Yosef, Eitan: The Holy Land in English Culture 1799–1917. Palestine and the Question of Orientalism. Oxford 2005.

Battenberg, Friedrich: Das europäische Zeitalter der Juden. Zur Entwicklung einer Minderheit in der nichtjüdischen Umwelt Europas. Bd. 2. 2. Aufl. Darmstadt 2000.

Bauer, Yehuda: Antisemitism and Anti-Zionism – New and Old. In: *Wistrich,* Robert S. (Hg.): Anti-Zionism and antisemitism in the contemporary world. New York 1990, 195–207.

Bauman, Zygmunt: Dialektik der Ordnung. Die Moderne und der Holocaust. 2. Aufl. Hamburg 1994.

Bauman, Zygmunt: Allosemitism: Premodern, Modern, Postmodern. In: *Cheyette,* Bryan/*Marcus,* Laura (Hg.): Modernity, Culture, and »the Jew«. Cambridge 1998, 143–157.

Baumann, Arnulf H.: Franz Delitzsch (1813–1890). In: *Ders.* (Hg.): Auf dem Wege zum christlich-jüdischen Gespräch. 125 Jahre Evangelisch-lutherischer Zentralverein für Zeugnis und Dienst unter Juden und Christen. Münster 1998, 48–59.

Baumann, Arnulf H.: Gustav Dalman (1855–1941). In: *Ders.* (Hg.): Auf dem Wege zum christlich-jüdischen Gespräch. 125 Jahre Evangelisch-lutherischer Zentralverein für Zeugnis und Dienst unter Juden und Christen. Münster 1998, 60–69.

Baumann, Arnulf H.: Otto von Harling (1866–1953). In: *Ders.* (Hg.): Auf dem Wege zum christlich-jüdischen Gespräch. 125 Jahre Evangelisch-lutherischer Zentralverein für Zeugnis und Dienst unter Juden und Christen. Münster 1998, 70–85.

Baumann, Arnulf H.: Josef Rabinowitschs messianisches Judentum. In: *Siegert,* Folker (Hg.): Grenzgänge. Menschen und Schicksale zwischen jüdischer, christlicher und deutscher Identität. Münster 2002, 195–211.

Baumgart, Winfried: Die »Orientalische Frage« – redivivus? Große Mächte und kleine Nationalitäten (1820–1923). In: Tel Aviver Jahrbuch für deutsche Geschichte 28 (1999) 33–55.

Bautz, Friedrich Wilhelm: Fiebig, Paul. In: Biographisch-Bibliographisches Kirchenlexikon, 31–32.

Becke, Johannes: Beyond Allozionism: Exceptionalizing and De-Exceptionalizing the Zionist Project. In: Israel Studies 23/2 (2018) 168–193.

Becker, Peter Emil: Zur Geschichte der Rassenhygiene. Stuttgart 1988.

Beckmann, Klaus: Die fremde Wurzel. Altes Testament und Judentum in der Evangelischen Theologie des 19. Jahrhunderts. Göttingen 2002.

Behrendt, Bernd: Zwischen Paradox und Paralogismus. Weltanschauliche Grundzüge einer Kulturkritik in den neunziger Jahren des 19. Jahrhunderts am Beispiel August Julius Langbehn. Frankfurt a. M. 1984.

Behrendt, Bernd: August Julius Langbehn, der »Rembrandtdeutsche«. In: *Puschner,* Uwe/ *Schmitz,* Walter/ *Ulbricht,* Justus H. (Hg.): Handbuch zur »Völkischen Bewegung« 1871– 1918. München 1999, 94–113.

Bein, Alex: Theodor Herzl. Biographie. Wien 1934.

Bein, Alex: Der moderne Antisemitismus und seine Bedeutung für die Judenfrage. In: Vierteljahrshefte für Zeitgeschichte 6/4 (1958) 340–360.

Bein, Alex: Introduction. In: *Ellern,* Hermann/ *Ellern,* Bessi (Hg.): Herzl, Hechler, the Grand Duke of Baden and the German Emperor. 1896–1904. Tel Aviv 1961, VII–XI.

Bein, Alex: »Der jüdische Parasit«. Bemerkungen zur Semantik der Judenfrage. In: Vierteljahrshefte für Zeitgeschichte 13/2 (1965) 121–149.

Bein, Alex: Erinnerungen und Dokumente über Herzls Begegnung mit Wilhelm II. In: Zeitschrift für die Geschichte der Juden 2 (1965) 35–52.

Bein, Alex: Memories and Documents about Herzl's Meetings with the Kaiser. In: Herzl Year Book. Essays in Zionist History and Thought Volume 6 (1965) 55–68.

Bein, Alex/ *Gelber,* Nathan Michael: Oliphant, Laurence. In: Encyclopaedia Judaica. Volume 12. Jerusalem 1971, 1362–1363.

Ben-Artzi, Yossi: Technion. In: *Diner,* Dan (Hg.): Enzyklopädie jüdischer Geschichte und Kultur. Band 6. Stuttgart 2015, 48–51.

Benbassa, Esther: Zionism in the Ottoman Empire at the End of the 19th and the Beginning of the 20th Century. In: Studies in Zionism 11/2 (1990) 127–140.

Benner, Thomas: Die Strahlen der Krone. Die religiöse Dimension des Kaisertums unter Wilhelm II. vor dem Hintergrund der Orientreise 1898. Marburg 2001.

Benz, Wolfgang (Hg.): Die »Judenfrage«. Schriften zur Begründung des modernen Antisemitismus 1780 bis 1918. München 2003.

Benz, Wolfgang: Die Protokolle der Weisen von Zion. Die Legende von der jüdischen Weltverschwörung. 3. Aufl. München 2017.

Benz, Wolfgang: Wie Gauland sich an Hitlers Rede anschmiegt. In: Tagesspiegel vom 10.10.2018

Berding, Helmut: Moderner Antisemitismus in Deutschland. Frankfurt a. M. 1988.

Berding, Helmut: Antisemitismus in der modernen Gesellschaft: Kontinuität und Diskontinuität. In: *Hettling*, Manfred/*Nolte*, Paul (Hg.): Nation und Gesellschaft in Deutschland. Historische Essays. München 1996, 192–207.

Berding, Helmut: Der Aufstieg des Antisemitismus im Ersten Weltkrieg. In: *Benz*, Wolfgang/ *Bergmann*, Werner (Hg.): Vorurteil und Völkermord. Entwicklungslinien des Antisemitismus. Freiburg im Breisgau 1997, 286–302.

Berg, Nicolas: Ökonomie und Kollektivität. Fragen zur Metaphorisierung von Judentum in nationalökonomischen Schriften um 1900. In: *Gross*, Raphael/*Weiss*, Yfaat (Hg.): Jüdische Geschichte als allgemeine Geschichte. Festschrift für Dan Diner zum 60. Geburtstag. Göttingen 2006, 49–75.

Berg, Nicolas: Juden und Kapitalismus in der Nationalökonomie um 1900: Zu Ideologie und Ressentiment in der Wissenschaft. In: *Backhaus*, Fritz/*Gross*, Raphael/*Weissberg*, Liliane (Hg.): Juden. Geld. Eine Vorstellung. Frankfurt a. M. 2013, 284–307.

Berg, Nicolas: »Weg vom Kaufmannsstande! Zurück zur Urproduktion!«. Produktivitätsforderungen an Juden im 19. und frühen 20. Jahrhundert. In: *Colin*, Nicole/*Schößler*, Franziska (Hg.): Das nennen Sie Arbeit? Der Produktivitätsdiskurs und seine Ausschlüsse. Heidelberg 2013, 29–51.

Berg, Nicolas/*Zimmermann*, Moshe: Berliner Antisemitismusstreit. In: *Diner*, Dan (Hg.): Enzyklopädie jüdischer Geschichte und Kultur. Band 1. Stuttgart, Weimar 2011, 277–282.

Bergmann, Werner: Völkischer Antisemitismus im Kaiserreich. In: *Puschner*, Uwe/*Schmitz*, Walter/*Ulbricht*, Justus H. (Hg.): Handbuch zur »Völkischen Bewegung« 1871–1918. München 1999, 449–463.

Bergmann, Werner: Dühring, Eugen Karl. In: *Benz*, Wolfgang (Hg.): Handbuch des Antisemitismus. Judenfeindschaft in Geschichte und Gegenwart. Berlin 2009, 188–191.

Bergmann, Werner: Ein »weltgeschichtliches ›Fatum‹«. Wilhelm Marrs antisemitisches Geschichtsbild in seiner Schrift: »Der Sieg des Judenthums über das Germanenthum«. In: *Bergmann*, Werner/*Sieg*, Ulrich (Hg.): Antisemitische Geschichtsbilder. Essen 2009, 61–82.

Bergmann, Werner: Fritz, Georg. In: *Benz*, Wolfgang (Hg.): Handbuch des Antisemitismus. Judenfeindschaft in Geschichte und Gegenwart. Berlin 2009, 262–264.

Bergmann, Werner: Geschichte des Antisemitismus. 4. Aufl. München 2010.

Bergmann, Werner: Antisemitische Bewegung. In: *Benz*, Wolfgang (Hg.): Handbuch des Antisemitismus. Judenfeindschaft in Geschichte und Gegenwart. Bd. 5. Berlin 2013, 34–39.

Bergmann, Werner: Dühring-Bund. In: *Benz*, Wolfgang (Hg.): Handbuch des Antisemitismus. Judenfeindschaft in Geschichte und Gegenwart. Bd. 5. Berlin 2013, 221–222.

Bergmann, Werner: Handbuch der Judenfrage (Theodor Fritsch, 1887). In: *Benz*, Wolfgang (Hg.): Handbuch des Antisemitismus. Judenfeindschaft in Geschichte und Gegenwart. Bd. 6. Berlin 2013, 257–262.

Bergmann, Werner/*Sieg*, Ulrich: Geschichte als Akklamationsinstanz und Waffe. In: *Dies.* (Hg.): Antisemitische Geschichtsbilder. Essen 2009, 7–22.

Berkowitz, Michael: Zionist Culture and West European Jewry before the First World War. Cambridge 1993.

Berkowitz, Michael: The Debate about Hebrew, in German. The Kulturfrage in the Zionist Congresses, 1897–1914. In: *Lorenz*, Dagmar C. G./*Weinberger*, Gabriele (Hg.): Insiders and Outsiders. Jewish and Gentile Culture in Germany and Austria. Detroit/Michigan 1994, 109–115.

Berkowitz, Michael: The Crime of My Very Existence. Nazism and the Myth of Jewish Criminality. Berkeley, Los Angeles 2007.

Berkowitz, Michael: The Origins of Zionist Tourism in Mandate Palestine. Impressions (and Pointed Advice) from the West. In: Public Archaeology 11/4 (2013) 217–234.

Bernstorff, Johann Heinrich Graf von. In: *Hürter*, Johannes/*Keipert*, Maria (Hg.): Biographisches Handbuch des deutschen Auswärtigen Dienstes. Bd. 1. 1871–1945. Paderborn 2000, 131–132.

Bettauer, Maximilian Hugo. In: Lexikon deutsch-jüdischer Autoren. Band 2. München u. a. 1993, 353–360.

Biasini, Nadia Guth: Basel und der Zionistenkongress. In: Haumann, Heiko (Hg.): Der Erste Zionistenkongress von 1897 – Ursachen, Bedeutung, Aktualität. ... in Basel habe ich den Judenstaat gegründet. Basel 1997, 131–137.

Bieber, Horst: Paul Rohrbach. Ein konservativer Publizist und Kritiker der Weimarer Republik. München 1972.

Bilz, Marlies: Hovevei Zion in der Ära Leo Pinsker. Hamburg/Münster 2007.

Blaschke, Olaf: Katholizismus und Antisemitismus im Deutschen Kaiserreich. 2. Aufl. Göttingen 1999.

Blome, Astrid/Böning, Holger: Einleitung: Der Arzt, Publizist und Parlamentarier Julius Moses und seine Rundfrage zur »Judenfrage«. In: Dies. (Hg.): Die Lösung der Judenfrage. Eine Rundfrage von Julius Moses im Jahre 1907. Bremen 2010, 9–36.

Bock, Hans Manfred: Nation als vorgegebene oder vorgestellte Wirklichkeit? Anmerkungen zur Analyse fremdnationaler Identitätszuschreibung. In: Florack, Ruth (Hg.): Nation als Stereotyp. Fremdwahrnehmung und Identität in deutscher und französischer Literatur. Tübingen 2000, 11–36.

Bode, Matthias: Die auswärtige Kulturverwaltung der frühen Bundesrepublik. Eine Untersuchung ihrer Etablierung zwischen Norminterpretation und Normgenese. Tübingen 2014.

Bodenheimer, Alfred: Jüdische (Un-)Heilsvisionen. Theodor Herzls »Judenstaat« und »Die Protokolle der Weisen von Zion«. In: Judaica. Beiträge zum Verstehen des Judentums 66/2 (2010) 97–106.

Bodenheimer, Henriette Hannah: Der geschichtliche Hintergrund der Reise aus Dokumenten. Die Entstehung des »Hilfsvereins deutscher Juden«. In: Bodenheimer, Max/Bodenheimer, Henriette Hannah (Hg.): Die Zionisten und das kaiserliche Deutschland. Bensberg 1972, 110–112.

Bodenheimer, Henriette Hannah: Max Isidor Bodenheimer (1865–1940). In: Heyen, Franz-Josef (Hg.): Rheinische Lebensbilder. Köln 1991, 233–256.

Böhm, Adolf: Die zionistische Bewegung. Bd. 1. Die zionistische Bewegung bis zum Ende des Weltkrieges. Berlin 1920.

Bollmus, Reinhard: Alfred Rosenberg – »Chefideologe«: des Nationalsozialismus? In: Smelser, Ronald/Zitelmann, Rainer (Hg.): Die braune Elite. Bd. 1. Darmstadt 1989, 223–235.

Böning, Holger: Julius Moses. Volksarzt und Prophet des Schreckens. Bremen 2016.

Bönisch, Michael: Die »Hammer«-Bewegung. In: Puschner, Uwe/Schmitz, Walter/Ulbricht, Justus H. (Hg.): Handbuch zur »Völkischen Bewegung« 1871–1918. München 1999, 341–365.

Bormann, Patrick: Furcht und Angst als Faktoren deutscher Weltpolitik 1897–1914. In: Bormann, Patrick/Freiberger, Thomas/Michel, Judith (Hg.): Angst in den Internationalen Beziehungen. Internationale Beziehungen. Theorie und Geschichte, Band 7. Göttingen 2010, 71–90.

Bosl, Erika: Heinrich Lhotzky. In: Biographisch-Bibliographisches Kirchenlexikon, 7–8.

Brechenmacher, Thomas: Der Vatikan und die Juden. Geschichte einer unheiligen Beziehung vom 16. Jahrhundert bis zur Gegenwart. München 2005.

Brechtken, Magnus: »Madagaskar für die Juden«. Antisemitische Idee und politische Praxis 1885–1945. 2. Aufl. München 2009.

Brenner, Michael: The Jüdische Volkspartei. National-Jewish Communal Politics during the Weimar Republic. In: The Leo Baeck Institute Year Book 35 (1990) 219–243.

Brenner, Michael: »Gott schütze uns vor unseren Freunden«. Zur Ambivalenz des Philosemitismus im Kaiserreich. In: Jahrbuch für Antisemitismusforschung 2 (1993) 174–199.

Brenner, Michael: Jüdische Kultur in der Weimarer Republik. München 2000.

Brenner, Michael: Propheten des Vergangenen. Jüdische Geschichtsschreibung im 19. und 20. Jahrhundert. München 2006.

Brenner, Michael: Nichtjüdische Historiker und jüdische Geschichte. Der Wandel in der Wahrnehmung von außen. In: *Vos*, Jacobus Cornelis de/*Siegert*, Folker (Hg.): Interesse am Judentum. Die Franz-Delitzsch-Vorlesungen 1989–2008. Berlin 2008, 324–346.

Brenner, Michael: Über Baden nach Jerusalem. Großherzog Friedrich I. als Förderer des Zionismus. In: *Baden*, Bernhard von/*Douglas*, Christoph (Hg.): Nur ein Blick auf Baden. München 2012, 37–45.

Brenner, Michael: Israel. Traum und Wirklichkeit des jüdischen Staates. Von Theodor Herzl bis heute. München 2016.

Brenner, Michael/*Becke*, Johannes/*Mahla*, Daniel (Hg.): Israel-Studien. Geschichten – Methoden – Paradigmen. Göttingen 2020.

Brenner, Sabine/*Cepl-Kaufmann*, Gertrude/*Thöne*, Martina: Ich liebe nichts so sehr wie die Städte. Alfons Paquet als Schriftsteller, Europäer, Weltreisender. Frankfurt a. M. 2001.

Breslauer, Walter: »Die Vereinigung für das liberale Judentum in Deutschland« und die »Richtlinien zu einem Programm für das liberale Judentum«. Erinnerungen aus den Jahren 1908–1914. In: Bulletin des Leo-Baeck-Instituts 9/33–36 (1966) 302–329.

Breuer, Stefan: Grundpositionen der deutschen Rechten (1871–1945). Tübingen 1999.

Breuer, Stefan: Ordnungen der Ungleichheit. Die deutsche Rechte im Widerstreit ihrer Ideen 1871–1945. Darmstadt 2001.

Breuer, Stefan: Das »Zwanzigste Jahrhundert« und die Brüder Mann. In: *Wimmer*, Ruprecht (Hg.): Thomas Mann und das Judentum. Die Vorträge des Berliner Kolloquiums der Deutschen Thomas-Mann-Gesellschaft. Frankfurt a. M. 2004, 75–95.

Breuer, Stefan: Nationalismus und Faschismus. Frankreich, Italien und Deutschland im Vergleich. Darmstadt 2005.

Breuer, Stefan: Von der antisemitischen zur völkischen Bewegung. In: Aschkenas. Zeitschrift für Geschichte und Kultur der Juden 15/2 (2006) 499–534.

Breuer, Stefan: Die Völkischen in Deutschland. Kaiserreich und Weimarer Republik. Darmstadt 2008.

Breuer, Stefan: Der Streit um den »nordischen Gedanken« in der völkischen Bewegung. In: Zeitschrift für Religions- und Geistesgeschichte 62/1 (2010) 1–27.

Brode, Heinrich. In: *Hürter*, Johannes/*Keipert*, Maria (Hg.): Biographisches Handbuch des deutschen Auswärtigen Dienstes. Bd. 1. 1871–1945. Paderborn 2000, 292–293.

Brodeur, David D.: Christians in the Zionist camp: Blackstone and Hechler. In: Faith and Thought 100/3 (1973) 271–298.

Bruhn, Joachim: Nichts gelernt und nichts vergessen. Ein Grundriss zur Geschichte des deutschen Antizionismus. In: *Ders.* (Hg.): Was deutsch ist. Zur kritischen Theorie der Nation. Freiburg 2019, 245–253.

Brunotte, Ulrike/*Ludewig*, Anna-Dorothea/*Stähler*, Axel (Hg.): Orientalism, Gender, and the Jews. Literary and artistic transformations of European national discourses. Berlin 2015.

Brunotte, Ulrike/*Mohn*, Jürgen/*Späti*, Christina (Hg.): Internal outsiders, imagined Orientals? Antisemitism, colonialism and modern constructions of Jewish identity. Würzburg 2017.

Burrows, Mathew: ›Mission Civilisatrice‹. French Cultural Policy in the Middle East, 1860–1914. In: The Historical Journal 29/1 (1986) 109–135.

Bussiek, Dagmar: Das Gute gut und das Böse böse nennen. Der Reichsbote 1873–1879. In: *Grunewald*, Michel/*Puschner*, Uwe (Hg.): Krisenwahrnehmungen in Deutschland um 1900. Zeitschriften als Foren der Umbruchszeit im wilhelminischen Reich. Bern 2011, 97–119.

Cahnmann, Werner J.: Munich and the First Zionist Congress. In: Historia Judaica 3/1 (1941) 7–23.

Canis, Konrad: Der Weg in den Abgrund. Deutsche Außenpolitik 1902–1914. Paderborn, Müchen, Wien, Zürich 2013.

Carmel, Alex: Die deutsche Palästinapolitik 1871–1914. In: Jahrbuch des Instituts für Deutsche Geschichte 4 (1975) 205–235.

Carmel, Alex: Christliche Zionshoffnungen: Palästina im 19. Jahrhundert. In: *Haumann,* Heiko (Hg.): Der Erste Zionistenkongress von 1897 – Ursachen, Bedeutung, Aktualität. … in Basel habe ich den Judenstaat gegründet. Basel 1997, 34–41.

Carmel, Alex: Der christliche Beitrag zum Wiederaufbau Palästinas im 19. Jahrhundert. In: *Carmel,* Alex/*Eisler,* Ejal Jakob (Hg.): Der Kaiser reist ins Heilige Land. Die Palästinareise Wilhelms II. 1898. Eine illustrierte Dokumentation. Stuttgart 1999, 9–22.

Carmel, Alex: »Christlicher Zionismus« im 19. Jahrhundert – einige Bemerkungen. In: *Stegemann,* Ekkehard W. (Hg.): 100 Jahre Zionismus. Von der Verwirklichung einer Vision. Stuttgart 2000, 127–135.

Carmel, Alex: Die Siedlungen der württembergischen Templer in Palästina 1868–1918. Ihre lokalpolitischen und internationalen Probleme. 3. Aufl. Stuttgart u. a. 2000.

Cicek, M. Talha: War and State Formation in Syria. Cemal Pasha's Governorate During World War I, 1914–1917. New York 2014.

Clark, Christopher: The Politics of Conversion. Missionary Protestantism and the Jews in Prussia 1728–1941. Oxford 1995.

Claussen, Detlev: Antisemitismus der Vernunft. In: *Ders.* (Hg.): Vom Judenhass zum Antisemitismus. Materialien einer verleugneten Geschichte. Darmstadt u. a. 1987, 193–200.

Claussen, Detlev: Vom Judenhass zum Antisemitismus. In: *Ders.* (Hg.): Vom Judenhass zum Antisemitismus. Materialien einer verleugneten Geschichte. Darmstadt u. a. 1987, 7–46.

Claussen, Detlev: Gründerjahre des modernen Antisemitismus. Dühring als Pionier moderner Massenverfolgung. In: *Ders.* (Hg.): Was heißt Rassismus? Darmstadt 1994, 44–66.

Claussen, Detlev: Die Wandlungen des »Ja, aber-Antisemitismus«. Vorbemerkungen zur Neuausgabe (2005). In: *Ders.* (Hg.): Grenzen der Aufklärung. Die gesellschaftliche Genese des modernen Antisemitismus. Frankfurt a. M. 2005, VII–XXVI.

Cobet, Christoph: Der Wortschatz des Antisemitismus in der Bismarckzeit. München 1973.

Cohen-Hattab, Kobi/*Shoval,* Noam: Tourism, Religion and Pilgrimage in Jerusalem. New York 2015.

Cohn, Norman: »Die Protokolle der Weisen von Zion«. Der Mythos der jüdischen Weltverschwörung. Baden-Baden, Zürich 1998.

Conrad, Sebastian: Globalisierung und Nation im Deutschen Kaiserreich. 2. Aufl. München 2010.

Crombie, Kelvin: For the Love of Zion. Christian witness and the restoration of Israel. London 1991.

Dabag, Mihran: National-koloniale Konstruktionen in politischen Entwürfen des Deutschen Reichs um 1900. In: *Dabag,* Mihran/*Gründer,* Horst/*Ketelsen,* Uwe-K. (Hg.): Kolonialismus. Kolonialdiskurs und Genozid. München 2004, 19–66.

Dabag, Mihran/*Gründer,* Horst/*Ketelsen,* Uwe-K. (Hg.): Kolonialismus. Kolonialdiskurs und Genozid. München 2004.

Dahlhaus, Friedrich: Möglichkeiten und Grenzen auswärtiger Kultur- und Pressepolitik. Dargestellt am Beispiel der deutsch-türkischen Beziehungen 1914–1928. Frankfurt a. M. 1990.

Damianov, Atanas: Die Arbeit der »Deutschen Orient-Mission« unter den türkischen Muslimen in Bulgarien von Anfang des 20. Jahrhunderts bis zum 2. Weltkrieg. Münster, Hamburg, London 2003.

Davis, Christian S.: Colonialism and Antisemitism during the Kaiserreich. Bernhard Dernburg and the Antisemites. In: The Leo Baeck Institute Year Book 53 (2008) 31–56.

Davis, Christian S.: Colonialism, Antisemitism, and Germans of Jewish Descent in Imperial Germany. Ann Arbor/Michigan 2012.

Davis, Christian S.: Colonialism and the Anti-Semitic Movement in Germany. In: *Naranch,* Bradley/*Eley,* Geoff (Hg.): German colonialism in a global age. Durham 2014, 228–245.

Dehio, Ludwig: Deutschland und die Weltpolitik im 20. Jahrhundert. München 1955.

Dietrich, Christian: Eine deutsch-jüdische Symbiose? Das zionistische Interesse für Fichte und Sombart, Moritz Goldsteins Überlegungen zur deutsch-jüdischen Kultur und die Schwierigkeiten mit dem Bindestrich. In: *Kotowski*, Elke-Vera (Hg.): Das Kulturerbe deutschsprachiger Juden. Eine Spurensuche in den Ursprungs-, Transit- und Emigrationsländern. Berlin 2015, 43–55.

Dietrich, Christian: Positions on Zionism in the Wake of the Colonial Policy Debate: Perspectives on Labour Zionism in the »Sozialistische Monatshefte«. In: *Parfitt*, Steven/*Costaguta*, Lorenzo/*Kidd*, Matthew/*Tiplady*, John (Hg.): Working-Class Nationalism and Internationalism until 1945. Essays in Global Labour History. Cambridge 2018, 63–86.

Diner, Dan: Sozialdemokratie und koloniale Frage – dargestellt am Beispiel des Zionismus. In: Die Dritte Welt 3/112 (1974) 58–87.

Diner, Dan: Feindbild Amerika. Über die Beständigkeit eines Ressentiments. Berlin 2002.

Diner, Dan: Verschwörung. In: *Ders.* (Hg.): Enzyklopädie jüdischer Geschichte und Kultur. Band 6. Stuttgart 2015, 272–277.

Ditfurth, Jutta: Der Baron, die Juden und die Nazis. Adliger Antisemitismus. Hamburg 2015.

Dohrn, Verena: Diplomacy in the Diaspora. The Jewish Telegraphic Agency in Berlin (1922–1933). In: The Leo Baeck Institute Year Book 54 (2009) 219–241.

Doron, Joachim: Rassenbewusstsein und naturwissenschaftliches Denken im deutschen Zionismus während der Wilhelminischen Ära. In: Jahrbuch des Instituts für Deutsche Geschichte 9 (1980) 389–427.

Döscher, Hans-Jürgen: »Kampf gegen das Judenthum«: Gustav Stille (1845–1920). Antisemit im deutschen Kaiserreich. Berlin 2008.

Döscher, Hans-Jürgen: Stille, Gustav. In: *Benz*, Wolfgang (Hg.): Handbuch des Antisemitismus. Judenfeindschaft in Geschichte und Gegenwart. Berlin 2009, 797–798.

Duvernoy, Claude: Der Fürst und sein Prophet. Theodor Herzl und William Hechler, die Wegbereiter der zionistischen Bewegung. Neuhausen-Stuttgart 1998.

Düwell, Kurt: Deutschlands auswärtige Kulturpolitik. 1918–1932. Köln 1976.

Düwell, Kurt: Die Gründung der Kulturpolitischen Abteilung im Auswärtigen Amt als Neuansatz. Inhaltliche und organisatorische Strukturen der Reform auswärtiger Kulturpolitik nach dem Ersten Weltkrieg. In: *Düwell*, Kurt/*Dexheimer*, Wolfgang (Hg.): Deutsche auswärtige Kulturpolitik seit 1871. Geschichte und Struktur. Köln 1981, 46–61.

Düwell, Kurt: Zur Entstehung der deutschen Antisemitenparteien in Deutschland und Österreich. In: *Ginzel*, Günther (Hg.): Antisemitismus. Erscheinungsformen der Judenfeindschaft gestern und heute. Köln 1991, 170–180.

Düwell, Kurt: Zwischen Propaganda und Friedenspolitik – Geschichte der Auswärtigen Kulturpolitik im 20. Jahrhundert. In: *Maaß*, Kurt-Jürgen (Hg.): Kultur und Außenpolitik. Handbuch für Studium und Praxis. Baden-Baden 2005, 53–83.

Dyck, Joachim: Der Zeitzeuge. Gottfried Benn, 1929–1949. Göttingen 2006.

Eckert, Willehad Paul: Streiflichter auf die Geschichte des christlichen Zionismus. In: *Stöhr*, Martin (Hg.): Zionismus. Beiträge zur Diskussion. München 1980, 116–143.

Edelmann-Ohler, Eva: Philosemitismus als Textverfahren – Zum Verhältnis von ›poetischem Zionismus‹ und Philosemitismus in Börries von Münchhausens Juda (1900). In: *Theisohn*, Philipp/*Braungart*, Georg (Hg.): Philosemitismus. Rhetorik, Poetik, Diskursgeschichte. Paderborn 2017, 269–291.

Efron, John M.: Defenders of the Race. Jewish Doctors and Race Science in fin-de-siècle Europe. New Haven/Connecticut, London 1994.

Eiff, Hansjörg: Die jüdische Heimstätte in Palästina in der deutschen Außenpolitik 1914–1918. In: Zeitschrift für Geschichtswissenschaft 60/3 (2012) 205–227.

Eiff, Hansjörg: Die jüdische Heimstätte in Palästina in der Außenpolitik der Weimarer Republik. In: Zeitschrift für Geschichtswissenschaft 61/12 (2013) 1005–1028.

Eliav, Mordechai: Das deutsche Konsulat in Jerusalem und die jüdische Bevölkerung in Erez Israel während des 19. Jahrhunderts. In: Bulletin des Leo Baeck Instituts 11/43/44 (1968) 157–192.

Eliav, Mordechai: Introduction. In: *Ders.* (Hg.): Die Juden Palästinas in der deutschen Politik. Dokumente aus dem Archiv des deutschen Konsulats in Jerusalem, 1842–1914. Tel Aviv 1973, XI–XIX.

Eloni, Yehuda: Die umkämpfte nationaljüdische Idee. In: *Mosse,* Werner E. (Hg.): Juden im Wilhelminischen Deutschland 1890–1914. Ein Sammelband. Tübingen 1976, 633–688.

Eloni, Yehuda: Zionismus in Deutschland. Von den Anfängen bis 1914. Gerlingen 1987.

Engelmann, Hans: Kirche am Abgrund. Adolf Stoecker und seine antijüdische Bewegung. Berlin 1984.

Engelmann, Ralph Max: Dietrich Eckart and the Genesis of Nazism. Washington/Columbia 1971.

Essner, Cornelia: Die »Nürnberger Gesetze« oder die Verwaltung des Rassenwahns 1933–1945. 1. Aufl. Paderborn 2002.

Eversdijk, Nicole P.: Kultur als politisches Werbemittel. Ein Beitrag zur deutschen kultur- und pressepolitischen Arbeit in den Niederlanden während des Ersten Weltkrieges. Münster 2010.

Falk, Gerhard: The Restoration of Israel. Christian Zionism in Religion, Literature, and Politics. New York 2006.

Falk, Raphael: Zionism, Race, and Eugenics. In: *Cantor,* Geoffrey/*Swetlitz,* Marc (Hg.): Jewish Tradition and the Challenge of Darwinism. Chicago 2006, 141–162.

Falk, Raphael: Zionism and the Biology of Jews. 1. Aufl. Cham 2017.

Farah, Irmgard: Die deutsche Pressepolitik und Propagandatätigkeit im Osmanischen Reich von 1908–1919 unter besonderer Berücksichtigung des »Osmanischen Lloyd«. Beirut, Wiesbaden 1993.

Fenske, Hans: Der Nationalsozialismus und seine Quellen. In: *Lieber,* Hans-Joachim (Hg.): Politische Theorien von der Antike bis zur Gegenwart. Bonn 1993, 802–820.

Ferrero, Dominique Shaul: Henri Dunant und der Zionismus. In: *Haumann,* Heiko (Hg.): Der Erste Zionistenkongress von 1897 – Ursachen, Bedeutung, Aktualität. …in Basel habe ich den Judenstaat gegründet. Basel 1997, 208–210.

Fest, Joachim: Alfred Rosenberg. Der vergessene Gefolgsmann. In: *Ders.* (Hg.): Das Gesicht des Dritten Reiches. Profile einer totalitären Herrschaft. München 1963, 225–240.

Fischer, Lars: The Socialist Response to Antisemitism in Imperial Germany. Cambridge 2007.

Fischer, Lars: Anti-»Philosemitism« and Anti-Antisemitism in Imperial Germany. In: *Karp,* Jonathan/*Sutcliffe,* Adam (Hg.): Philosemitism in History. Cambridge 2011, 170–189.

Fishman, Louis: Understanding the 1911 Ottoman Parliament Debate on Zionism in light of the emergence of a ›Jewish Question‹. In: *Ginio,* Eyal/*Ben-Bassat,* Yuval (Hg.): Late Ottoman Palestine. The period of Young Turk rule. London 2011, 103–123.

Flemming, Jens: Geschaute Zukunft. Italien und Palästina als Reiseziele deutscher Intellektueller nach dem Ersten Weltkrieg. In: *Helmes,* Günter/*Martin,* Ariane/*Nübel,* Birgit/*Schulz,* Georg-Michael (Hg.): Literatur und Leben. Anthropologische Aspekte in der Kultur der Moderne. Tübingen 2002, 199–212.

Flemming, Jens: Gegen die intellektualistische Zersetzung der alten moralischen Werte. Die Süddeutschen Monatshefte zwischen Krieg und Nationalsozialismus. In: *Grunewald,* Michel/*Puschner,* Uwe (Hg.): Le milieu intellectuel conservateur en Allemagne, sa presse et ses réseaux (1890–1960). Das konservative Intellektuellenmilieu in Deutschland, seine Presse und seine Netzwerke (1890–1960). Bern 2003, 165–201.

Frech, Kurt: Felix Dahn. Die Verbreitung völkischen Gedankenguts durch den historischen Roman. In: *Puschner,* Uwe/*Schmitz,* Walter/*Ulbricht,* Justus H. (Hg.): Handbuch zur »Völkischen Bewegung« 1871–1918. München 1999, 685–698.

Freitag, Ulrike/*Gershoni*, Israel (Hg.): Arab encounters with fascist propaganda 1933–1945. Göttingen 2011.

Freytag, Carl: Deutschlands »Drang nach Südosten«. Der Mitteleuropäische Wirtschaftstag und der »Ergänzungsraum Südosteuropa« 1931–1945. Göttingen 2012.

Fricke, Dieter: Antisemitische Parteien 1879–1894. In: *Ders.* (Hg.): Die bürgerlichen Parteien in Deutschland. Handbuch der Geschichte der bürgerlichen Parteien und anderer bürgerlichen Interessenorganisationen vom Vormärz bis zum Jahre 1945. Bd. 1. Berlin 1974, 36–40.

Fricke, Dieter: Die Organisation der antisemitischen Deutschsozialen Reformpartei 1894 bis 1900. In: Zeitschrift für Geschichtswissenschaft 29/1 (1981) 427–442.

Fricke, Dieter: Deutschsoziale Reformpartei (DSRP) 1894–1900. In: *Ders.* (Hg.): Lexikon zur Parteiengeschichte. Die bürgerlichen und kleinbürgerlichen Parteien und Verbände in Deutschland (1789–1945). Bd. 2. Leipzig 1984, 540–546.

Fricke, Dieter: Nationalsozialer Verein (NsV), 1896–1903. In: ders. (Hg.): Lexikon zur Parteiengeschichte. Die bürgerlichen und kleinbürgerlichen Parteien und Verbände in Deutschland (1789–1945). Bd. 2. Leipzig 1984, 441–453.

Fricke, Dieter: Der »Deutschbund«. In: *Puschner*, Uwe/*Schmitz*, Walter/*Ulbricht*, Justus H. (Hg.): Handbuch zur »Völkischen Bewegung« 1871–1918. München 1999, 328–340.

Friedländer, Saul: Die politischen Veränderungen der Kriegszeit und ihre Auswirkungen auf die Judenfrage. In: *Mosse*, Werner E./*Paucker*, Arnold (Hg.): Deutsches Judentum in Krieg und Revolution. 1916–1923. Tübingen 1971, 27–65.

Friedländer, Saul: Das Dritte Reich und die Juden. Bd. 1. Die Jahre der Verfolgung 1933–1939. München 1998.

Friedländer, Saul: Bayreuth und der Erlösungsantisemitismus. In: *Borchmeyer*, Dieter/*Maayani*, Ami/*Vill*, Susanne (Hg.): Richard Wagner und die Juden. Stuttgart 2000, 8–19.

Friedman, Isaiah: German intervention on behalf of the Yishuv, 1917. In: Jewish Social Studies 23/1 (1971) 23–43.

Friedman, Isaiah: Germany, Turkey, and Zionism. 1897–1918. Oxford 1977.

Friedman, Isaiah: The Hilfsverein der deutschen Juden, the German Foreign Ministry and the Controversy with the Zionists, 1901–1918. In: The Leo Baeck Institute Year Book 24 (1979) 291–319.

Friedman, Isaiah: The system of capitulations and its effects on Turco-Jewish relations in Palestine, 1856–1897. In: *Kushner*, David (Hg.): Palestine in the late Ottoman Period. Polital, Social and Economic Transformation. Jerusalem 1986, 280–293.

Friedrich, Martin: Franz Delitzsch gegen August Rohling. In: *Wendebourg*, Dorothea/*Stegmann*, Andreas/*Ohst*, Martin (Hg.): Protestantismus, Antijudaismus, Antisemitismus. Konvergenzen und Konfrontationen in ihren Kontexten. Tübingen 2017, 223–238.

Frölich, Jürgen: Friedrich Naumanns »Mitteleuropa«. In: *Vom Bruch*, Rüdiger (Hg.): Friedrich Naumann in seiner Zeit. Berlin 2000, 245–268.

Fromkin, David: A peace to end all peace. Creating the modern Middle East, 1914–1922. London 1989.

Fuchs, Walther Peter: Baden und der Zionismus. In: *Ders.* (Hg.): Studien zu Großherzog Friedrich I. von Baden. Stuttgart 1995, 185–223.

Fuhrmann, Malte: Der Traum vom deutschen Orient. Zwei deutsche Kolonien im Osmanischen Reich 1851–1918. Frankfurt a. M. 2006.

Fuhrmann, Malte: Die Bagdadbahn. In: *Zimmerer*, Jürgen (Hg.): Kein Platz an der Sonne. Erinnerungsorte der deutschen Kolonialgeschichte. Frankfurt a. M. 2013, 190–207.

Fuhrmann, Malte: »Our new and great cultural missions in the orient«. German faith-based and secular missionary activities in the late Ottoman Empire. In: *Gülalp*, Haldun/*Seufert*, Günter (Hg.): Religion, identity and politics: Germany and Turkey in interaction. London 2013, 46–59.

Fuller, Steven Nyole: The Nazis' Literary Grandfather. Adolf Bartels and Cultural Extremism, 1871–1945. New York 1996.

Funke, Manfred: Auswanderung – Aussiedlung – Ausrottung. Ein Beitrag zur Tateinheit von Rassen- und Machtpolitik während der Diktatur Hitlers. In: *Ders.* (Hg.): Demokratie und Diktatur. Geist und Gestalt politischer Herrschaft in Deutschland und Europa. Düsseldorf 1987, 237–251.

Gans, Henning: »Ich lass hier alles gehn und stehn …«. Börries von Münchhausen, ein Psychopath unter drei Lobbyismokratien. Leipzig 2017.

Gelber, Mark H.: The Jungjüdische Bewegung. An Unexplored Chapter in German-Jewish Literary and Cultural History. In: The Leo Baeck Institute Year Book 31 (1986) 105–119.

Gelber, Mark H.: Melancholy pride. Nation, race, and gender in the German literature of cultural zionism. Tübingen 2000.

Gelber, Nathan Michael: Zur Vorgeschichte des Zionismus. Judenstaatsprojekte in den Jahren 1695–1845. Wien 1927.

Gellner, Ernest: Nations and Nationalism. Oxford 1983.

Gencer, Mustafa: Bildungspolitik, Modernisierung und kulturelle Interaktion. Deutsch-türkische Beziehungen (1908–1918). Münster 2002.

Gharaibeh, Mohammad/*Al Ghouz,* Abdelkader: Islamische Welten: Nationalsozialismus, Faschismus und die muslimische Welt. Einführung. In: sehepunkte 15/12 (2015).

Gies, Horst: Richard Walther Darré. Der »Reichsbauernführer«, die nationalsozialistische »Blut und Boden«-Ideologie und die Machteroberung Hitlers. Köln 2019.

Gilman, Sander L.: Jüdischer Selbsthass. Antisemitismus und die verborgene Sprache der Juden. 1. Aufl. Frankfurt a. M. 1993.

Gilman, Sander L.: Smart Jews. The Construction of the Image of Jewish Superior Intelligence. Lincoln/Nebraska 1996.

Globisch, Claudia: »Deutschland uns Deutschen, Türkei den Türken, Israelis raus aus Palästina«. Zum Verhältnis von Ethnopluralismus und Antisemitismus. In: *Globisch,* Claudia/ *Pufelska,* Agnieszka/*Weiß,* Volker (Hg.): Die Dynamik der europäischen Rechten. Geschichte, Kontinuitäten und Wandel. Wiesbaden 2011, 203–225.

Goldman, Shalom: Zeal for Zion. Christians, Jews, & the idea of the Promised Land. Chapel Hill/North Carolina 2009.

Golling, Ralf: Strack und die Judenmission. In: Judaica. Beiträge zum Verständnis des jüdischen Schicksals in Vergangenheit und Gegenwart 38/2 (1982) 67–90.

Golling, Ralf/*Osten-Sacken,* Peter von der (Hg.): Hermann L. Strack und das Institutum Judaicum in Berlin. Berlin 1996.

Gollwitzer, Heinz: Geschichte des weltpolitischen Denkens. Bd. 1. Vom Zeitalter der Entdeckungen bis zum Beginn des Imperialismus. Göttingen 1972.

Gollwitzer, Heinz: »Für welchen Weltgedanken kämpfen wir?«. Bemerkungen zur Dialektik zwischen Identitäts- und Expansionsideologie in der deutschen Geschichte. In: *Ders.* (Hg.): Weltpolitik und deutsche Geschichte. Gesammelte Studien. Göttingen 2008, 137–160.

Goltz, Herrmann: Das Dreieck Schweiz-Deutschland-Armenien. Beobachtungen und Dokumente aus dem Dr. Johannes-Lepsius-Archiv an der Martin-Luther-Universität Halle-Wittenberg. In: *Kieser,* Hans-Lukas (Hg.): Die armenische Frage und die Schweiz (1896–1923). La question arménienne et la Suisse (1896–1923). Zürich 1999, 159–185.

Gondermann, Thomas: Vom politischen Antisemitismus zum politischen Antiamerikanismus. Der Wandel sozialer Demagogie bei Hermann Ahlwardt. In: Jahrbuch für Antisemitismusforschung 17 (2008) 195–216.

Goodrick-Clarke, Nicholas: Die okkulten Wurzeln des Nationalsozialismus. Graz 1997.

Gossler, Ascan: Friedrich Lange und die »völkische Bewegung« des Kaiserreichs. In: Archiv für Kulturgeschichte 83/2 (2001) 377–412.

Graf, Friedrich Wilhelm: Kulturprotestantismus. Zur Begriffsgeschichte einer theologiepolitischen Chiffre. In: Archiv für Begriffsgeschichte 28 (1984) 214–268.

Graf, Friedrich Wilhelm: »Wir konnten dem Rad nicht in die Speichen fallen«. Liberaler Protestantismus und »Judenfrage« nach 1933. In: *Kaiser,* Jochen-Christoph/*Greschat,* Martin (Hg.): Der Holocaust und die Protestanten. Analysen einer Verstrickung. Frankfurt a. M. 1988, 151–185.

Graf, Friedrich Wilhelm: Wesensdebatte. In: *Diner,* Dan (Hg.): Enzyklopädie jüdischer Geschichte und Kultur. Band 6. Stuttgart 2015, 370–375.

Gräfe, Thomas: »Was halten Sie von den Juden?«. Umfragen über Judentum und Antisemitismus 1885–1932. Norderstedt 2018.

Greisiger, Lutz: Chiliasten und »Judentzer«. Judenmission und Eschatologie im protestantischen Deutschland des 17. und 18. Jahrhunderts. In: Kwartalnik Historii Żydów (Jewish History Quarterly) 4 (2006) 535–575.

Grigat, Stephan: Von Österreich lernen. In: *Ders.* (Hg.): AfD und FPÖ. Antisemitismus, völkischer Nationalismus und Geschlechterbilder. Baden-Baden 2017, 9–29.

Grill, Tobias: »Pioneers Of Germanness In The East«? Jewish-German, German, And Slavic Perceptions Of East European Jewry During The First World War. In: *Ders.* (Hg.): Jews and Germans in Eastern Europe. Shared and Comparative Histories. Berlin, Boston 2018, 125–159.

Grimm, Marc: Pro-Israelism and Antisemitism within Germany's Populist Radical Right AfD. In: European Journal of Current Legal Issues 25/1 (2019).

Gronauer, Gerhard: HECHLER, William Henry. In: Biographisch-Bibliographisches Kirchenlexikon, 614–627.

Gronauer, Gerhard: »To Love the Jews«: William H. Hechler (1845–1931), der christliche Förderer des politischen Zionismus. In: *Schwarz,* Berthold/*Stadelmann,* Helge (Hg.): Christen, Juden und die Zukunft Israels. Beiträge zur Israellehre aus Geschichte und Theologie. Frankfurt a. M. u. a. 2009, 185–210.

Gronauer, Gerhard: Der Staat Israel im westdeutschen Protestantismus. Wahrnehmungen in Kirche und Publizistik von 1948 bis 1972. Göttingen 2013.

Grözinger, Karl Erich: Zionismus und Schoah. Frankfurt a. M. 2015.

Grunewald, Michel: Krise und Umbruch im wilhelminischen Deutschland aus der Sicht der Preußischen Jahrbücher (1890–1914). In: *Grunewald,* Michel/*Puschner,* Uwe (Hg.): Krisenwahrnehmungen in Deutschland um 1900. Zeitschriften als Foren der Umbruchzeit im wilhelminischen Reich. Bern 2011, 215–240.

Grunwald, Kurt: Pénétration Pacifique. The Financial Vehicles of Germany's Drang nach dem Osten«. In: *Wallach,* Jehuda L. (Hg.): Germany and the Middle East. 1835–1939. Tel Aviv 1975, 85–103.

Grupp, Peter: Voraussetzungen und Praxis deutscher amtlicher Kulturpropaganda in den neutralen Staaten während des Weltkriegs. In: *Michalka,* Wolfgang (Hg.): Der Erste Weltkrieg. Wirkung, Wahrnehmung, Analyse. München 1994, 799–824.

Gustrau, Maibritt: Orientalen oder Christen? Orientalisches Christentum in Reiseberichten deutscher Theologen. Göttingen 2016.

Guttstadt, Corry: Die Türkei, die Juden und der Holocaust. Berlin, Hamburg 2008.

Hahn, Hans-Joachim/*Kistenmacher,* Olaf (Hg.): Beschreibungsversuche der Judenfeindschaft II. Antisemitismus in Text und Bild – zwischen Kritik, Reflexion und Ambivalenz. Berlin u. a. 2019.

Hagemeister, Michael: Die »Protokolle der Weisen von Zion« und der Basler Zionistenkongress von 1897. In: *Haumann,* Heiko (Hg.): Der Erste Zionistenkongress von 1897 – Ursachen, Bedeutung, Aktualität. … in Basel habe ich den Judenstaat gegründet. Basel 1997, 336–340.

Hagemeister, Michael: Die »Protokolle der Weisen von Zion« und der Basler Zionistenkongress von 1897. In: *Haumann*, Heiko (Hg.): Der Traum von Israel. Die Ursprünge des modernen Zionismus. Weinheim 1998, 250–273.

Hagemeister, Michael: Die »Protokolle der Weisen von Zion« vor Gericht. Der Berner Prozess 1933–1937 und die »antisemitische Internationale«. Zürich 2017.

Hagenlücke, Heinz: Deutsche Vaterlandspartei. Die nationale Rechte am Ende des Kaiserreiches. Düsseldorf 1997.

Hahn, Hans Henning: 12 Thesen zur historischen Stereotypenforschung. In: *Hahn*, Hans Henning/*Mannová*, Elena (Hg.): Nationale Wahrnehmungen und ihre Stereotypisierung. Beiträge zur historischen Stereotypenforschung. Frankfurt a. M. 2007, 15–24.

Hahn, Hans Henning/*Hahn*, Eva: Nationale Stereotypen. Plädoyer für eine historische Stereotypenforschung. In: *Hahn*, Hans Henning (Hg.): Stereotyp, Identität und Geschichte. Die Funktion von Stereotypen in gesellschaftlichen Diskursen. Frankfurt a. M. 2002, 17–56.

Hahn, Manfred: Heinrich Manns Beiträge in der Zeitschrift »Das Zwanzigste Jahrhundert«. In: Weimarer Beiträge 13 (1967) 996–1019.

Hamann, Brigitte: Hitlers Wien. Lehrjahre eines Diktators. 2. Aufl. München 1996.

Hamann, David: Migration organisieren. Paul Nathan und der Hilfsverein der deutschen Juden (1881–1914/18). In: Kalonymos 19/2 (2016) 6–10.

Hambrock, Matthias: Die Etablierung der Aussenseiter. Der Verband nationaldeutscher Juden 1921–1935. Köln 2003.

Hampe, Karl-Alexander: Das Auswärtige Amt in Wilhelminischer Zeit. Münster 2001.

Handler, Andrew: Dori. The life and times of Theodor Herzl in Budapest (1860–1878). Tuscaloosa/Alabama 1983.

Handler, Andrew: An early blueprint for Zionism. Győző Istóczy's political anti-Semitism. New York, NY 1989.

Hanloser, Gerhard: Krise und Antisemitismus. Eine Geschichte in drei Stationen von der Gründerzeit über die Weltwirtschaftskrise bis heute. Münster 2003.

Hart, Mitchell B.: Jews, race, and capitalism in the German-Jewish context. In: Jewish History 19/1 (2005) 49–63.

Hartmann, Christian/*Vordermayer*, Thomas/*Plöckinger*, Othmar/*Töppel*, Roman (Hg.): Hitler, Mein Kampf. Eine kritische Edition. München, Berlin 2016.

Haufler-Musiol, Karin: 125 Jahre Zentralverein. Ein historischer Überblick. In: *Baumann*, Arnulf H. (Hg.): Auf dem Wege zum christlich-jüdischen Gespräch. 125 Jahre Evangelisch-lutherischer Zentralverein für Zeugnis und Dienst unter Juden und Christen. Münster 1998, 11–46.

Haury, Harald: Von Riesa nach Schloß Elmau. Johannes Müller (1864–1949) als Prophet, Unternehmer und Seelenführer eines völkisch naturfrommen Protestantismus. Gütersloh 2005.

Haury, Thomas: Antisemitismus von Links. Kommunistische Ideologie, Nationalismus und Antizionismus in der frühen DDR. Hamburg 2002.

Heid, Ludger: »... schreiben mir, dem Juden und Sozialisten, als eine doppelte Pflicht vor ...«. Eine Einführung. In: *Bernstein*, Eduard (Hg.): »Ich bin der Letzte, der dazu schweigt«. Texte in jüdischen Angelegenheiten. Potsdam 2004, 13–57.

Heidler, Irmgard: Der Verleger Eugen Diederichs und seine Welt (1896–1930). Wiesbaden 1998.

Heil, Johannes: »Antijudaismus« und »Antisemitismus«. Begriffe als Bedeutungsträger. In: Jahrbuch für Antisemitismusforschung 6 (1997) 92–114.

Heinrichs, Wolfgang E.: Das Bild vom Juden in der protestantischen Judenmission des Deutschen Kaiserreichs. In Umrissen dargestellt an den Äußerungen von »Saat auf Hoffnung. Zeitschrift für die Mission der Kirche an Israel«. In: Zeitschrift für Religions- und Geistesgeschichte 44/3 (1992) 195–220.

Heinrichs, Wolfgang E.: Das Judenbild im Protestantismus des deutschen Kaiserreichs. Ein

Beitrag zur Mentalitätsgeschichte des deutschen Bürgertums in der Krise der Moderne. Köln 2000.

Heinrichs, Wolfgang E.: »Heilsbringer und Verderber«. Freikirchliche Ansichten über Juden im 19. und zu Beginn des 20. Jahrhundert. In: *Heinz*, Daniel (Hg.): Freikirchen und Juden im »Dritten Reich«. Instrumentalisierte Heilsgeschichte, antisemitische Vorurteile und verdrängte Schuld. Göttingen 2011, 13–33.

Hellwing, I.A.: Der konfessionelle Antisemitismus im 19. Jahrhundert in Österreich. Wien 1972.

Herf, Jeffrey: Reactionary modernism. Technology, culture, and politics in Weimar and the Third Reich. Cambridge 1984.

Herf, Jeffrey: Convergence: The Classic Case Nazi Germany, Anti-Semitism and Anti-Zionism during World War II. In: Journal of Israeli History 25/1 (2006) 63–83.

Herf, Jeffrey: Nazi Propaganda for the Arab World. New Haven/Connecticut, London 2009.

Herf, Jeffrey: Hitlers Dschihad. Nationalsozialistische Rundfunkpropaganda für Nordafrika und den Nahen Osten. In: Vierteljahrshefte für Zeitgeschichte 58/2 (2010) 259–286.

Herf, Jeffrey: Undeclared Wars with Israel. East Germany and the West German Far Left, 1967–1989. Cambridge 2016.

Hering, Rainer: Konstruierte Nation. Der Alldeutsche Verband 1890 bis 1939. Hamburg 2003.

Hermle, Siegfried: Evangelische Kirche und Judentum – Stationen nach 1945. Göttingen 1990.

Hertz, Deborah: Wie Juden Deutsche wurden. Die Welt jüdischer Konvertiten vom 17. bis zum 19. Jahrhundert. Frankfurt, New York 2010.

Herzog, Andreas: Theodor Fritschs Zeitschrift Hammer und der Aufbau des »Reichs-Hammerbundes« als Instrumente der antisemitischen völkischen Reformbewegung (1902–1914). In: *Lehmstedt*, Mark/*Herzog*, Andreas (Hg.): Das bewegte Buch. Buchwesen und soziale, nationale und kulturelle Bewegungen um 1900. Wiesbaden 1999, 153–182.

Heschel, Susannah/*Gilman*, Sander L.: Reflections on the Long History of European Antisemitism. In: *Hirsch*, Marianne/*Kacandes*, Irene (Hg.): Teaching the representation of the Holocaust. New York 2004, 86–109.

Hess, Jonathan M.: Johann David Michaelis and the Colonial Imaginary. Orientalism and the Emergence of Racial Antisemitism in Eighteenth-Century Germany. In: Jewish Social Studies 6/2 (2000) 56–101.

Heumann, Pierre: Israel entstand in Basel. Die phantastische Geschichte einer Vision. Zürich 1997.

Heymann, Michael (Hg.): The Uganda Controversy. The Minutes of the Zionist General Council. Vol. 2. Jerusalem 1977.

Hirschfeld, Ekkehard: Ernst Ferdinand Ströter. Eine Einführung in sein Leben und Denken. Greifswald 2011.

Hobsbawm, Eric J.: Nations and Nationalism since 1780. Programme, Myth, Reality. Cambridge 1990.

Hobsbawm, Eric J./*Ranger*, T.O. (Hg.): The Invention of Tradition. Cambridge, New York 1983.

Hock, Wolfgang: Deutscher Antikapitalismus. Der ideologische Kampf gegen die freie Wirtschaft im Zeichen der grossen Krise. Frankfurt a.M. 1960.

Hoffmann, Christhard: Christlicher Antijudaismus und moderner Antisemitismus. Zusammenhänge und Differenzen als Problem der historischen Antisemitismusforschung. In: *Siegele-Wenschkewitz*, Leonore (Hg.): Christlicher Antijudaismus und Antisemitismus. Theologische und kirchliche Programme deutscher Christen. Frankfurt a.M. 1994, 293–317.

Holsten, Walter: Missionswissenschaft 1933–1952. (Zur Judenfrage). In: Theologische Rundschau 21/1 (1953) 136–161.

Holsti, Ole R.: The belief system and national images: a case study. In: Journal of Conflict Resolution 6/3 (1962) 244–252.

Holthaus, Stephan: Fundamentalismus in Deutschland. Der Kampf um die Bibel im Protestantismus des 19. und 20. Jahrhunderts. Bonn 1993.

Holz, Klaus: Nationaler Antisemitismus. Wissenssoziologie einer Weltanschauung. 1. Aufl. Hamburg 2001.

Holz, Klaus: Die antisemitische Figur des Dritten in der nationalen Ordnung der Welt. In: *Braun*, Christina von/*Ziege*, Eva-Maria (Hg.): Das »bewegliche« Vorurteil. Aspekte des internationalen Antisemitismus. Würzburg 2004, 43–61.

Holz, Klaus: Die Gegenwart des Antisemitismus. Islamistische, demokratische und antizionistische Judenfeindschaft. 1. Aufl. Hamburg 2005.

Holz, Klaus: Der Jude. Dritter der Nationen. In: *Eßlinger*, Eva/*Schlechtriemen*, Tobias/*Schweitzer*, Doris/*Zons*, Alexander (Hg.): Die Figur des Dritten. Ein kulturwissenschaftliches Paradigma. Berlin 2010, 292–303.

Holz, Klaus/*Kiefer*, Michael: Islamistischer Antizionismus. Phänomen und Forschungsstand. In: *Stender*, Wolfram/*Follert*, Guido/*Özdogan*, Mihri (Hg.): Konstellationen des Antisemitismus. Antisemitismusforschung und sozialpädagogische Praxis. Wiesbaden 2010, 109–137.

Homolka, Walter: Jüdische Identität in der modernen Welt. Leo Baeck und der deutsche Protestantismus. Gütersloh 1994.

Homolka, Walter: Leo Baeck. Jüdisches Denken – Perspektiven für heute. Freiburg 2006.

Honold, Alexander: Der letzte Kreuzritter. 29./31. Oktober 1898: Kaiser Wilhelm II. zieht in Jerusalem ein. In: *Honold*, Alexander/*Scherpe*, Klaus R. (Hg.): Mit Deutschland um die Welt. Eine Kulturgeschichte des Fremden in der Kolonialzeit. Stuttgart 2004, 236–246.

Horkheimer, Max: Über die deutschen Juden. Köln 1961.

Horn, Eva/*Hagemeister*, Michael (Hg.): Die Fiktion von der jüdischen Weltverschwörung. Zu Text und Kontext der »Protokolle der Weisen von Zion«. Göttingen 2012.

Horn, Eva/*Hagemeister*, Michael: Ein Stoff für Bestseller. In: *Dies.* (Hg.): Die Fiktion von der jüdischen Weltverschwörung. Zu Text und Kontext der »Protokolle der Weisen von Zion«. Göttingen 2012, VII–XXII.

Hornstra, Wilrens L.: Western Restaurationism and Christian Zionism: Germany as a Case Study. In: *Brown*, Wesley H. (Hg.): Christian Perspectives on the Israeli-Palestinian conflict. Schwarzenfeld 2008, 131–148.

Hotam, Yotam: Moderne Gnosis und Zionismus. Kulturkrise, Lebensphilosophie und nationaljüdisches Denken. Göttingen 2010.

Hufenreuter, Gregor: Völkisch-religiöse Strömungen im Deutschbund. In: *Puschner*, Uwe/*Vollnhals*, Clemens (Hg.): Die völkisch-religiöse Bewegung im Nationalsozialismus. Eine Beziehungs- und Konfliktgeschichte. Göttingen 2012, 219–231.

Hufenreuter, Gregor: Politisch-Anthropologische Revue (1902–1922). In: *Benz*, Wolfgang (Hg.): Handbuch des Antisemitismus. Judenfeindschaft in Geschichte und Gegenwart. Bd. 6. Berlin 2013, 540–543.

Hufenreuter, Gregor/*Puschner*, Uwe: Antisemitismus und völkische Bewegung im wilhelminischen Kaiserreich. In: *Holz*, Klaus/*Kauffmann*, Heiko/*Paul*, Jobst (Hg.): Die Verneinung des Judentums. Antisemitismus als religiöse und säkulare Waffe. Münster 2009, 27–44.

Hyrkkänen, Markku: Sozialistische Kolonialpolitik. Eduard Bernsteins Stellung zur Kolonialpolitik und zum Imperialismus 1882–1914. Helsinki 1986.

Ilsar, Yehiel: Hermann Badt. Von der Vertretung Preußens im Reichsrat zum Siedlungsprojekt am Genezareth-See. In: Tel Aviver Jahrbuch für deutsche Geschichte 20 (1991) 339–362.

Jaecker, Tobias: Hass, Neid, Wahn: Antiamerikanismus in den deutschen Medien. Frankfurt a. M. 2014.

Jahr, Christoph: Radauantisemitismus. In: *Benz*, Wolfgang (Hg.): Handbuch des Antisemitismus. Judenfeindschaft in Geschichte und Gegenwart. Berlin 2010, 270–272.

Jahr, Christoph: Antisemitismus vor Gericht. Debatten über die juristische Ahndung judenfeindlicher Agitation in Deutschland (1879–1960). Frankfurt a. M. 2011.

Jahr, Christoph: Paul Nathan. Publizist, Politiker und Philanthrop. Göttingen 2018.

Jakubowski, Jeanette: Eugen Dühring – Antisemit, Antifeminist und Rassist. In: *Danckwortt*, Barbara (Hg.): Historische Rassismusforschung. Ideologen, Täter, Opfer. Hamburg 1995, 70–90.

Janner, Sara: Friedrich Heman und die Anfänge des Zionismus in Basel. »Oh, wenn ich Missionar sein könnte, möchte ich Missionar des Zionismus sein«. In: Judaica. Beiträge zum Verstehen des Judentums 53/1/2 (1997) 84–96.

Jansen, Sarah: »Schädlinge«. Geschichte eines wissenschaftlichen und politischen Konstrukts, 1840–1920. Frankfurt a. M. 2003.

Jasper, Willi: Heinrich Mann und die Pathologie des deutsch-jüdischen Verhältnisses. Eine widersprüchliche Entwicklungs- und Beziehungsgeschichte. In: Menora. Jahrbuch für deutsch-jüdische Geschichte 4 (1993) 90–110.

Jochmann, Werner: Die Ausbreitung des Antisemitismus. In: *Mosse*, Werner E./*Paucker*, Arnold (Hg.): Deutsches Judentum in Krieg und Revolution. 1916–1923. Tübingen 1971, 409–510.

Jochmann, Werner: Struktur und Funktion des deutschen Antisemitismus. In: *Mosse*, Werner E. (Hg.): Juden im Wilhelminischen Deutschland 1890–1914. Ein Sammelband. Tübingen 1976, 389–477.

Jochmann, Werner: Stoecker als nationalkonservativer Politiker und antisemitischer Agitator. In: *Brakelmann*, Günter/*Greschat*, Martin/*Jochmann*, Werner (Hg.): Protestantismus und Politik. Werk und Wirkung Adolf Stoeckers. Hamburg 1982, 123–198.

Jochmann, Werner: Struktur und Funktion des deutschen Antisemitismus 1878–1914. In: *Strauss*, Herbert A./*Kampe*, Norbert (Hg.): Antisemitismus. Von der Judenfeindschaft zum Holocaust. Frankfurt a. M., New York 1985, 99–142.

Jochmann, Werner: Gesellschaftskrise und Judenfeindschaft in Deutschland 1870–1945. Hamburg 1988.

Jochmann, Werner: Die Funktion des Antisemitismus in der Weimarer Republik. In: *Brakelmann*, Günter/*Rosowski*, Martin (Hg.): Antisemitismus. Von religiöser Judenfeindschaft zur Rassenideologie. Göttingen 1989, 147–203.

Jung, Friedhelm: Die deutsche Evangelikale Bewegung. Grundlinien ihrer Geschichte und Theologie. 4. Aufl. Bonn 2011.

Jung, Walter: Ideologische Voraussetzungen, Inhalte und Ziele außenpolitischer Programmatik und Propaganda in der deutschvölkischen Bewegung der Anfangsjahre der Weimarer Republik. Das Beispiel Deutschvölkischer Schutz- und Trutzbund. Göttingen 2000.

Junge, Matthias: Ambivalenz: eine Schlüsselkategorie der Soziologie von Zygmunt Bauman. In: *Junge*, Matthias/*Kron*, Thomas (Hg.): Zygmunt Bauman. Soziologie zwischen Postmoderne, Ethik und Gegenwartsdiagnose. Wiesbaden 2007, 77–94.

Jureit, Ulrike: Liberaler Imperialismus? Interdependenzen zwischen Imperialität, Großraumdenken und Lebensraumideologie. München 2017.

Kahmann, Bodo: ›The most ardent pro-Israel party‹. Pro-Israel attitudes and anti-antisemitism among populist radical-right parties in Europe. In: Patterns of Prejudice 51/5 (2017) 396–411.

Kaiser, Jochen-Christoph: Evangelische Judenmission im Dritten Reich. In: *Kaiser*, Jochen-Christoph/*Greschat*, Martin (Hg.): Der Holocaust und die Protestanten. Analysen einer Verstrickung. Frankfurt a. M. 1988, 186–215.

Kaiser, Jochen-Christoph: Der deutsche Protestantismus und die »Mission unter Israel« zwischen Weltkrieg und NS-Machtergreifung. In: *Nowak*, Kurt/*Raulet*, Gérard (Hg.): Protestantismus und Antisemitismus in der Weimarer Republik. Frankfurt a. M. u. a. 1994, 199–217.

Kaiser, Wolf: Palästina – Erez Israel. Deutschsprachige Reisebeschreibungen jüdischer Autoren von der Jahrhundertwende bis zum Zweiten Weltkrieg. Hildesheim 1992.

Kalmar, Ivan Davidson/*Penslar,* Derek Jonathan (Hg.): Orientalism and the Jews. Waltham/Massachusetts 2005.

Kaltenbrunner, Gerd-Klaus: Vom Konkurrenten des Karl Marx zum Vorläufer Hitlers: Eugen Dühring. In: *Schwedhelm,* Karl (Hg.): Propheten des Nationalismus. München 1969, 36–55.

Kamann, Matthias: Warum es so schwierig ist, diesen Mann aus der AfD zu werfen. In: WELT vom 31.10.2019.

Katz, Jacob: Zionism Versus Anti-Semitism. In: *Ders.* (Hg.): Jewish Emancipation and Self-Emancipation. Philadelphia u. a. 1986, 141–152.

Katz, Steven T.: Criteria for a Contemporary Zionist Ideology. In: *Ders.* (Hg.): Historicism, the Holocaust, and Zionism. Critical Studies in Modern Jewish History and Thought. New York 1992, 274–288.

Katz, Steven T.: Kontinuität und Diskontinuität zwischen christlichem und nationalsozialistischem Antisemitismus. Tübingen 2001.

Keil, Martha: Nussenblath, Tulo. In: Neue Deutsche Biographie 19 (1999) 381.

Kershaw, Ian: Antisemitismus und die NS-Bewegung vor 1933. In: *Graml,* Hermann/*Königseder,* Angelika/*Wetzel,* Juliane (Hg.): Vorurteil und Rassenhaß. Antisemitismus in den faschistischen Bewegungen Europas. Berlin 2001, 29–47.

Keßler, Mario: Sozialismus und Zionismus in Deutschland 1897–1933. In: *Heid,* Ludger/*Paucker,* Arnold (Hg.): Juden und deutsche Arbeiterbewegung bis 1933. Soziale Utopien und religiös-kulturelle Traditionen 1992, 91–102.

Keßler, Mario: Antisemitismus, Zionismus und Sozialismus. Arbeiterbewegung und jüdische Frage im 20. Jahrhundert. Mainz 1993.

Khalidi, Walid: The Jewish-Ottoman Land Company. Herzl's Blueprint for the Colonization of Palestine. In: Journal of Palestine Studies 22/2 (1993) 30–47.

Kiefer, Michael: Islamisierter Antisemitismus. In: *Benz,* Wolfgang (Hg.): Handbuch des Antisemitismus. Judenfeindschaft in Geschichte und Gegenwart. Berlin 2010, 133–136.

Kieser, Hans-Lukas: Talaat Pasha. Father of Modern Turkey, Architect of Genocide. Princeton 2018.

Kimmel, Elke: Reventlow, Ernst Graf zu. In: *Benz,* Wolfgang (Hg.): Handbuch des Antisemitismus. Judenfeindschaft in Geschichte und Gegenwart. Berlin 2009, 684–685.

Kinzig, Wolfram: Philosemitismus. Teil 1: Zur Geschichte des Begriffs. In: Zeitschrift für Kirchengeschichte 105 (1994) 202–228.

Kipper, Rainer: »Ein Kampf um Rom« und die Söhne Noahs. Völkisches Denken und jüdische Erinnerung im Deutschen Kaiserreich. In: *Hotam,* Yotam/*Jacob,* Joachim (Hg.): Populäre Konstruktionen von Erinnerung im deutschen Judentum und nach der Emigration. Göttingen 2004, 19–32.

Kirchhoff, Markus: Text zu Land. Palästina im wissenschaftlichen Diskurs 1865–1920. Göttingen 2005.

Kirchner, Andrea: Ein vergessenes Kapitel jüdischer Diplomatie. Richard Lichtheim in den Botschaften Konstantinopels (1913–1917). In: Naharaim 9/1–2 (2015) 128–150.

Kistenmacher, Olaf: Zum Zusammenhang von Antisemitismus und Antizionismus. Die Nahost-Berichterstattung der Tageszeitung der KPD, ›Die Rote Fahne‹, während der Weimarer Republik. In: *Nagel,* Michael/*Zimmermann,* Moshe (Hg.): Judenfeindschaft und Antisemitismus in der deutschen Presse über fünf Jahrhunderte. Bremen 2013, 591–608.

Kjaer-Hansen, Kai: Josef Rabinowitsch und die messianische Bewegung. Der Herzl des Judenchristentums. Hannover 1990.

Kjaer-Hansen, Kai: Joseph Rabinowitz and the Messianic movement. The Herzl of Jewish Christianity. Edinburgh 1995.

Klee, Ernst: Börries von Münchhausen. In: ders. (Hg.): Das Personenlexikon zum Dritten Reich. Wer war was vor und nach 1945. Frankfurt a. M. 2003, 423–425.

Kloke, Martin: Israel und die deutsche Linke. Zur Geschichte eines schwierigen Verhältnisses. Frankfurt a. M. 1994.

Kloosterhuis, Jürgen: »Friedliche Imperialisten«. Deutsche Auslandsvereine und auswärtige Kulturpolitik 1906–1918. Frankfurt a. M. 1994.

Kobler, Franz: The Vision was there. A History of the British Movement for the Restoration of the Jews to Palestine. London 1956.

Köck, Julian: Ludwig Schemann und die Gobineau-Vereinigung. In: Zeitschrift für Geschichtswissenschaft 59/9 (2011) 723–740.

Köck, Julian: Völkische Publizistik als Lebensmodell. Zum sozialen Typus des völkischen Publizisten. In: Archiv für Geschichte des Buchwesens 72 (2017) 149–172.

Koenen, Gerd: Der Russland-Komplex. Die Deutschen und der Osten 1900–1945. München 2005.

Kohlrausch, Martin: Der Monarch im Skandal. Die Logik der Massenmedien und die Transformation der wilhelminischen Monarchie. Berlin 2005.

Kornberg, Jacques: Vienna, the 1890s: Jews in the Eyes of Their Defenders. (The Verein zur Abwehr des Antisemitismus). In: Central European History 28/2 (1995) 153–173.

Kössler, Armin: Aktionsfeld Osmanisches Reich. Die Wirtschaftsinteressen des Deutschen Kaiserreiches in der Türkei 1871–1908. New York 1981.

Kraft, Hagen: Eine jüdische Kolonie in Palästina. In: Reichsgeldmonopol. Volksblatt für wirtschaftlich-sociale Neugestaltung 6/209 (1886) 2–3.

Krah, Franziska: Die Bibel der Antisemiten. Geschichte und Gegenwart der Protokolle der Weisen von Zion. In: *Segel*, Binjamin: Die Protokolle der Weisen von Zion kritisch beleuchtet. Eine Erledigung. Freiburg 2017, 7–18.

Krah, Franziska: »Ein Ungeheuer, das wenigstens theoretisch besiegt sein muß«. Pioniere der Antisemitismusforschung in Deutschland. Frankfurt a. M./New York 2016.

Krah, Franziska: Schreiben als Leidenschaft. Über den Journalisten und Antisemitismuskritiker Binjamin W. Segel. In: *Segel*, Binjamin: Die Protokolle der Weisen von Zion kritisch beleuchtet. Eine Erledigung. Freiburg 2017, 487–505.

Krakau, Knud: Einführende Überlegungen zur Entstehung und Wirkung von Bildern, die Nationen von sich und anderen machen. In: *Adams*, Willi Paul/*Krakau*, Knud (Hg.): Deutschland und Amerika. Perzeption und historische Realität. Berlin 1985, 9–18.

Kramer, Martin: Arab Awakening and Islamic Revival. The Politics of Ideas in the Middle East 2011.

Kraus, Daniela: Antisemitenpetition. In: *Benz*, Wolfgang (Hg.): Handbuch des Antisemitismus. Judenfeindschaft in Geschichte und Gegenwart. Ereignisse, Dekrete, Kontroversen. Bd. 4. Berlin, Boston 2011, 7–8.

Kraus, Hans-Joachim: Einleitung. In: *Geis*, Robert Raphael/*Kraus*, Hans-Joachim (Hg.): Versuche des Verstehens. Dokumente jüdisch-christlicher Begegnung aus den Jahren 1918–1933. München 1966, 173–184.

Kraushaar, Wolfgang: »Wann endlich beginnt bei euch der Kampf gegen die heilige Kuh Israel?«. Über die antisemitischen Wurzeln des deutschen Terrorismus. Reinbek bei Hamburg 2013.

Kremer, Arndt: Deutsche Juden, deutsche Sprache. Jüdische und judenfeindliche Sprachkonzepte und -konflikte 1893–1933. Berlin 2007.

Kressel, Getzel: Selbstemanzipation. In: Encyclopaedia Judaica. Detroit/Michigan 2007, 257–258.

Kröger, Martin: Revolution als Programm. Ziele und Realität deutscher Orientpolitik im Ersten Weltkrieg. In: *Michalka*, Wolfgang (Hg.): Der Erste Weltkrieg. Wirkung, Wahrnehmung, Analyse. München 1994, 366–391.

Kröger, Martin: Die Praxis deutscher auswärtiger Kulturpolitik in den Niederlanden zwischen den Weltkriegen. In: *Dietz, Burkhard/Gabel, Helmut/Tiedau,* Ulrich (Hg.): Griff nach dem Westen. Die »Westforschung« der völkisch-nationalen Wissenschaften zum nordwesteuropäischen Raum (1919–1960). Bd. 2. Münster 2003, 887–906.

Kroll, Frank-Lothar: Utopie als Ideologie. Geschichtsdenken und politisches Handeln im Dritten Reich. 2. Aufl. Paderborn 1999.

Kühnhardt, Ludger: Wahrnehmung als Methode. Mentalität, Kultur und Politik »des Anderen« vor neuen Herausforderungen. In: *Aschmann, Birgit/Salewski, Michael* (Hg.): Das Bild »des Anderen«. Politische Wahrnehmung im 19. und 20. Jahrhundert. Stuttgart 2000, 9–20.

Kury, Patrick: »Zuerst die Heimkehr, dann die Umkehr«. Christlicher Zionismus und Philosemitismus in Basel im Umfeld des Ersten Zionistenkongresses. In: *Haumann,* Heiko (Hg.): Der Erste Zionistenkongress von 1897 – Ursachen, Bedeutung, Aktualität. ... in Basel habe ich den Judenstaat gegründet. Basel 1997, 185–190.

Küttler, Thomas: Umstrittene Judenmission. Der Leipziger Zentralverein für Mission unter Israel von Franz Delitzsch bis Otto von Harling. Leipzig 2009.

Landau, Jacob M.: Arminius Vámbéry and Abdul Hamid II. In: Archivum Ottomanicum 31 (2014) 21–26.

Lappin, Eleonore: Der Jude 1916–1928. Jüdische Moderne zwischen Universalismus und Partikularismus. Tübingen 2000.

Lavsky, Hagit: Before Catastrophe. The Distinctive Path of German Zionism. Detroit/Michigan 1996.

Lebow, Richard Ned: Woodrow Wilson and the Balfour Declaration. In: The Journal of Modern History 40/4 (1968) 501–523.

Leher, Shmuel: Germans and Jews in Palestine during the later periods of Turkish rule. A study in influences and relations. Ann Arbor/Michigan 1988.

Leicht, Johannes: Heinrich Claß. 1868–1953. Paderborn 2012.

Leicht, Johannes: Deutschlands Erneuerung (1917–1943). In: *Benz,* Wolfgang (Hg.): Handbuch des Antisemitismus. Judenfeindschaft in Geschichte und Gegenwart. Bd. 6. Berlin 2013, 145–146.

Lenger, Friedrich: Werner Sombart. 1863–1941. 2. Aufl. München 1995.

Lenhard, Philipp: Vom nationalen zum europäischen Antisemitismus. Europäischer Antisemitismus nach 1989 – ein Überblick. In: Münchner Beiträge zur Jüdischen Geschichte und Kultur 13/1 (2019) 36–60.

Lepp, Claudia: Helmut Gollwitzer als Dialogpartner der sozialen Bewegungen. In: *Hermle, Siegfried/Lepp, Claudia/Oelke,* Harry (Hg.): Umbrüche. Der deutsche Protestantismus und die sozialen Bewegungen in den 1960er und 70er Jahren. Göttingen 2007.

Lessing, Theodor: Dührings Haß. Hannover 1922.

Lessing, Theodor: Der jüdische Selbsthaß. München 1984.

Leuschen-Seppel, Rosemarie: Sozialdemokratie und Antisemitismus im Kaiserreich. Die Auseinandersetzungen der Partei mit den konservativen und völkischen Strömungen des Antisemitismus 1871–1914. Bonn 1978.

Levenson, Alan T.: Theodor Herzl and Bertha von Suttner. Criticism, Collaboration and Utopianism. In: Journal of Israeli History 15/2 (1994) 213–222.

Levenson, Alan T.: The German Peace Movement and the Jews: An Unexplored Nexus. In: The Leo Baeck Institute Year Book 46 (2001) 277–302.

Levenson, Alan T.: Between philosemitism and antisemitism. Defenses of Jews and Judaism in Germany, 1871–1932. Lincoln/Nebraska 2004.

Levy, Richard S.: The Downfall of the Anti-Semitic Political Parties in Imperial Germany. New Haven/Connecticut 1975.

Lewis, Donald M.: The Origins of Christian Zionism. Lord Shaftesbury and Evangelical support for a Jewish homeland. Cambridge 2010.

Lewis, Geoffrey: Balfour and Weizmann. The Zionist, the Zealot and the Emergence of Israel. London 2009.

Lillevik, Raymond: Apostates, Hybrids, or True Jews? Jewish Christians and Jewish identity in Eastern Europe 1860–1914. Eugene/Oregon 2014.

Lindemann, Albert S.: The Jew accused. Three anti-Semitic affairs (Dreyfus, Beilis, Frank) 1894–1915. Cambridge 1991.

Lipphardt, Veronika: Biologie der Juden. Jüdische Wissenschaftler über »Rasse« und Vererbung 1900–1935. Göttingen 2008.

Lohalm, Uwe: Völkischer Radikalismus. Die Geschichte des Deutschvölkischen Schutz- und Trutz-Bundes 1919–1923. Hamburg 1970.

Lohalm, Uwe: Völkisch Origins of Early Nazism. Anti-Semitism in Culture and Politics. In: *Strauss,* Herbert A. (Hg.): Hostages of modernization. Studies on Modern Antisemitism 1870–1933/1939. Vol. 1: Germany – Great Britain – France. Berlin, New York 1993, 174–195.

Lowenstein, Steven M.: Ideologie und Identität. In: *Lowenstein,* Steven M./*Mendes-Flohr,* Paul R./*Pulzer,* Peter G. J./*Richarz,* Monika (Hg.): Deutsch-jüdische Geschichte in der Neuzeit. Bd. 3. Umstrittene Integration 1871–1918. München 1997, 278–301.

Löytved, Julius. In: *Keiper,* Gerhard/*Keipert,* Maria (Hg.): Biographisches Handbuch des deutschen Auswärtigen Dienstes. Bd. 3. 1871–1945. Paderborn 2008, 117–118.

Lückhoff, Martin: Anglikaner und Protestanten im Heiligen Land. Das gemeinsame Bistum Jerusalem (1841–1886). Wiesbaden 1998.

Lüdtke, Christian: Hans Delbrück und Weimar. Für eine konservative Republik – gegen Kriegsschuldlüge und Dolchstoßlegende. Göttingen 2018.

Maaß, Enzo: Forgotten prophet William Henry Hechler and the rise of political Zionism. William Henry Hechler and the rise of political Zionism. In: Nordisk Judaistik 23/2 (2002) 157–193.

Maaß, Enzo: … auch ich kämpfe einen verrückten Kampf. Bertha von Suttner, Theodor Herzl, die Friedensbewegung und der Zionismus. In: Nordisk Judaistik 26/1–2 (2008) 49–78.

Mack, Rüdiger: Otto Böckel und die antisemitische Bauernbewegung in Hessen 1887–1894. Die Voraussetzungen des politischen Antisemitismus in Hessen. In: Wetterauer Geschichtsblätter 16 (1967) 113–147.

Mai, Uwe: »Wie es der Jude treibt.«. Das Feindbild der antisemitischen Bewegung am Beispiel der Agitation Hermann Ahlwardts. In: *Jahr,* Christoph/*Mai,* Uwe/*Roller,* Kathrin (Hg.): Feindbilder in der deutschen Geschichte. Studien zur Vorurteilsgeschichte im 19. und 20. Jahrhundert. Berlin 1994, 55–80.

Maibaum, Werner: Das publizistische Schaffen Paul Rohrbachs vor Ausbruch des ersten Weltkrieges. Hannover 1955.

Maier, Hans: Ideen von 1914 – Ideen von 1939? Zweierlei Kriegsanfänge. In: Vierteljahrshefte für Zeitgeschichte 38/4 (1990) 525–542.

Malinowski, Stephan: Vom blauen zum reinen Blut. Antisemitische Adelskritik und adliger Antisemitismus 1871–1944. In: Jahrbuch für Antisemitismusforschung 12 (2003) 147–168.

Mallmann, Klaus-Michael/*Cüppers,* Martin: Halbmond und Hakenkreuz. Das Dritte Reich, die Araber und Palästina. Darmstadt 2006.

Mandel, Neville J.: Ottoman Policy and Restrictions on Jewish Settlement in Palestine: 1881–1908. Part I. In: Middle Eastern Studies 10/3 (1974) 312–332.

Mandel, Neville J.: Ottoman practice as regards Jewish settlement in Palestine. 1881–1908. In: Middle Eastern Studies 11/1 (1975) 33–46.

Männchen, Julia: Gustaf Dalmans Leben und Wirken in der Brüdergemeine, für die Judenmission und an der Universität Leipzig. 1855–1902. Wiesbaden 1987.

Männchen, Julia: Gustaf Dalman als Palästinawissenschaftler in Jerusalem und Greifswald. 1902–1941. Wiesbaden 1993.

Massing, Paul W.: Vorgeschichte des politischen Antisemitismus. Frankfurt a. M. 1959.

Maurer, Trude: Medizinalpolizei und Antisemitismus. Die deutsche Politik der Grenzsperre gegen Ostjuden im Ersten Weltkrieg. In: Jahrbücher für Geschichte Osteuropas 33/2 (1985) 205–230.

Maurer, Trude: Auch ein Weg als Deutscher und Jude: Hans Goslar 1889–1945. In: *Schoeps,* Julius H. (Hg.): Juden als Träger bürgerlicher Kultur in Deutschland. Stuttgart 1989, 193–239.

Maurer, Trude: Die Wahrnehmung der Ostjuden in Deutschland 1910–1933. In: LBI Information 7 (1997) 67–85.

Mazza, Roberto: »We will treat you as we did with the Armenians«: Djemal Pasha, Zionism and the evacuation of Jaffa, April 1917. In: *Cicek,* M. Talha (Hg.): Syria in World War I. Politics, economy, and society. New York 2016, 87–106.

McCarthy, Justin: The population of Palestine. Population history and statistics of the late Ottoman period and the Mandate. New York 1990.

McMeekin, Sean: The Berlin-Baghdad Express. The Ottoman Empire and Germany's Bid for World Power, 1898–1918. London 2010.

McMeekin, Sean: Jihad-cum-Zionism-Leninism. Overthrowing the World, German-Style. In: Historically Speaking 12/3 (2011) 2–5.

Meier, Axel: Die kaiserliche Palästinareise 1898. Theodor Herzl, Großherzog Friedrich I. von Baden und das jüdische Protektorat. Konstanz 1998.

Mendes-Flohr, Paul R.: Werner Sombart's: The Jews and Modern Capitalism: An Analysis of its Ideological Premises. In: The Leo Baeck Institute Year Book 21 (1976) 87–107.

Merkley, Paul C.: The Politics of Christian Zionism, 1891–1948. London, Portland/Oregon 1998.

Metzger, Thomas: Vereinnahmende Inklusion. Heilsgeschichtliche Projizierungen des Vereins der Freunde Israels auf die Juden. In: *Luginbühl,* David/*Metzger,* Franziska/*Metzger,* Thomas/*Pahud de Mortanges,* Elke/*Sochin,* Martina (Hg.): Religiöse Grenzziehungen im öffentlichen Raum. Mechanismen und Strategien von Inklusion und Exklusion im 19. und 20. Jahrhundert. Stuttgart 2012, 295–313.

Metzger, Thomas: Das Erwachen der jüdischen Nation (Friedrich Heman, 1897). In: *Benz,* Wolfgang (Hg.): Handbuch des Antisemitismus. Judenfeindschaft in Geschichte und Gegenwart. Bd. 6. Berlin 2013, 180–182.

Meybohm, Ivonne: David Wolffsohn. Aufsteiger, Grenzgänger, Mediator. Eine biographische Annäherung an die Geschichte der frühen Zionistischen Organisation (1897–1914). Göttingen 2013.

Meyer zu Utrup, Wolfram: Kampf gegen die »jüdische Weltverschwörung«. Propaganda und Antisemitismus der Nationalsozialisten 1919 bis 1945. Berlin 2003.

Miquel, Hans von. In: *Keiper,* Gerhard/*Keipert,* Maria (Hg.): Biographisches Handbuch des deutschen Auswärtigen Dienstes. Bd. 3. 1871–1945. Paderborn 2008, 259–260.

Mittenzwei, Werner: Der Untergang einer Akademie oder die Mentalität des ewigen Deutschen. Der Einfluß der nationalkonservativen Dichter an der Preußischen Akademie der Künste 1918 bis 1947. Berlin 1992.

Mittmann, Thomas: Vom »Günstling« zum »Urfeind« der Juden. Die antisemitische Nietzsche-Rezeption in Deutschland bis zum Ende des Nationalsozialismus. Würzburg 2006.

Mogge, Birgitta: Rhetorik des Hasses. Eugen Dühring und die Genese seines antisemitischen Wortschatzes. Neuss 1977.

Mogk, Walter: Paul Rohrbach und das »Größere Deutschland«. Ethischer Imperialismus im Wilhelminischen Zeitalter. Ein Beitrag zur Geschichte des Kulturprotestantismus. München 1972.

Möller, Esther: Orte der Zivilisierungsmission. Französische Schulen im Libanon 1909–1943. Göttingen 2013.

Mommsen, Wilhelm (Hg.): Deutsche Parteiprogramme. 3. Aufl. München 1977.

Mommsen, Wolfgang J.: Der Geist von 1914. Das Programm eines politischen Sonderweges der Deutschen. In: *Ders.* (Hg.): Der autoritäre Nationalstaat. Verfassung, Gesellschaft und Kultur des deutschen Kaiserreiches. Frankfurt a. M. 1992, 407–421.

Mommsen, Wolfgang J.: Außenpolitik und öffentliche Meinung im Wilhelminischen Deutschland 1897–1914. In: *Ders.* (Hg.): Großmachtstellung und Weltpolitik. Die Außenpolitik des Deutschen Reiches 1870 bis 1914. Frankfurt a. M., Berlin 1993, 358–379.

Mommsen, Wolfgang J. (Hg.): Großmachtstellung und Weltpolitik. Die Außenpolitik des Deutschen Reiches 1870 bis 1914. Frankfurt a. M., Berlin 1993.

Morgenstern, Andreas: Die »Sozialistischen Monatshefte« im Kaiserreich. Sprachrohr eines Arbeiterzionismus? In: Jahrbuch für Forschungen zur Geschichte der Arbeiterbewegung 11/3 (2012) 5–25.

Morris, Benny: Righteous victims. A history of the Zionist – Arab conflict, 1881–2001. New York 2001.

Morris-Reich, Amos: Project, Method, and the Racial Characteristics of Jews. A Comparison of Franz Boas and Hans F. K. Günther. In: Jewish Social Studies 13/1 (2006) 136–169.

Morris-Reich, Amos: Assimilation. In: *Diner,* Dan (Hg.): Enzyklopädie jüdischer Geschichte und Kultur. Band 1. Stuttgart, Weimar 2011, 171–176.

Morris-Reich, Amos: Race, ideas, and ideals. A comparison of Franz Boas and Hans F. K. Günther. In: History of European Ideas 32/3 (2012) 313–332.

Mosse, George L.: The Image of the Jew in German Popular Culture: Felix Dahn and Gustav Freytag. In: The Leo Baeck Institute Yearbook 2 (1957) 218–227.

Mosse, George L.: Die deutsche Rechte und die Juden. In: *Mosse,* Werner E./*Paucker,* Arnold (Hg.): Entscheidungsjahr 1932. Zur Judenfrage in der Endphase der Weimarer Republik. Tübingen 1966, 183–246.

Mosse, George L.: Rassismus. Ein Krankheitssymptom in der europäischen Geschichte des 19. und 20. Jahrhunderts. Königstein 1978.

Mosse, George L.: Ein Volk, ein Reich, ein Führer. Die völkischen Ursprünge des Nationalsozialismus. Königstein 1979.

Mosse, George L.: Der Erste Weltkrieg und die Brutalisierung der Politik. Betrachtungen über die politischen Rechte, den Rassismus und den deutschen Sonderweg. In: *Funke,* Manfred (Hg.): Demokratie und Diktatur. Geist und Gestalt politischer Herrschaft in Deutschland und Europa. Düsseldorf 1987, 127–139.

Mosse, Werner E.: Judaism, Jews and Capitalism. Weber, Sombart and Beyond. In: The Leo Baeck Institute Yearbook 24 (1979) 3–15.

Motadel, David: Für Prophet und Führer. Die islamische Welt und das Dritte Reich. Stuttgart 2017.

Muller, Jerry Z.: The Mind and the Market. Capitalism in modern European thought. New York 2002.

Müller, Marcel/*Quaasdorf,* Friedrich: Sprachenstreit. In: *Diner,* Dan (Hg.): Enzyklopädie jüdischer Geschichte und Kultur. Band 5. Stuttgart 2014, 555–557.

Na'aman, Shlomo: Marxismus und Zionismus. Gerlingen 1997.

Neumann, Thomas: Völkisch-nationale Hebbelrezeption. Adolf Bartels und die Weimarer Nationalfestspiele. Bielefeld 1997.

Nicosia, Francis R.: Zionism in National Socialist Jewish Policy in Germany, 1933–39. In: The Journal of Modern History 50/4 (1978) 1253–1282.

Nicosia, Francis R.: Weimar Germany and the Palestine Question. In: Yearbook of the Leo Baeck Institute 24 (1979) 321–345.

Nicosia, Francis R.: Jewish Affairs and German Foreign Policy during the Weimar Republic. Moritz Sobernheim and the Referat für jüdische Angelegenheiten. In: Leo Baeck Institute Year Book 33 (1988) 261–283.

Nicosia, Francis R.: Ein nützlicher Feind. Zionismus im nationalsozialistischen Deutschland. In: Vierteljahrshefte für Zeitgeschichte 37/3 (1989) 369–400.

Nicosia, Francis R.: Zionism and Palestine in Anti-Semitic Thought in Imperial Germany. In: Studies in Zionism. A Journal of Israel Studies 13/2 (1992) 115–131.

Nicosia, Francis R.: Zionismus und Antisemitismus im Dritten Reich. Göttingen 2012.

Niedhart, Gottfried: Perzeption und Image als Gegenstand der Geschichte von den internationalen Beziehungen. Eine Problemskizze. In: *Wendt*, Bernd Jürgen/*Birke*, Adolf M. (Hg.): Das Britische Deutschlandbild im Wandel des 19. und 20. Jahrhunderts. Bochum 1984, 39–52.

Niedhart, Gottfried: Die Außenpolitik der Weimarer Republik. München 2010.

Niewyk, Donald L.: Solving the »Jewish Problem«. Continuity and Change in German Antisemitism, 1871–1945. In: The Leo Baeck Institute Year Book 35 (1990) 335–370.

Nipperdey, Thomas/*Rürup*, Reinhard: Antisemitismus. In: *Brunner*, Otto/*Conze*, Werner/ *Koselleck*, Reinhart (Hg.): Geschichtliche Grundbegriffe. Historisches Lexikon zur politisch-sozialen Sprache. Stuttgart 1972, 129–153.

Nirenberg, David: Anti-Judaism. The Western Tradition. New York 2013.

Nirenberg, David: »Jüdisch« als politisches Konzept. Eine Kritik der Politischen Theologie. Göttingen 2013.

Nolte, Ernst: Eine frühe Quelle zu Hitlers Antisemitismus. In: Historische Zeitschrift 192/1 (1961) 584–606.

Nordemann, Theodor: Zur Geschichte der Juden in Basel. Jubiläumsschrift der Israelitischen Gemeinde Basel aus Anlass des 150jährigen Bestehens. Basel 1955.

Nowak, Kurt: Kulturprotestantismus und Judentum in der Weimarer Republik. Wolfenbüttel, Göttingen 1993.

Nussenblatt, Tulo: Ein Volk unterwegs zum Frieden. Theodor Herzl – Bertha v. Suttner. Wien, Leipzig 1933.

Öke, Mim Kemal: Zionists and the Ottoman Foreign Ministry during the Reign of Abdulhamid II (1876–1909). In: Arab Studies Quarterly 2/4 (1980) 364–374.

Öke, Mim Kemal: The Ottoman Empire, Zionism, and the Question of Palestine (1880–1908). In: International Journal of Middle East Studies 14/3 (1982) 329–341.

Öke, Mim Kemal: Young Turks, Freemasons, Jews and the Question of Zionism in the Ottoman Empire (1908–1913). In: Studies in Zionism 7/2 (2008) 199–218.

Oltmer, Jochen: »Verbotswidrige Einwanderung nach Deutschland«. Osteuropäische Juden im Kaiserreich und in der Weimarer Republik. In: Aschkenas. Zeitschrift für Geschichte und Kultur der Juden 17/1 (2007) 91–121.

Oren, Michael B.: Power, faith, and fantasy. America in the Middle East, 1776 to the present. New York 2007.

Osten-Sacken, Peter von der: Christen und Juden in Berlin. Begegnung mit einer verlorenen Zeit. In: *Besier*, Gerhard/*Gestrich*, Christof (Hg.): 450 Jahre evangelische Theologie in Berlin. Göttingen 1989, 547–599.

Osten-Sacken, Peter von der: Institut Kirche und Judentum (1960–2005). Geschichte, Ziele, Perspektiven. In: Bilanz und Perspektiven des christlich-jüdischen Dialogs 9/10 (2005) 7–16.

Osten-Sacken, Peter von der: Liebe, mehr noch: Gerechtigkeit. Hermann L. Strack und das Institutum Judaicum in Berlin in ihrem Verhältnis zum Judentum. In: Judaica. Beiträge zum Verstehen des Judentums 66/1 (2010) 40–71.

Osten-Sacken, Thomas von der: Auf dem Weg nach Zion. Paquets Palästina. In: *Piecha*, Oliver M./*Brenner*, Sabine (Hg.): »In der ganzen Welt zu Hause«. Tagungsband Alfons Paquet. Düsseldorf 2003, 70–80.

Özçalık, Sevil: Promoting an alliance, furthering nationalism. Ernst Jäckh and Ahmed Emin in the time of the First World War. Berlin 2018.

Panter, Sarah: Jüdische Erfahrungen und Loyalitätskonflikte im Ersten Weltkrieg. Göttingen 2014.

Parzen, Herbert: The Enlargement of the Jewish Agency for Palestine. 1923–1929. In: Jewish Social Studies 39/1/2 (1977) 129–158.

Paucker, Arnold: Der jüdische Abwehrkampf gegen Antisemitismus und Nationalsozialismus in den letzten Jahren der Weimarer Republik. 2. Aufl. Hamburg 1969.

Peck, Abraham J.: Radicals and reactionaries. The crisis of conservatism in Wilhelmine, Germany. Washington 1978.

Pedersen, Susan: The Guardians. The League of Nations and the Crisis of Empire. Oxford 2015.

Penslar, Derek J.: Zionism, Colonialism and Technocracy: Otto Warburg and the Commission for the Exploration of Palestine, 1903–7. In: Journal of Contemporary History 25/1 (1990) 143–160.

Penslar, Derek J.: Shylock's children. Economics and Jewish identity in modern Europe. Berkeley/California 2001.

Penslar, Derek J.: Antisemitism and Anti-Zionism: A Historical Approach. In: *Penslar,* Derek J./*Stein,* Janice/*Marrus,* Michael R. (Hg.): Contemporary antisemitism. Canada and the world. Toronto 2005, 80–95.

Penslar, Derek J.: Anti-Semites on Zionism. From Indifference to Obsession. In: Journal of Israeli History 25/1 (2006) 13–31.

Penslar, Derek J.: Theodor Herzl. Charisma and Leadership. In: *Freeze,* Chaeran Y./*Fried,* Sylvia Fuks/*Sheppard,* Eugene R. (Hg.): The Individual in History. Essays in Honor of Jehuda Reinharz. Waltham/Massachusetts 2015, 13–27.

Perry, Yaron: Die englisch-preußische Zusammenarbeit im Heiligen Land. In: *Perry,* Yaron/*Petry,* Erik (Hg.): Das Erwachen Palästinas im 19. Jahrhundert. Alex Carmel zum 70. Geburtstag. Stuttgart 2001, 31–45.

Perry, Yaron: British Mission to the Jews in Nineteenth-Century Palestine. London, Portland 2003.

Perry, Yaron: Juden-Mission. Die Arbeit der »London Society for Promoting Christianity Amongst the Jews« im 19. Jahrhundert in Palästina. Basel 2006.

Perry, Yaron/*Lev,* Efraim: Modern Medicine in the Holy Land. Pioneering British Medical Services in Late Ottoman Palestine. London, New York 2007.

Peschel, Andreas: Friedrich Naumanns und Max Webers »Mitteleuropa«. Eine Betrachtung ihrer Konzeptionen im Kontext mit den »Ideen von 1914« und dem Alldeutschen Verband. Dresden 2005.

Peters, Michael: Der Alldeutsche Verband am Vorabend des Ersten Weltkrieges (1908–1914). Ein Beitrag zur Geschichte des völkischen Nationalismus im spätwilhelminischen Deutschland. Frankfurt a. M. 1992.

Pfahl-Traughber, Armin: Der antisemitisch-antifreimaurerische Verschwörungsmythos in der Weimarer Republik und im NS-Staat. Wien 1993.

Pfahl-Traughber, Armin: Antisemitismus, Populismus und Sozialprotest. Eine Fallstudie zur Agitation von Otto Böckel, dem ersten Antisemiten im Deutschen Reichstag. In: Aschkenas 10/2 (2000) 389–416.

Pfister, Stefanie: Messianische Juden in Deutschland. Eine historische und religionssoziologische Untersuchung. Berlin 2008.

Piecha, Oliver M.: Der Weltdeutsche. Eine Biographie Alfons Paquets. Wiesbaden 2016.

Piefel, Matthias: Antisemitismus und völkische Bewegung im Königreich Sachsen 1879–1914. Göttingen 2004.

Piper, Ernst: Alfred Rosenberg. Hitlers Chefideologe. München 2005.

Planert, Ute: Antifeminismus im Kaiserreich. Diskurs, soziale Formation und politische Mentalität 1998.

Poliakov, Léon: Vom Antizionismus zum Antisemitismus. Freiburg 1992.

Polowetzky, Michael: Jerusalem recovered. Victorian Intellectuals and the Birth of modern Zionism. Westport 1995.

Poppel, Stephen M.: Zionism in Germany, 1897–1933. The shaping of a Jewish identity. Philadelphia 1977.

Pragai, Michael J.: Faith and Fulfilment. Christians and the Return to the Promised Land. London 1985.

Pragai, Michael J.: Sie sollen wieder wohnen in ihrem Land. Die Rolle von Christen bei der Heimkehr der Juden ins Land Israel. Gerlingen 1990.

Prehn, Ulrich: Max Hildebert Boehm. Radikales Ordnungsdenken vom Ersten Weltkrieg bis in die Bundesrepublik. Göttingen 2013.

Presner, Todd Samuel: Muscular Judaism. The Jewish body and the politics of regeneration. New York 2007.

Przyrembel, Alexandra:»Rassenschande«. Reinheitsmythos und Vernichtungslegitimation im Nationalsozialismus. Göttingen 2003.

Pulzer, Peter G.J.: Der Erste Weltkrieg. In: *Lowenstein*, Steven M./*Mendes-Flohr*, Paul R./ *Pulzer*, Peter G.J./*Richarz*, Monika (Hg.): Umstrittene Integration 1871–1918. München 1997, 356–380.

Pulzer, Peter G.J.: Jews in German Politics. In: *Ders.* (Hg.): Jews and the German state. The Political History of a Minority, 1848–1933. Detroit/Michigan 2003, 69–323.

Pulzer, Peter G.J.: Why was there a Jewish Question in Imperial Germany? In: *Ders.* (Hg.): Jews and the German state. The Political History of a Minority, 1848–1933. Detroit/Michigan 2003, 28–43.

Pulzer, Peter G.J.: Die Entstehung des politischen Antisemitismus in Deutschland und Österreich 1867 bis 1914. Göttingen 2004.

Puschner, Marco: Antisemitismus im Kontext der Politischen Romantik. Konstruktionen des»Deutschen« und des»Jüdischen« bei Arnim, Brentano und Saul Ascher. Berlin 2008.

Puschner, Uwe: Die völkische Bewegung im wilhelminischen Kaiserreich. Sprache, Rasse, Religion. Darmstadt 2001.

Puschner, Uwe: Strukturmerkmale der völkischen Bewegung (1900–1945). In: *Grunewald*, Michel/*Puschner*, Uwe (Hg.): Le milieu intellectuel conservateur en Allemagne, sa presse et ses réseaux (1890–1960). Das konservative Intellektuellenmilieu in Deutschland, seine Presse und seine Netzwerke (1890–1960). Bern 2003, 445–468.

Puschner, Uwe: Völkisch. Plädoyer für einen ›engen‹ Begriff. In: *Ciupke*, Paul/*Heuer*, Klaus/ *Jelich*, Franz-Josef/*Ulbricht*, Justus H. (Hg.):»Die Erziehung zum deutschen Menschen«. Völkische und nationalkonservative Erwachsenenbildung in der Weimarer Republik. Essen 2007, 53–66.

Puschner, Uwe: Antisemitische Drachen. Das Theodor-Fritsch-Denkmal in Berlin-Zehlendorf. In: *Kohlstruck*, Michael/*Schüler-Springorum*, Stefanie/*Wyrwa*, Ulrich (Hg.): Bilder kollektiver Gewalt – Kollektive Gewalt im Bild. Annäherungen an eine Ikonographie der Gewalt. Für Werner Bergmann zum 65. Geburtstag. Berlin 2015, 156–164.

Puschner, Uwe: Völkischer Antisemitismus. In: *Baltrusch*, Ernst/*Puschner*, Uwe (Hg.): Jüdische Lebenswelten. Von der Antike bis zur Gegenwart. Frankfurt 2016, 267–283.

Puschner, Uwe: Antisemiten, Alldeutsche, Völkische und der Zionismus. Radikale Diskurse in der langen Jahrhundertwende. In: *Han*, Sara/*Middelbeck-Varwick*, Anja/*Thurau*, Markus (Hg.): Bibel – Israel – Kirche. Studien zur jüdisch-christlichen Begegnung. Münster 2018, 223–238.

Puschner, Uwe: Wissenschaft und Weltanschauung: Max von Gruber. In: *Paul*, Ina Ulrike/ *Schraut*, Sylvia (Hg.): Rassismus in Geschichte und Gegenwart. Eine interdisziplinäre Analyse. Festschrift für Walter Demel. Frankfurt a. M. 2018, 45–80.

Puschner, Uwe/*Großmann*, G. Ulrich: Vorwort. In: *Dies.* (Hg.): Völkisch und national. Zur Aktualität alter Denkmuster im 21. Jahrhundert. Darmstadt 2009, 9–14.

Rabinovici, Doron/*Speck*, Ulrich/*Sznaider*, Natan (Hg.): Neuer Antisemitismus? Eine globale Debatte. Frankfurt a. M. 2004.

Raddatz-Breidbach, Carlies Maria: Das Archiv des Evangelisch-Lutherischen Zentralvereins für Mission unter Israel im Landeskirchenarchiv der Evangelisch-Lutherischen Landeskirche Sachsens. In: Medaon. Magazin für jüdisches Leben in Forschung und Bildung 4/7 (2010) 1–4.

Raddatz-Breidbach, Carlies Maria: Zur Geschichte des Ev.-Luth. Zentralvereins für Mission unter Israel und des Institutum Judaicum Delitzschianum in Leipzig und ihrer Bestände.

Regli, Daniel: Die Apokalypse Henry Dunants (1828–1910). Das Geschichtsbild des Rotkreuzgründers in der Tradition eschatologischer Naherwartung. Bern 1994.

Reichrath, Hans L.: Johann Friedrich Carl Gottlob Heman (1839–1919). In: *Harthausen*, Hartmut (Hg.): Pfälzer Lebensbilder. Fünfter Band. Speyer 1996, 135–170.

Reichwald, Anika: Das Phantasma der Assimilation. Interpretationen des »Jüdischen« in der deutschen Phantastik 1890–1930. Göttingen 2017.

Reinharz, Jehuda: Fatherland or Promised Land. The Dilemma of the German Jew, 1893–1914. Ann Arbor/Michigan 1975.

Reinharz, Jehuda: Three Generations of German Zionism. In: The Jerusalem Quarterly 9 (1978) 95–110.

Reinharz, Jehuda: Ideology and Structure in German Zionism, 1882–1933. In: Jewish Social Studies 42/2 (1980) 119–146.

Reinharz, Jehuda (Hg.): Dokumente zur Geschichte des deutschen Zionismus 1882–1933. Tübingen 1981.

Reinharz, Jehuda: Zur Einführung. In: *Ders.* (Hg.): Dokumente zur Geschichte des deutschen Zionismus 1882–1933. Tübingen 1981, XIX–IL.

Reinharz, Jehuda: The Zionist Response to Antisemitism in Germany. In: The Leo Baeck Institute Year Book 30 (1985) 105–140.

Reinharz, Jehuda: The Balfour Declaration and Its Maker: A Reassessment. In: The Journal of Modern History 64/3 (1992) 455–499.

Reinke, Andreas: Hilfsverein der deutschen Juden. In: *Diner*, Dan (Hg.): Enzyklopädie jüdischer Geschichte und Kultur. Band 3. Stuttgart, Weimar 2012, 40–43.

Reinkowski, Maurus: Late Ottoman rule over Palestine. Its evaluation in Arab, Turkish and Israeli histories, 1970–90. In: Middle Eastern Studies 35/1 (1999) 66–97.

Rengstorf, Karl Heinrich: Das Institutum Judaicum Delitzschianum. 1886–1961. Münster 1963.

Renton, James: The Zionist Masquerade. The Birth of the Anglo-Zionist Alliance, 1914–18. Basingstoke 2007.

Retterath, Jörn: »Was ist das Volk?«. Volks- und Gemeinschaftskonzepte der politischen Mitte in Deutschland, 1917–1924. Berlin 2016.

Reuveni, Gideon: Consumer Culture and the Making of Modern Jewish identity. Cambridge 2017.

Reves, Christiane: Das Technion – eine »Filiale Preussens am Carmel«? Internationale Netzwerke und deutsche Wissenschaftskultur. In: *Siegemund*, Anja (Hg.): Deutsche und zentraleuropäische Juden in Palästina und Israel. Kulturtransfers, Lebenswelten, Identitäten. Beispiele aus Haifa. Berlin 2016, 100–116.

Rheins, Carl J.: The Verband nationaldeutscher Juden, 1921–1933. In: Leo Baeck Institute Year Book 25 (1980) 243–268.

Richter, Jan Stefan: Die Orientreise Kaiser Wilhelms II. 1898. Eine Studie zur deutschen Aussenpolitik an der Wende zum 20. Jahrhundert. Hamburg 1997.

Rodrigue, Aron: French Jews, Turkish Jews. The Alliance Israélite Universelle and the Politics of Jewish Schooling in Turkey, 1860–1925. Bloomington 1990.

Rohde, Achim: Der Innere Orient. Orientalismus, Antisemitismus und Geschlecht im Deutschland des 18. bis 20. Jahrhunderts. In: Die Welt des Islams 45/3 (2005) 370–411.

Röhl, John C. G.: Wilhelm II. Der Aufbau der Persönlichen Monarchie 1888–1900. München 2001.

Rohrbacher, Stefan/*Schmidt,* Michael: Judenbilder. Kulturgeschichte antijüdischer Mythen und antisemitischer Vorurteile. Reinbek bei Hamburg 1991.

Römer, Ruth: Sprachwissenschaft und Rassenideologie in Deutschland. München 1985.

Rose, N. A.: The Gentile Zionists. A Study in Anglo-Zionist Diplomacy, 1929–1939. London 1973.

Rüger, Hans Peter: Fiebig, Paul Wilhelm Julius. In: Neue Deutsche Biographie 5 (1961) 139.

Runte-Plewnia, Margarete: Auf dem Weg zu Hitler. Der »völkische« Publizist Dietrich Eckart. Bremen 1970.

Rürup, Reinhard: Kontinuität und Diskontinuität der »Judenfrage« im 19. Jahrhundert. Zur Entstehung des modernen Antisemitismus. In: *Wehler,* Hans-Ulrich (Hg.): Sozialgeschichte heute. Festschrift für Hans Rosenberg zum 70. Geburtstag. Göttingen 1974, 388–415.

Rürup, Reinhard: Die »Judenfrage« der bürgerlichen Gesellschaft und die Entstehung des modernen Antisemitismus. In: *Ders.* (Hg.): Emanzipation und Antisemitismus. Studien zur »Judenfrage« der bürgerlichen Gesellschaft. Göttingen 1975, 74–94.

Rymatzki, Christoph: Judenmission. In: Religion in Geschichte und Gegenwart. Tübingen 2001, 609.

Rymatzki, Christoph: Hallischer Pietismus und Judenmission. Johann Heinrich Callenbergs Institutum Judaicum und dessen Freundeskreis (1728–1736). Tübingen 2004.

Sadmon, Zeev W.: Die Gründung des Technions in Haifa im Lichte deutscher Politik. 1907–1920. Berlin/Boston 1994.

Salzborn, Samuel: Antisemitismus in der ›Alternative für Deutschland‹. In: *Ders.* (Hrsg.): Antisemitismus seit 9/11. Ereignisse, Debatten, Kontroversen. Baden-Baden 2019, 197–216.

Salzborn, Samuel: Israelkritik oder Antisemitismus? Kriterien für eine Unterscheidung. In: *Ders.* (Hg.): Antisemitismus. Geschichte, Theorie, Empirie. Baden-Baden 2014, 103–115.

Sammons, Jeffrey L.: Einführung. In: *Ders.* (Hg.): Die Protokolle der Weisen von Zion. Die Grundlage des modernen Antisemitismus – eine Fälschung. Göttingen 1995, 7–26.

Schreiter, Nikolai: Nicht an der Seite, an der Stelle Israels wollen sie sein. AfD, FPÖ und die Identifizierung mit dem imaginierten Angreifer. In: sans phrase 9/14 (2019) 170–192.

Schaerer, Simon: Franz Carl Endres (1878–1954). Kaiserlich-osmanischer Major, Pazifist, Journalist, Schriftsteller. In: *Wette,* Wolfram (Hg.): Pazifistische Offiziere in Deutschland 1871–1933. Bremen 1999, 230–245.

Schäfer, Julia: Vermessen – gezeichnet – verlacht. Judenbilder in populären Zeitschriften 1918–1933. Frankfurt a. M. 2005.

Schaff, Adam: Stereotypen und das menschliche Handeln. Wien 1980.

Scherer, Friedrich: Adler und Halbmond. Bismarck und der Orient 1878–1890. Paderborn 2001.

Schilling, Karsten: Das zerstörte Erbe. Berliner Zeitungen der Weimarer Republik im Portrait. Norderstedt 2011.

Schlöffel, Frank: Heinrich Loewe. Zionistische Netzwerke und Räume. Portland 2018.

Schlör, Joachim: Bilder Berlins als »jüdischer Stadt«. Ein Beitrag zur Wahrnehmungsgeschichte der deutschen Metropole. In: Archiv für Sozialgeschichte 37 (1997) 207–229.

Schlosser, Horst Dieter: Die Macht der Worte. Ideologien und Sprache im 19. Jahrhundert. Köln, Weimar, Wien 2016.

Schmidt, Martin: Judentum und Christentum im Pietismus des 17. und 18. Jahrhunderts. In: *Rengstorf,* Karl Heinrich/*Kortzfleisch,* Siegfried von (Hg.): Kirche und Synagoge. Band 2. Stuttgart 1970, 103–116.

Schmidt, Edmund. In: *Isphording,* Bernd (Hg.): Biographisches Handbuch des deutschen Auswärtigen Dienstes. Bd. 4. 1871–1945. Paderborn 2012, 107–108.

Schmitz-Berning, Cornelia: Vokabular des Nationalsozialismus. Berlin 1998.

Schneer, Jonathan: The Balfour Declaration. The Origins of the Arab-Israeli Conflict. London 2011.

Schneider, Thomas F.: Ein »Beitrag zur Wesenserkenntnis des deutschen Volkes«. Die Instrumentalisierung der Ballade in der extremen politischen Rechten und im Nationalsozialismus 1900–1945. In: *Bogosavljević*, Srdan/ *Woesler*, Winfried (Hg.): Die deutsche Ballade im 20. Jahrhundert. Bern 2009, 125–150.

Schnurr, Jan Carsten: Weltreiche und Wahrheitszeugen. Geschichtsbilder der protestantischen Erweckungsbewegung in Deutschland 1815–1848. Göttingen 2011.

Schöllgen, Gregor: »Dann müssen wir uns aber Mesopotamien sichern!«. Motive deutscher Türkenpolitik zur Zeit Wilhelms II. in zeitgenössischen Darstellungen. In: Saeculum 32/2 (1981) 130–145.

Schöllgen, Gregor: Imperialismus und Gleichgewicht. Deutschland, England und die orientalische Frage 1871–1914. 3. Aufl. München 2000.

Schrenk, Viola: »Seelen Christo zuführen«. Die Anfänge der preußischen Judenmission. Berlin 2007.

Schulz, Oliver: Ein Sieg der zivilisierten Welt? Die Intervention der europäischen Großmächte im griechischen Unabhängigkeitskrieg (1826–1832). Berlin 2011.

Schulze, Frederik: Auswanderung als nationalistisches Projekt. »Deutschtum« und Kolonialdiskurse im südlichen Brasilien (1824–1941). Köln 2016.

Schwabe, Klaus: Ursprung und Verbreitung des alldeutschen Annexionismus in der deutschen Professorenschaft während des Weltkriegs. In: Vierteljahrshefte für Zeitgeschichte 14/2 (1966) 105–138.

Schwarz, Egon: Paradigmen eines »grenzenlosen« Antisemitismus. Dühring und Drumont im Vergleich. In: *Heuer*, Renate (Hg.): Antisemitismus – Zionismus – Antizionismus. 1850–1940. Frankfurt a. M. 1997, 129–149.

Seewann, Harald: Theodor Herzl. Vom Burschenschafter zum Vater des Judenstaates. In: Einst und Jetzt. Jahrbuch des Vereins für corpsstudentische Geschichtsforschung 45 (2000) 121–138.

Segel, Binjamin: Die Protokolle der Weisen von Zion kritisch beleuchtet. Eine Erledigung. Freiburg 2017.

Shapira, Anita: Anti-Semitism and Zionism. In: Modern Judaism 15/3 (1995) 215–232.

Shaw, Stanford J.: The Ottoman Empire in World War I. Volume 1, Prelude to War. Ankara 2006.

Shroufi, Omran: The Gates of Jerusalem. European revisionism and the populist radical Right. In: Race & Class 57/2 (2015) 24–42.

Sieferle, Rolf Peter: Rassismus, Rassenhygiene, Menschenzuchtideale. In: *Puschner*, Uwe/ *Schmitz*, Walter/ *Ulbricht*, Justus H. (Hg.): Handbuch zur »Völkischen Bewegung« 1871–1918. München 1999, 436–448.

Sieg, Ulrich: Jüdische Intellektuelle im Ersten Weltkrieg. Kriegserfahrungen, weltanschauliche Debatten und kulturelle Neuentwürfe. 2. Aufl. Berlin 2008.

Siegert, Folker: Einleitung: Von der Judenmission zum christlich-jüdischen Gespräch. Eine Revision der Prämissen. In: *Vos*, Jacobus Cornelis de/ *Siegert*, Folker (Hg.): Interesse am Judentum. Die Franz-Delitzsch-Vorlesungen 1989–2008. Berlin 2008, 1–22.

Siegert, Folker: Von der Judenmission zum christlich-jüdischen Gespräch: Eine Revision protestantischer Prämissen. In: *Frankemölle*, Hubert/ *Wohlmuth*, Josef (Hg.): Das Heil der Anderen. Problemfeld »Judenmission«. Freiburg 2010, 50–76.

Siegert, Folker: Abschied von der Judenmission. Das Institutum Iudaicum Delitzschianum heute. In: *Witte*, Markus/ *Pilger*, Tanja (Hg.): Mazel tov. Interdisziplinäre Beiträge zum Verhältnis von Christentum und Judentum. Leipzig 2012, 291–302.

Siegert, Folker: Zwischen Gleichgültigkeit und Judenmission: Luthertum und Judentum in ihrem klassischen Unverhältnis. In: *Ders.* (Hg.): Kirche und Synagoge. Ein lutherisches Votum. Göttingen, Oakville/Connecticut 2012, 41–69.

Smelser, Ronald: Robert Ley. Hitlers Mann an der »Arbeitsfront«. Paderborn 1989.

Smith, Anthony D.: Nationalism and the Historians. In: International Journal of Comparative Society 33/1/2 (1992) 58–80.

Smith, Robert O.: More Desired than Our Owne Salvation. The Roots of Christian Zionism. New York 2013.

Smith, Woodruff D.: The ideological origins of Nazi imperialism. New York, Oxford 1989.

Smith, Woodruff D.: »Weltpolitik« und »Lebensraum«. In: *Conrad,* Sebastian/*Osterhammel,* Jürgen (Hg.): Das Kaiserreich transnational. Deutschland in der Welt 1871–1914. Göttingen 2004, 29–48.

Sobernheim, Moritz. In: *Isphording,* Bernd (Hg.): Biographisches Handbuch des deutschen Auswärtigen Dienstes. Bd. 4. 1871–1945. Paderborn 2012, 280–281.

Sorkin, David: Emancipation and Assimilation – Two Concepts and their Applications on German-Jewish History. In: Leo Baeck Institute Year Book 35 (1990) 17–33.

Srodes, James: Spies in Palestine. Love, betrayal, and the Heroic Life of Sarah Aaronsohn. Berkeley/California 2016.

Stähler, Axel: Zionism, Colonialism, and the German Empire: Herzl's Gloves and Mbwapwa's Umbrella. In: *Brunotte,* Ulrike/*Ludewig,* Anna-Dorothea/*Stähler,* Axel (Hg.): Orientalism, Gender, and the Jews. Literary and artistic transformations of European national discourses. Berlin 2015, 98–123.

Stähler, Axel: Zionism, the German Empire, and Africa. Jewish Metamorphoses and the Colors of Difference. Berlin 2018.

Stanislawski, Michael: Zionism and the Fin de Siècle. Cosmopolitanism and nationalism from Nordau to Jabotinsky. Berkeley/California 2001.

Stein, Leonard: The Balfour Declaration. New York 1961.

Steinweis, Alan E.: Studying the Jew. Scholarly antisemitism in Nazi Germany. Cambridge 2006.

Stöber, Rudolf: Deutsche Pressegeschichte. Von den Anfängen bis zur Gegenwart. 2. Aufl. Konstanz 2005.

Strauss, Herbert A.: Hostages of ›World Jewry‹. On the Origin of the Idea of Genocide in German History. In: Holocaust and Genocide Studies 3/2 (1988) 125–136.

Strauss, Herbert A./*Kampe,* Norbert: Einleitung. In: *Dies.* (Hg.): Antisemitismus. Von der Judenfeindschaft zum Holocaust. Frankfurt a. M., New York 1985, 9–28.

Strazas, Aba: Die Tätigkeit des Dezernats für jüdische Angelegenheiten in der »Deutschen Militärverwaltung Ober Ost«. In: *Ezergailis,* Andrew (Hg.): Die baltischen Provinzen Rußlands zwischen den Revolutionen von 1905 und 1917. Köln 1982, 315–330.

Streubel, Christiane: Radikale Nationalistinnen. Agitation und Programmatik rechter Frauen in der Weimarer Republik. Frankfurt a. M. 2006.

Suchy, Barbara: The Verein zur Abwehr des Antisemitismus (I). From its Beginnings to the First World War. In: The Leo Baeck Institute Year Book 28 (1983) 205–239.

Suffrin, Dana von: Pflanzen für Palästina. Otto Warburg und die Naturwissenschaften im Jischuw. Tübingen 2019.

Sutcliffe, Adam: Anxieties of Distinctiveness: Werner Sombart's The Jews and Modern Capitalism and the Politics of Jewish Economic History. In: *Kobrin,* Rebecca/*Teller,* Adam (Hg.): Purchasing Power. The Economics of modern Jewish History. Philadelphia 2015, 238–258.

Szabó, Miloslav: Rasse, Orientalismus und Religion im antisemitischen Geschichtsbild Alfred Rosenbergs. In: *Bergmann,* Werner/*Sieg,* Ulrich (Hg.): Antisemitische Geschichtsbilder. Essen 2009, 211–230.

Szajkowski, Zosa: The German Appeal to the Jews of Poland, August 1914. In: The Jewish Quarterly Review 59/4 (1969) 311–320.

Szajkowski, Zosa: The Komitee fuer den Osten and Zionism. In: Herzl Year Book. Essays in Zionist History and Thought 7 (1971) 199–240.

Tal, Uriel: Christians and Jews in Germany. Religion, Politics, and Ideology in the Second Reich, 1870–1914. Ithaca, London 1975.

Tal, Uriel: Theologische Debatte um das »Wesen des Christentums«. In: *Mosse,* Werner E. (Hg.): Juden im Wilhelminischen Deutschland 1890–1914. Ein Sammelband. Tübingen 1976, 599–632.

Tal, Uriel: On Modern Lutheranism and the Jews. In: The Leo Baeck Institute Yearbook 30 (1985) 203–213.

Terwey, Susanne: Moderner Antisemitismus in Grossbritannien, 1899–1919. Würzburg 2006.

Theiner, Peter: Sozialer Liberalismus und deutsche Weltpolitik. Friedrich Naumann im Wilhelminischen Deutschland (1860–1919). Baden-Baden 1983.

Theiner, Peter: »Mitteleuropa«: Pläne im Wilhelminischen Deutschland. In: Geschichte und Gesellschaft 10/Sonderheft (1984) 128–148.

Thiede, Rolf: Stereotypen vom Juden. Die frühen Schriften von Heinrich und Thomas Mann: zum antisemitischen Diskurs der Moderne und dem Versuch seiner Überwindung. Berlin 1998.

Ticker, Jay: Max I. Bodenheimer: Advocate of Pro-German Zionism at the Beginning of World War I. In: Jewish Social Studies 43/1 (1981) 11–30.

Tourlamain, Guy: Völkisch Writers and National Socialism. A study of Right-Wing Political Culture in Germany, 1890–1960. Bern 2014.

Toury, Jacob: »The Jewish Question«. A Semantic Approach. In: The Leo Baeck Institute Year Book 11 (1966) 85–106.

Toury, Jacob: Soziale und politische Geschichte der Juden in Deutschland 1847–1871. Zwischen Revolution, Reaktion und Emanzipation. Düsseldorf 1977.

Trapp, Frithjof: Traditionen des Antisemitismus in Deutschland. Die Zeitschrift Das Zwanzigste Jahrhundert. In: *Grunewald,* Michel/*Puschner,* Uwe (Hg.): Le milieu intellectuel conservateur en Allemagne, sa presse et ses réseaux (1890–1960). Das konservative Intellektuellenmilieu in Deutschland, seine Presse und seine Netzwerke (1890–1960). Bern 2003, 91–109.

Trautner-Kromann, Hanne: Jüdische Reaktionen auf die Hallische protestantische Judenmission 1728–1765. In: *Veltri,* Giuseppe/*Wiese,* Christian (Hg.): Jüdische Bildung und Kultur in Sachsen-Anhalt von der Aufklärung bis zum Nationalsozialismus. Berlin 2009, 209–236.

Trezib, Joachim: Die Theorie der zentralen Orte in Israel und Deutschland. Zur Rezeption Walter Christallers im Kontext von Sharonplan und »Generalplan Ost«. Berlin 2014.

Tuchman, Barbara: Bible and Sword. England and Palestine. From the Bronze Age to Balfour. New York 1956.

Tuchman, Barbara: Bibel und Schwert. Palästina und der Westen. Vom frühen Mittelalter bis zur Balfour-Declaration 1917. 2. Aufl. Frankfurt a. M. 1983.

van der Horst, Pieter W.: The Myth of Jewish Cannibalism. A Chapter in the History of Antisemitism. In: *Ders.* (Hg.): Studies in Ancient Judaism and Early Christianity. Leiden, Boston 2014, 173–187.

van Kampen, Wilhelm: Studien zur deutschen Türkeipolitik in der Zeit Wilhelms II. Kiel 1968.

van Laak, Dirk: Imperiale Infrastruktur. Deutsche Planungen für eine Erschließung Afrikas 1880 bis 1960. Paderborn u. a. 2014.

van Rahden, Till: Verrat, Schicksal oder Chance. Lesarten des Assimilationsbegriffs in der Historiographie zur Geschichte der deutschen Juden. In: Historische Anthropologie 13/2 (2005) 245–264.

Vital, David: Zionism. The formative years. Oxford 1982.

Vital, David: Nationalism, Political Action, and the Hostile Environment. In: *Reinharz,* Jehuda (Hg.): Living with Antisemitism. The Jewish response in the modern period. Hanover 1987, 234–252.

Vogt, Stefan: The First World War, German Nationalism, and the Transformation of German Zionism. In: The Leo Baeck Institute Year Book 57 (2012) 267–291.

Vogt, Stefan: Between Decay and Doom: Zionist Discourses of »Untergang« in Germany, 1890 to 1933. In: *Aschheim,* Steven E./*Liska,* Vivian (Hg.): The German-Jewish experience revisited. Berlin 2015, 75–102.

Vogt, Stefan: Subalterne Positionierungen. Der deutsche Zionismus im Feld des Nationalismus in Deutschland, 1890–1933. Göttingen 2016.

Volf, Darina: Über Riesen und Zwerge. Tschechoslowakische Amerika- und Sowjetunionbilder 1948–1989. Göttingen 2017.

Völker, Heinz Hermann: Franz Delitzsch als Förderer der Wissenschaft vom Judentum. Zur Vorgeschichte des Institutum Judaicum zu Leipzig und zur Debatte um die Errichtung eines Lehrstuhls für jüdische Geschichte und Literatur an einer deutschen Universität. In: Judaica 49 (1993) 90–100.

Volkov, Shulamit: Antisemitismus und Anti-Zionismus: Unterschiede und Parallelen. In: *Dies.* (Hg.): Jüdisches Leben und Antisemitismus im 19. und 20. Jahrhundert. Zehn Essays. München 1990, 76–87.

Volkov, Shulamit: Die Juden in Deutschland 1780–1918. München 2000.

Volkov, Shulamit: Zur sozialen und politischen Funktion des Antisemitismus. Handwerker im späten 19. Jahrhundert. In: *Dies.* (Hg.): Antisemitismus als kultureller Code. Zehn Essays. München 2000, 37–53.

Volkov, Shulamit: Reflexionen zum »modernen« und zum »uralten« jüdischen Nationalismus. In: *Dies.* (Hg.): Das jüdische Projekt der Moderne. Zehn Essays. München 2001, 32–48.

Volland, Alexander: Theodor Fritsch (1852–1933) und die Zeitschrift »Hammer«. Mainz 1993.

Vom Bruch, Rüdiger: Weltpolitik als Kulturmission. Auswärtige Kulturpolitik und Bildungsbürgertum in Deutschland am Vorabend des Ersten Weltkrieges. Paderborn u. a. 1982.

Vom Bruch, Rüdiger: Einführung. In: *Ders.* (Hg.): Friedrich Naumann in seiner Zeit. Berlin 2000, 1–8.

Vondung, Klaus: Die Apokalypse des Nationalsozialismus. In: *Ley,* Michael/*Schoeps,* Julius H. (Hg.): Der Nationalsozialismus als politische Religion. Bodenheim bei Mainz 1997, 33–52.

Vordermayer, Thomas: Bildungsbürgertum und völkische Ideologie. Konstitution und gesellschaftliche Tiefenwirkung eines Netzwerks völkischer Autoren (1919–1959). Berlin 2015.

Wagenhammer, Hans: Das Wesen des Christentums. Eine begriffsgeschichtliche Untersuchung. Mainz 1973.

Wagner, Siegfried: Franz Delitzsch. Leben und Werk. München 1978.

Walk, Joseph: Das »Deutsche Komitee Pro Palästina« 1926–1933. In: Bulletin des Leo-Baeck-Instituts 15/52 (1976) 162–193.

Walkenhorst, Peter: Nation – Volk – Rasse. Radikaler Nationalismus im Deutschen Kaiserreich 1890–1914. Göttingen 2007.

Wallach, Jehuda L.: Anatomie einer Militärhilfe. Die preussisch-deutschen Militärmissionen in der Türkei 1835–1919. Düsseldorf 1976.

Wand, Klaus: Theodor Fritsch (1852–1933) – der vergessene Antisemit. In: *Siegert,* Folker (Hg.): Israel als Gegenüber. Vom Alten Orient bis in die Gegenwart. Göttingen 2000, 458–485.

Wawrzinek, Kurt: Die Entstehung der deutschen Antisemitenparteien (1873–1890). Berlin 1927.

Weber, Fabian: Israel-Studien im Dritten Reich. Zionismus, Palästina und jüdische Staatlichkeit in der NS-»Judenforschung«. In: *Brenner,* Michael/*Becke,* Johannes/*Mahla,* Daniel (Hg.): Israel-Studien. Geschichten – Methoden – Paradigmen. Göttingen 2020, 39–59.

Wehberg, Hans: Franz Carl Endres wird 70 Jahre alt. In: Die Friedens-Warte 48/6 (1948) 319–321.

Wehler, Hans-Ulrich: Deutsche Gesellschaftsgeschichte. Bd. 3. Von der »Deutschen Doppelrevolution« bis zum Beginn des Ersten Weltkriegs, 1849–1914. München 1995.

Wehler, Hans-Ulrich: Deutsche Gesellschaftsgeschichte. Bd. 4. Vom Beginn des Ersten Weltkriegs bis zur Gründung der beiden deutschen Staaten, 1914–1949. München 2003.

Weidemann, Thomas: Politischer Antisemitismus im deutschen Kaiserreich. Der Reichstagsabgeordnete Max Liebermann von Sonnenberg und der nordhessische Wahlkreis Fritzlar-Homberg-Ziegenhain. In: *Bambey*, Hartwig (Hg.): Heimatvertriebene Nachbarn. Beiträge zur Geschichte der Juden im Kreis Ziegenhain. Schwalmstadt-Treysa 1993, 113–184.

Wein, Susanne: Antisemitismus im Reichstag. Judenfeindliche Sprache in Politik und Gesellschaft der Weimarer Republik. Frankfurt a. M. 2014.

Weisbord, Robert G.: African Zion. The Attempt to Establish a Jewish Colony in the East Africa Protectorate 1903–1905. Philadelphia 1968.

Weiße, Wolfram: Religionspädagogik in der Weimarer Republik. In: *Bolle*, Rainer/*Knauth*, Thorsten/*Weiße*, Wolfram (Hg.): Hauptströmungen evangelischer Religionspädagogik im 20. Jahrhundert. Ein Quellen- und Arbeitsbuch. Münster 2002, 55–59.

Weltmann, Saadia E.: Germany, Turkey, and the Zionist Movement, 1914–1918. In: The Review of Politics 23/2 (1961) 246–269.

Weyand, Jan: Historische Wissenssoziologie des modernen Antisemitismus. Genese und Typologie einer Wissensformation am Beispiel des deutschsprachigen Diskurses. 1. Aufl. Göttingen 2016.

Whistling, Carl Friedrich (Hg.): Hofmeisters Handbuch der Musikliteratur. Bd. 15. Leipzig 1914.

Wichtl, Friedrich. In: *Lennhoff*, Eugen/*Posner*, Oskar (Hg.): Internationales Freimaurerlexikon. Wien 1932, 1700–1701.

Wiegmann-Schubert, Eva: Fremdheitskonstruktionen und Kolonialdiskurs in Julius Langbehns ›Rembrandt als Erzieher‹. Ein Beitrag zur interkulturellen Dimension der Kulturkritik um 1900. In: Zeitschrift für interkulturelle Germanistik 4/1 (2013) 59–94.

Wiese, Christian: Wissenschaft des Judentums und protestantische Theologie im wilhelminischen Deutschland. Ein Schrei ins Leere? Tübingen 1999.

Wiese, Christian: »Unheilsspuren«. Zur Rezeption von Martin Luthers »Judenschriften« im Kontext antisemitischen Denkens in den Jahrzehnten vor der Schoah. In: *Osten-Sacken*, Peter von der (Hg.): Das mißbrauchte Evangelium. Studien zu Theologie und Praxis der Thüringer Deutschen Christen. Berlin 2002, 91–135.

Wiese, Christian: Ein »aufrichtiger Freund des Judentums«? »Judenmission«, christliche Judaistik, und Wissenschaft des Judentums im Deutschen Kaiserreich am Beispiel Hermann L. Stracks. In: *Veltri*, Giuseppe/*Necker*, Gerold (Hg.): Gottes Sprache in der philologischen Werkstatt. Hebraistik vom 15. bis zum 19. Jahrhundert. Leiden, Boston 2004, 277–316.

Wiese, Christian: Judenmission. In: *Diner*, Dan (Hg.): Enzyklopädie jüdischer Geschichte und Kultur. Band 3. Stuttgart, Weimar 2012, 233–236.

Willi, Thomas: Die Geschichte des Vereins der Freunde Israels in Basel. In: Der Freund Israels 143 (1980) 10–75.

Winkler, Heinrich August: Liberalismus und Antiliberalismus. Studien zur politischen Sozialgeschichte des 19. und 20. Jahrhunderts. Göttingen 1979.

Winkler, Heinrich August: Die deutsche Gesellschaft der Weimarer Republik und der Antisemitismus. In: *Martin*, Bernd/*Schulin*, Ernst (Hg.): Die Juden als Minderheit in der Geschichte. München 1981, 271–289.

Winsberg, Morton D.: Colonia Barón Hirsch. A Jewish agricultural colony in Argentina. Gainesville/Florida 1964.

Wintzer, Joachim: Deutschland und der Völkerbund 1918–1926. Paderborn 2006.

Winzen, Peter: Zur Genesis von Weltmachtkonzept und Weltpolitik. In: *Röhl*, John C.G./

Müller-Luckner, Elisabeth (Hg.): Der Ort Kaiser Wilhelms II. in der deutschen Geschichte. München 1991, 189–222.

Wippermann, Wolfgang: Der Jude. In: *Ders.* (Hg.): Der konsequente Wahn. Ideologie und Politik Adolf Hitlers. Gütersloh 1989, 106–120.

Wippermann, Wolfgang: Herrschaft des Geldes. Die Verschwörung der »Weisen von Zion«. In: *Ders.* (Hg.): Agenten des Bösen. Verschwörungstheorien von Luther bis heute. Berlin 2007, 67–77.

Wirsching, Andreas: Hitler, Mein Kampf. Eine kritische Edition des Instituts für Zeitgeschichte. In: Aus Politik und Zeitgeschichte 65/43–45 (2015) 9–16.

Wirth, Günter: »Der Todesgang des armenischen Volkes«. In: UTOPIEkreativ. Diskussion sozialistischer Alternativen 14/169 (2004) 1034–1038.

Wolf, John B.: The diplomatic History of the Bagdad Railroad. Columbia 1936.

Wolin, Richard: The Seduction of Unreason. The intellectual Romance with Fascism. Princeton 2004.

Wroblewski, Martin: Moralische Eroberungen als Instrumente der Diplomatie. Die Informations- und Pressepolitik des Auswärtigen Amts 1902–1914. 1. Aufl. Göttingen 2016.

Wyrwa, Ulrich: Antisemiten-Liga. In: *Benz,* Wolfgang (Hg.): Handbuch des Antisemitismus. Judenfeindschaft in Geschichte und Gegenwart. Bd. 5. Berlin 2013, 30–33.

Yasamee, F. A. K.: Colmar Freiherr von der Goltz and the rebirth of the Ottoman Empire. In: Diplomacy & Statecraft 9/2 (2007) 91–128.

Yerushalmi, Yosef Hayim: Assimilierung und rassischer Antisemitismus. Die iberischen und die deutschen Modelle. In: *Ders.* (Hg.): Ein Feld in Anatot. Versuche über jüdische Geschichte. Berlin 1993, 53–80.

Yilmazata, Mehmet: Die Bagdadbahn. Schienen zur Weltmacht. Marburg 2013.

Yoltar-Yildirim, Aysin: Julius Harry Löytved-Hardegg: A German consul in Konya in the early 20th century. In: *David,* Géza/*Gerelyes,* Ibolya (Hg.): Thirteenth International Congress of Turkish Art. Budapest 2010.

Zechlin, Egmont: Die deutsche Politik und die Juden im Ersten Weltkrieg. Göttingen 1969.

Zechner, Johannes: Der deutsche Wald. Eine Ideengeschichte zwischen Poesie und Ideologie 1800–1945. Darmstadt 2016.

Zhubi, Patricia: Maskierte Propheten. Darstellungsformen des Antisemitismus in Hugo Bettauers Roman Stadt ohne Juden und Artur Landsbergers Adaption. In: *Hahn,* Hans-Joachim/*Kistenmacher,* Olaf (Hg.): Beschreibungsversuche der Judenfeindschaft II. Antisemitismus in Text und Bild – zwischen Kritik, Reflexion und Ambivalenz. Berlin u. a. 2019, 219–248.

Zimmermann, Moshe: Two Generations in the History of German Antisemitism. The Letters of Theodor Fritsch to Wilhelm Man. In: The Leo Baeck Institute Year Book 23 (1978) 89–100.

Zimmermann, Moshe: A Road not Taken – Friedrich Naumann's Attempt at a Modern German Nationalism. In: Journal of Contemporary History 17/4 (1982) 689–708.

Zimmermann, Moshe: Wilhelm Marr. The Patriarch of Anti-Semitism. New York 1986.

Zimmermann, Moshe: Volk und Land – Volksgeschichte im deutschen Zionismus. In: *Hettling,* Manfred (Hg.): Volksgeschichten im Europa der Zwischenkriegszeit. Göttingen 2003, 96–119.

Zimmermann, Moshe: Der deutsche Antisemitismus. In: *Ders.* (Hg.): Deutsch-jüdische Vergangenheit. Der Judenhaß als Herausforderung. Paderborn 2005, 13–24.

Zimmermann, Moshe (Hg.): Deutsch-jüdische Vergangenheit. Der Judenhaß als Herausforderung. Paderborn 2005.

Zimmermann, Moshe: Mohammed als Vorbote der NS-Judenpolitik? Zur wechselseitigen Instrumentalisierung von Antisemitismus und Antizionismus. In: *Zuckermann,* Moshe (Hg.): Antisemitismus – Antizionismus – Israelkritik. Göttingen 2005, 290–305.

Zimmermann, Moshe: »Wie ist die Judenfrage zu lösen?«. In: *Ders.* (Hg.): Deutsch-jüdische Vergangenheit. Der Judenhaß als Herausforderung. Paderborn 2005, 134–146.

Zimmermann, Moshe: Die Kriegsbegeisterung der deutschen Zionisten. In: *Brittnacher*, Hans Richard/*Lühe*, Irmela von der (Hg.): Kriegstaumel und Pazifismus. Jüdische Intellektuelle im Ersten Weltkrieg. Frankfurt a. M. u. a. 2016, 333–349.

Zipperstein, Steven J.: Heresy, Apostasy, and the Transformation of Joseph Rabinovich. In: *Endelman*, Todd M. (Hg.): Jewish Apostasy in the Modern World. New York 1987, 206–231.

Zipperstein, Steven J.: Elusive Prophet. Ahad Ha'am and the Origins of Zionism. London 1993.

Zmarzlik, Hans-Günther: Antisemitismus im Deutschen Kaiserreich 1871–1918. In: *Martin*, Bernd/*Schulin*, Ernst (Hg.): Die Juden als Minderheit in der Geschichte. München 1981, 249–270.

Zuckermann, Moshe (Hg.): Antisemitismus – Antizionismus – Israelkritik. Göttingen 2005.

d)   Internetquellen

100 Stunden – Heinz Christian Strache in Israel, Puls4, 22.12.2010, URL: https://www.youtube.com/watch?v=bW7JRQmvmJc (zuletzt aufgerufen am 05.06.2019).

»Gauland hat Zweifel zu Existenzrecht Israels als Staatsräson«. In: Reuters, URL: https://de.reuters.com/article/deutschland-wahl-afd-israel-gauland-idDEKCN1C02DY (am 31.01.2020).

Grill, Tobias: Antizionistische jüdische Bewegungen, 10. In: Europäische Geschichte Online (EGO), Mainz 16.11.2011. URL: http://www.ieg-ego.eu/grillt-2011-de (am 06.06.2019).

Grimm, Marc: Pro-Israelism and Antisemitism within Germany's Populist Radical Right AfD. In: European Journal of Current Legal Issues 25 (2019), 1. URL: http://webjcli.org/article/view/658/883 (am 14.05.2019).

Lichtblau, Klaus: Zum Leben und Werk Franz Oppenheimers (1864–1943). Chronik. URL: http://www.fb03.uni-frankfurt.de/54043985/Oppenheimer_Chronik_06_02_2015.pdf (am 29.5.2019).

Raddatz-Breidbach, Carlies Maria: Zur Geschichte des Ev.-Luth. Zentralvereins für Mission unter Israel und des Institutum Judaicum Delitzschianum in Leipzig und ihrer Bestände. URL: https://www.academia.edu/20836466/Zur_Geschichte_des_Ev.-Luth._Zentral vereins_f%C3%BCr_Mission_unter_Israel_und_des_Institutum_Judaicum_Delitz schianum_in_Leipzig_und_ihrer_Best%C3%A4nde_2016 (am 21.06.2019).

Rafael, Simone: Faschistische Vorstellungen: AfD-Chef Gauland träumt von »Machtergreifung« in Deutschland, 30.08.2018, URL: https://www.amadeu-antonio-stiftung.de/faschistische-vorstellungen-afd-chef-gauland-traeumt-von-machtergreifung-in-deutschland-49981/ (am 15.01.2020).

Steinitz, Benjamin/*Poensgen*, Daniel: Die AfD im Spannungsfeld zwischen Relativierung und Instrumentalisierung des Antisemitismus, 06/2018, URL: https://rechtsaussen.berlin/2017/11/die-afd-im-spannungsfeld-zwischen-relativierung-und-instrumentalisierung-des-antisemitismus/. (am 31.01.2020).

Personenregister